阶梯围棋基础训练丛书

手筋专项训练

从入门到10级

张 杰 编著

学 校	
姓 名	

辽宁科学技术出版社

图书在版编目（CIP）数据

手筋专项训练. 从入门到10级 / 张杰编著. —沈阳：辽宁科学技术出版社，2016.4（2025.11 重印）
（阶梯围棋基础训练丛书）
ISBN 978-7-5381-6135-9

Ⅰ. ①手…　Ⅱ. ①张…　Ⅲ. ①围棋—对局（棋类运动）—基本知识　Ⅳ. ①G891.3

中国版本图书馆 CIP 数据核字（2009）第 176096 号

出版发行：辽宁科学技术出版社
（地址：沈阳市和平区十一纬路 25 号　邮编：110003）
印 刷 者：新乡市豫北印务有限公司
经 销 者：各地新华书店
幅面尺寸：170mm × 240mm
印　　张：13
字　　数：295 千字
出版时间：2009 年 10 月第 1 版
2016 年 4 月第 2 版
印刷时间：2025 年 11 月第 60 次印刷
责任编辑：姚福龙
封面设计：颖　溢
版式设计：于　浪
责任校对：栗　勇

书　　号：ISBN 978-7-5381-6135-9
定　　价：25.00 元

联系电话：024-23284063
邮购热线：024-23284502

序 言

——我围棋我快乐

由于职业的关系，我经常有机会接触到职业或者业余的围棋高手。在印象中，采访围棋高手或看别人采访时，总容易问到这样一个问题：“下围棋，你觉得快乐吗？”

回答几乎都是肯定的。唯有不同的是，一些高手会略有迟疑。因为，在他们看来，难道这算是一个问题吗？——如果我不快乐，我还下围棋干什么？印象最深的一次，是一位国内顶尖业余高手反问：“你也下棋，你不觉得快乐吗？”我一愣：“我……下棋当然快乐。”

是啊！

求道一生，欲穷尽变化——这是顶尖高手献身围棋艺术执着的快乐。

纹枰对坐，所欲随心，聚友手谈，烟馥茶鲜——这是普通爱好者畅达的快乐。

有约不来过夜半，闲敲棋子落灯花——这是文人优雅的快乐。

学生弟子取得了让自己欣慰的成绩——这是围棋教师释怀的快乐。

通过围棋，学会了思考问题的方法，锻炼了面对困难的意志，认识了好朋友——这是学棋少年无忧的快乐。

……

记得有一个棋友，网名叫作“快乐围棋”，水平不高，不停地升段降段，但他乐此不疲。面对才上小学的儿子发出的“爸爸，你怎么这么爱下棋”的好奇，他乐呵呵地回答：“我围棋我快乐。”

不久，他就把儿子送进了围棋学校。去上课之前，这位快乐的父亲对见到新老师、新同学、新事物的快乐的儿子说：“你围棋，你也会快乐。”

近年来，随着素质教育的深入开展，围棋作为一门优秀的素质教育课程越来越受到学校、教师、家长、学生的喜爱。我们在教学中能够深切地感受到这一点。2000年，国家体育总局和教育部联合下发了红头文件，提倡将围棋纳入中小学课堂，使越来越多的孩子走进了围棋的艺术殿堂，围棋教学的市场得到了极大的发展。

但是，我们也发现了一些问题：

第一，没有针对孩子的系统实用的教材和教学辅导资料。市面上现在围棋教学书籍不少，但都存在着比如结构不合理、知识点分类混乱、难易程度不一致、教学安排跳跃性大等问题。

第二，教师教学随意性大。由于缺乏统一的教学安排，教师在教学中随意性很大，往往按照自己的思路进行。这样，教学安排就千差万别，学生学棋效果差别很大。

为了解决上述问题，我结合近二十年的教学经验，归纳总结了一套符合围棋教学特点的教学辅导材料，在此基础上编写了《阶梯围棋基础训练丛书》。与市面上现有教材相比，本套图书有如下特点：

一、系列化。《阶梯围棋基础训练丛书》全套25册，共分《手筋专项训练》、《死活专项训练》、《定式专项训练》、《布局专项训练》和《官子专项训练》五部分内容。每部分内容又分为“从入门到10级”、“从10级到5级”、“从5级到1级”、“从1级到业余初段”、“从业余初段到3段”五个分册，便于教师在相应的阶段就某一个专题进行深入系统地教学，学生也可以有针对性地提高专项知识。

二、习题化。《阶梯围棋基础训练丛书》采用习题的形式进行内容讲述，便于教师在教学中抓住重点，也便于学生养成思考的习惯。另外，每册有300~800道习题，大量的习题还可以供学生检验学习成果之用。

三、阶梯化。《阶梯围棋基础训练丛书》内容安排循序渐进，由浅入深，通俗易懂，实用性强。

《阶梯围棋基础训练丛书》自2009年出版以来，得到了中国围棋协会、中国棋院的高度评价，同时也得到了全国少儿围棋培训联盟的大力推广，销量一直占据该类别图书排行榜的前列。目前全国已有半数以上的围棋培训机构将本书作为培训教材。大家一致认为《阶梯围棋基础训练丛书》系统、全面，特别适合教学使用。读者来电来函，非常踊跃，在充分肯定的同时，也在总体分类和习题的难度设置上提出了许多宝贵的建议，让我非常感动。本次我们结合广大读者的意见，将《手筋专项训练》和《死活专项训练》重新修订改版，在第一版原汁原味的基础上，修改了部分错误题目和不合理的分类，让这套丛书更加精彩纷呈。

一套好的围棋教学辅导资料应该做到：孩子喜欢，教师爱用，家长明白。我们认为《阶梯围棋基础训练丛书》恰恰就是符合这三方面特点的精品围棋图书。

青山不厌千杯酒，白日唯消一局棋。一灯一茶一枰一子，一本精彩的围棋训练手册，会是您成长道路上最好的朋友。如果本套图书能够让您学会围棋，能够带着您领略围棋艺术殿堂的旖旎风光，我将会感到由衷的高兴！

张　杰

2016年3月

目录

CONTENTS

目录

CONTENTS

第一单元

连接和分断

名师导读

在围棋盘上下棋，连接是最基本的手段，也是防守中最重要的手段，所以有“局部的子要连上”的围棋格言。同样的道理，分断也是最基本的手段，分断是在进攻中使用的最重要的手段，所以有“棋从断处生”的围棋格言。我们在下棋时，要随时注意双方棋子连接和分断的问题。

棋盘上连接的方法是多种多样的。入门阶段需要掌握的连接方法，除了粘之外，还有尖、双、虎等各种连接的形状，提掉对方的棋筋也是常用的连接手段。我们在下棋时，要善于打开自己的思路，使用最有效的手段进行连接。相比之下，分断就显得比较直观了，但是需要注意对方的断点是真断点还是假断点。如果是真断点，我们可以大胆地切断，但如果是假断点，就不能鲁莽行事了。

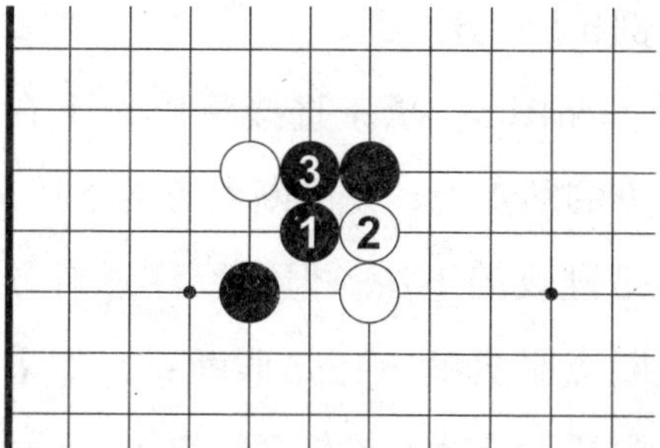

图1　尖的连接

【例1】　尖的连接

如图1，黑1尖是基本的连接手段之一，白2如果挤企图分断黑棋，黑3粘可以连接，白2如果走3位，黑棋就走2位，黑棋同样是连接的形状。

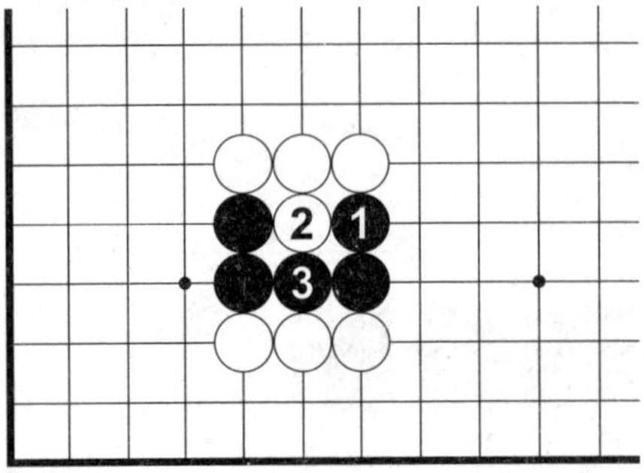

图2 双的连接

【例2】 双的连接

如图 2，黑 1 双是基本的连接手段之一，白 2 如果冲企图分断黑棋，黑 3 粘可以连接，白 2 如果走 3 位，黑棋就走 2 位，黑棋同样是连接的形状。

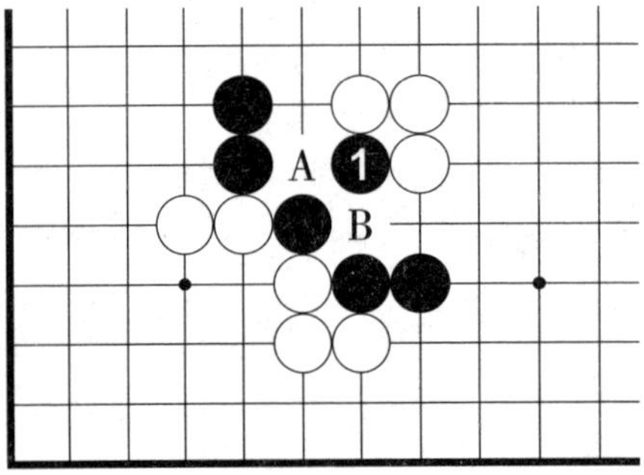

图3 虎的连接

【例3】 虎的连接

如图 3，黑 1 虎是基本的连接手段之一。黑棋有 A、B 两处断点，但黑 1 虎之后，黑棋就把两处断点全部都保护起来了，所以黑 1 是高效率的下法。

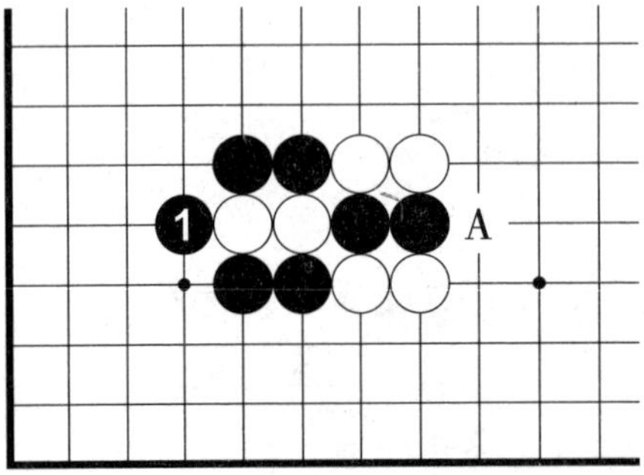

图4 提子的连接

【例4】 提子的连接

如图 4，黑 1 提子也是基本的连接手段之一，黑 1 提之后，黑棋得以全部连接。反之，如果让白棋在 A 位提黑子，黑棋的形状就会出现断点。

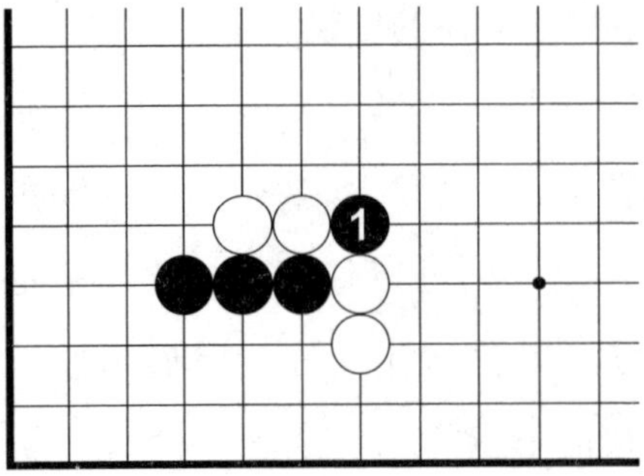

图5 分 断

【例5】 分 断

如图 5，黑 1 直接将棋子下在对方的断点上，是分断对方的下法，也是进攻的下法。但需要注意对方的断点是真断点还是假断点，如果是假断点，就不能鲁莽行事了。

连 接（一）

黑先，黑棋如何运用粘的手筋进行连接？请在要下子的地方写“1”。

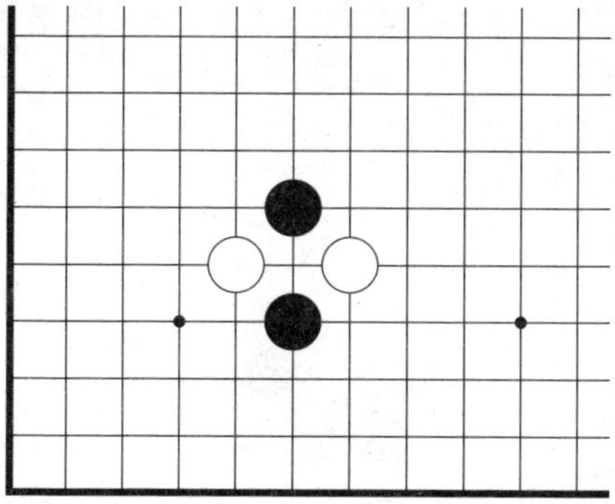

第 1 题

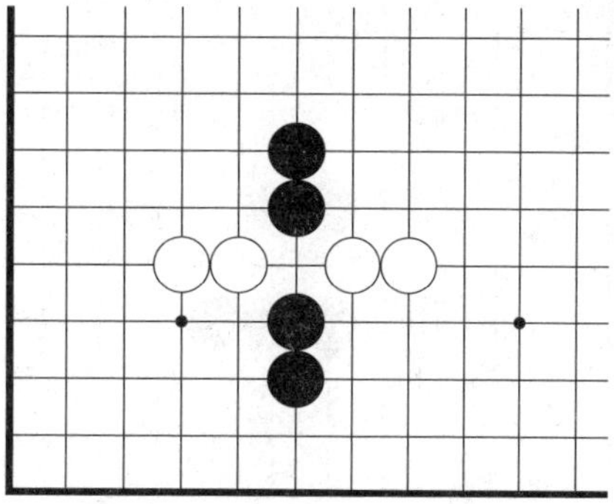

第 2 题

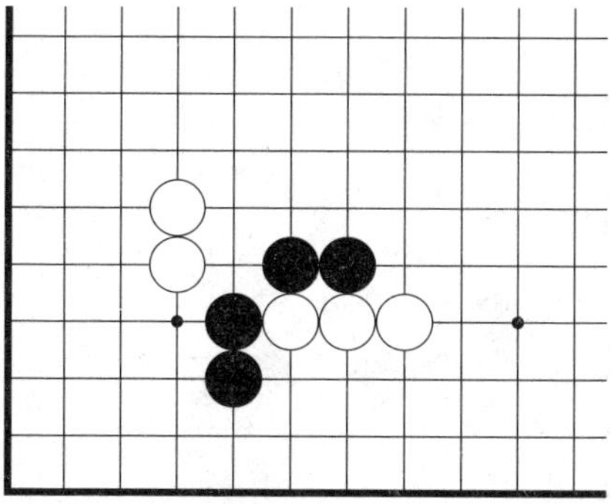

第 3 题

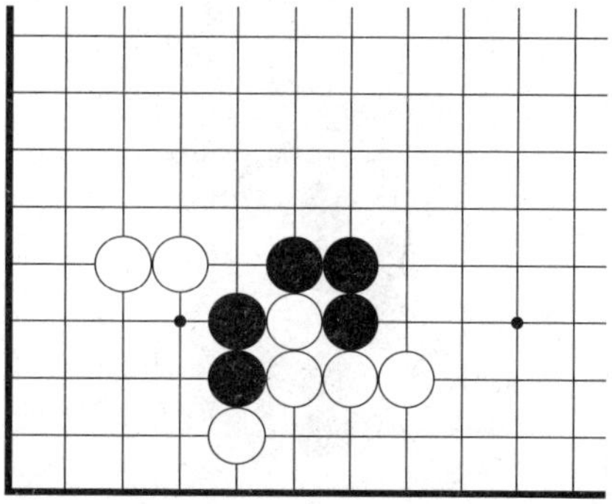

第 4 题

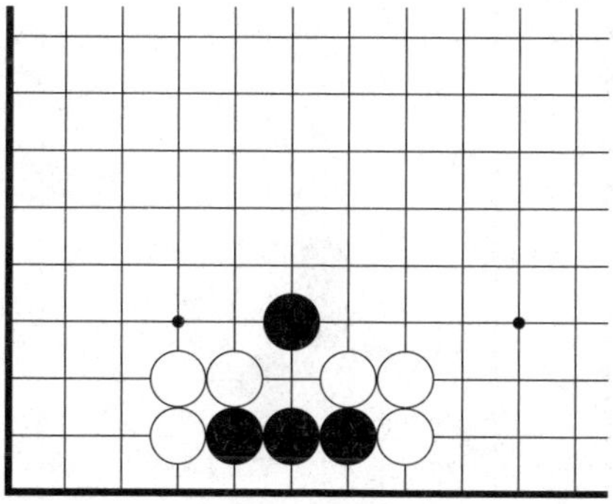

第 5 题

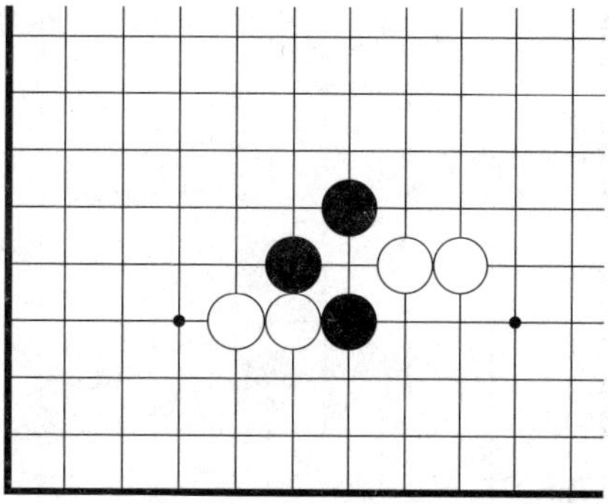

第 6 题

日 期	年 月 日	得 分		签 名	

第一单元　连　接（二）

黑先，黑棋如何运用粘的手筋进行连接？请在要下子的地方写“1”。

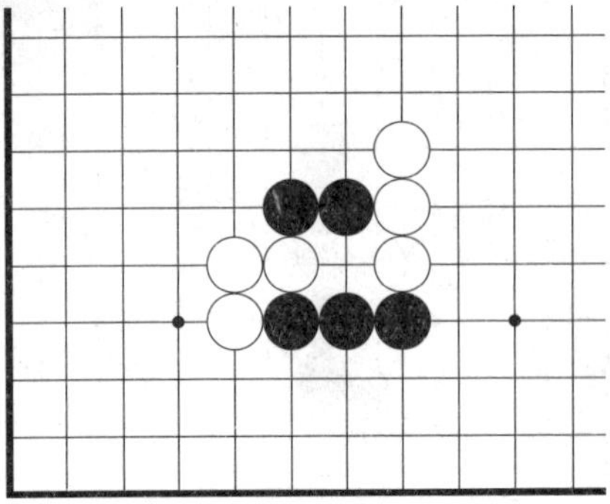

第 7 题

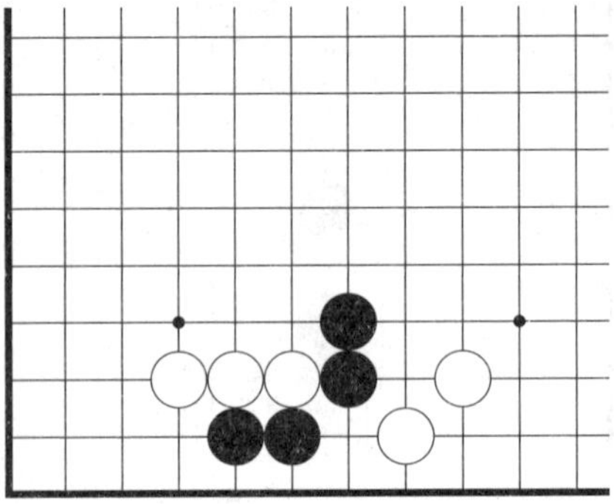

第 8 题

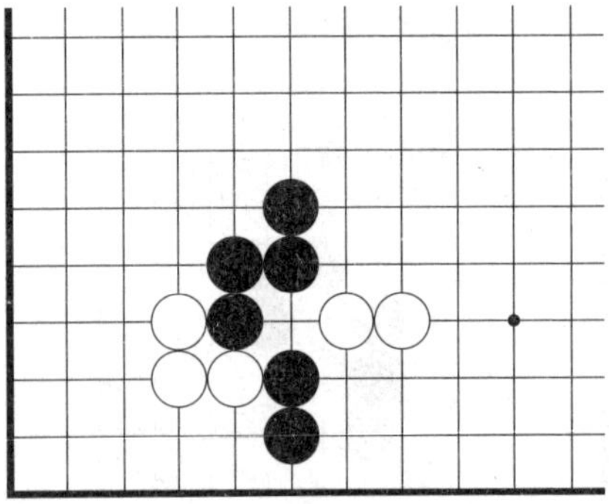

第 9 题

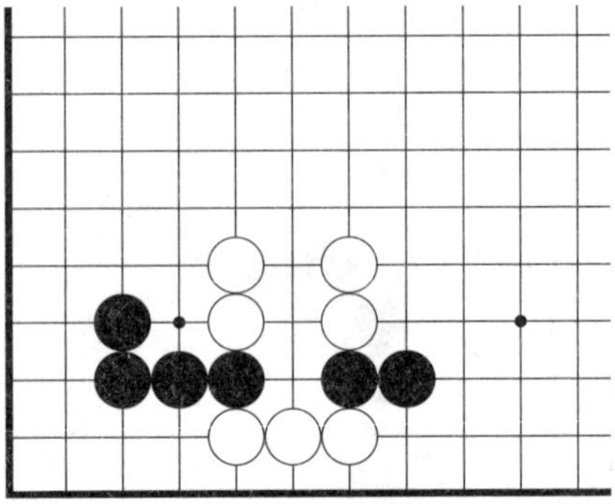

第 10 题

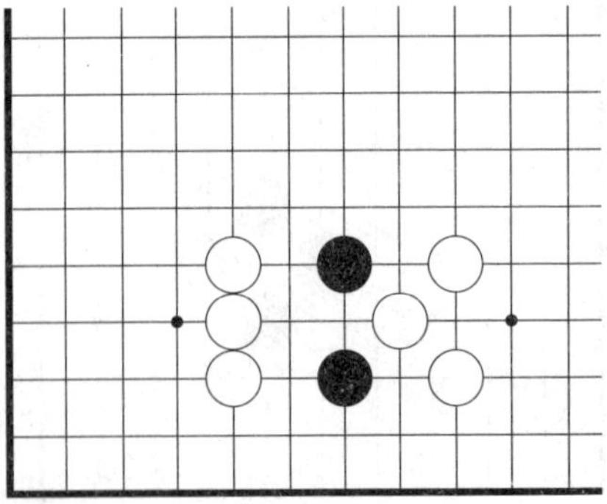

第 11 题

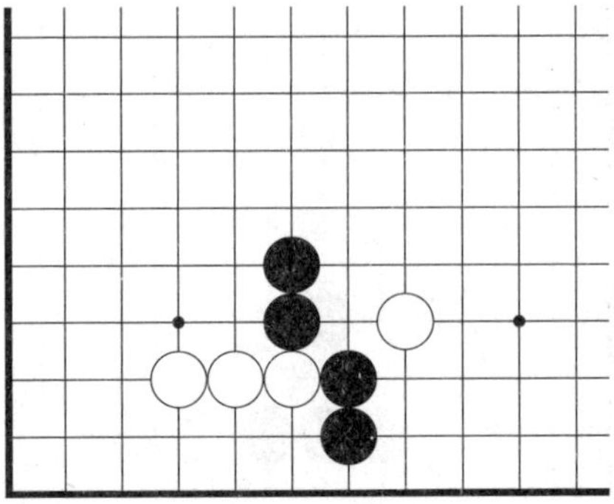

第 12 题

日 期	年　月　日	得 分		签 名	

连 接（三）

黑先，黑棋如何运用尖的手筋进行连接？请在要下子的地方写“1”。

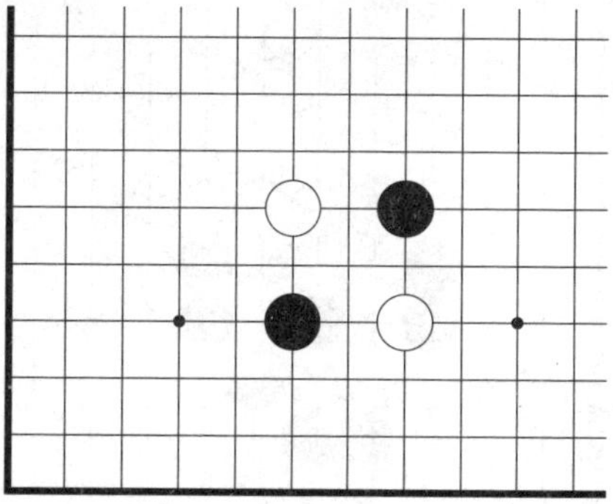

第 13 题

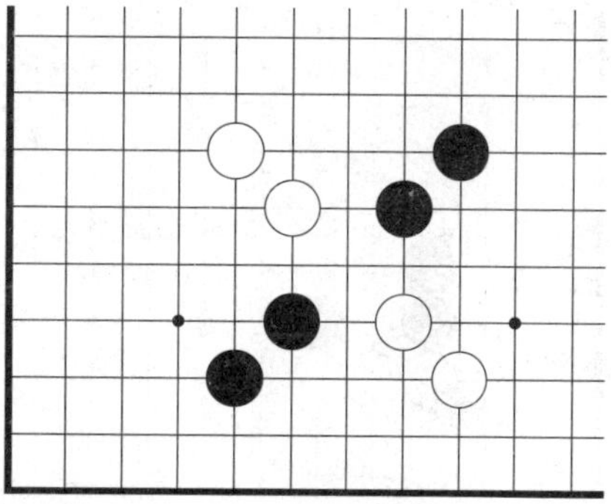

第 14 题

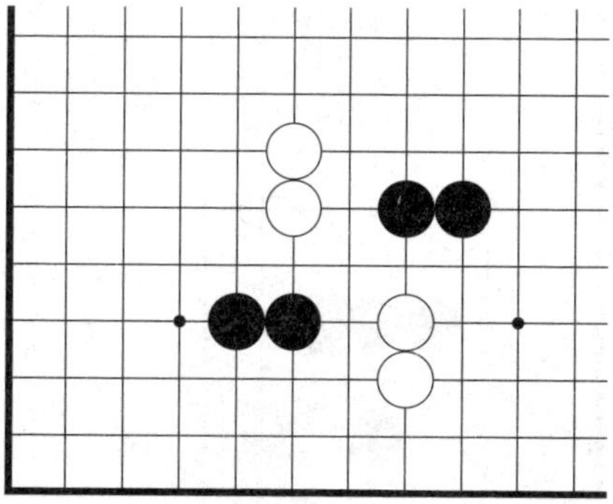

第 15 题

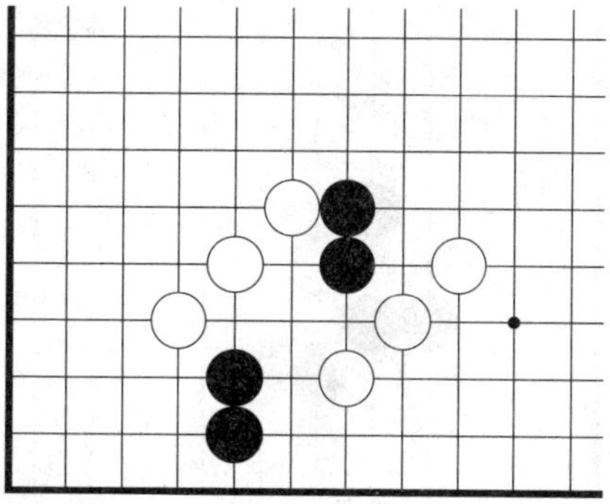

第 16 题

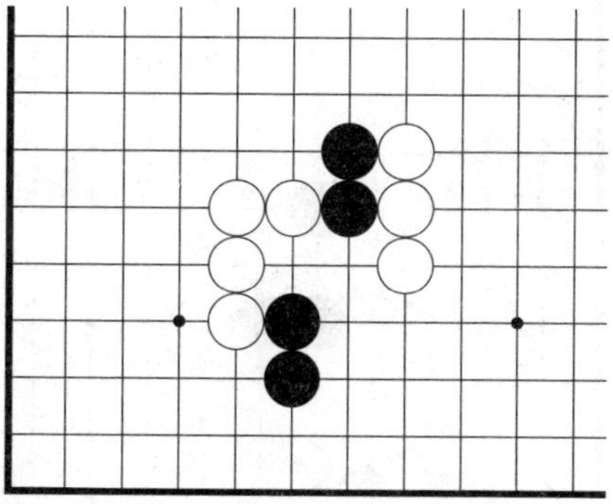

第 17 题

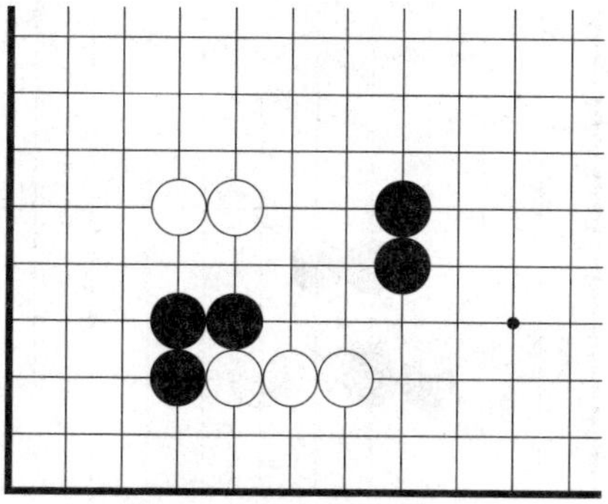

第 18 题

日 期	年 月 日	得 分		签 名	

第一单元 连　接（四）

黑先，黑棋如何运用双的手筋进行连接？请在要下子的地方写“1”。

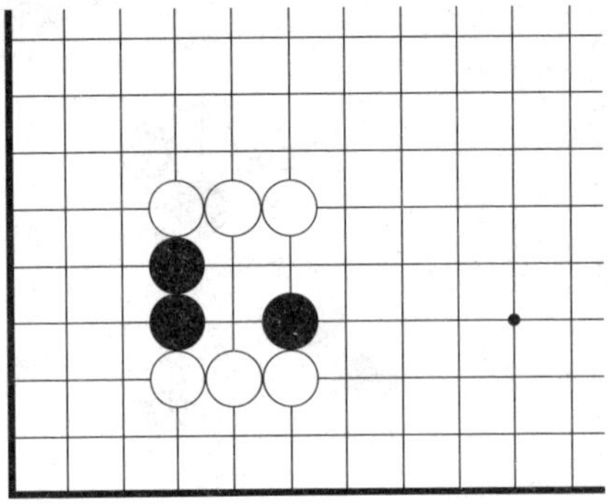

第 19 题

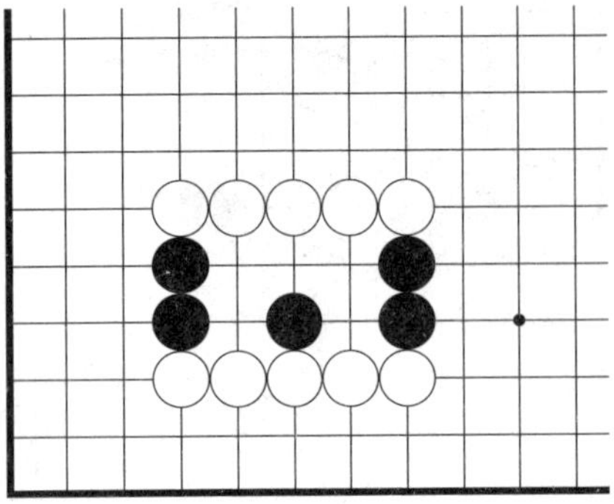

第 20 题

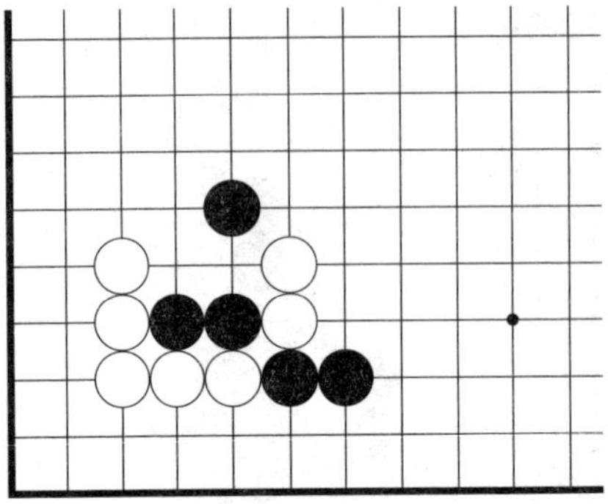

第 21 题

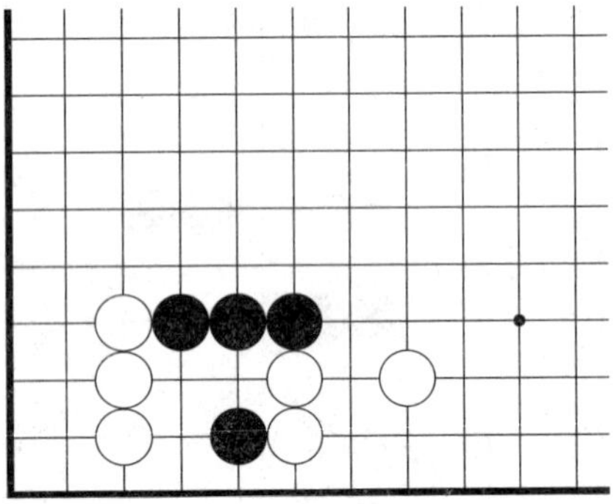

第 22 题

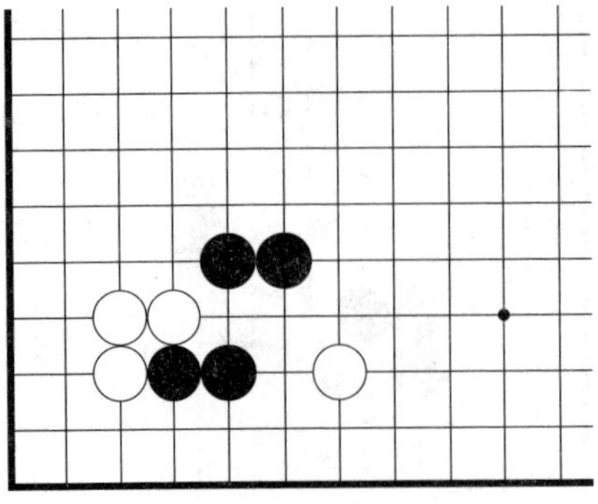

第 23 题

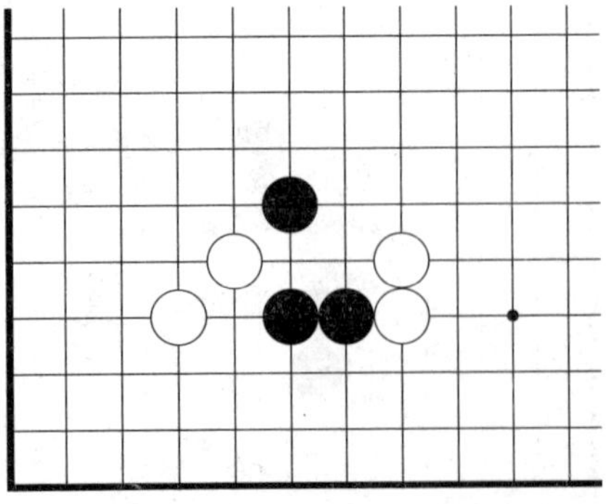

第 24 题

日期	年　月　日	得分		签名	

连 接（五）

黑先，黑棋如何运用虎的手筋进行连接？请在要下子的地方写“1”。

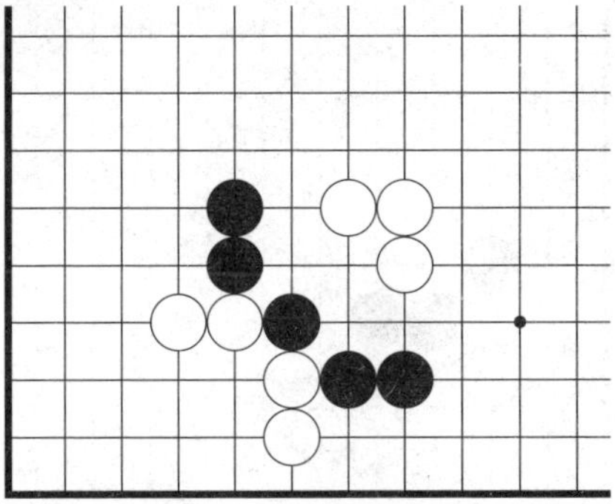

第 25 题

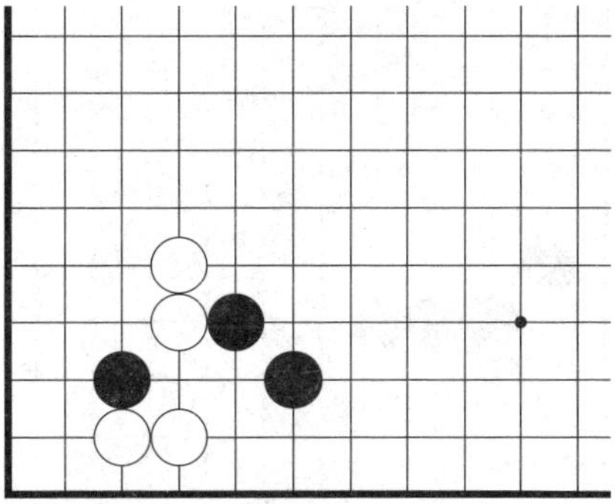

第 26 题

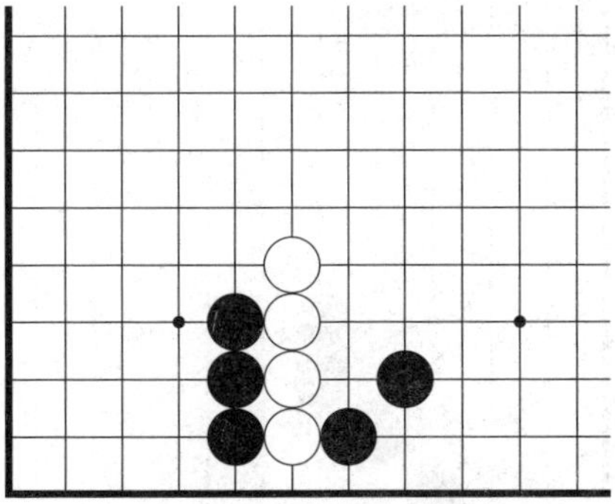

第 27 题

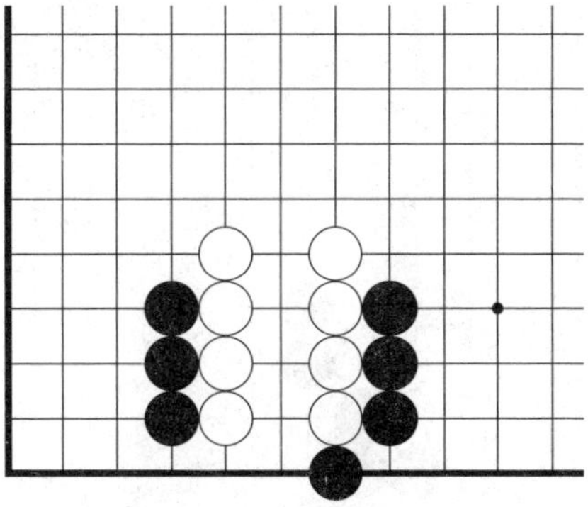

第 28 题

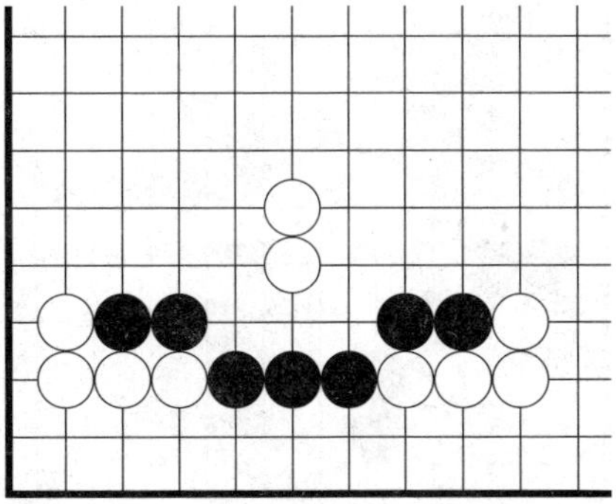

第 29 题

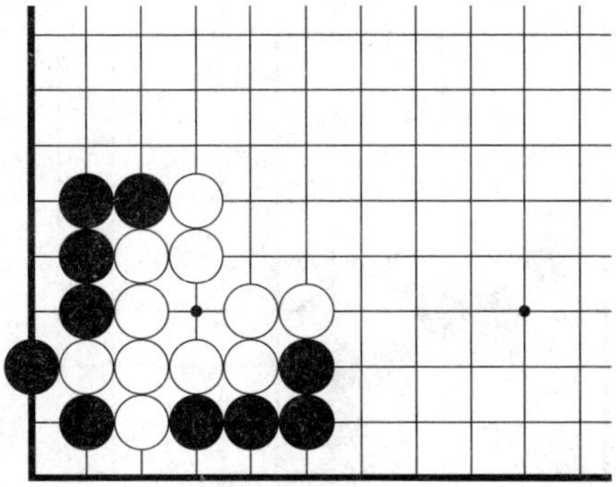

第 30 题

日 期	年 月 日	得 分		签 名	

第一单元

连　接（六）

黑先，黑棋如何运用虎的手筋进行连接？请在要下子的地方写“1”。

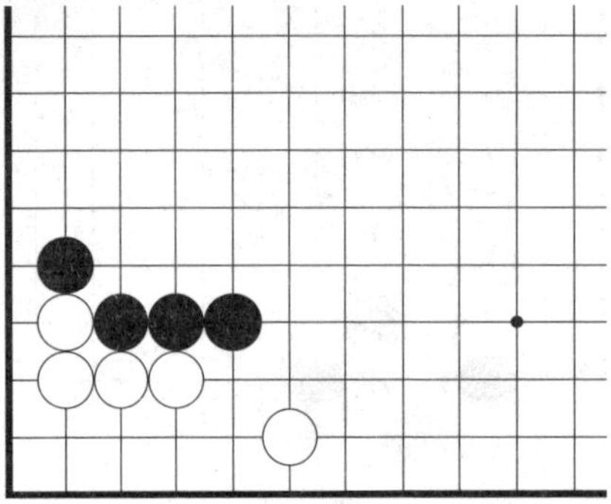

第 31 题

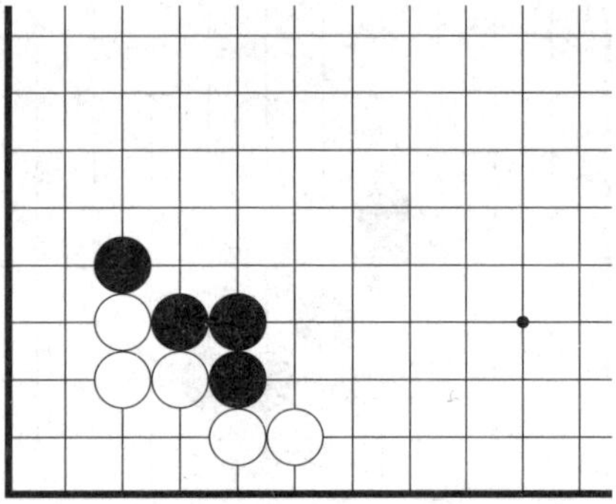

第 32 题

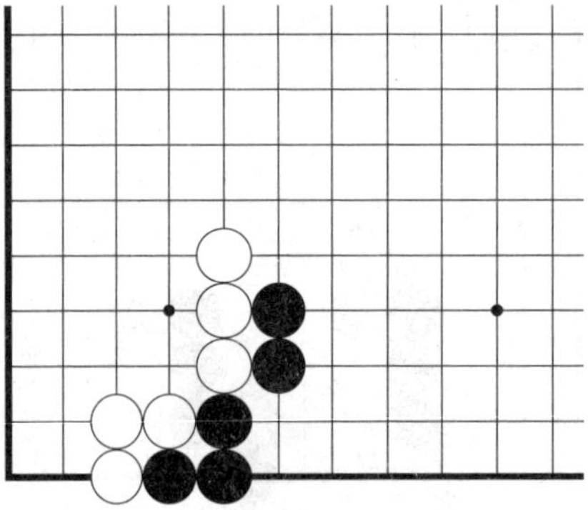

第 33 题

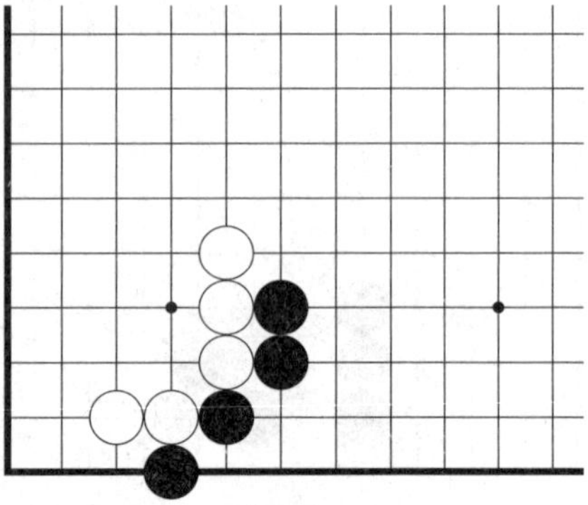

第 34 题

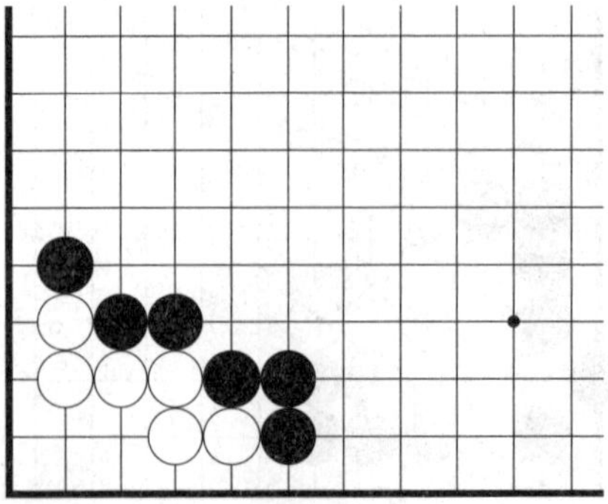

第 35 题

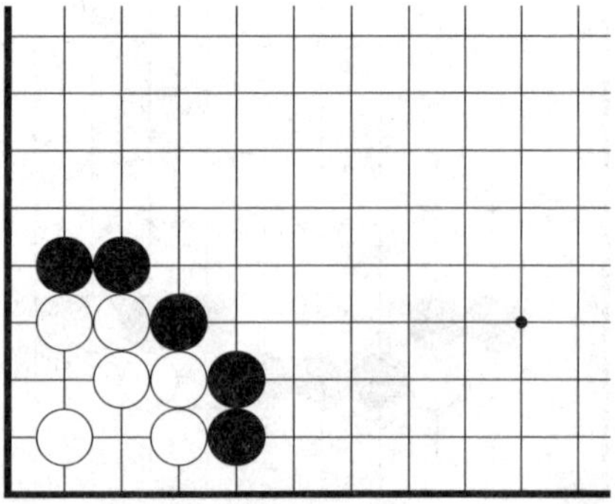

第 36 题

日 期	年 月 日	得 分		签 名	

第一单元 连 接（七）

黑先，黑棋如何运用提子的手筋进行连接？请在要下子的地方写“1”。

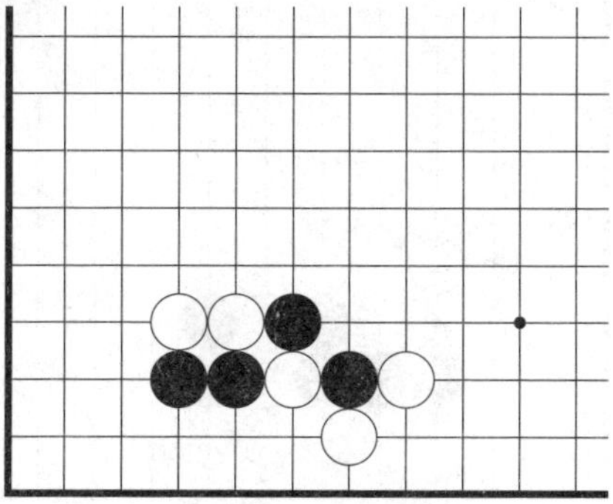

第 37 题

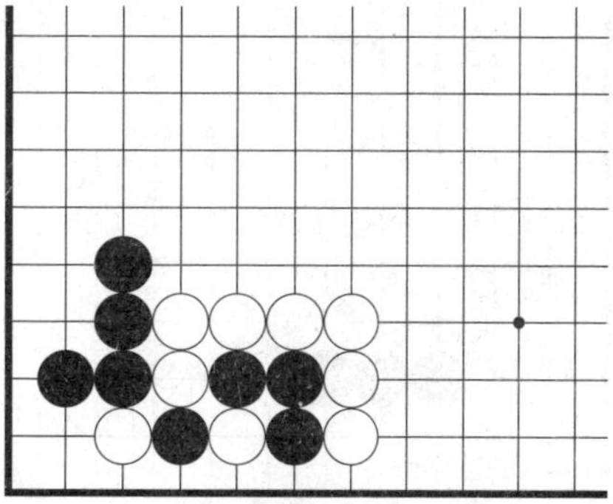

第 38 题

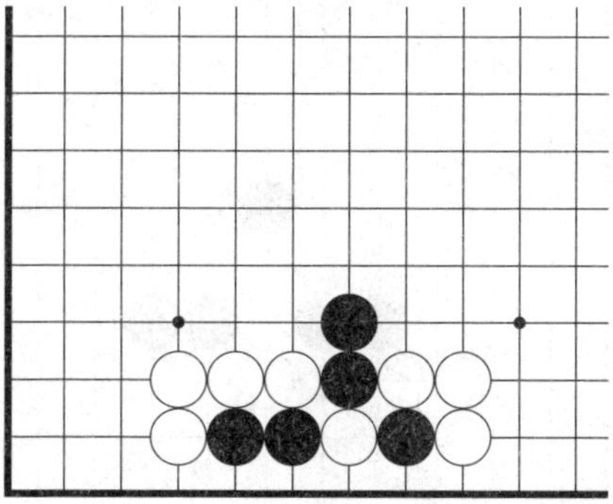

第 39 题

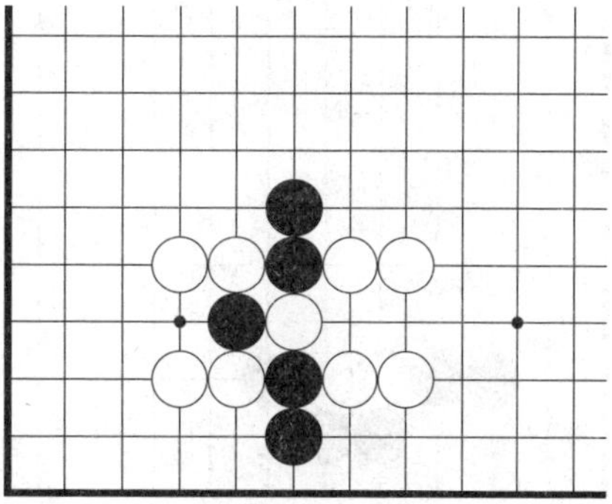

第 40 题

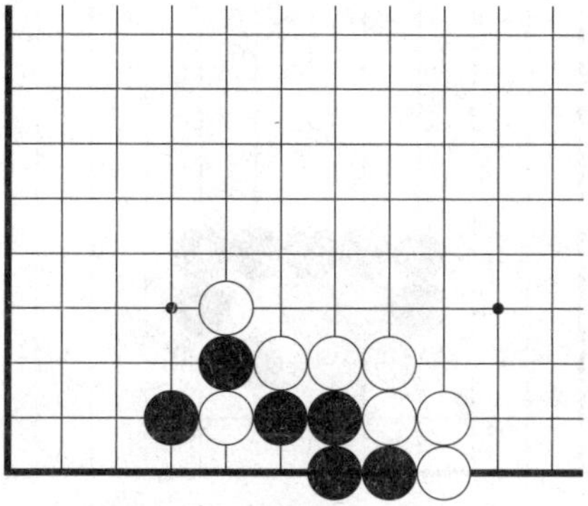

第 41 题

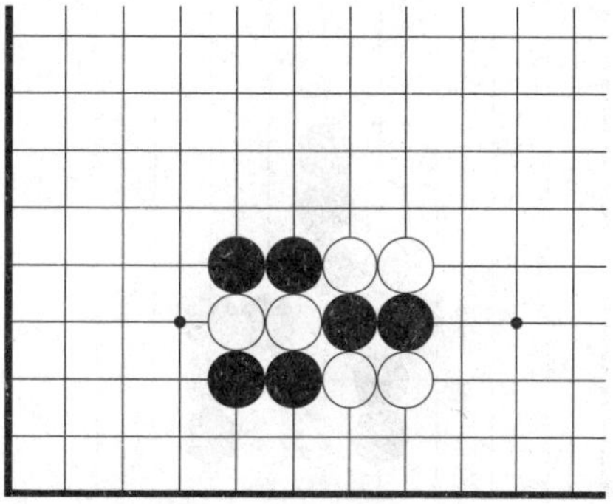

第 42 题

日 期	年 月 日	得 分		签 名	

第一单元　分　断（一）

黑先，黑棋如何运用手筋将白棋分断？请在要下子的地方写“1”。

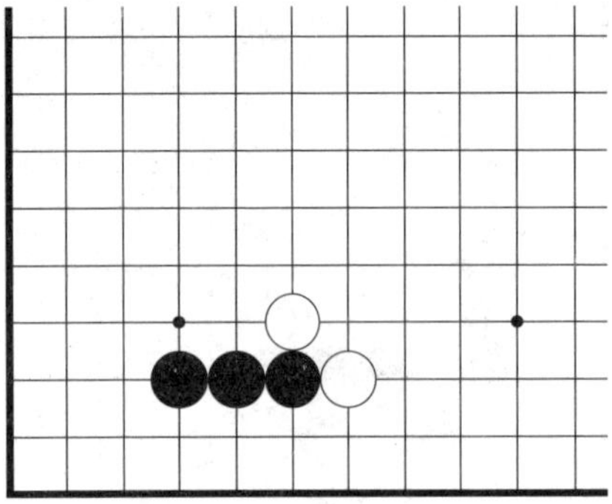

第 43 题

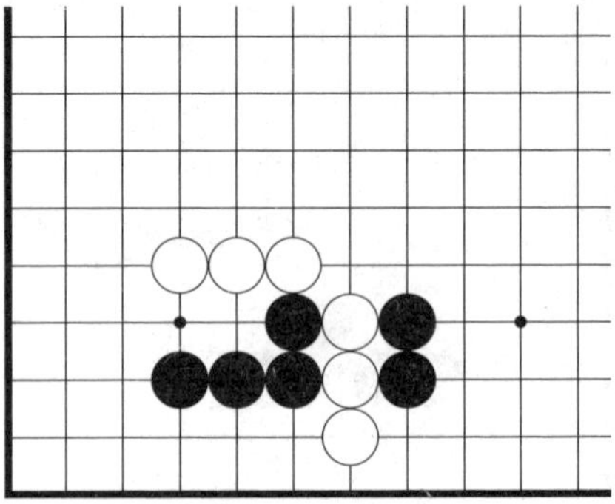

第 44 题

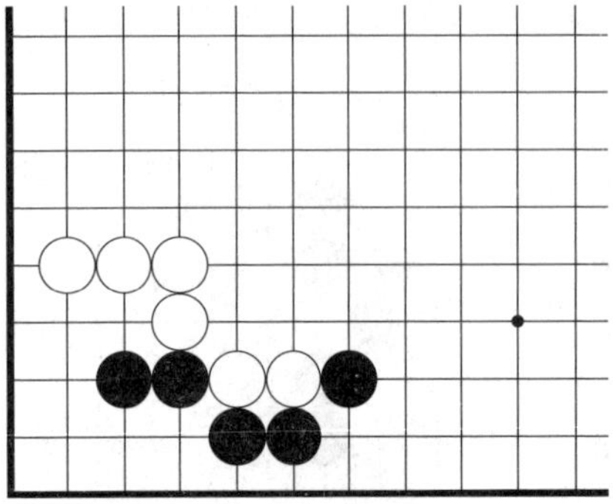

第 45 题

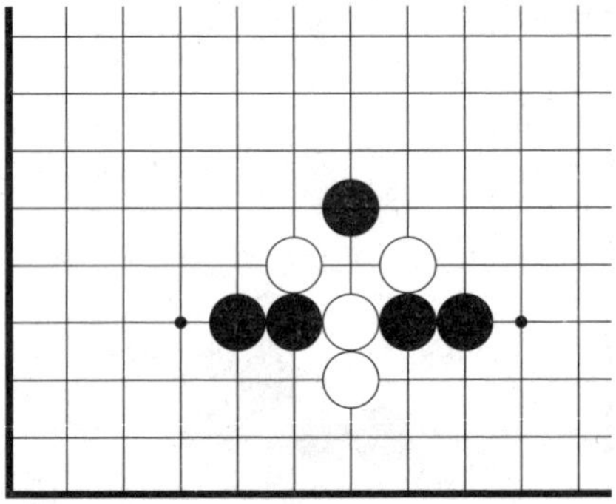

第 46 题

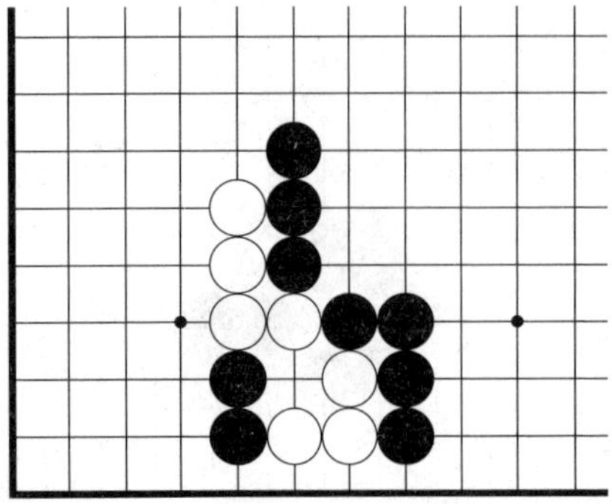

第 47 题

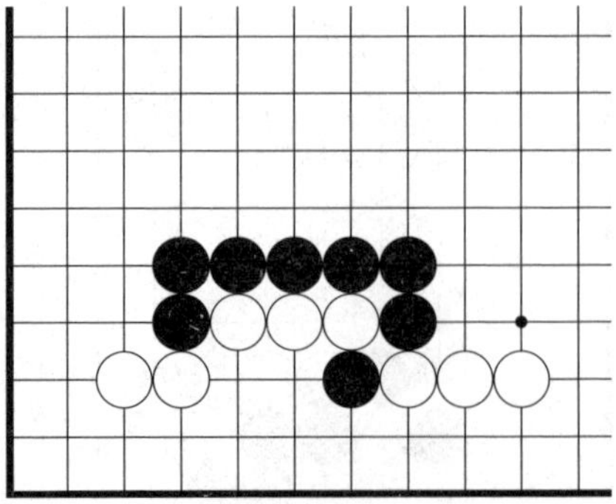

第 48 题

日 期	年　月　日	得 分		签 名	

第一单元

分　断（二）

黑先，黑棋如何运用手筋将白棋分断？请在要下子的地方写“1”。

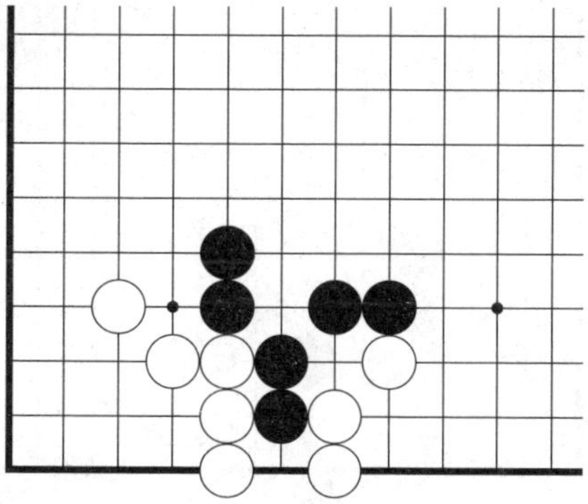

第 49 题

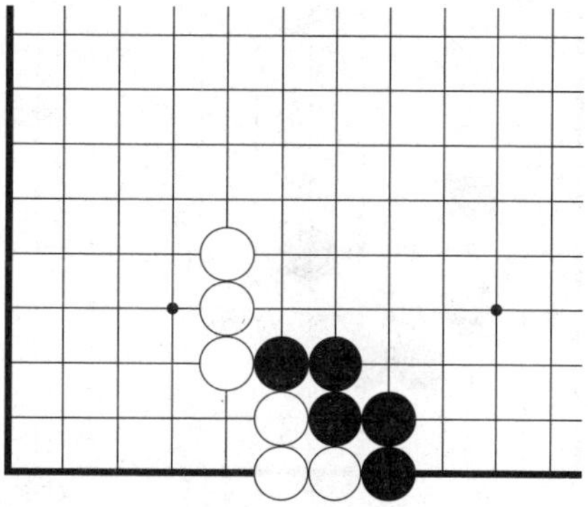

第 50 题

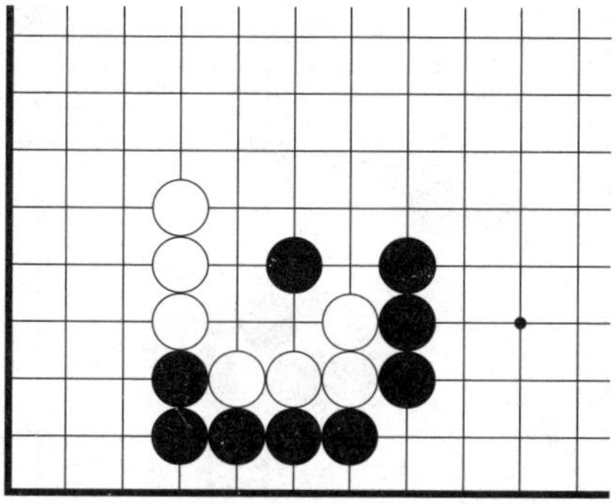

第 51 题

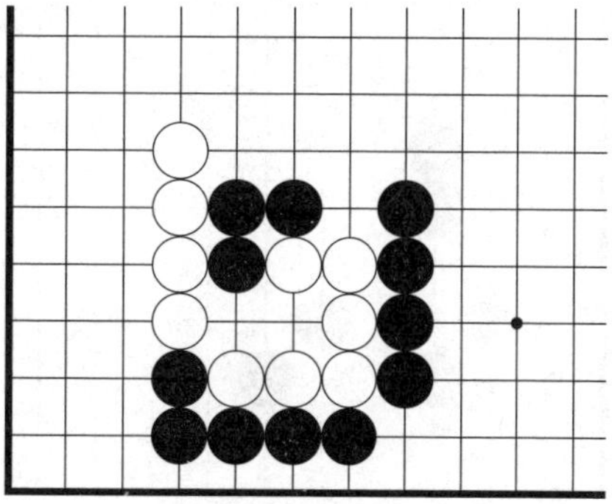

第 52 题

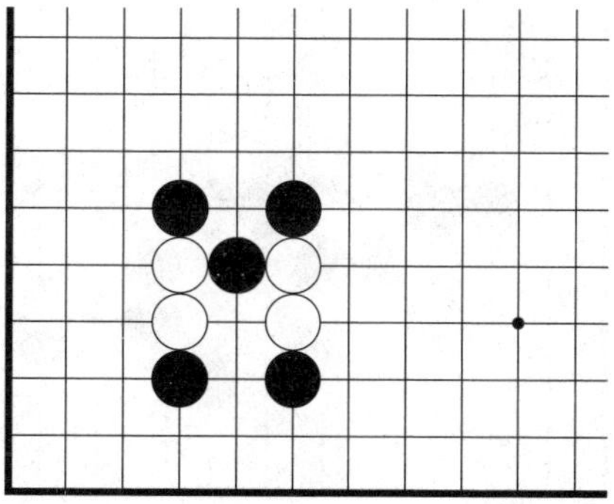

第 53 题

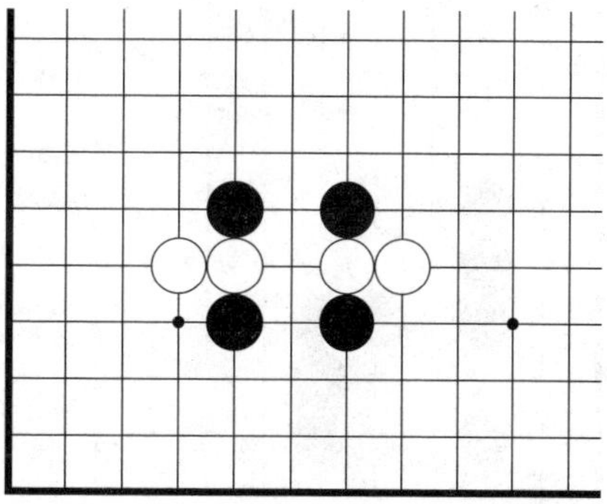

第 54 题

日期	年　月　日	得分		签名	

第一单元　分　断（三）

黑先，黑棋如何运用手筋将白棋分断？请在要下子的地方写“1”。

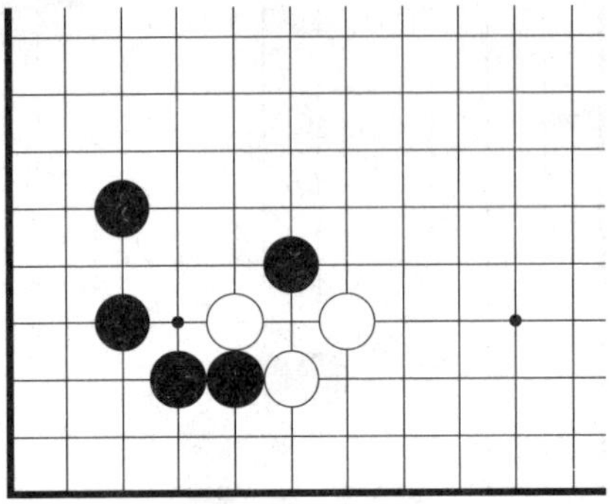

第 55 题

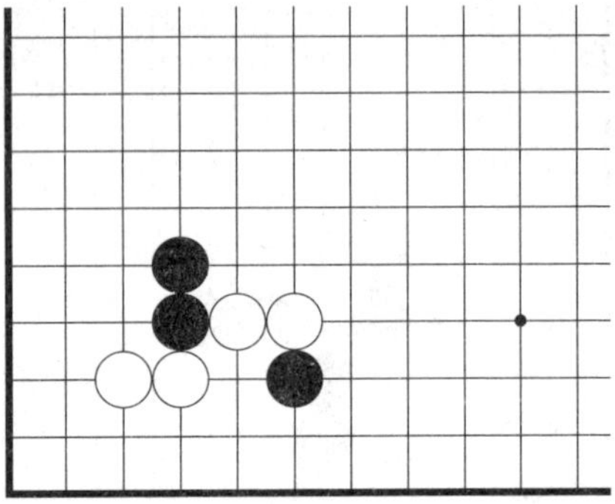

第 56 题

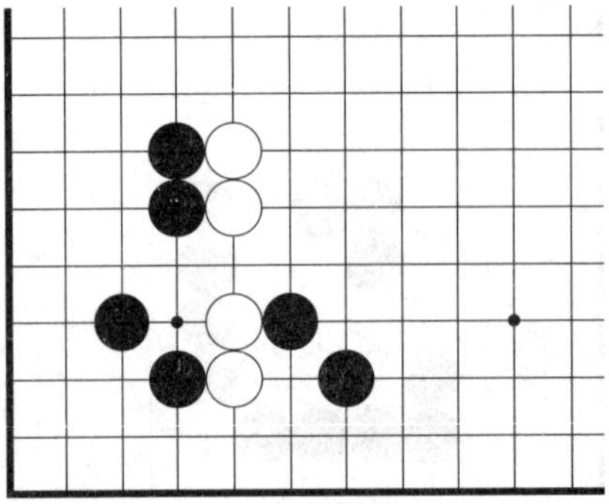

第 57 题

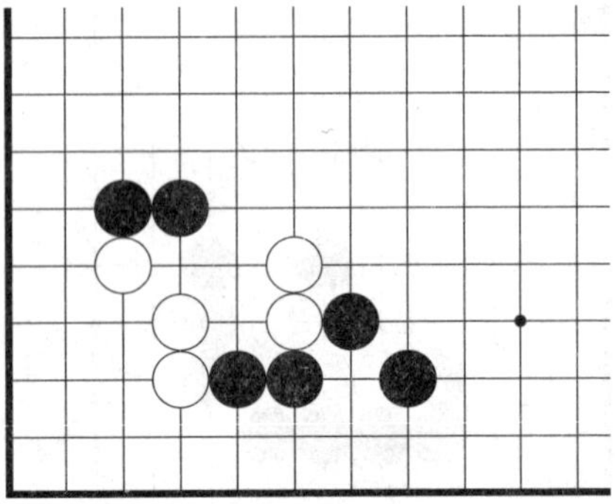

第 58 题

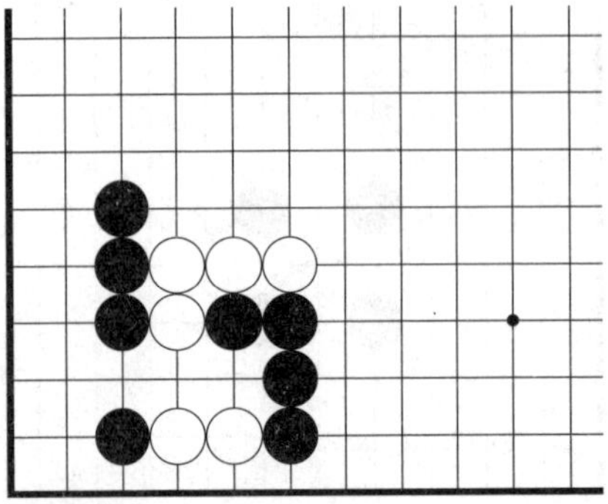

第 59 题

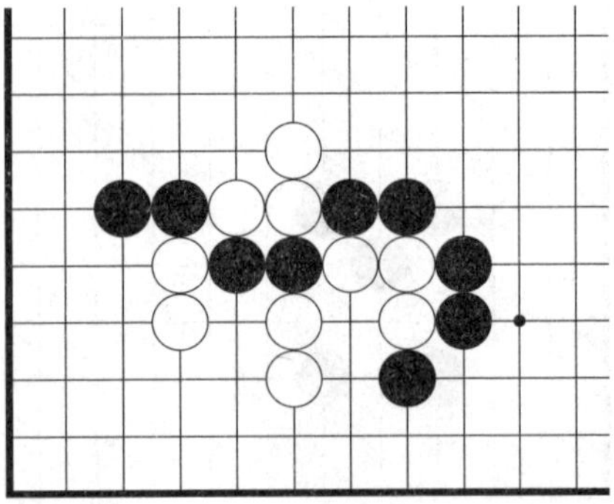

第 60 题

日期	年　月　日	得分		签名	

第二单元

吃子手筋（一）

名师导读

对于初学围棋的爱好者来说，最大的乐趣莫过于吃子了。能够吃掉对方的棋子，就可以消灭对方的战斗力，从而在子力上取得优势。

吃子不是瞎猫碰上死耗子，而要讲究方法。在入门阶段，我们首先要掌握双吃、征吃、闷吃、枷吃四种基本的吃子手筋。双吃就是下一颗子之后，同时叫吃对方两块棋的手筋。征吃就是每次都堵住对方棋子的头，直到把对方棋子吃掉的手筋，征吃又被称作“扭羊头”。闷吃就是下一颗子之后，对方的棋子被闷在里面无法逃出的手筋。枷吃就是下一颗子之后，形成牢笼将对方棋子关起来的手筋。这些手筋如果不是现成的，需要事先做一些准备工作，然后再使用，我们把这样的思路叫作“制造”。

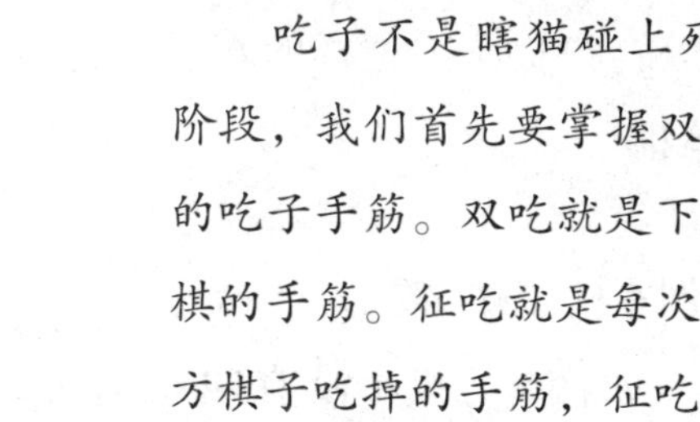

图1　双　吃

【例1】　双　吃

如图1，黑1之后，同时叫吃白棋的两块棋，白2如果粘这边，黑3就提掉另一边，白2如果走3位逃子，黑棋就在2位提子。这样的吃子手筋叫作双吃。

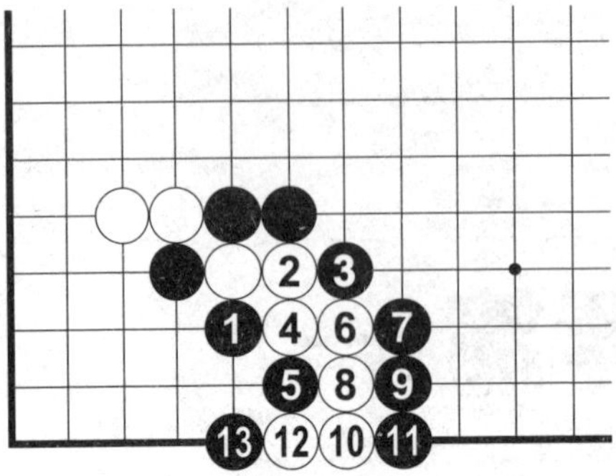

图2 征 吃

【例2】 征 吃

如图 2，黑 1 叫吃，白 2 逃子，黑 3 堵头，白 4 再逃子，黑 5 再堵头，如此反复，将白棋赶到边线后，白棋会被吃掉，这样的吃子手筋叫作征吃。

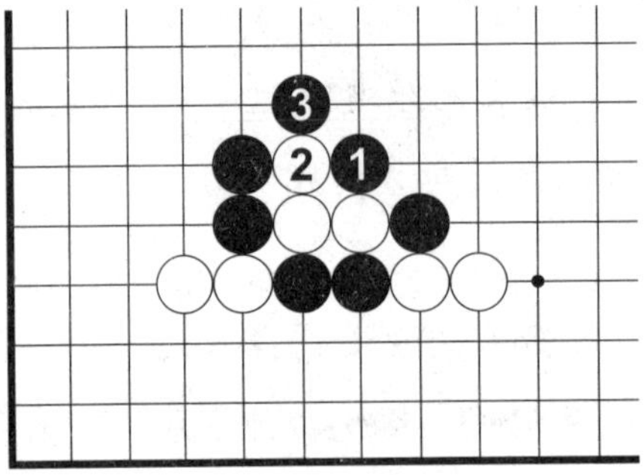

图3 闷 吃

【例3】 闷 吃

如图 3，黑 1 叫吃之后，白棋只有一口气，已经无法逃跑了，白 2 如果逃子，还是只有一口气，黑 3 可以轻松提子，这样的吃子手筋叫作闷吃。

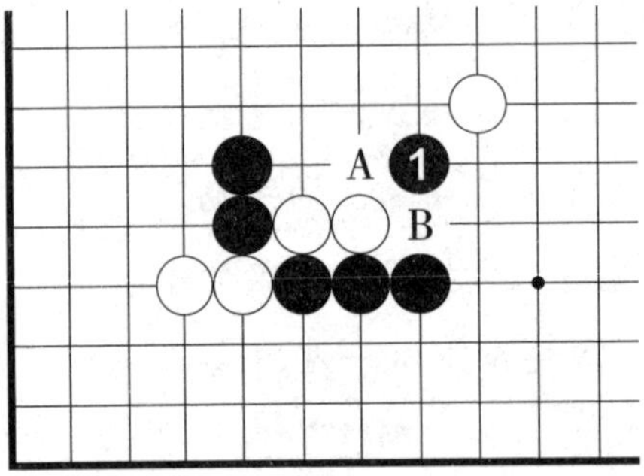

图4 枷 吃

【例4】 枷 吃

如图 4，黑 1 没有叫吃对方，但黑 1 做了一个笼子，将白棋的两颗子关了起来，白棋将来不论从 A 处还是 B 处都无法逃出，这样的吃子手筋叫作枷吃。

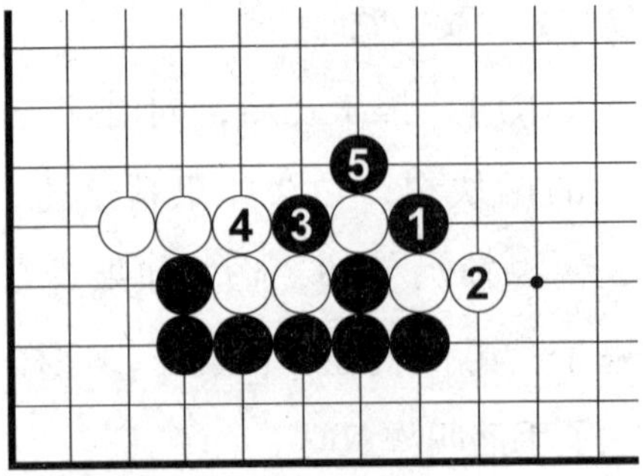

图5 制造双吃

【例5】 制造双吃

如图 5，先做准备，再运用吃子的手筋，这样的吃子过程叫作“制造”。顾名思义，黑 1 先做准备，黑 3 再双吃，这样的吃子过程叫作“制造双吃”。

双　吃（一）

黑先，黑棋如何运用双吃的手筋？请在要下子的地方写“1”。

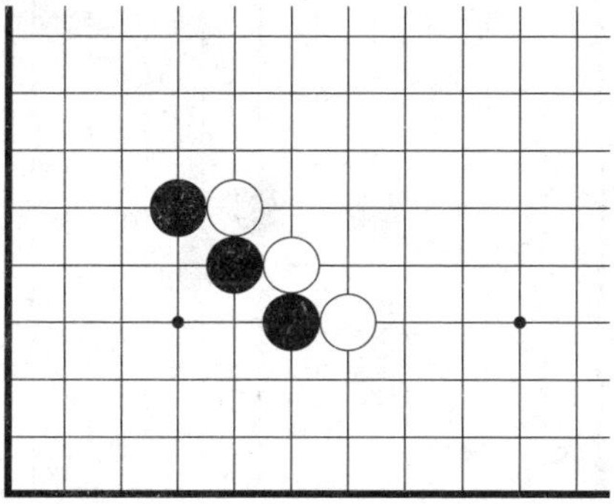

第 61 题

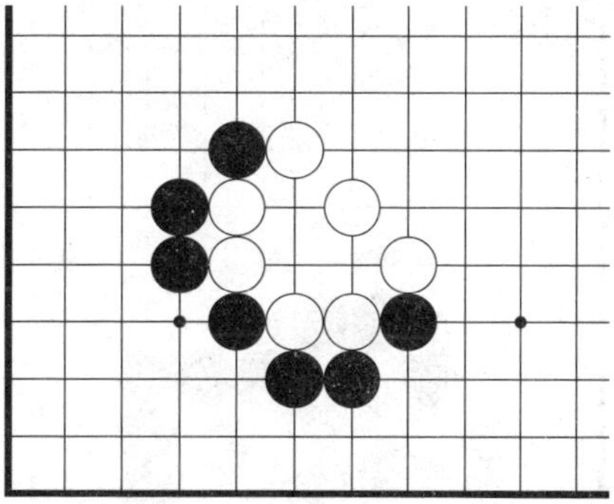

第 62 题

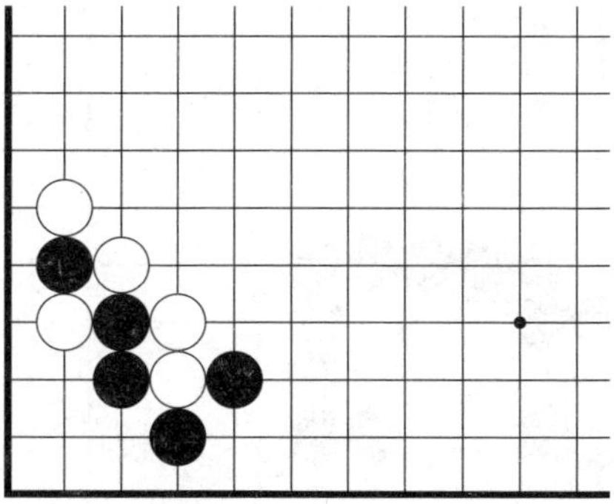

第 63 题

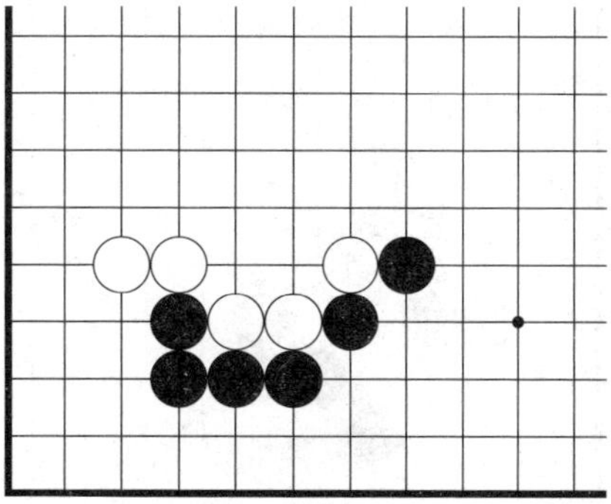

第 64 题

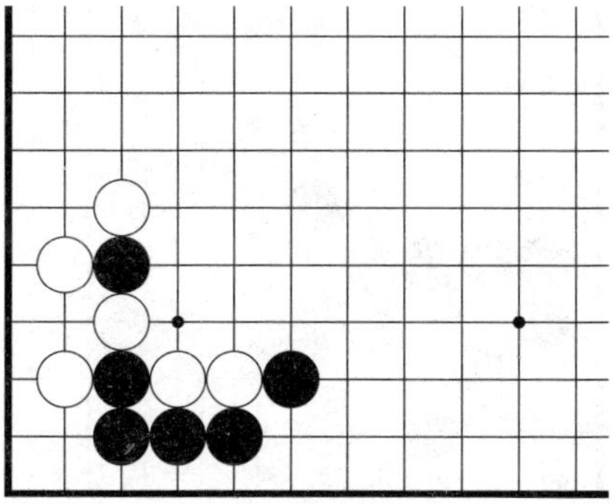

第 65 题

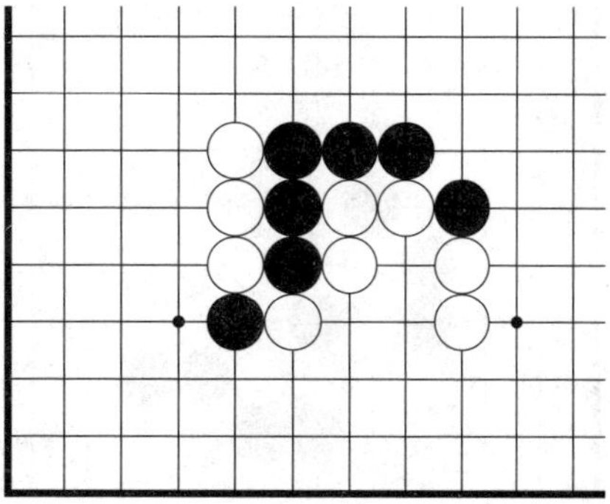

第 66 题

日期	年　月　日	得分		签名	

第二单元　双　吃（二）

黑先，黑棋如何运用双吃的手筋？请在要下子的地方写“1”。

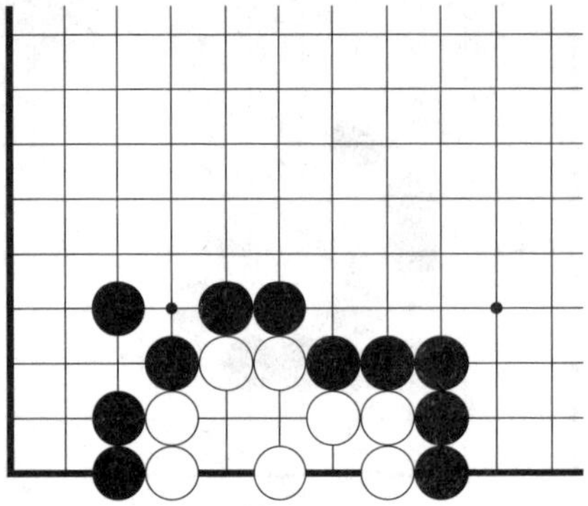

第 67 题

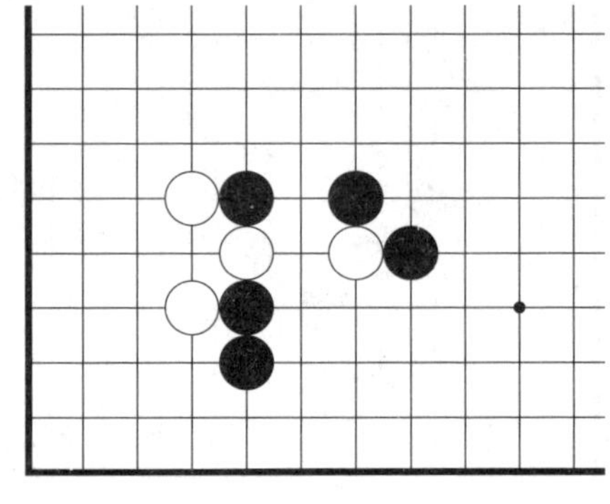

第 68 题

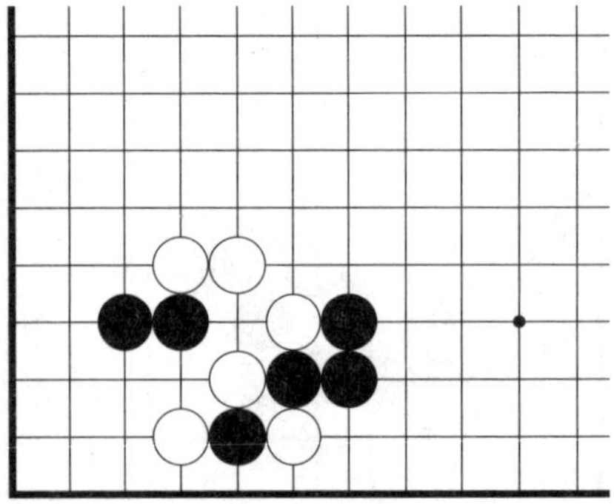

第 69 题

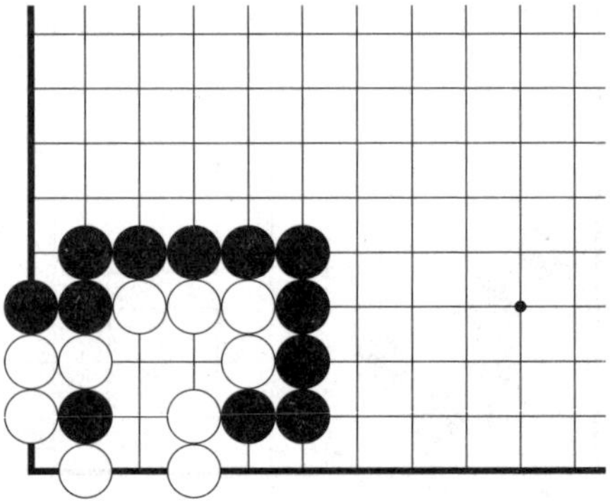

第 70 题

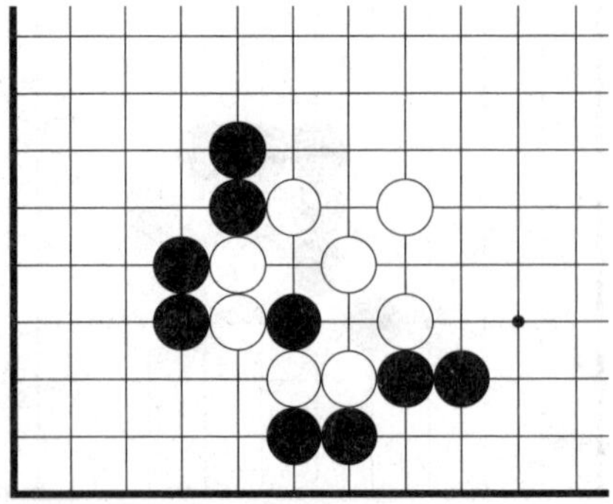

第 71 题

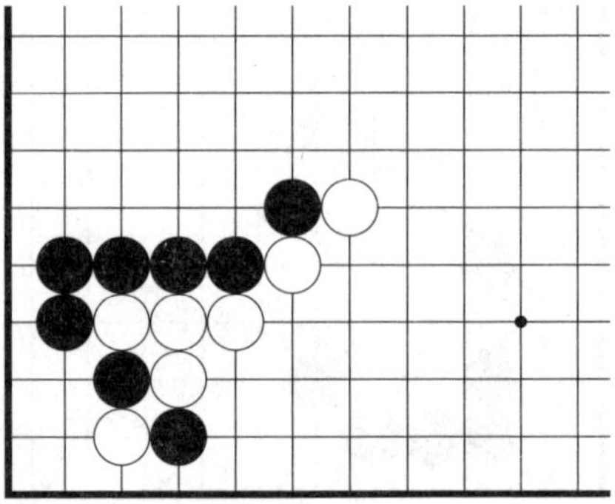

第 72 题

日 期	年　月　日	得 分		签 名	

第二单元　双　吃（三）

黑先，黑棋如何运用双吃的手筋？请在要下子的地方写“1”。

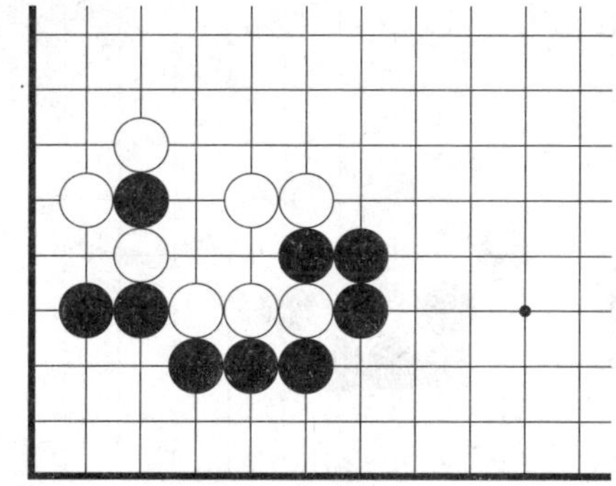

第 73 题

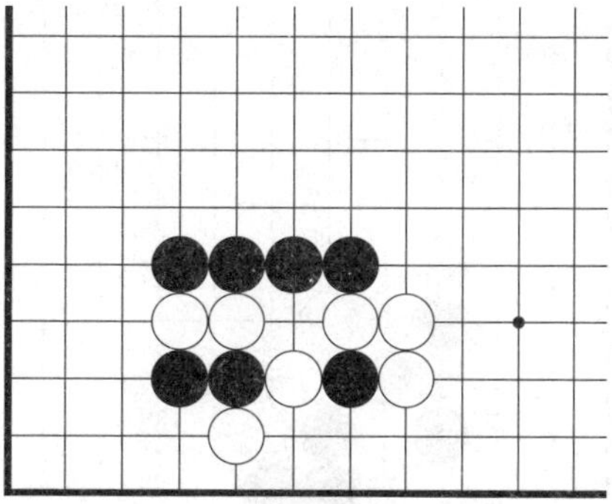

第 74 题

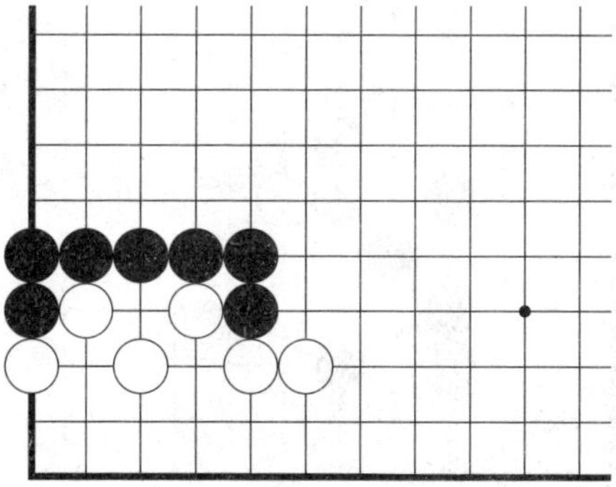

第 75 题

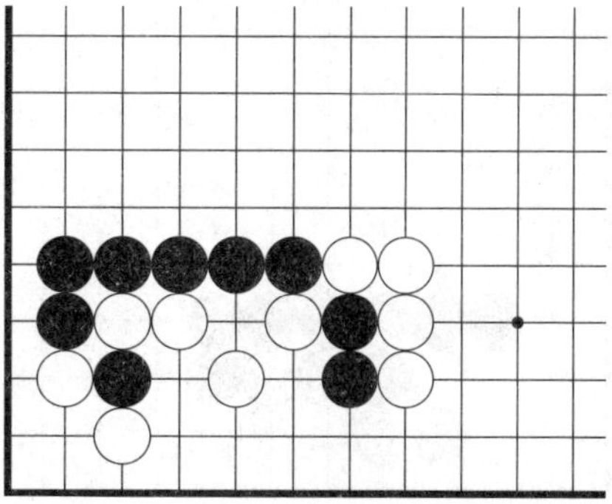

第 76 题

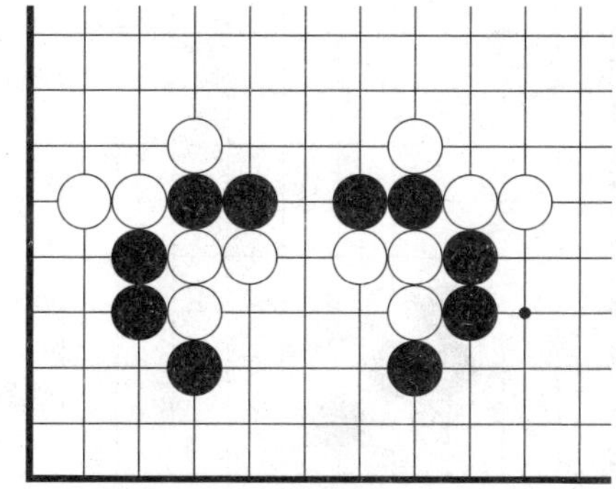

第 77 题

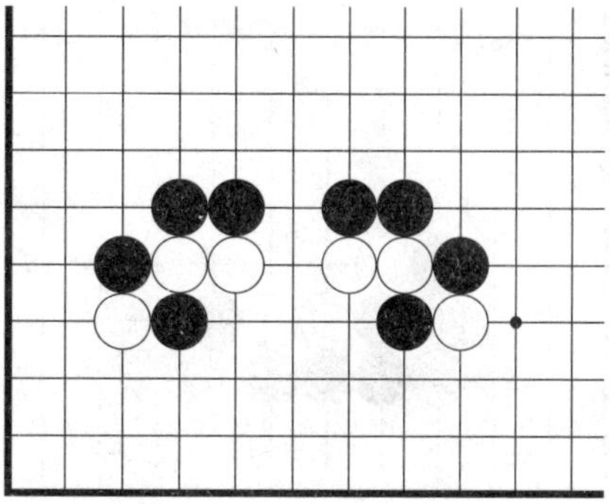

第 78 题

日 期	年　月　日	得 分		签 名	

第二单元　双　吃（四）

黑先，黑棋如何运用双吃的手筋？请在要下子的地方写“1”。

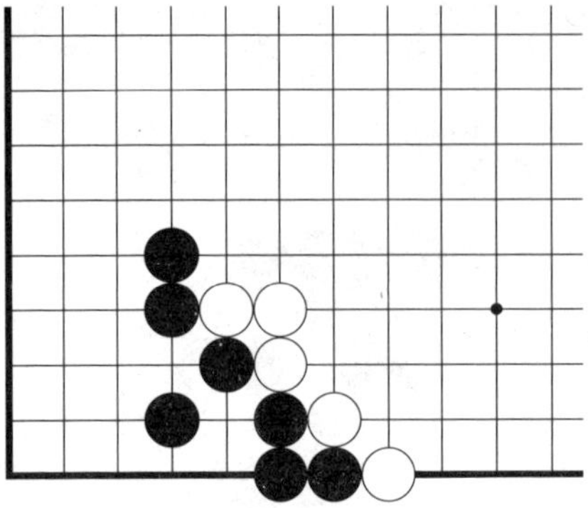

第 79 题

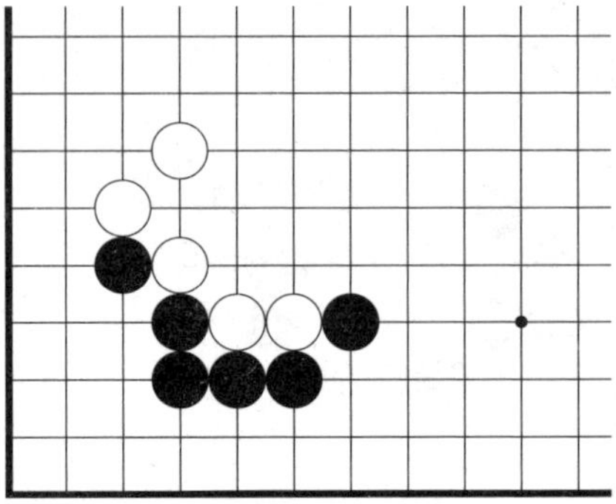

第 80 题

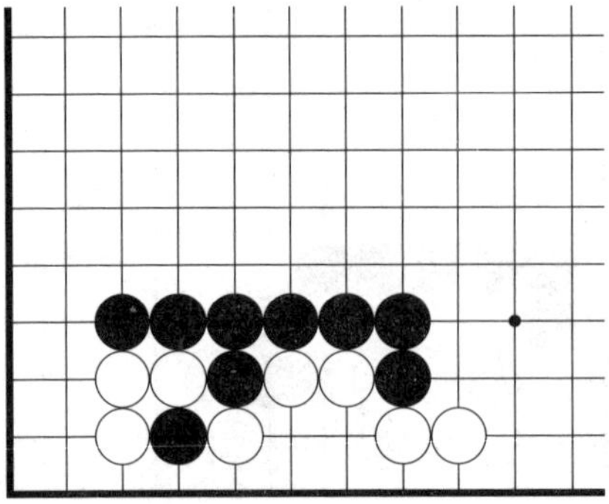

第 81 题

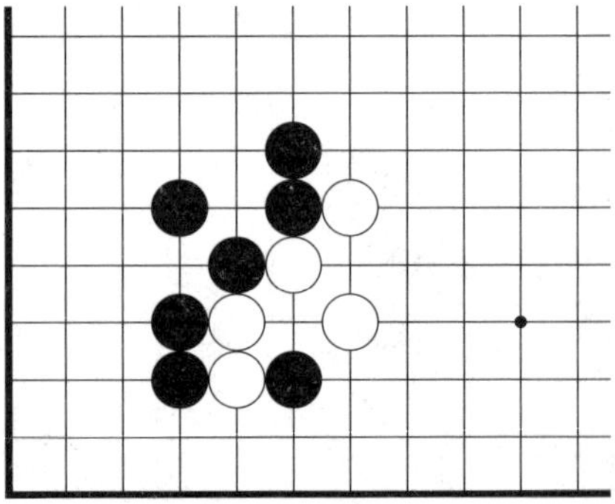

第 82 题

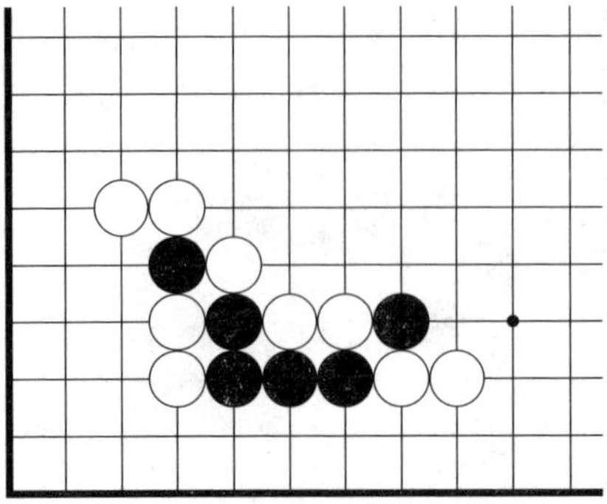

第 83 题

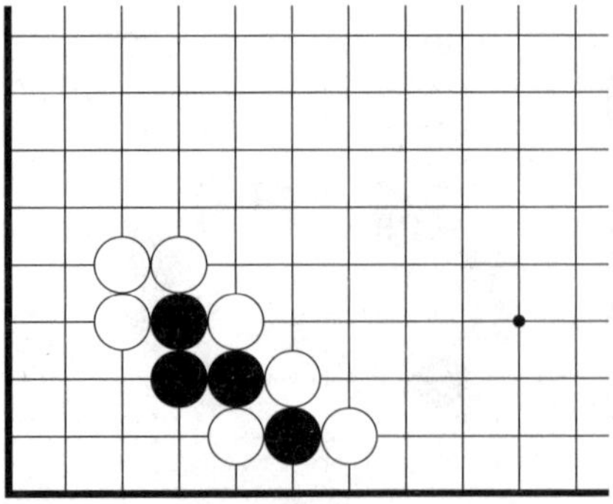

第 84 题

日期	年　月　日	得分		签名	

第二单元

双　吃（五）

黑先，黑棋如何运用双吃的手筋？请在要下子的地方写“1”。

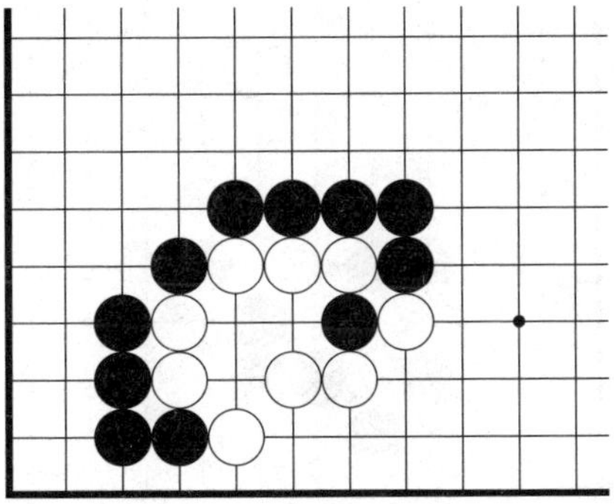

第 85 题

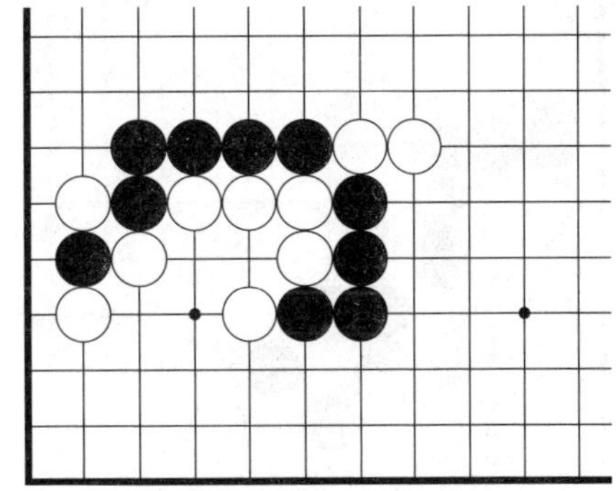

第 86 题

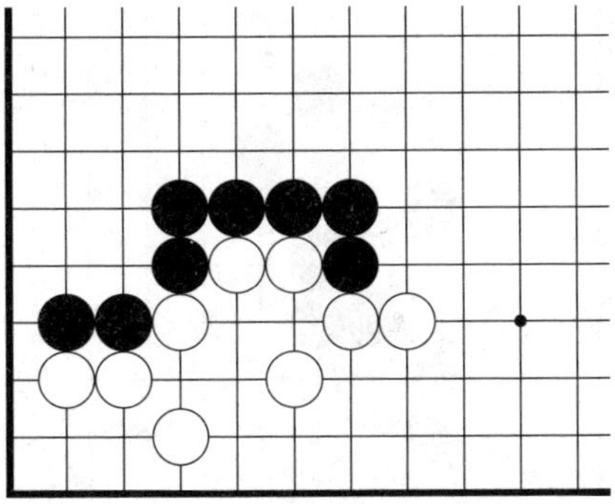

第 87 题

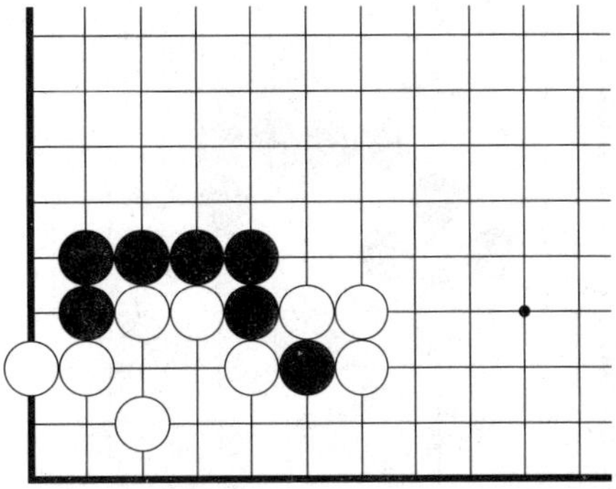

第 88 题

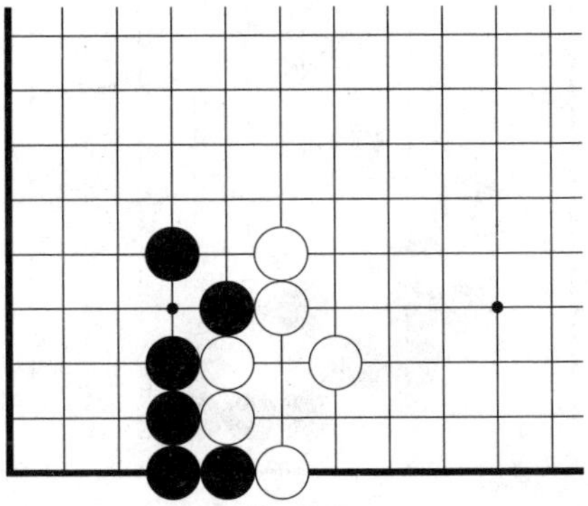

第 89 题

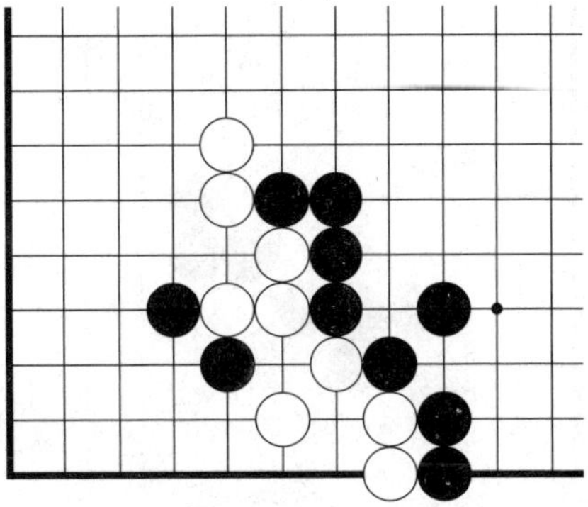

第 90 题

日 期	年　月　日	得 分		签 名	

第二单元　双　吃（六）

黑先，黑棋如何运用双吃的手筋？请在要下子的地方写“1”。

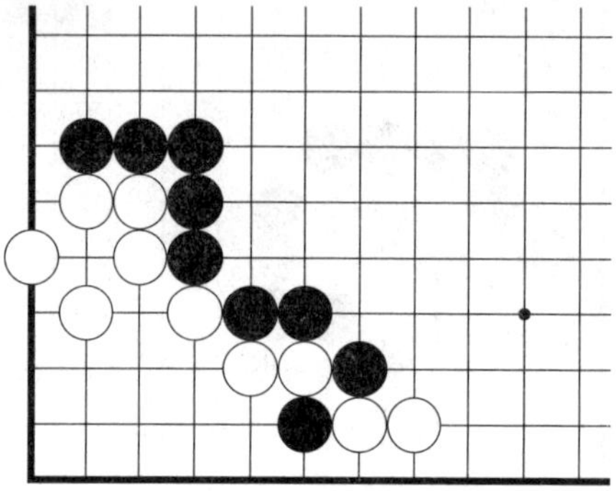

第 91 题

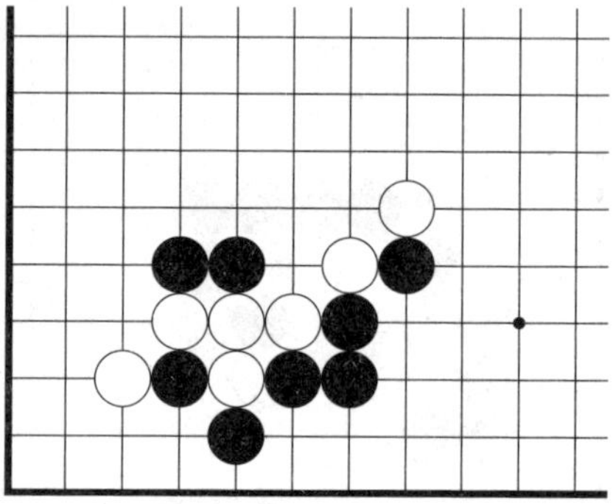

第 92 题

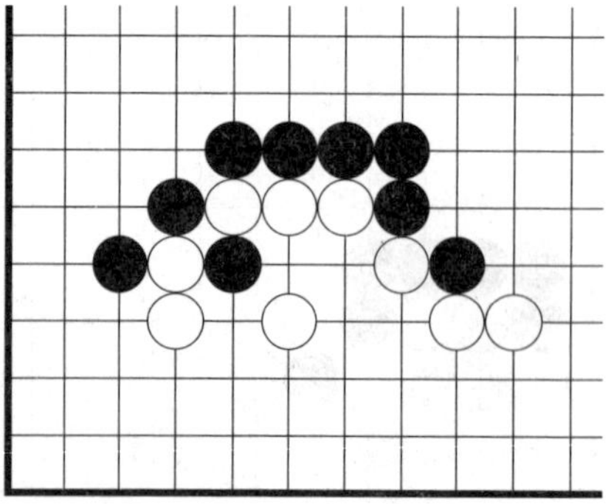

第 93 题

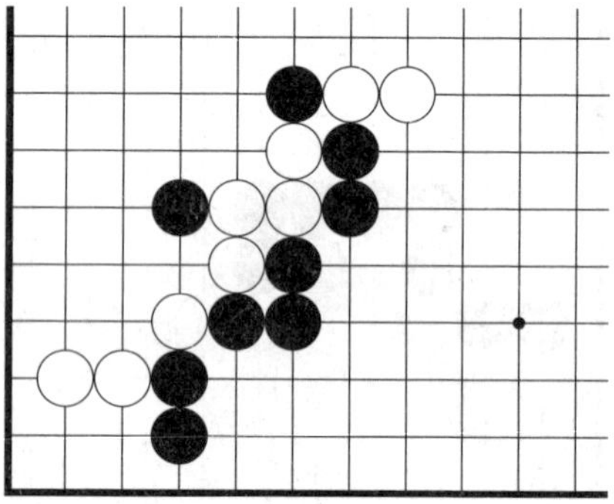

第 94 题

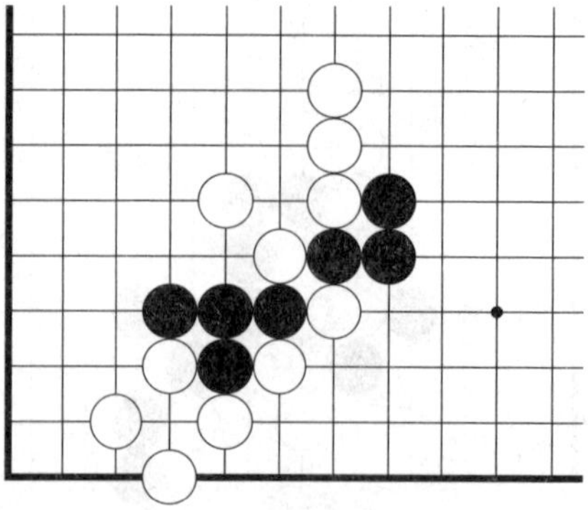

第 95 题

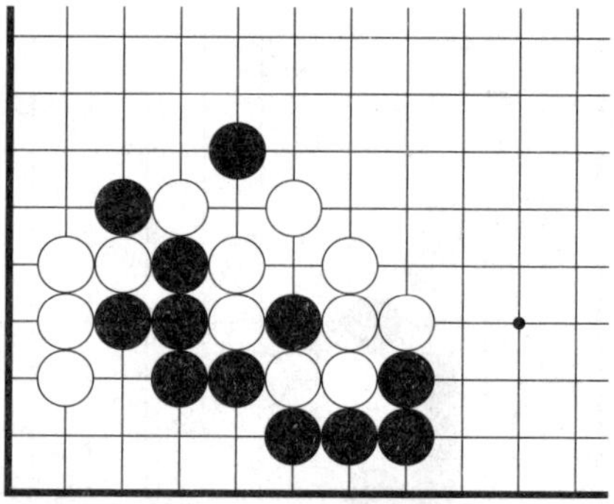

第 96 题

日期	年　月　日	得分		签名	

第二单元 制造双吃（一）

黑先，黑棋如何运用制造双吃的手筋？请写出黑 1、白 2、黑 3 共三步。

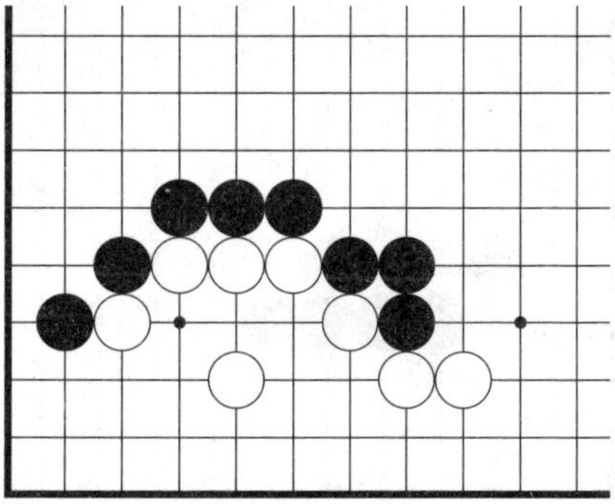

第 97 题

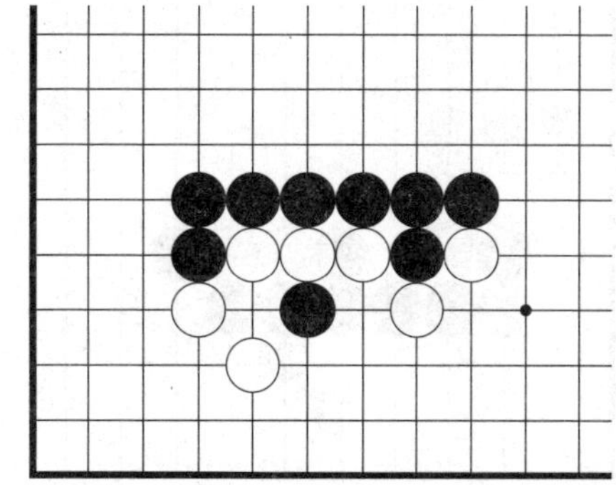

第 98 题

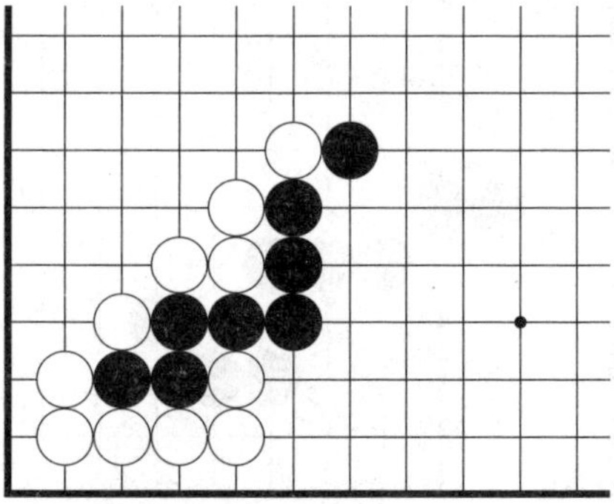

第 99 题

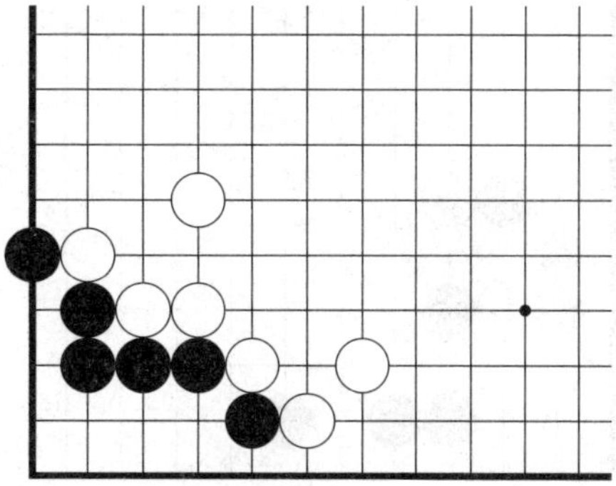

第 100 题

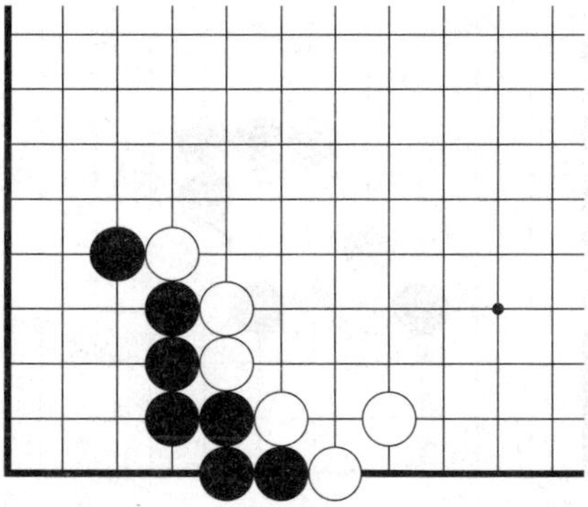

第 101 题

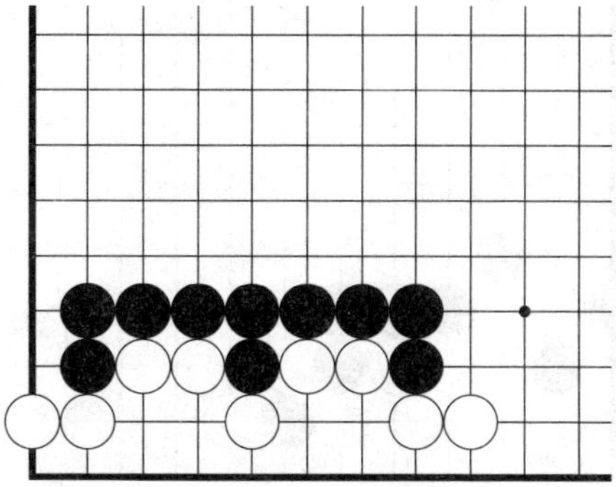

第 102 题

日 期	年 月 日	得 分		签 名	

制造双吃（二）

黑先，黑棋如何运用制造双吃的手筋？请写出黑1、白2、黑3共三步。

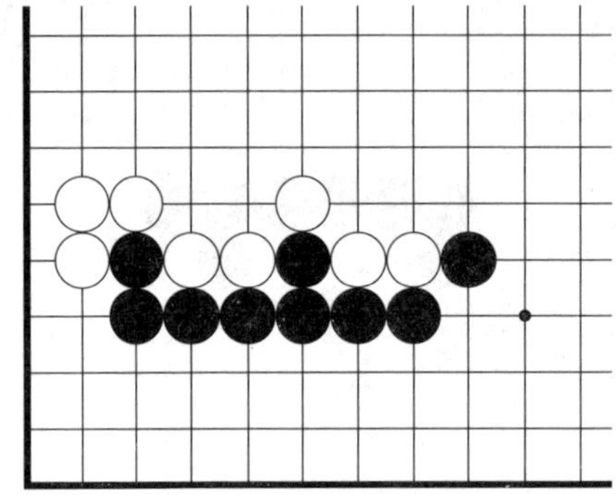

第103题

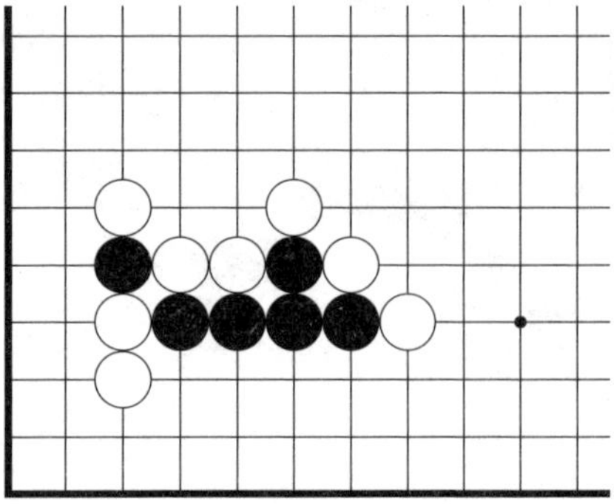

第104题

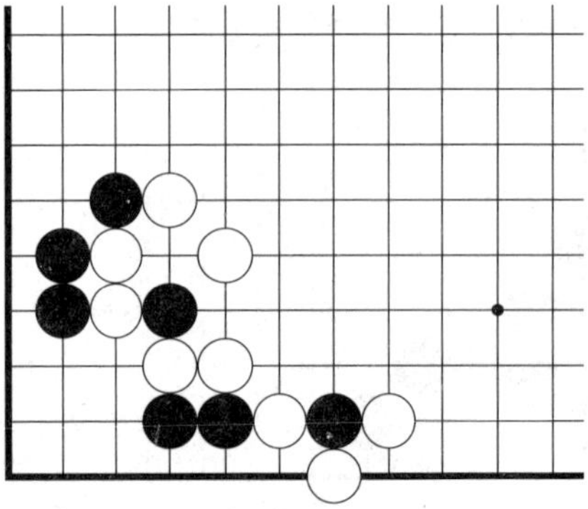

第105题

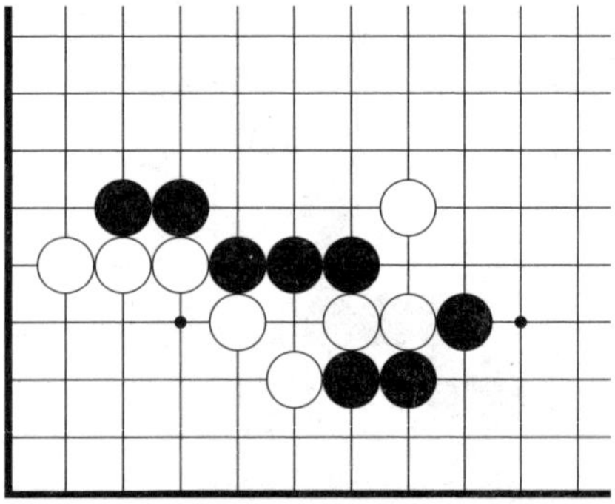

第106题

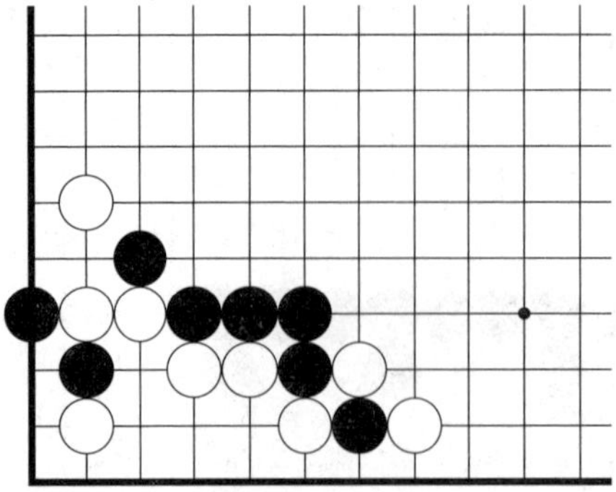

第107题

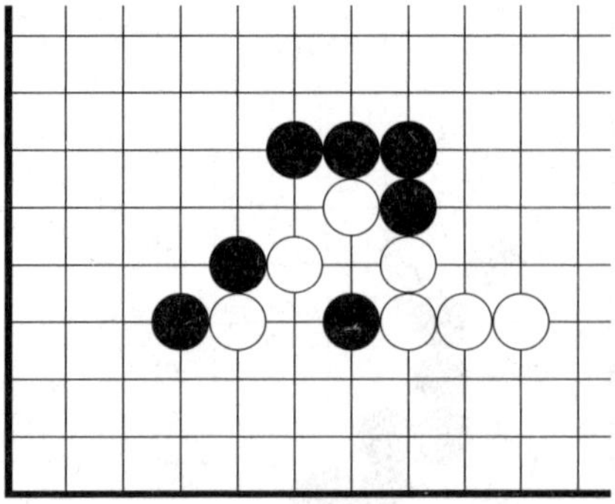

第108题

日期	年 月 日	得分		签名	

制造双吃（三）

黑先，黑棋如何运用制造双吃的手筋？请写出黑 1、白 2、黑 3 共三步。

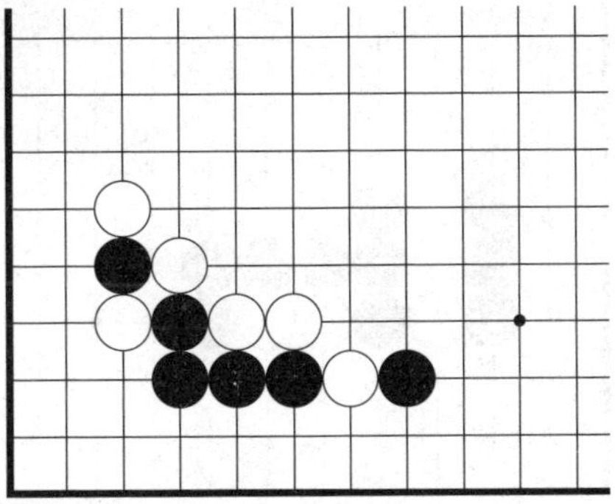

第 109 题

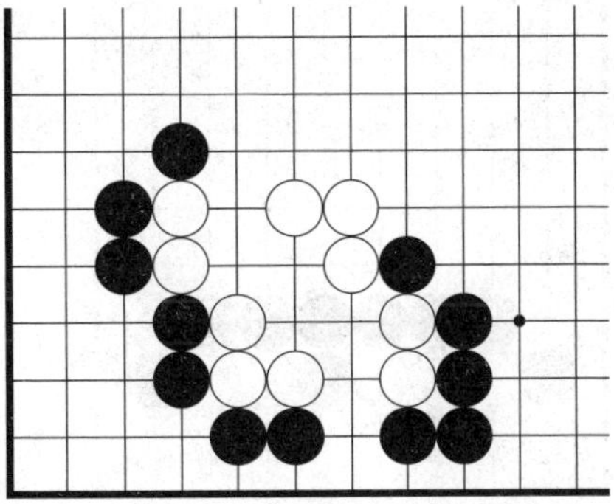

第 110 题

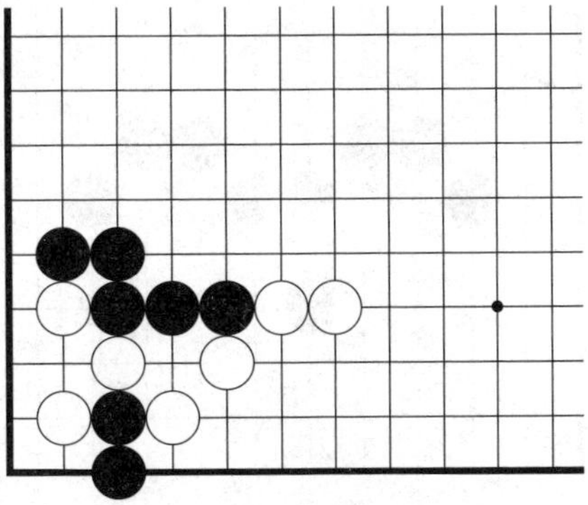

第 111 题

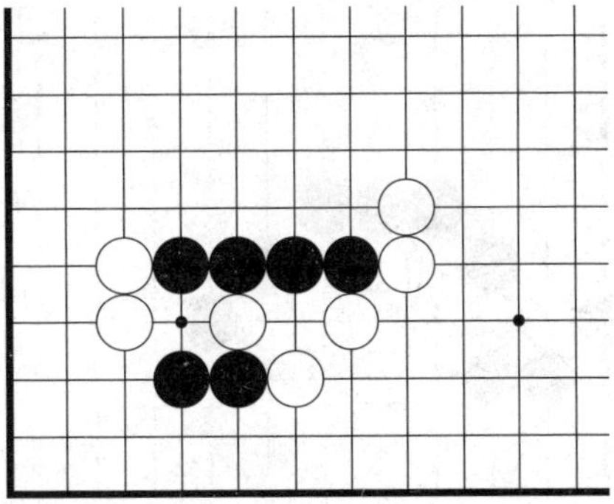

第 112 题

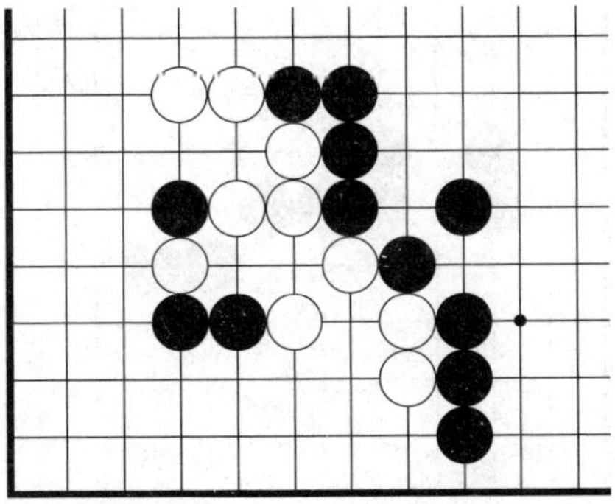

第 113 题

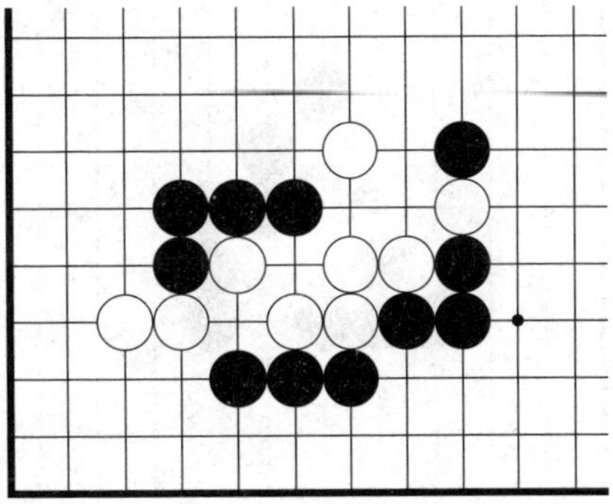

第 114 题

日 期	年 月 日	得 分		签 名	

第二单元

制造双吃（四）

黑先，黑棋如何运用制造双吃的手筋？请写出黑1、白2、黑3共三步。

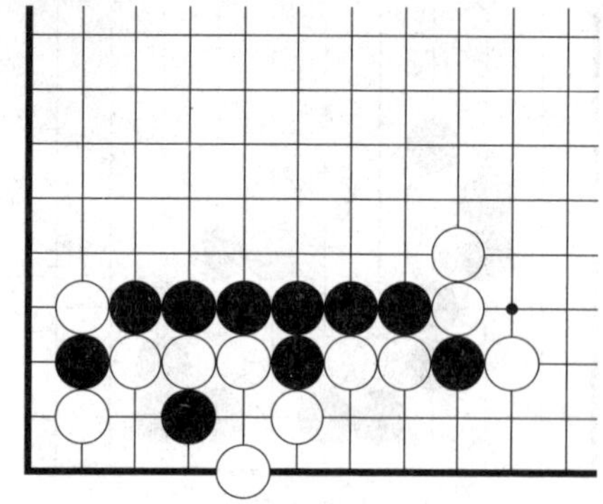

第115题

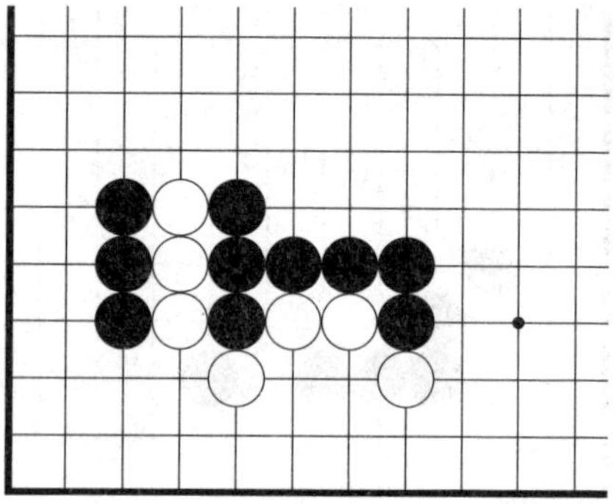

第116题

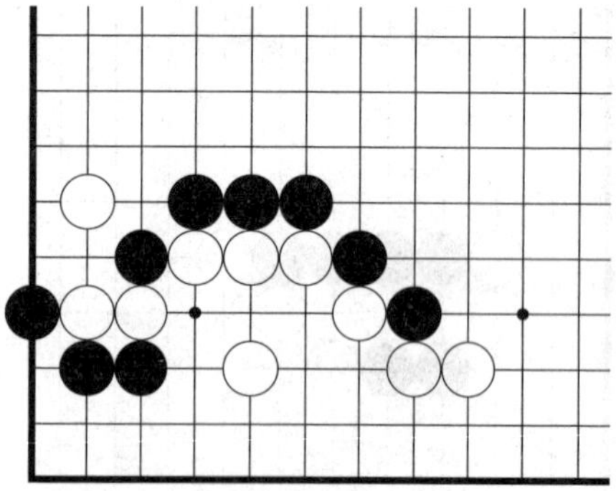

第117题

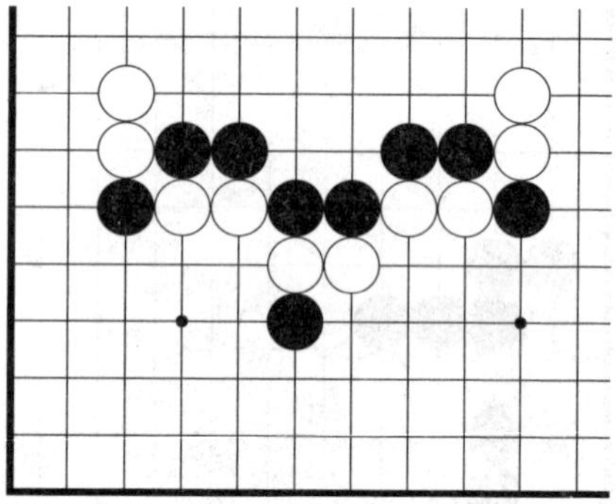

第118题

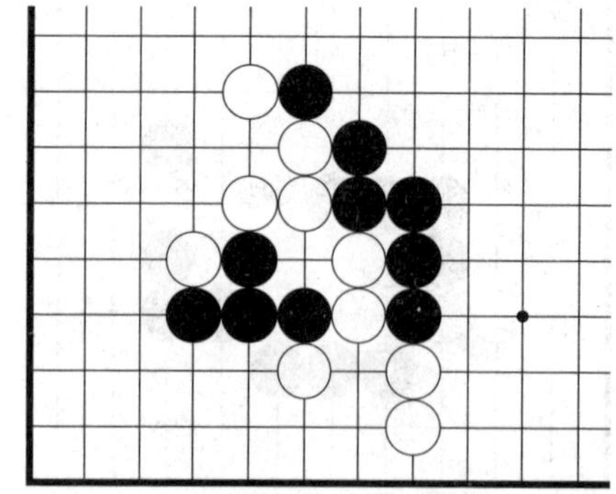

第119题

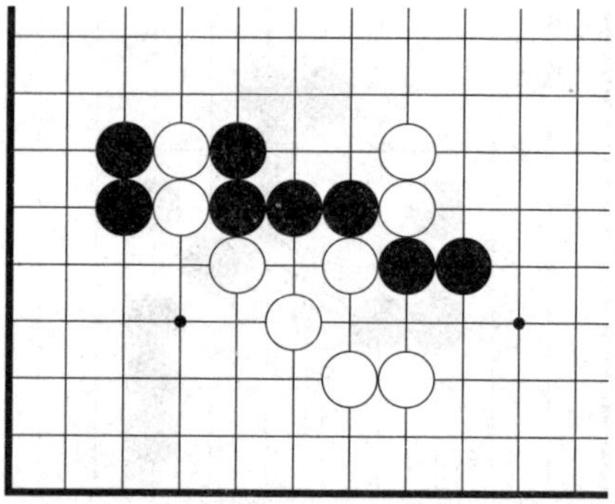

第120题

日 期	年 月 日	得 分		签 名	

第二单元

制造双吃（五）

黑先，黑棋如何运用制造双吃的手筋？请写出黑 1、白 2、黑 3、白 4、黑 5 共五步。

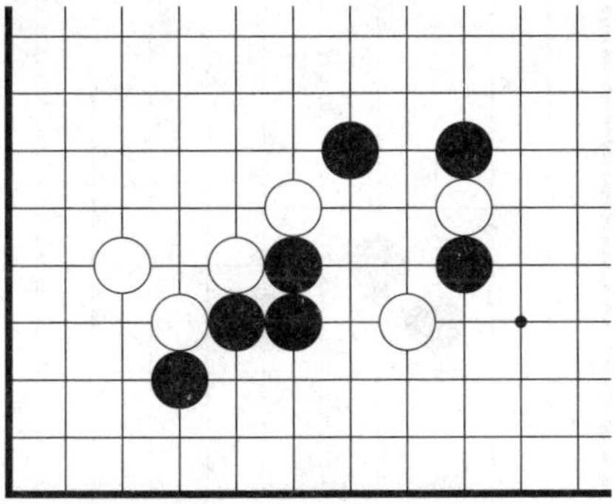

第 121 题

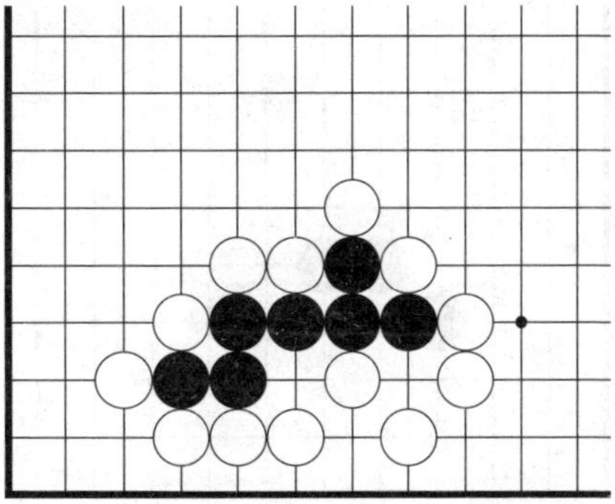

第 122 题

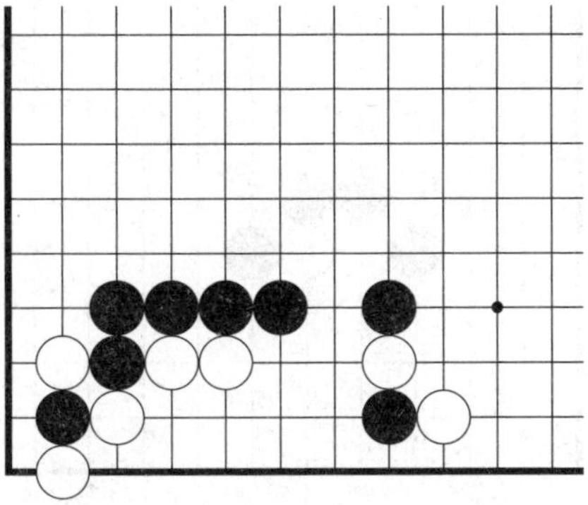

第 123 题

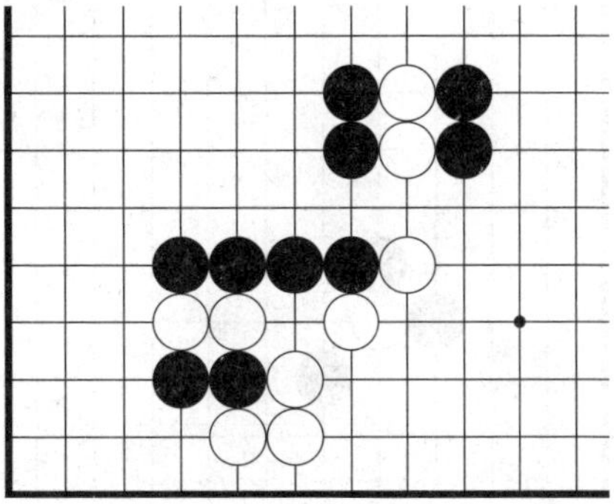

第 124 题

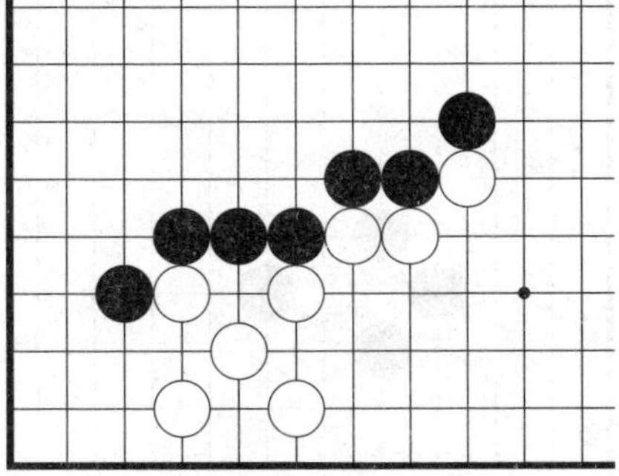

第 125 题

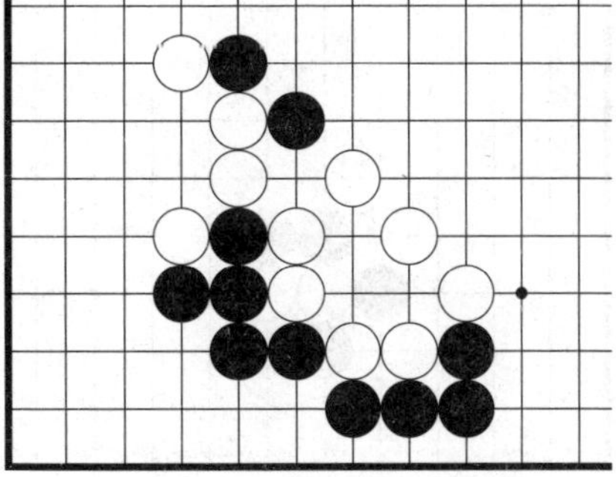

第 126 题

日 期	年 月 日	得 分		签 名	

第二单元　征　吃（一）

黑先，黑棋如何运用征吃的手筋？请写出黑1、白2、黑3共三步。

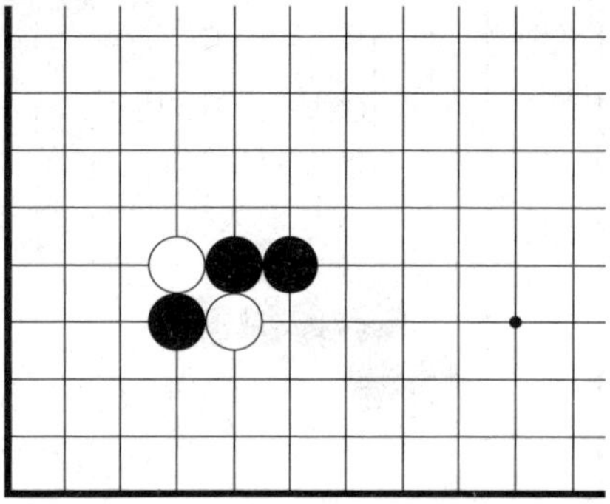

第 127 题

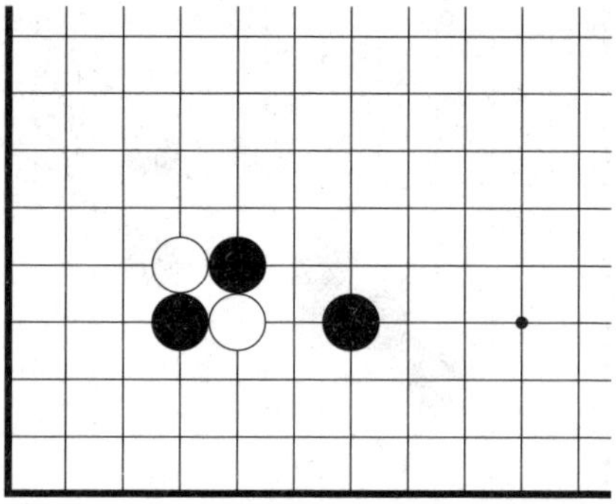

第 128 题

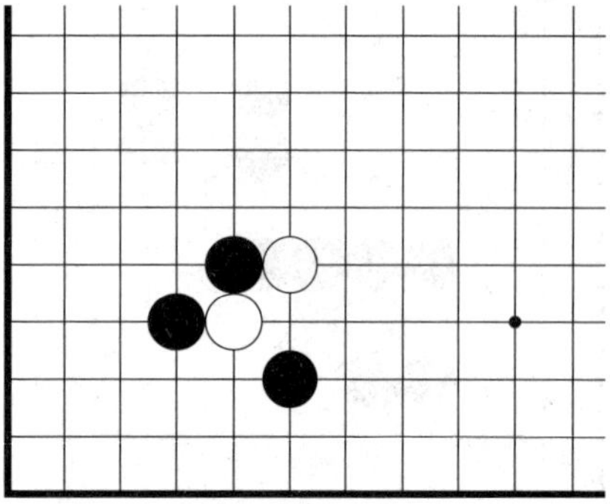

第 129 题

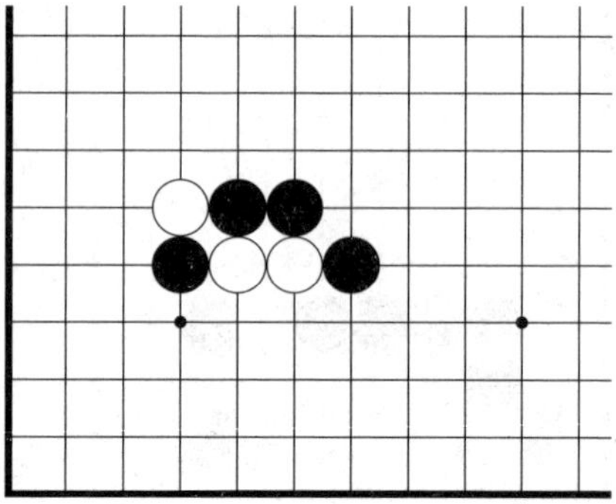

第 130 题

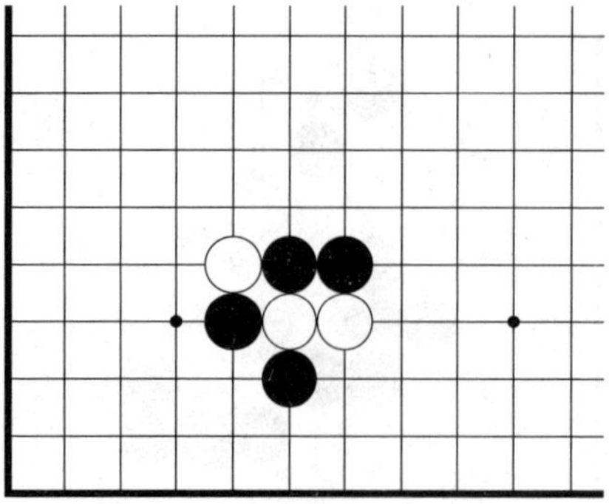

第 131 题

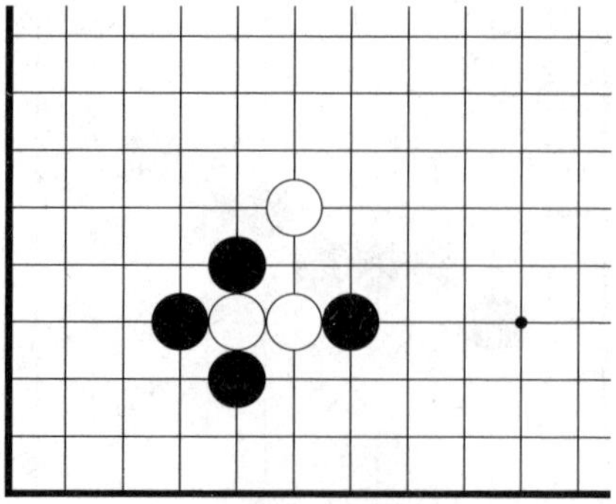

第 132 题

日期	年　月　日	得分		签名	

征　吃（二）

黑先，黑棋如何运用征吃的手筋？请写出黑 1、白 2、黑 3 共三步。

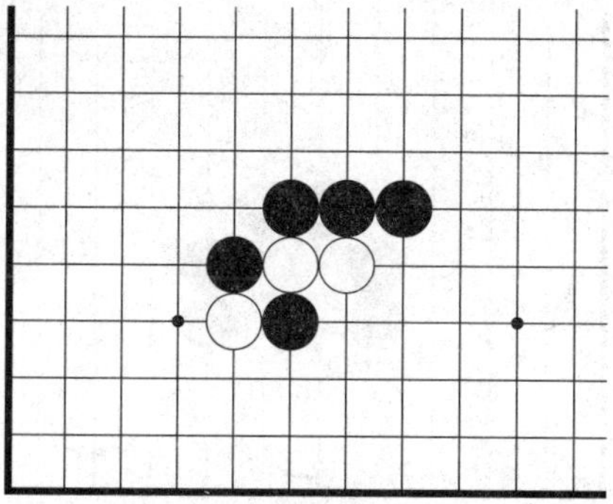

第 133 题

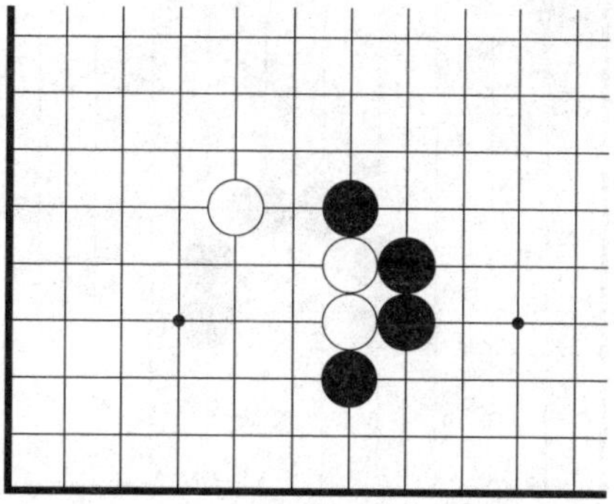

第 134 题

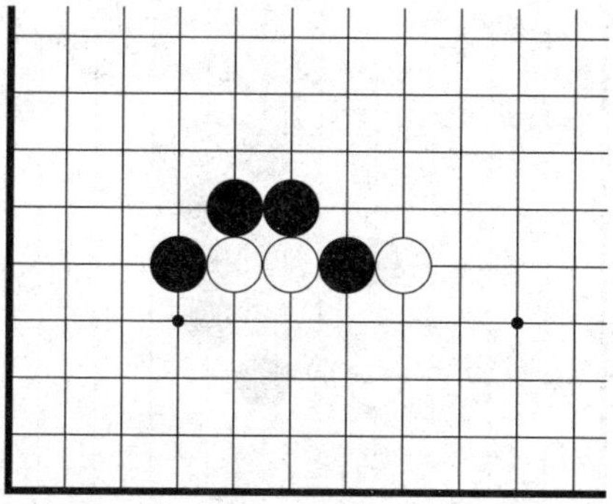

第 135 题

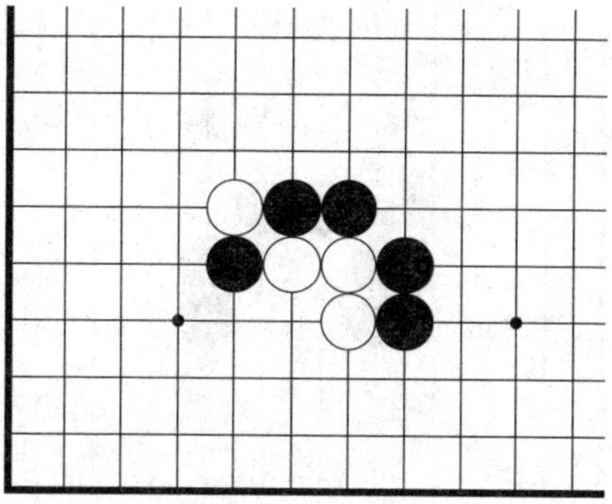

第 136 题

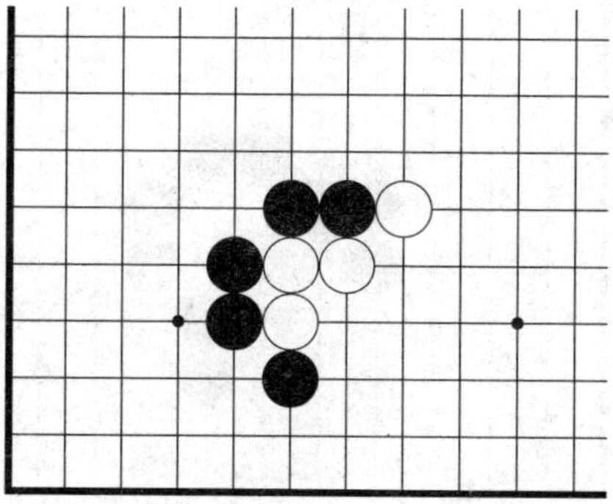

第 137 题

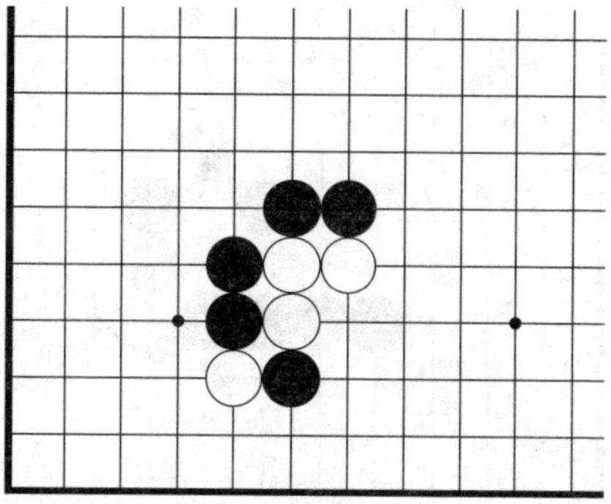

第 138 题

日期	年　月　日	得分		签名	

第二单元　征　吃（三）

黑先，黑棋如何运用征吃的手筋？请写出黑1、白2、黑3共三步。

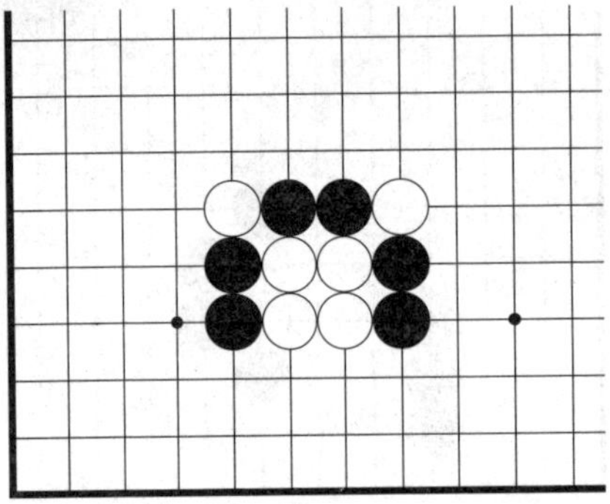

第139题

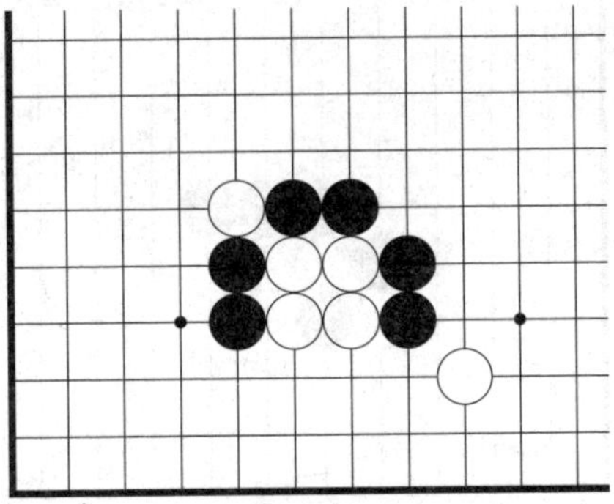

第140题

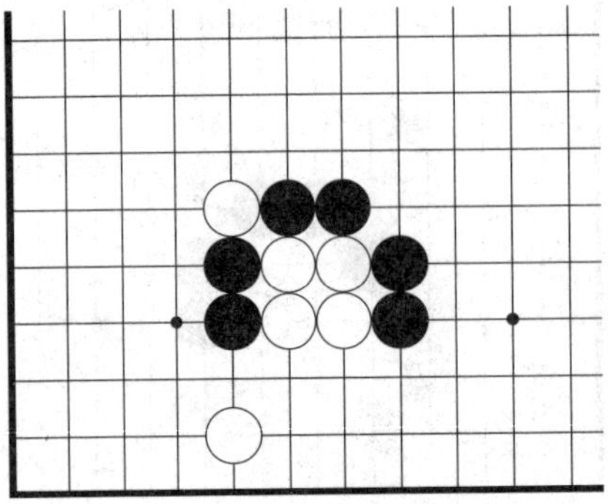

第141题

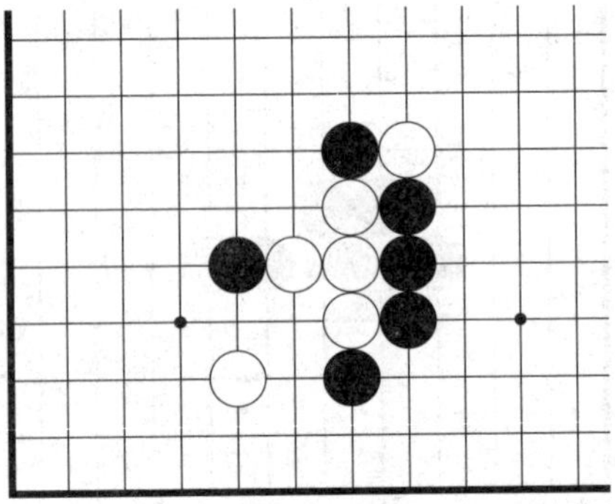

第142题

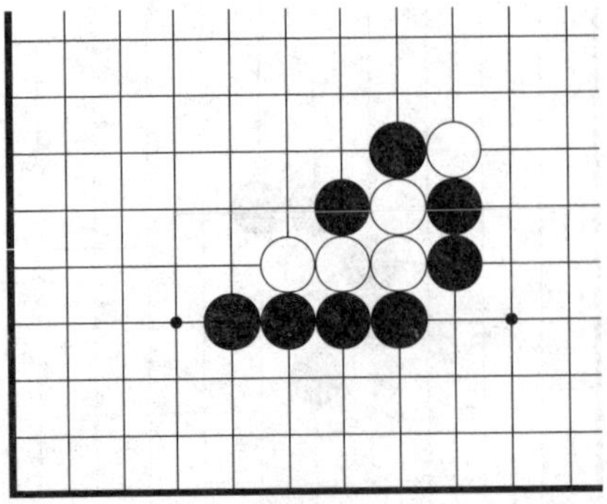

第143题

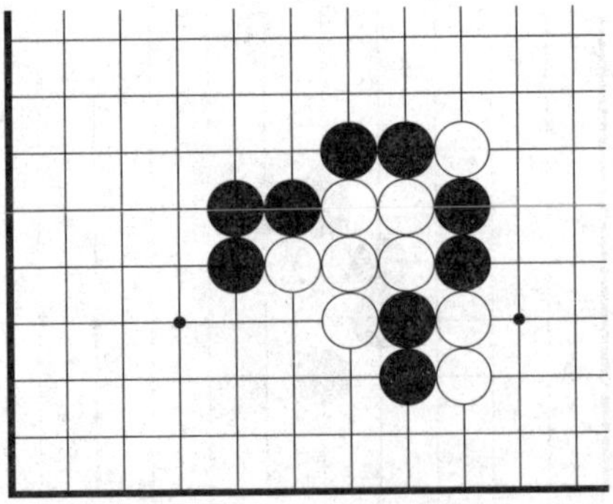

第144题

日期	年　月　日	得分		签名	

第二单元

征　吃（四）

黑先，黑棋如何运用征吃的手筋？请写出必要的过程。

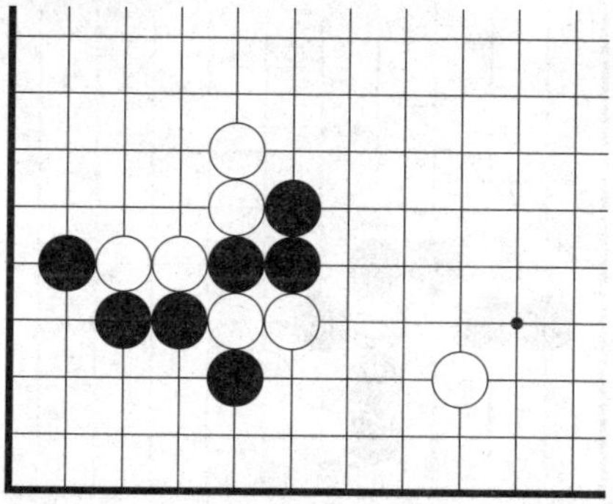

第 145 题

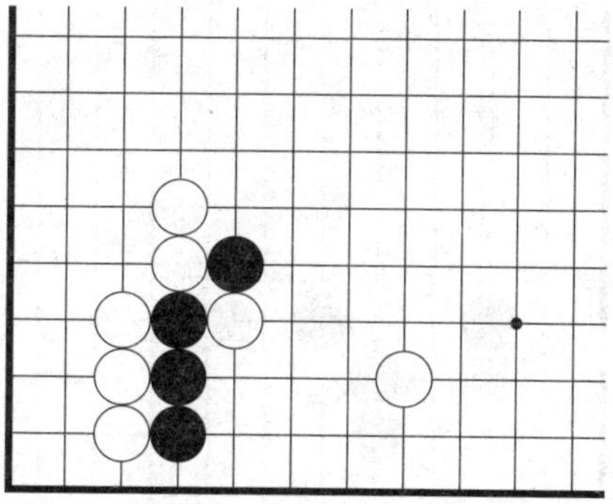

第 146 题

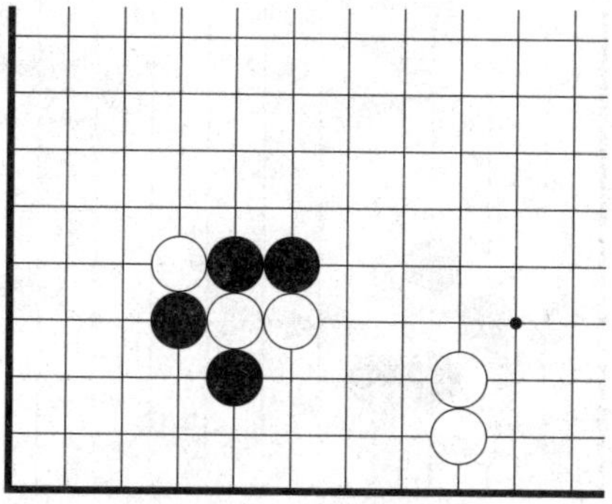

第 147 题

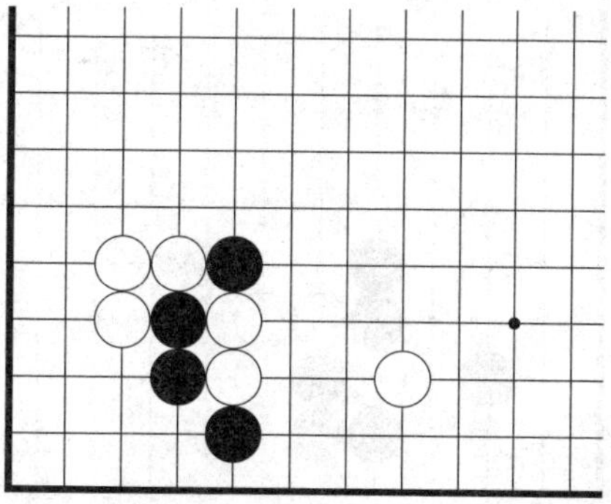

第 148 题

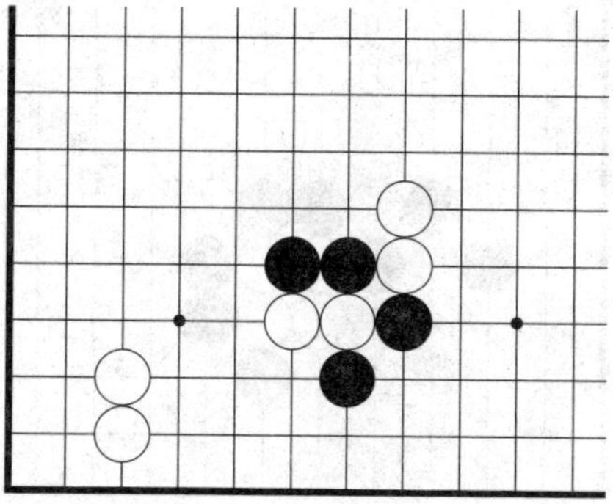

第 149 题

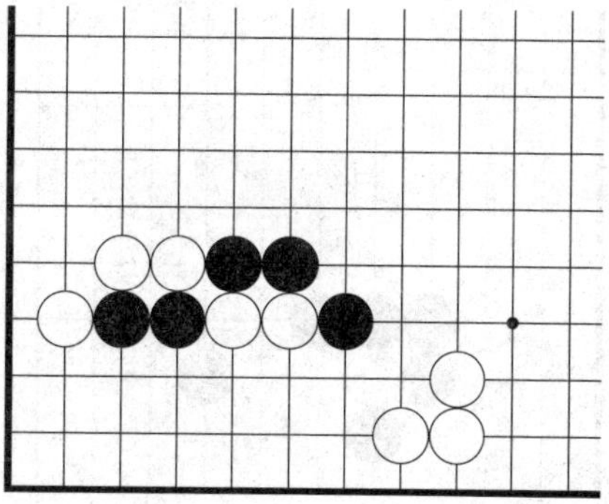

第 150 题

日期	年　月　日	得分		签名	

第二单元　征　吃（五）

黑先，黑棋如何运用征吃的手筋？请写出必要的过程。

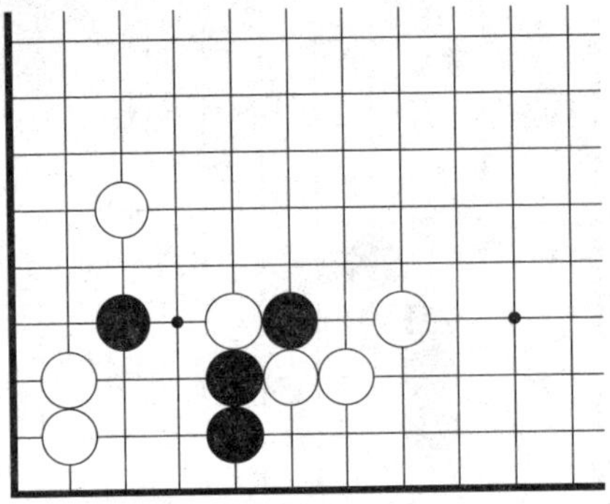

第 151 题

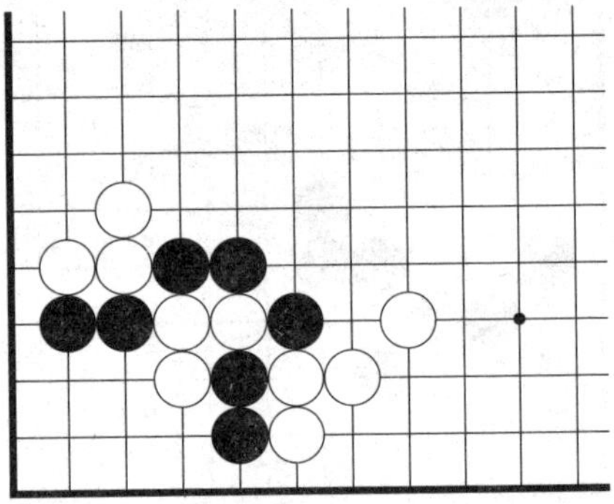

第 152 题

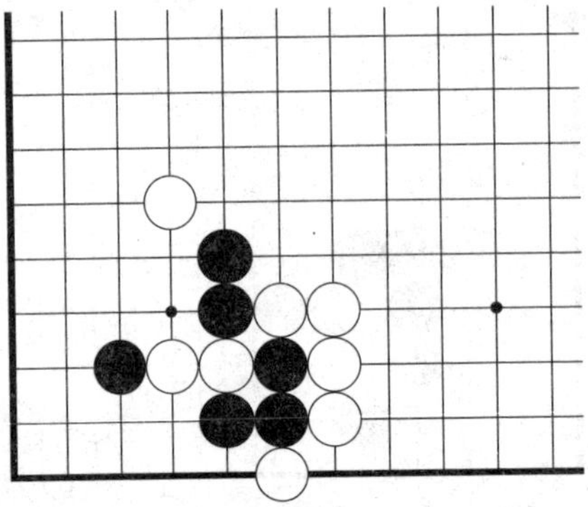

第 153 题

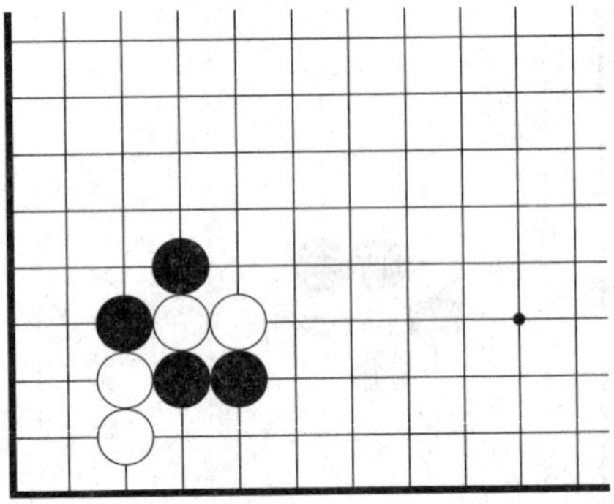

第 154 题

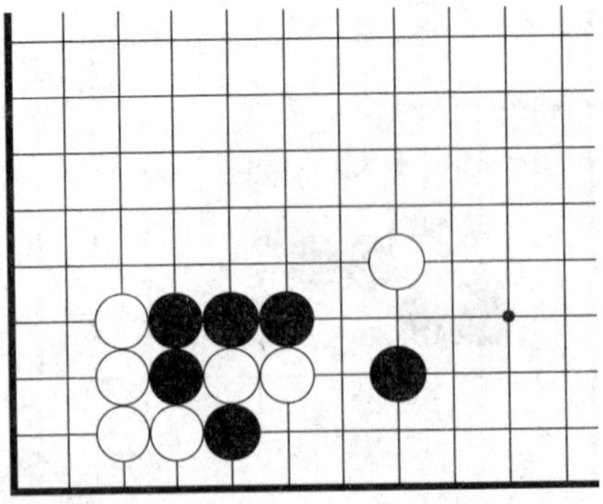

第 155 题

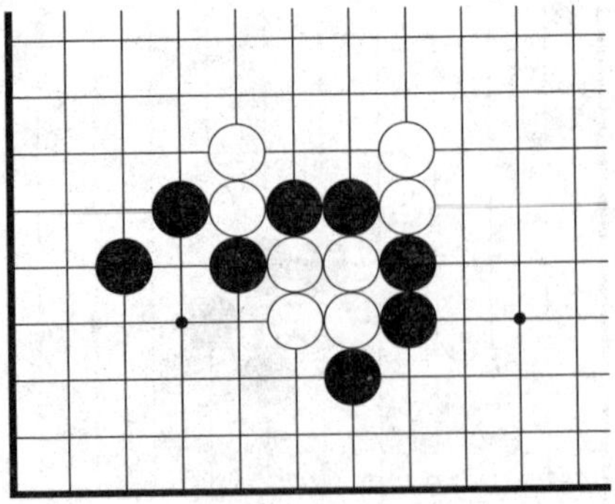

第 156 题

日期	年　月　日	得分		签名	

第二单元　征　吃（六）

黑先，黑棋如何运用征吃的手筋？请写出必要的过程。

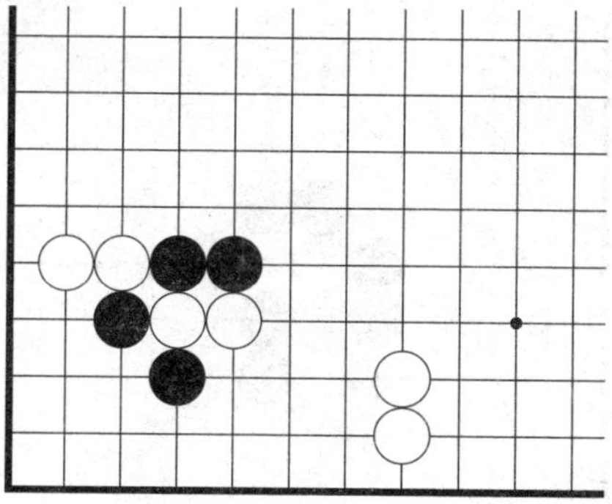

第 157 题

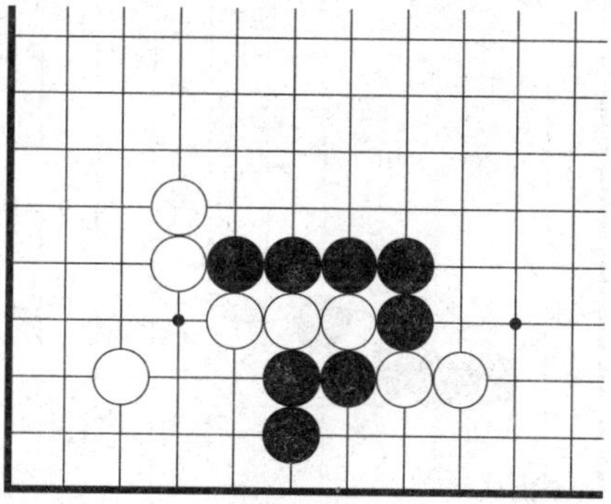

第 158 题

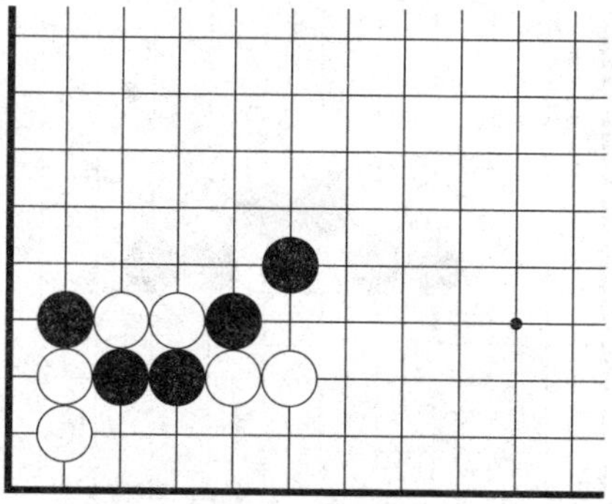

第 159 题

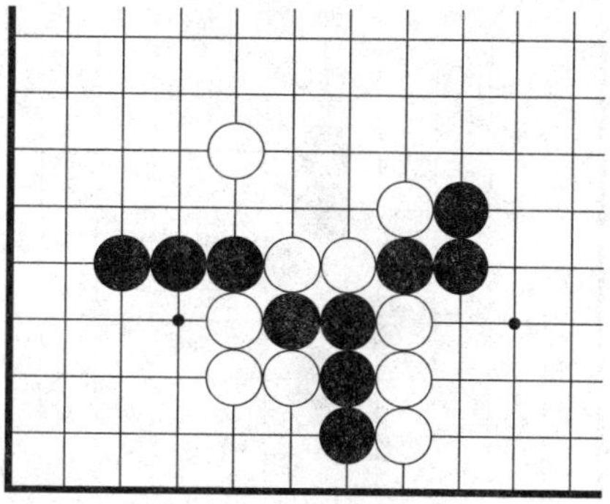

第 160 题

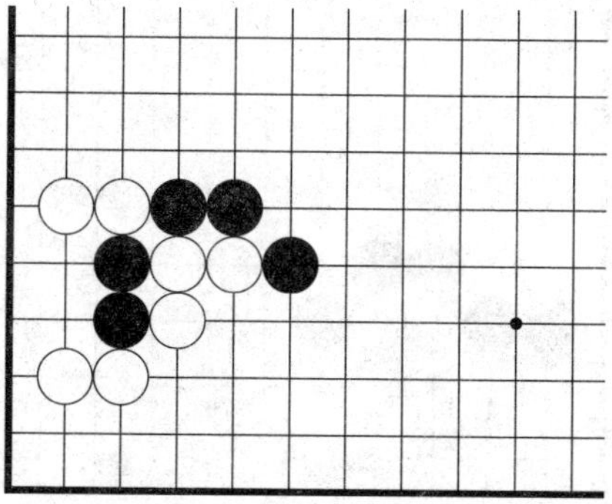

第 161 题

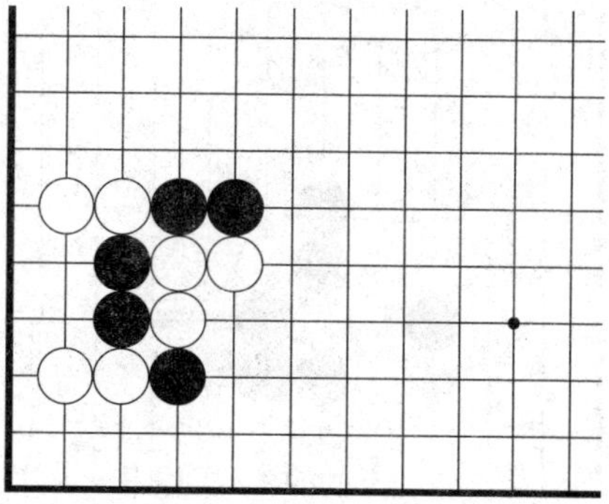

第 162 题

日　期	年　月　日	得　分		签　名	

第二单元 征　吃（七）

黑先，黑棋如何运用征吃的手筋？请写出必要的过程。

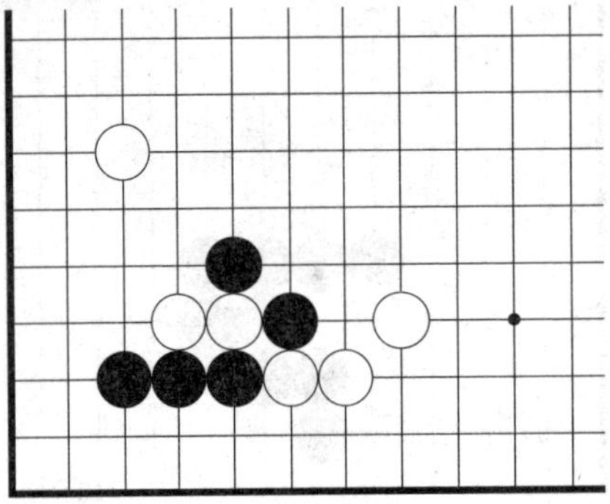

第 163 题

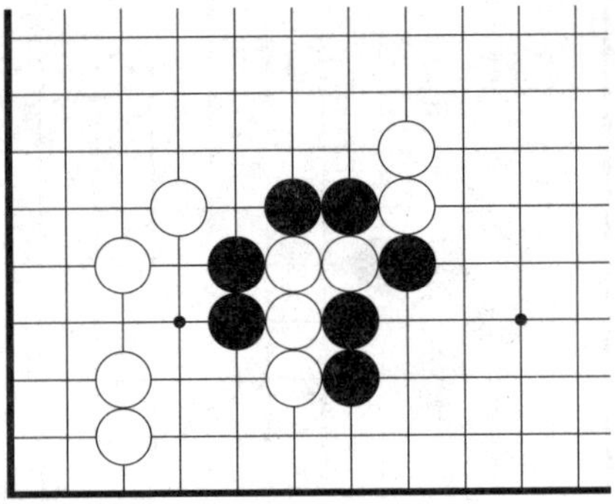

第 164 题

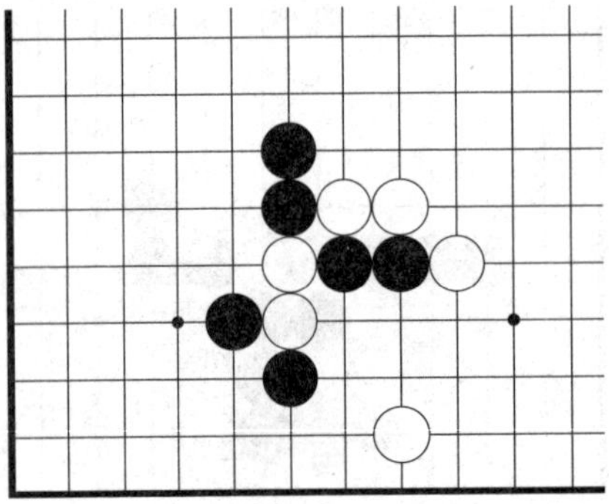

第 165 题

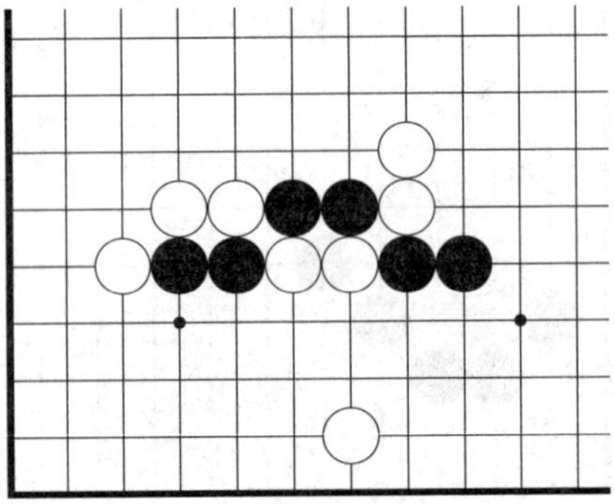

第 166 题

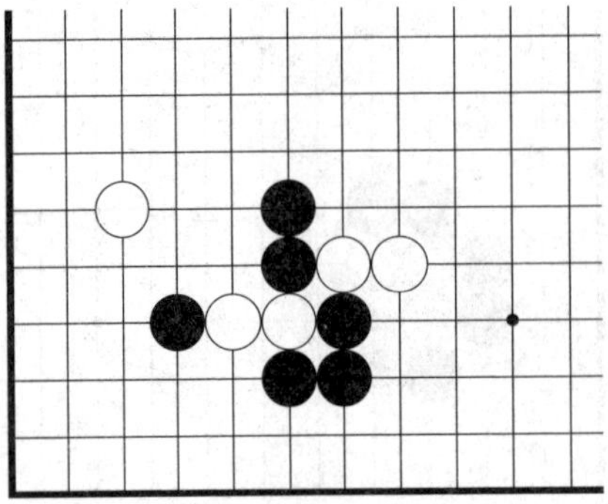

第 167 题

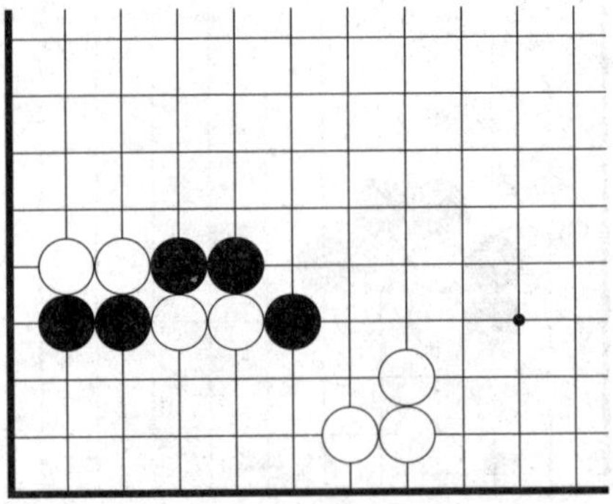

第 168 题

日期	年　月　日	得分		签名	

第二单元　征　吃（八）

请判断黑1是不是正确的征吃？是的画“√”，不是的画“×”。

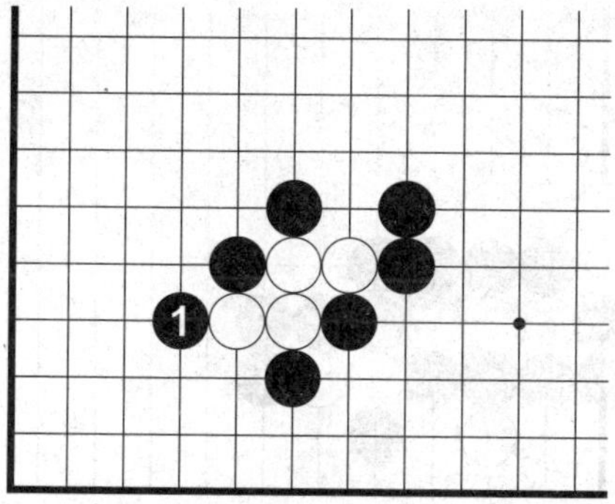

第 169 题

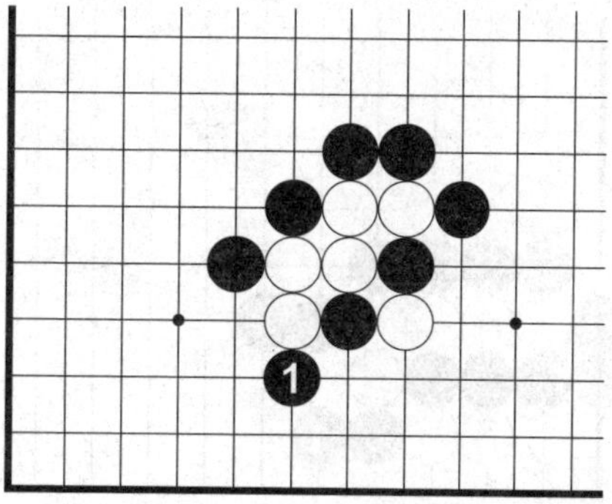

第 170 题

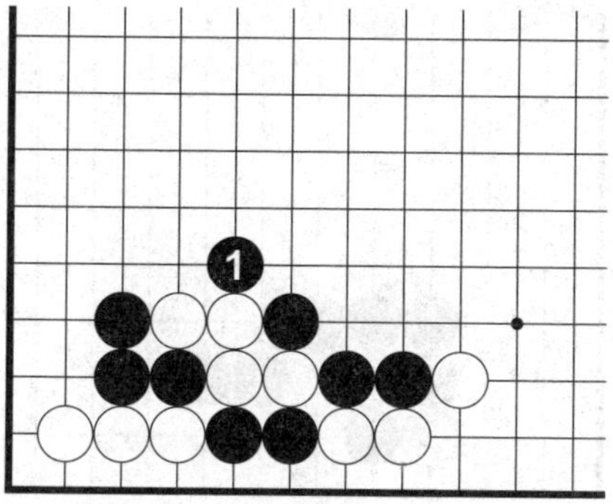

第 171 题

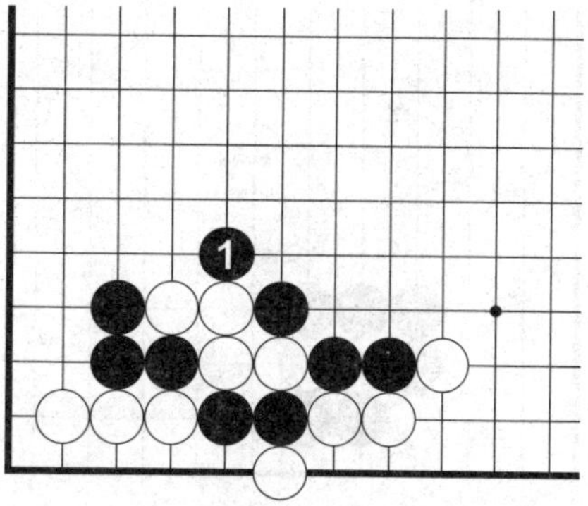

第 172 题

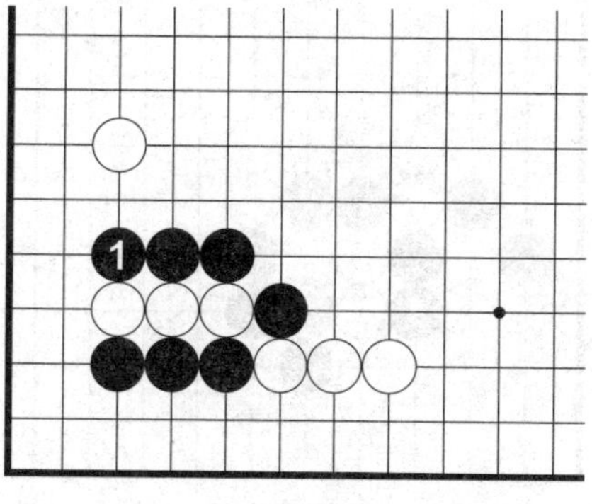

第 173 题

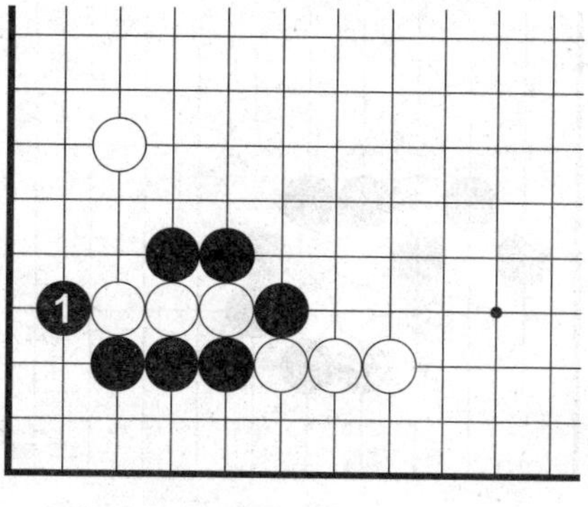

第 174 题

日期	年　月　日	得分		签名	

第二单元

征　吃（九）

请判断黑1是不是正确的征吃？是的画“√”，不是的画“×”。

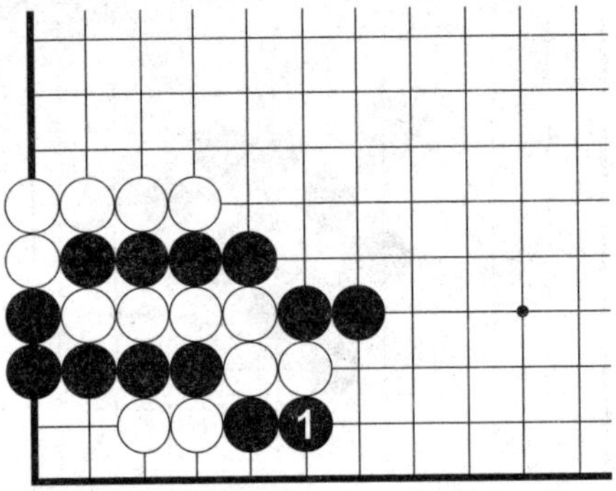

第 175 题

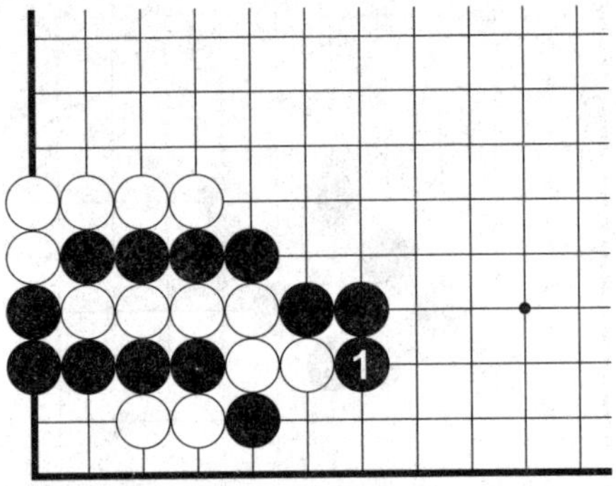

第 176 题

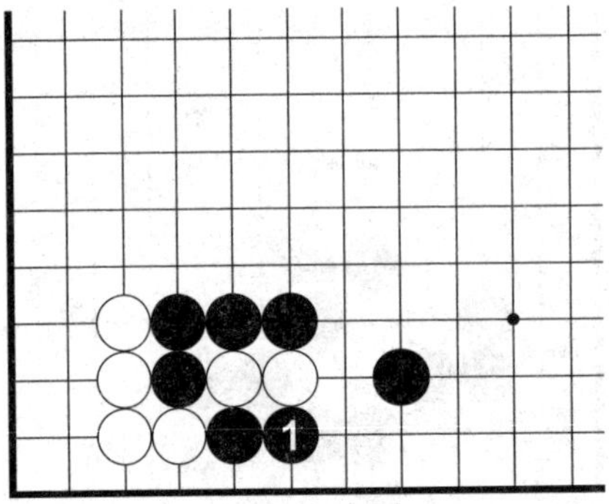

第 177 题

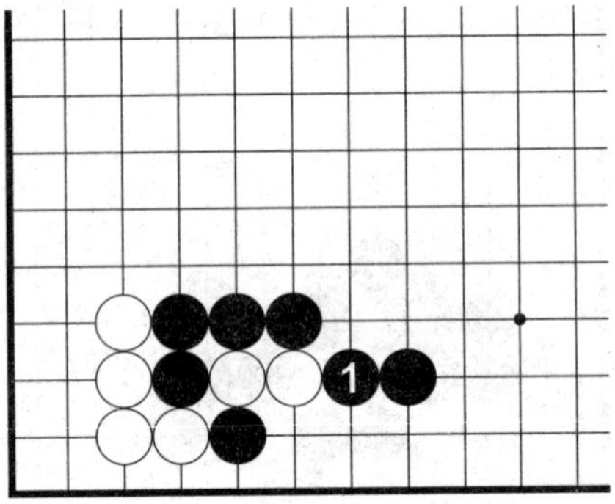

第 178 题

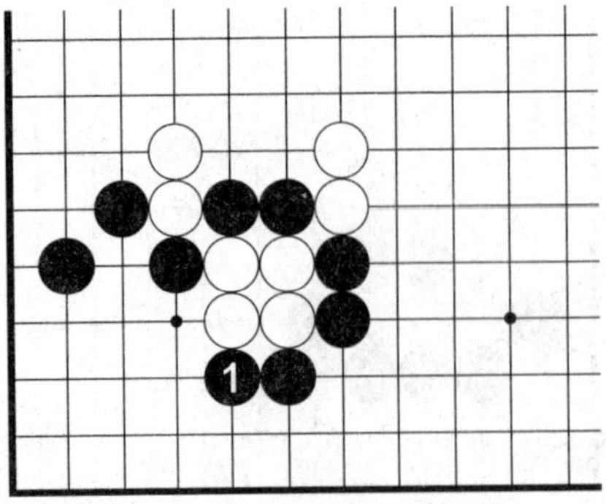

第 179 题

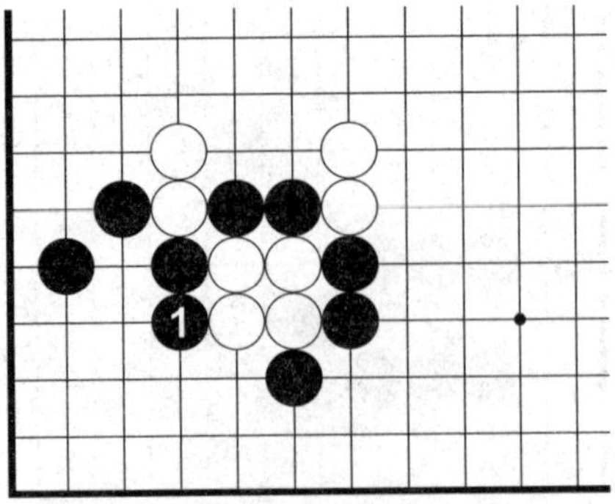

第 180 题

日期	年　月　日	得分		签名	

第二单元

征　吃（十）

请判断黑1是不是正确的征吃？是的画“√”，不是的画“×”。

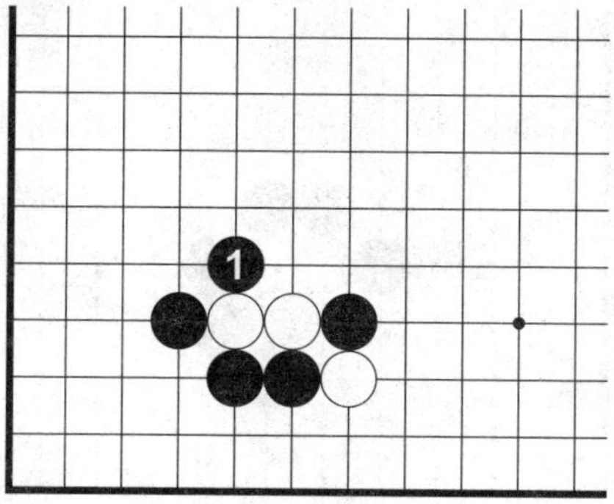

第 181 题

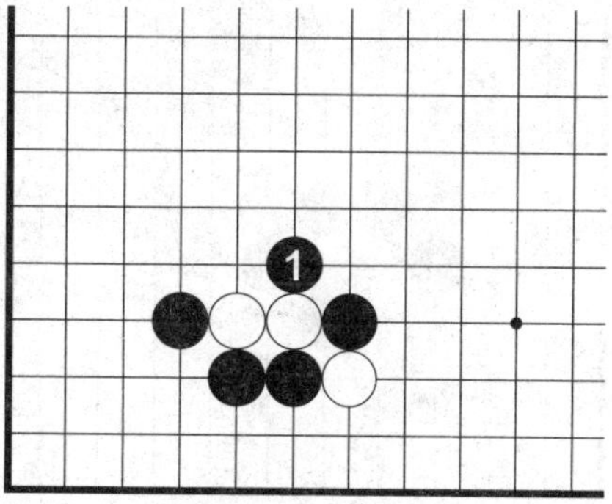

第 182 题

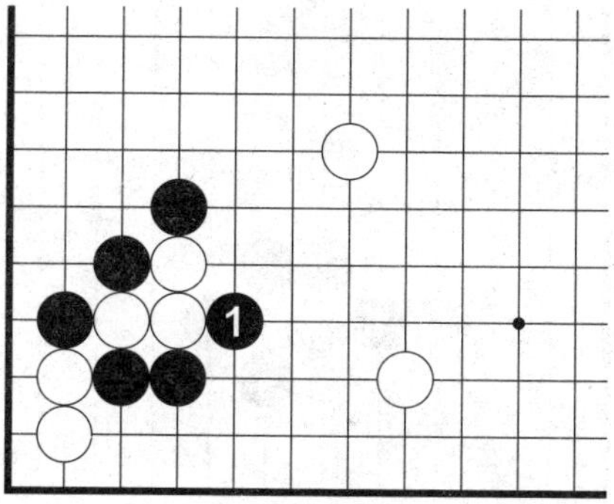

第 183 题

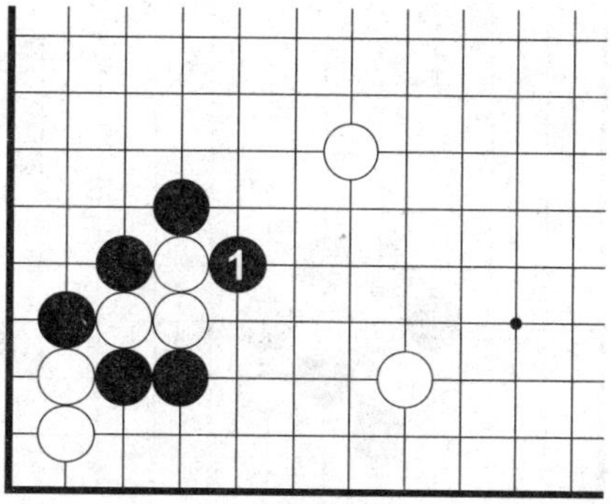

第 184 题

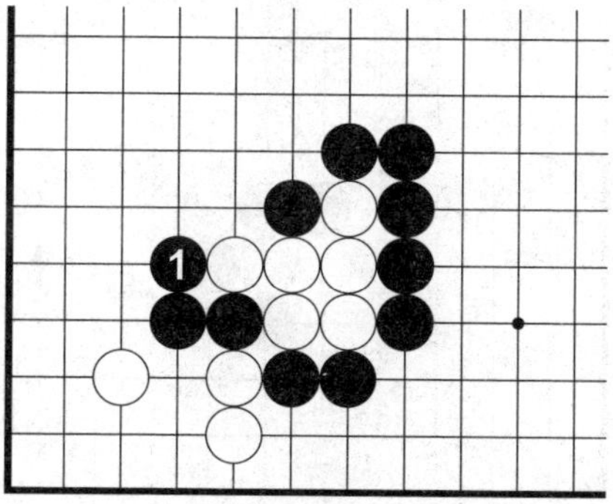

第 185 题

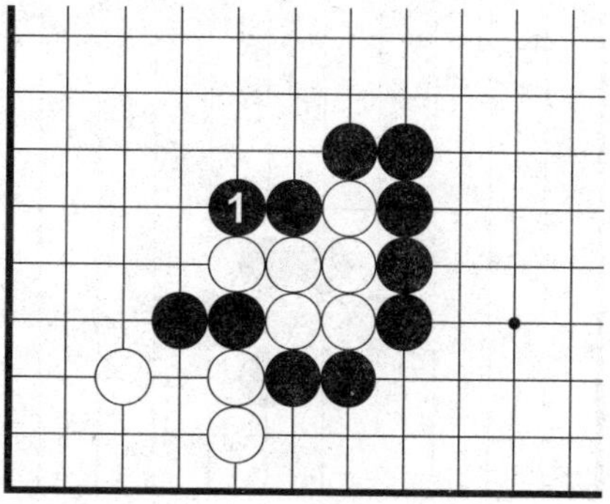

第 186 题

日期	年　月　日	得分		签名	

征　吃（十一）

请判断黑1是不是正确的征吃？是的画“√”，不是的画“×”。

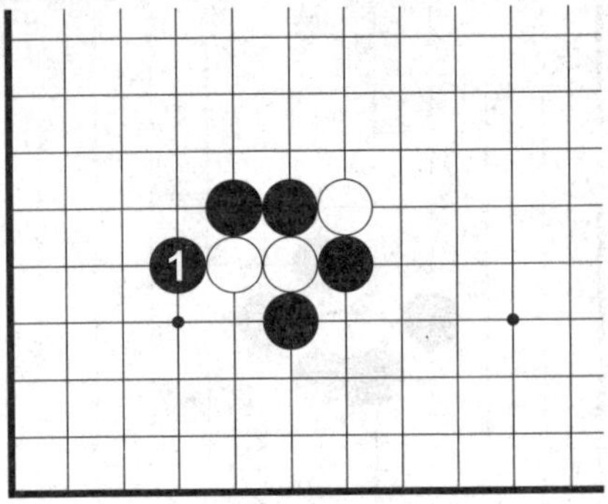

第 187 题

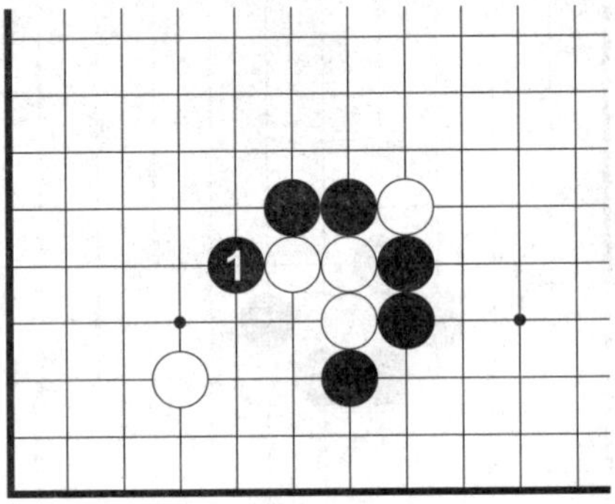

第 188 题

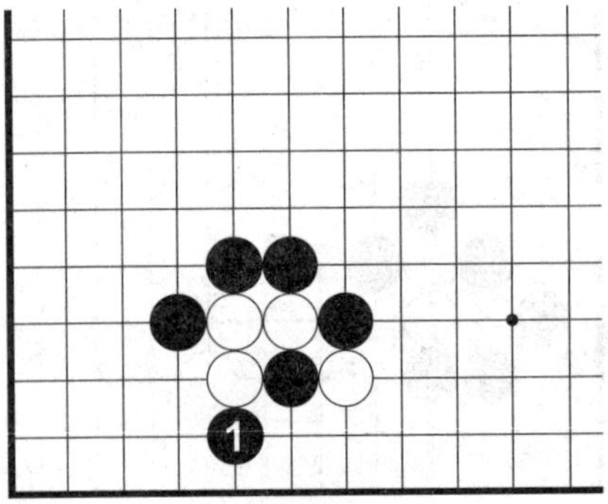

第 189 题

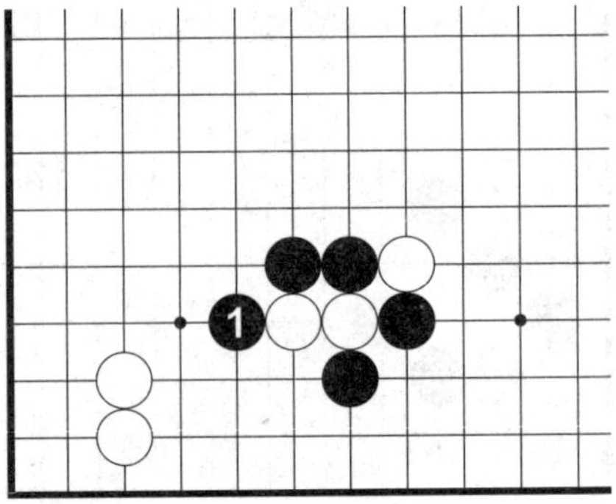

第 190 题

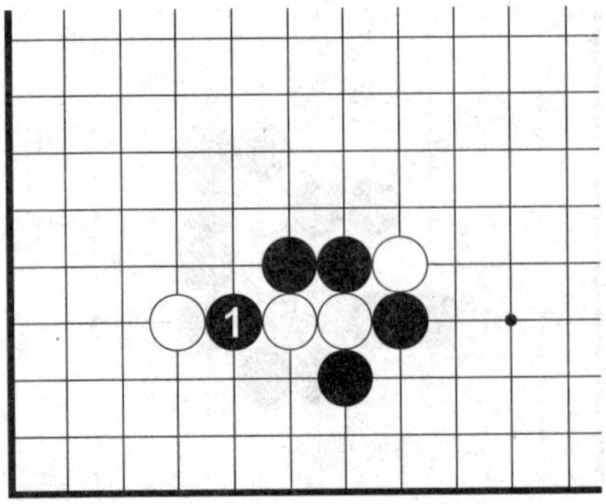

第 191 题

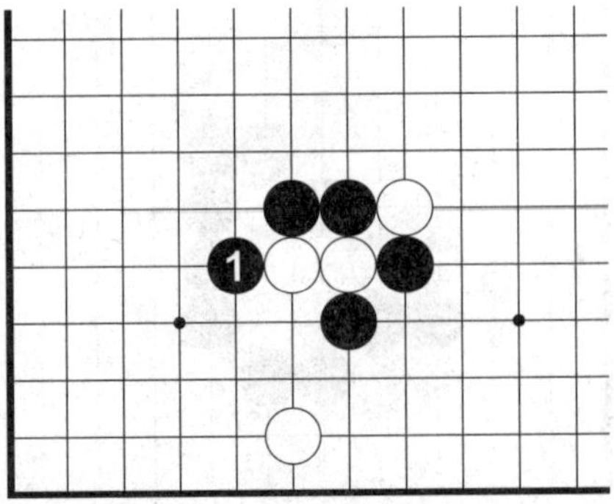

第 192 题

日期	年　月　日	得分		签名	

征 吃（十二）

请判断黑1是不是正确的征吃？是的画“√”，不是的画“×”。

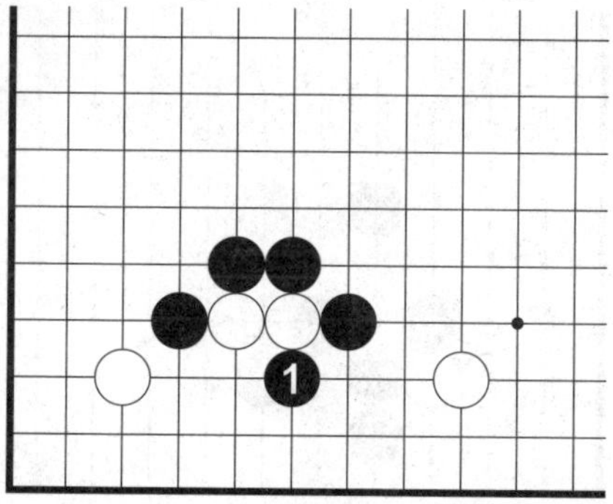

第 193 题

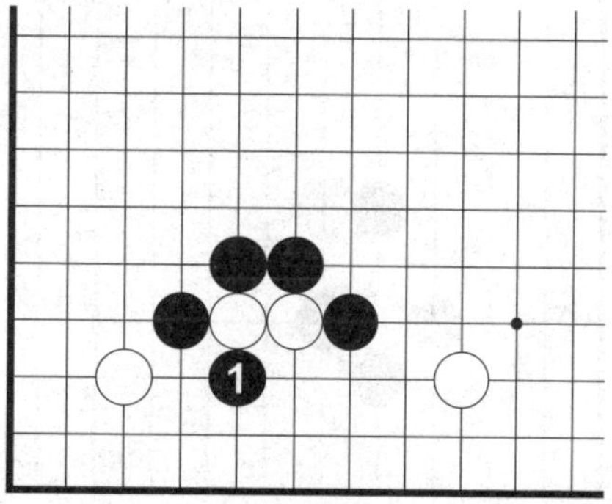

第 194 题

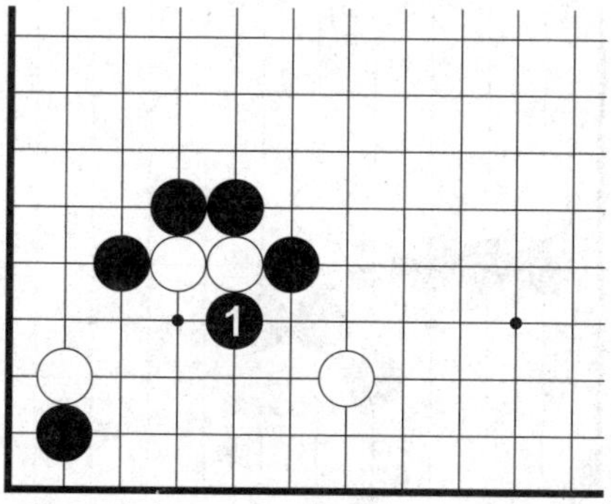

第 195 题

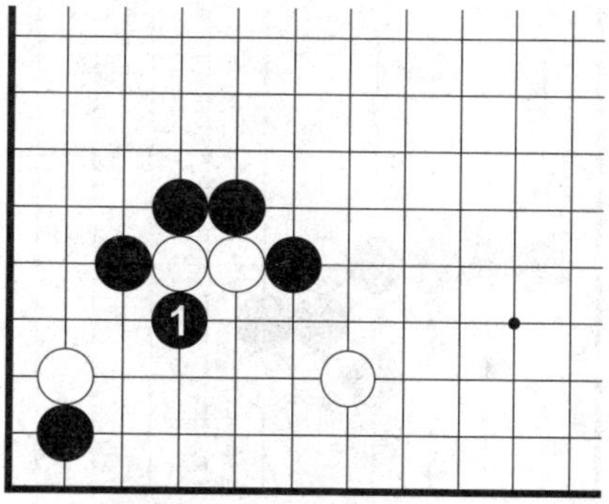

第 196 题

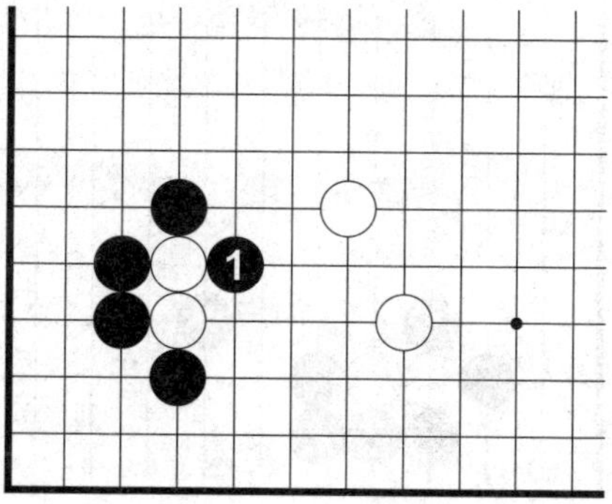

第 197 题

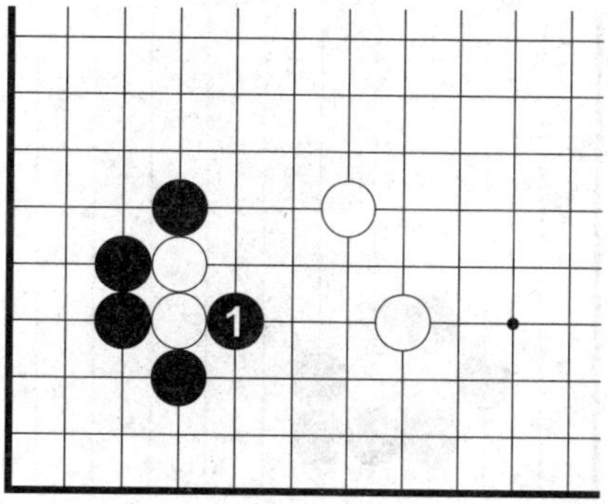

第 198 题

日 期	年 月 日	得 分		签 名	

第二单元　征　吃（十三）

请判断黑1是不是正确的征吃？是的画“√”，不是的画“×”。

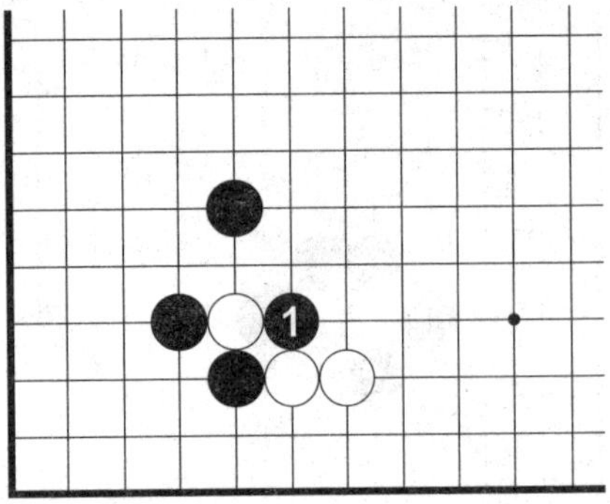

第199题

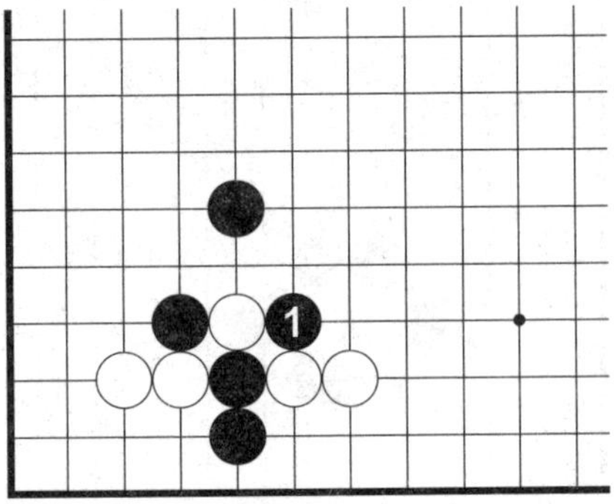

第200题

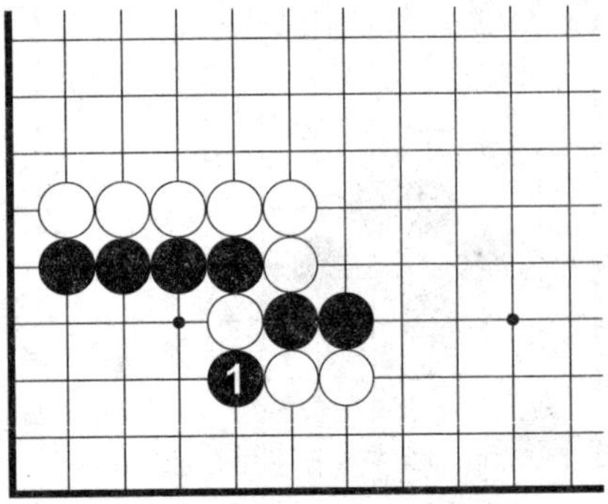

第201题

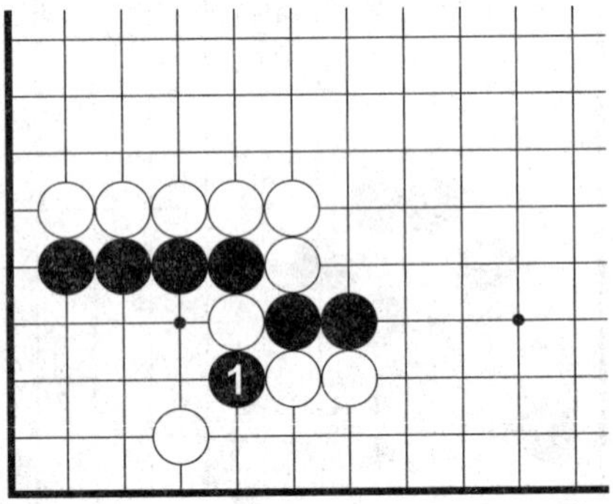

第202题

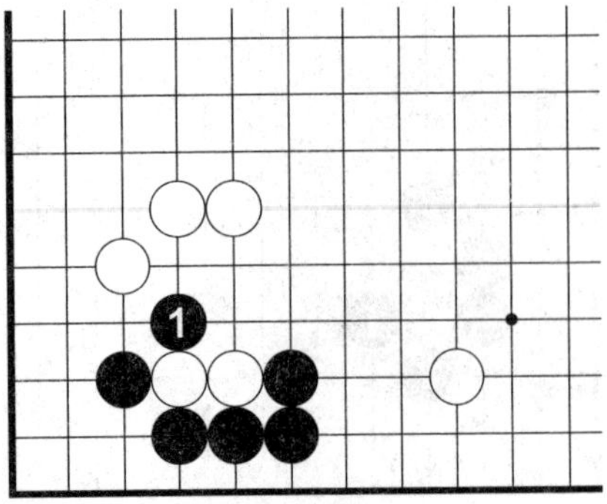

第203题

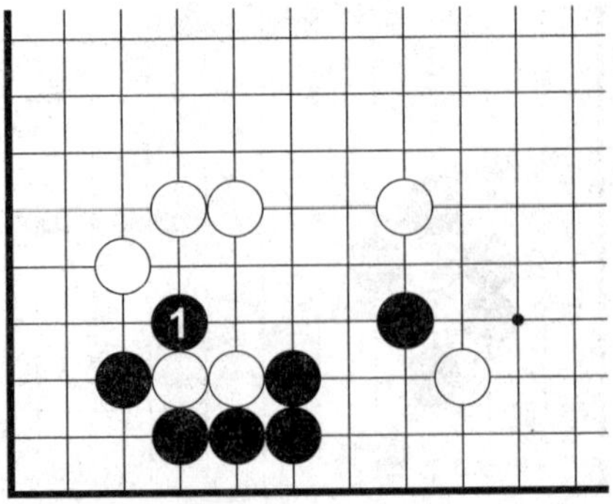

第204题

日期	年　月　日	得分		签名	

征　吃（十四）

请判断黑1是不是正确的征吃？是的画“√”，不是的画“×”。

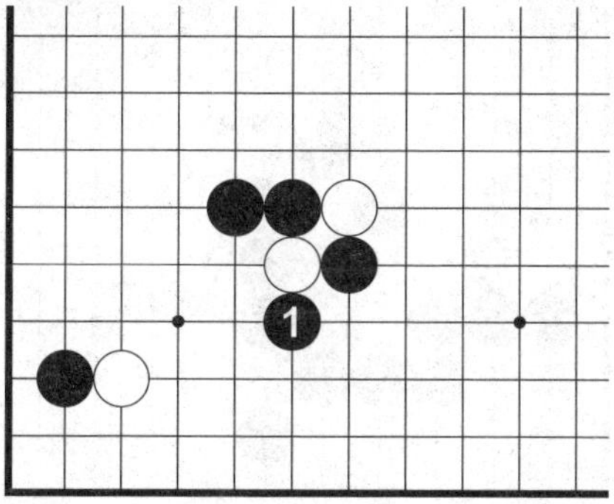

第 205 题

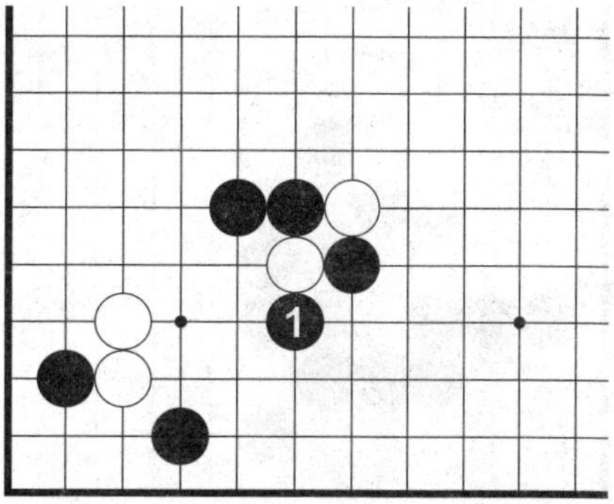

第 206 题

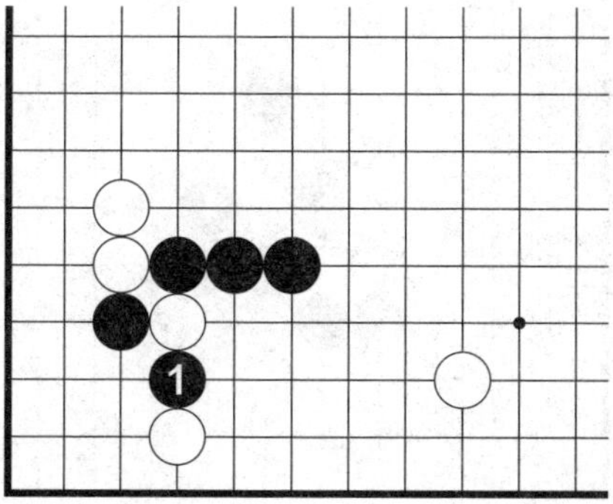

第 207 题

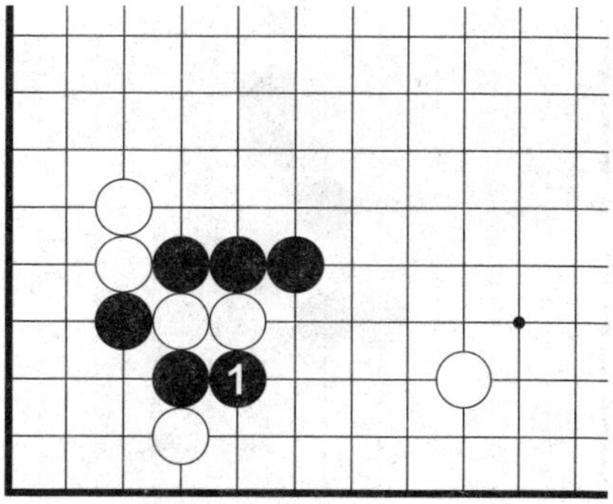

第 208 题

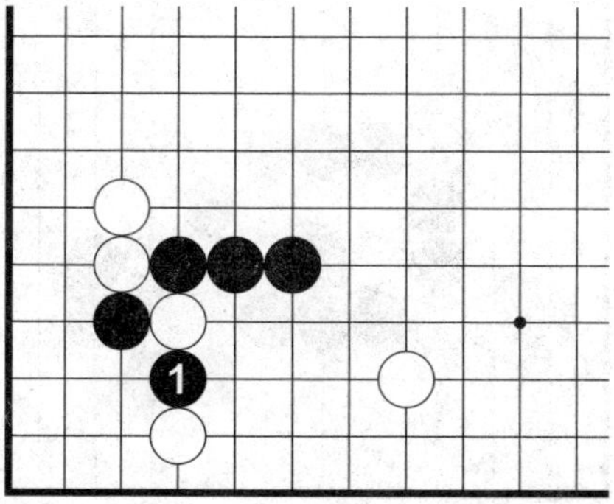

第 209 题

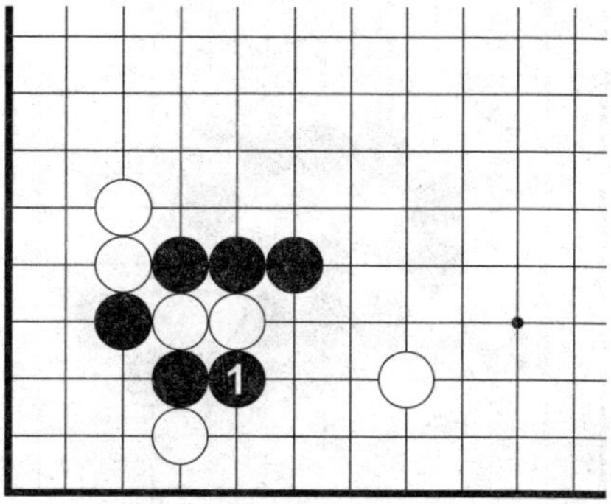

第 210 题

日期	年　月　日	得分		签名	

第二单元

征　吃（十五）

请判断黑1是不是正确的征吃？是的画“√”，不是的画“×”。

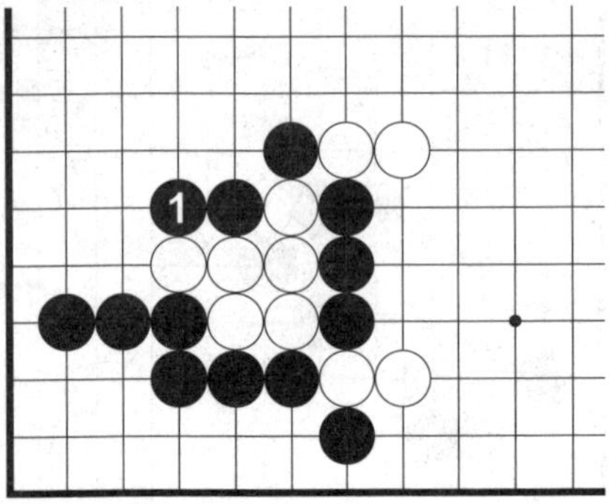

第 211 题

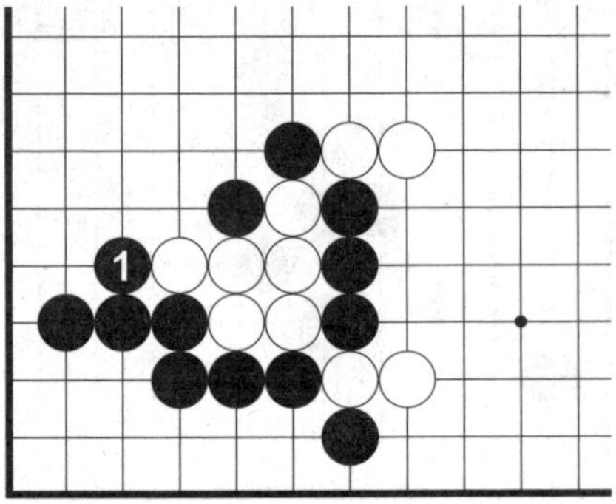

第 212 题

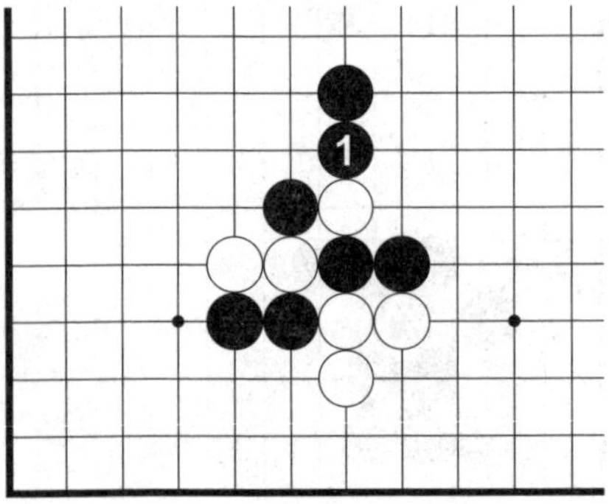

第 213 题

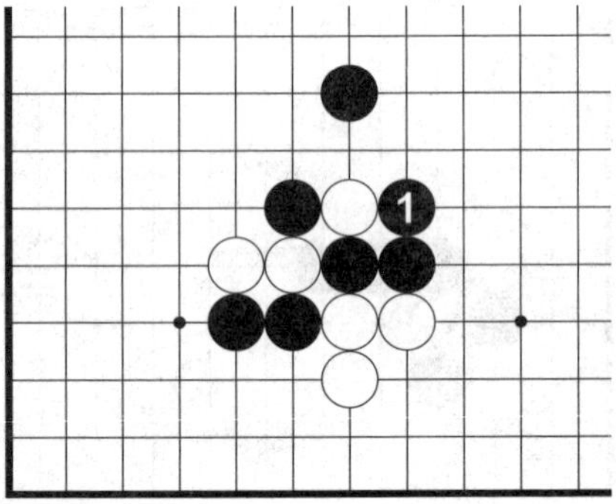

第 214 题

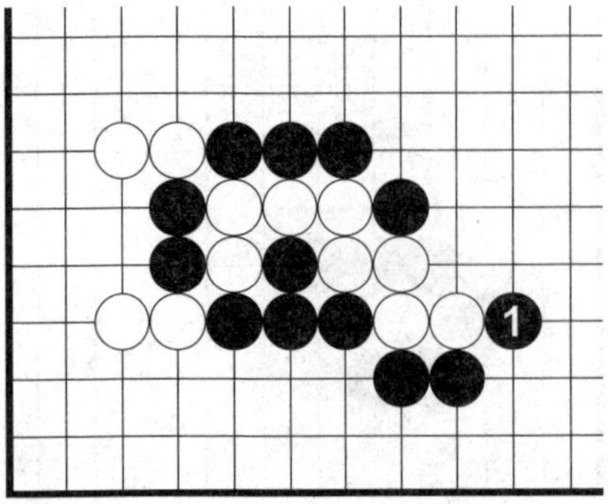

第 215 题

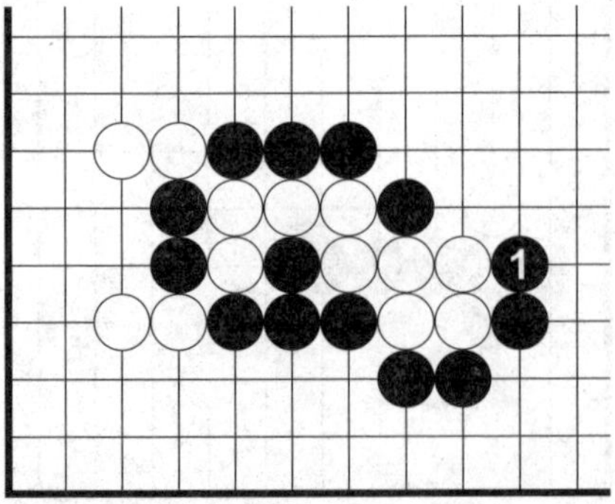

第 216 题

日期	年　月　日	得分		签名	

征　吃（十六）

白棋走1位后，黑棋应该怎么下？请在要下子的地方写“2”。

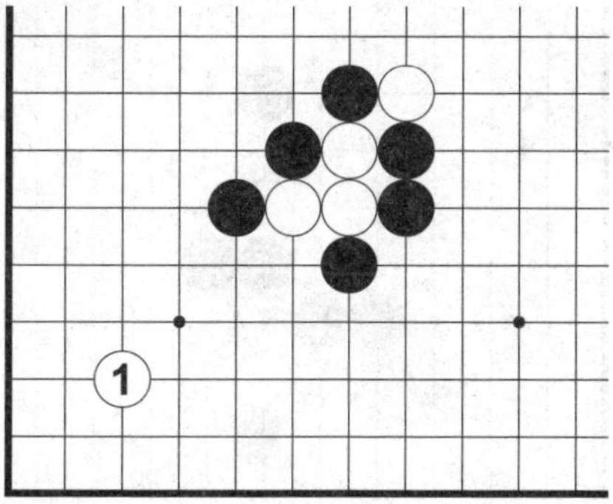

第217题

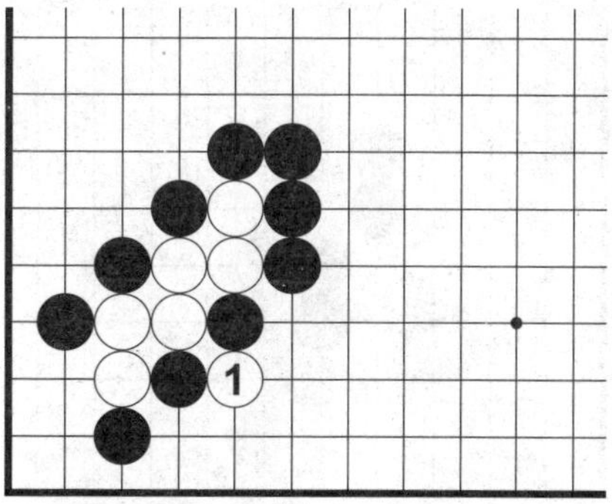

第218题

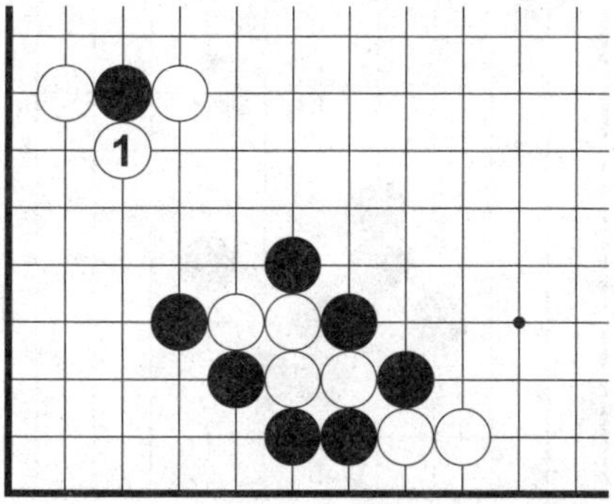

第219题

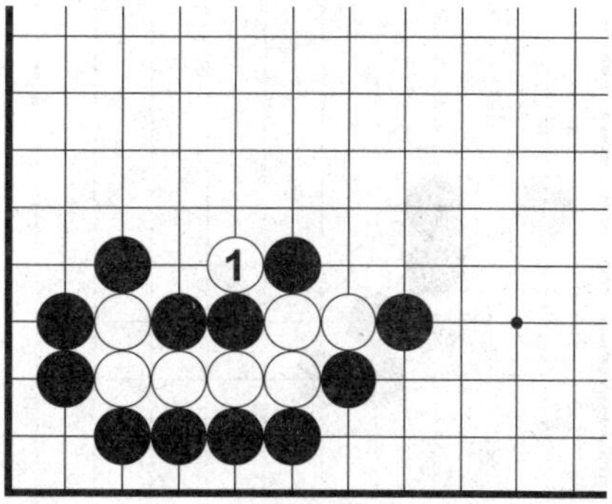

第220题

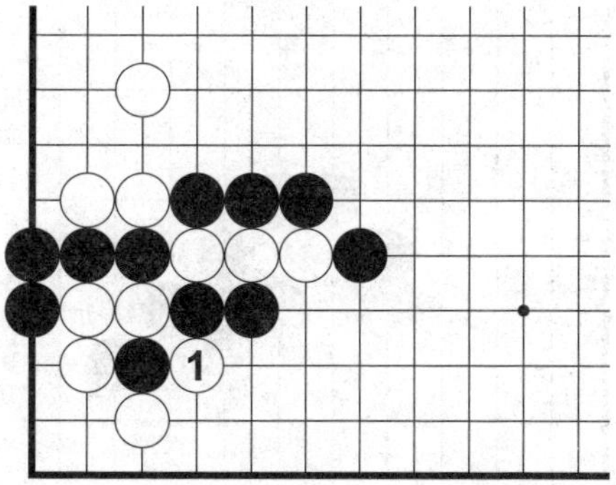

第221题

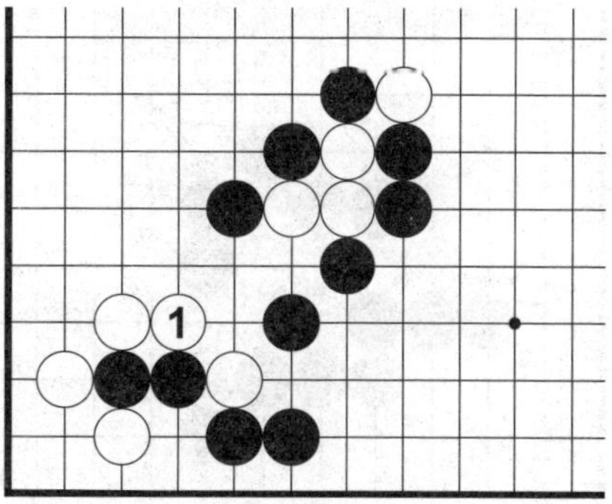

第222题

日期	年　月　日	得分		签名	

第二单元　制造征吃（一）

黑先，黑棋如何运用制造征吃的手筋？请写出必要的过程。

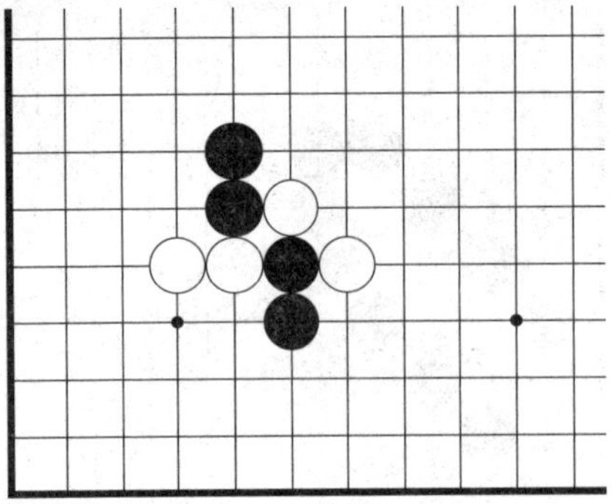

第 223 题

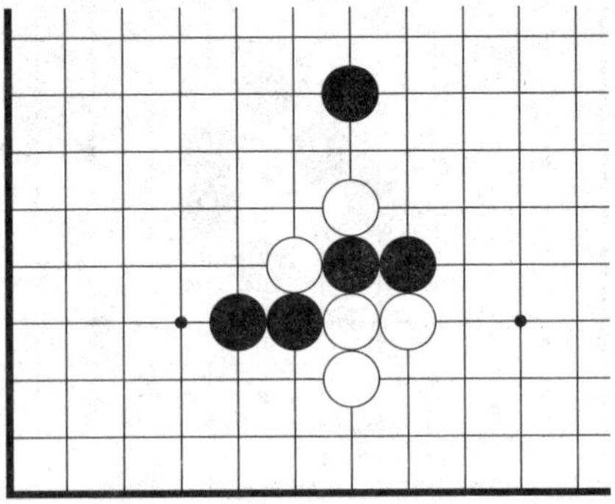

第 224 题

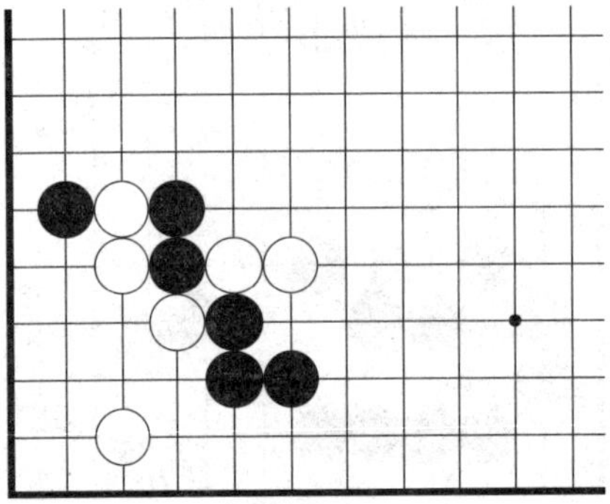

第 225 题

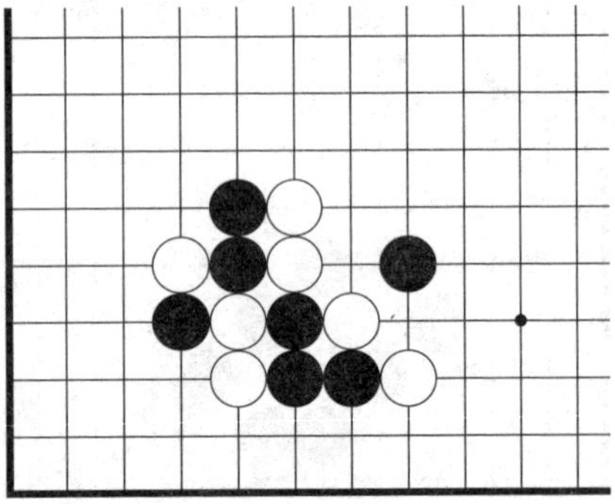

第 226 题

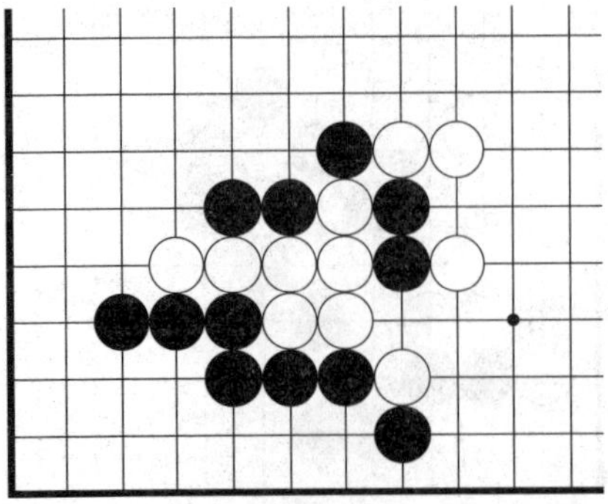

第 227 题

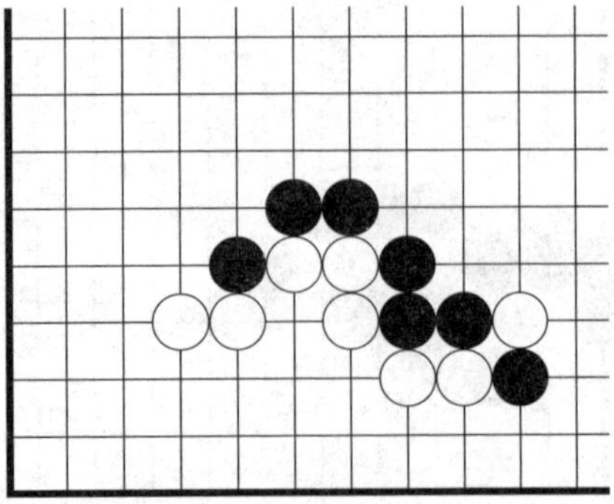

第 228 题

日期	年　月　日	得分		签名	

第二单元　制造征吃（二）

黑先，黑棋如何运用制造征吃的手筋？请写出必要的过程。

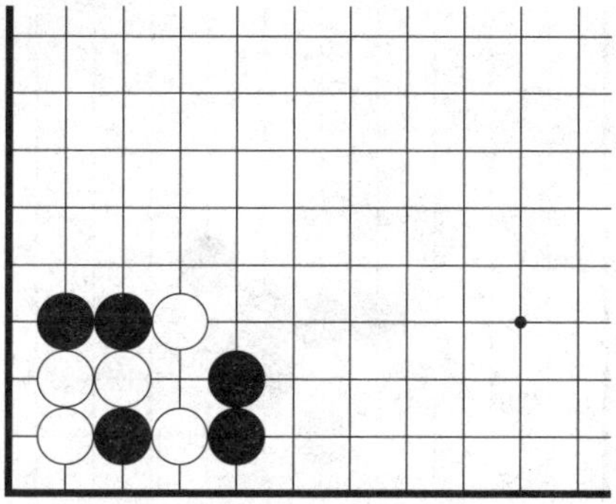

第 229 题

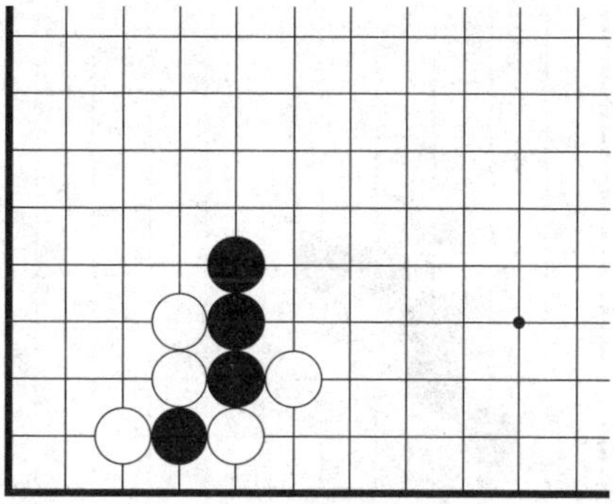

第 230 题

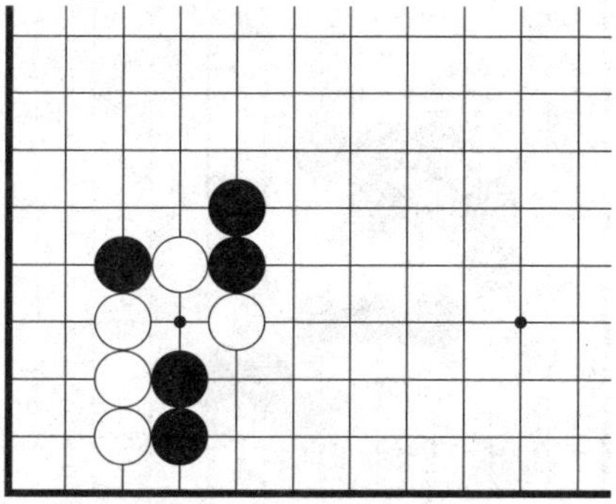

第 231 题

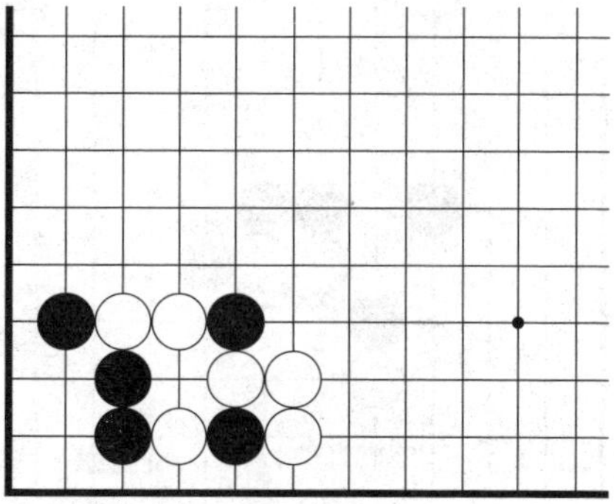

第 232 题

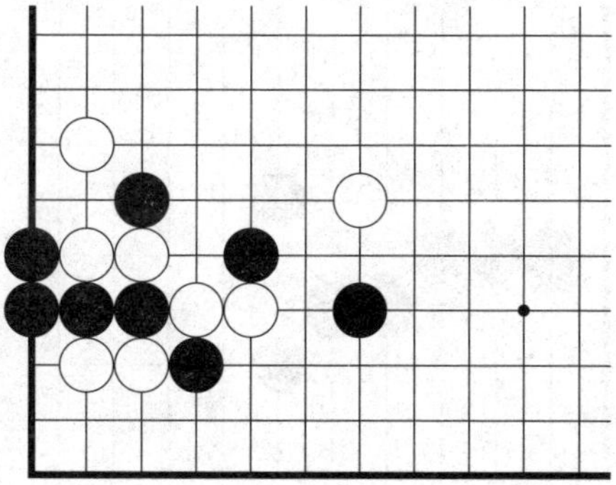

第 233 题

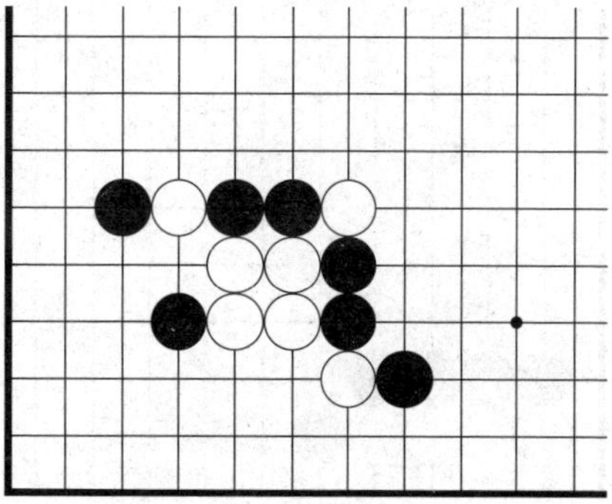

第 234 题

日期	年　月　日	得分		签名	

第二单元　制造征吃（三）

黑先，黑棋如何运用制造征吃的手筋？请写出必要的过程。

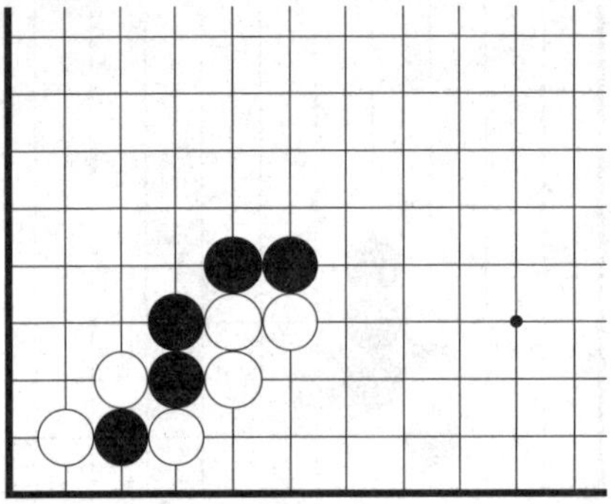

第 235 题

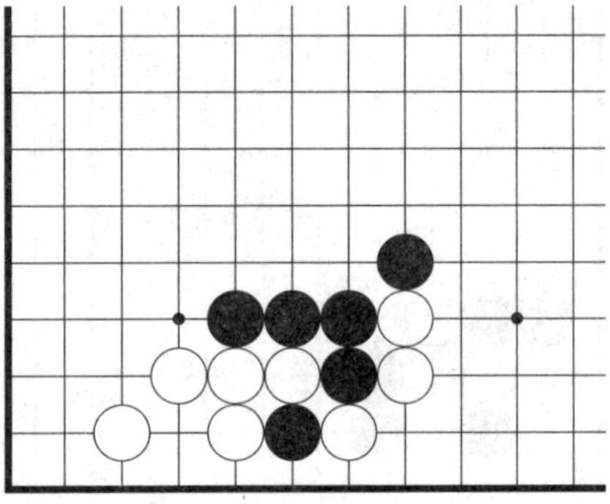

第 236 题

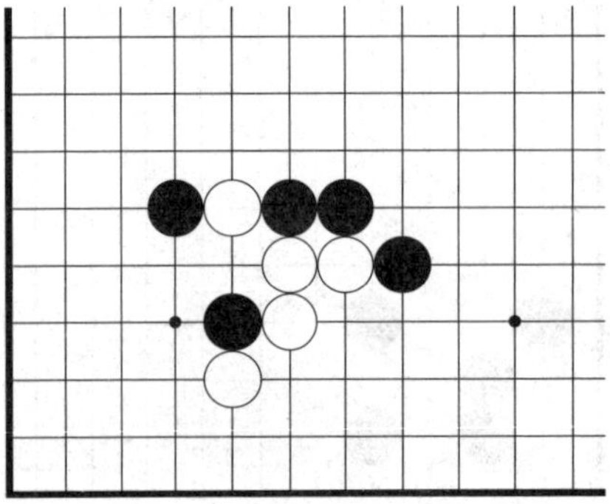

第 237 题

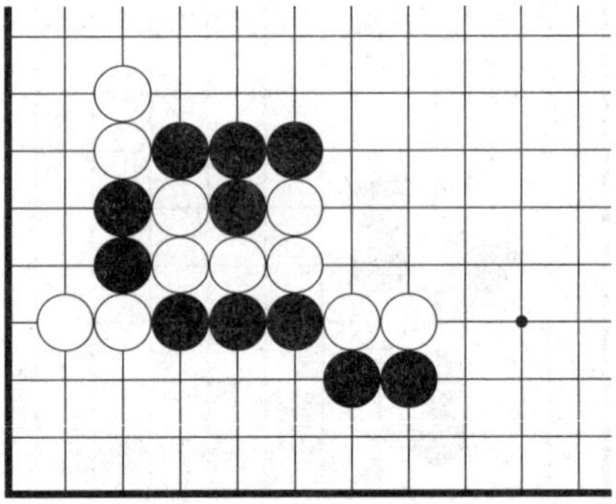

第 238 题

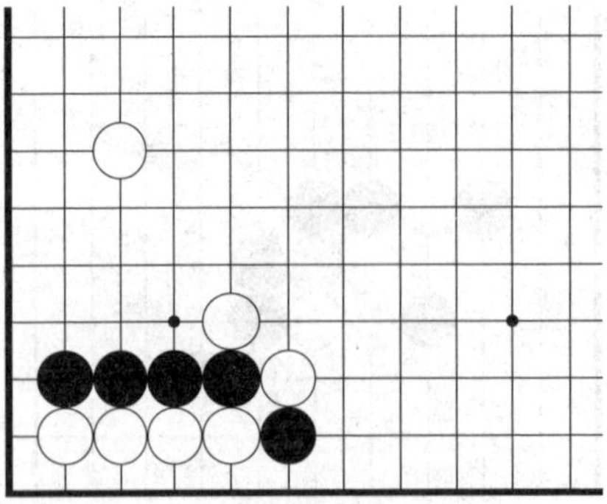

第 239 题

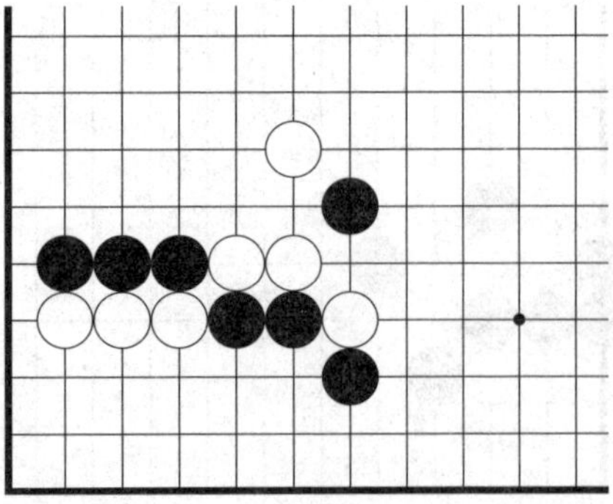

第 240 题

日期	年　月　日	得分		签名	

第二单元　闷　吃（一）

黑先，黑棋如何运用闷吃的手筋？请在要下子的地方写“1”。

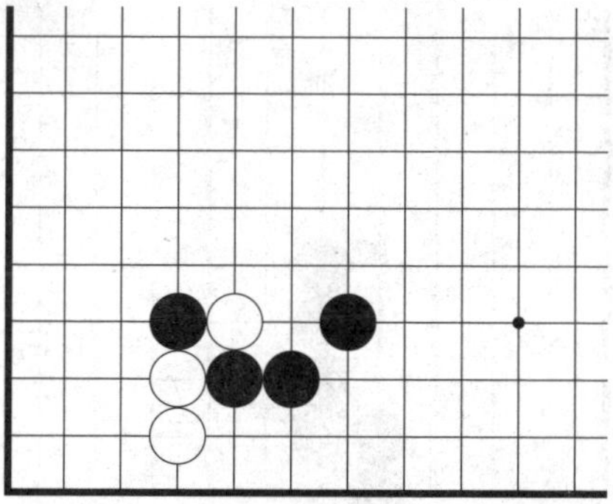

第 241 题

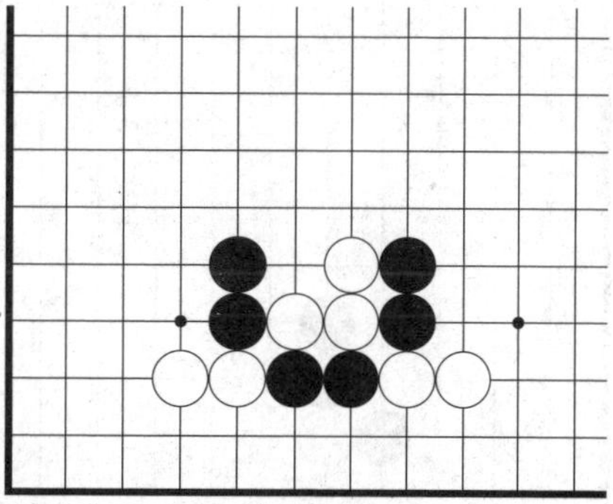

第 242 题

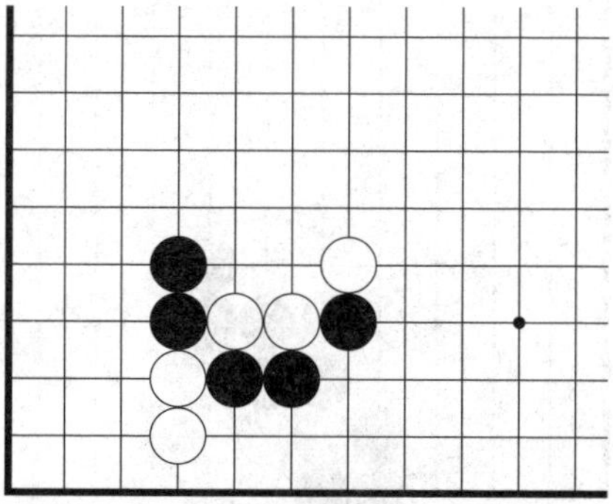

第 243 题

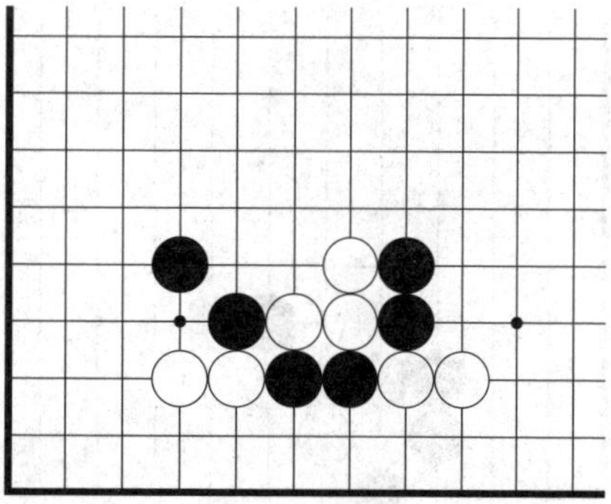

第 244 题

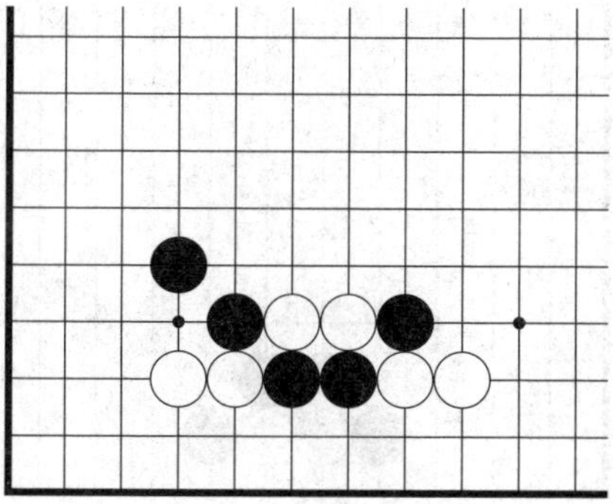

第 245 题

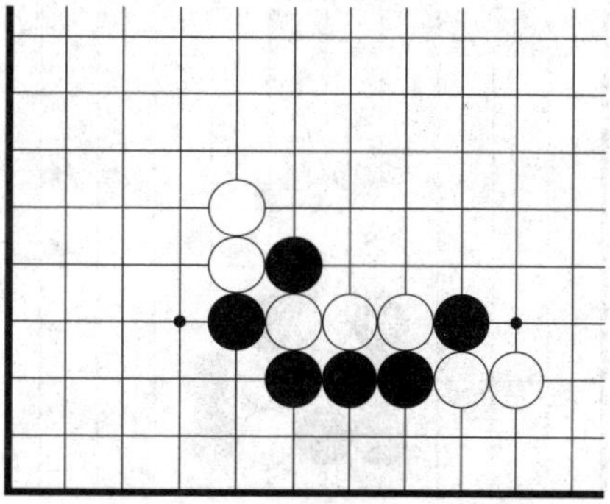

第 246 题

日期	年　月　日	得分		签名	

闷　吃（二）

黑先，黑棋如何运用闷吃的手筋？请在要下子的地方写“1”。

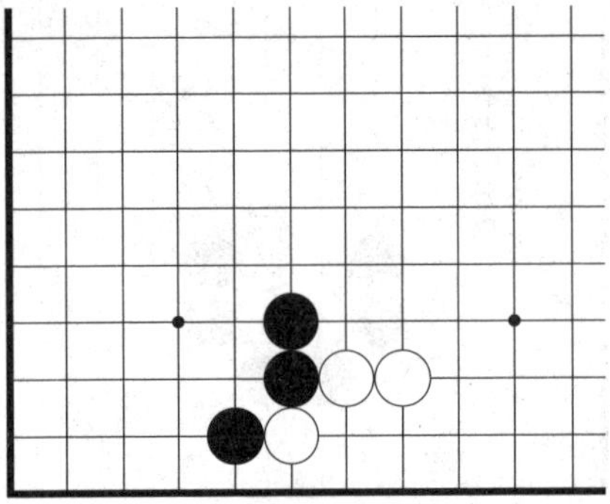

第 247 题

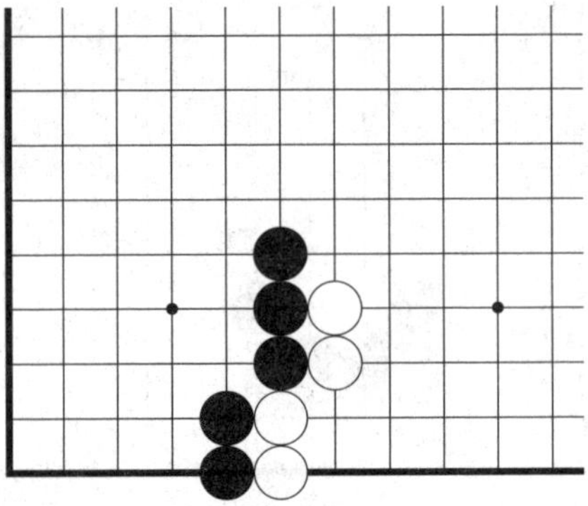

第 248 题

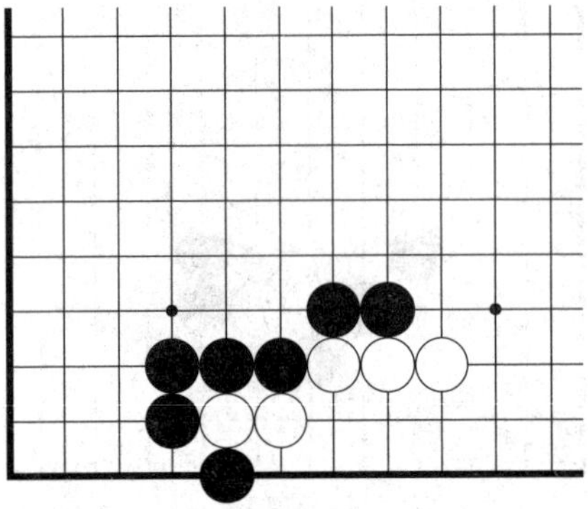

第 249 题

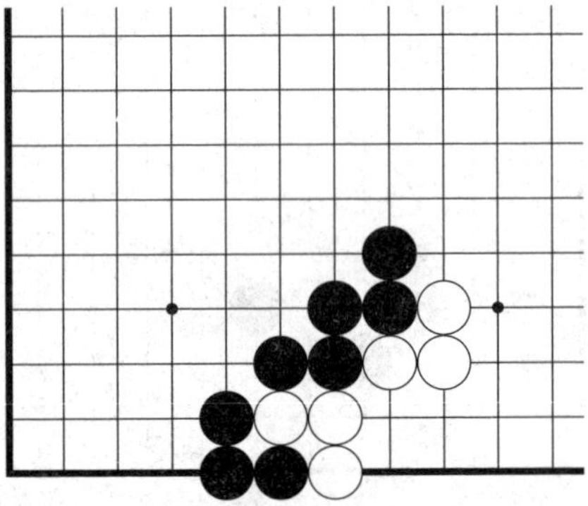

第 250 题

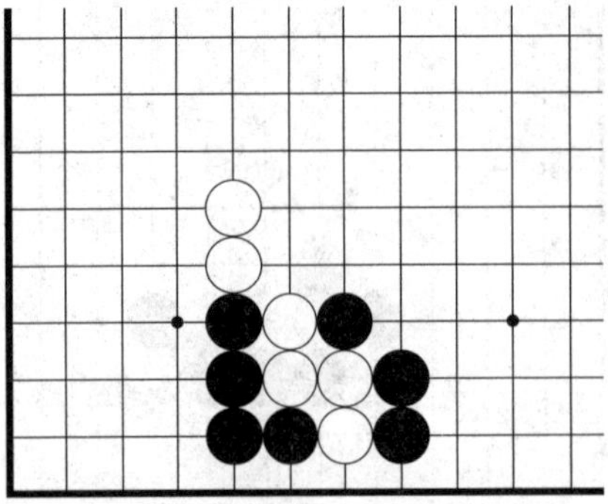

第 251 题

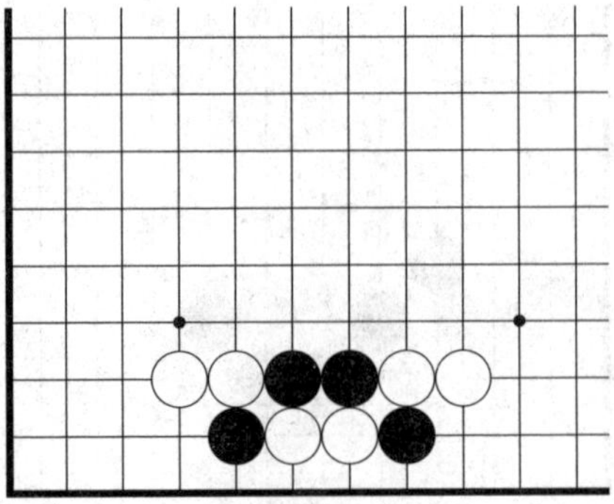

第 252 题

日期	年　月　日	得分		签名	

第二单元　闷　吃（三）

黑先，黑棋如何运用闷吃的手筋？请在要下子的地方写“1”。

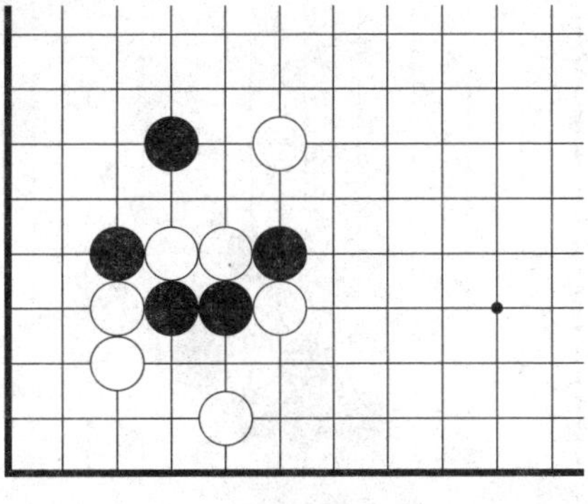

第 253 题

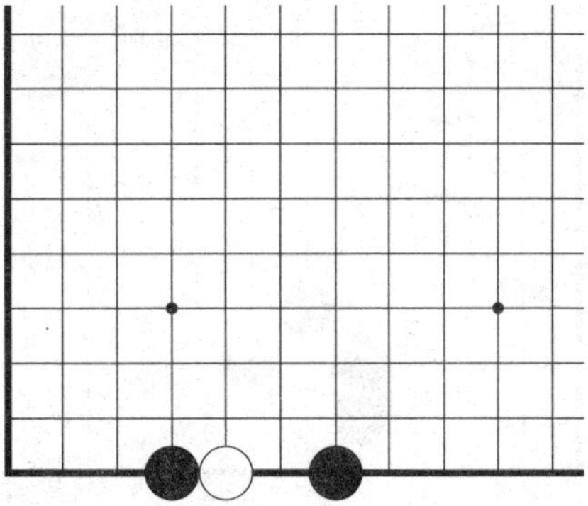

第 254 题

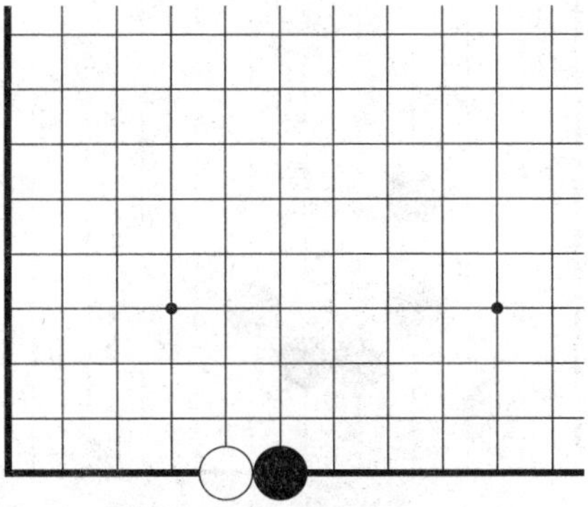

第 255 题

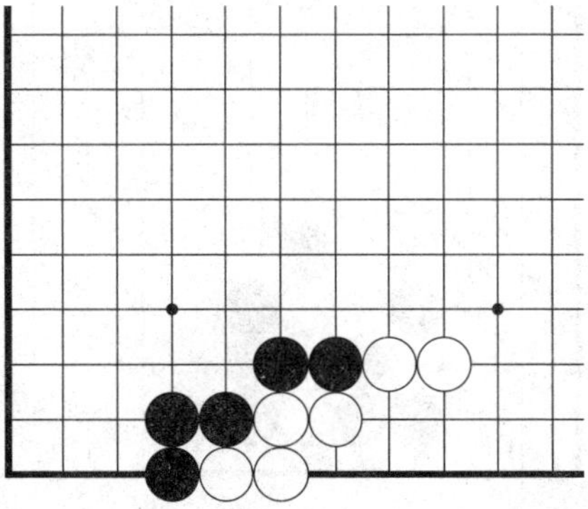

第 256 题

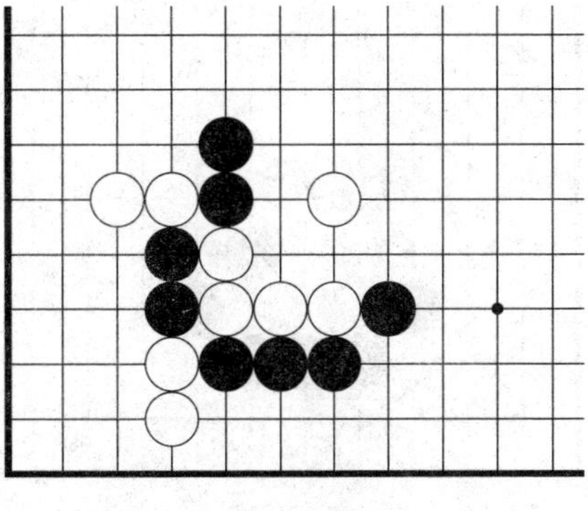

第 257 题

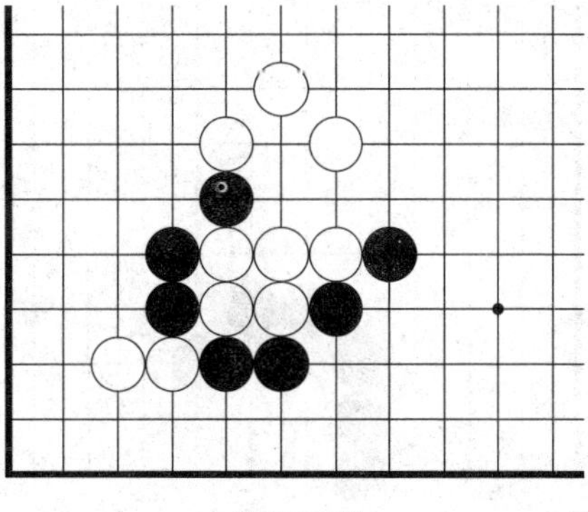

第 258 题

日期	年　月　日	得分		签名	

第二单元 闷吃（四）

黑先，黑棋如何运用闷吃的手筋？请在要下子的地方写“1”。

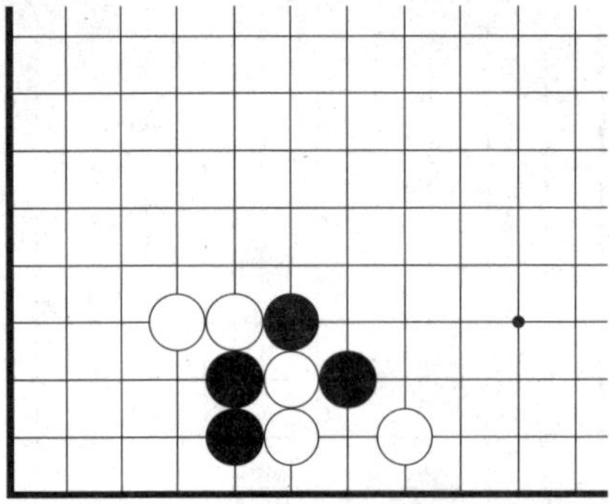

第 259 题

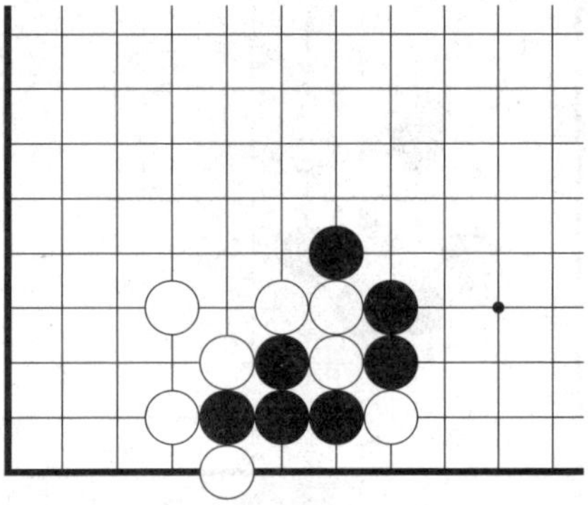

第 260 题

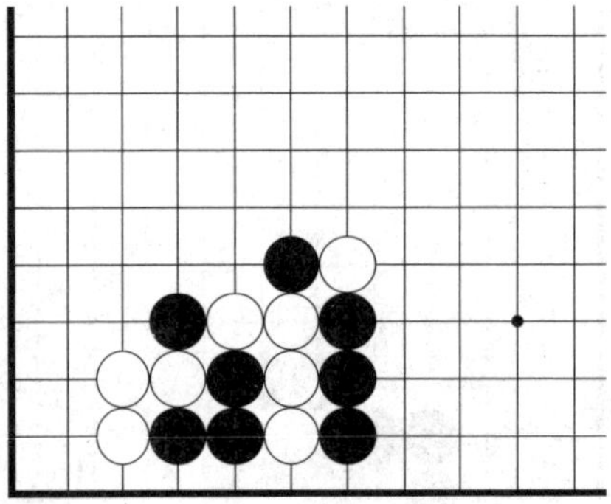

第 261 题

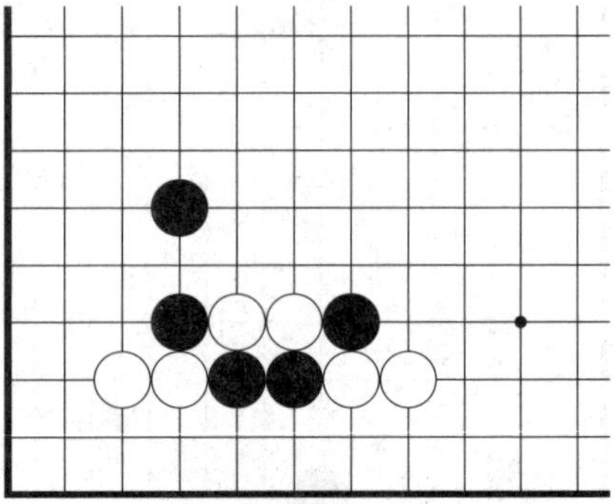

第 262 题

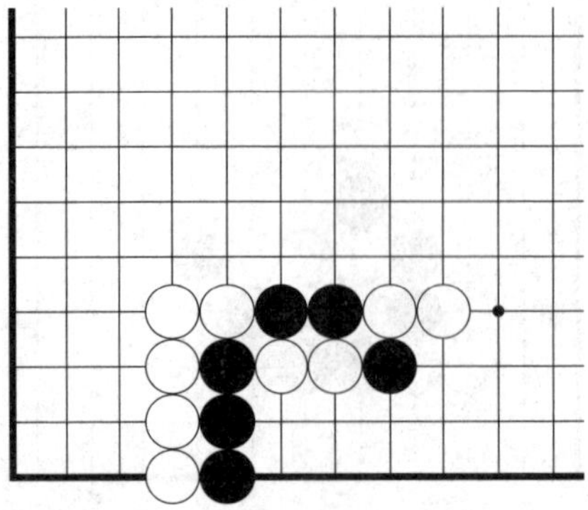

第 263 题

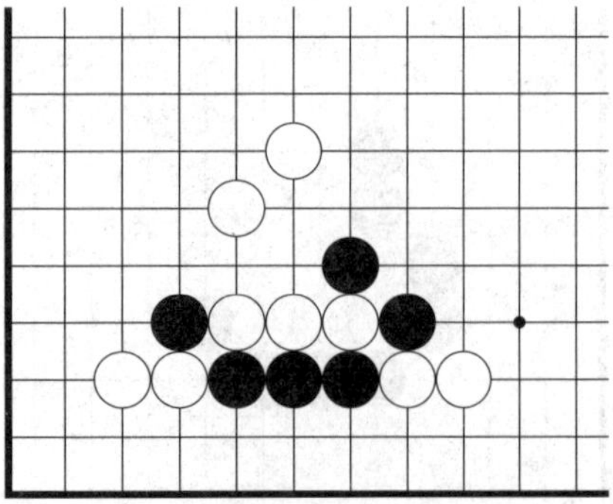

第 264 题

日 期	年 月 日	得 分		签 名	

第二单元　闷　吃（五）

黑先，黑棋如何运用闷吃的手筋？请在要下子的地方写“1”。

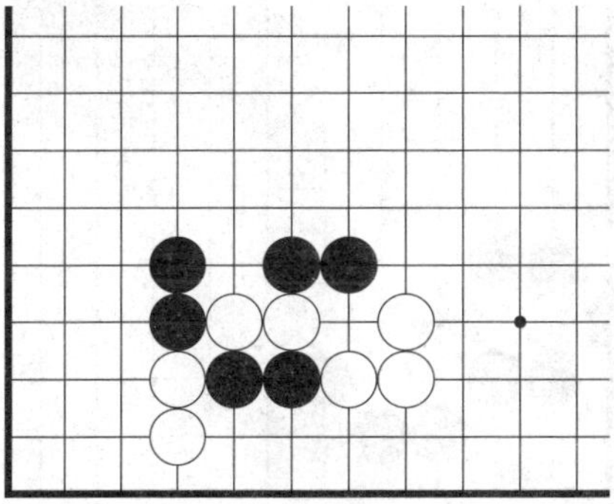

第 265 题

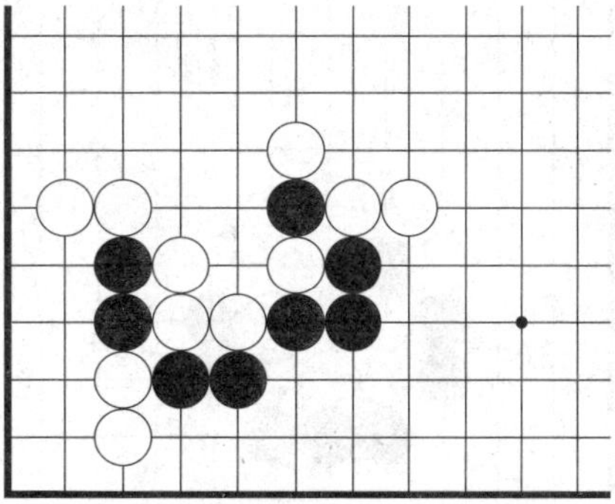

第 266 题

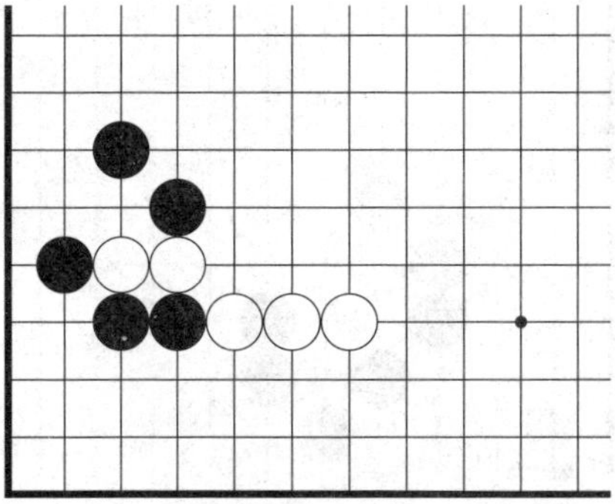

第 267 题

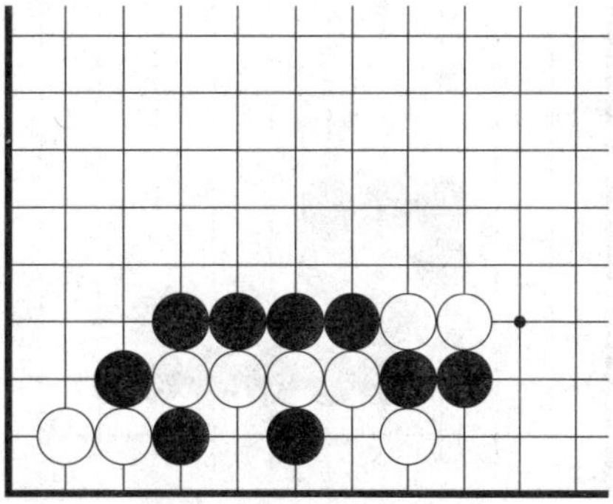

第 268 题

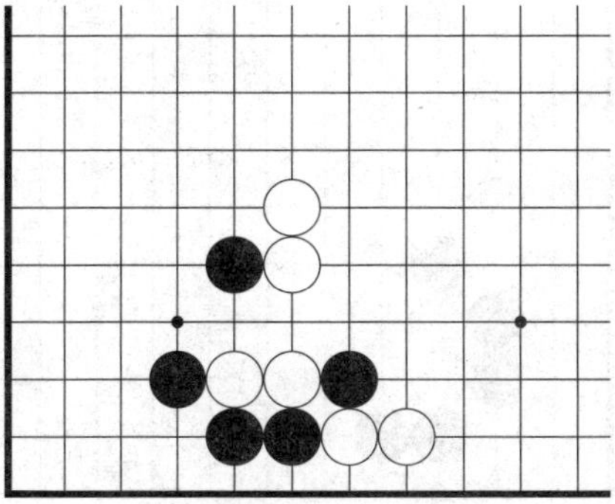

第 269 题

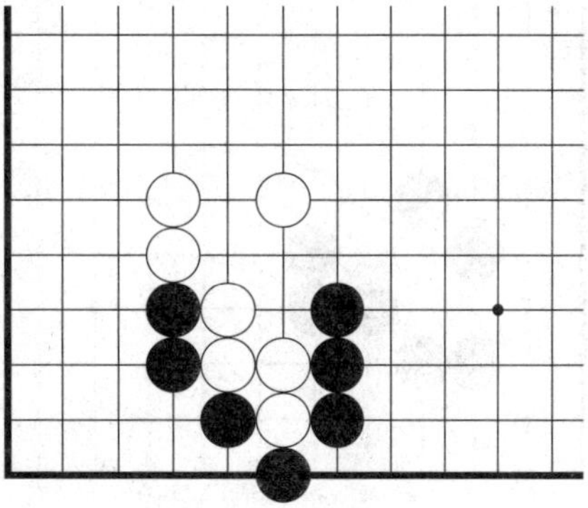

第 270 题

日期	年　月　日	得分		签名	

第二单元　闷　吃（六）

黑先，黑棋如何运用闷吃的手筋？请在要下子的地方写“1”。

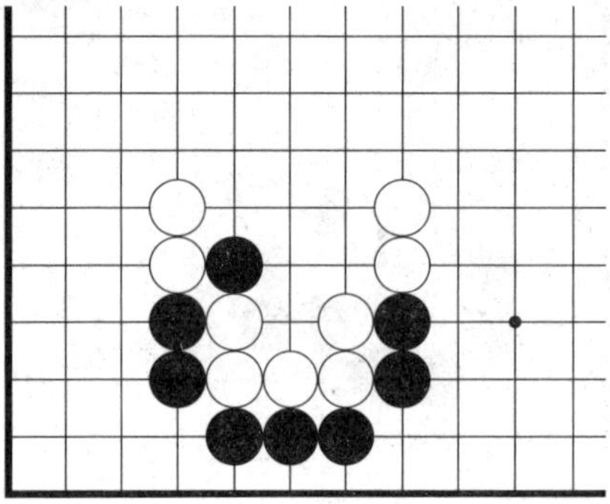

第 271 题

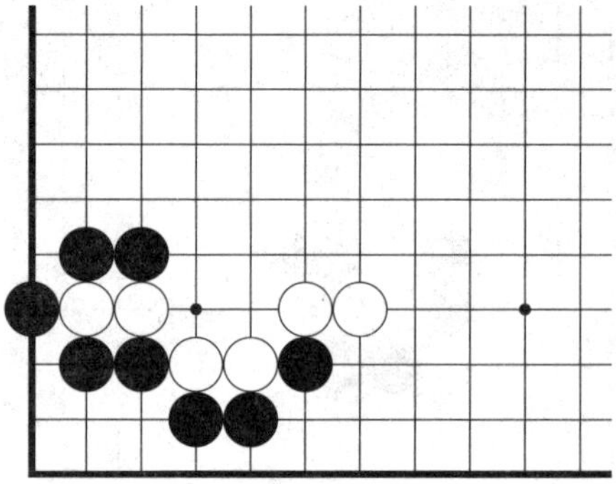

第 272 题

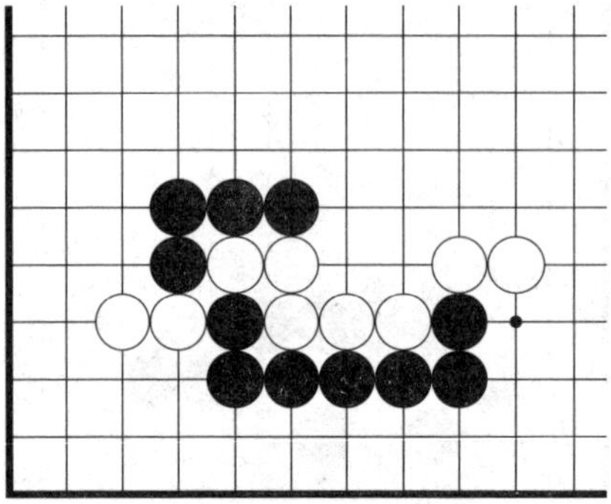

第 273 题

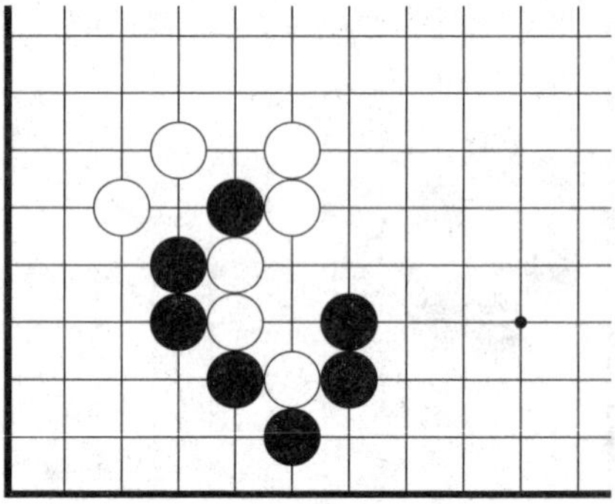

第 274 题

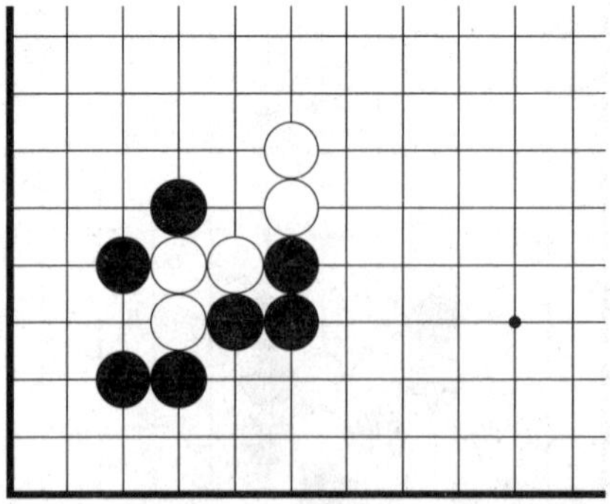

第 275 题

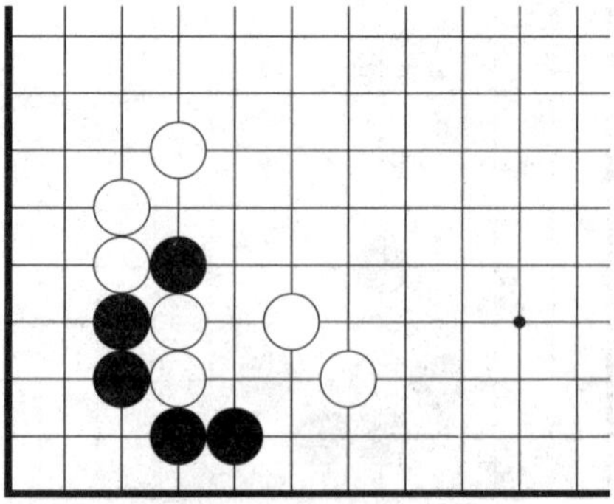

第 276 题

日期	年　月　日	得分		签名	

第二单元

制造闷吃（一）

黑先，黑棋如何运用制造闷吃的手筋？请写出黑1、白2、黑3共三步。

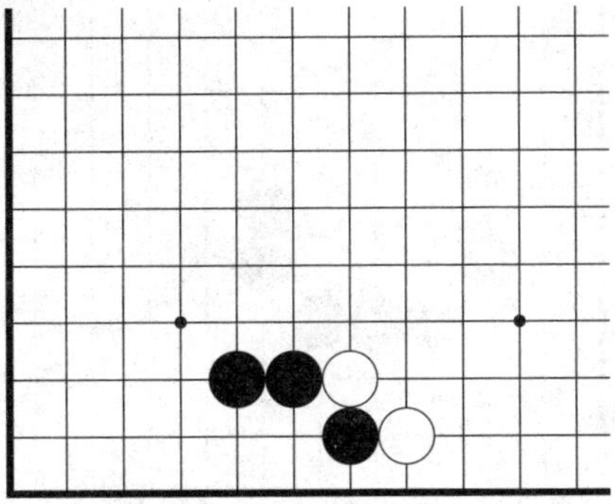

第277题

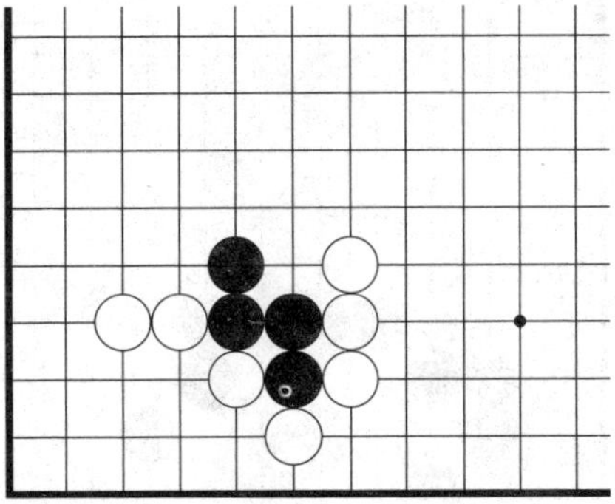

第278题

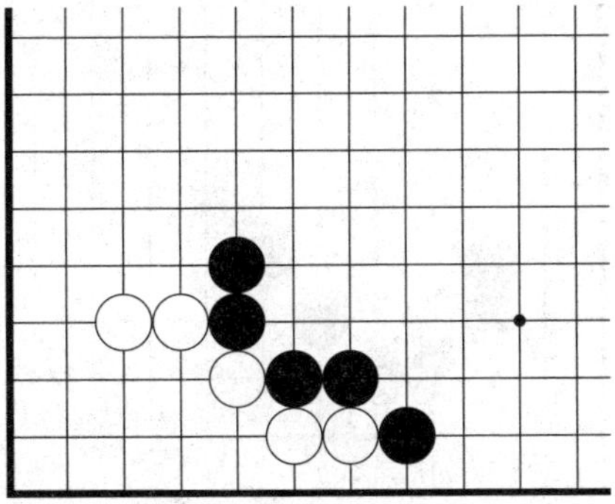

第279题

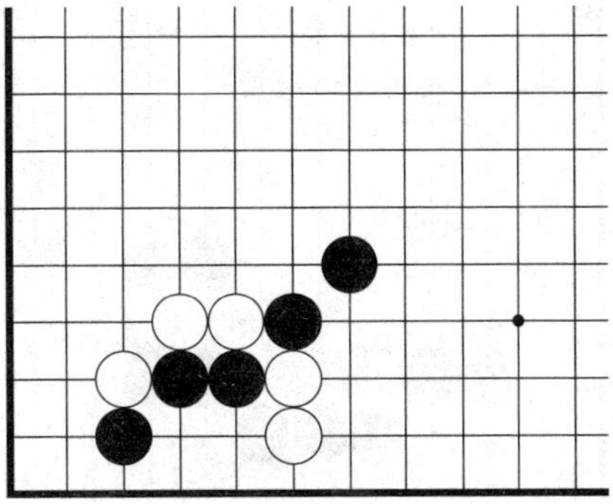

第280题

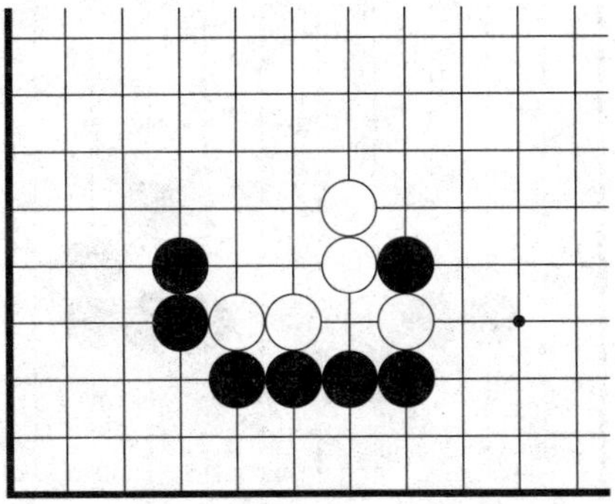

第281题

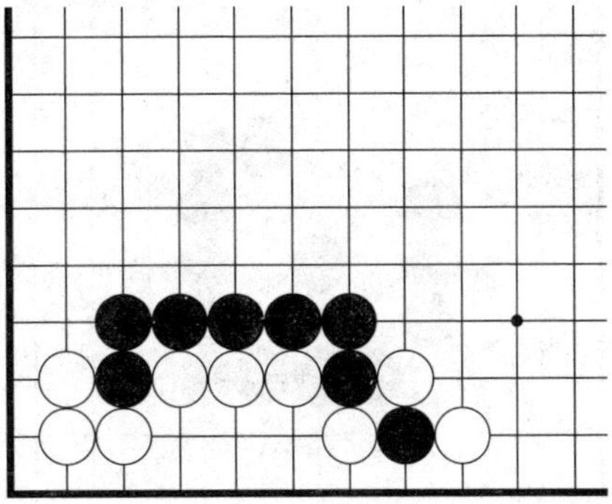

第282题

日期	年　月　日	得分		签名	

制造闷吃（二）

黑先，黑棋如何运用制造闷吃的手筋？请写出黑1、白2、黑3共三步。

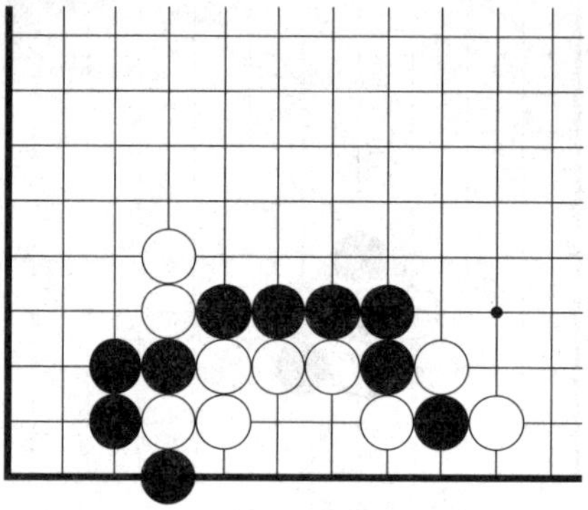

第283题

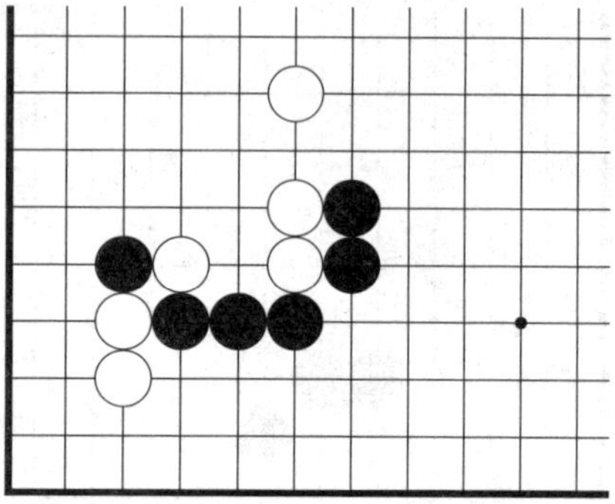

第284题

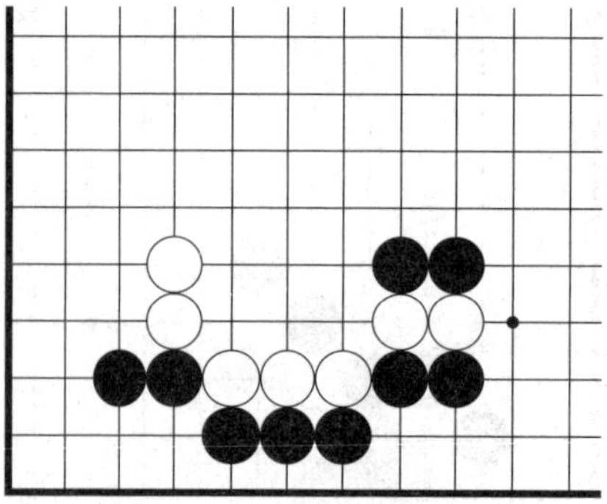

第285题

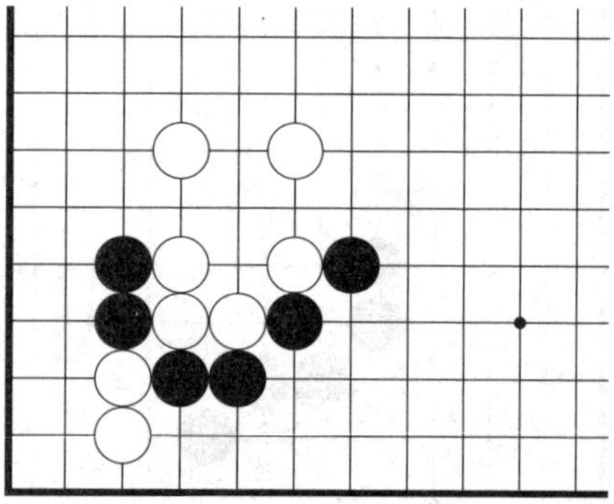

第286题

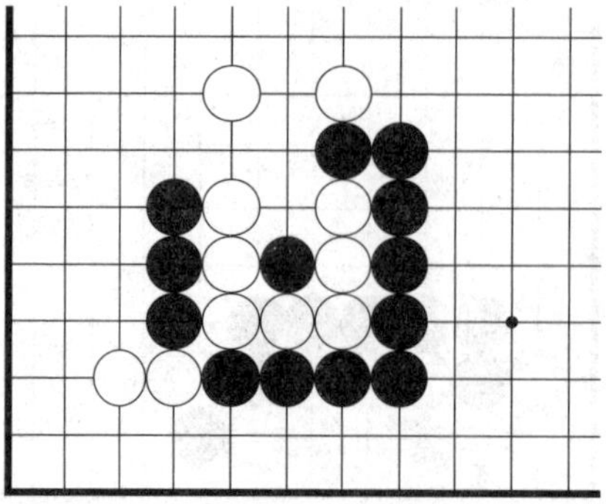

第287题

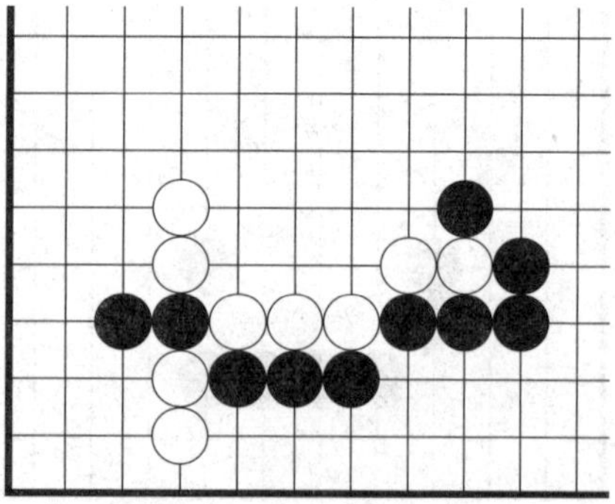

第288题

日期	年 月 日	得分		签名	

第二单元

制造闷吃（三）

黑先，黑棋如何运用制造闷吃的手筋？请写出黑1、白2、黑3共三步。

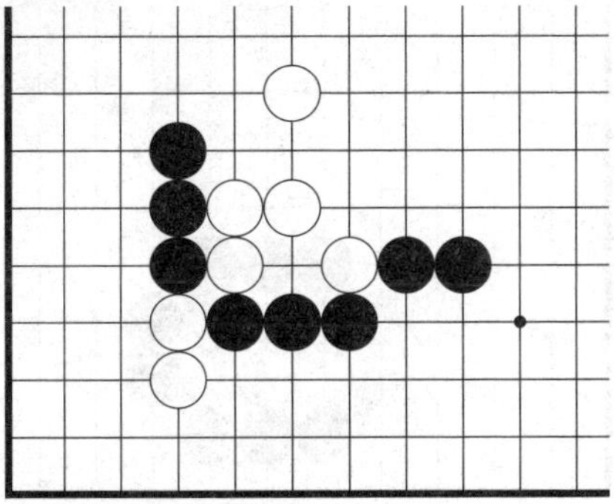

第289题

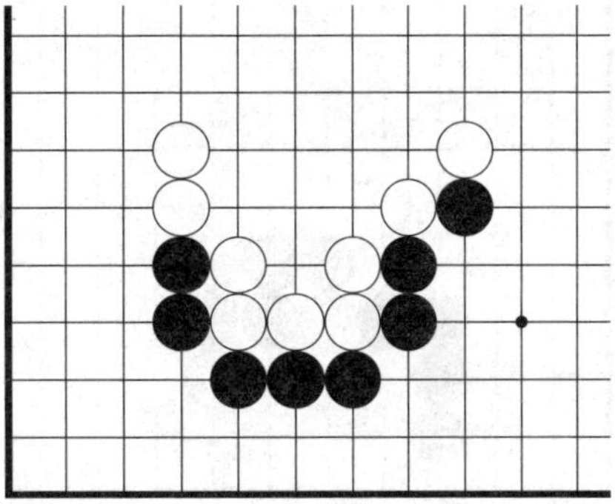

第290题

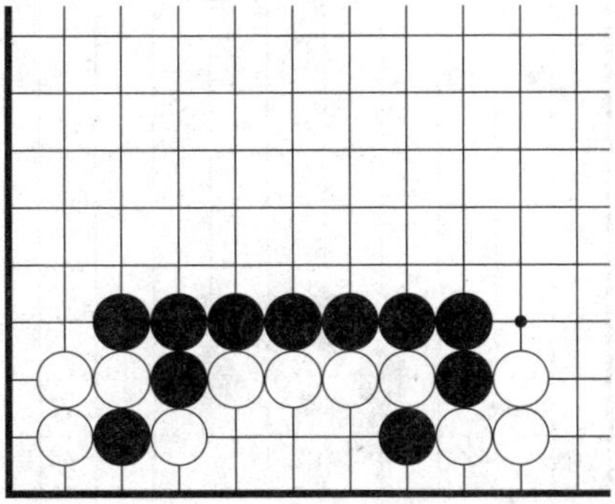

第291题

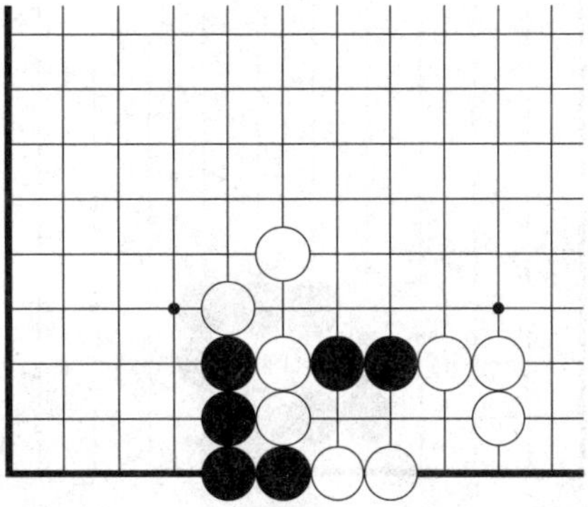

第292题

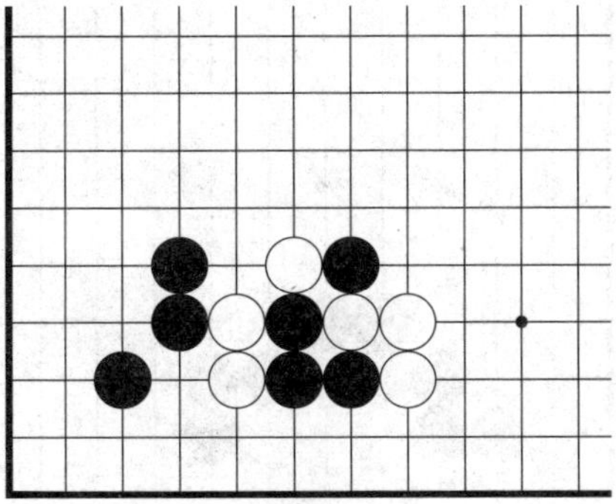

第293题

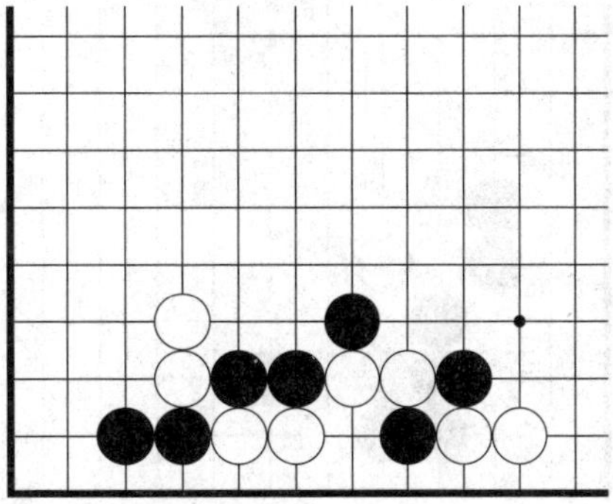

第294题

日期	年　月　日	得分		签名	

制造闷吃（四）

黑先，黑棋如何运用制造闷吃的手筋？请写出黑1、白2、黑3共三步。

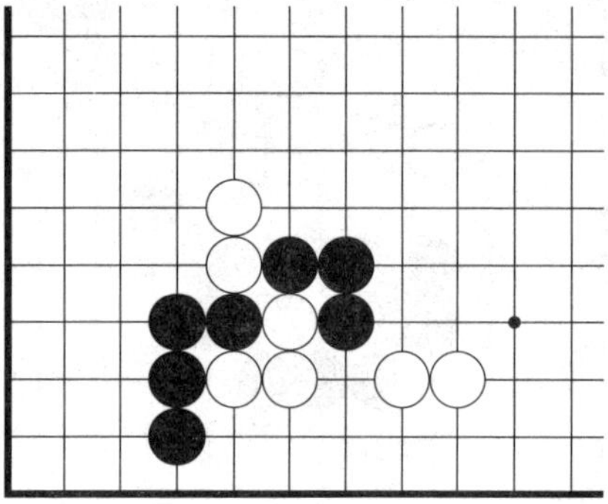

第 295 题

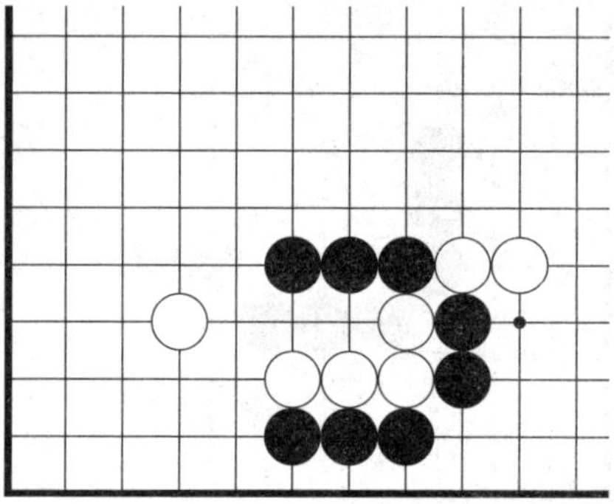

第 296 题

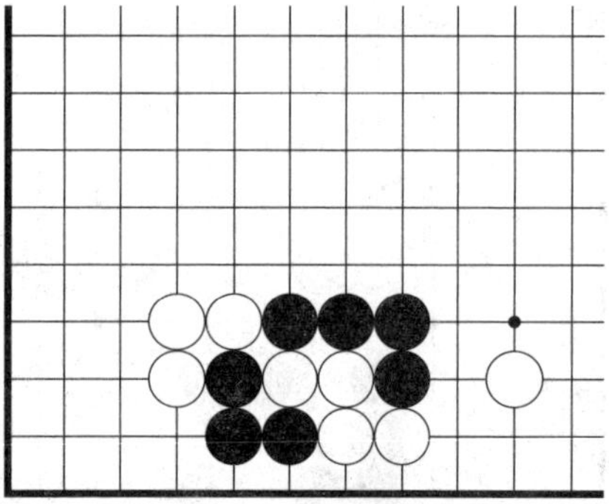

第 297 题

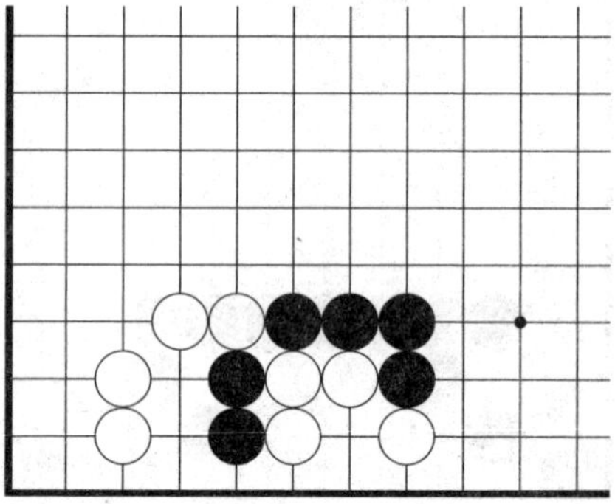

第 298 题

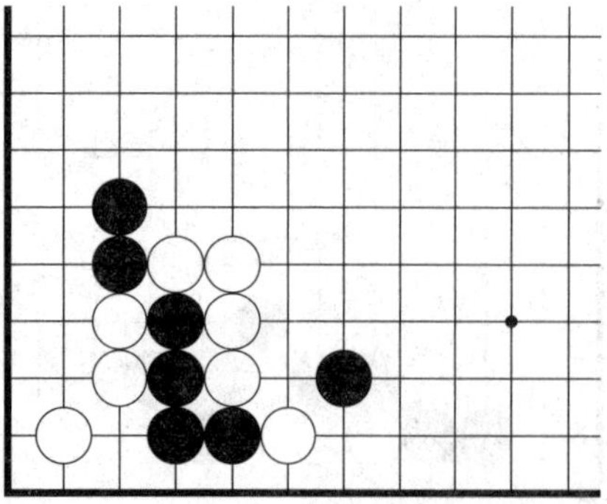

第 299 题

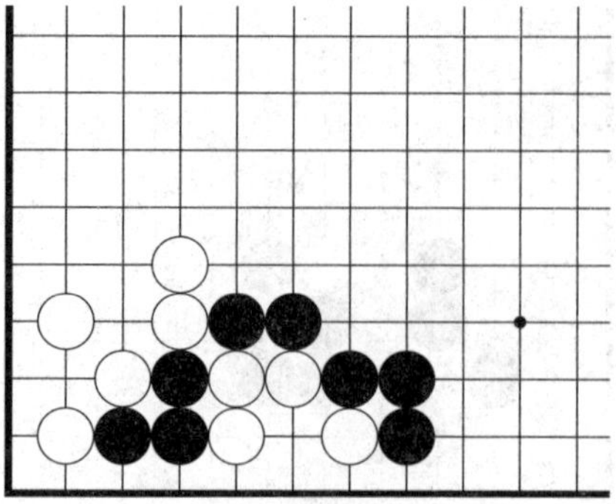

第 300 题

日期	年　月　日	得分		签名	

第二单元　制造闷吃（五）

黑先，黑棋如何运用制造闷吃的手筋？请写出必要的过程。

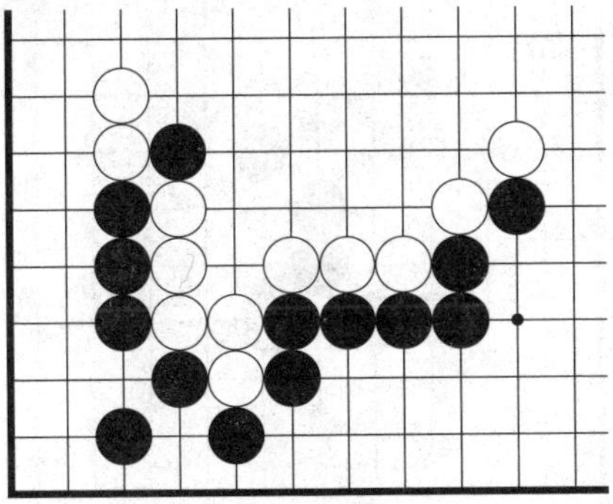

第 301 题

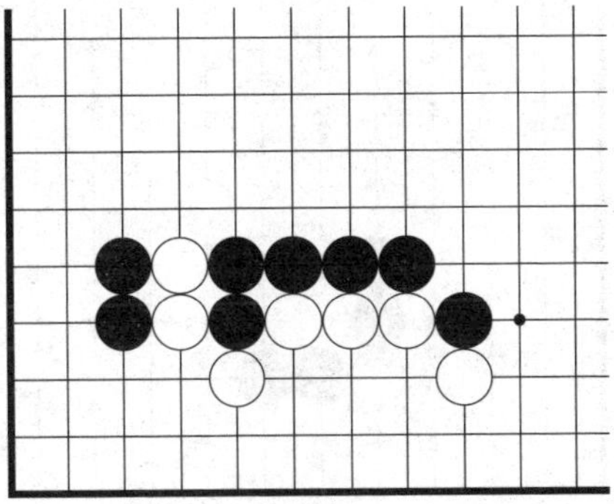

第 302 题

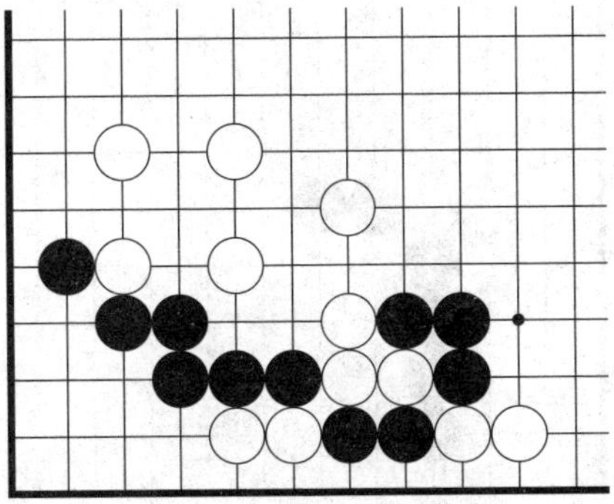

第 303 题

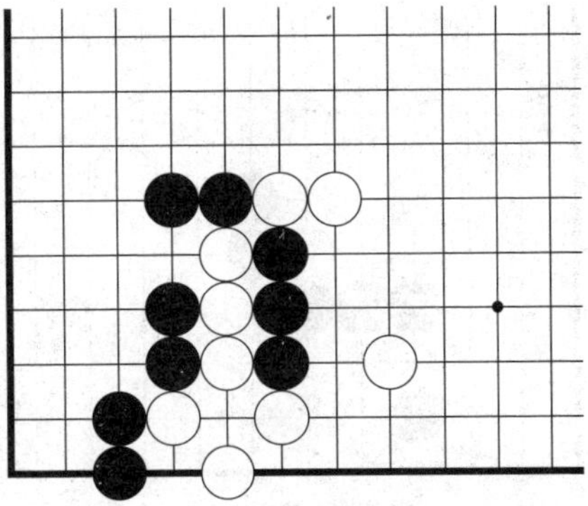

第 304 题

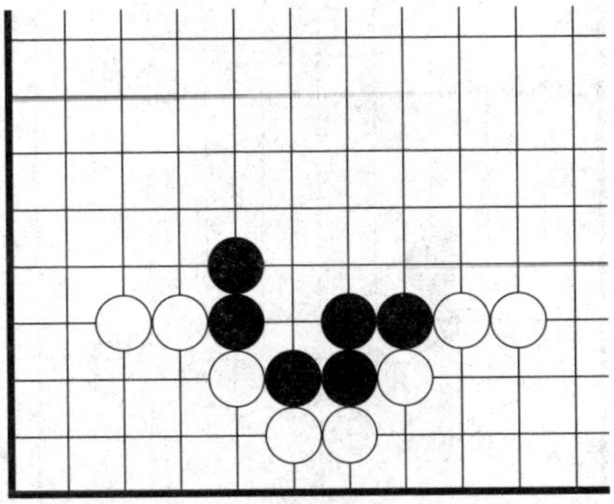

第 305 题

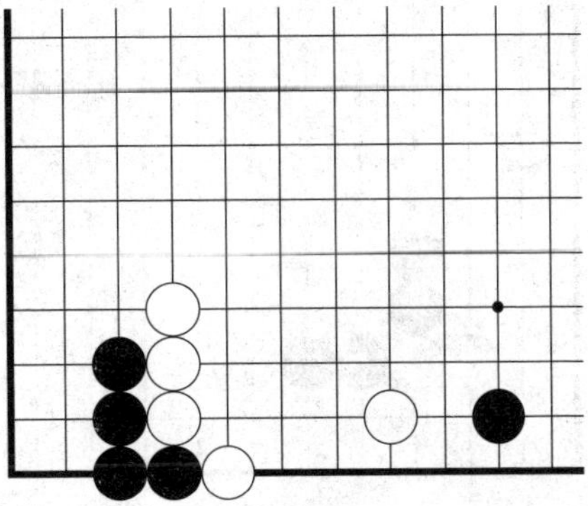

第 306 题

日期	年　月　日	得分		签名	

第二单元

枷　吃（一）

黑先，黑棋如何运用枷吃的手筋？请在要下子的地方写“1”。

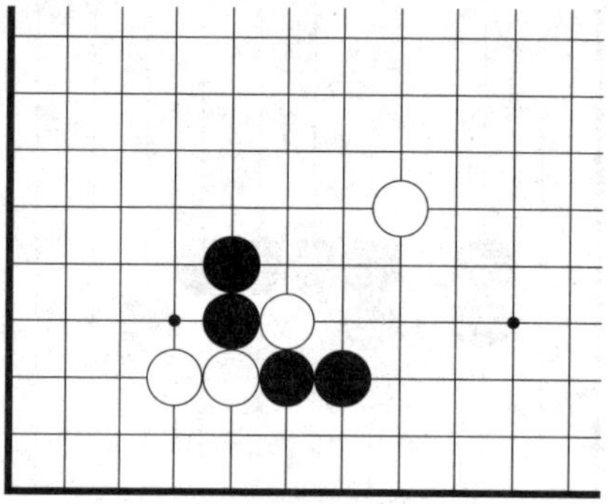

第 307 题

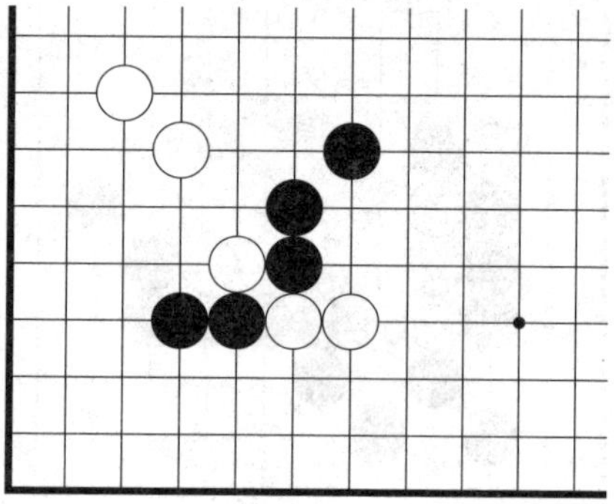

第 308 题

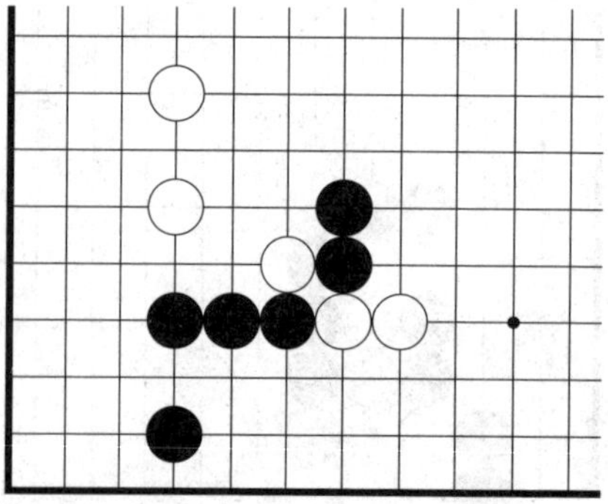

第 309 题

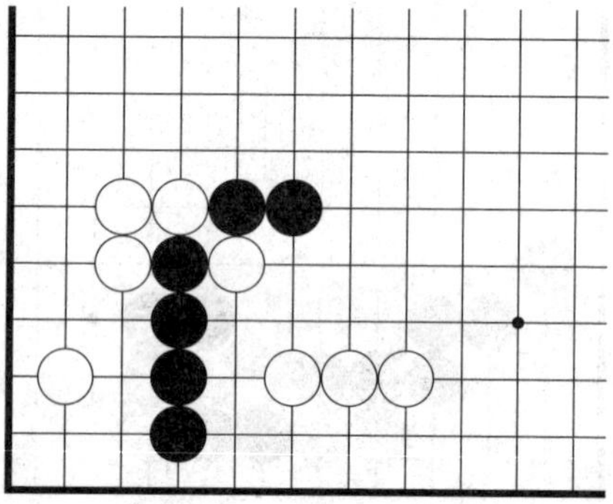

第 310 题

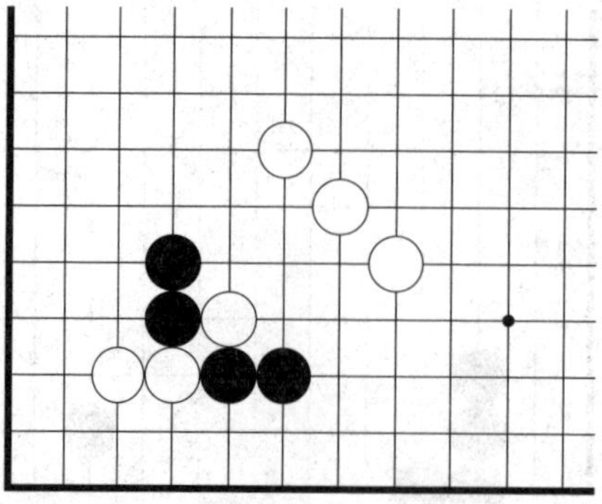

第 311 题

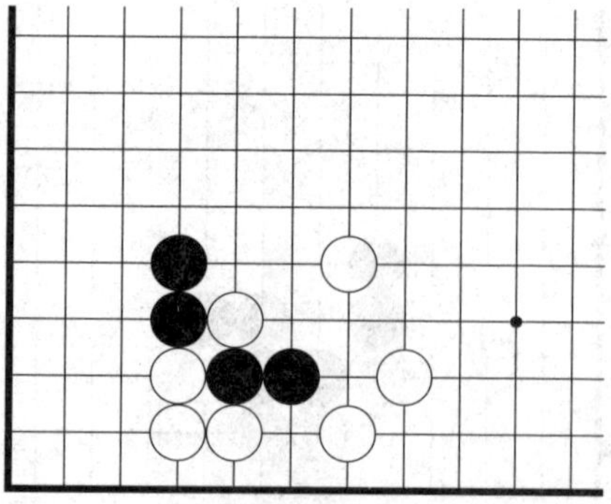

第 312 题

日 期	年 月 日	得 分		签 名	

第二单元　枷　吃（二）

黑先，黑棋如何运用枷吃的手筋？请在要下子的地方写“1”。

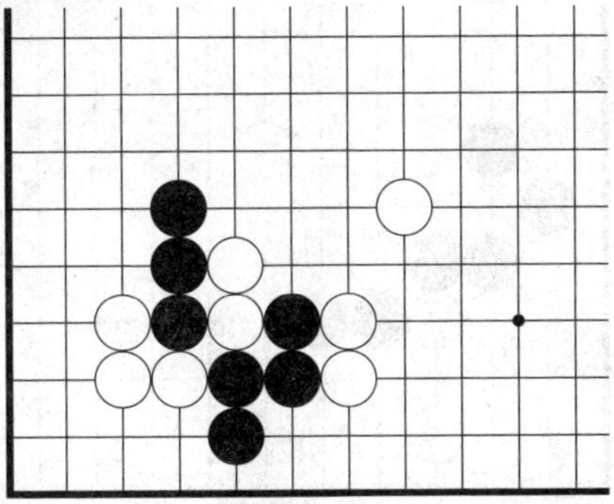

第 313 题

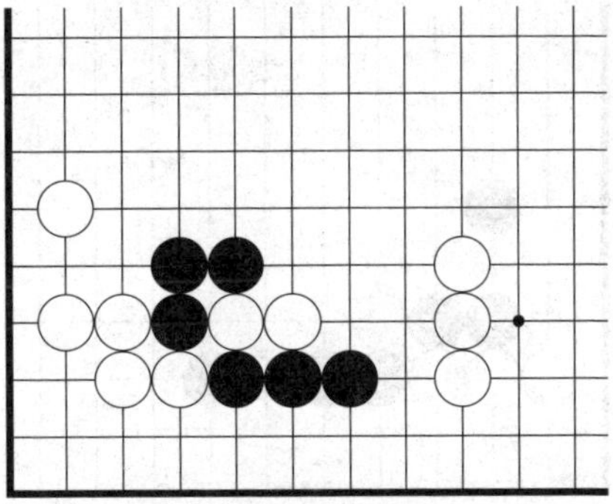

第 314 题

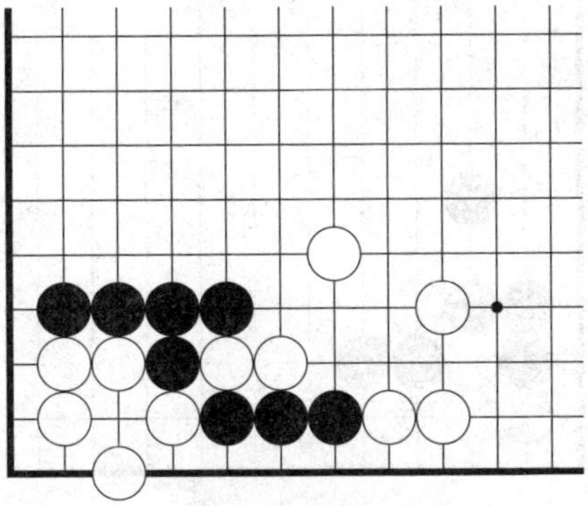

第 315 题

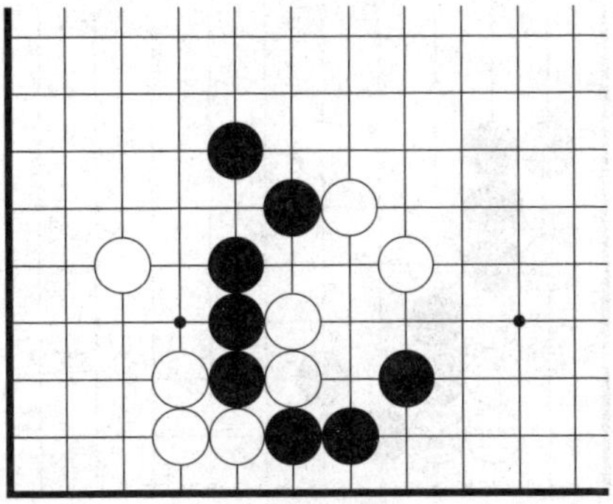

第 316 题

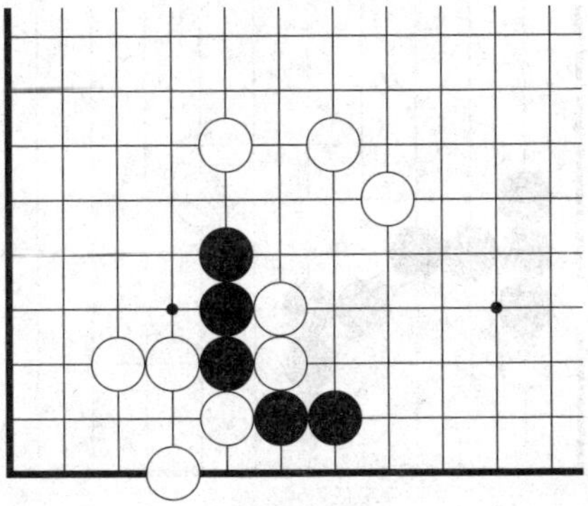

第 317 题

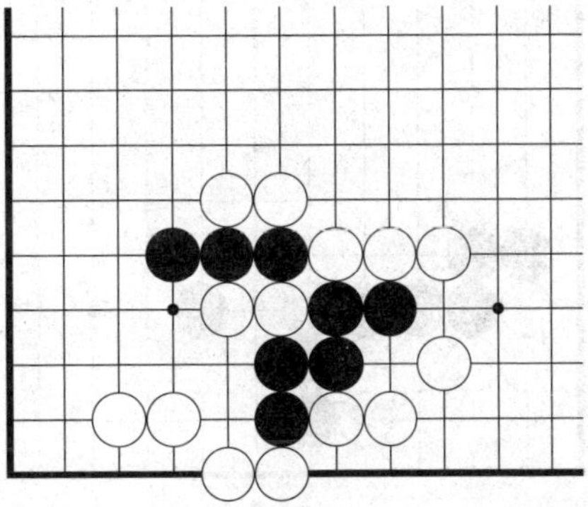

第 318 题

日期	年　月　日	得分		签名	

第二单元　枷　吃（三）

黑先，黑棋如何运用枷吃的手筋？请在要下子的地方写“1”。

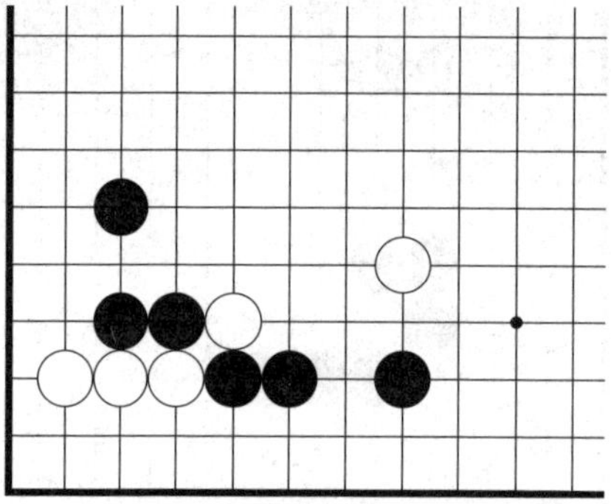

第 319 题

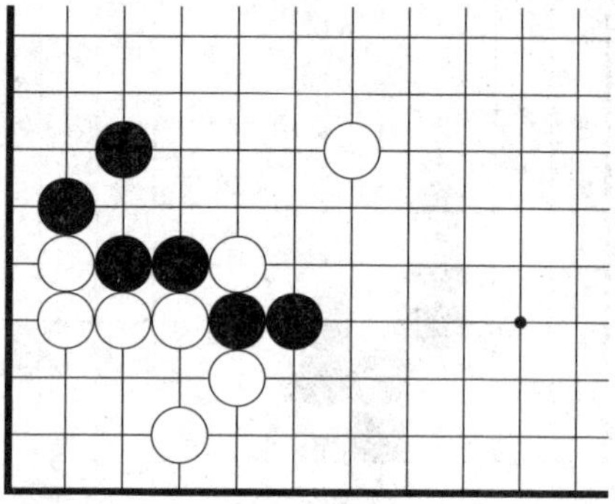

第 320 题

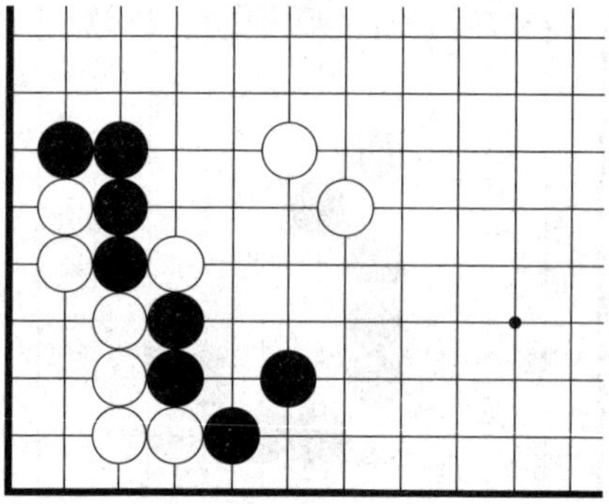

第 321 题

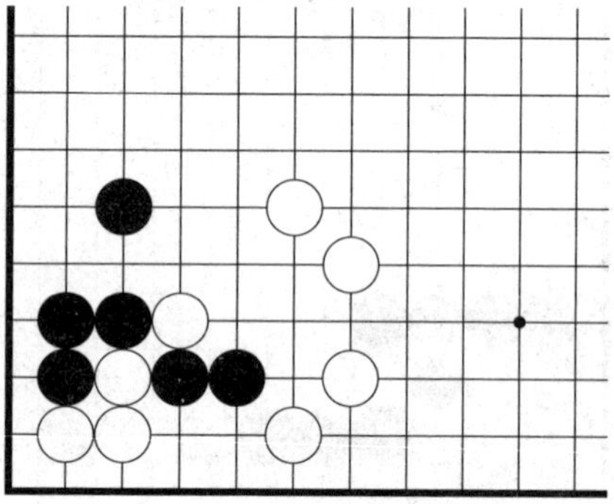

第 322 题

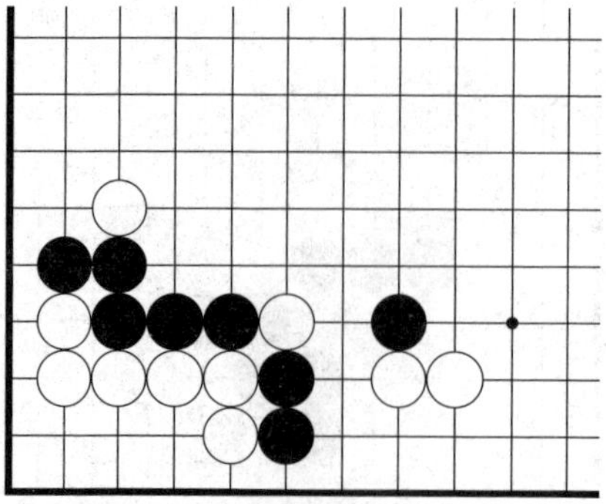

第 323 题

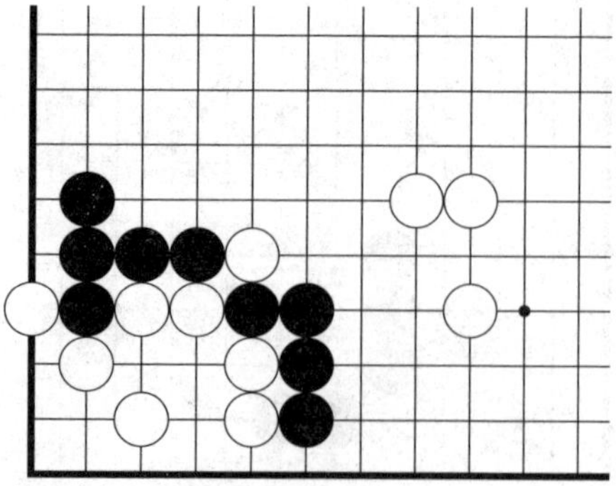

第 324 题

日 期	年 月 日	得 分		签 名	

枷 吃（四）

黑先，黑棋如何运用枷吃的手筋？请在要下子的地方写“1”。

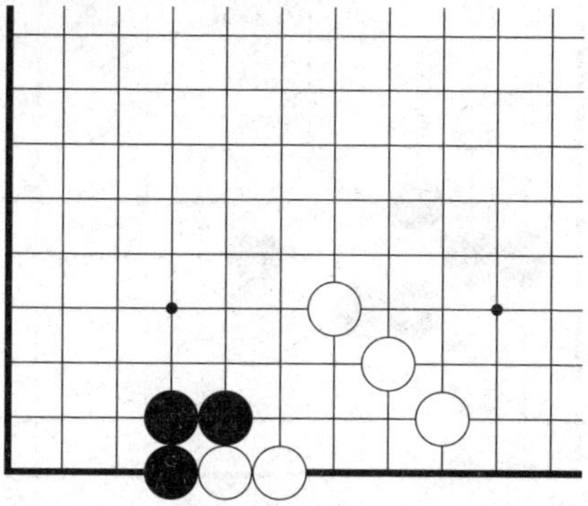

第 325 题

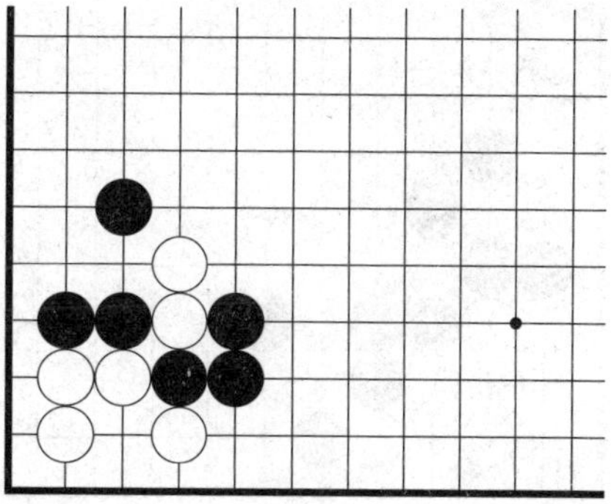

第 326 题

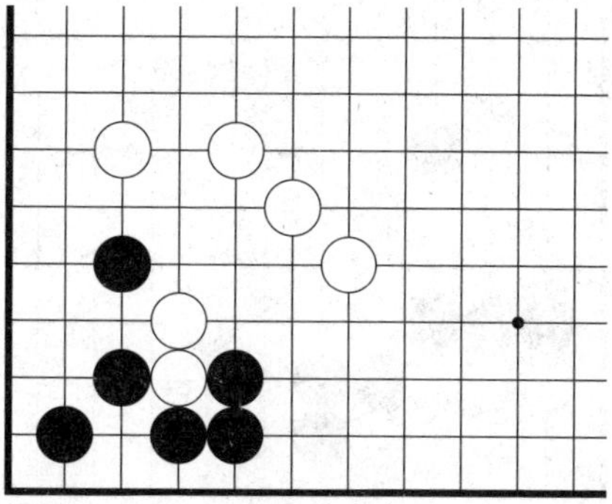

第 327 题

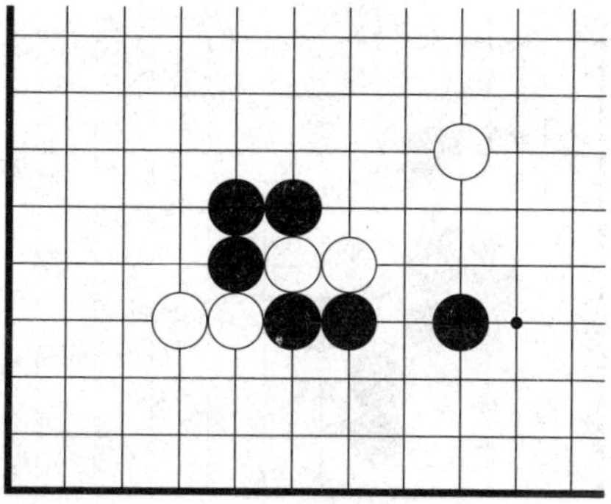

第 328 题

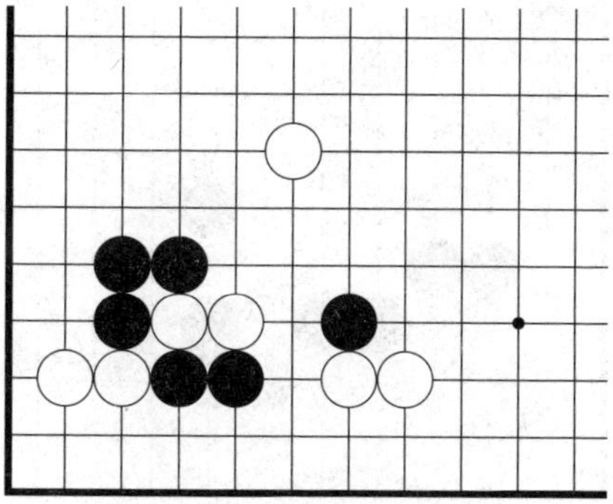

第 329 题

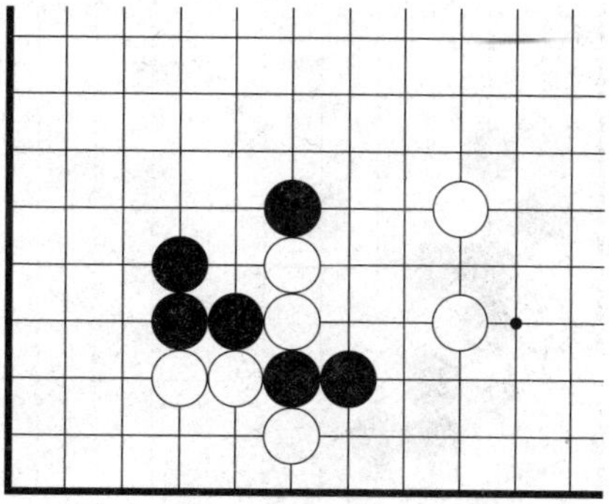

第 330 题

日期	年 月 日	得分		签名	

枷　吃（五）

黑先，黑棋如何运用枷吃的手筋？请在要下子的地方写“1”。

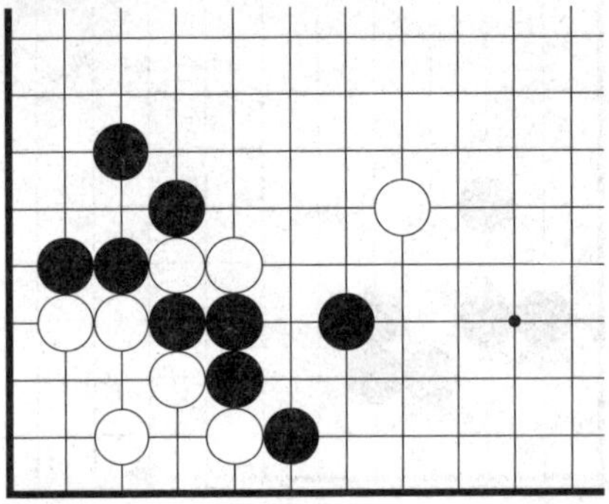

第 331 题

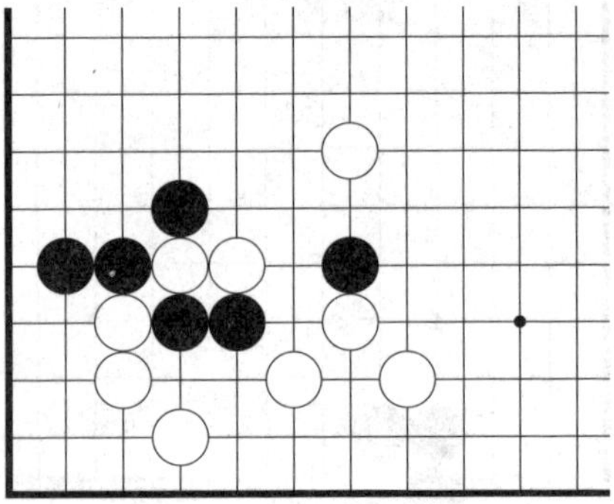

第 332 题

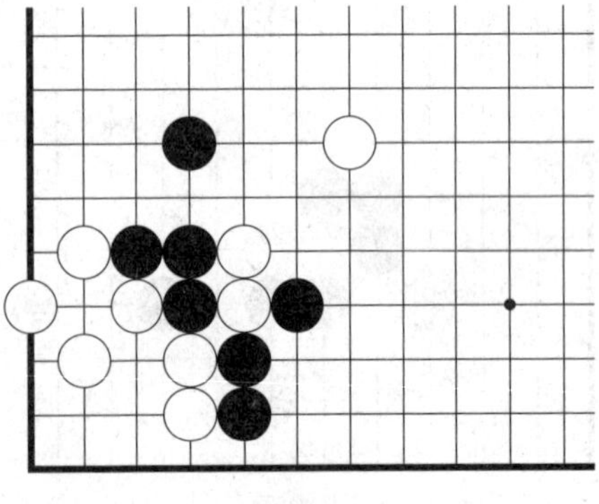

第 333 题

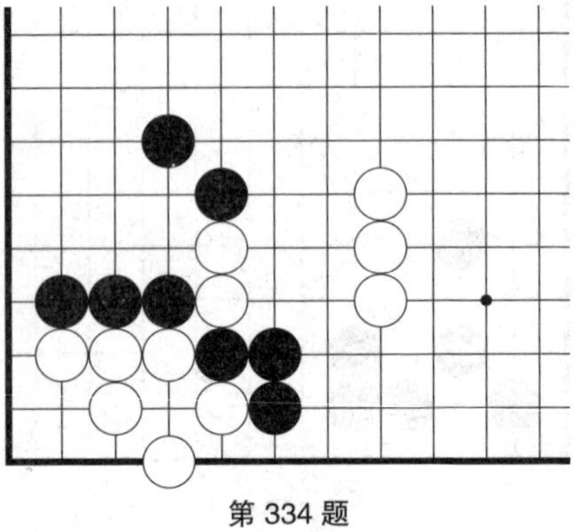

第 334 题

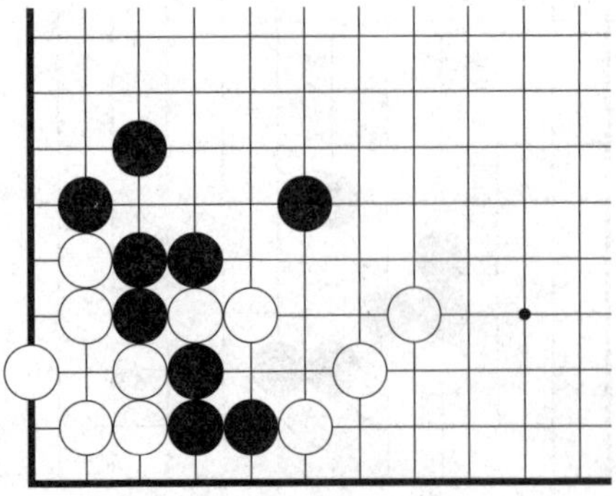

第 335 题

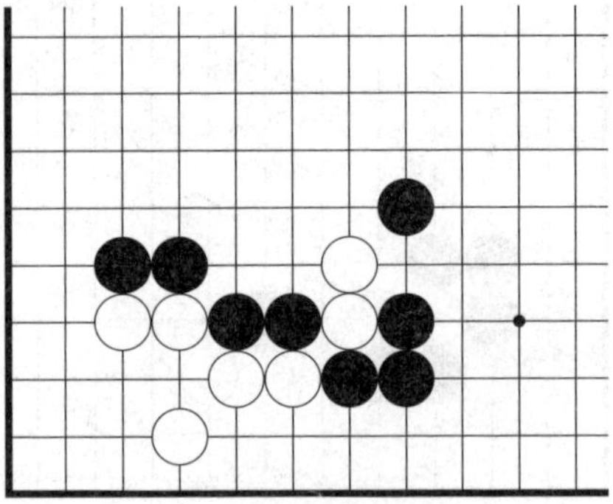

第 336 题

日期	年　月　日	得分		签名	

第二单元

枷　吃（六）

黑先，黑棋如何运用枷吃的手筋？请在要下子的地方写“1”。

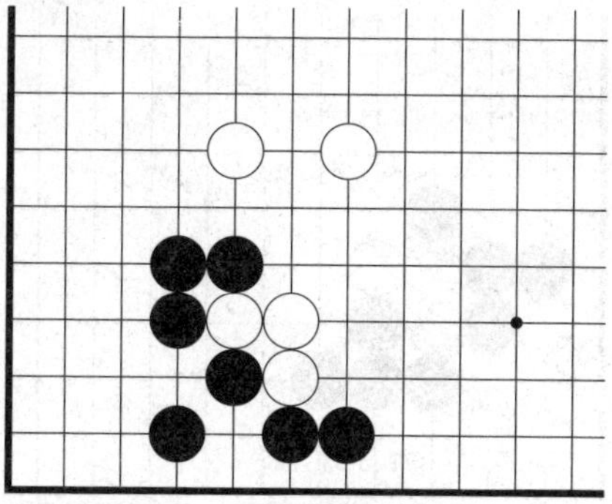

第 337 题

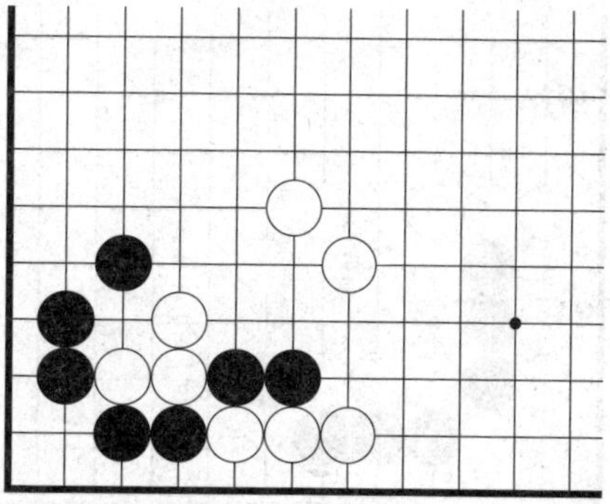

第 338 题

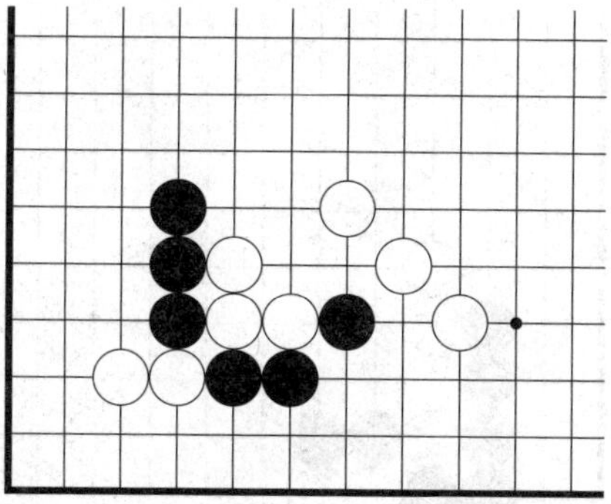

第 339 题

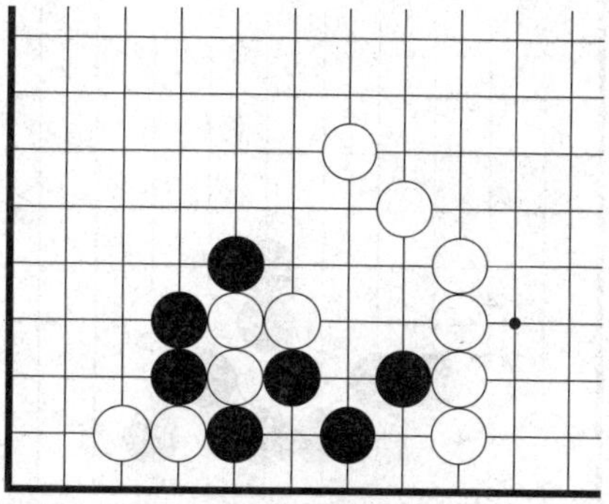

第 340 题

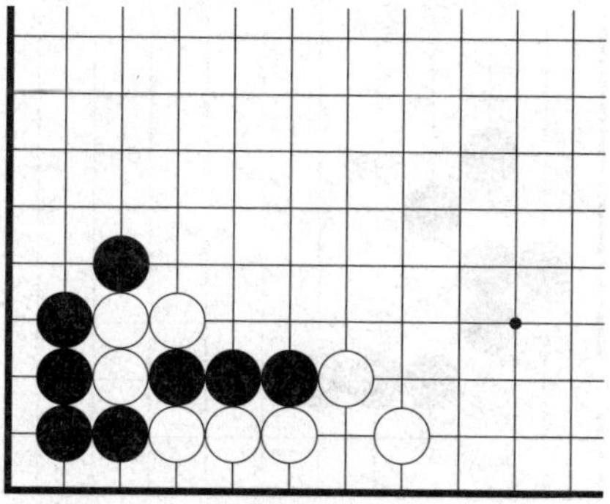

第 341 题

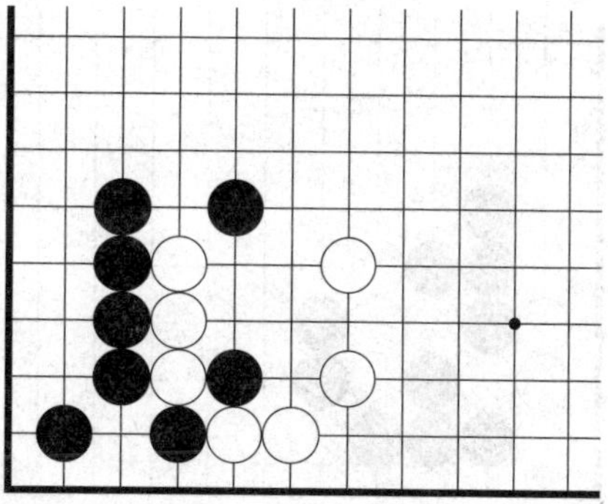

第 342 题

日期	年　月　日	得分		签名	

第二单元 枷 吃（七）

黑先，黑棋如何运用枷吃的手筋？请在要下子的地方写“1”。

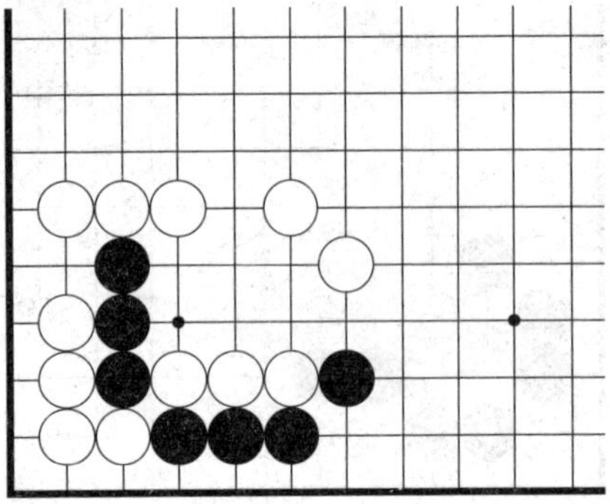

第 343 题

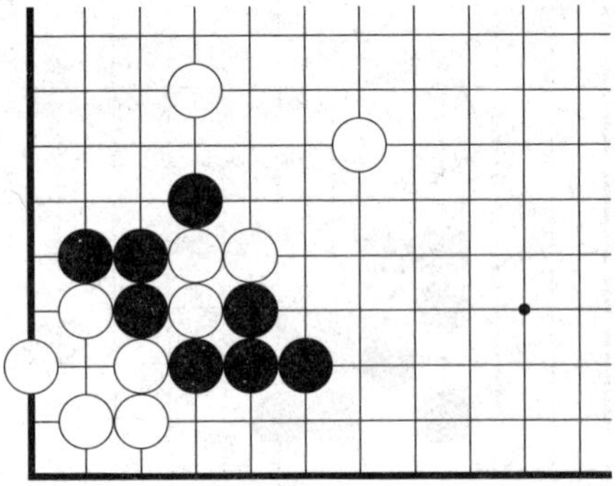

第 344 题

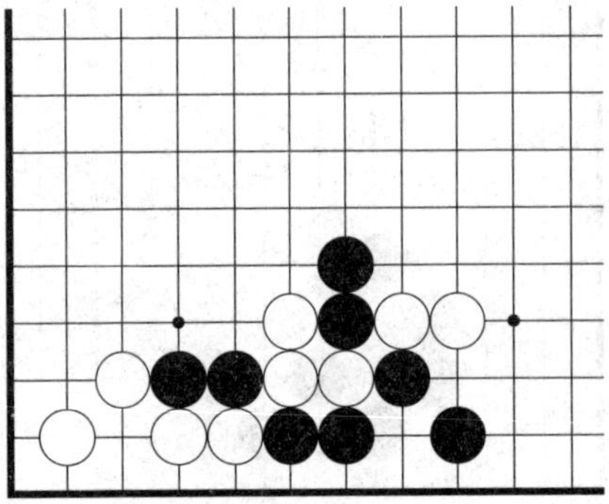

第 345 题

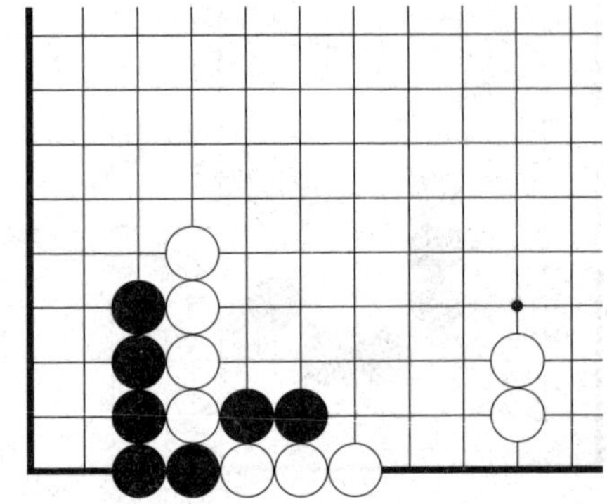

第 346 题

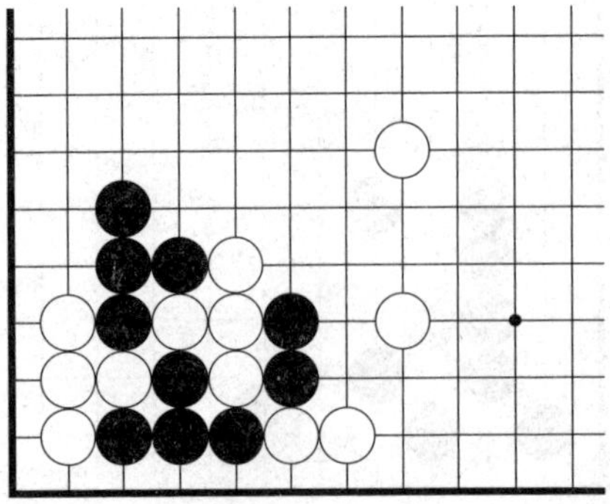

第 347 题

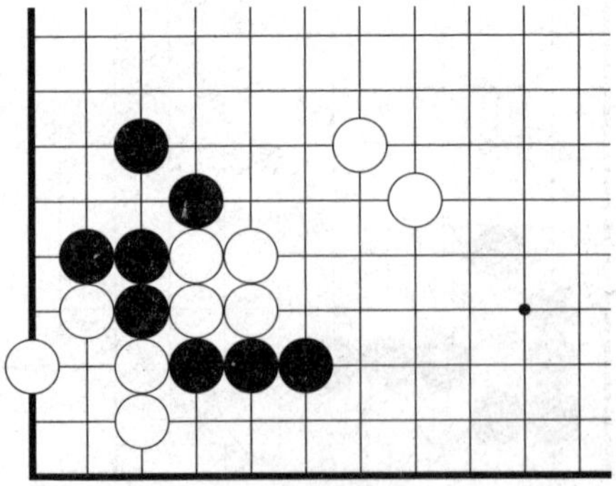

第 348 题

日期	年 月 日	得分		签名	

第二单元

枷　吃（八）

黑先，黑棋如何运用枷吃的手筋？请写出必要的过程。

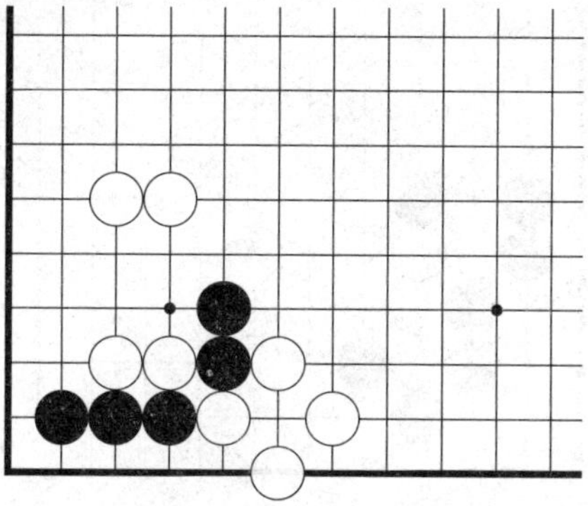

第 349 题

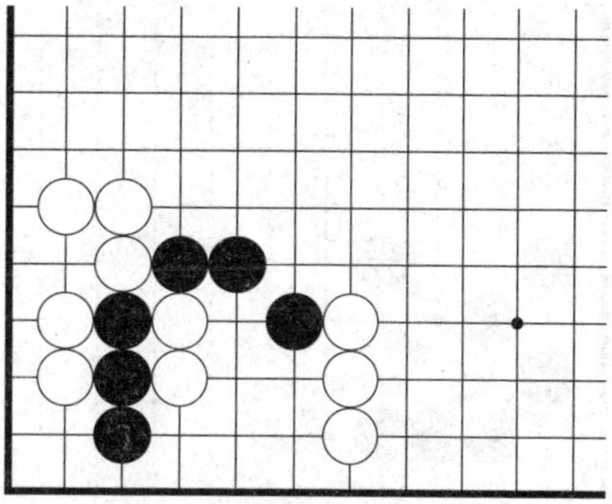

第 350 题

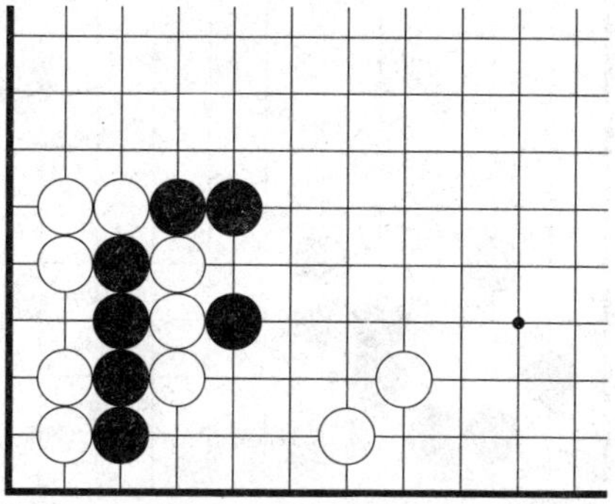

第 351 题

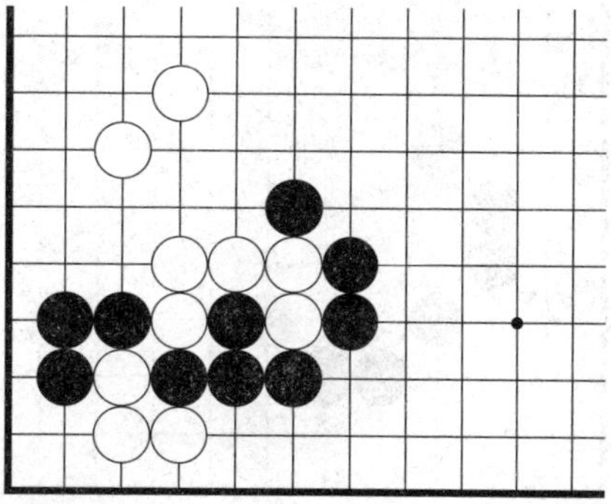

第 352 题

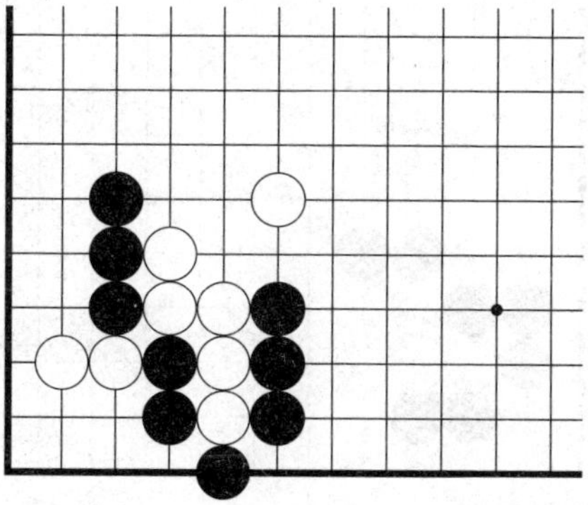

第 353 题

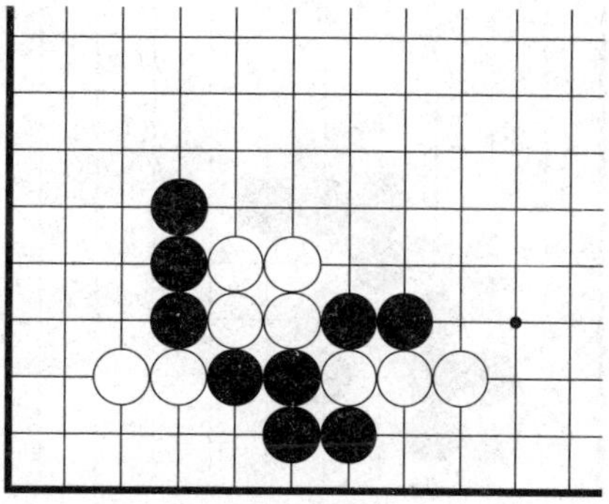

第 354 题

日　期	年　月　日	得　分		签　名	

第二单元

枷 吃（九）

黑先，黑棋如何运用枷吃的手筋？请写出必要的过程。

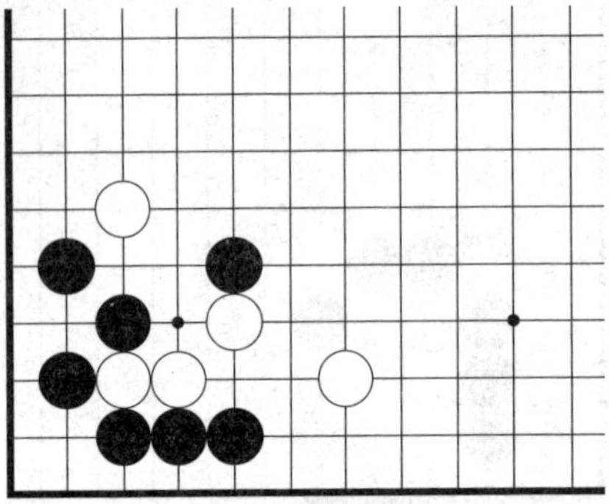

第 355 题

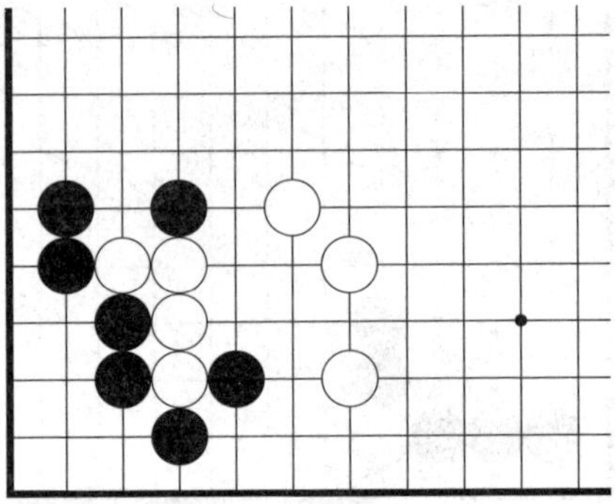

第 356 题

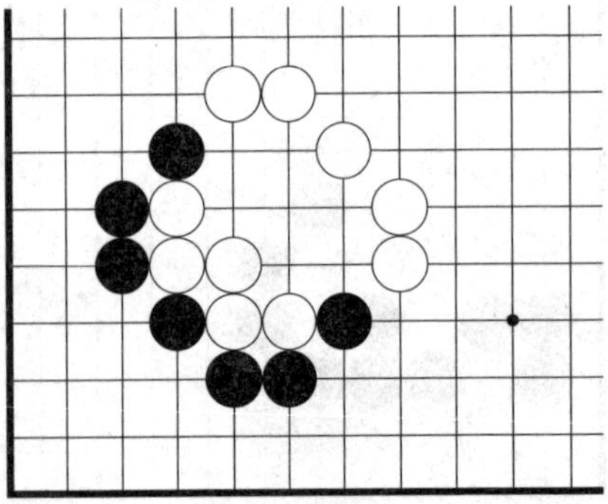

第 357 题

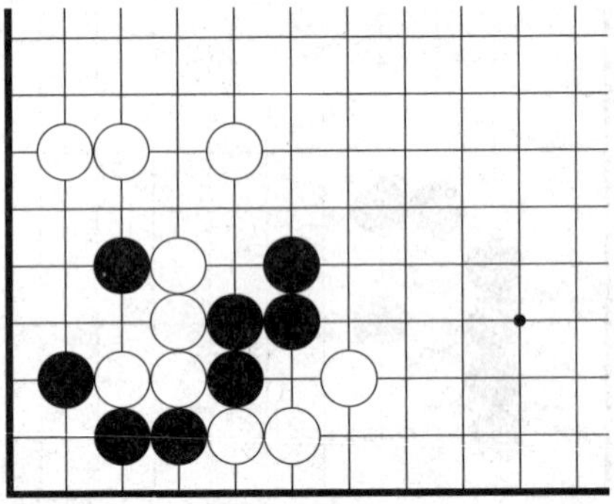

第 358 题

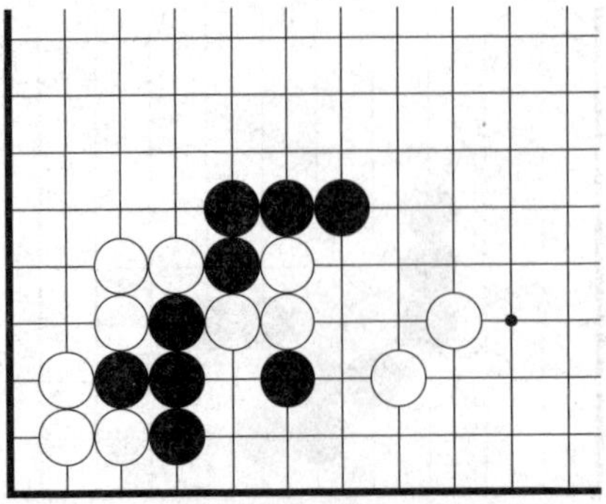

第 359 题

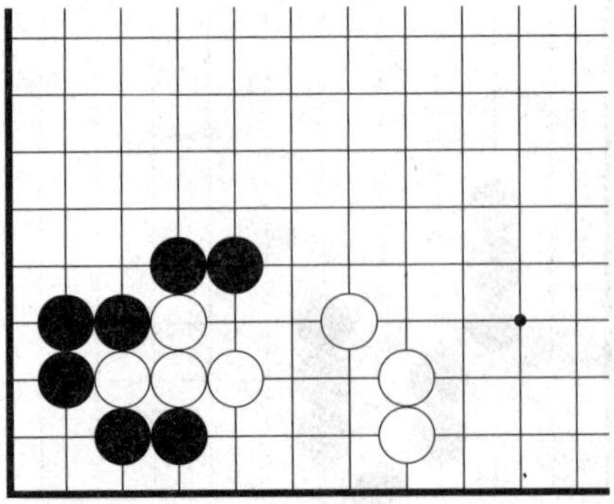

第 360 题

日期	年 月 日	得分		签名	

枷　吃（十）

白棋走 1 位后，黑棋应该怎么下？请在要下子的地方写“2”。

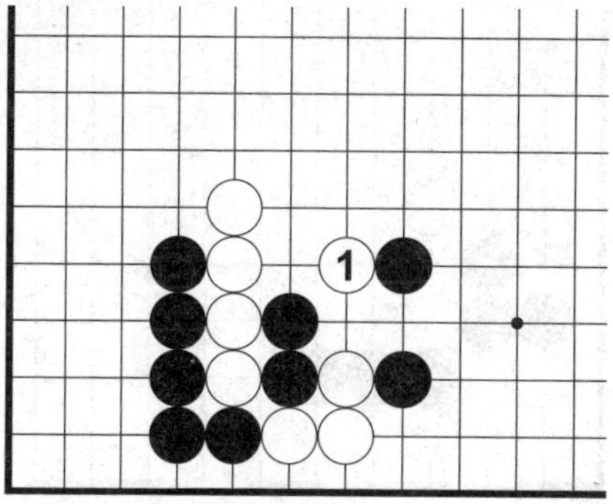

第 361 题

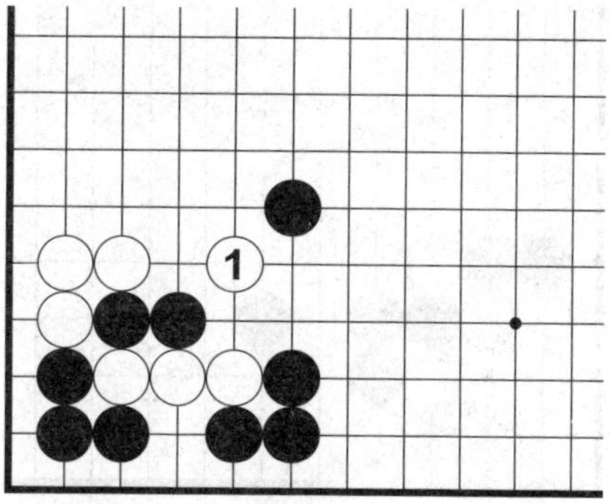

第 362 题

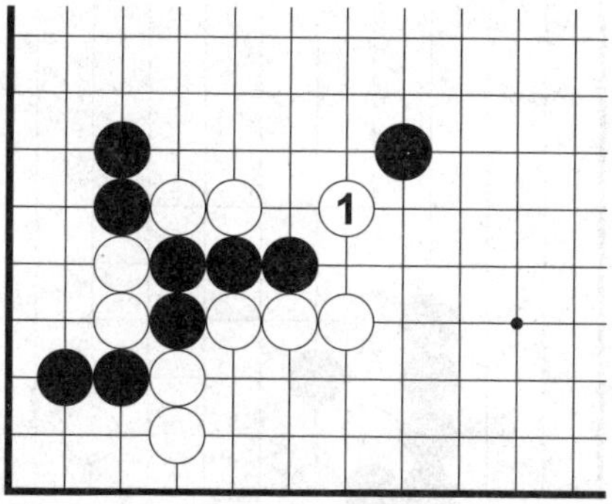

第 363 题

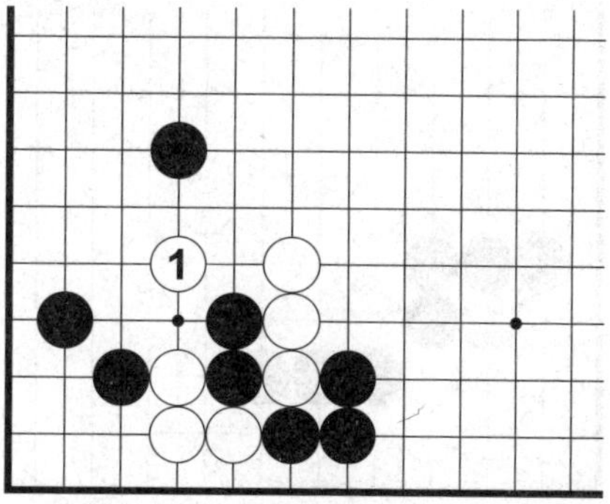

第 364 题

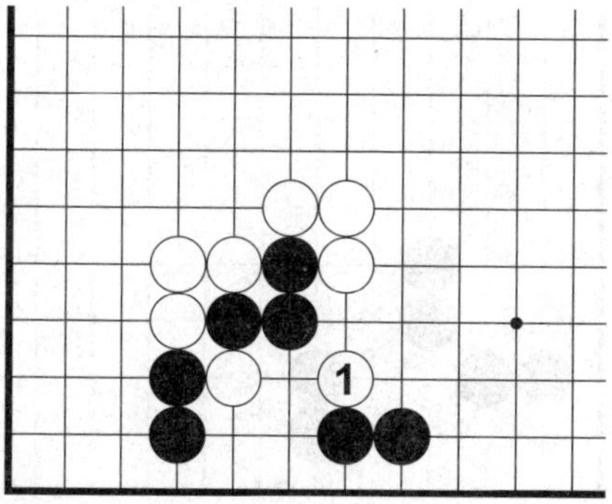

第 365 题

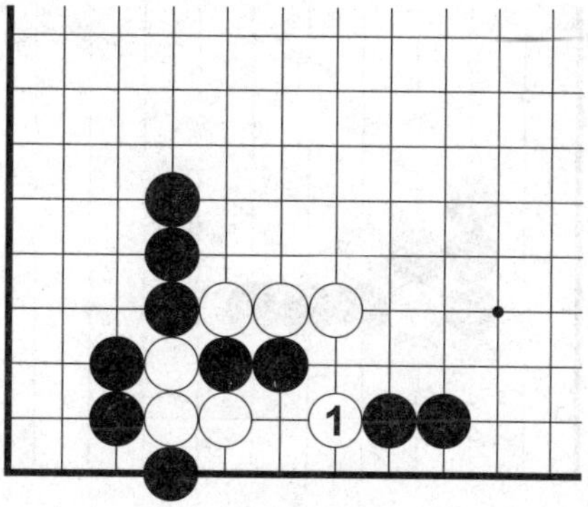

第 366 题

日期	年　月　日	得分		签名	

第二单元　制造枷吃（一）

黑先，黑棋如何运用制造枷吃的手筋？请写出必要的过程。

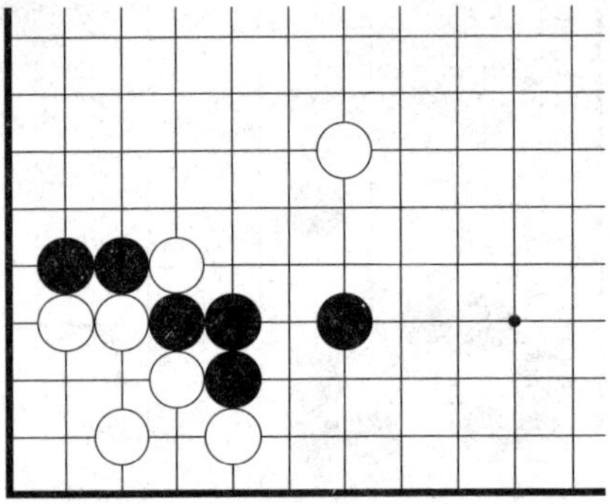

第 367 题

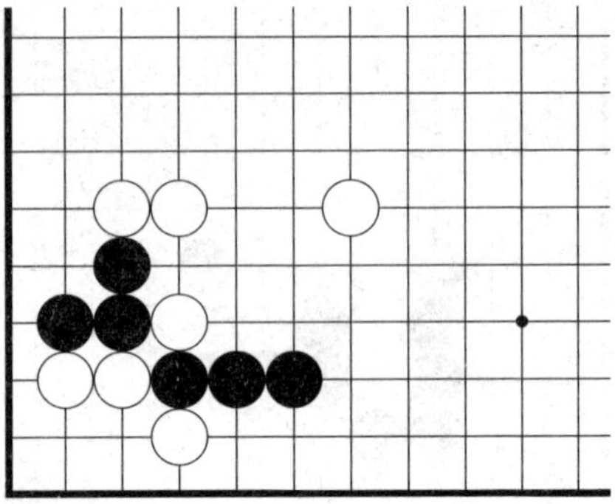

第 368 题

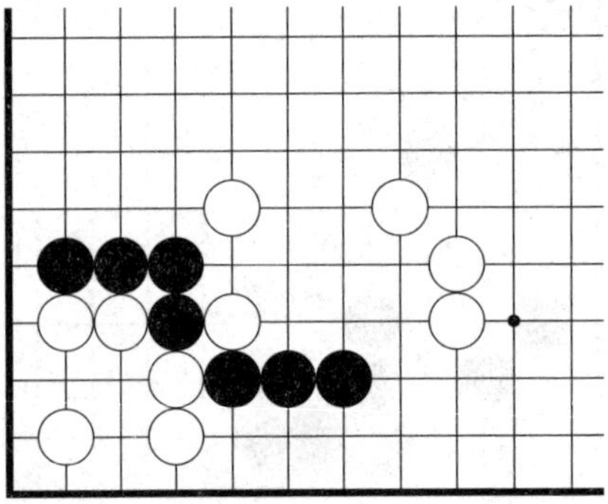

第 369 题

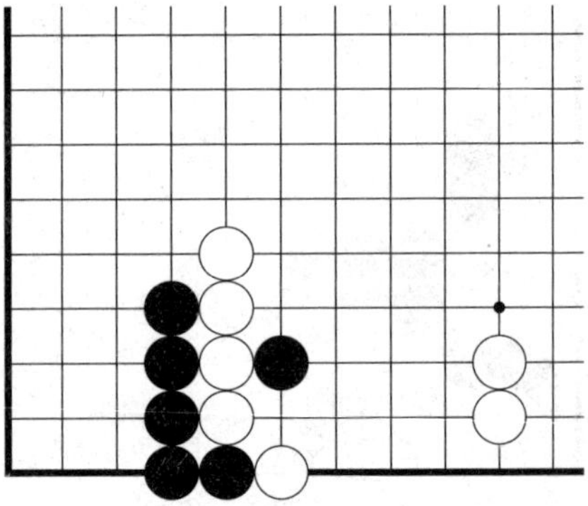

第 370 题

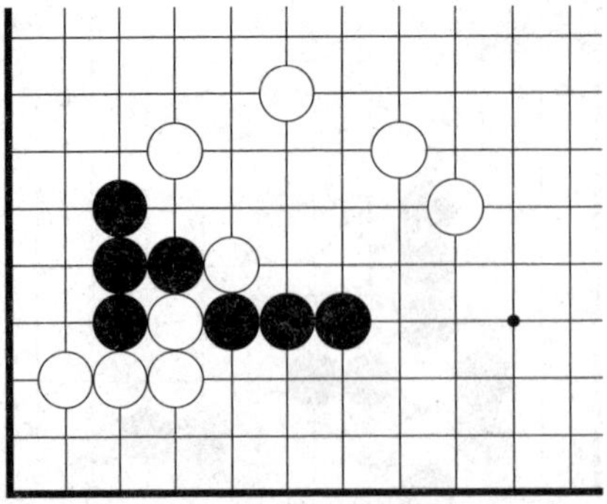

第 371 题

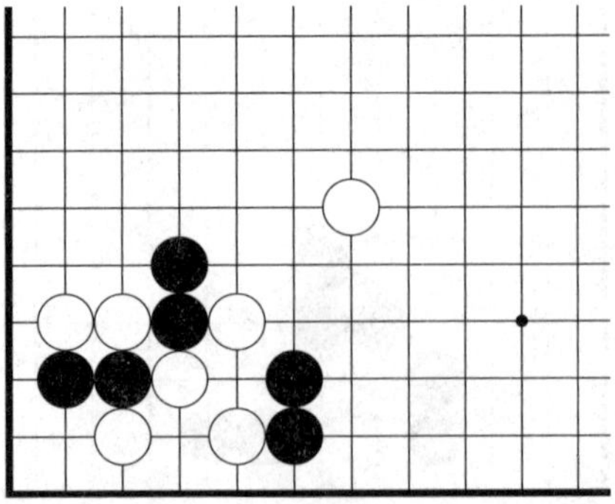

第 372 题

日期	年　月　日	得分		签名	

第二单元　制造枷吃（二）

黑先，黑棋如何运用制造枷吃的手筋？请写出必要的过程。

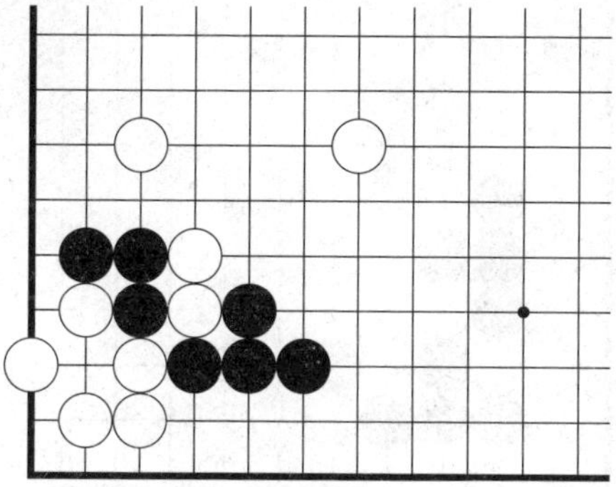

第 373 题

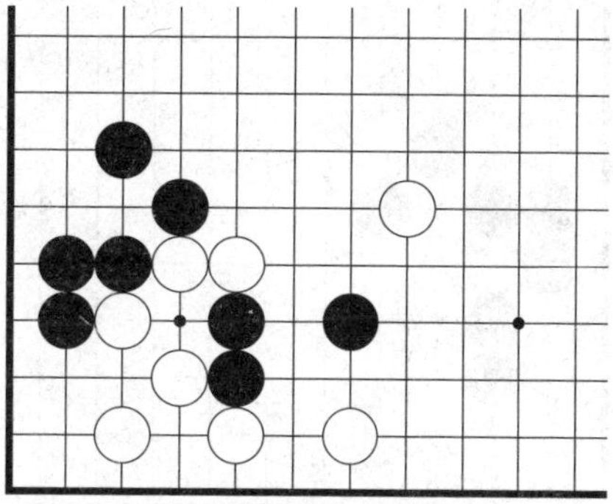

第 374 题

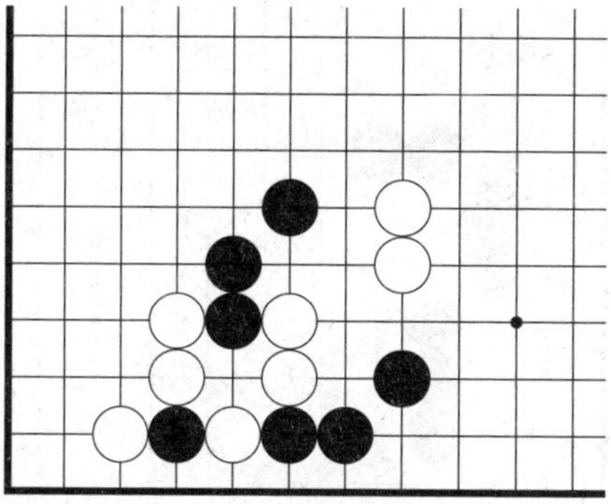

第 375 题

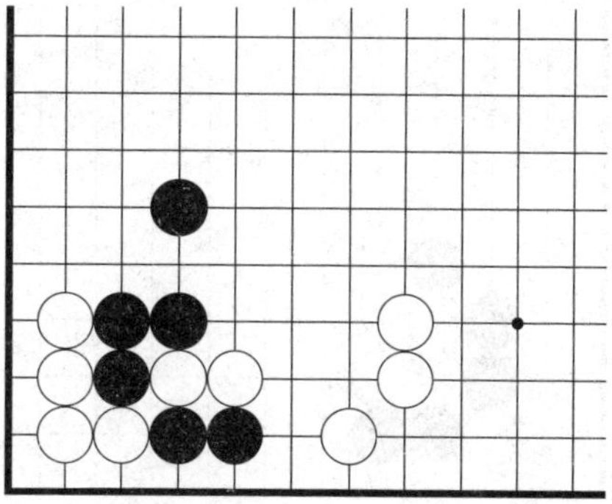

第 376 题

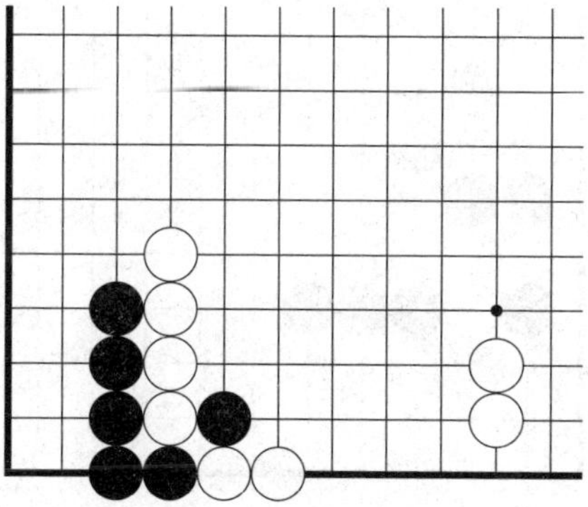

第 377 题

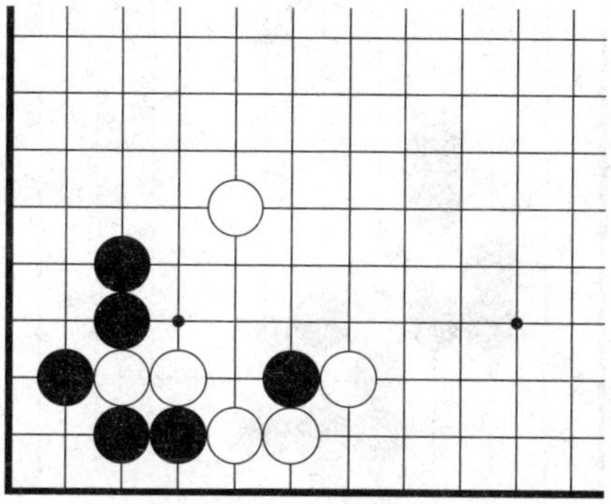

第 378 题

日期	年　月　日	得分		签名	

第二单元 制造枷吃（三）

黑先，黑棋如何运用制造枷吃的手筋？请写出必要的过程。

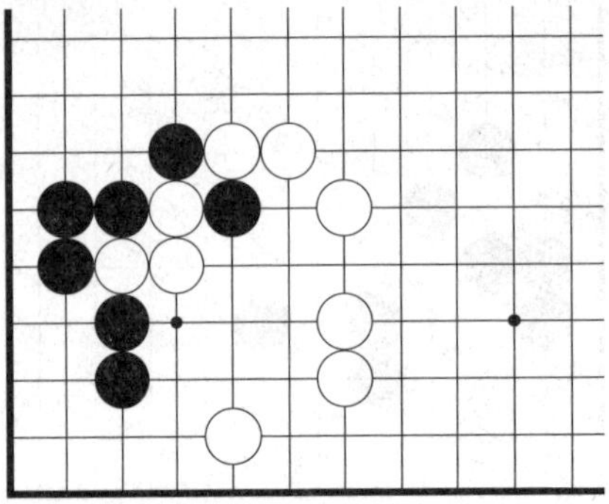

第 379 题

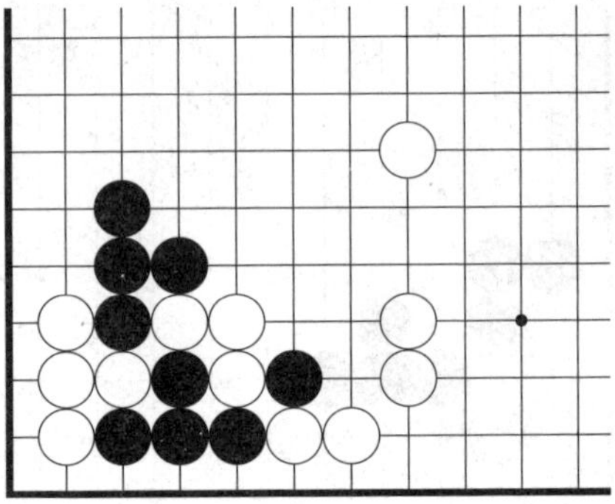

第 380 题

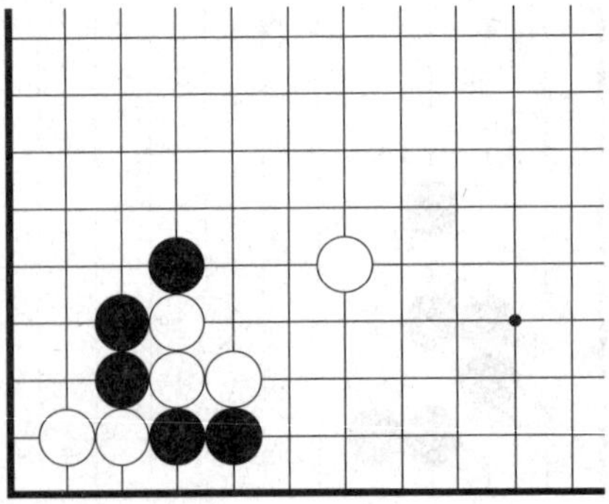

第 381 题

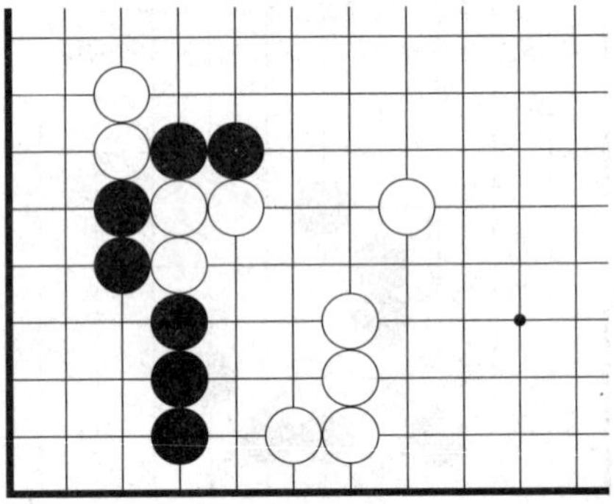

第 382 题

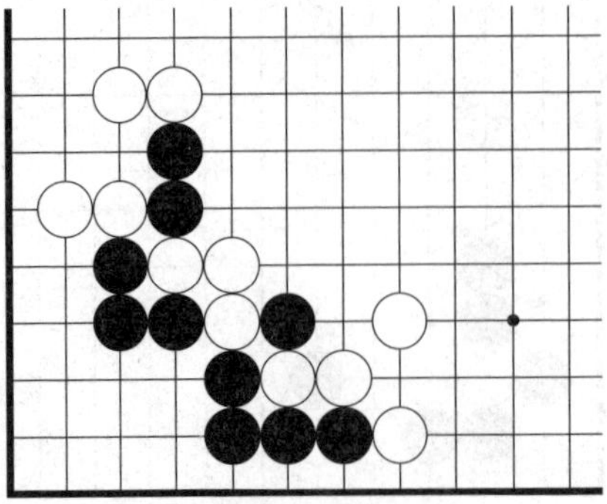

第 383 题

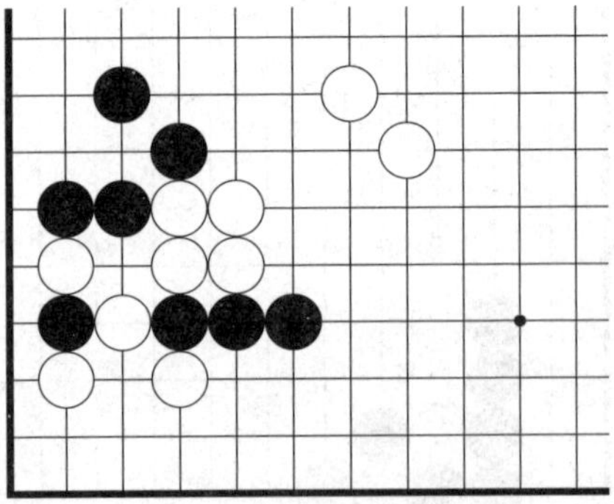

第 384 题

日 期	年 月 日	得 分		签 名	

第三单元

对杀手筋

名师导读

应该说，对杀是围棋手筋中最精彩华丽的篇章之一。在棋盘上，双方的棋子互相包围，必须进行你死我活的对杀，这样的情景总是让人热血沸腾。形成对杀需要三个条件：

（1）互相包围；

（2）谁也跑不掉；

（3）谁也做不活。

这三个条件缺一不可。如此以来，逃子就成为了摆脱对杀的课题。在实战中，摆脱和对手对杀的方法通常有三种：利用冲逃跑；利用叫吃逃跑；利用吃子逃跑。有关死活的内容，我们在这里只涉及最基本的形状。

一旦形成了对杀，就必须真刀真枪地战斗了。对杀中的手筋是层出不穷的，我们只要进行一定量的训练，并努力做到举一反三，很快就能抓住对杀的关键。

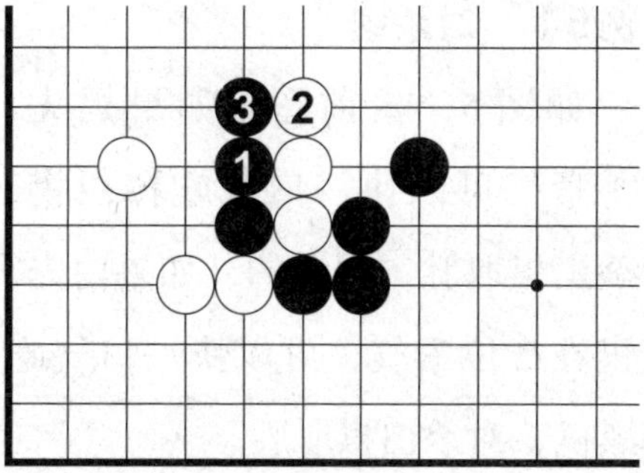

图1　利用冲逃子

【例1】　利用冲逃子

如图1，黑棋的一颗子落入了白棋的包围圈，但白棋的包围圈比较松散，黑1冲可以逃出来，白2大致上要退，黑3再冲，黑棋利用冲的手段突围而出。

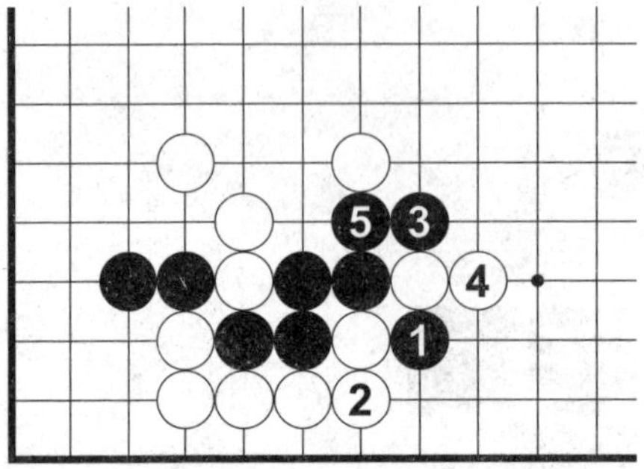

图2　利用叫吃逃子

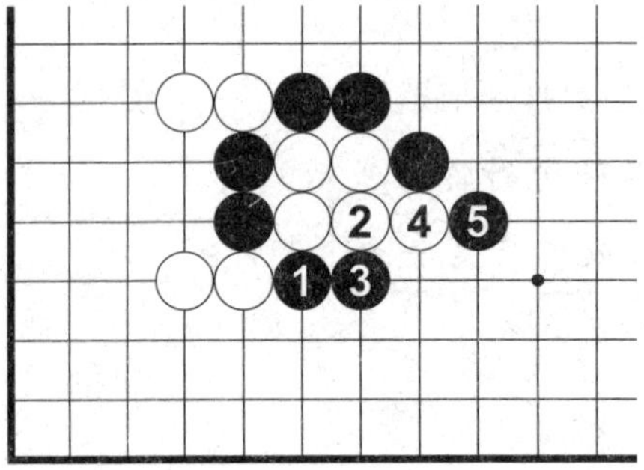

图3　利用吃子逃子

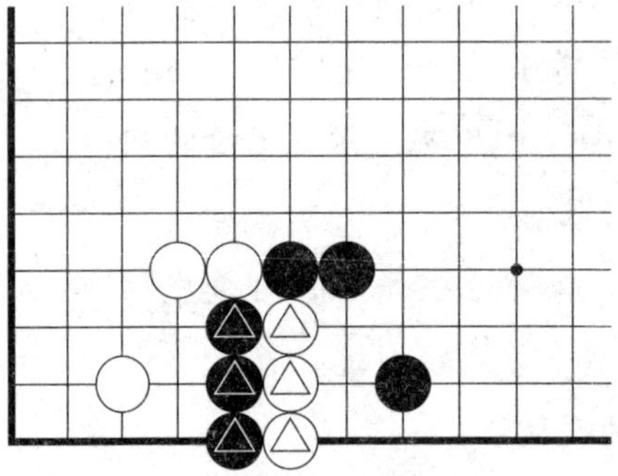

图4　对　杀

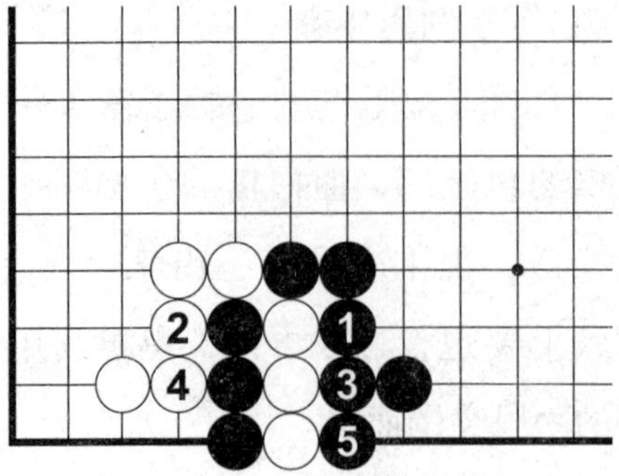

图5　对杀续

【例2】　利用叫吃逃子

如图 2，黑棋的四颗子落入了白棋的包围圈，黑 1 叫吃，白 2 必须粘，黑 3 再叫吃，白 4 长，黑 5 粘住，黑棋突围而出。这是利用叫吃的手段逃子的例子。

【例3】　利用吃子逃子

如图 3，白棋的包围圈有明显的缺陷，黑 1 叫吃，白 2 如果长，黑 3 以下利用征吃的手筋吃掉白棋，黑棋同样突围而出。这是利用吃子的手段逃子的例子。

【例4】　对　杀

如图 4，这是对杀的一个基本局面，黑▲三子被白棋包围，逃不掉，也做不活；白△三子面临着同样的命运。这样，黑▲三子和白△三子就在这里形成了对杀。

【例5】　对杀续

如图 5，接前图，如果黑先，黑 1 紧气可以快一口气吃掉白棋，对杀黑棋取胜。同样的，如果白先，白棋在 2 位紧气，可以快一口气吃掉黑棋，对杀白棋取胜。

逃　子（一）

棋盘上的哪些白子需要逃跑？请在需要逃子的白子上画“△”。

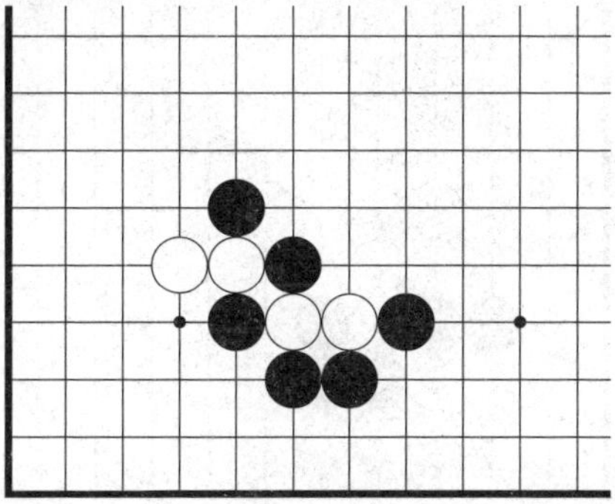

第 385 题

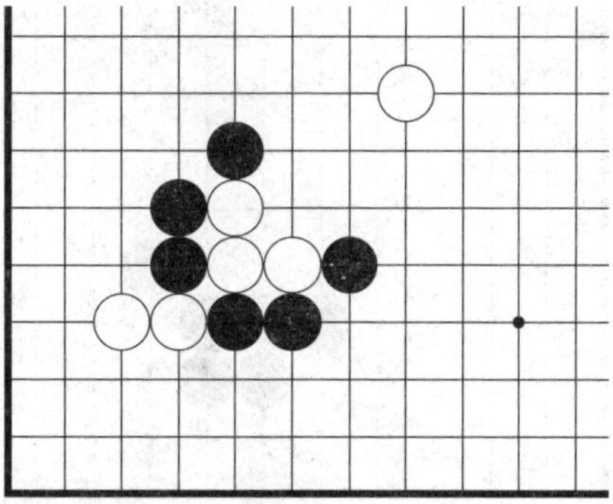

第 386 题

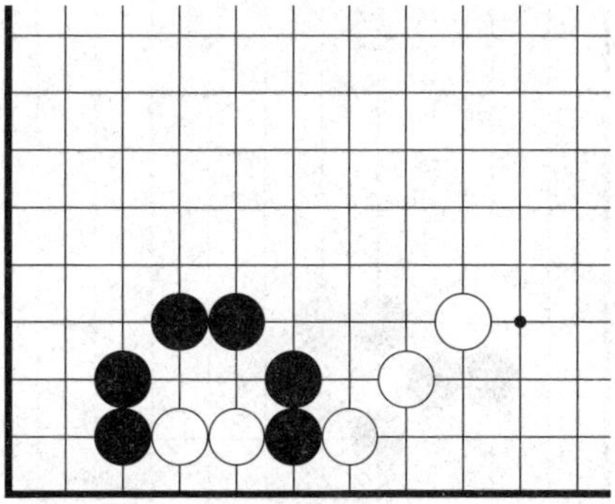

第 387 题

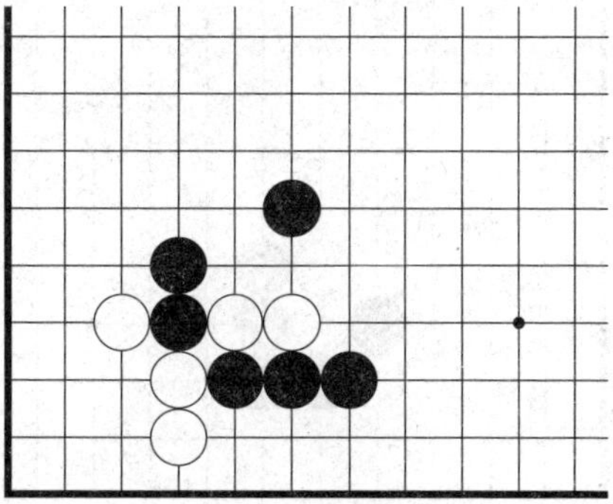

第 388 题

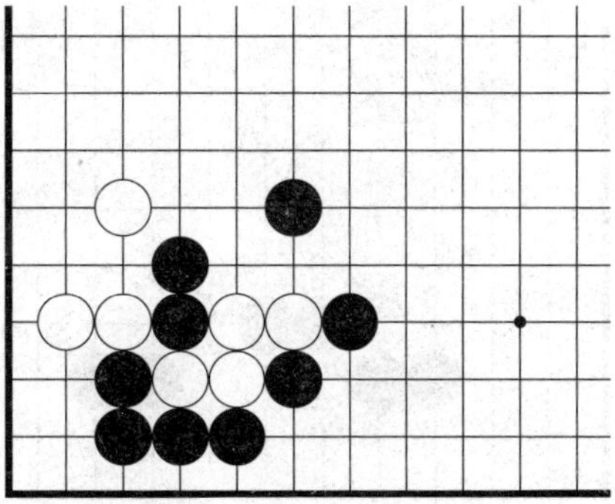

第 389 题

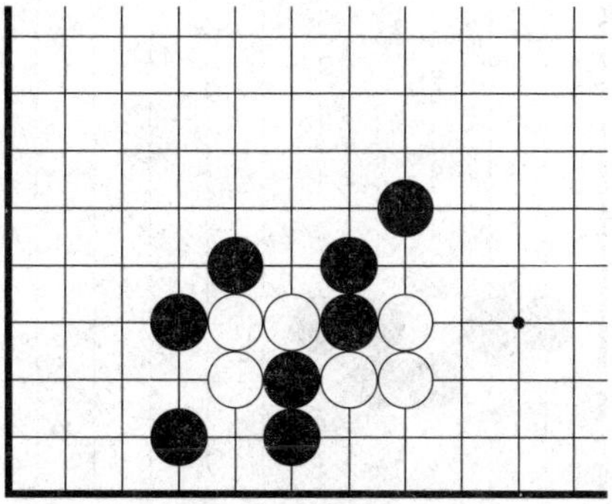

第 390 题

日期	年　月　日	得分		签名	

逃　子（二）

黑先，黑棋怎样走才能逃出被包围的棋子？请写出必要的过程。

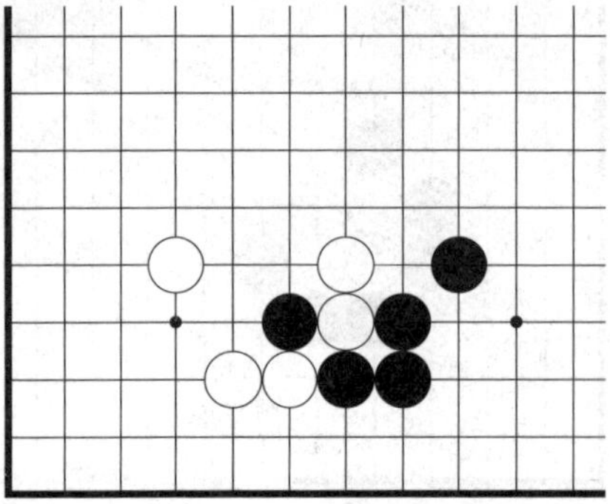

第 391 题

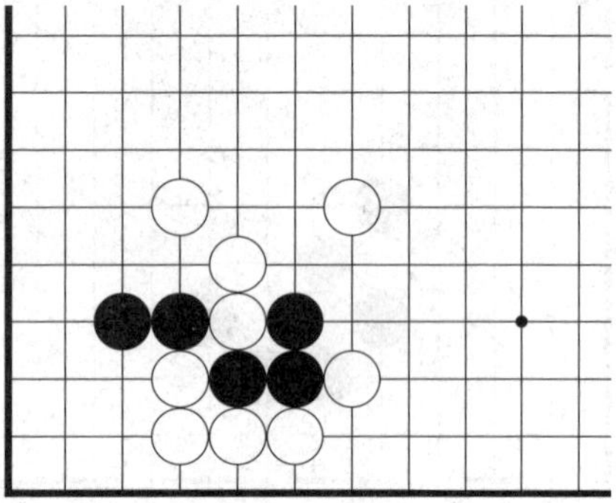

第 392 题

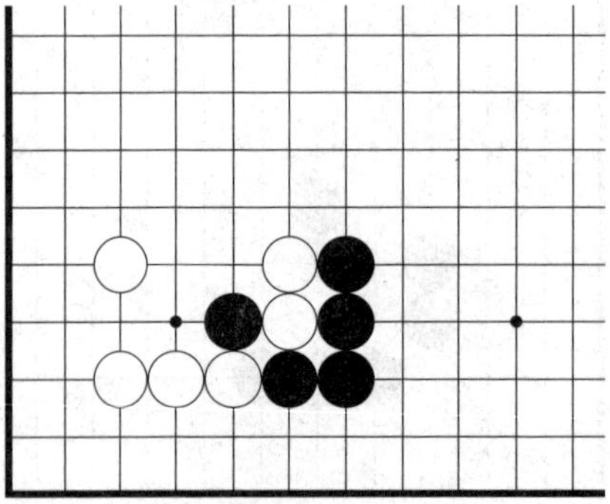

第 393 题

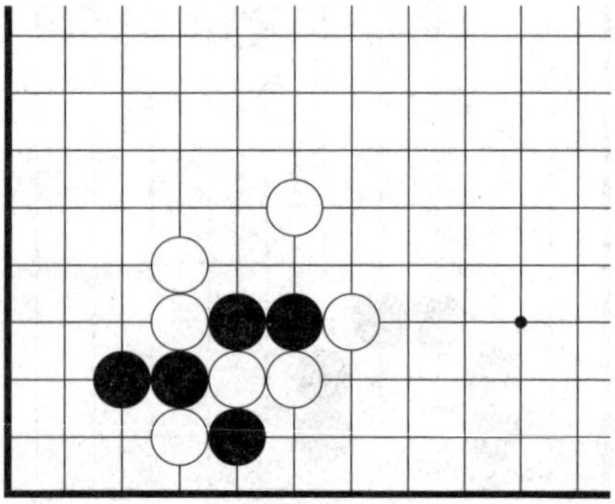

第 394 题

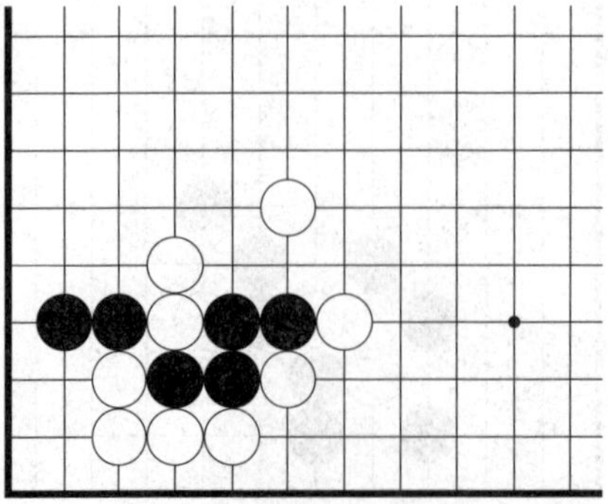

第 395 题

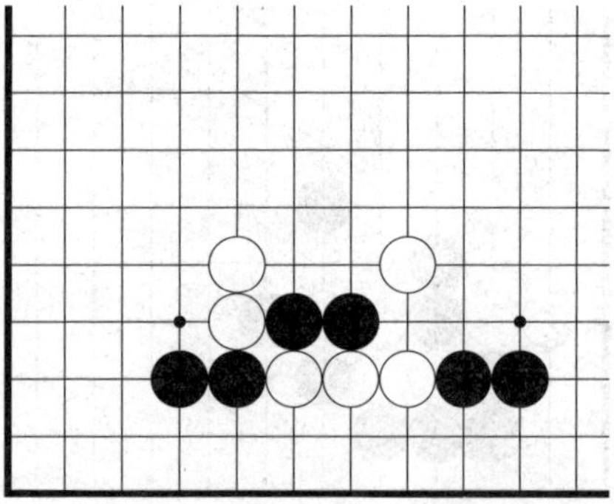

第 396 题

日期	年　月　日	得分		签名	

第三单元　逃　子（三）

黑先，黑棋怎样走才能逃出被包围的棋子？请写出必要的过程。

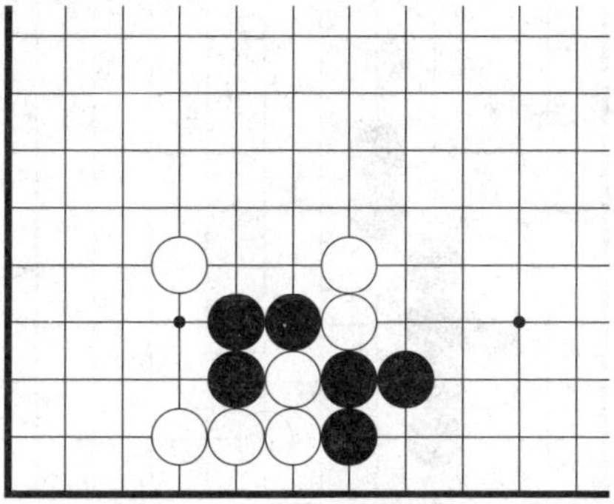

第 397 题

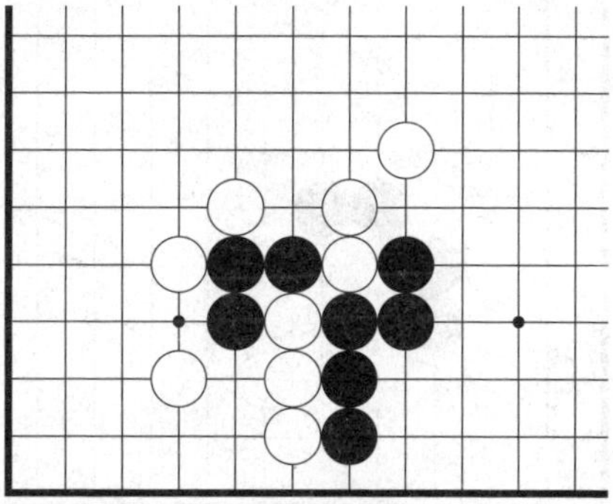

第 398 题

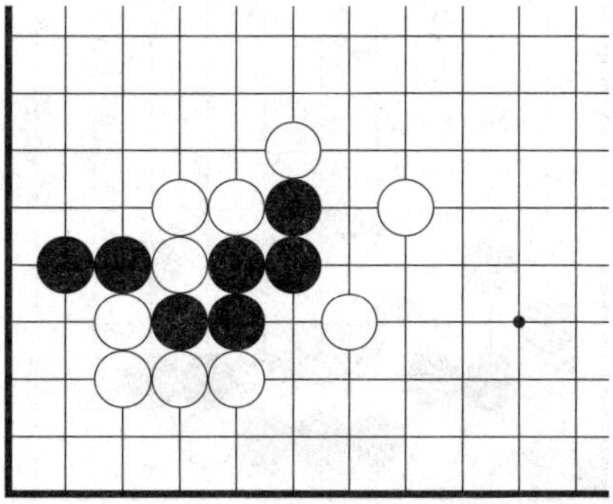

第 399 题

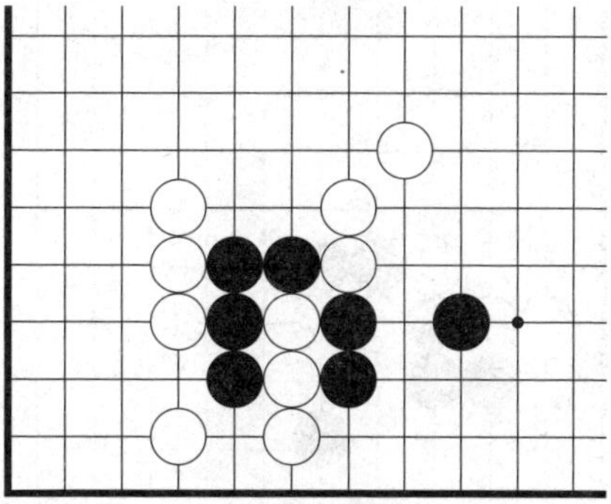

第 400 题

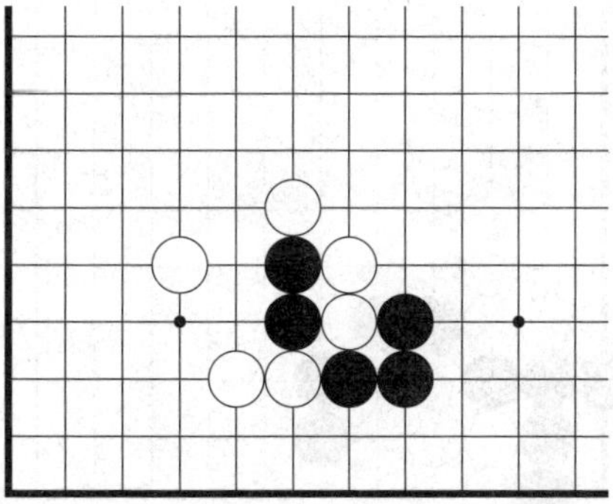

第 401 题

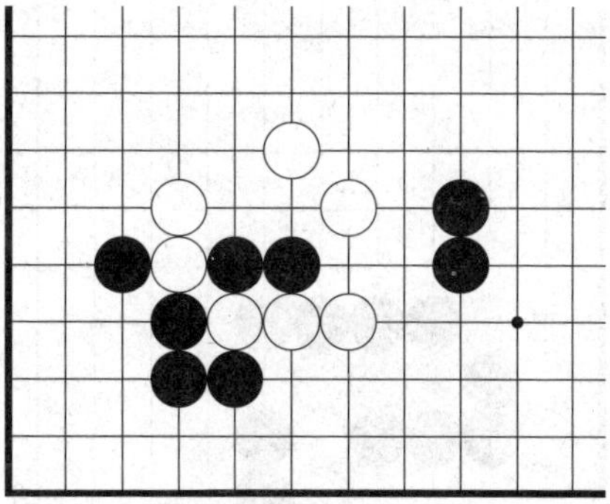

第 402 题

日 期	年　月　日	得 分		签 名	

第三单元　逃　子（四）

黑先，黑棋怎样走才能逃出被包围的棋子？请写出必要的过程。

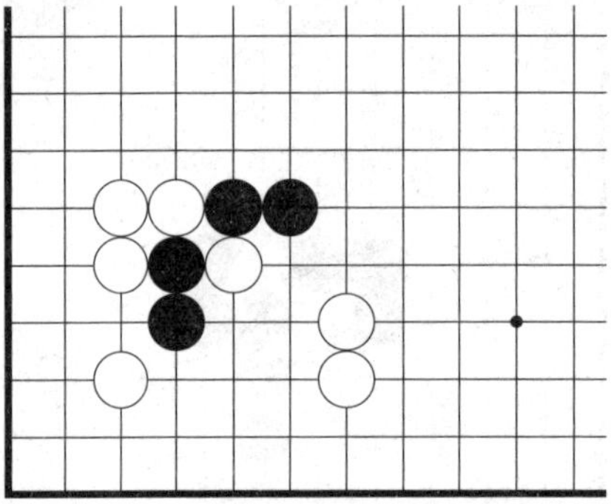

第 403 题

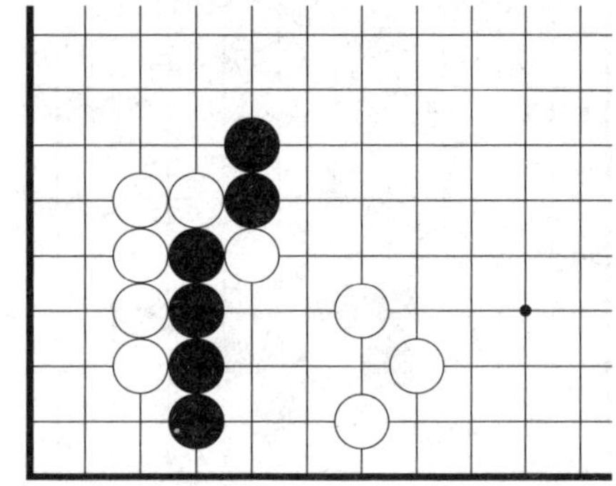

第 404 题

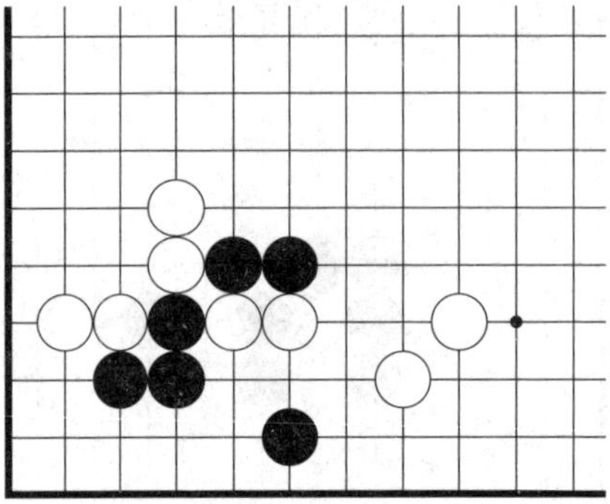

第 405 题

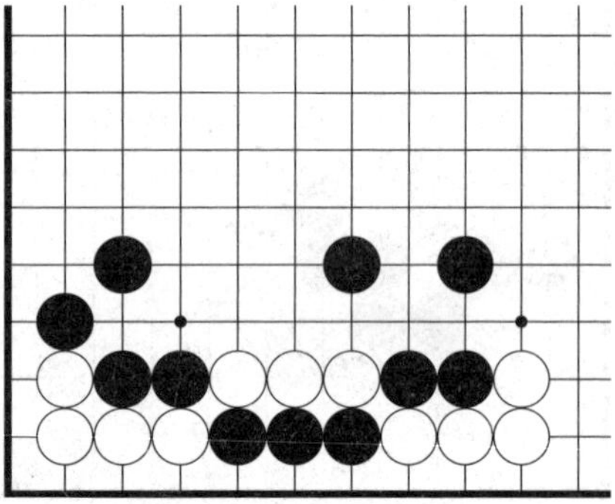

第 406 题

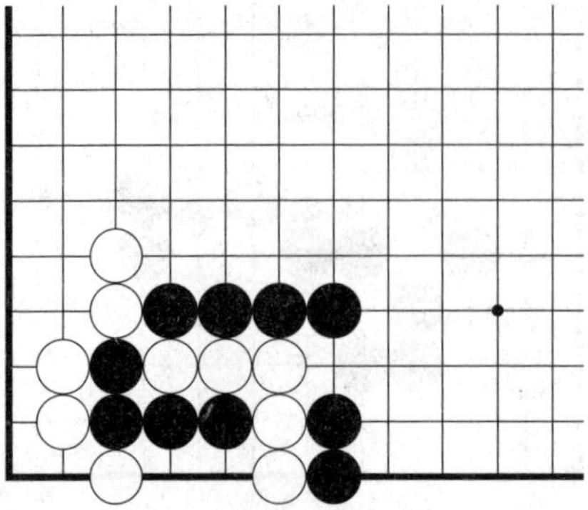

第 407 题

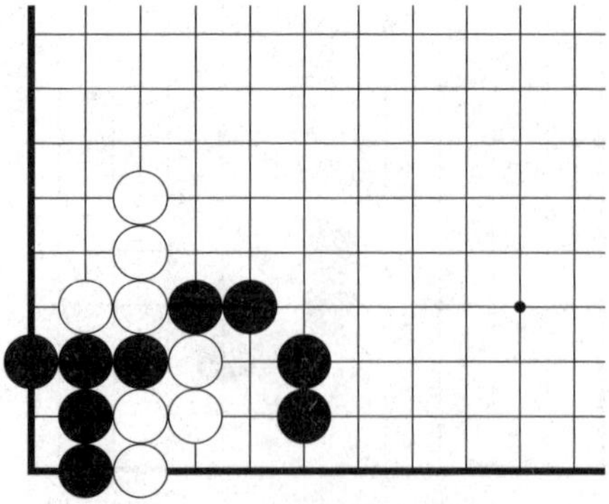

第 408 题

日期	年　月　日	得分		签名	

杀　棋（一）

黑◬子正在与哪里的白棋进行对杀？请在参加对杀的白子上画“△”。

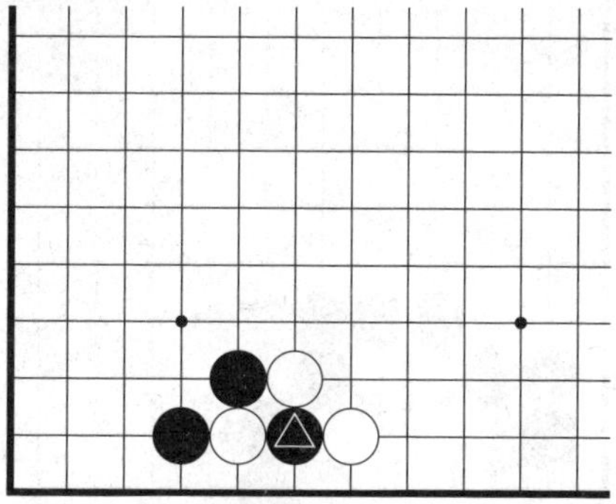

第 409 题

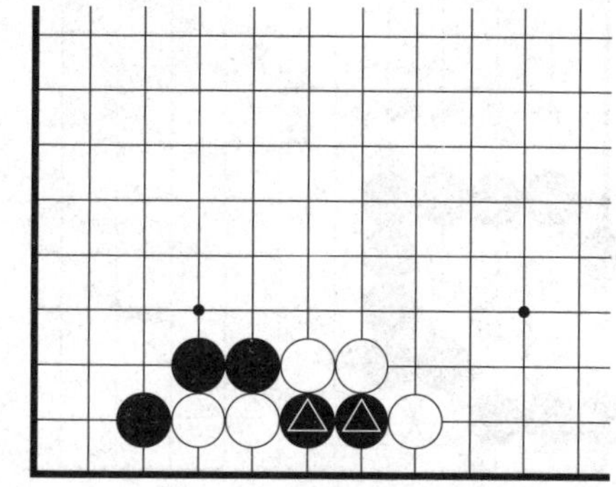

第 410 题

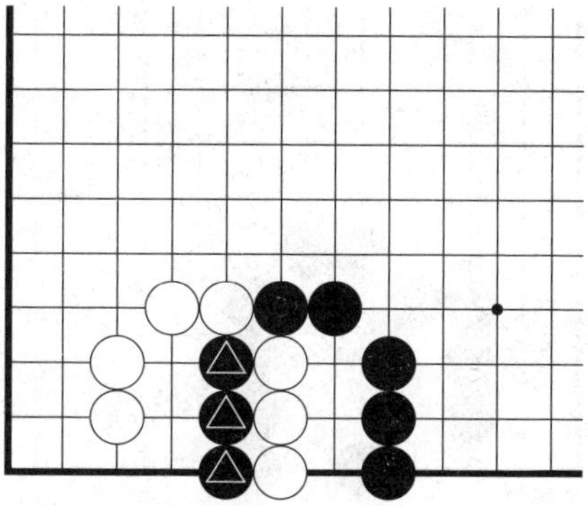

第 411 题

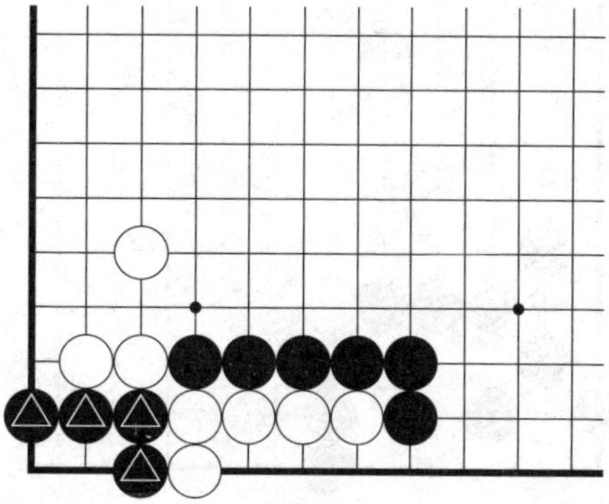

第 412 题

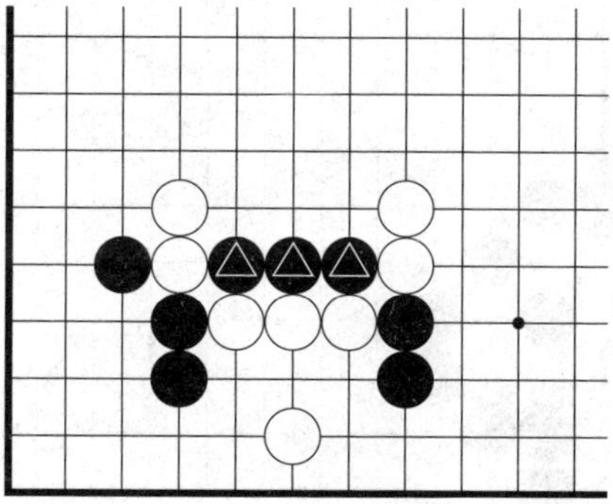

第 413 题

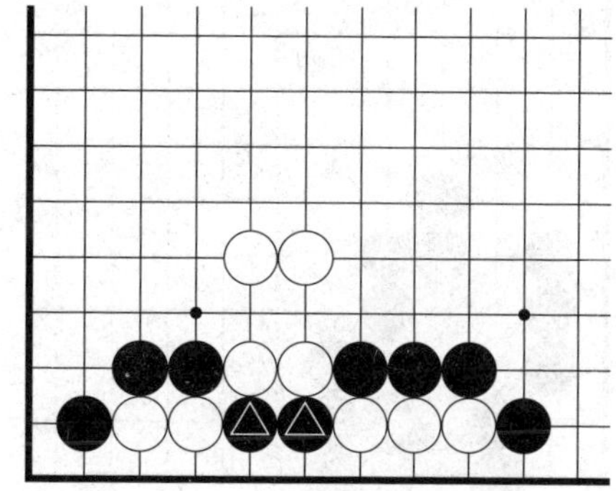

第 414 题

日期	年　月　日	得分		签名	

第三单元

杀 棋（二）

黑子正在与哪里的白棋进行对杀？请在参加对杀的白子上画“△”。

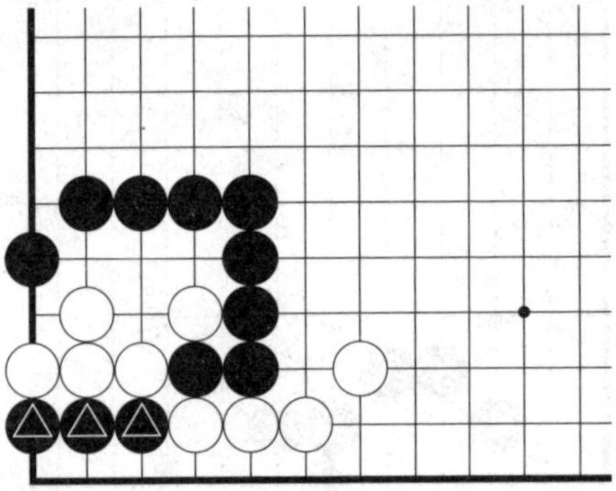

第 415 题

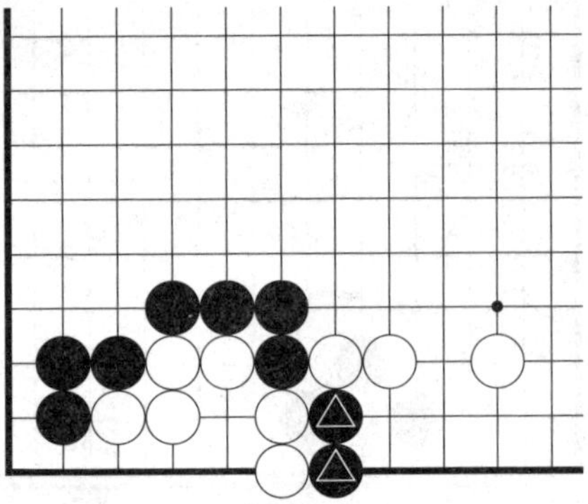

第 416 题

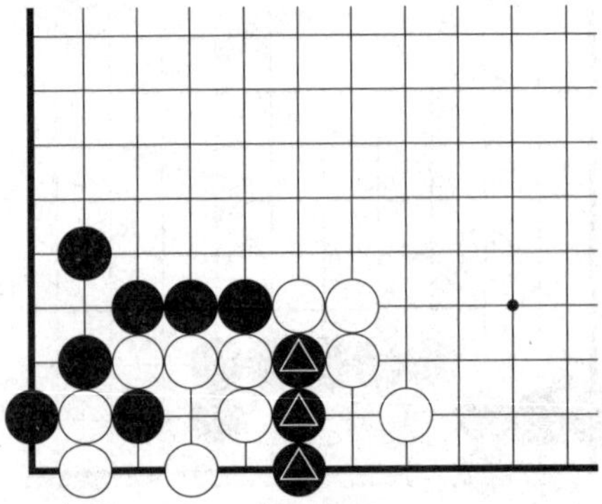

第 417 题

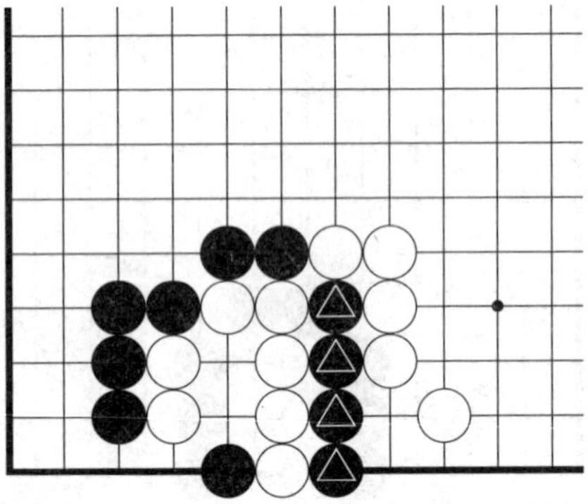

第 418 题

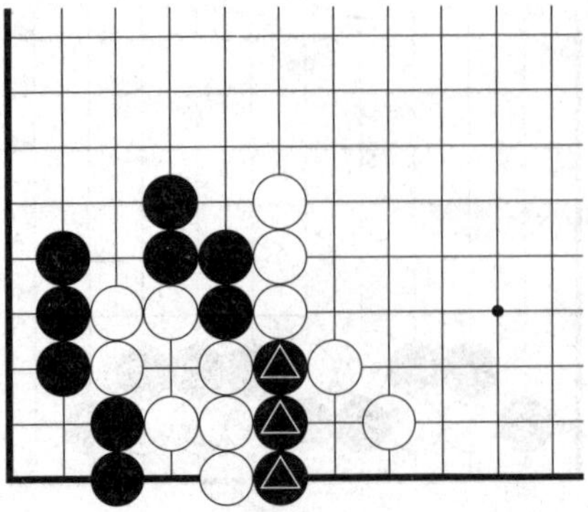

第 419 题

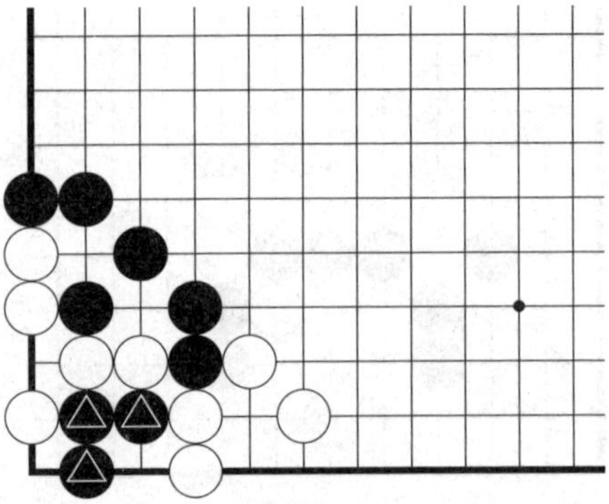

第 420 题

日 期	年 月 日	得 分		签 名	

杀　棋（三）

白棋走 1 位后，黑棋应该怎么下？请在要下子的地方写“2”。

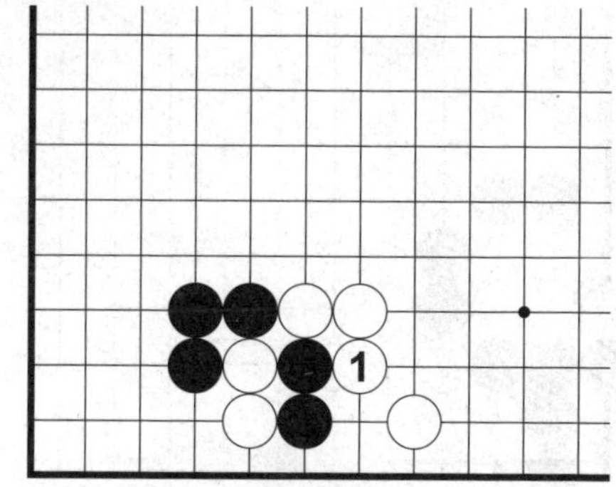

第 421 题

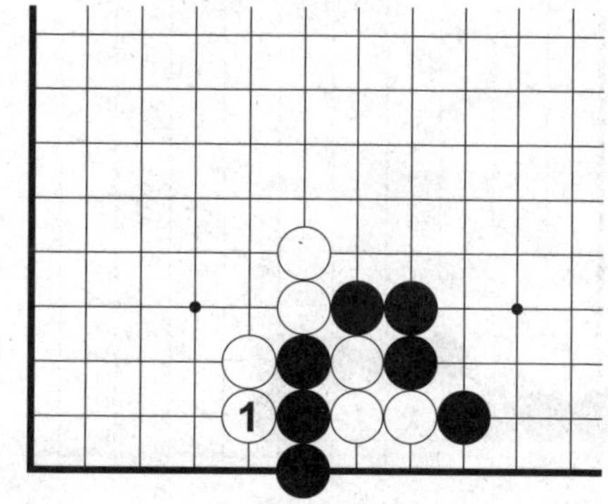

第 422 题

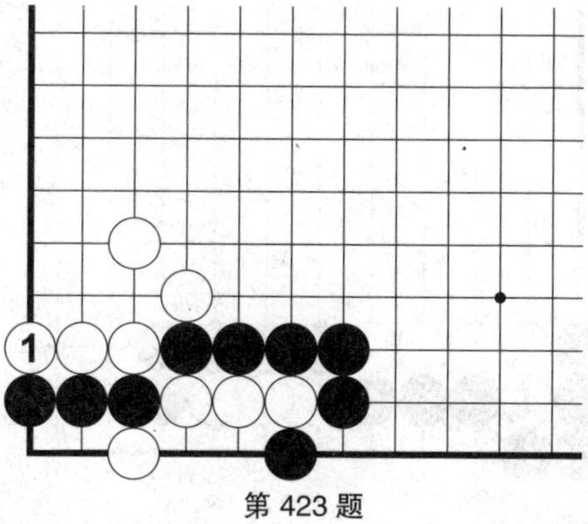

第 423 题

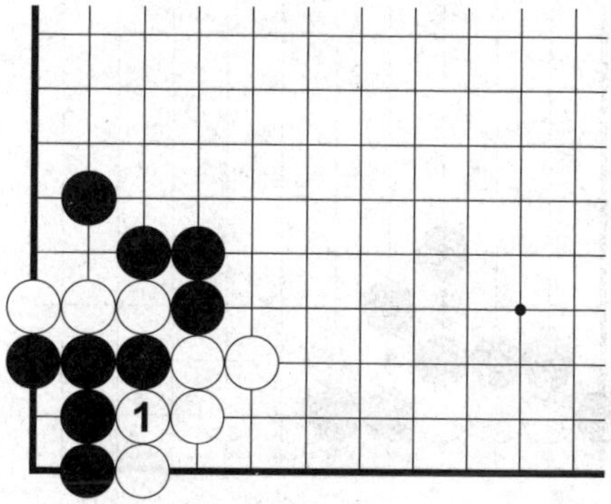

第 424 题

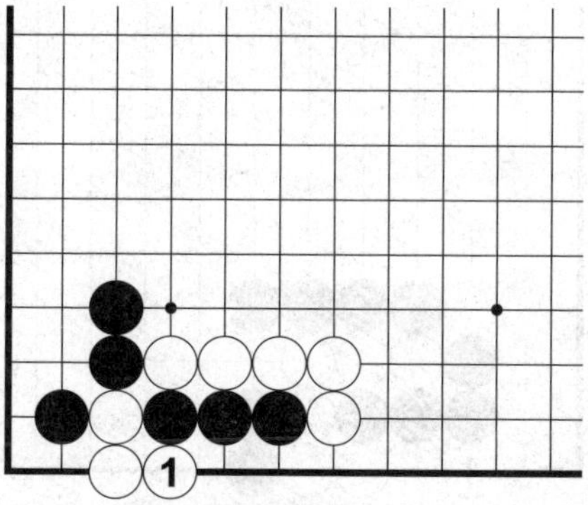

第 425 题

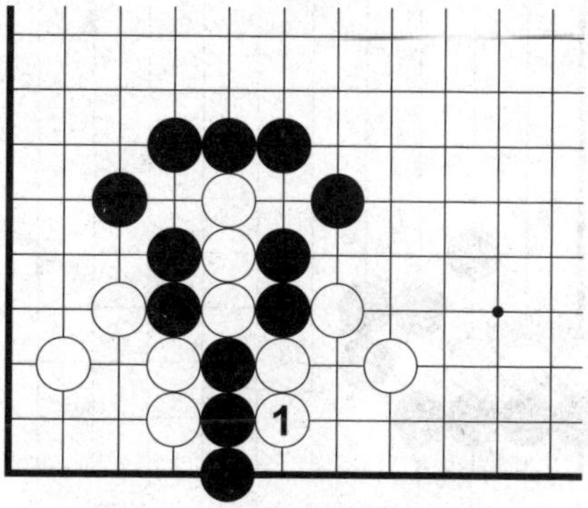

第 426 题

日期	年　月　日	得分		签名	

第三单元

杀　棋（四）

白棋走1位后，黑棋应该怎么下？请写出必要的过程。

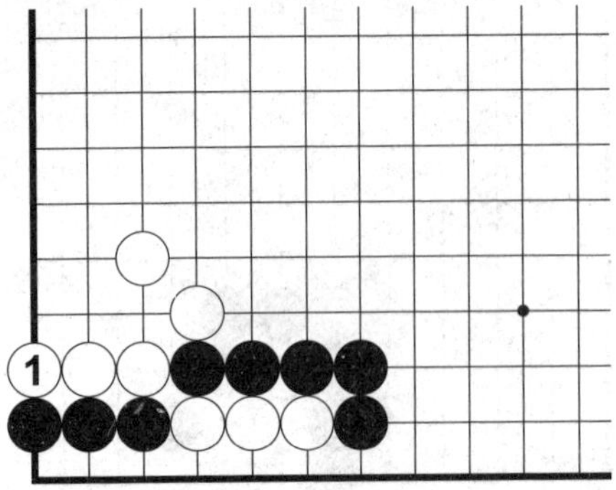

第427题

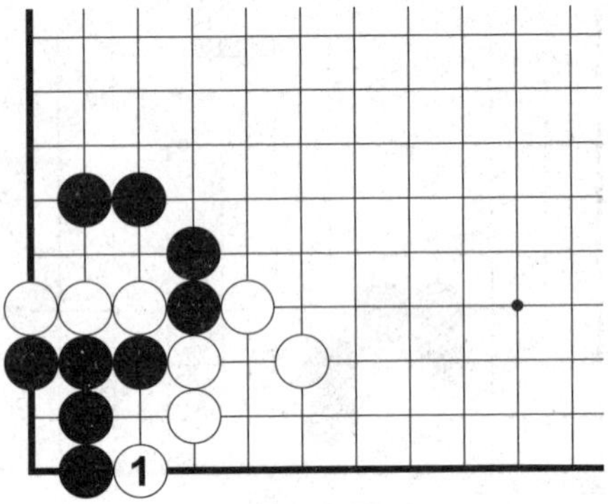

第428题

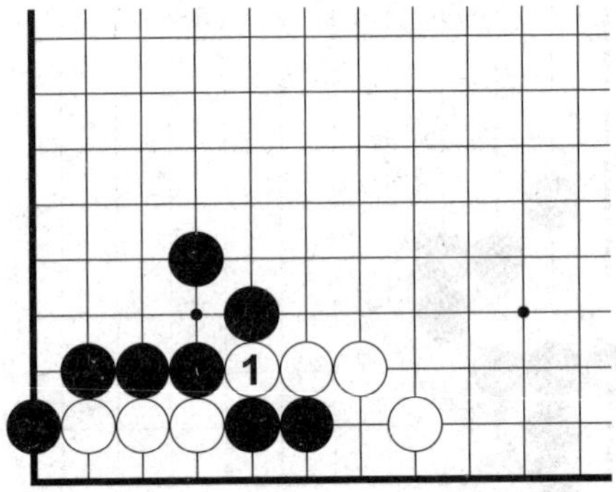

第429题

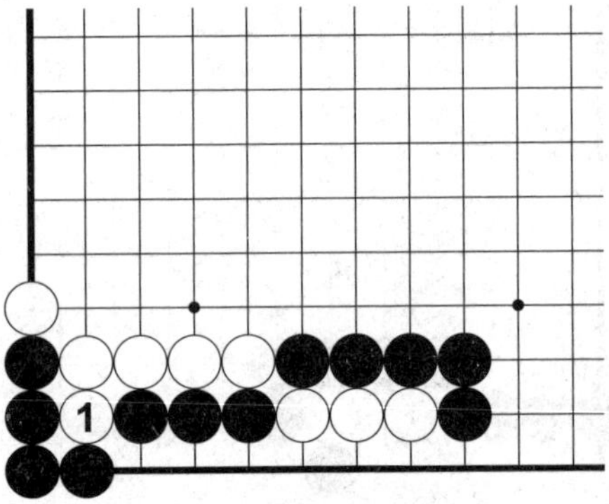

第430题

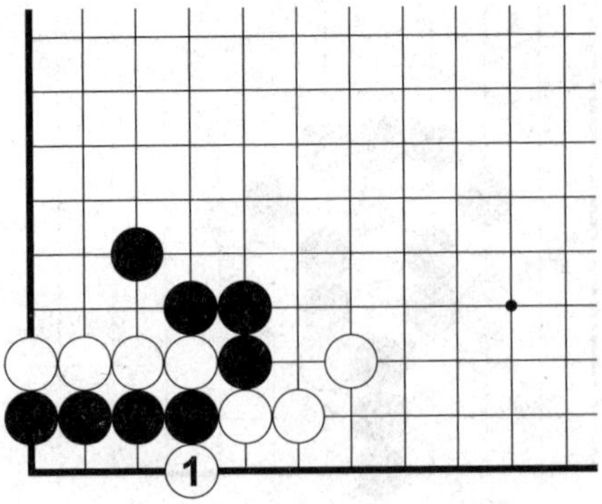

第431题

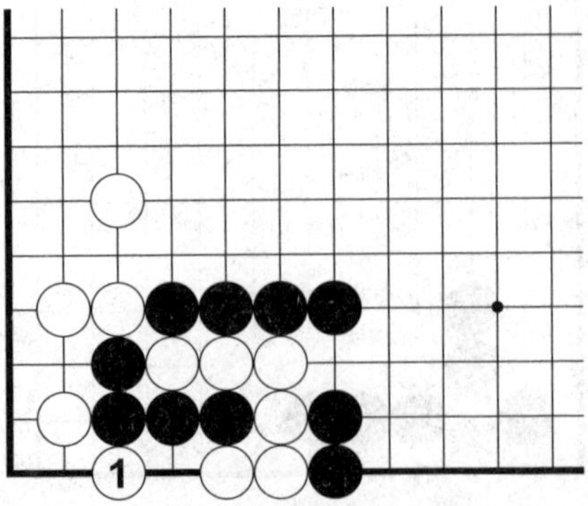

第432题

日期	年　月　日	得分		签名	

第三单元

杀　棋（五）

白棋走1位后，黑棋应该怎么下？请写出必要的过程。

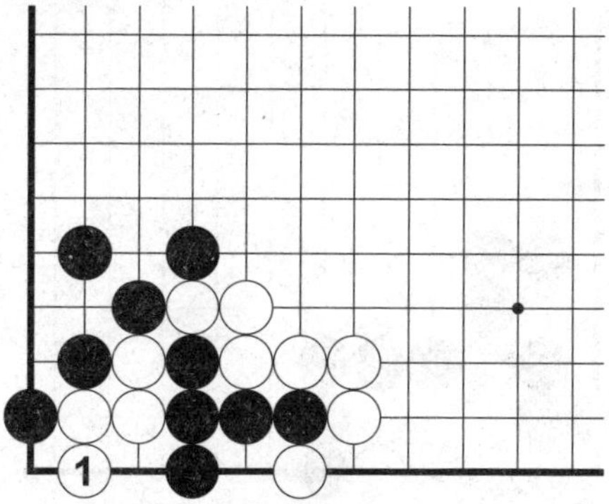

第 433 题

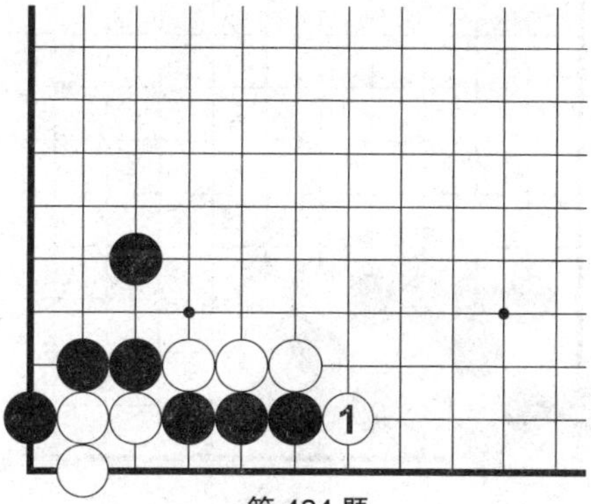

第 434 题

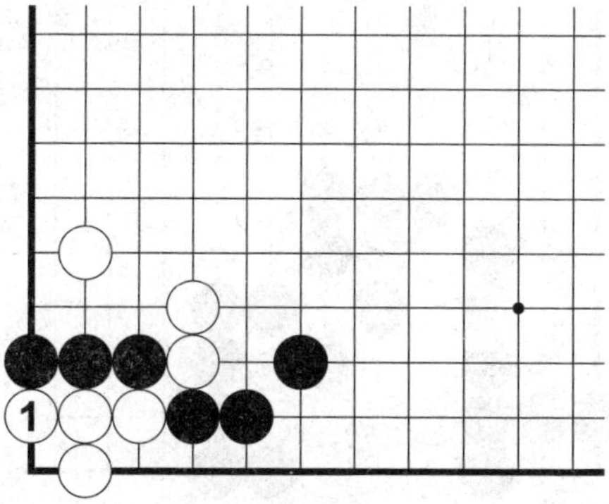

第 435 题

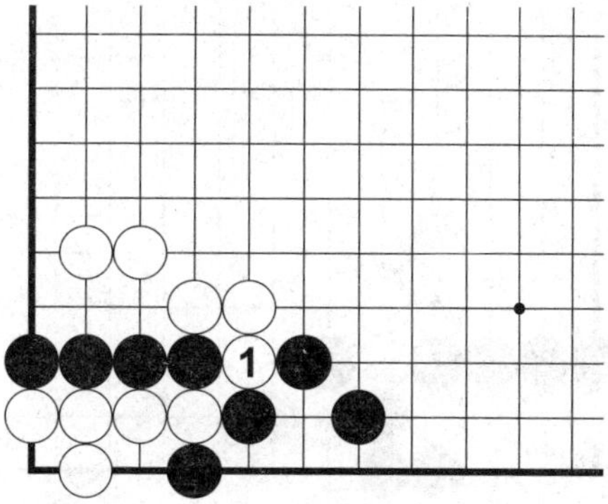

第 436 题

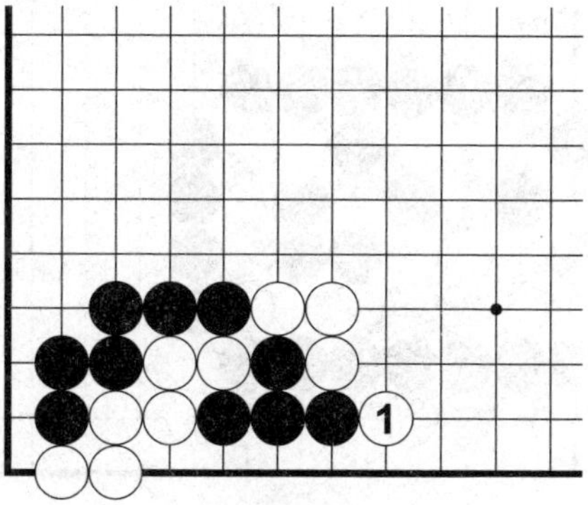

第 437 题

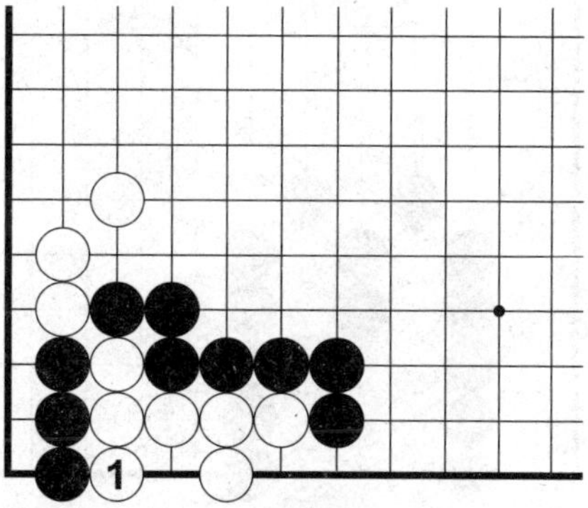

第 438 题

日 期	年　月　日	得 分		签 名	

杀　棋（六）

白棋走1位后，黑棋应该怎么下？请写出必要的过程。

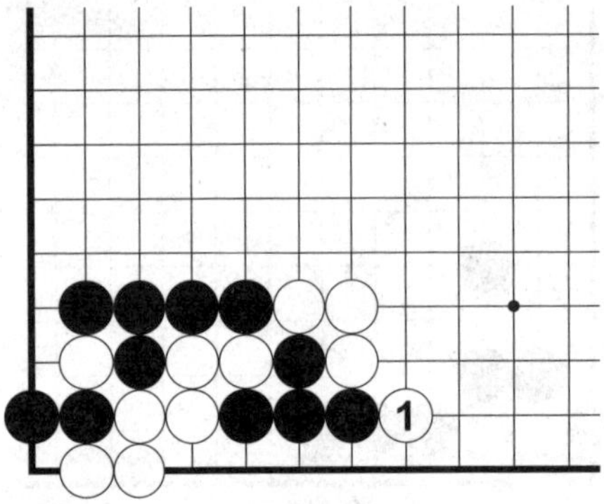

第439题

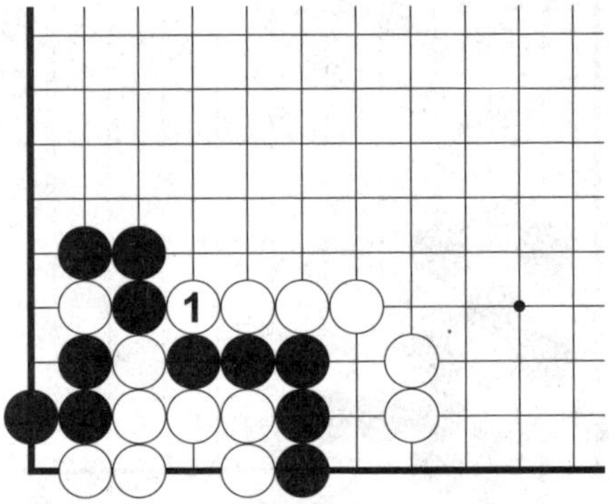

第440题

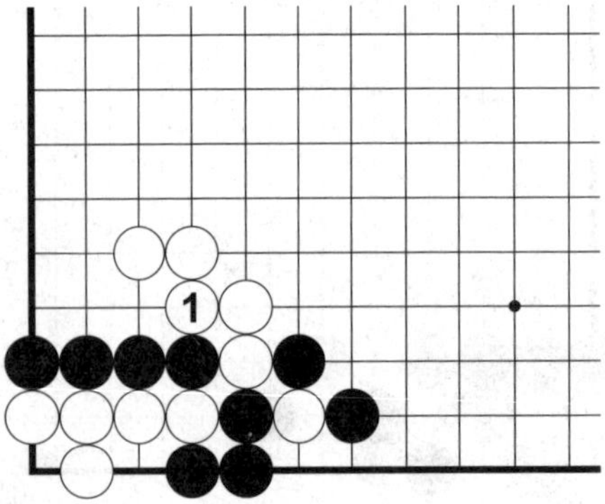

第441题

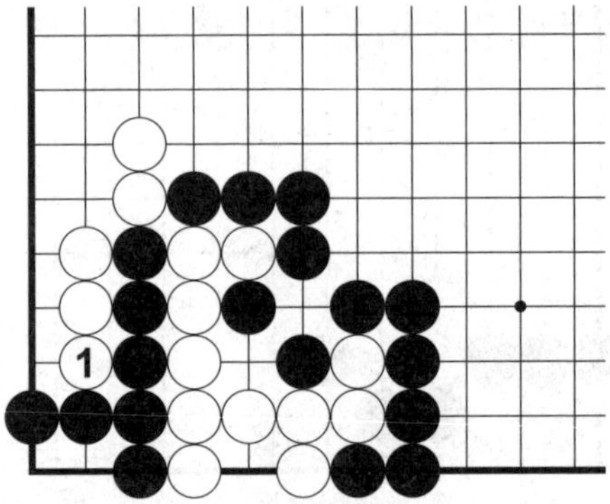

第442题

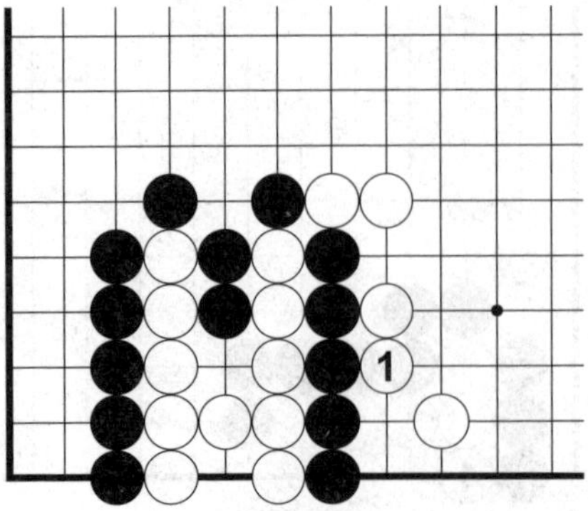

第443题

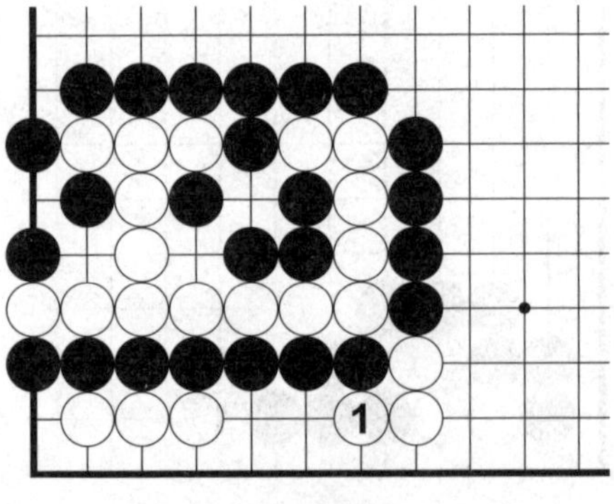

第444题

日期	年　月　日	得分		签名	

第三单元

杀 棋（七）

黑先，黑棋怎样走才能对杀取胜？请写出必要的过程。

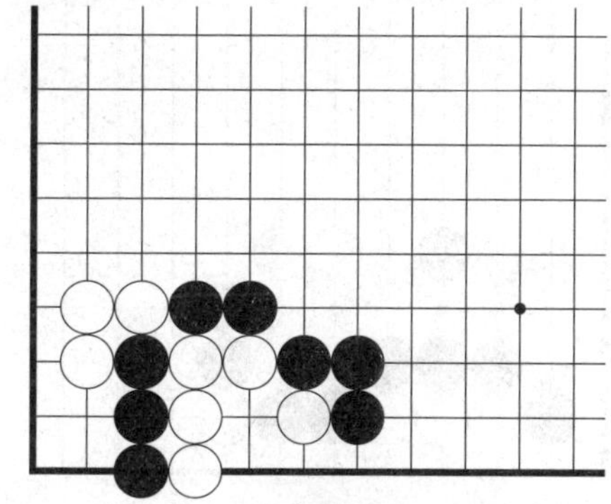

第 445 题

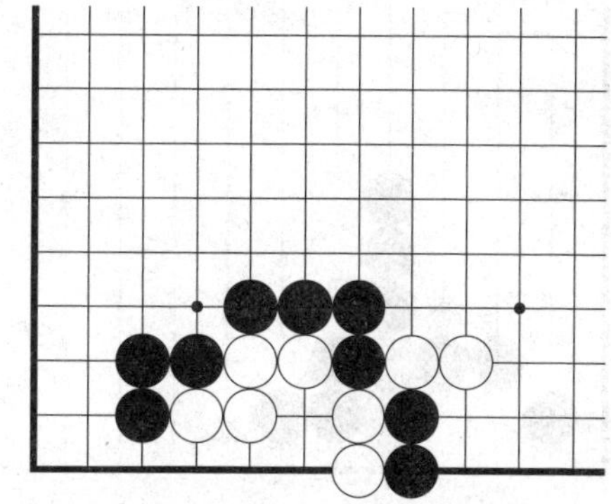

第 446 题

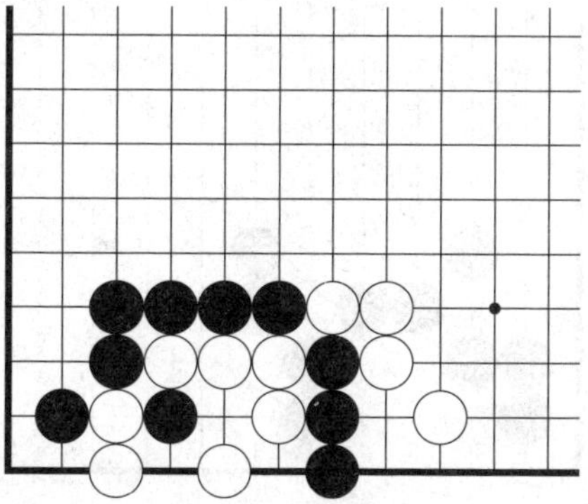

第 447 题

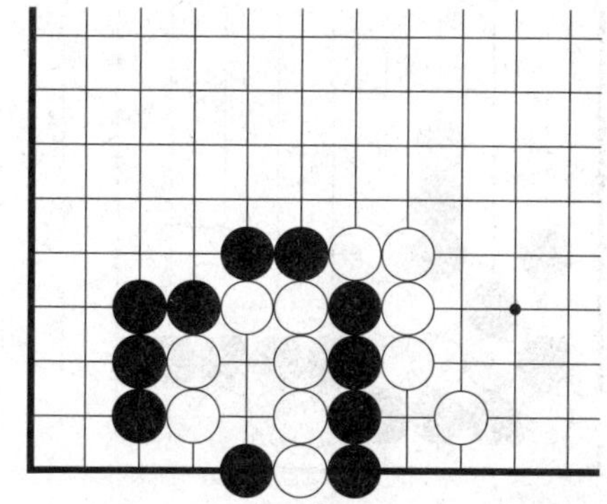

第 448 题

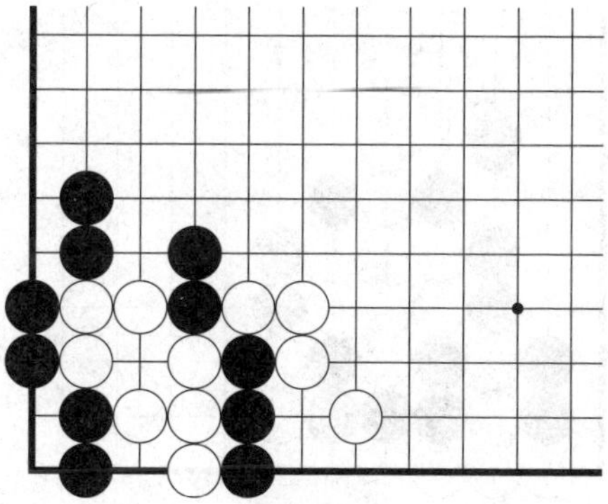

第 449 题

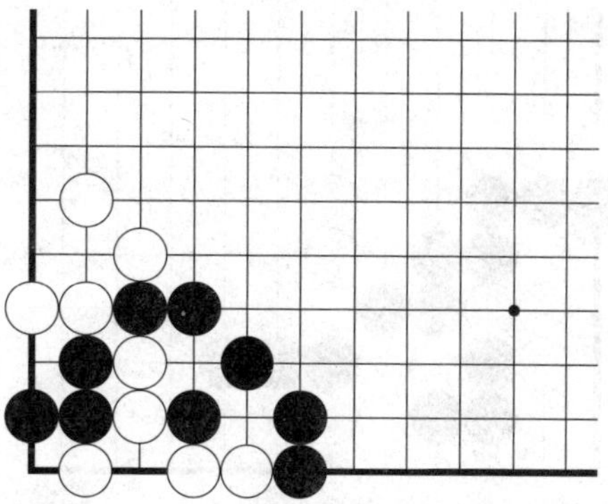

第 450 题

日 期	年 月 日	得 分		签 名	

杀 棋（八）

黑先，黑棋怎样走才能对杀取胜？请写出必要的过程。

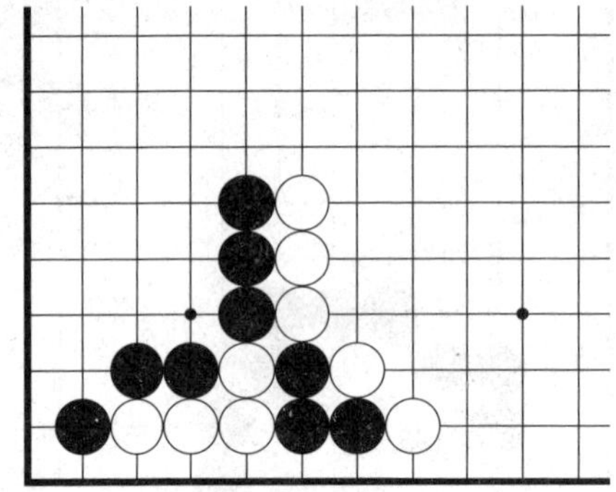

第 451 题

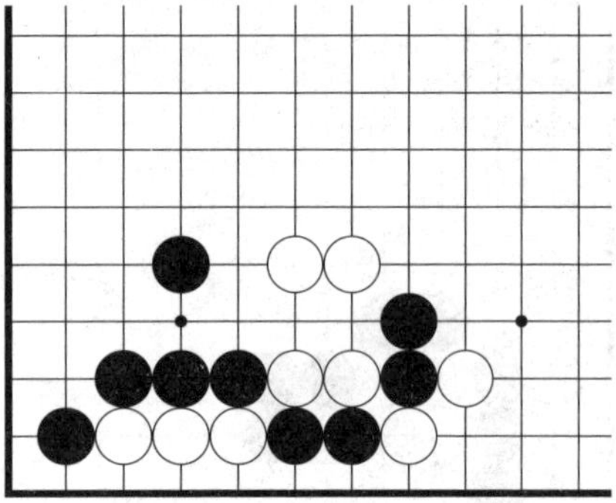

第 452 题

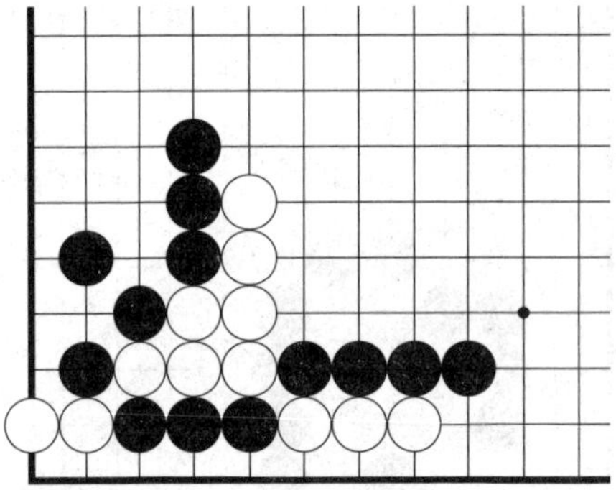

第 453 题

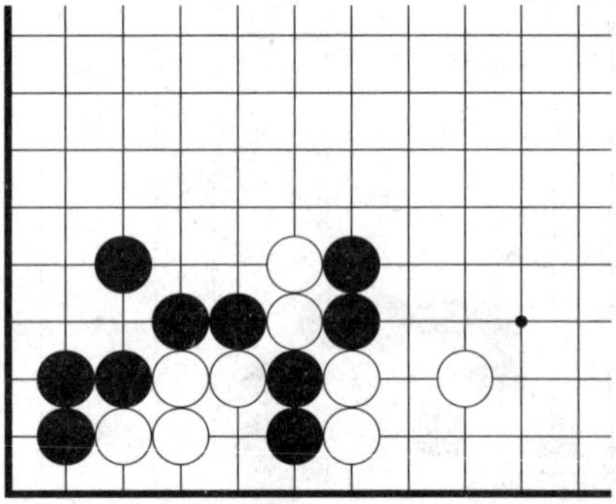

第 454 题

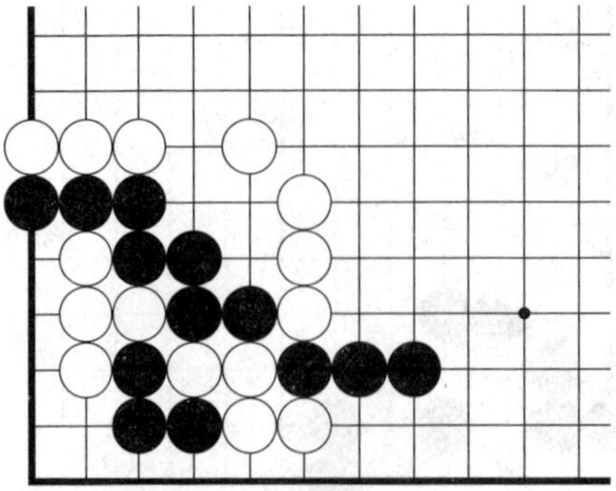

第 455 题

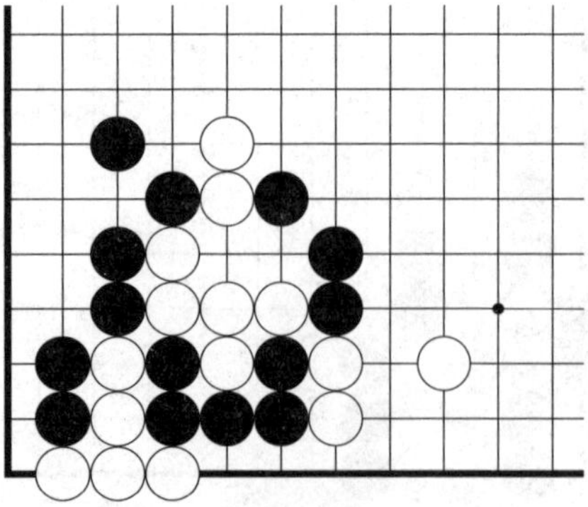

第 456 题

日 期	年 月 日	得 分		签 名	

第三单元

杀　棋（九）

白棋走 1 位后，黑棋应该怎么下？请写出必要的过程。

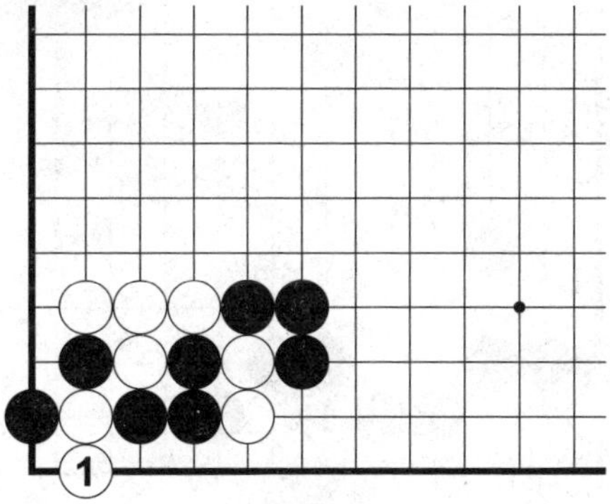

第 457 题

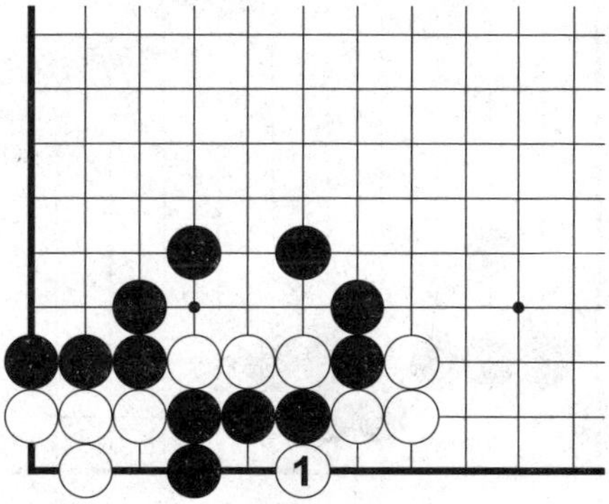

第 458 题

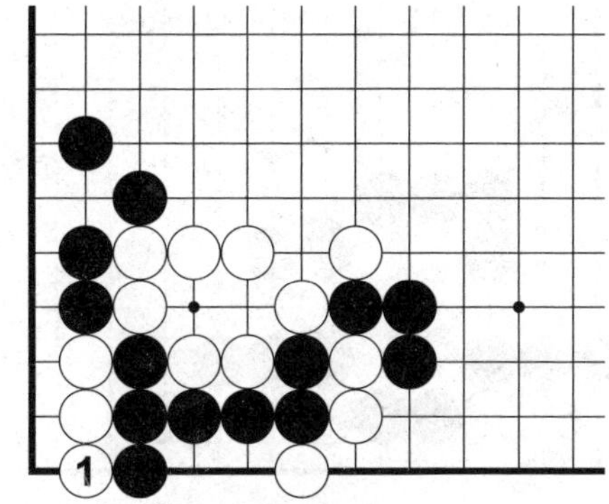

第 459 题

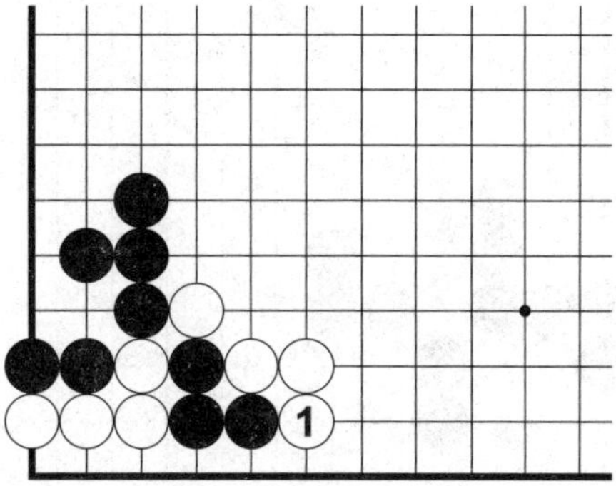

第 460 题

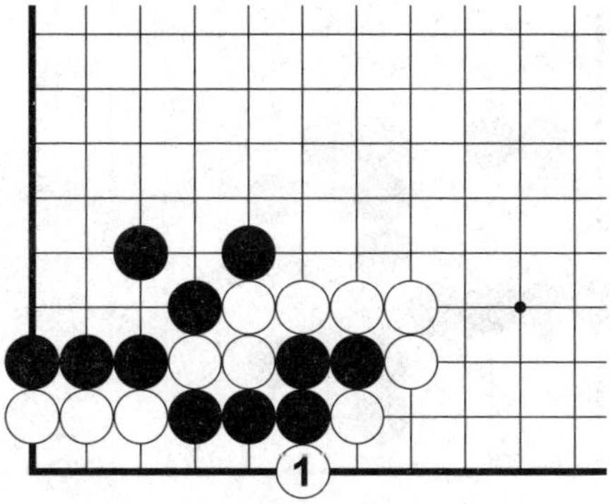

第 461 题

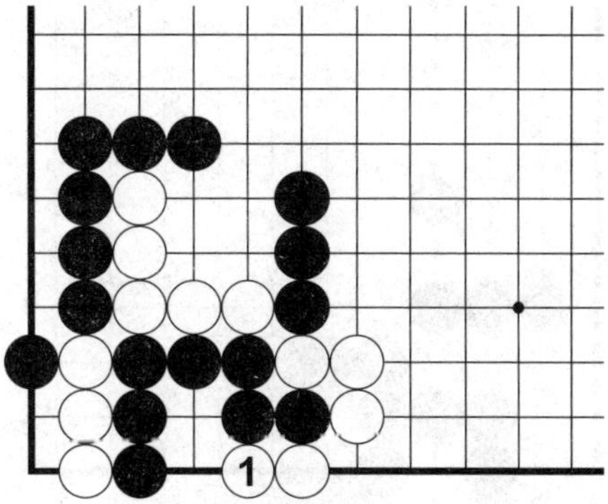

第 462 题

日期	年　月　日	得分		签名	

第三单元

杀 棋（十）

白棋走1位后，黑棋应该怎么下？请写出必要的过程。

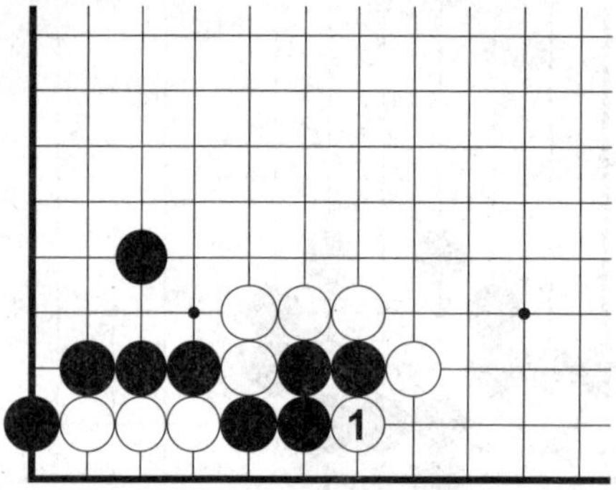

第 463 题

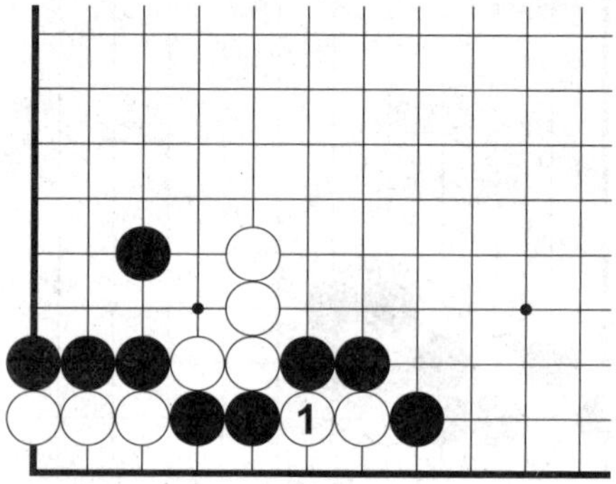

第 464 题

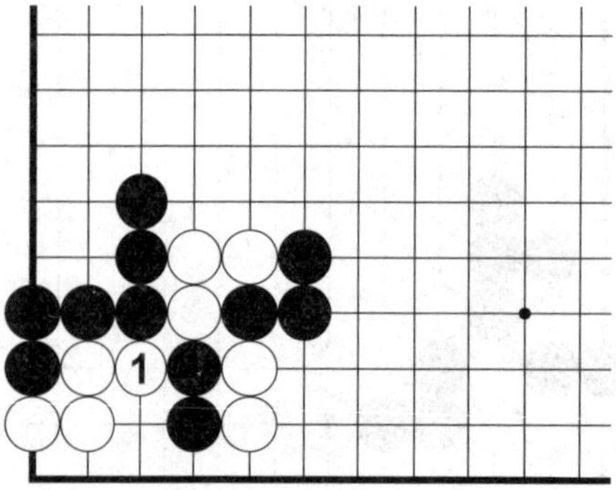

第 465 题

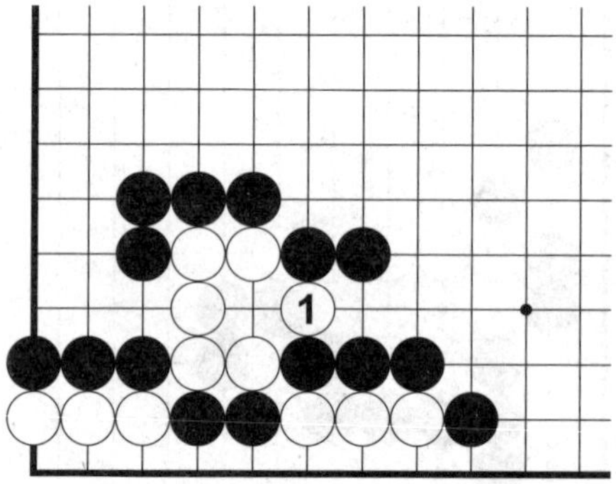

第 466 题

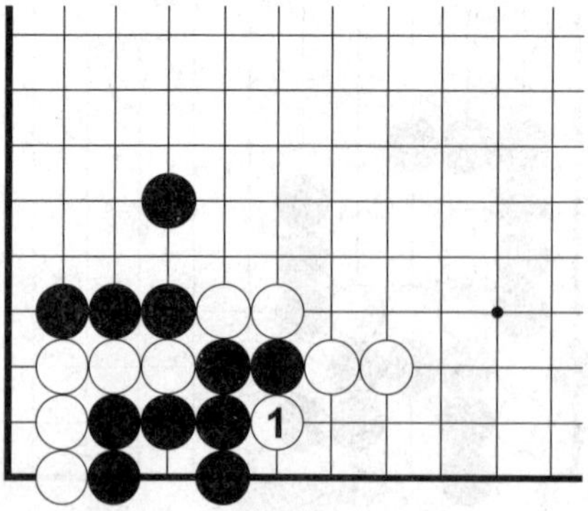

第 467 题

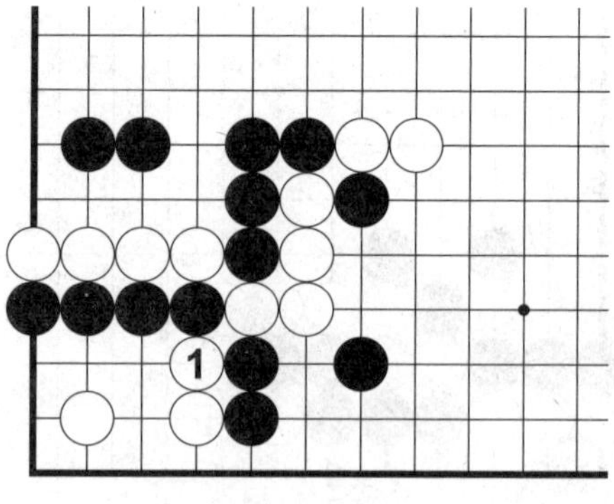

第 468 题

日 期	年 月 日	得 分		签 名	

第四单元

吃子手筋（二）

名师导读

有效运用吃子的手筋，可以吃掉对方不想放弃的重要棋子，这样的棋子叫作“棋筋”。只要手筋运用得合理，对手即使拿出最顽强的抵抗，也无法摆脱被吃掉的命运。

在棋盘的边上和角上，吃子的手筋运用得非常多。这里常用的吃子手筋有倒扑、接不归、吃一线子、吃二线子、吃三线子等。其中，倒扑和接不归的手筋非常明快，并且经常一起使用。如果我们能够熟练掌握倒扑和接不归的手筋，就会发现吃掉对方的棋子非常容易，而且经常会有棋力提高的感觉。而边线吃子（主要是吃一线子、吃二线子、吃三线子）虽然并不难，但如果不重视的话，出错的可能性也是经常有的。特别说明一下，滚打包收实际上就是接不归的一种特殊形态。

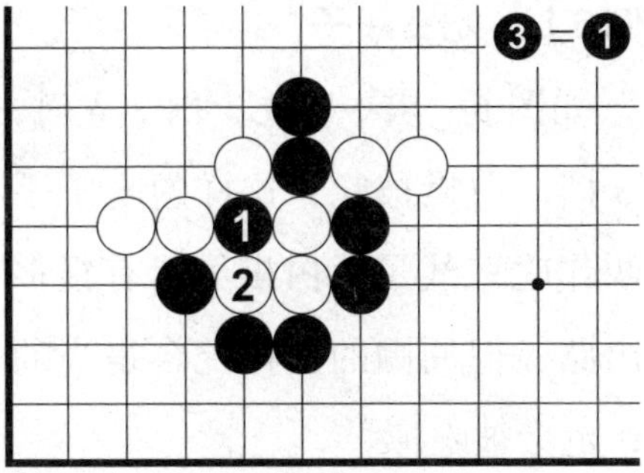

图1　倒　扑

【例1】　倒　扑

如图1，黑棋如果想吃掉白棋的两颗子，黑1就必须下在对方的虎口里，白2提时，白棋只剩下了一口气，黑3可以将白棋提掉，这里的吃子手筋叫作倒扑。

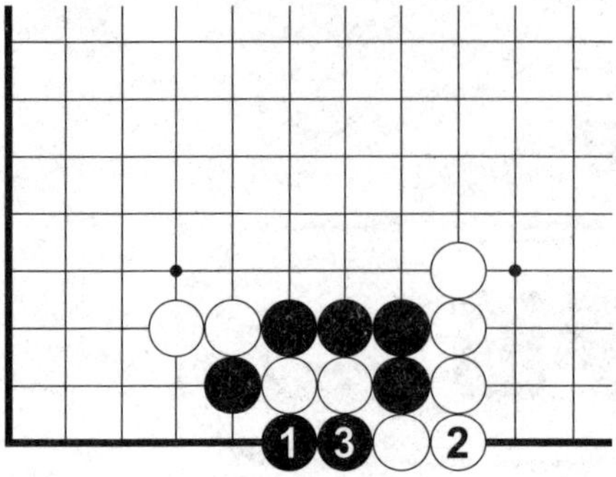

图2 接不归

【例2】 接不归

如图 2，黑棋如果想吃掉白棋的两颗子，黑 1 直接打吃即可，白棋两颗子连不回去了，这样的吃子手筋叫作接不归。倒扑和接不归经常联合使用。

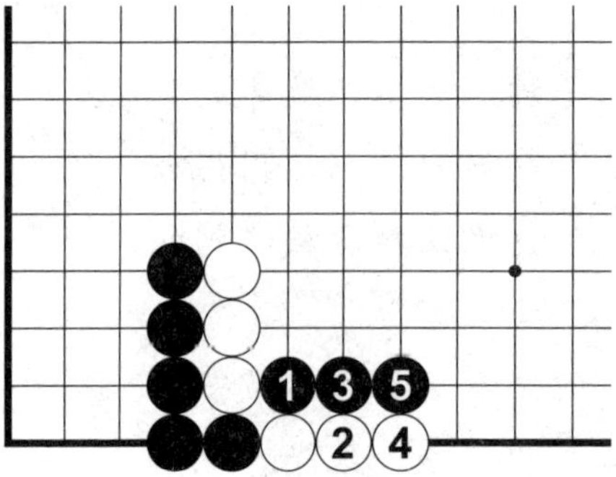

图3 吃一线子

【例3】 吃一线子

如图 3，白棋在一线的棋子和二线的棋子没有连上，黑 1 打吃可以吃掉白棋一线的棋子，这样的吃子手筋叫作吃一线子。吃一线子经常使用的是闷吃和枷吃。

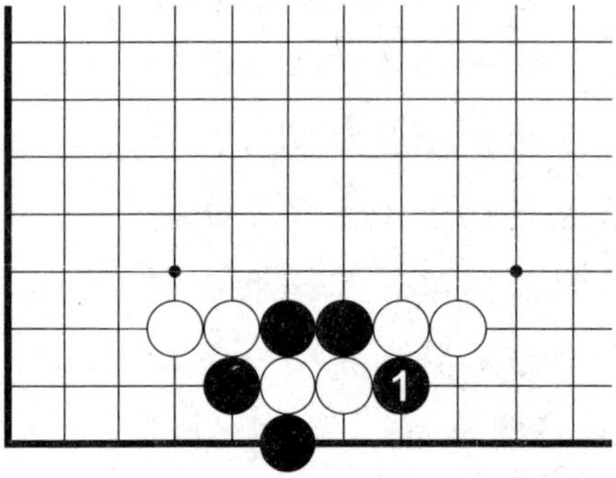

图4 吃二线子

【例4】 吃二线子

如图 4，白棋在二线的棋子和三线的棋子没有连上，黑 1 打可以吃掉白子，这样的吃子手筋叫作吃二线子。吃二线子经常使用的是闷吃和扳吃（枷吃的一种）。

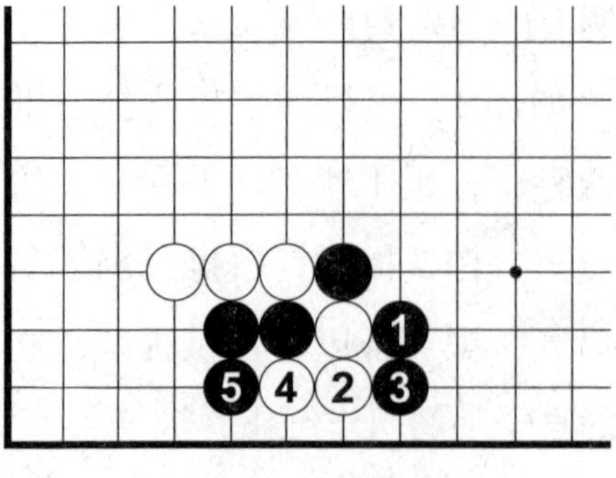

图5 吃三线子

【例5】 吃三线子

如图 5，黑 1 叫吃，白 2 立时，黑 3 挡，白棋被吃，这样的吃子手筋叫作吃三线子。白棋虽然有很多条出路，但周围的黑棋配合得当的话，也会被吃掉。

第四单元

倒 扑（一）

黑先，黑棋如何运用倒扑的手筋？请在要下子的地方写“1”。

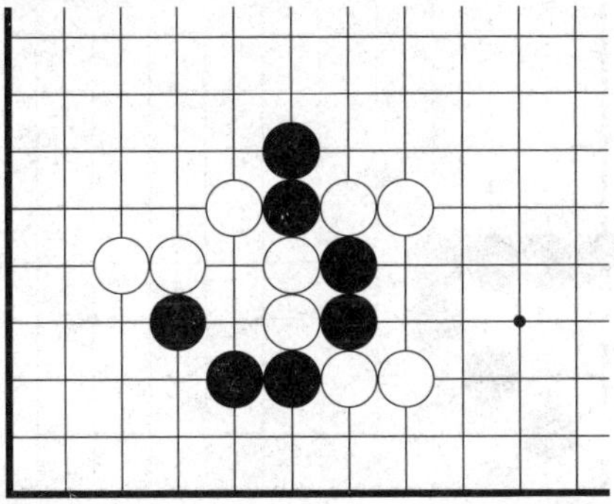

第 469 题

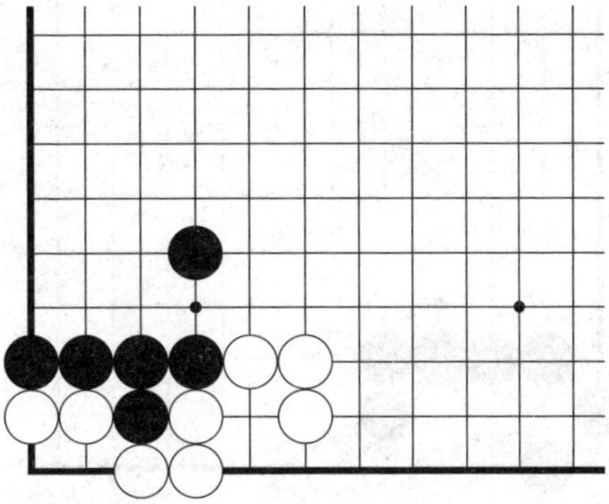

第 470 题

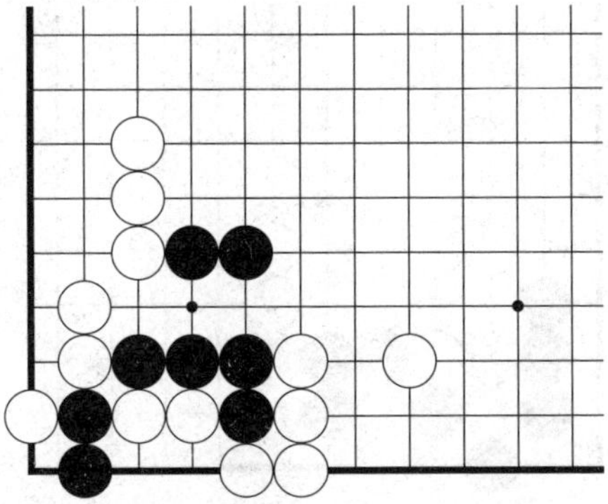

第 471 题

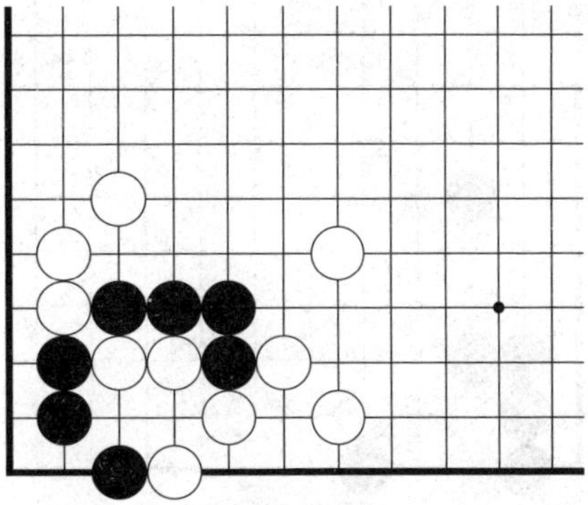

第 472 题

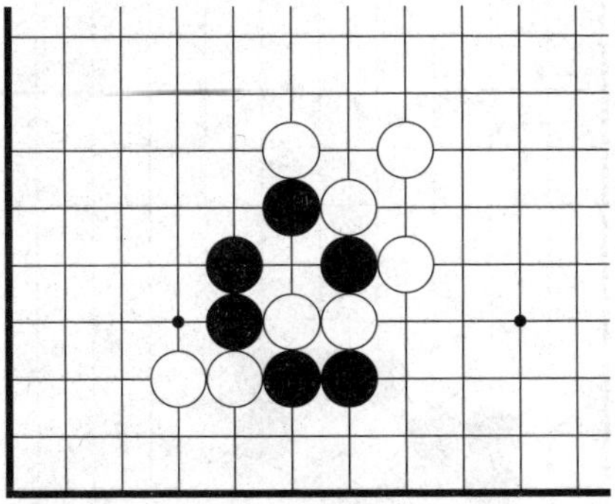

第 473 题

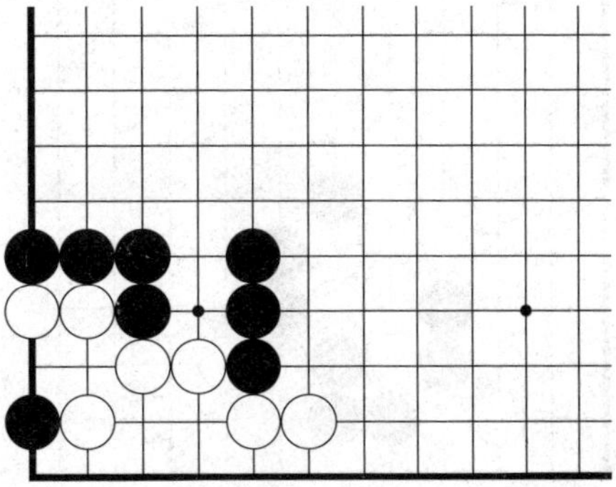

第 474 题

日 期	年 月 日	得 分		签 名	

第四单元　倒　扑（二）

黑先，黑棋如何运用倒扑的手筋？请在要下子的地方写“1”。

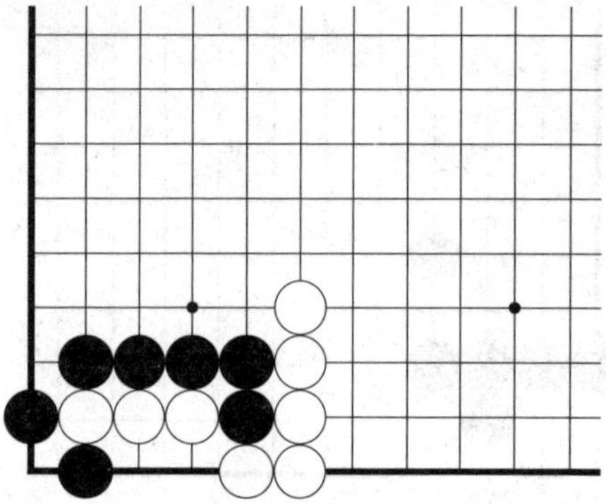

第 475 题

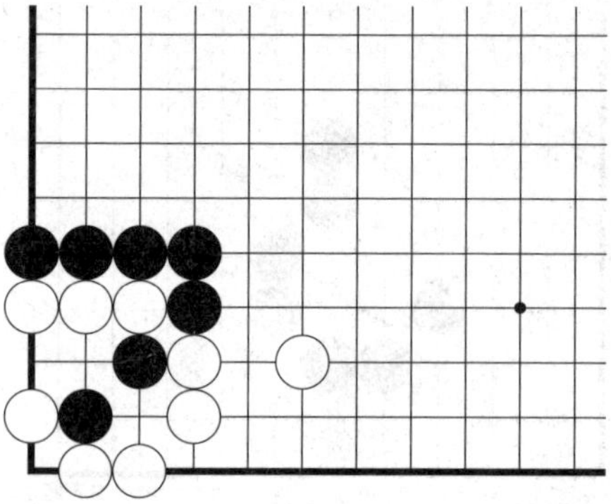

第 476 题

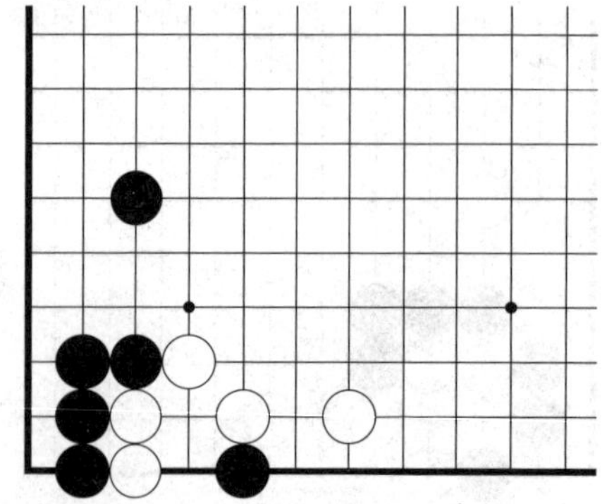

第 477 题

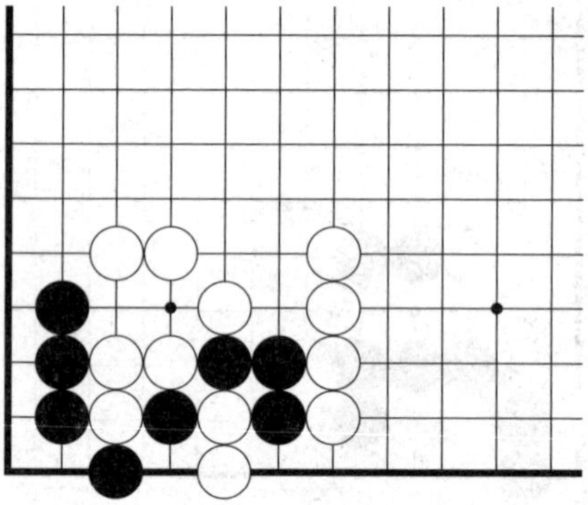

第 478 题

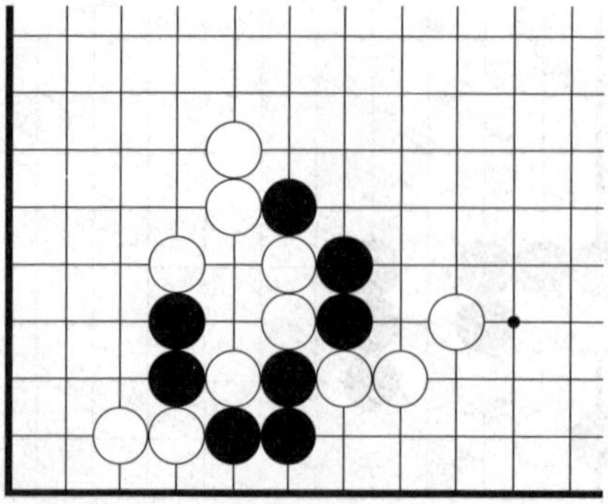

第 479 题

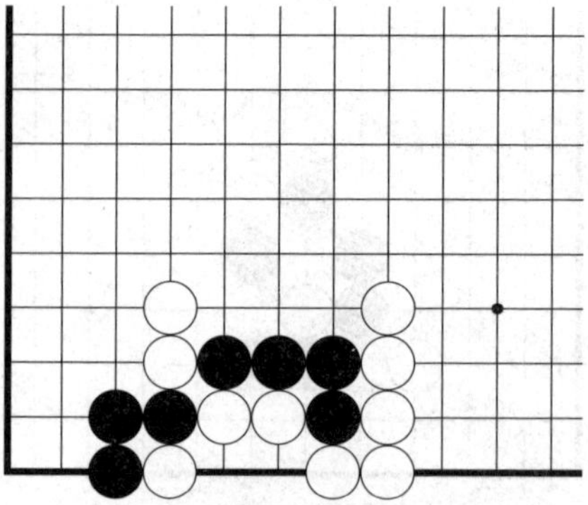

第 480 题

日 期	年　月　日	得 分		签 名	

倒 扑（三）

黑先，黑棋如何运用倒扑的手筋？请在要下子的地方写“1”。

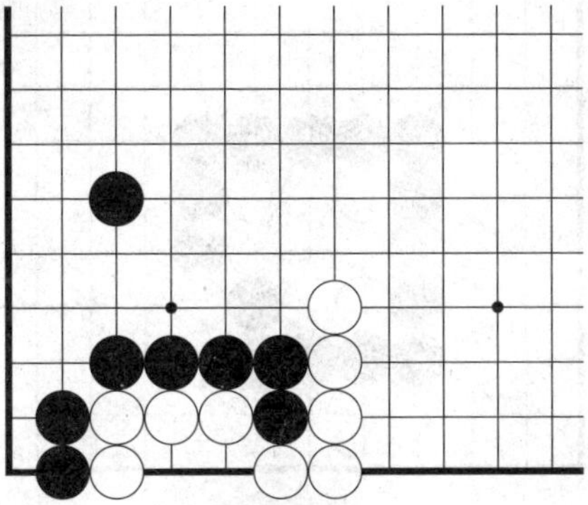

第 481 题

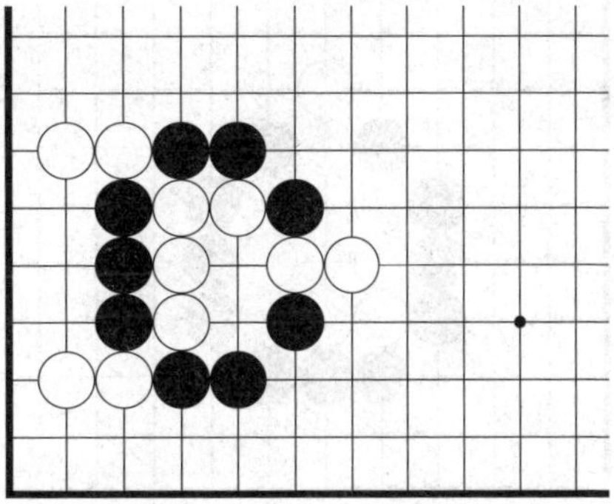

第 482 题

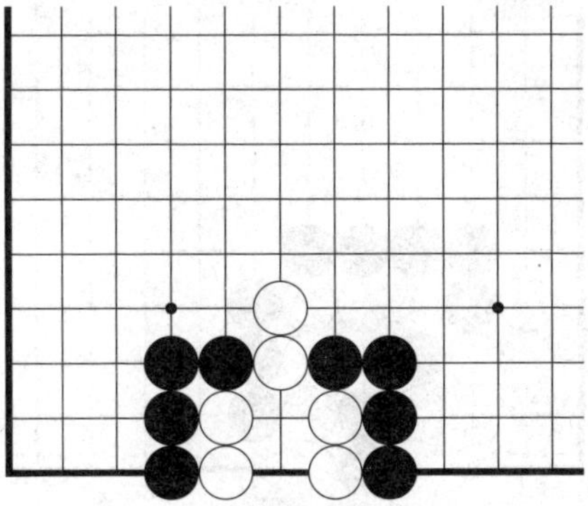

第 483 题

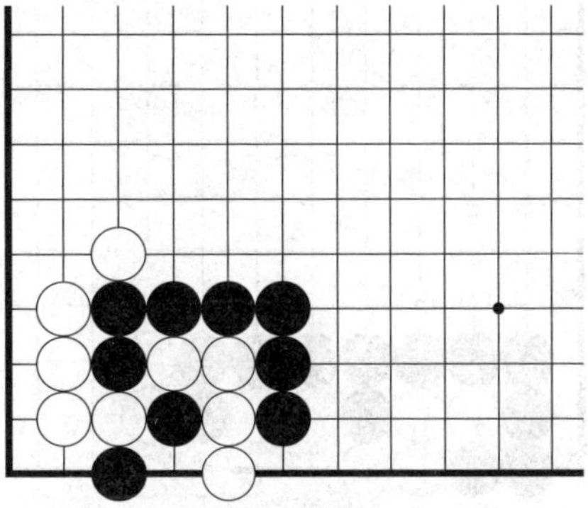

第 484 题

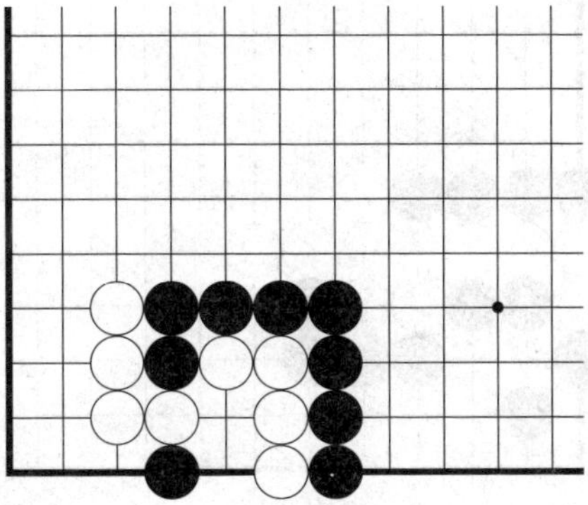

第 485 题

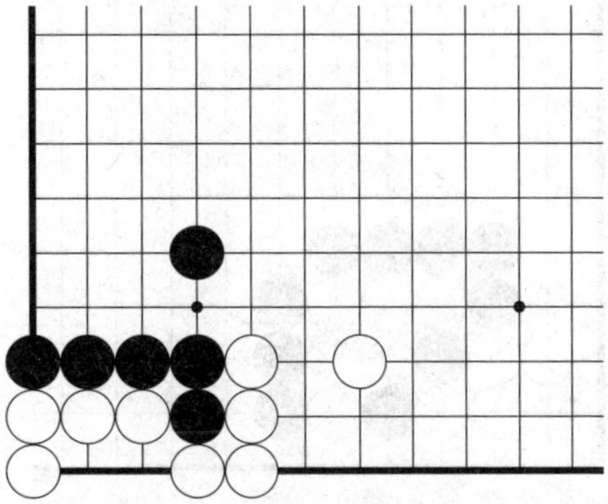

第 486 题

日 期	年 月 日	得 分		签 名	

第四单元　倒　扑（四）

黑先，黑棋如何运用倒扑的手筋？请在要下子的地方写“1”。

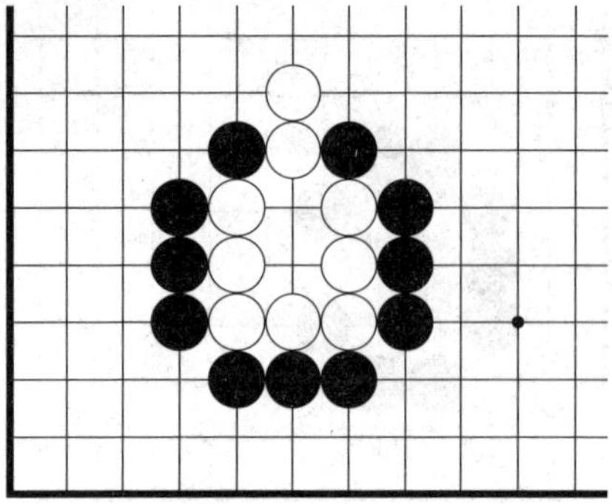

第 487 题

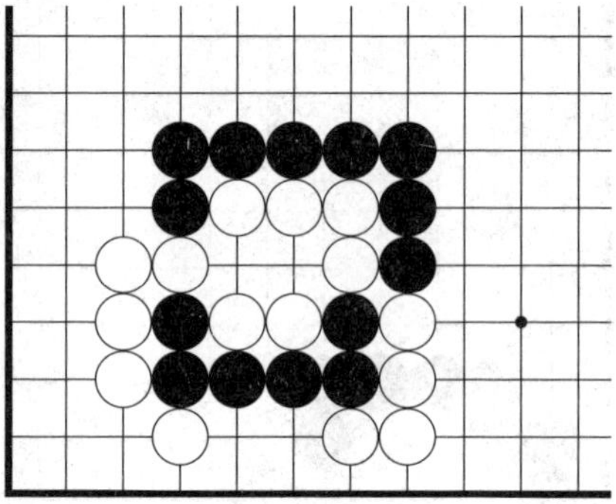

第 488 题

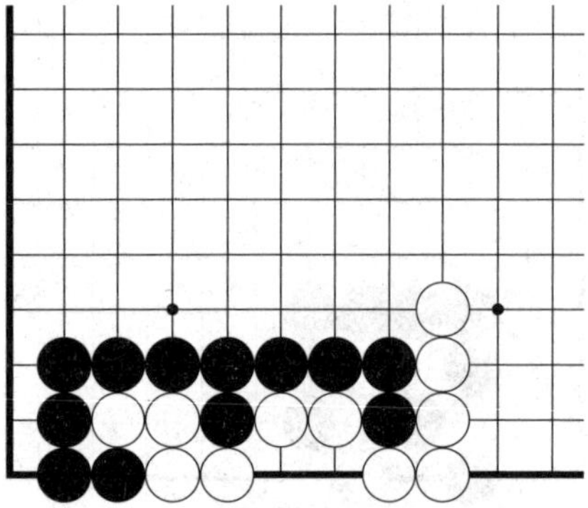

第 489 题

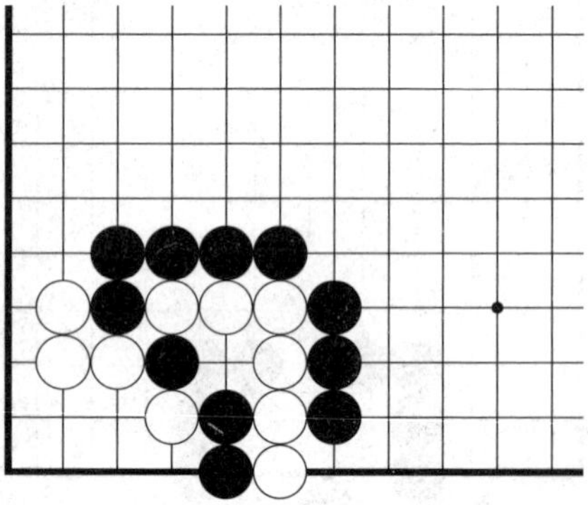

第 490 题

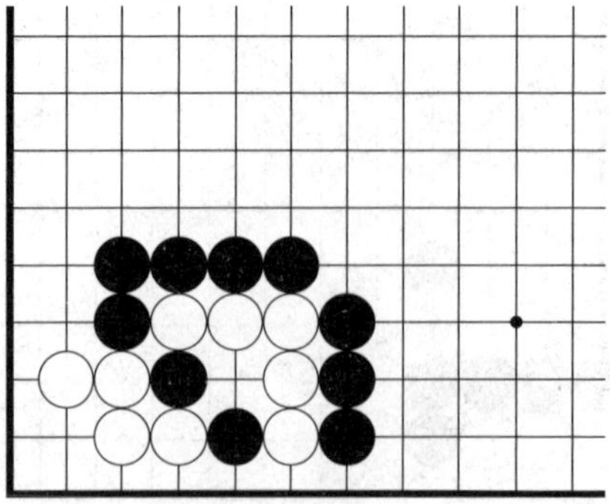

第 491 题

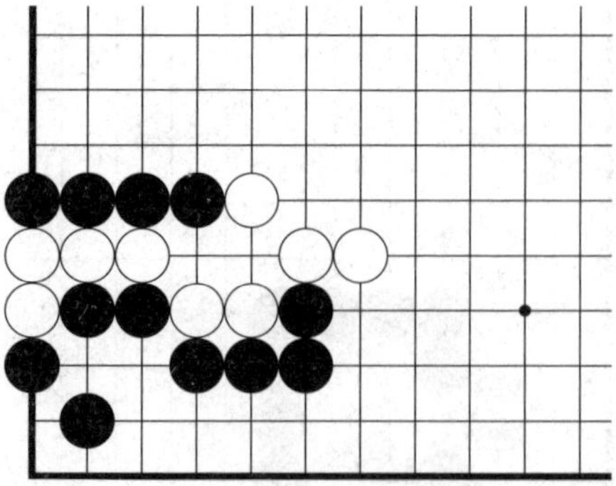

第 492 题

日期	年　月　日	得分		签名	

第四单元

倒 扑（五）

黑先，黑棋如何运用倒扑的手筋？请写出必要的过程。

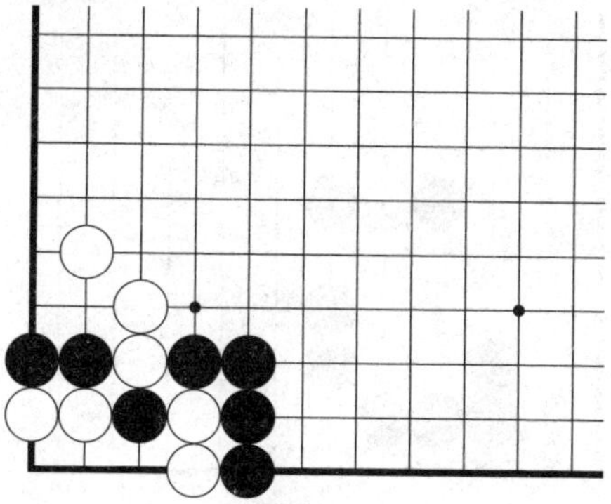

第 493 题

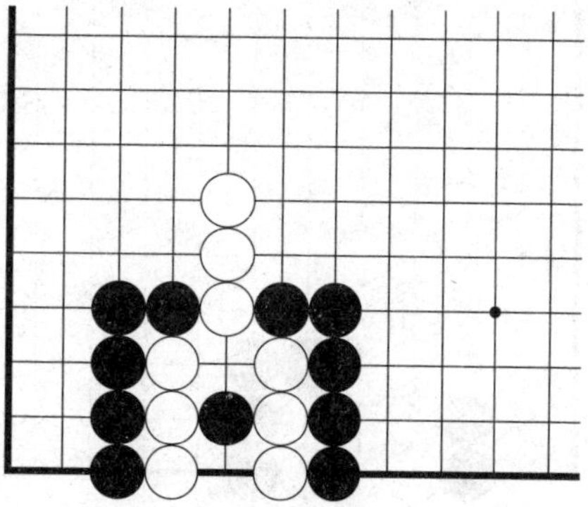

第 494 题

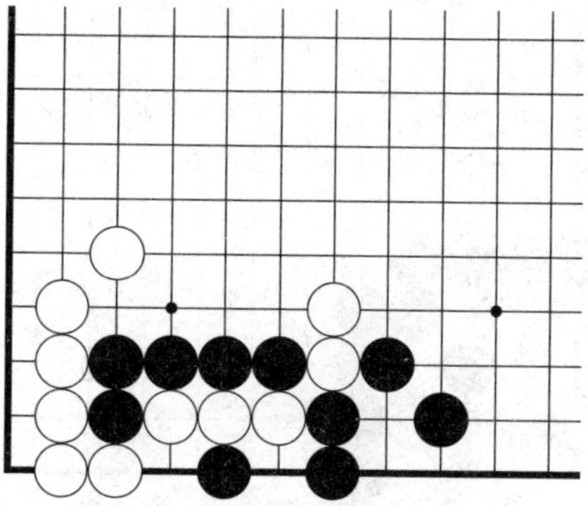

第 495 题

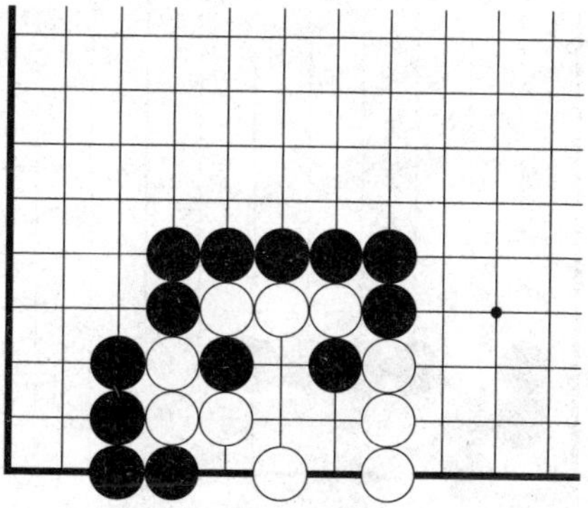

第 496 题

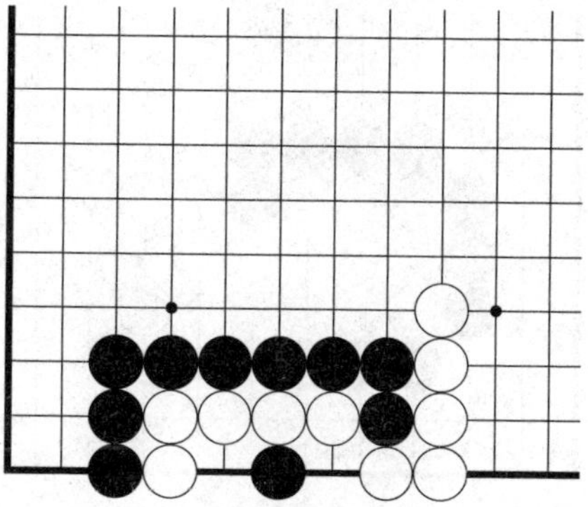

第 497 题

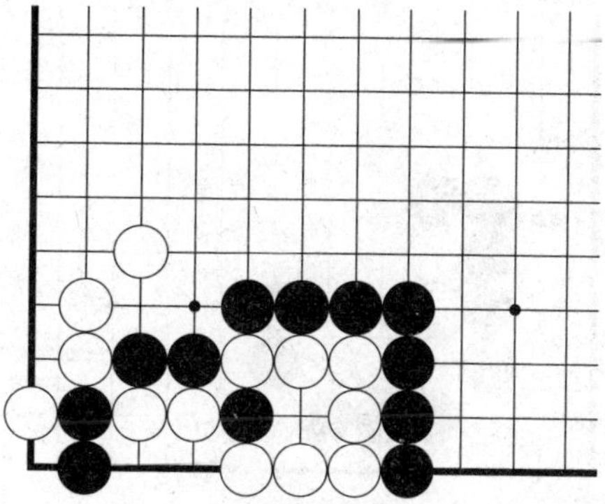

第 498 题

日期	年 月 日	得分		签名	

第四单元 制造倒扑

黑先，黑棋如何运用制造倒扑的手筋？请写出必要的过程。

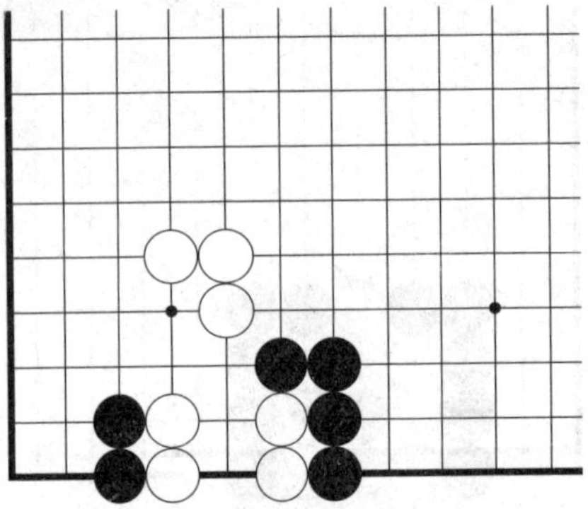

第 499 题

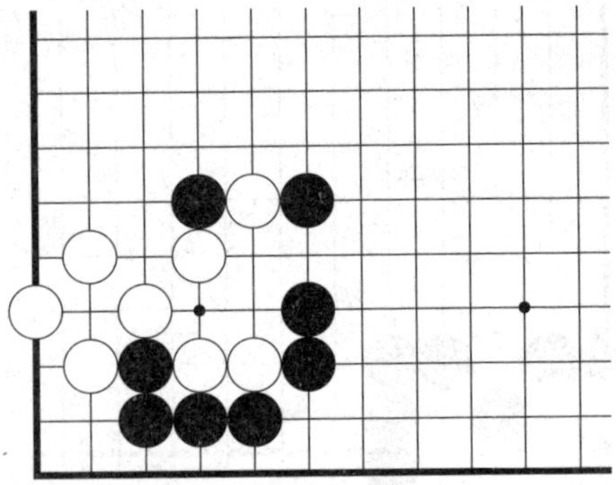

第 500 题

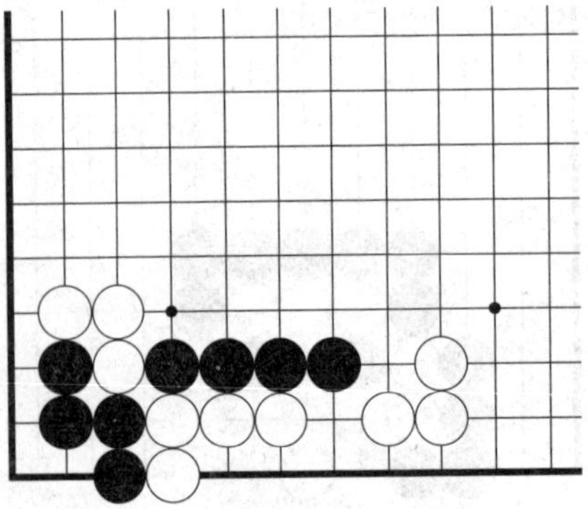

第 501 题

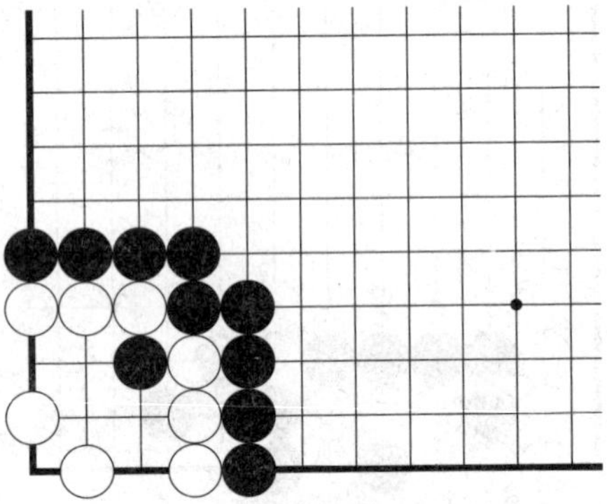

第 502 题

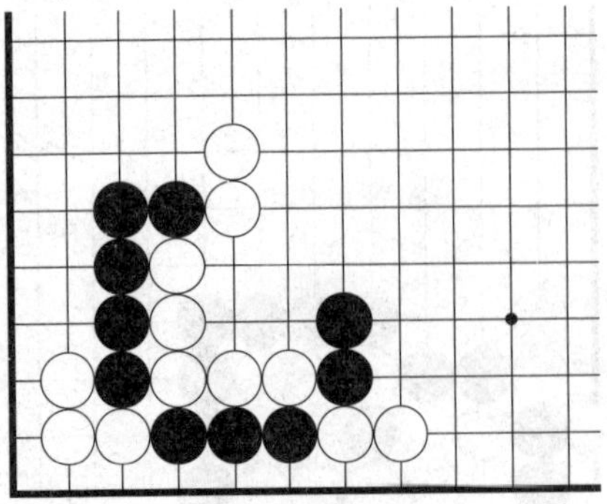

第 503 题

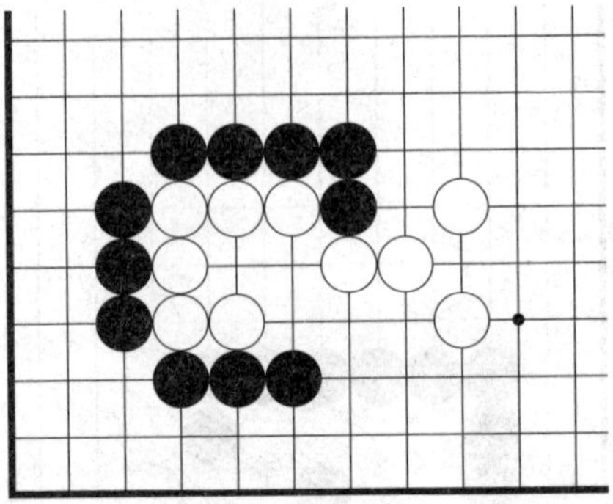

第 504 题

日期	年 月 日	得分		签名	

第四单元

接不归（一）

黑先，黑棋如何运用接不归的手筋？请在要下子的地方写“1”。

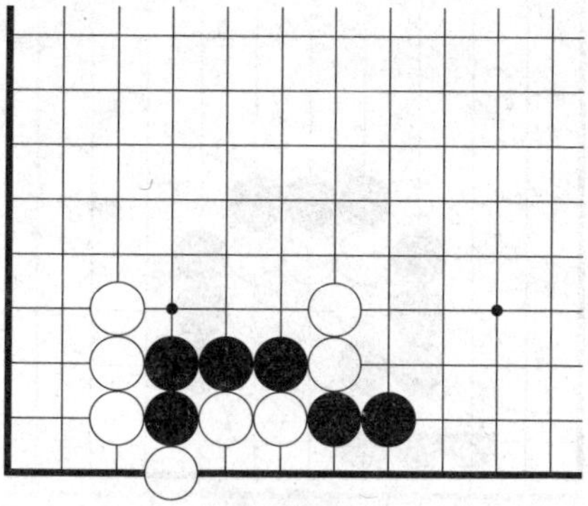

第 505 题

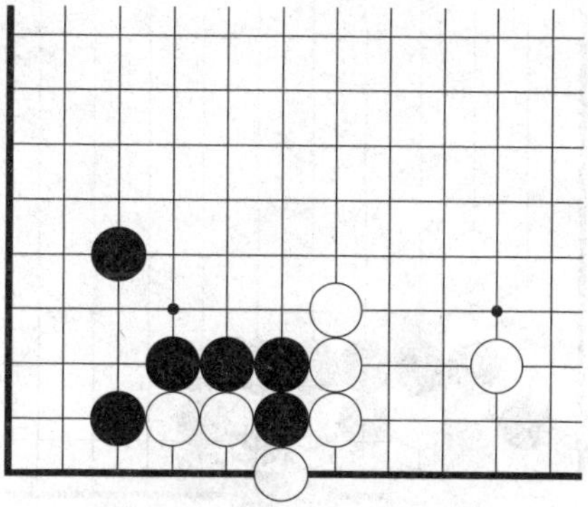

第 506 题

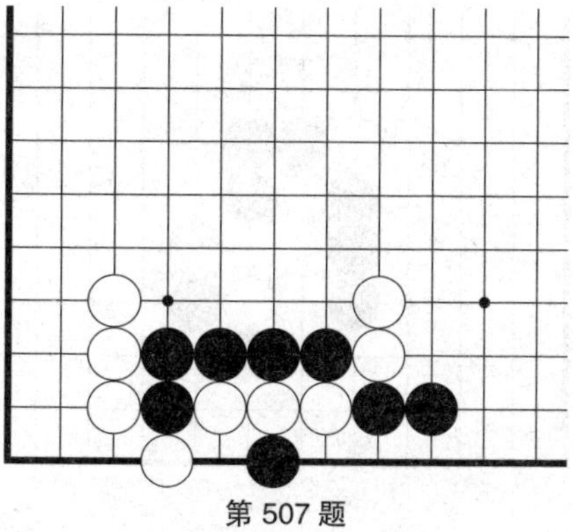

第 507 题

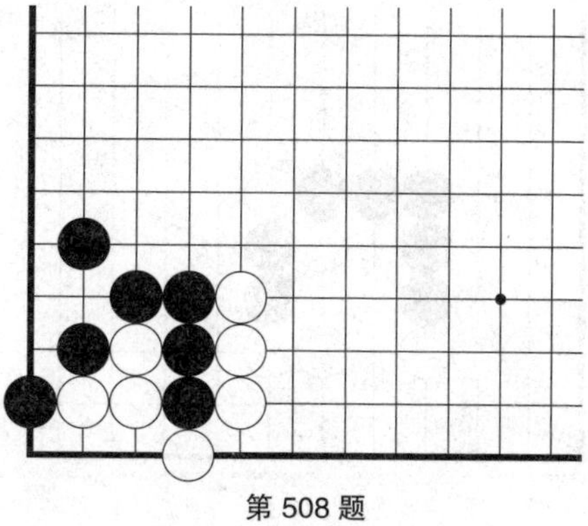

第 508 题

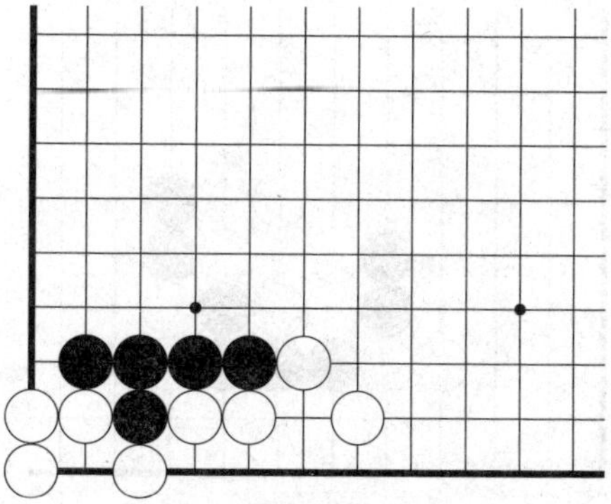

第 509 题

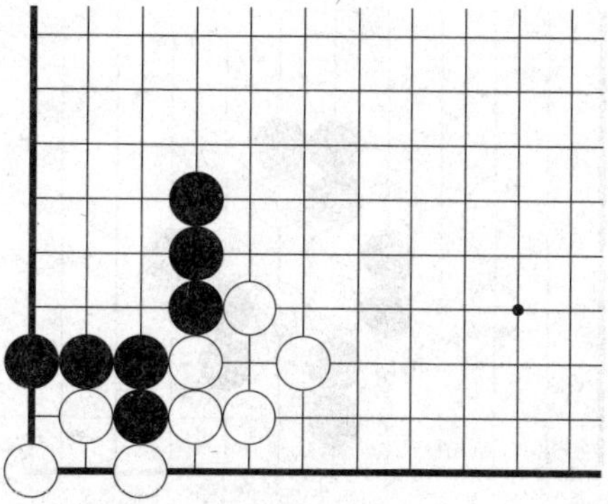

第 510 题

日 期	年 月 日	得 分		签 名	

第四单元

接不归（二）

黑先，黑棋如何运用接不归的手筋？请写出黑1、白2、黑3共三步。

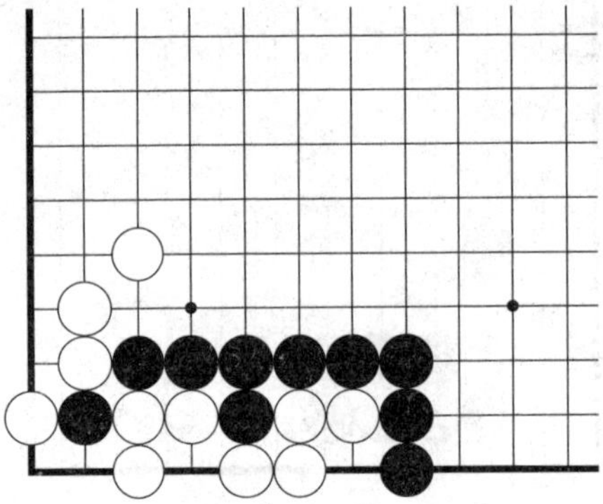

第511题

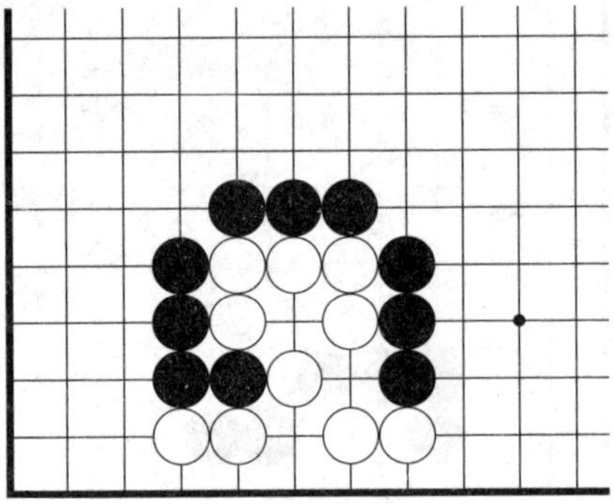

第512题

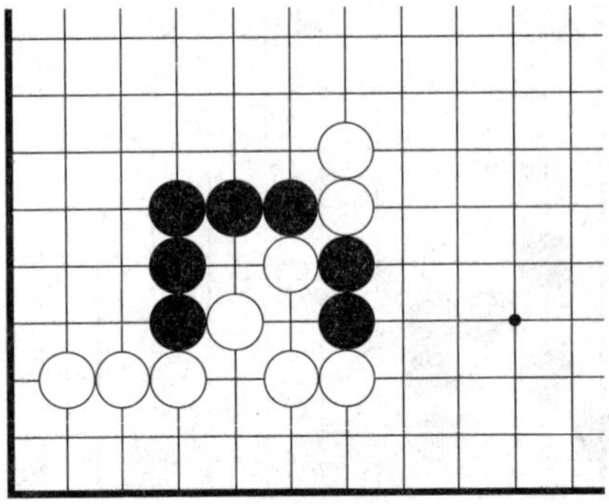

第513题

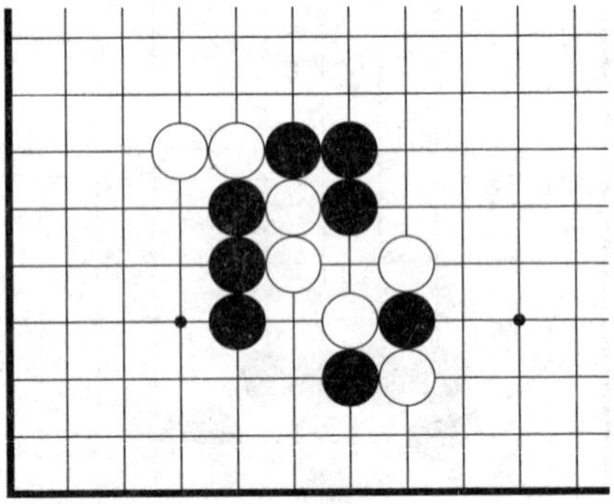

第514题

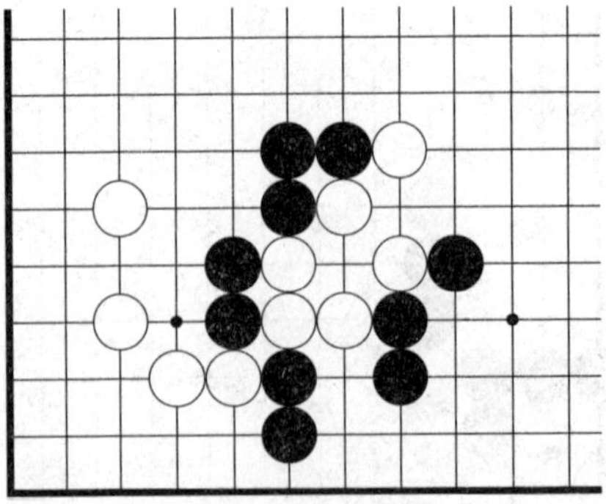

第515题

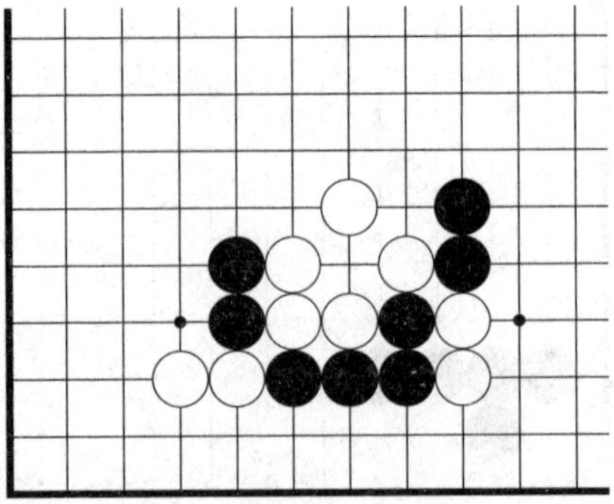

第516题

日期	年　月　日	得分		签名	

第四单元 接不归（三）

黑先，黑棋如何运用接不归的手筋？请写出黑1、白2、黑3共三步。

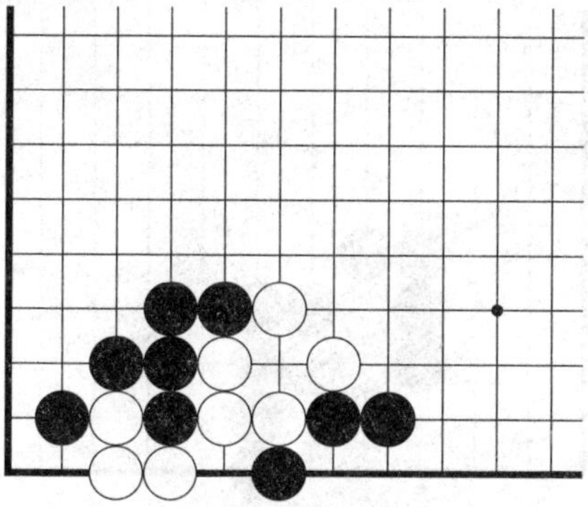

第 517 题

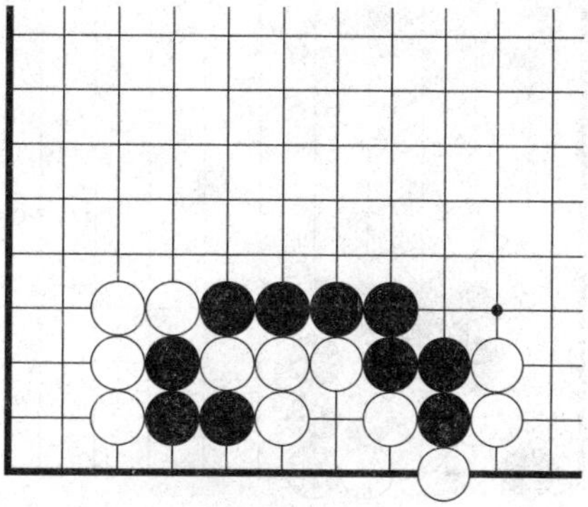

第 518 题

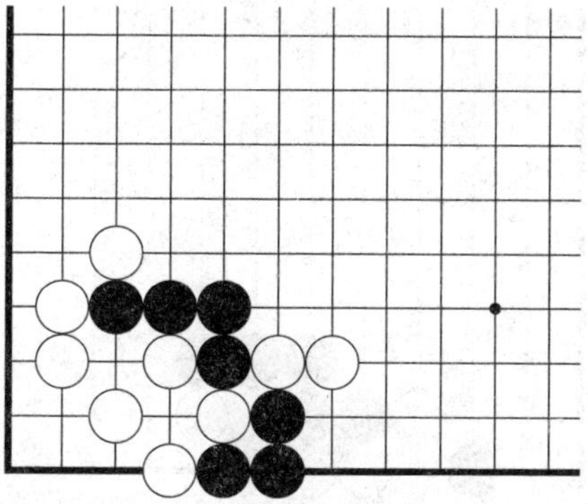

第 519 题

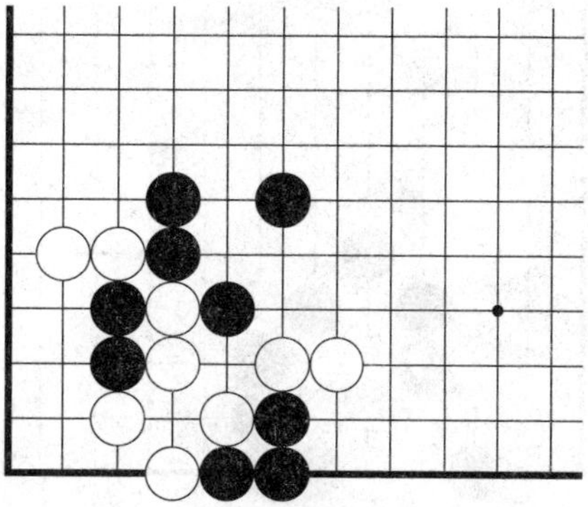

第 520 题

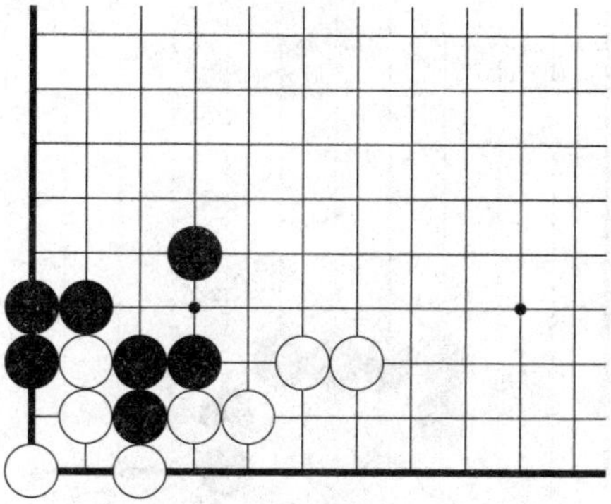

第 521 题

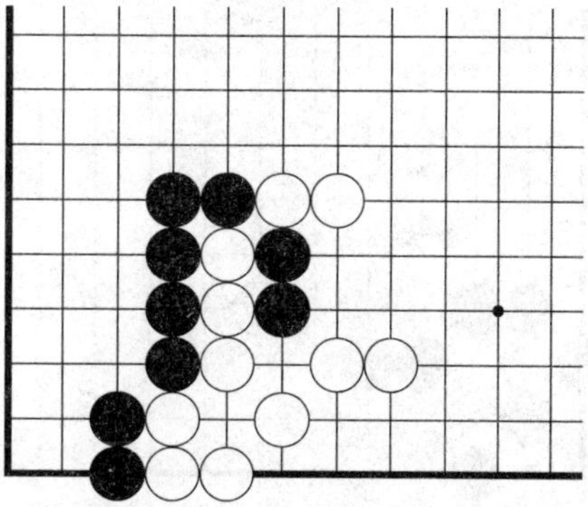

第 522 题

日期	年 月 日	得分		签名	

第四单元 接不归（四）

黑先，黑棋如何运用接不归的手筋？请写出黑1、白2、黑3共三步。

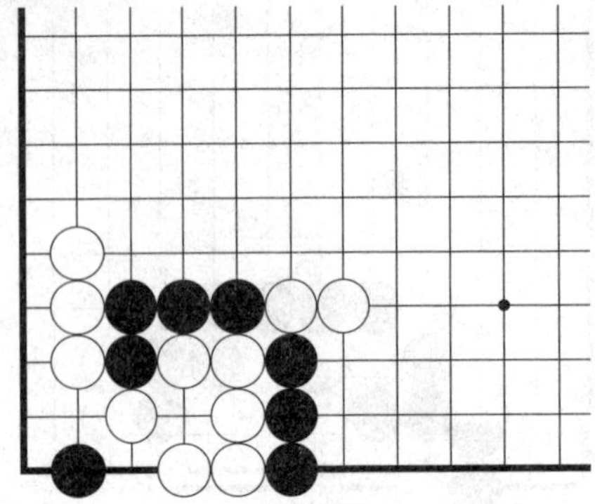

第 523 题

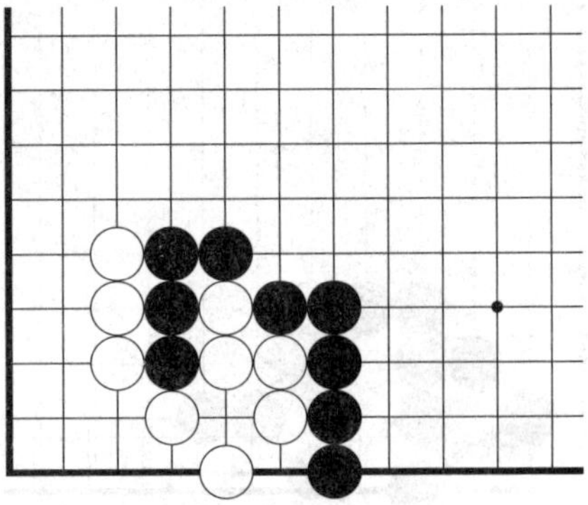

第 524 题

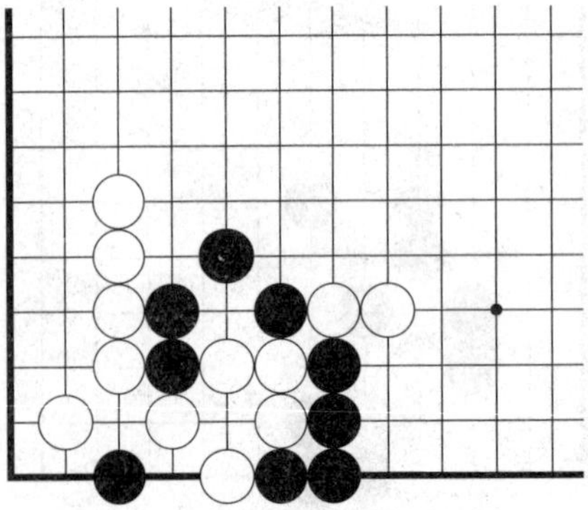

第 525 题

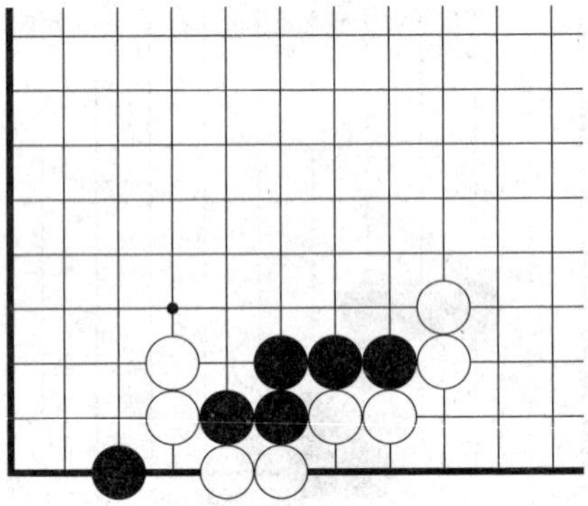

第 526 题

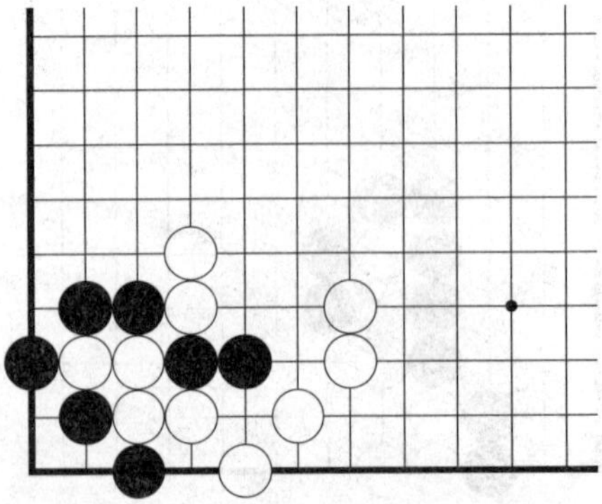

第 527 题

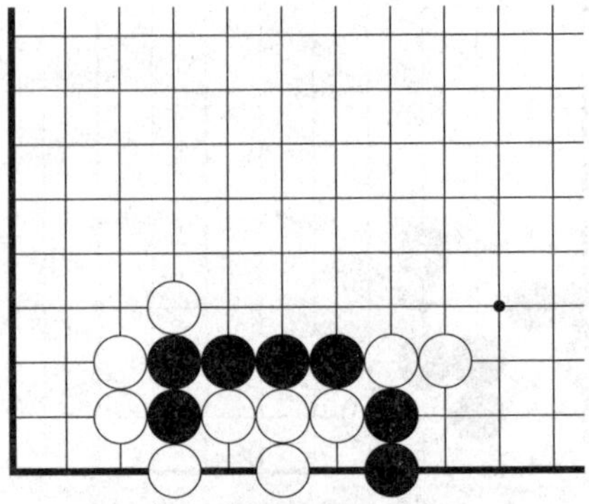

第 528 题

日期	年 月 日	得分		签名	

第四单元

接不归（五）

黑先，黑棋如何运用接不归的手筋？请写出黑1、白2、黑3共三步。

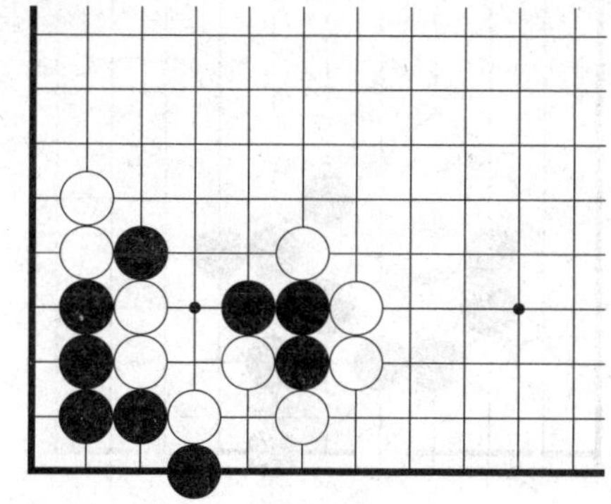

第529题

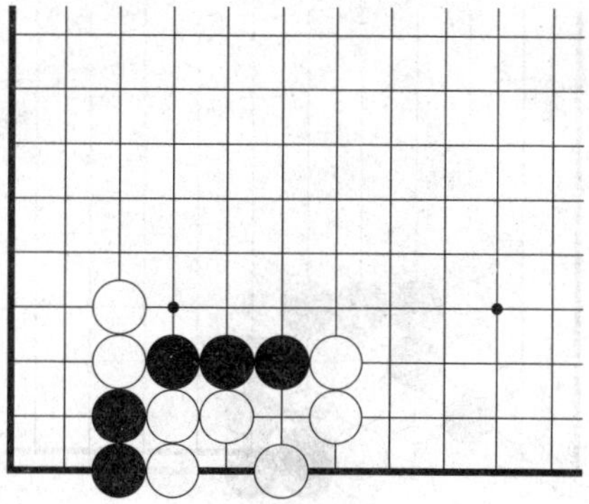

第530题

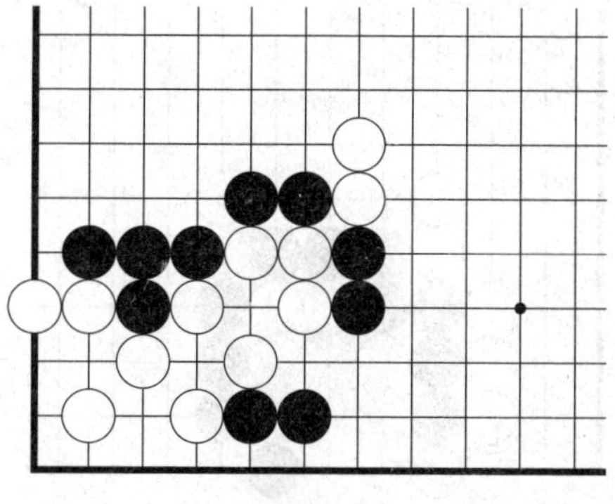

第531题

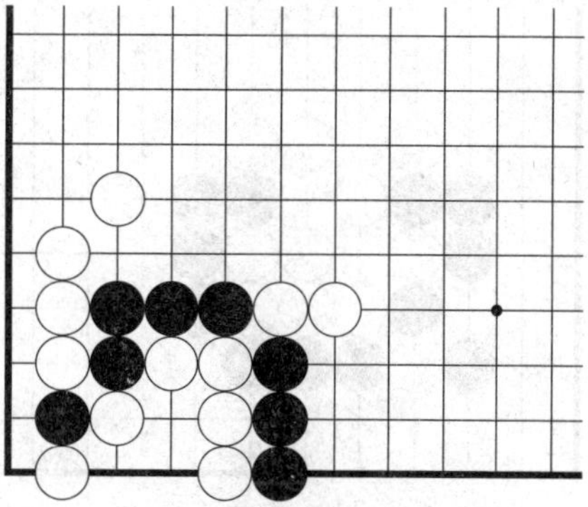

第532题

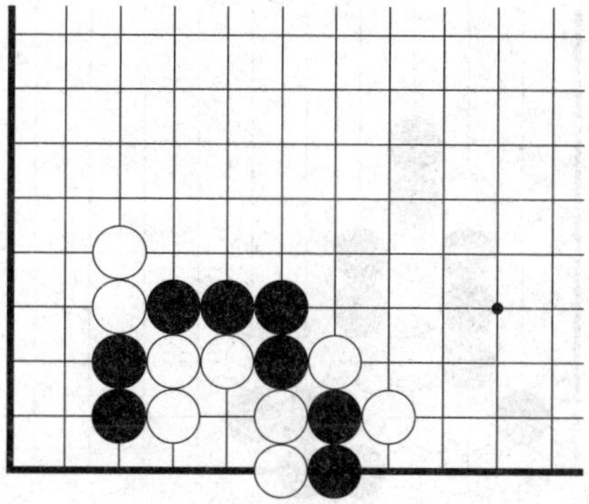

第533题

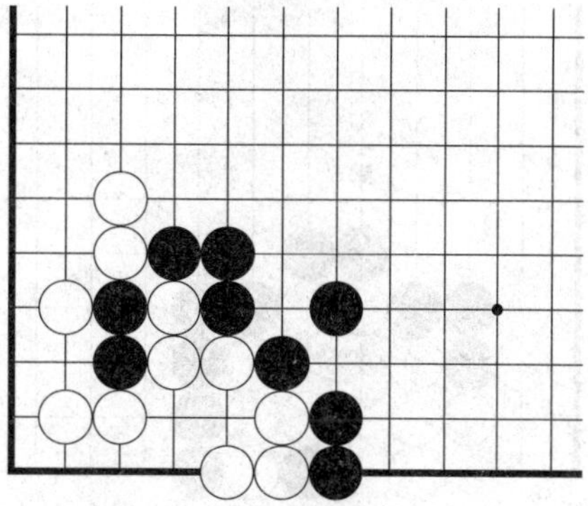

第534题

日期	年　月　日	得分		签名		

第四单元

接不归（六）

黑先，黑棋如何运用接不归的手筋？请写出黑1、白2、黑3共三步。

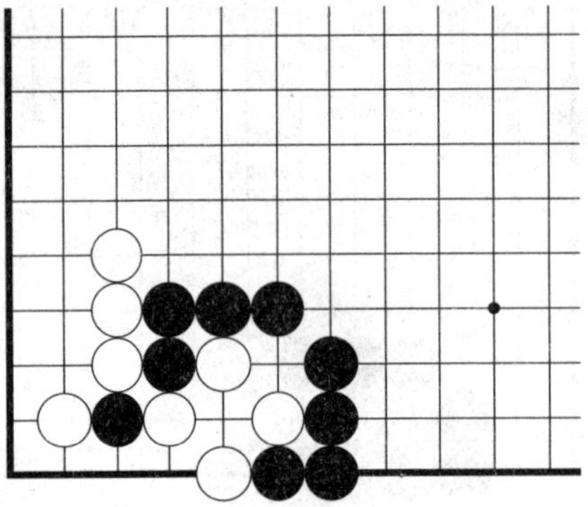

第535题

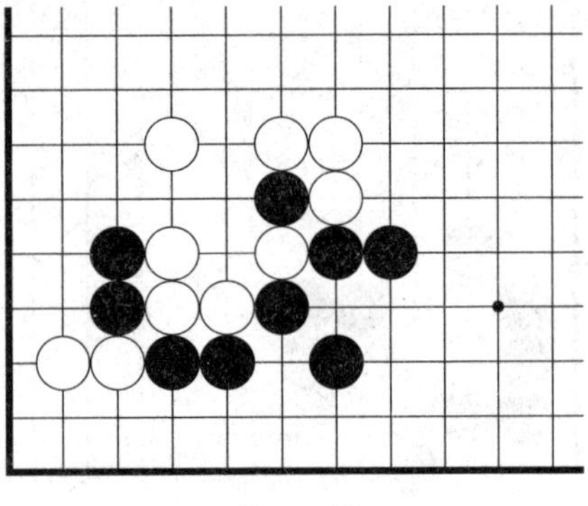

第536题

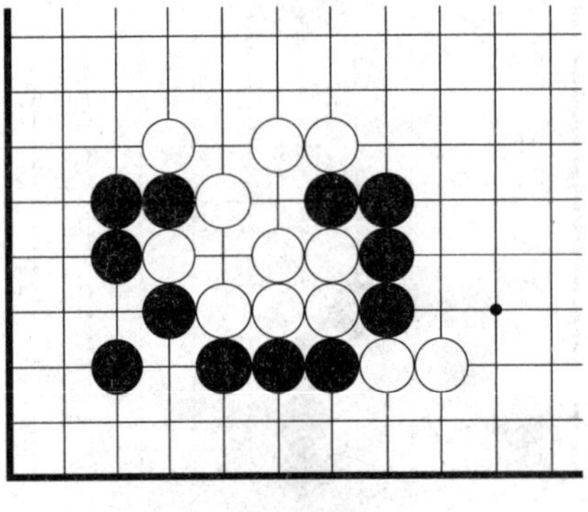

第537题

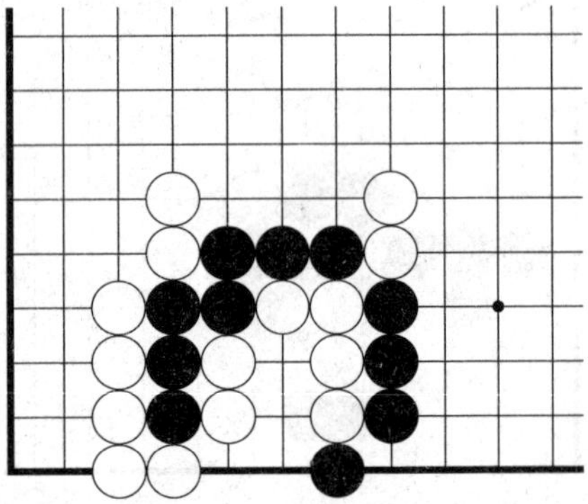

第538题

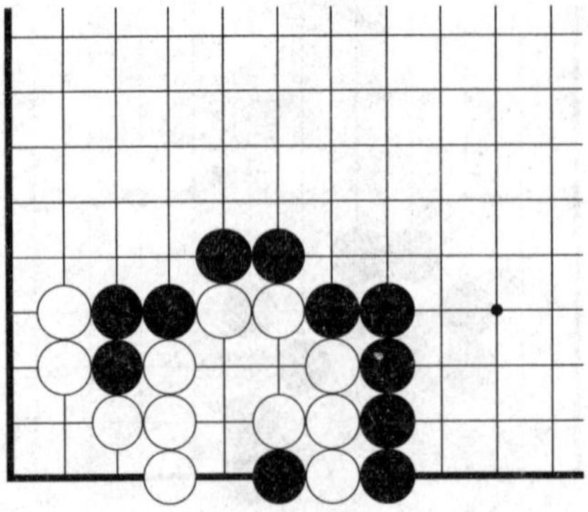

第539题

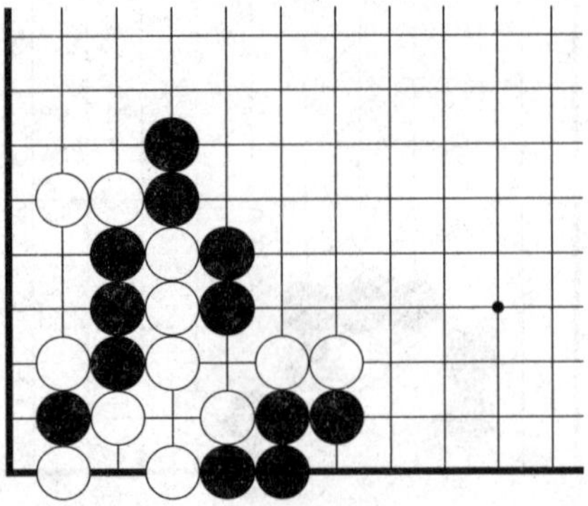

第540题

日期	年　月　日	得分		签名	

倒扑和接不归（一）

黑先，黑棋如何运用倒扑和接不归的手筋？请写出必要的过程。

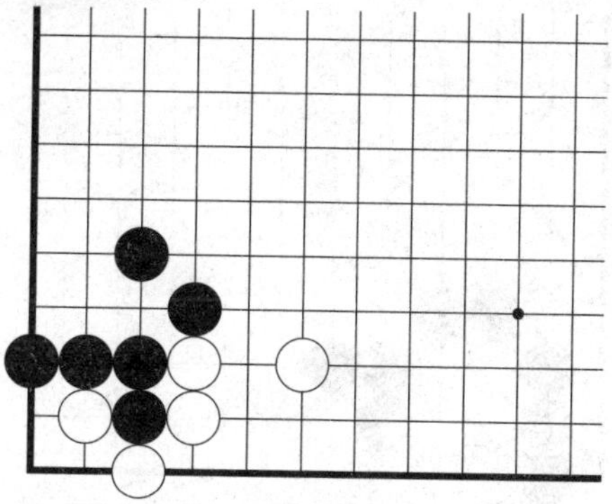
第 541 题

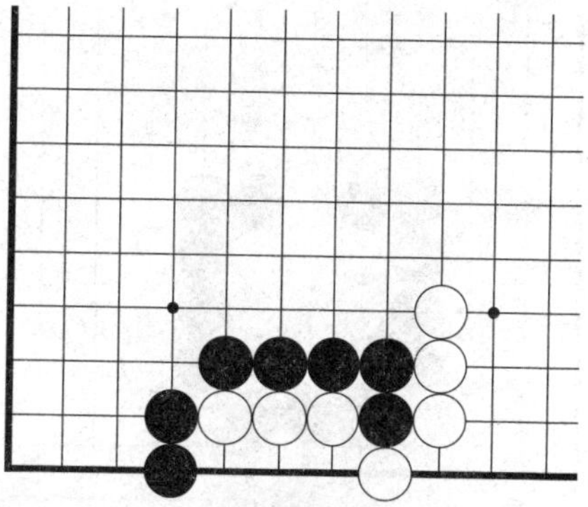
第 542 题

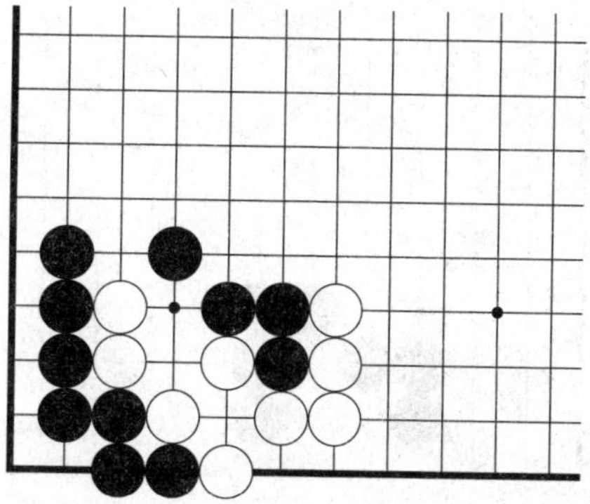
第 543 题

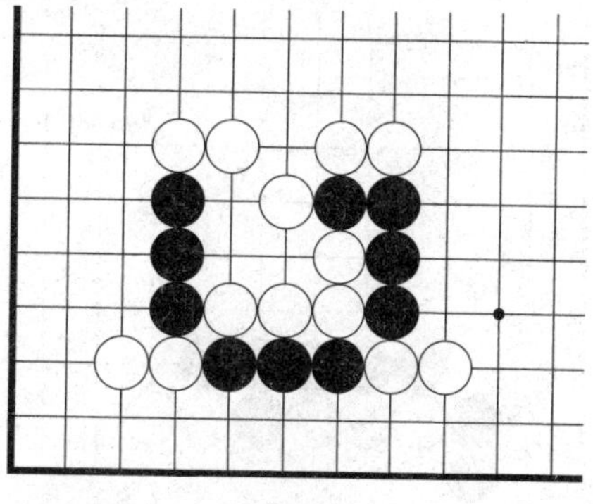
第 544 题

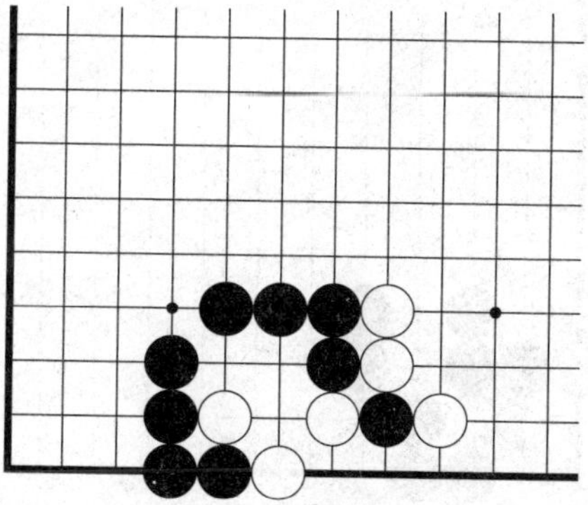
第 545 题

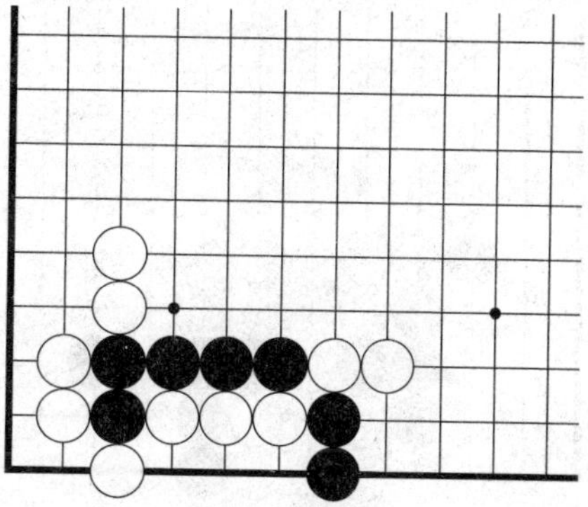
第 546 题

日期	年　月　日	得分		签名	

第四单元　倒扑和接不归（二）

黑先，黑棋如何运用倒扑和接不归的手筋？请写出必要的过程。

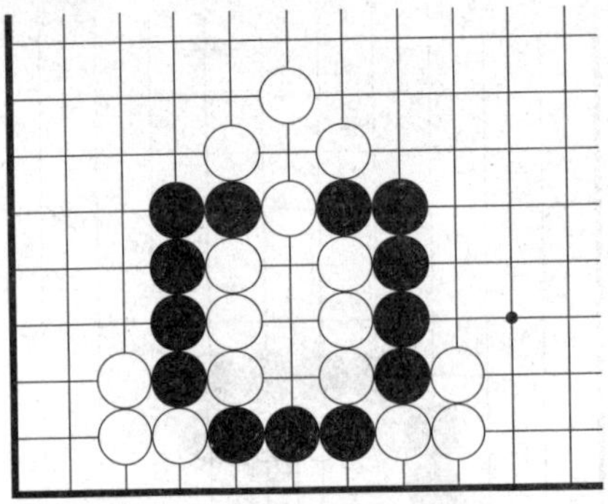

第 547 题

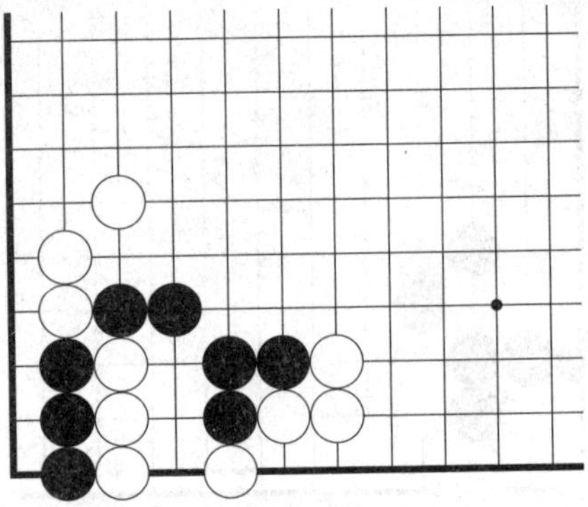

第 548 题

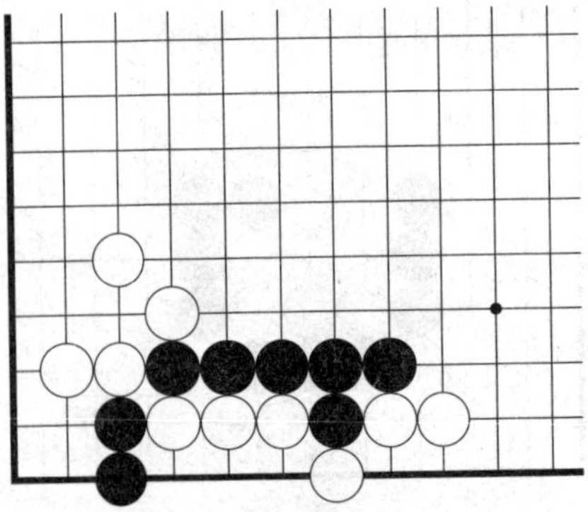

第 549 题

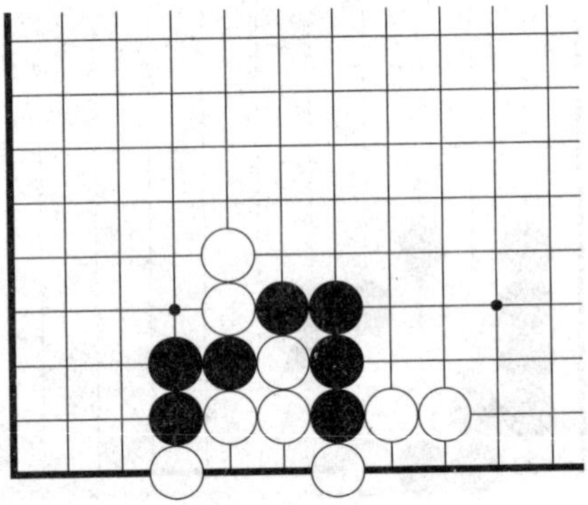

第 550 题

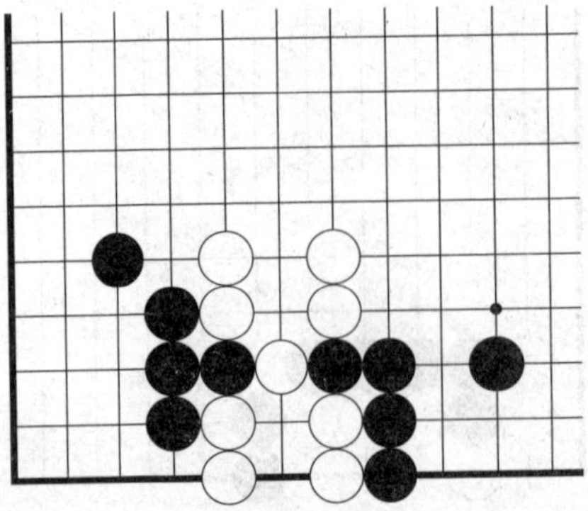

第 551 题

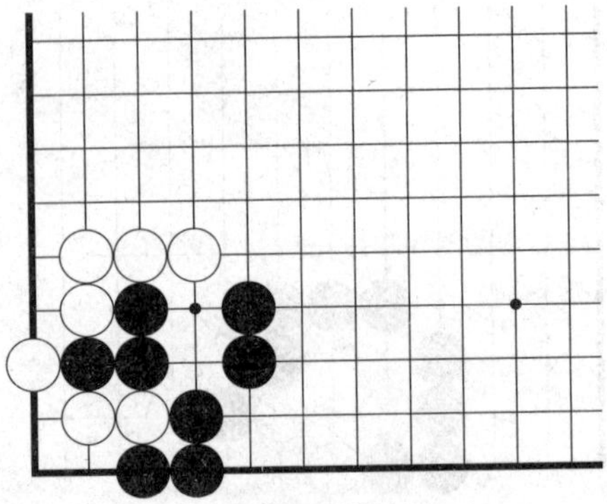

第 552 题

日期	年　月　日	得分		签名	

第四单元

倒扑和接不归（三）

黑先，黑棋如何运用倒扑和接不归的手筋？请写出必要的过程。

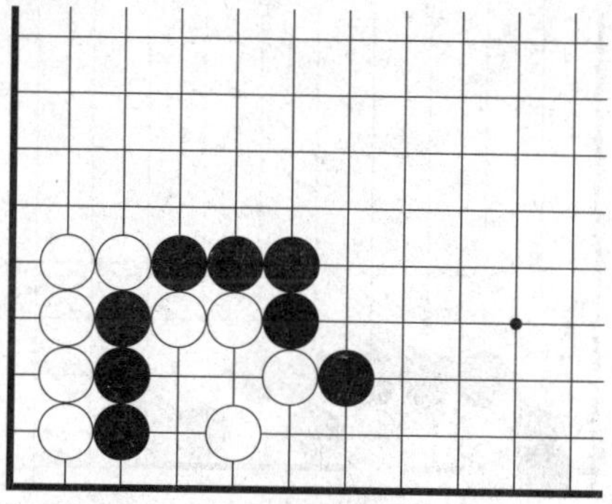

第 553 题

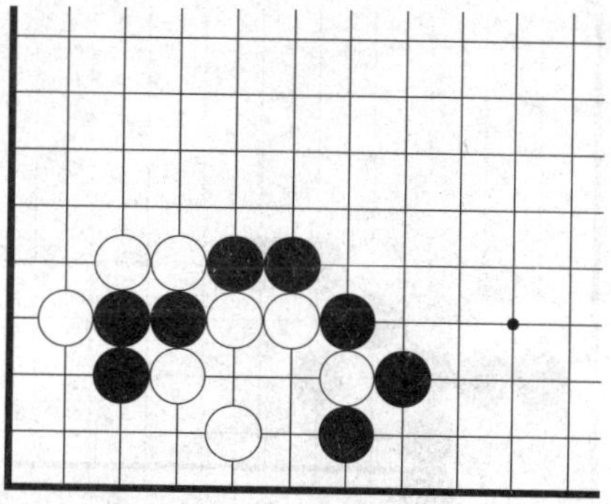

第 554 题

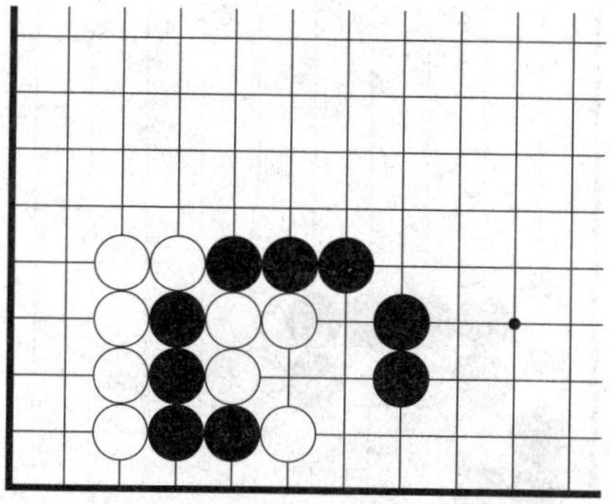

第 555 题

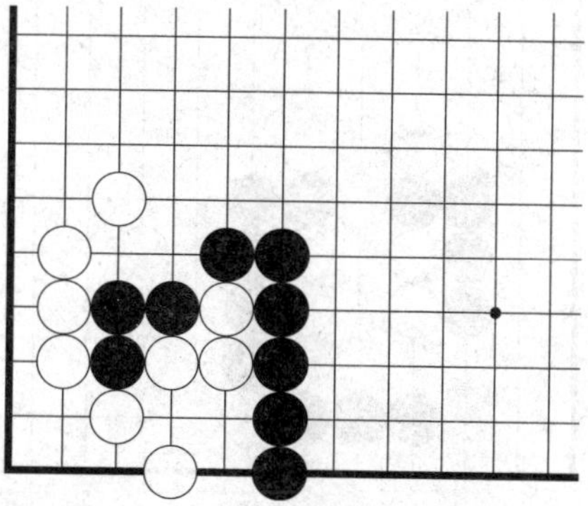

第 556 题

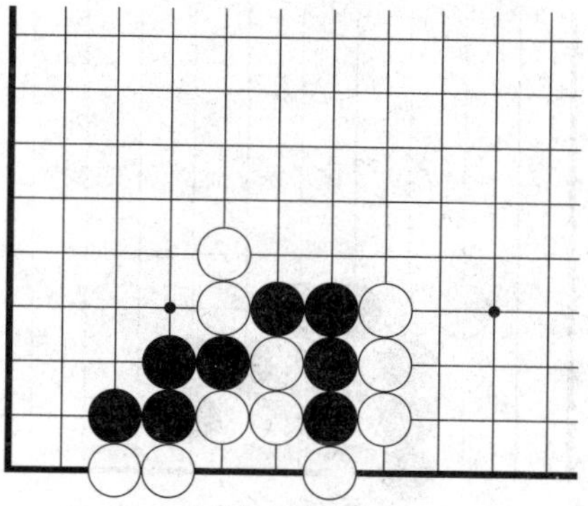

第 557 题

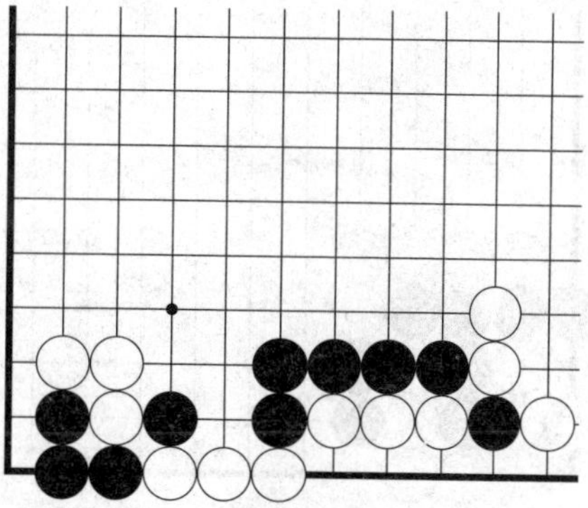

第 558 题

日期	年　月　日	得分		签名	

第四单元

倒扑和接不归（四）

黑先，黑棋如何运用倒扑和接不归的手筋？请写出必要的过程。

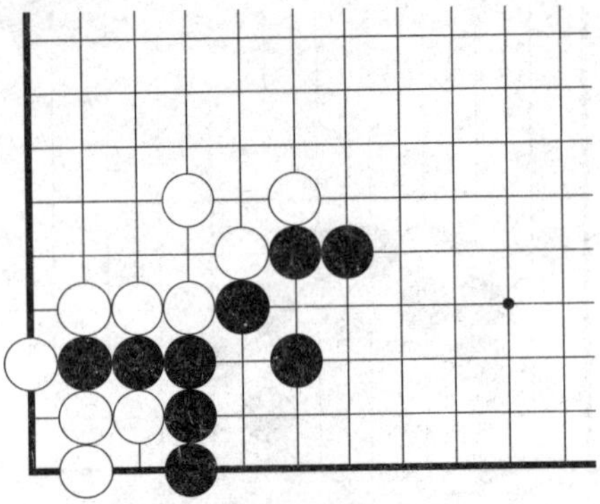

第 559 题

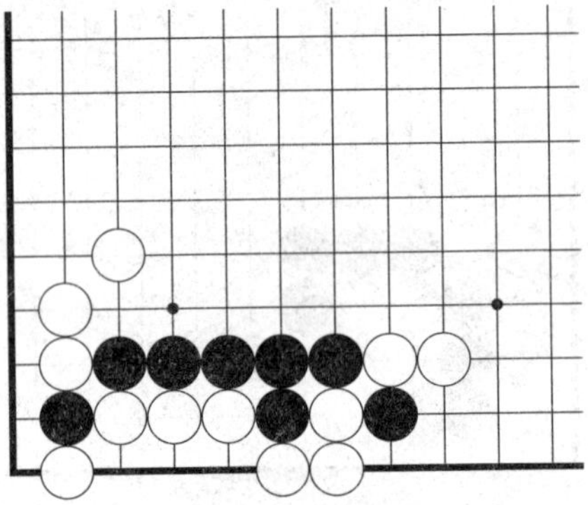

第 560 题

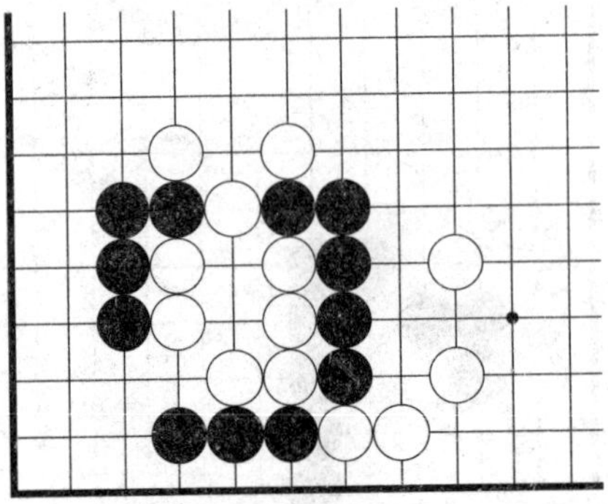

第 561 题

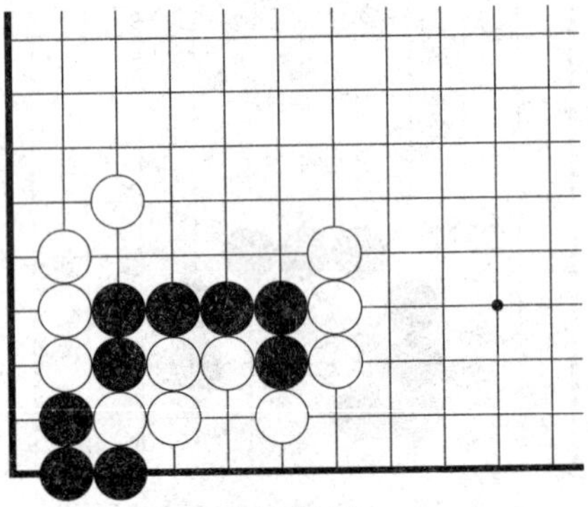

第 562 题

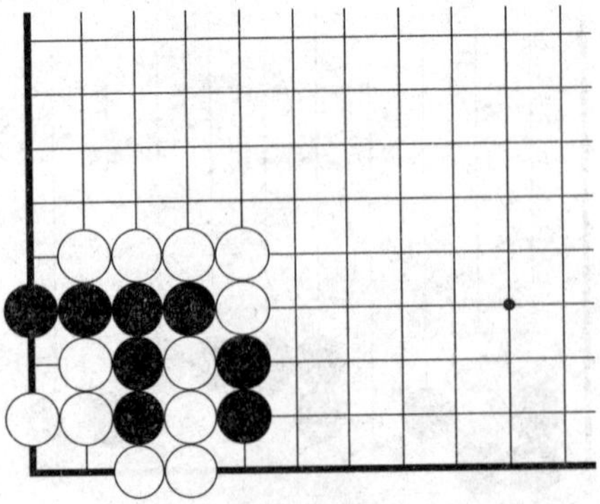

第 563 题

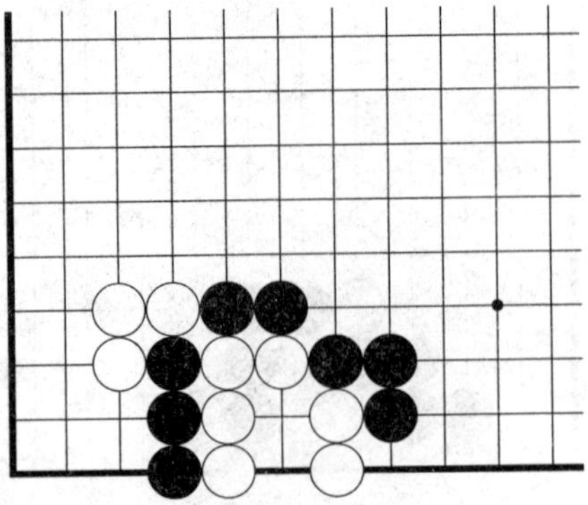

第 564 题

日 期	年 月 日	得 分		签 名	

倒扑和接不归（五）

黑先，黑棋如何运用倒扑和接不归的手筋？请写出必要的过程。

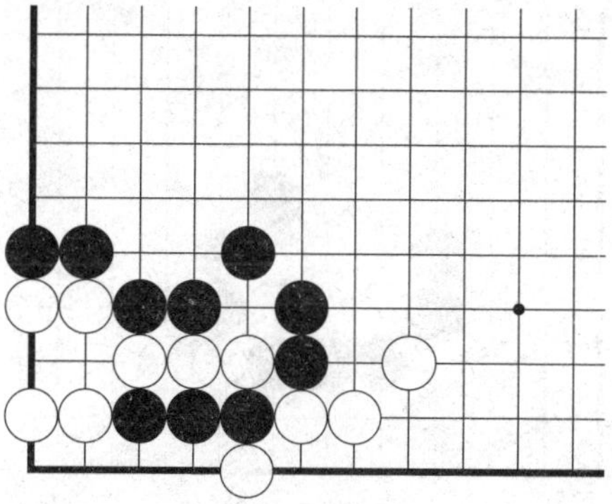

第 565 题

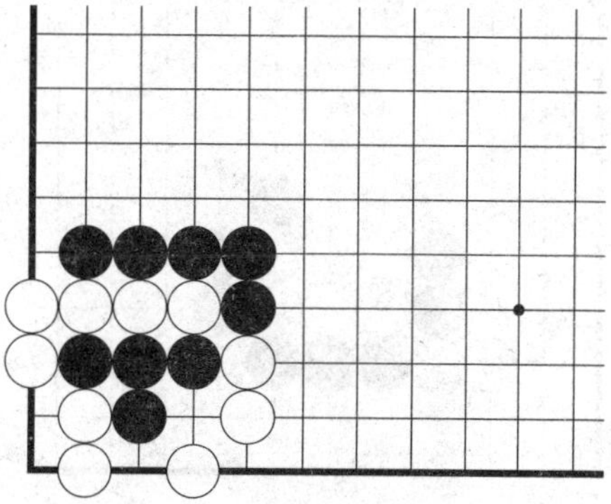

第 566 题

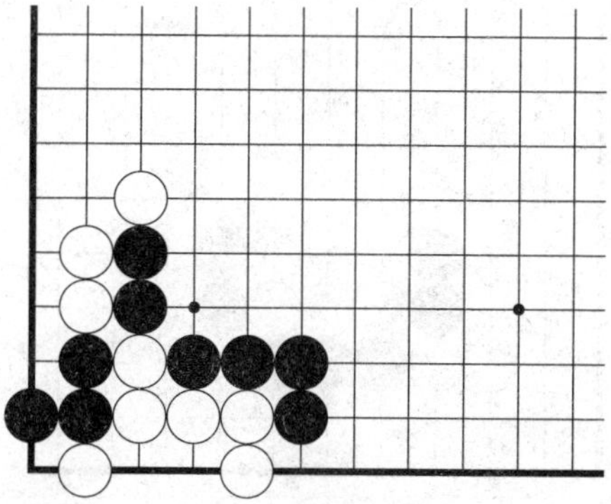

第 567 题

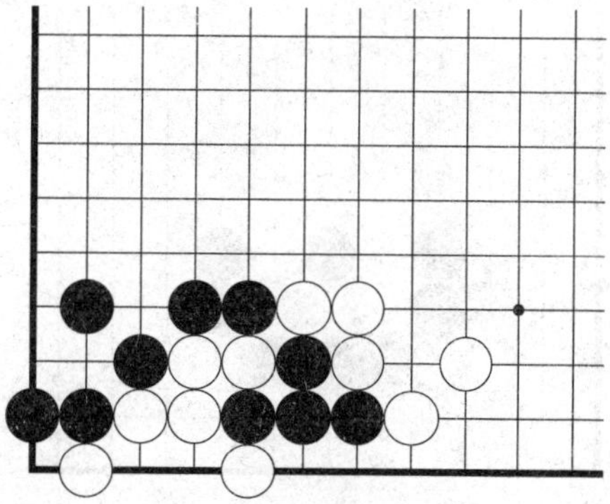

第 568 题

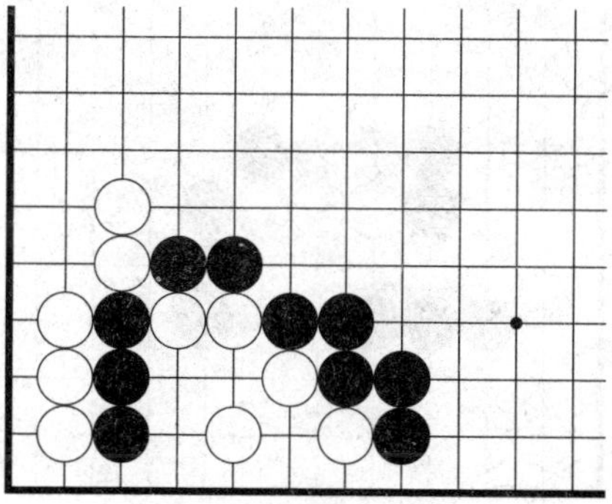

第 569 题

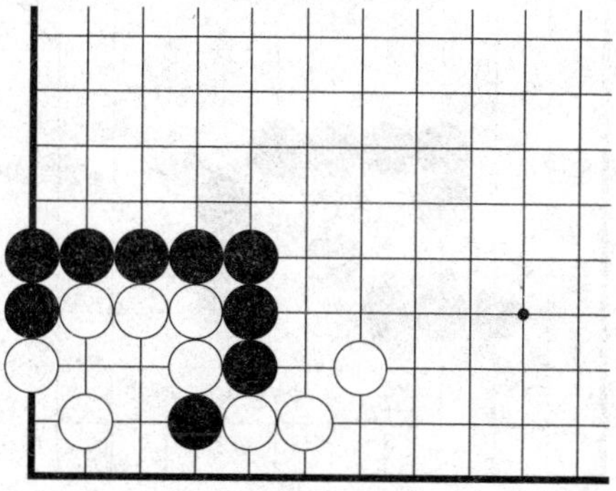

第 570 题

日期	年　月　日	得分		签名	

第四单元 倒扑和接不归（六）

黑先，黑棋如何运用倒扑和接不归的手筋？请写出必要的过程。

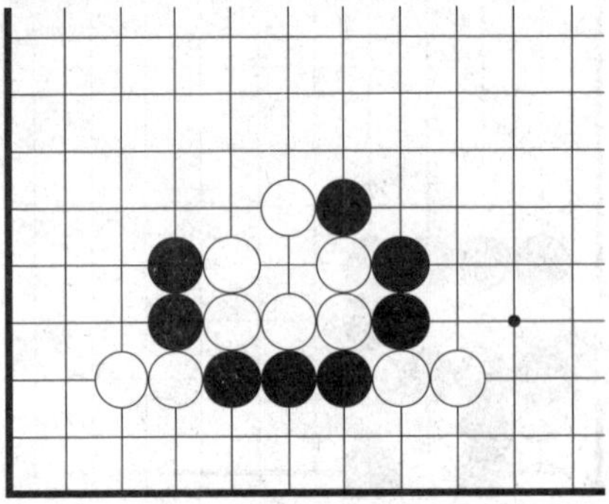

第 571 题

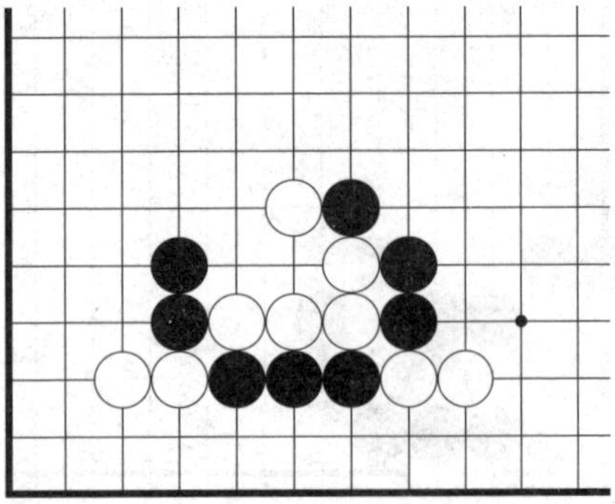

第 572 题

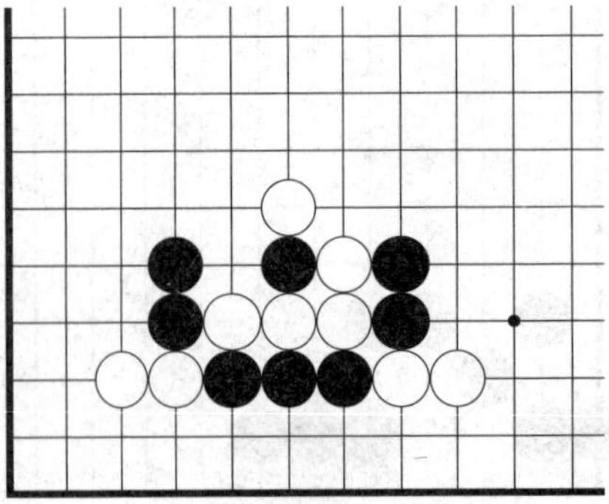

第 573 题

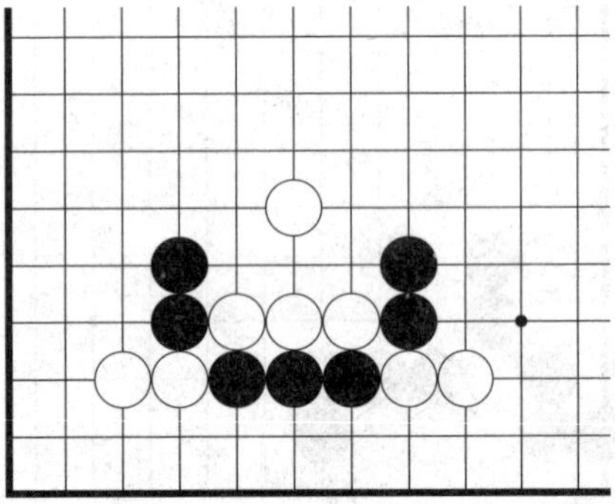

第 574 题

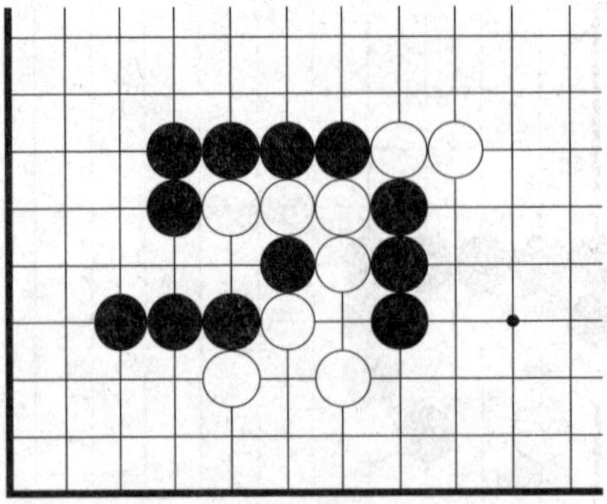

第 575 题

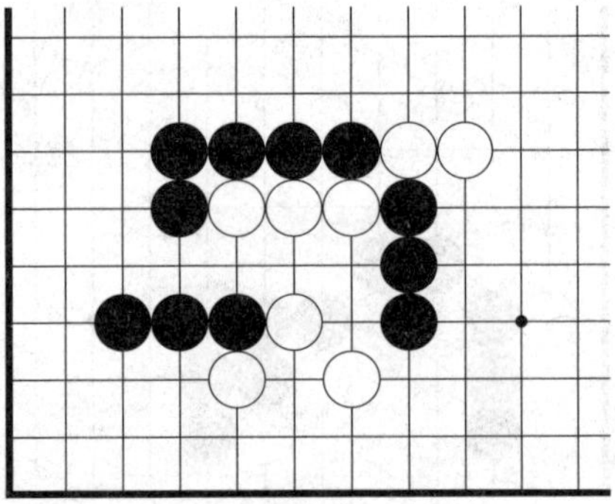

第 576 题

日期	年 月 日	得分		签名	

第四单元　倒扑和接不归（七）

黑先，黑棋如何运用倒扑和接不归的手筋？请写出必要的过程。

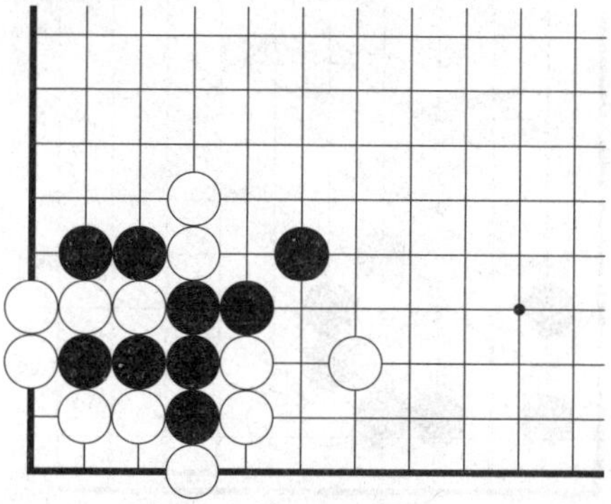

第 577 题

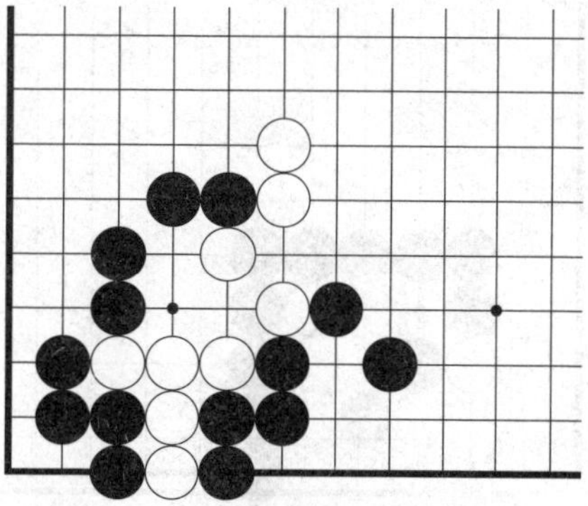

第 578 题

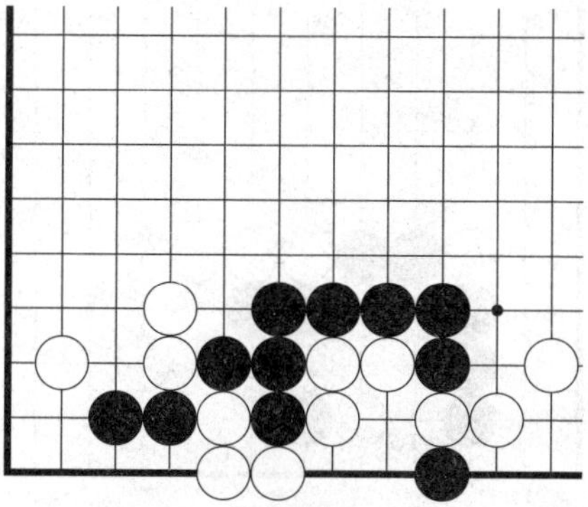

第 579 题

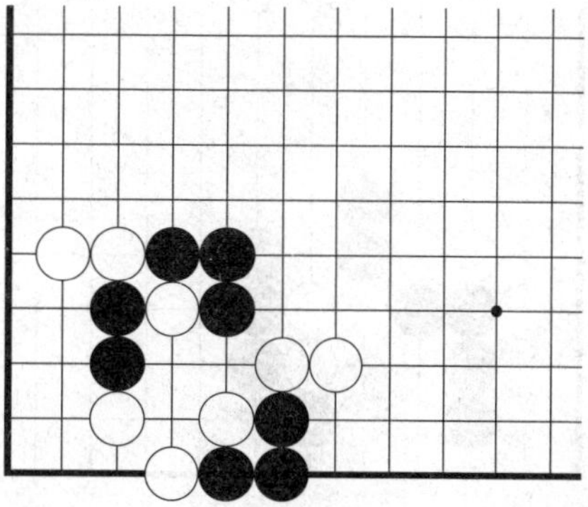

第 580 题

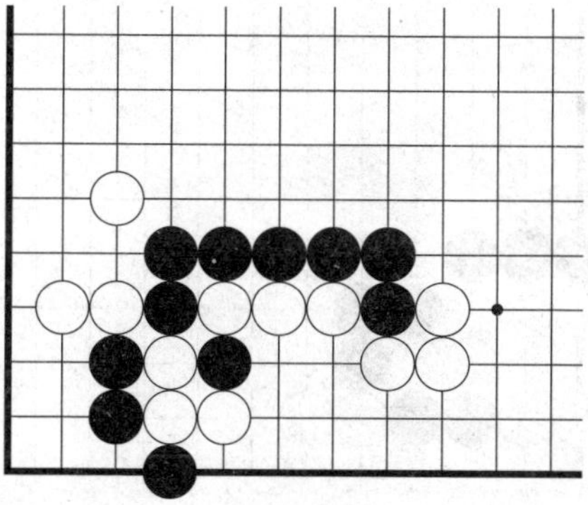

第 581 题

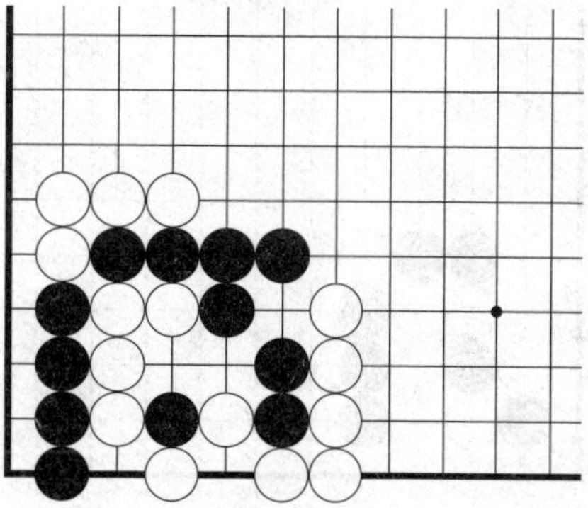

第 582 题

日期	年　月　日	得分		签名	

第四单元　倒扑和接不归（八）

黑先，黑棋如何运用倒扑和接不归的手筋？请写出必要的过程。

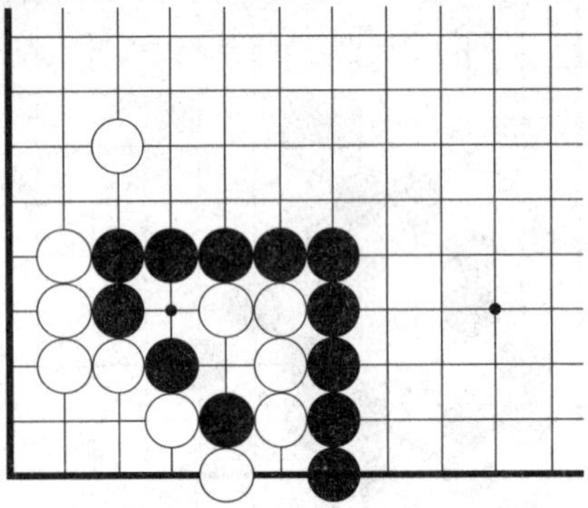

第 583 题

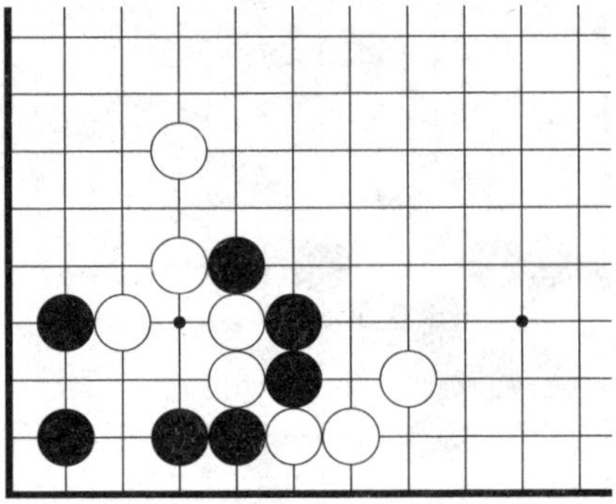

第 584 题

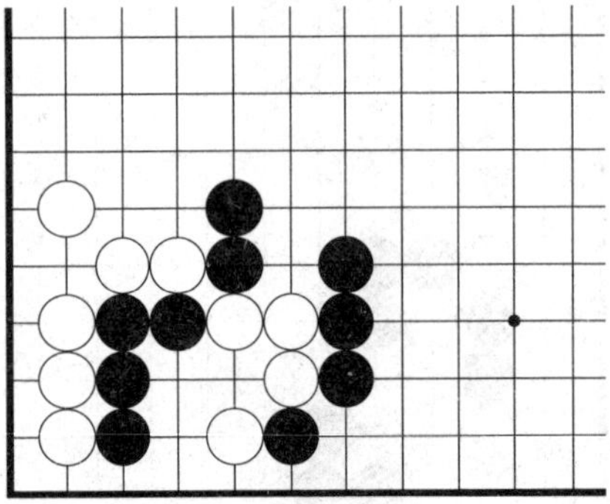

第 585 题

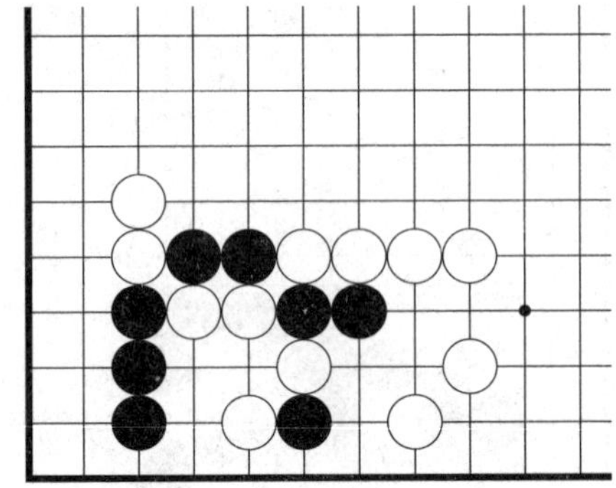

第 586 题

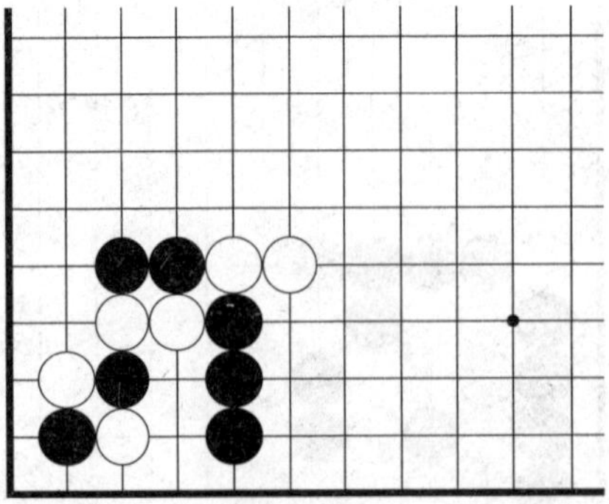

第 587 题

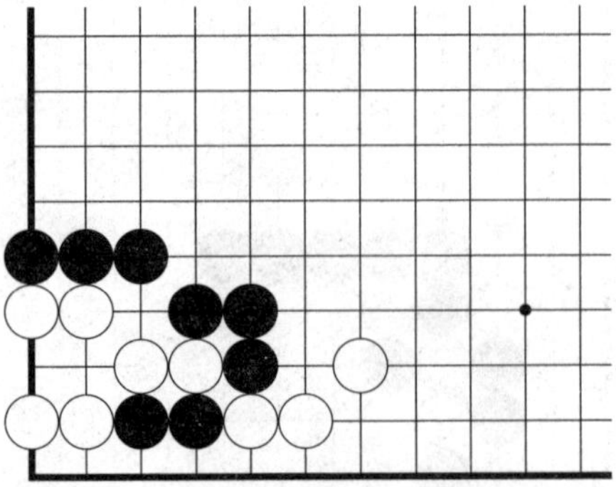

第 588 题

日期	年　月　日	得分		签名	

倒扑和接不归（九）

黑先，黑棋如何运用倒扑和接不归的手筋？请写出必要的过程。

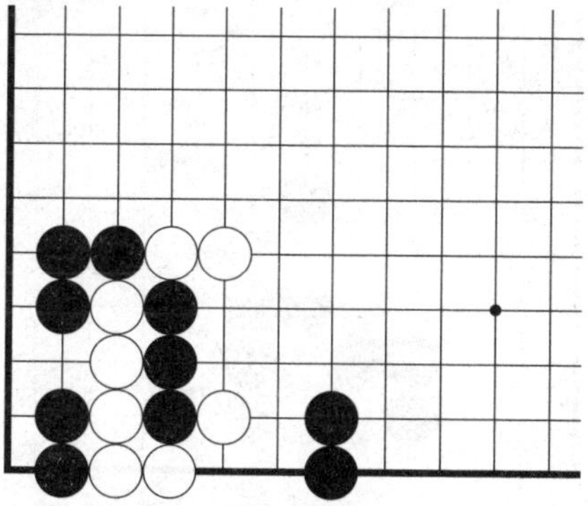

第 589 题

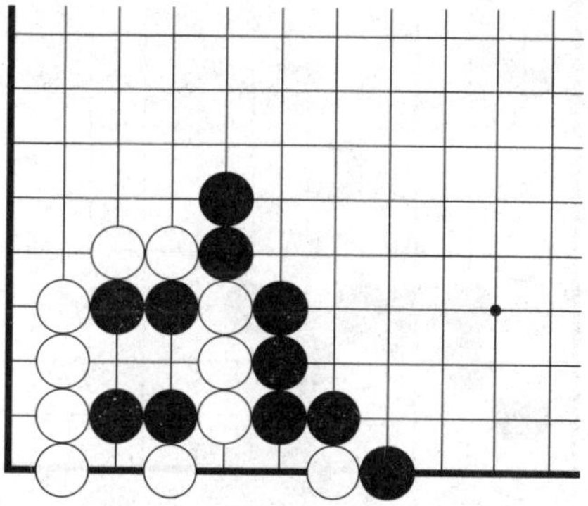

第 590 题

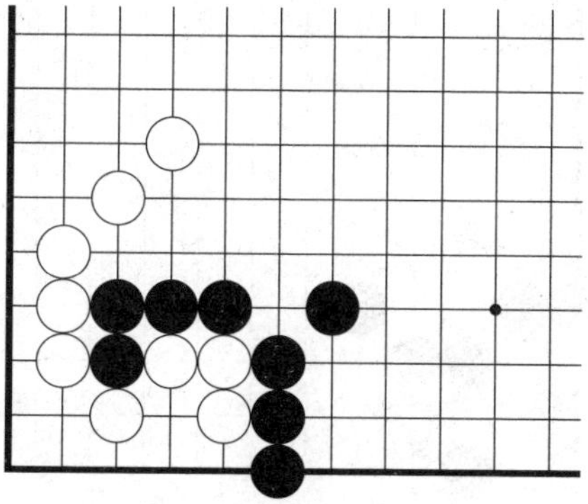

第 591 题

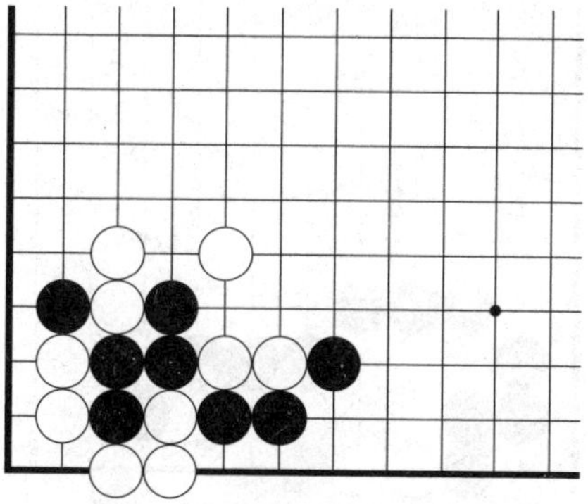

第 592 题

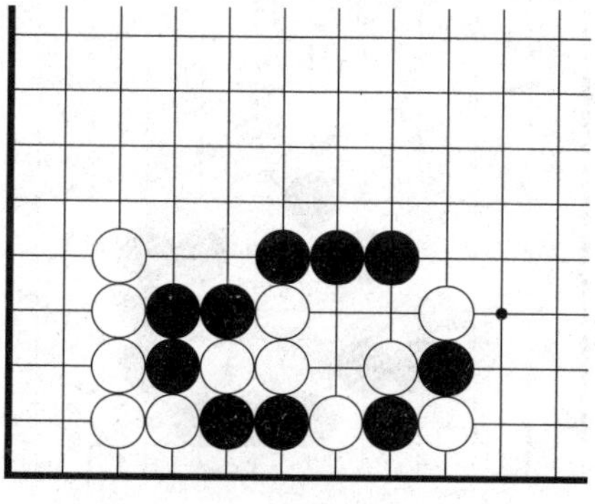

第 593 题

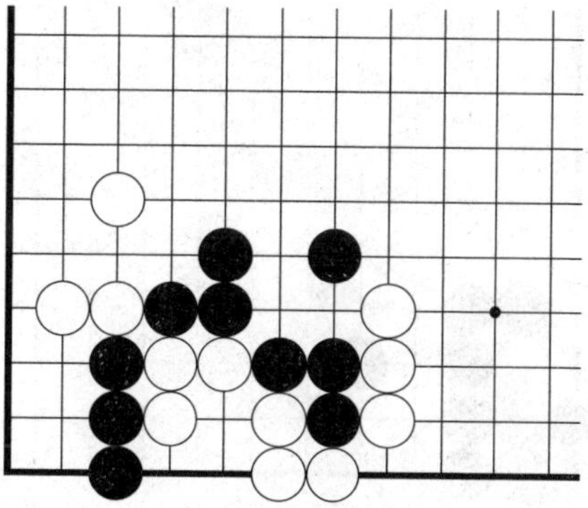

第 594 题

日 期	年 月 日	得 分		签 名	

第四单元　倒扑和接不归（十）

黑先，黑棋如何运用倒扑和接不归的手筋？请写出必要的过程。

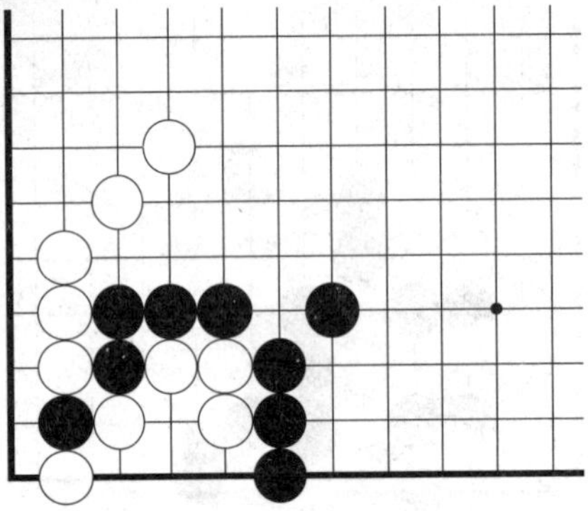

第 595 题

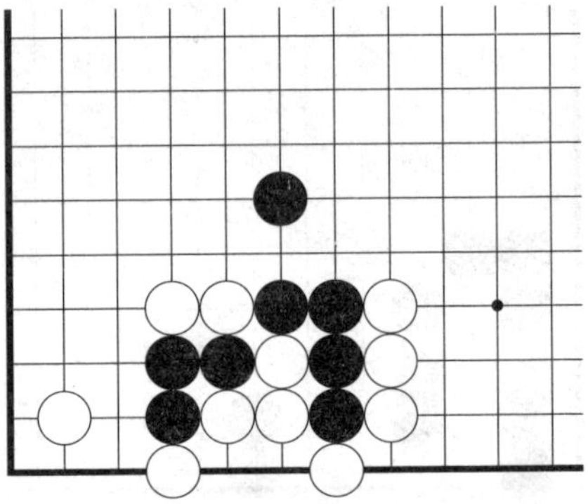

第 596 题

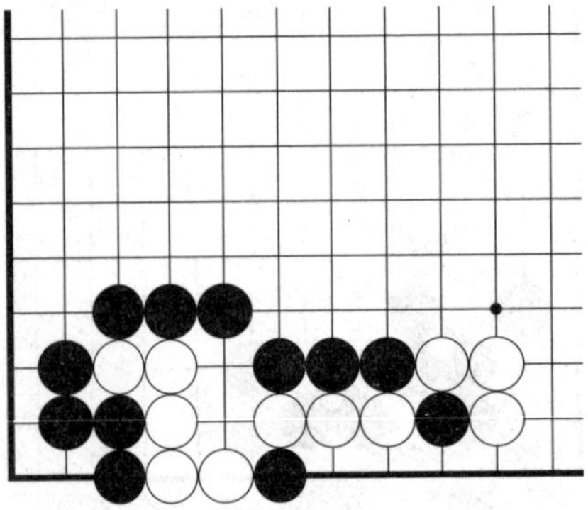

第 597 题

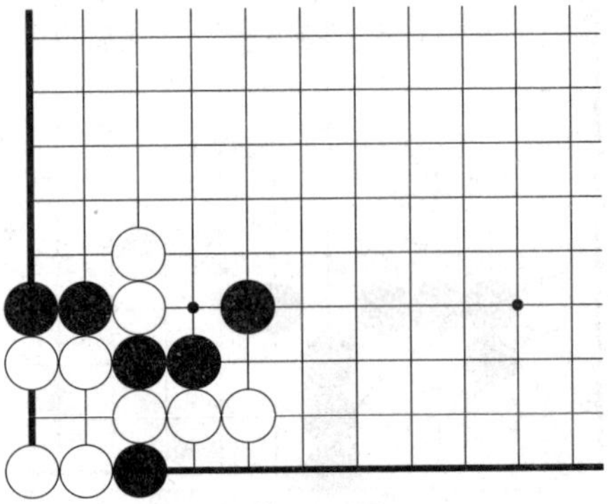

第 598 题

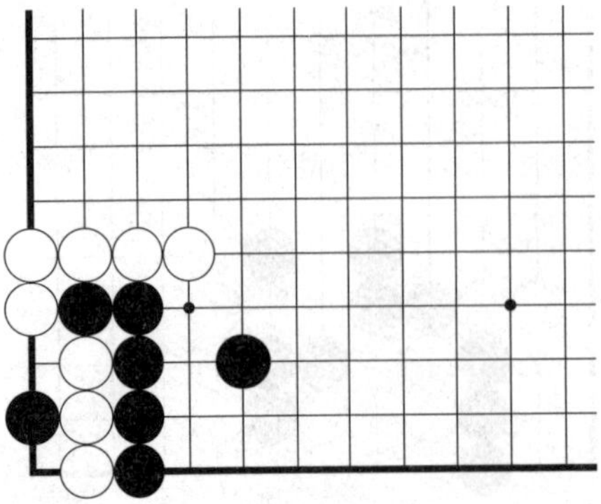

第 599 题

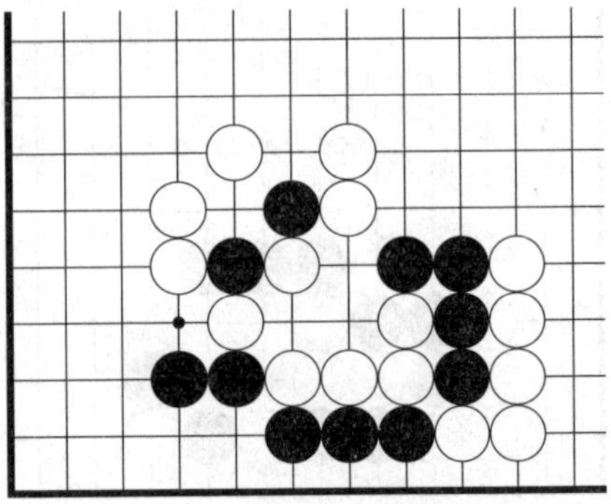

第 600 题

日期	年　月　日	得分		签名	

第四单元

倒扑和接不归（十一）

黑先，黑棋如何运用倒扑和接不归的手筋？请写出必要的过程。

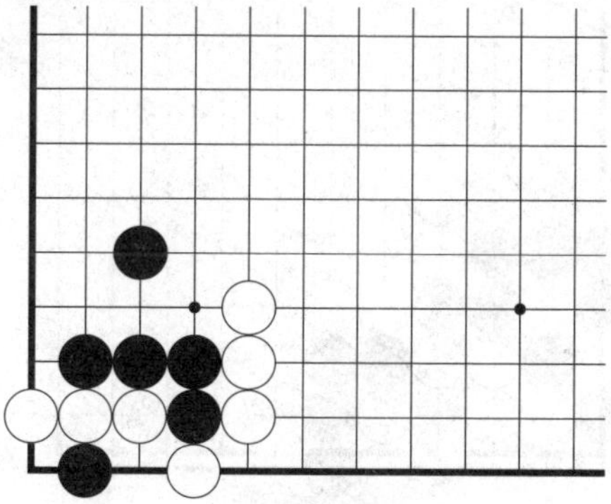

第 601 题

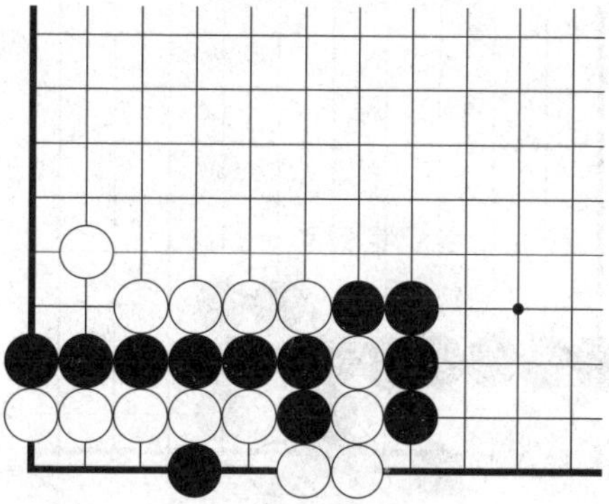

第 602 题

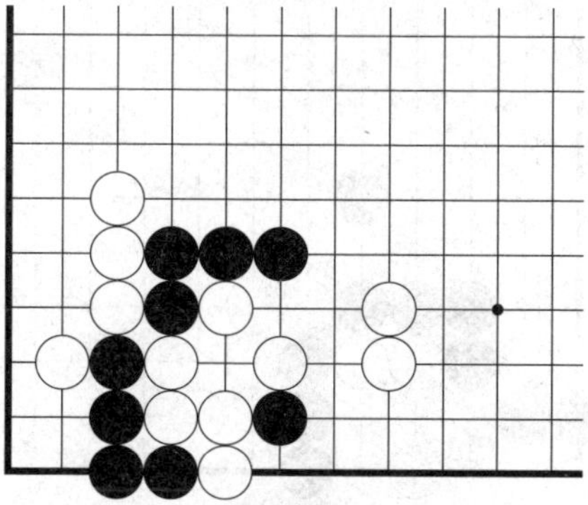

第 603 题

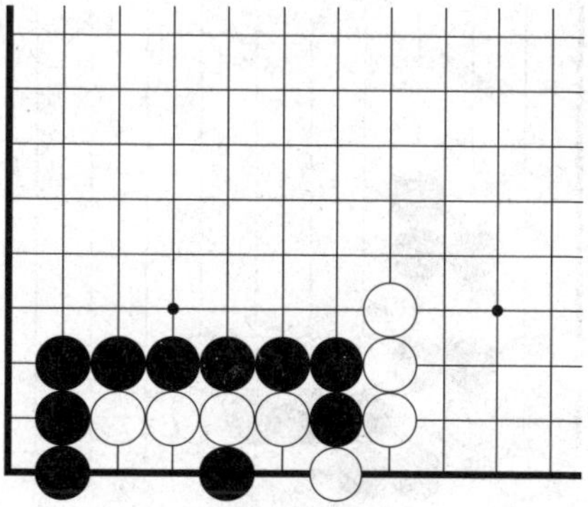

第 604 题

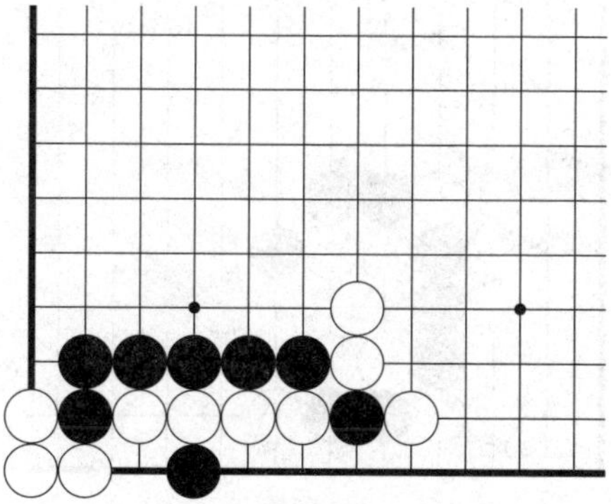

第 605 题

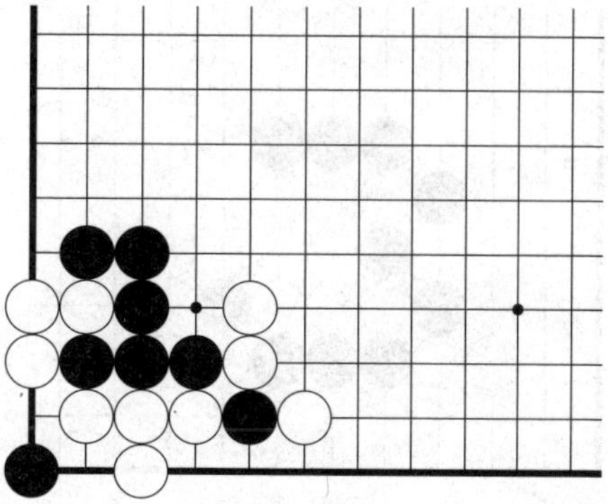

第 606 题

日期	年　月　日	得分		签名	

第四单元

倒扑和接不归（十二）

黑先，黑棋如何运用倒扑或接不归的手筋？请写出必要的过程。

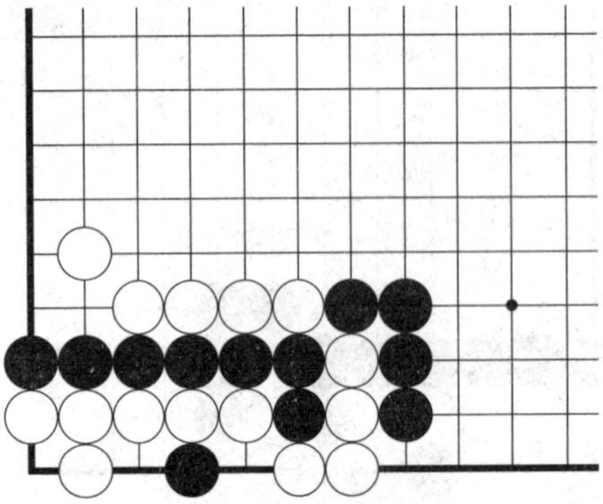

第 607 题

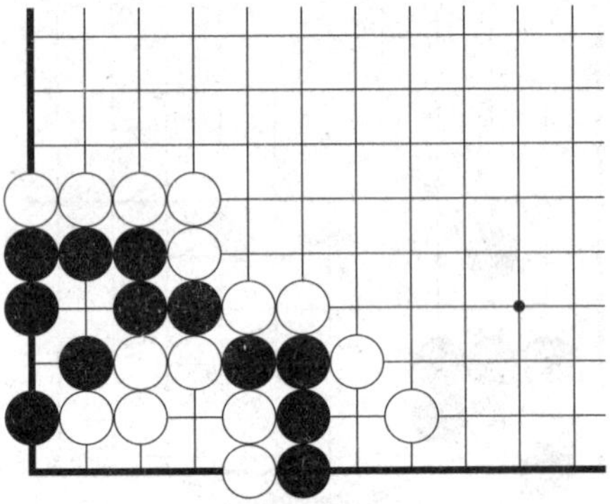

第 608 题

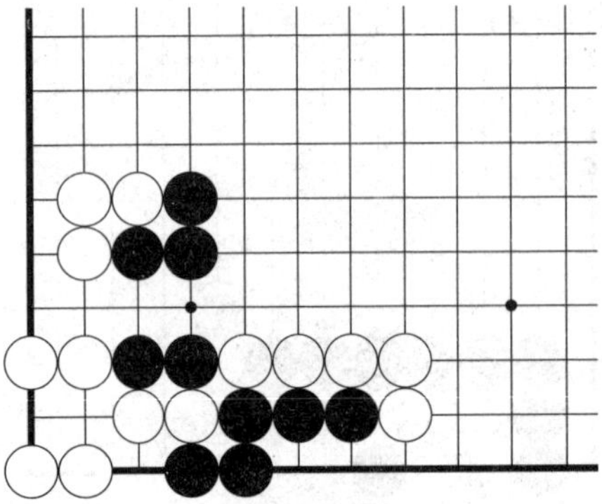

第 609 题

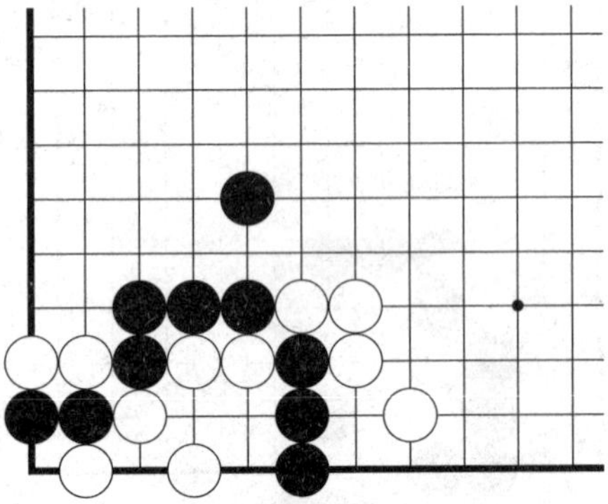

第 610 题

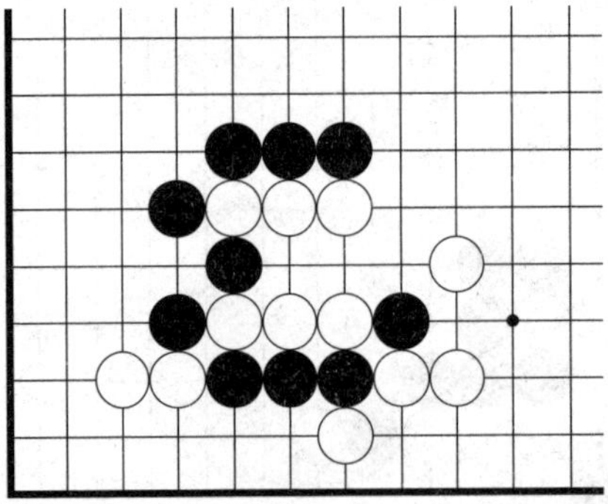

第 611 题

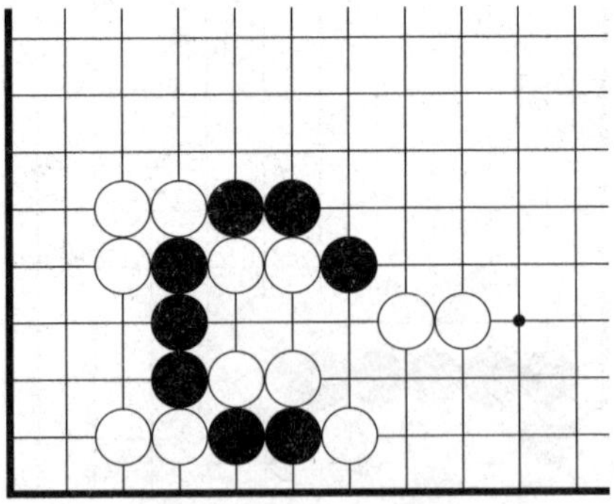

第 612 题

日期	年　月　日	得分		签名	

第四单元

倒扑和接不归（十三）

黑先，黑棋如何运用倒扑或接不归的手筋？请写出必要的过程。

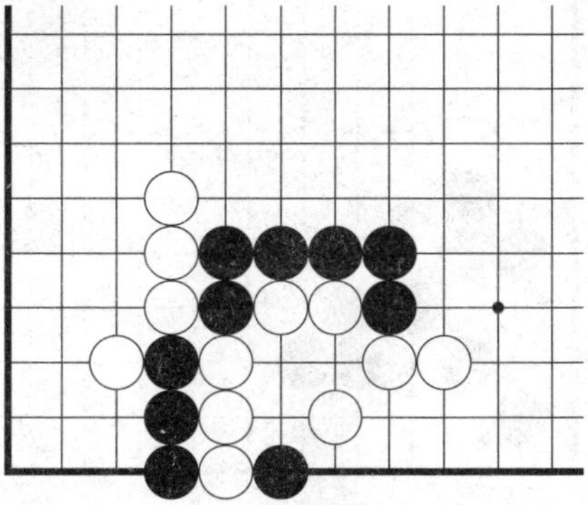

第 613 题

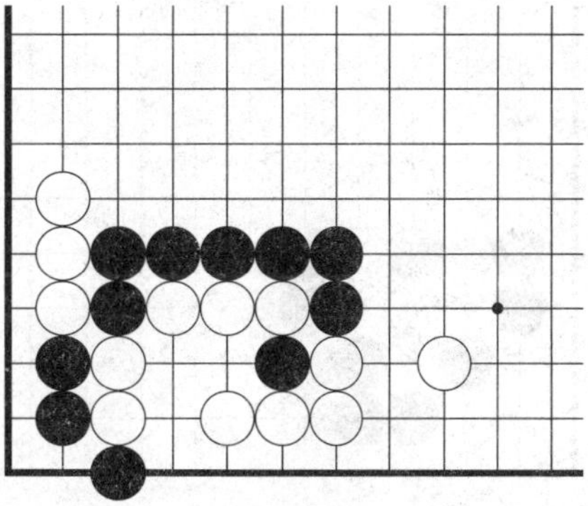

第 614 题

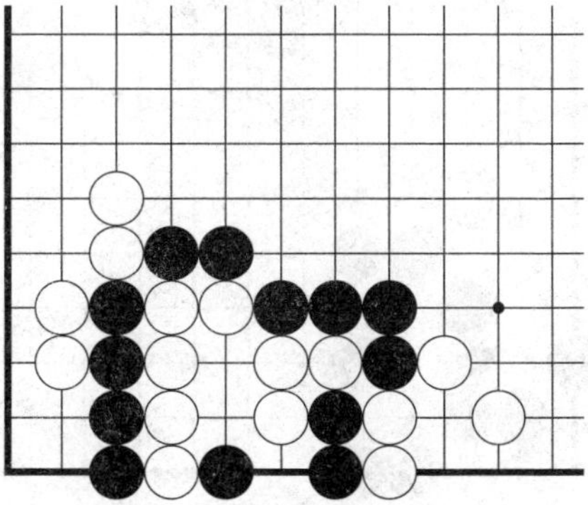

第 615 题

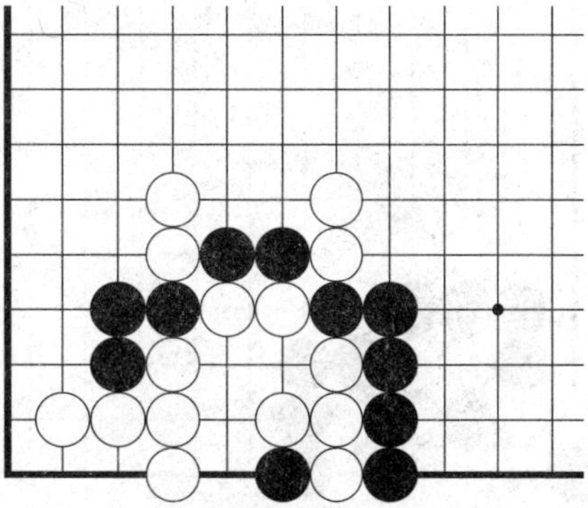

第 616 题

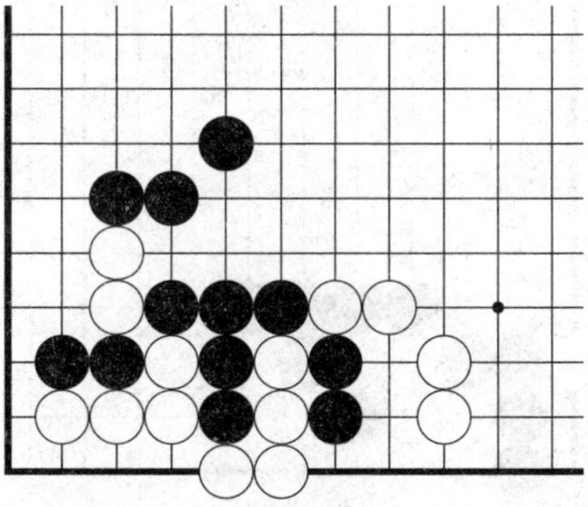

第 617 题

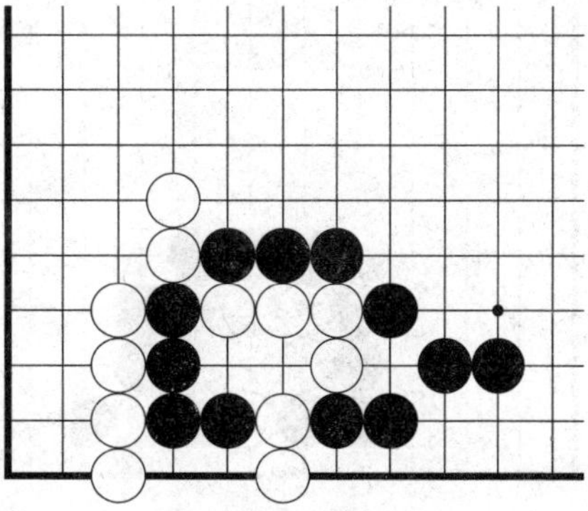

第 618 题

日 期	年　月　日	得 分		签 名	

第四单元 滚打包收

黑先，黑棋如何运用滚打包收的手筋？请写出必要的过程。

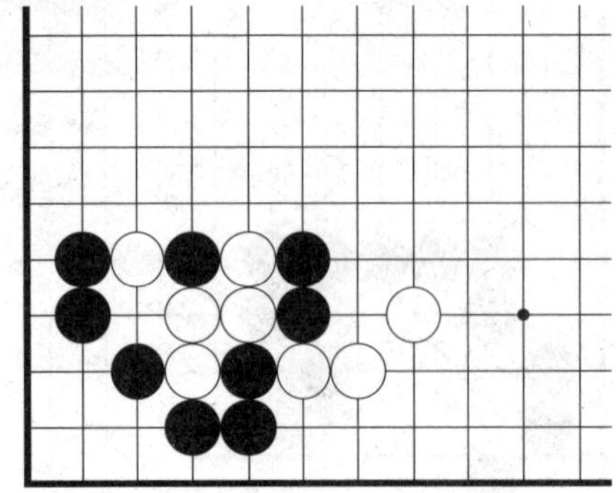

第 619 题

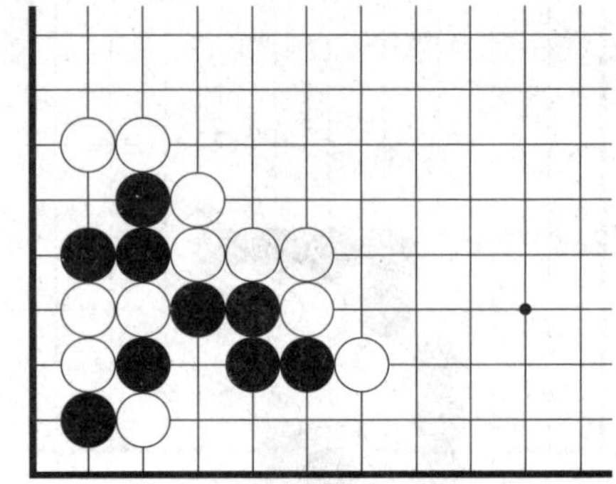

第 620 题

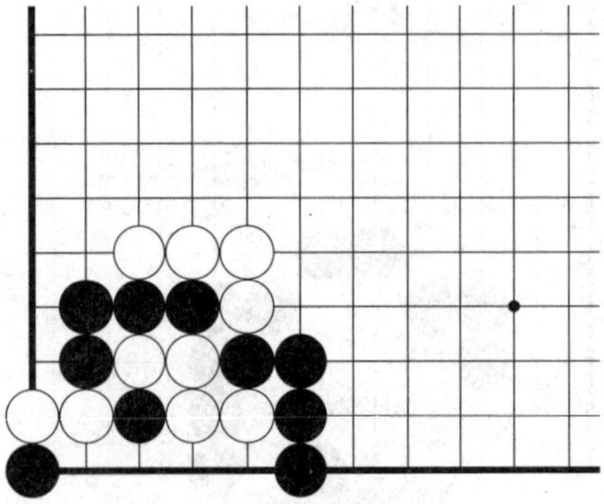

第 621 题

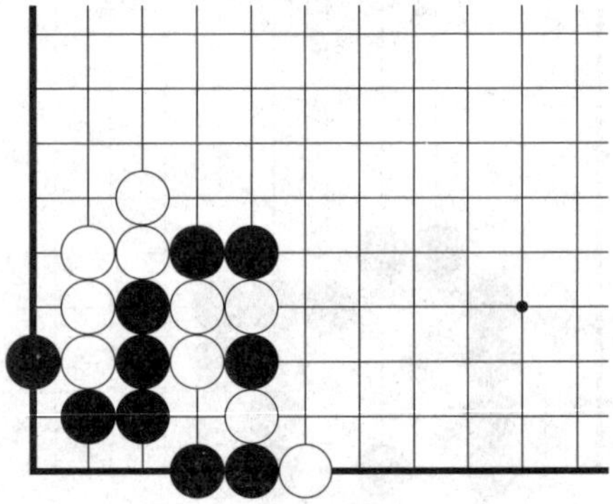

第 622 题

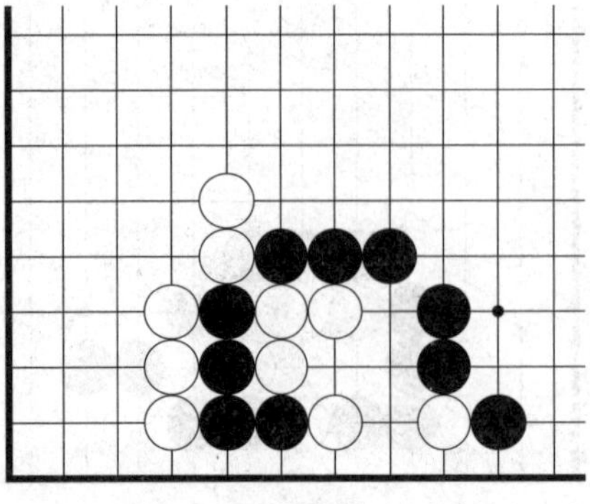

第 623 题

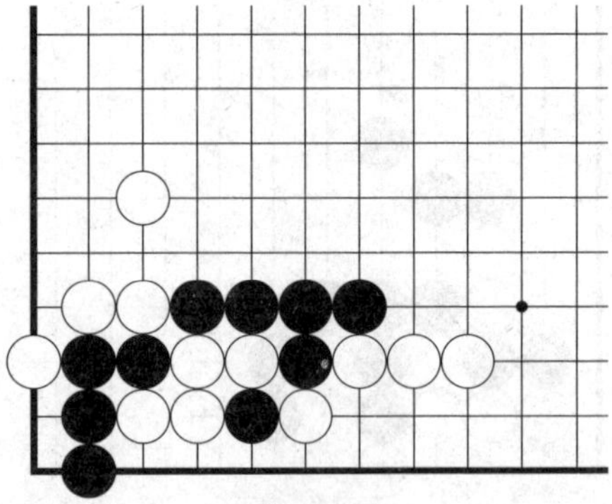

第 624 题

日期	年 月 日	得分		签名	

第四单元

吃一线子（一）

黑先，黑棋怎样走才能吃掉一线的白子？请写出必要的过程。

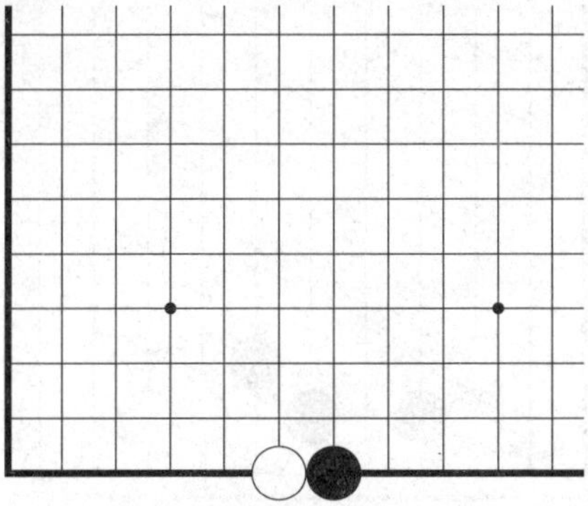

第 625 题

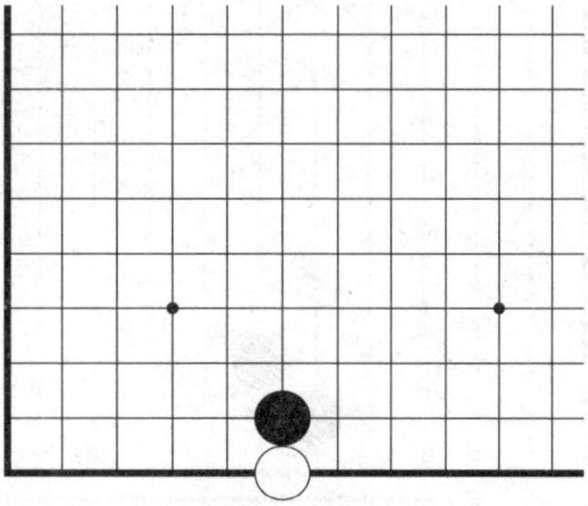

第 626 题

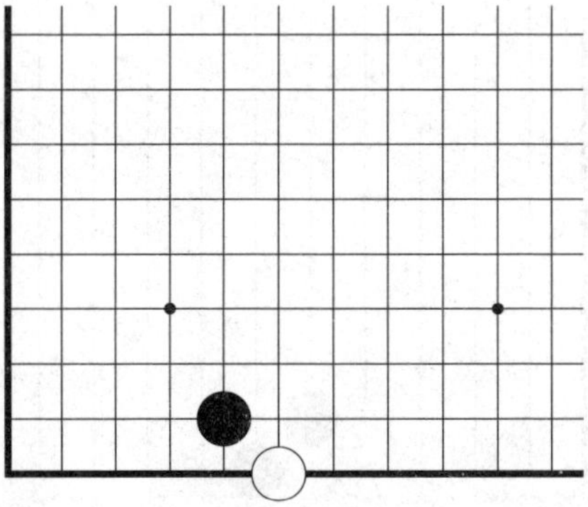

第 627 题

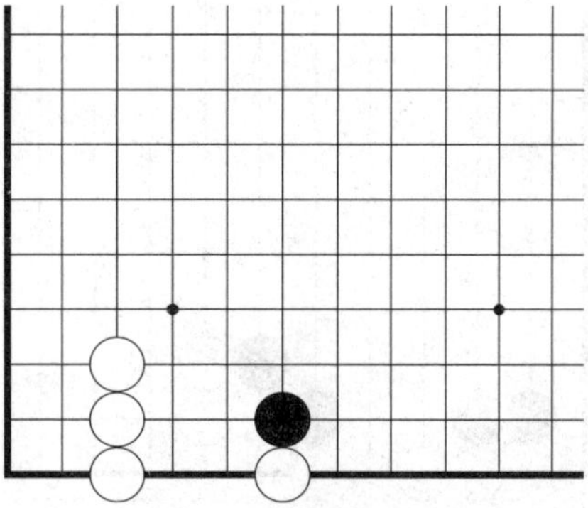

第 628 题

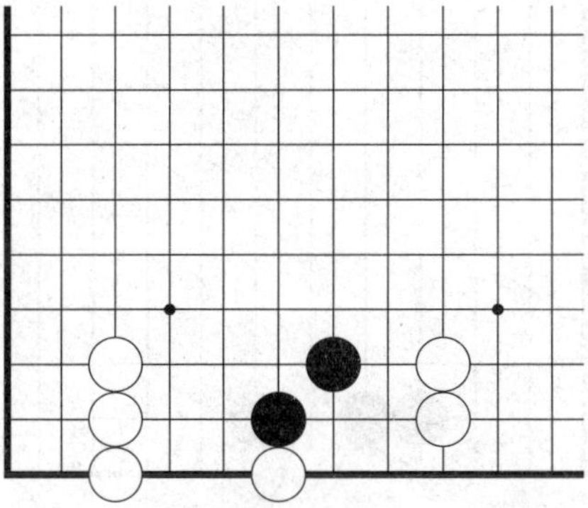

第 629 题

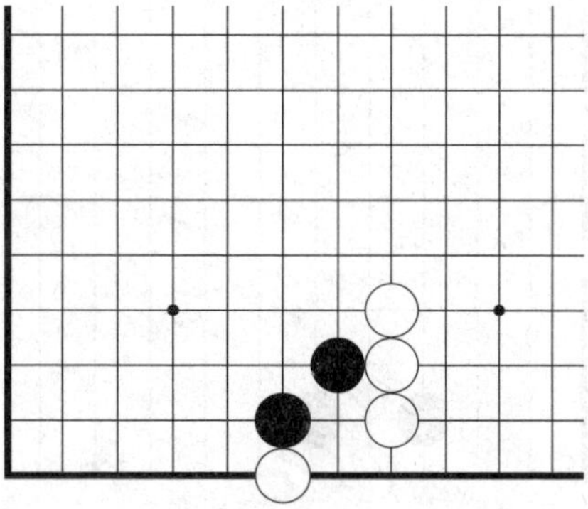

第 630 题

日期	年　月　日	得分		签名	

第四单元

吃一线子（二）

黑先，黑棋怎样走才能吃掉一线的白子？请写出必要的过程。

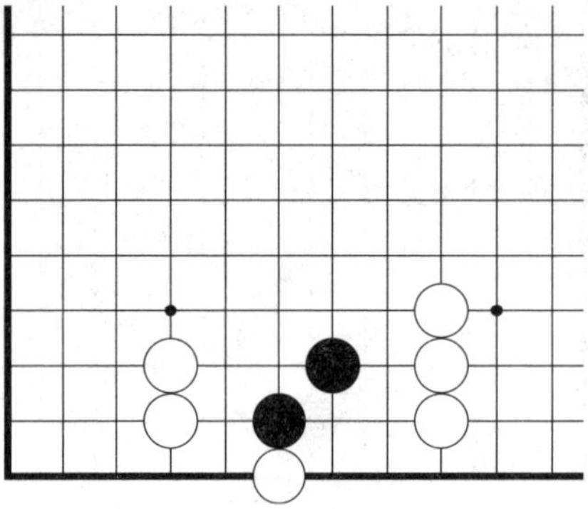

第 631 题

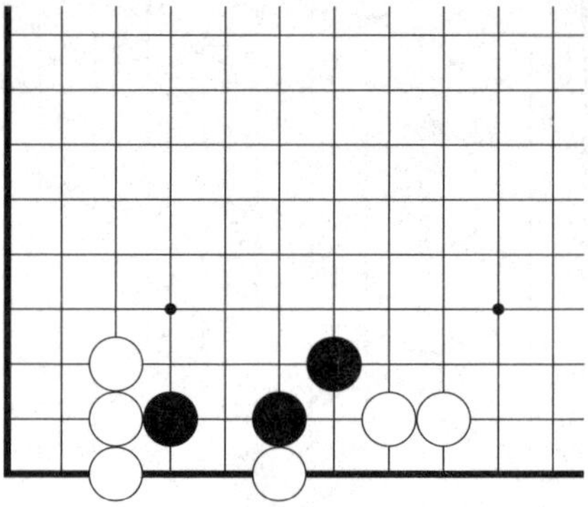

第 632 题

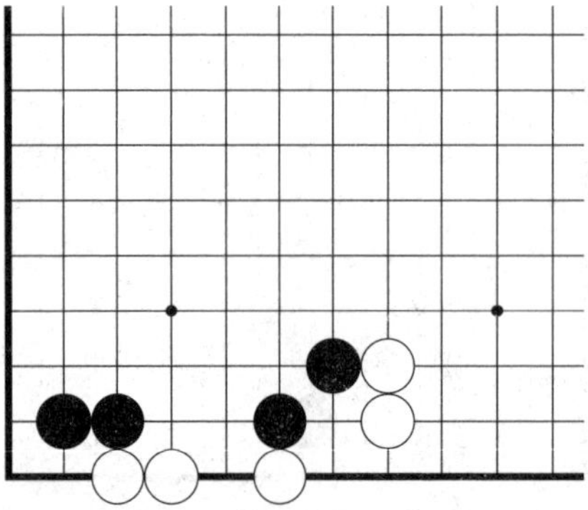

第 633 题

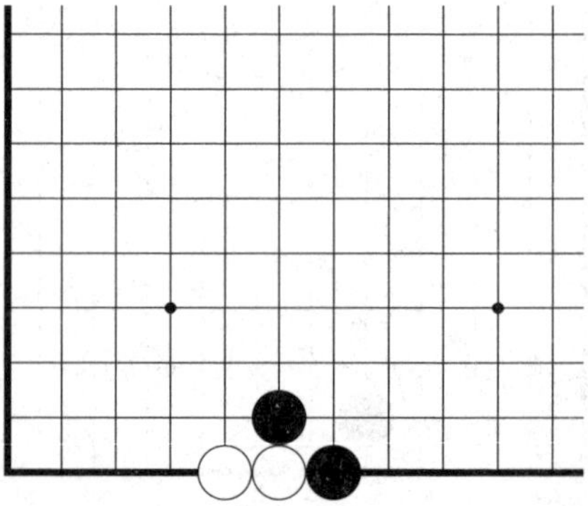

第 634 题

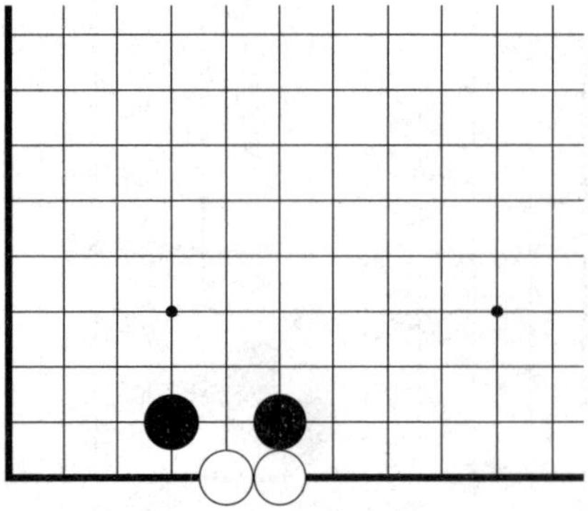

第 635 题

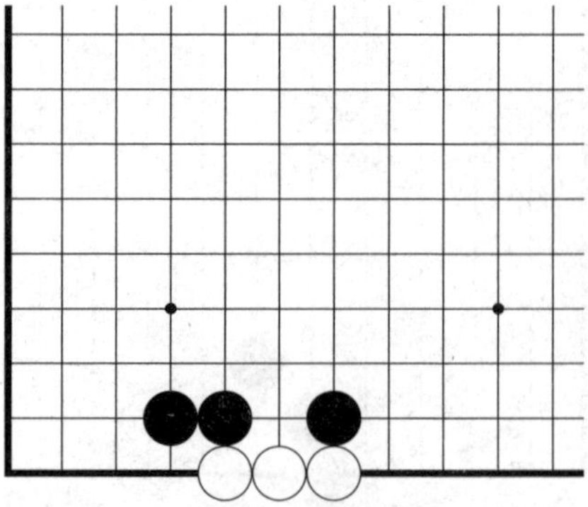

第 636 题

日期	年　月　日	得分		签名	

吃一线子（三）

黑先，黑棋怎样走才能吃掉一线的白子？请写出必要的过程。

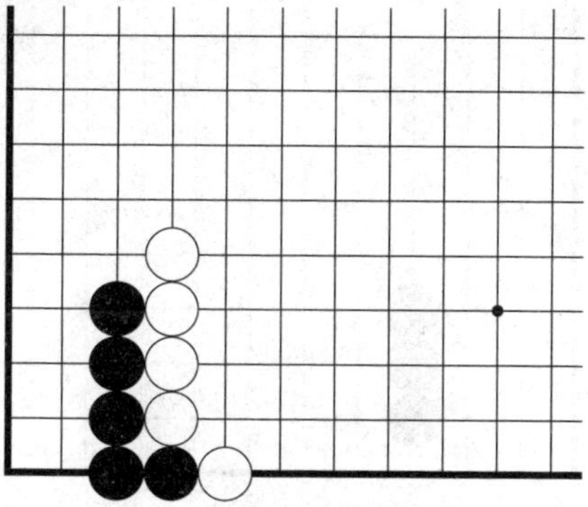

第 637 题

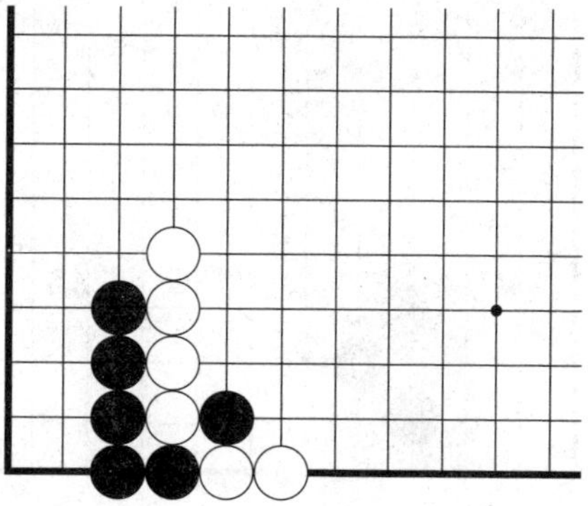

第 638 题

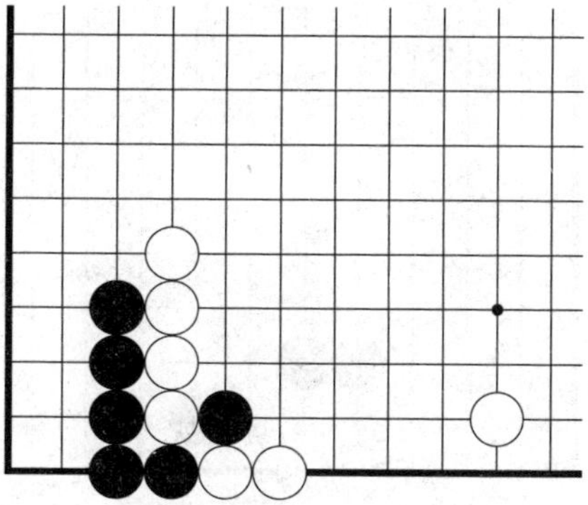

第 639 题

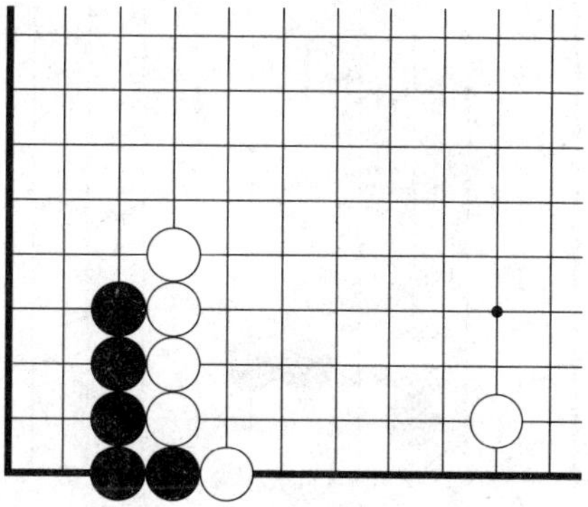

第 640 题

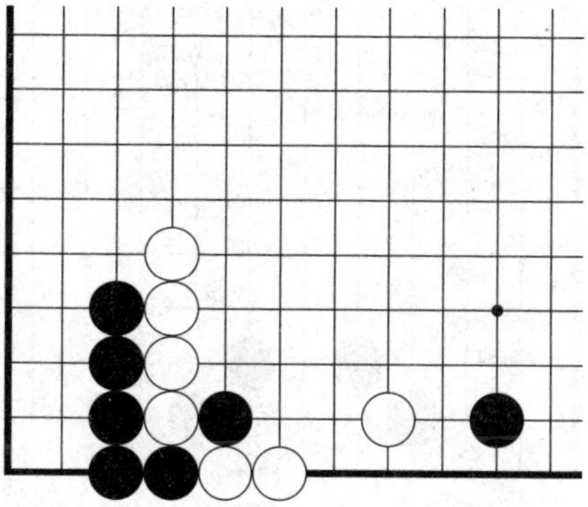

第 641 题

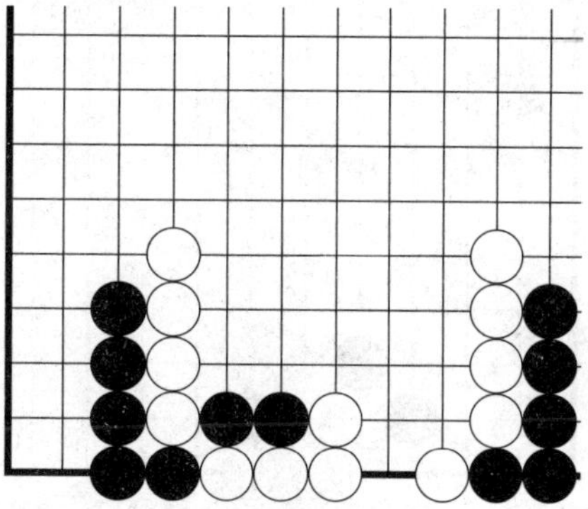

第 642 题

日期	年　月　日	得分		签名	

第四单元　吃一线子（四）

黑先，黑棋怎样走才能吃掉一线的白子？请写出必要的过程。

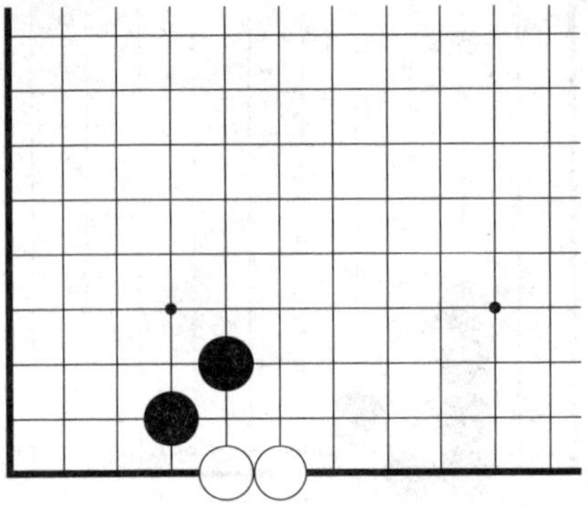

第 643 题

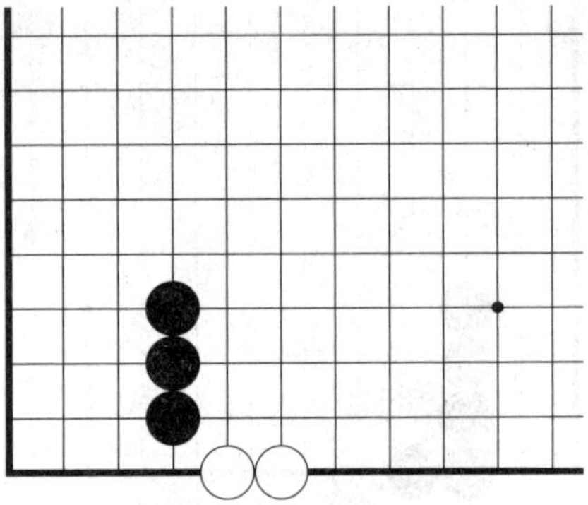

第 644 题

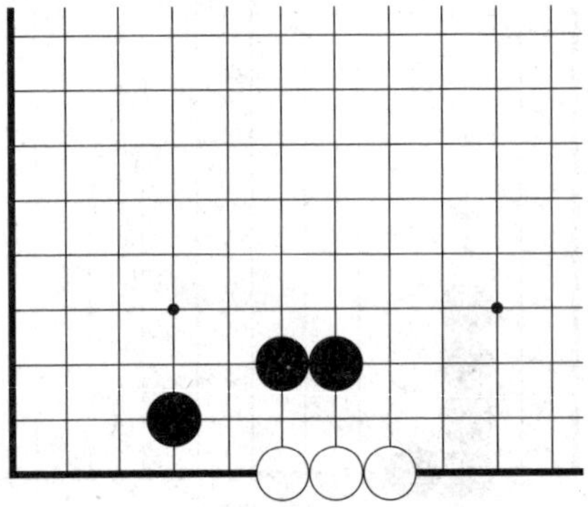

第 645 题

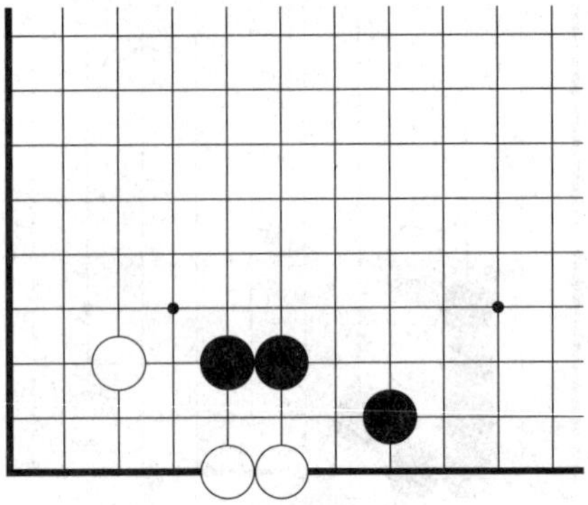

第 646 题

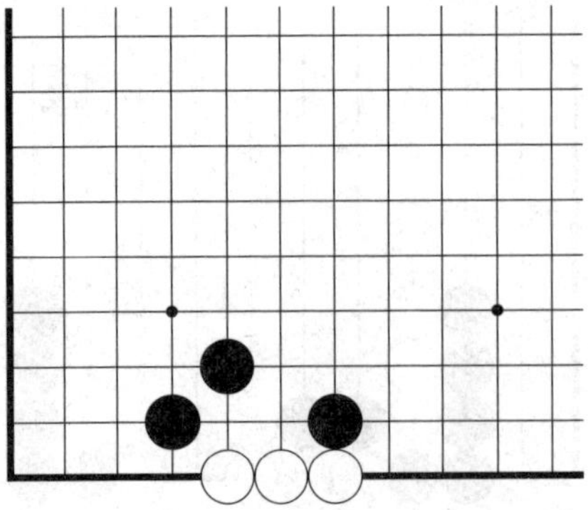

第 647 题

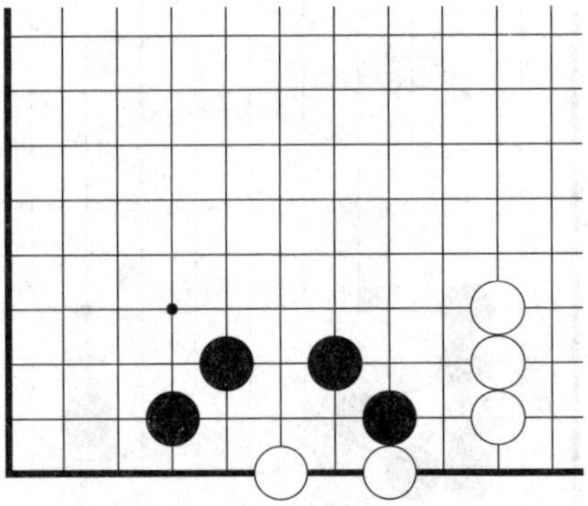

第 648 题

日期	年　月　日	得分		签名	

吃一线子（五）

黑先，黑棋怎样走才能吃掉一线的白子？请写出必要的过程。

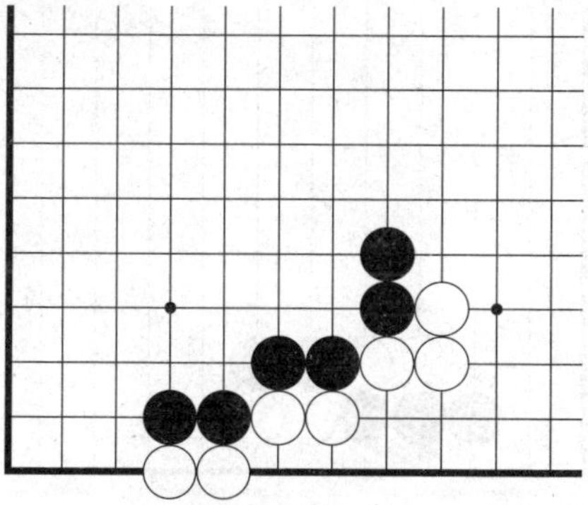

第 649 题

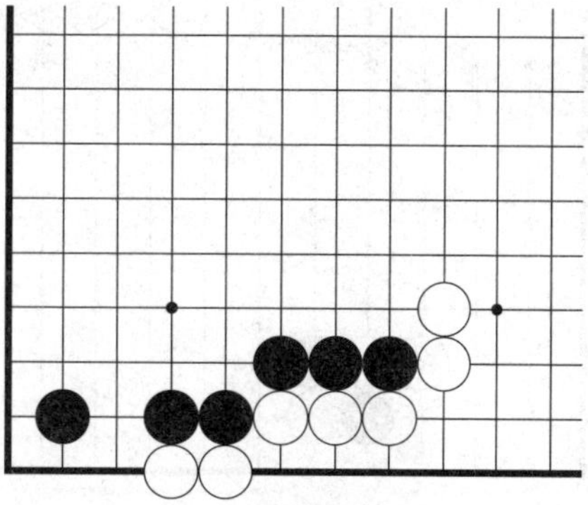

第 650 题

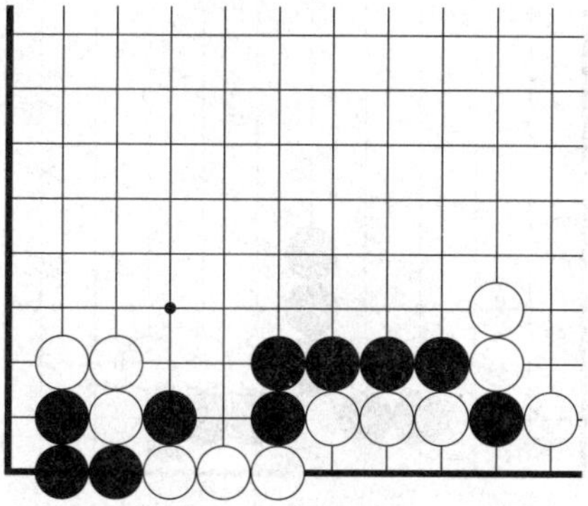

第 651 题

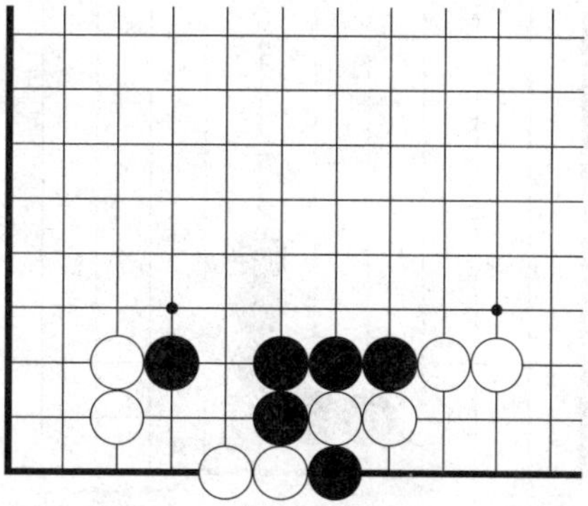

第 652 题

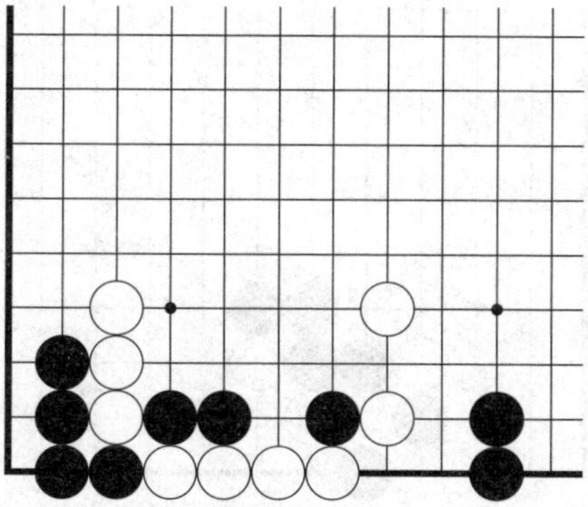

第 653 题

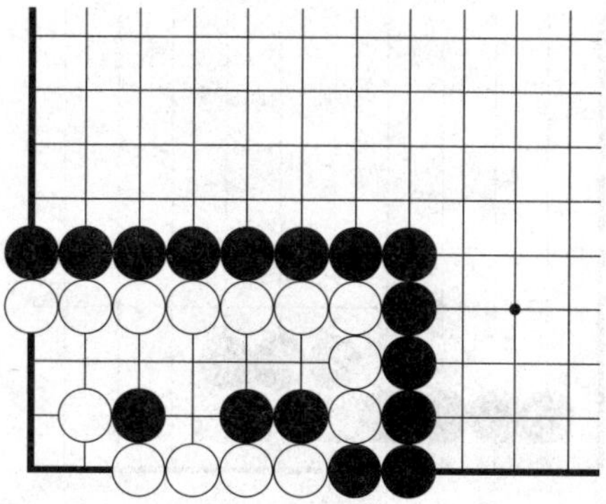

第 654 题

日 期	年 月 日	得 分		签 名	

第四单元　吃二线子（一）

黑先，黑棋怎样走才能吃掉二线的白子？请写出必要的过程。

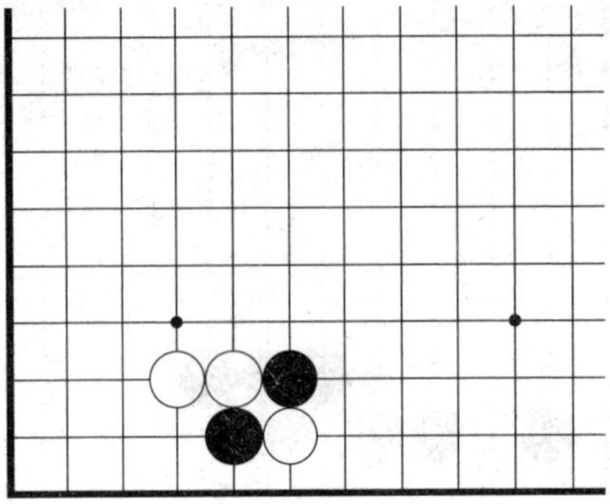

第 655 题

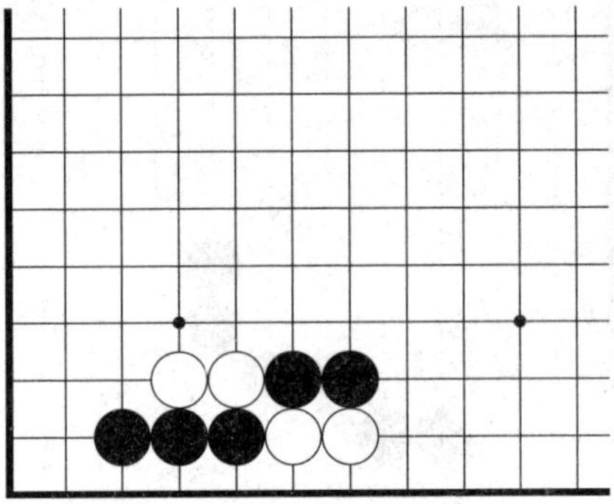

第 656 题

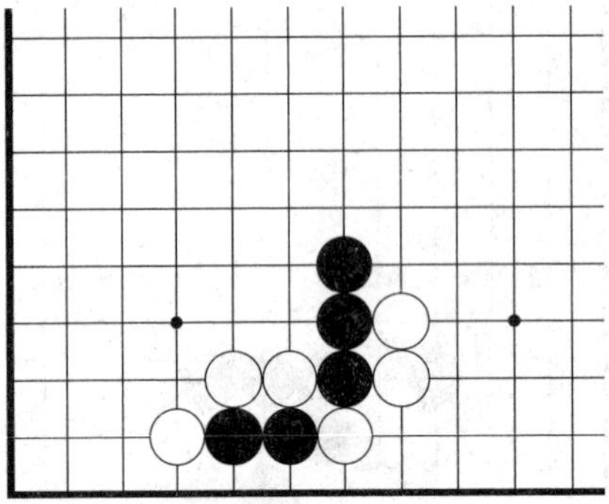

第 657 题

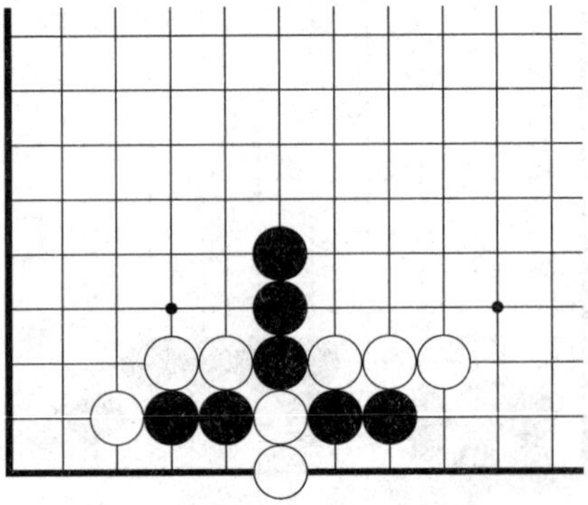

第 658 题

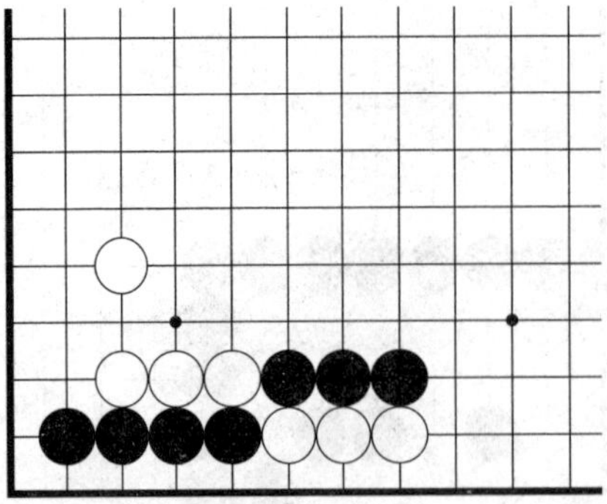

第 659 题

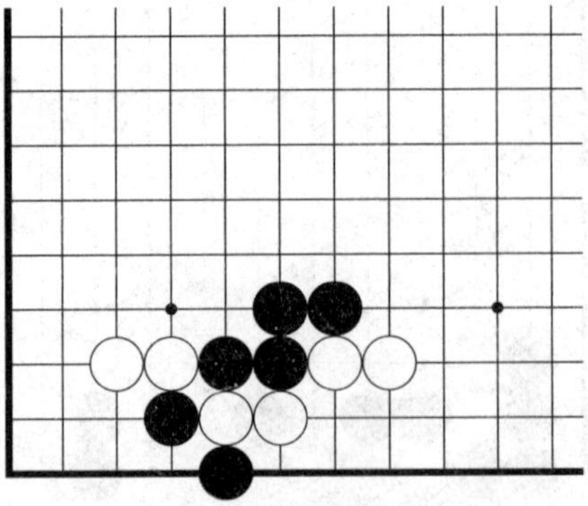

第 660 题

日 期	年　月　日	得 分		签 名	

第四单元

吃二线子（二）

黑先，黑棋怎样走才能吃掉二线的白子？请写出必要的过程。

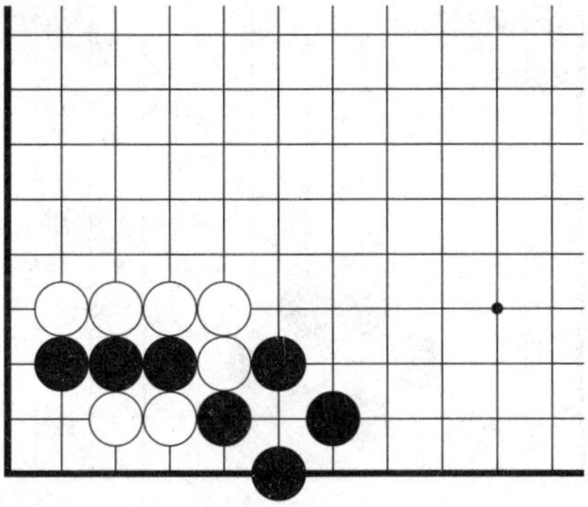

第 661 题

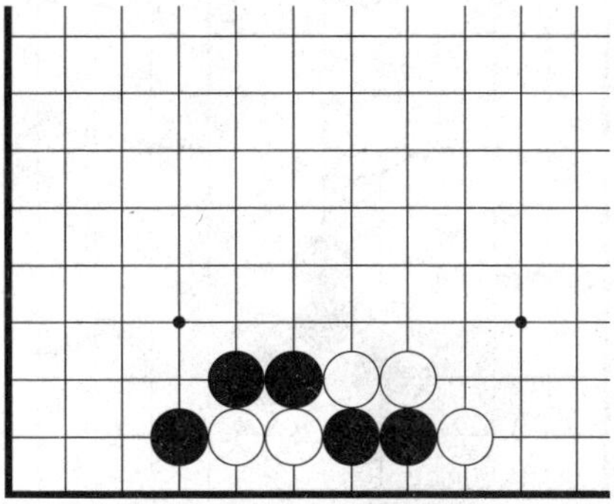

第 662 题

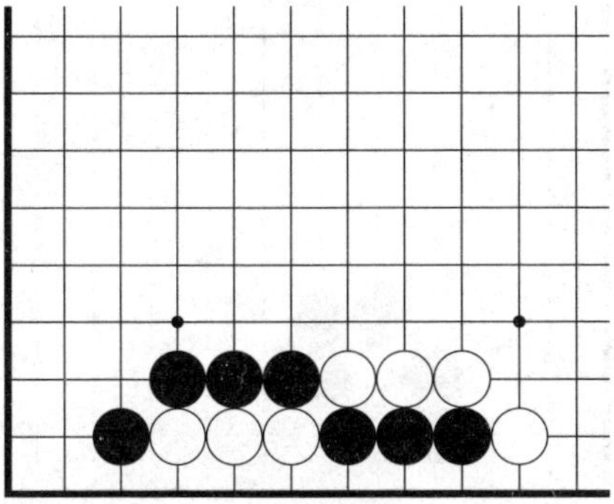

第 663 题

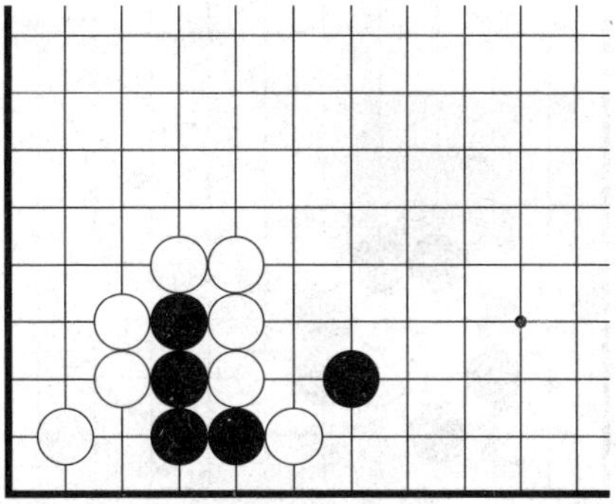

第 664 题

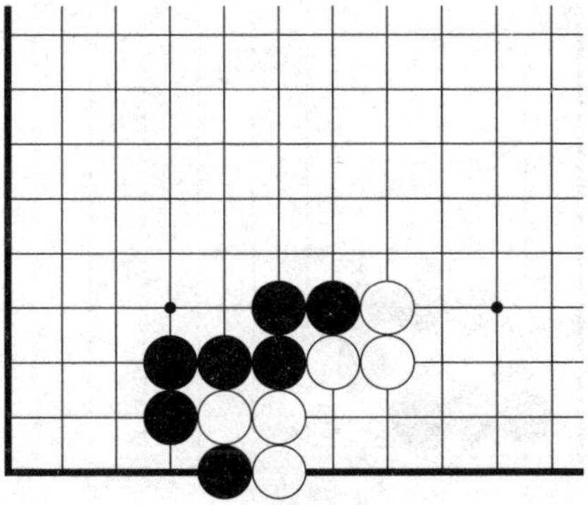

第 665 题

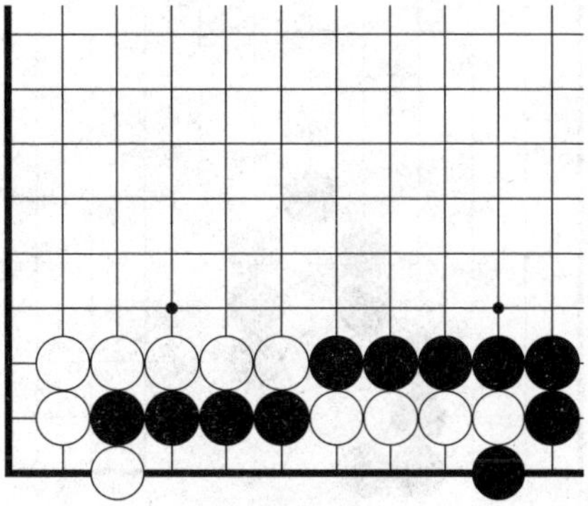

第 666 题

日 期	年　月　日	得 分		签 名	

第四单元 吃三线子（一）

黑先，黑棋怎样走才能吃掉三线的白子？请写出必要的过程。

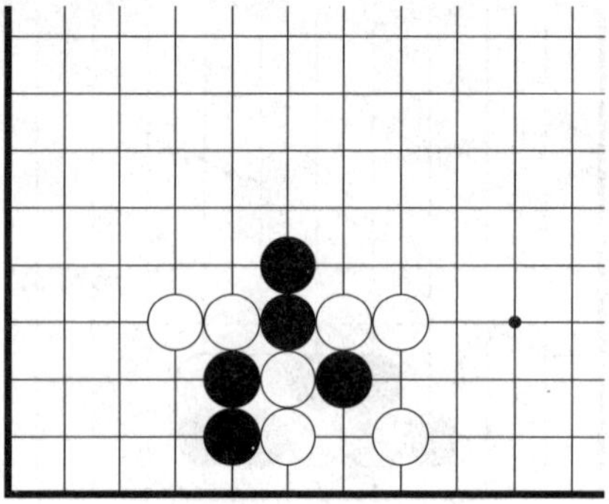

第 667 题

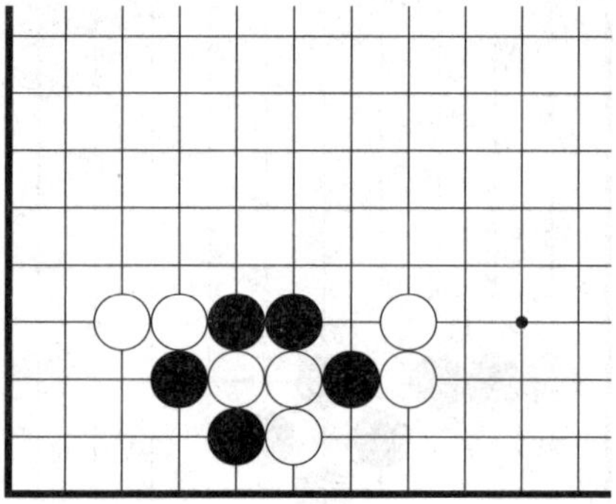

第 668 题

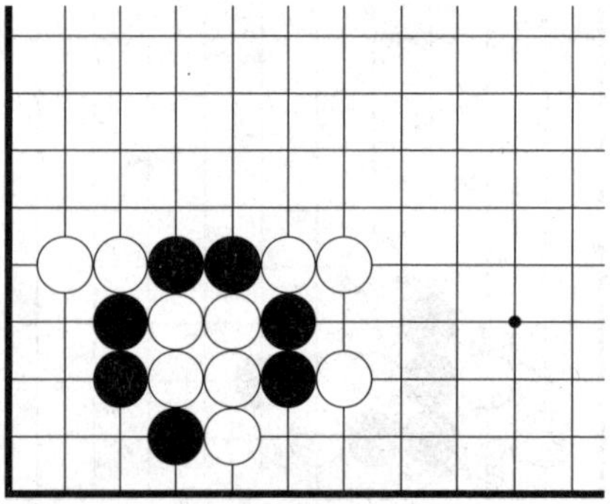

第 669 题

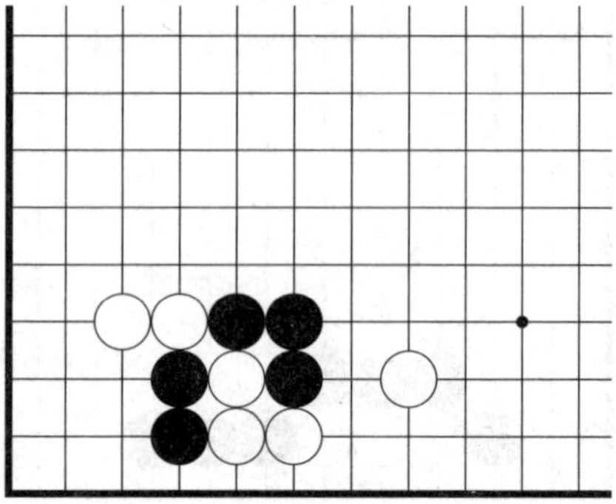

第 670 题

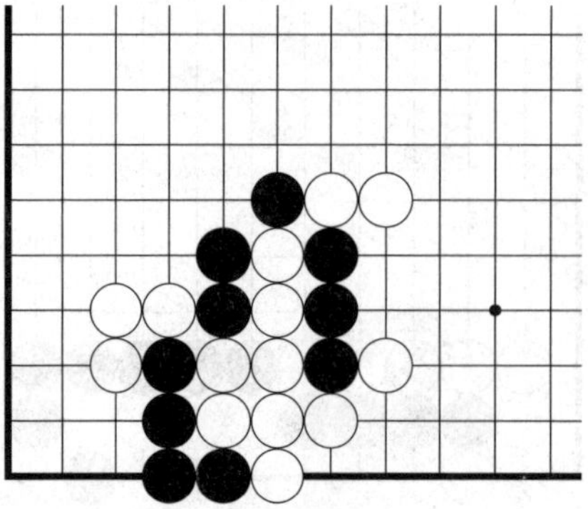

第 671 题

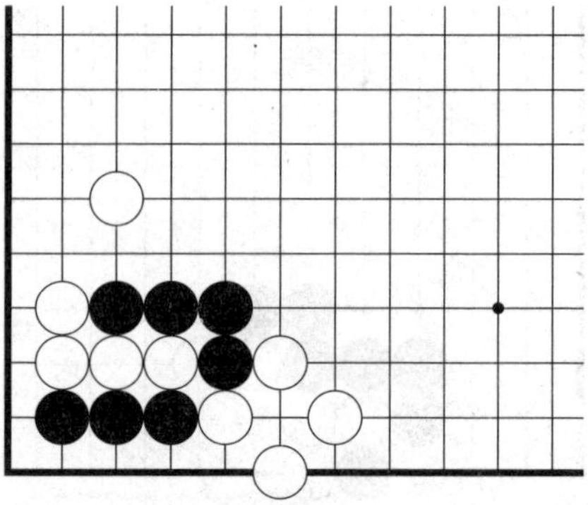

第 672 题

日 期	年 月 日	得 分		签 名	

吃三线子（二）

黑先，黑棋怎样走才能吃掉三线的白子？请写出必要的过程。

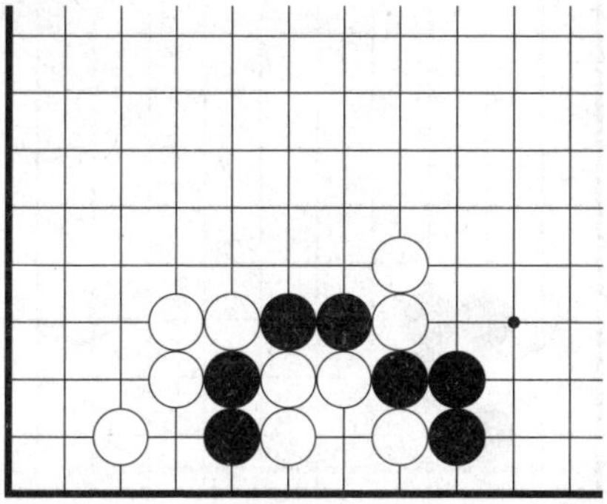

第 673 题

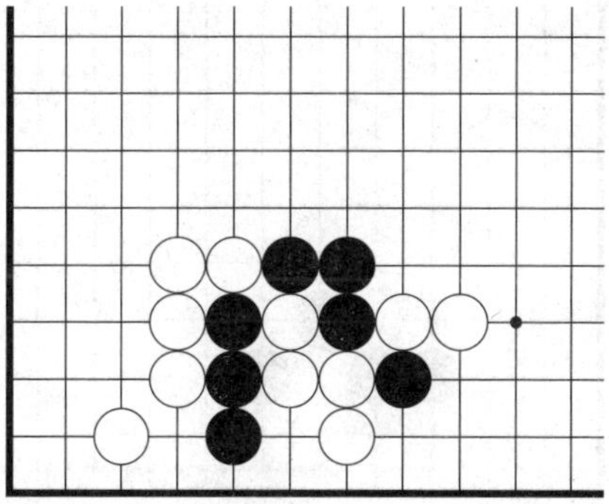

第 674 题

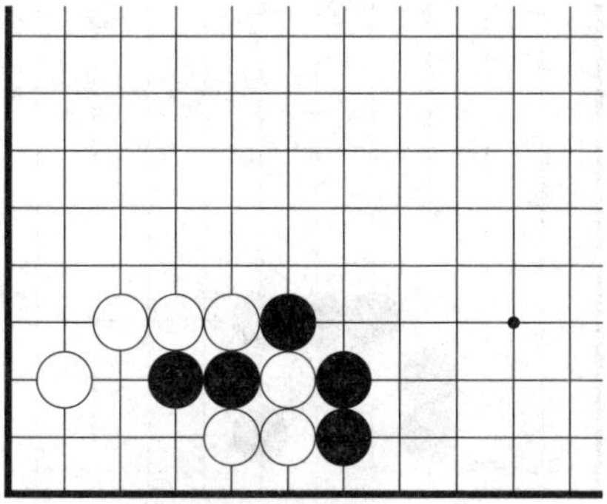

第 675 题

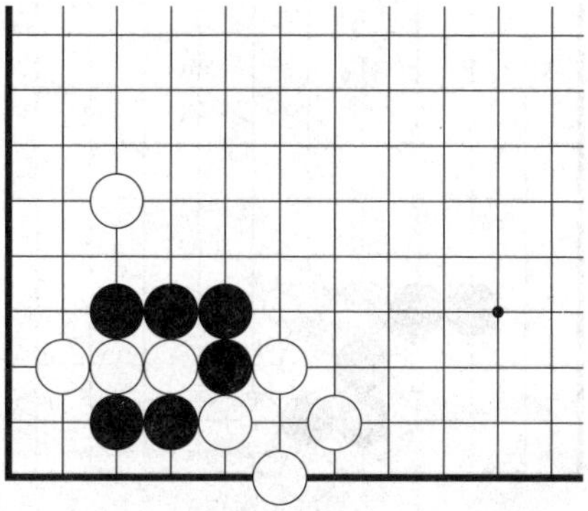

第 676 题

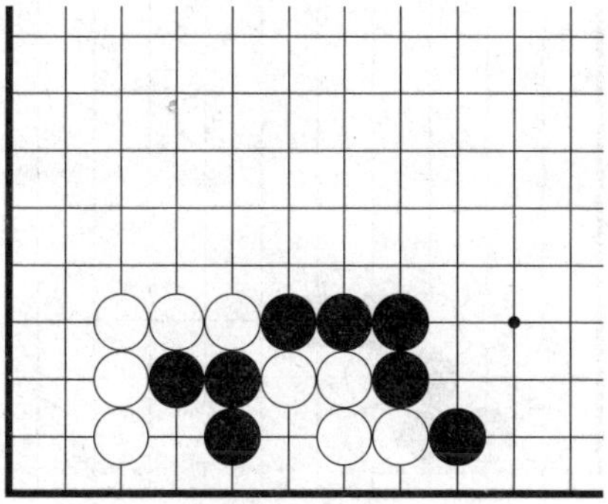

第 677 题

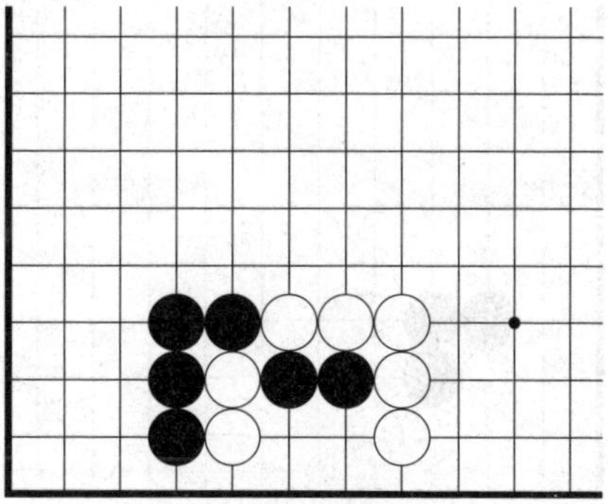

第 678 题

日期	年　月　日	得分		签名	

第四单元　吃三线子（三）

黑先，黑棋怎样走才能吃掉三线的白子？请写出必要的过程。

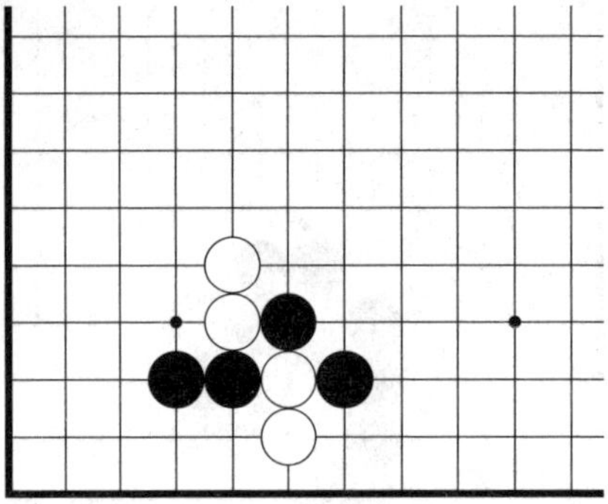

第 679 题

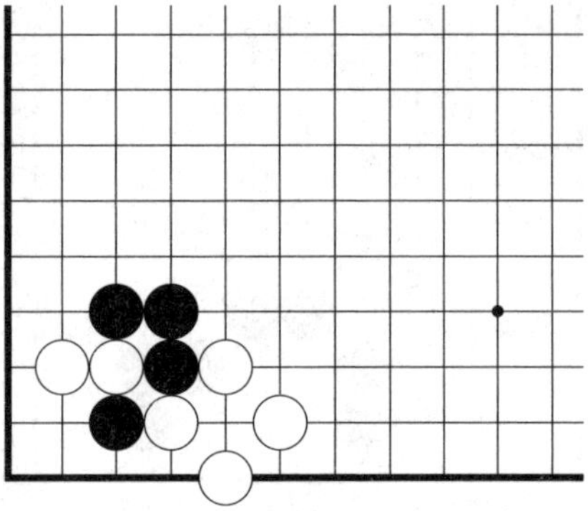

第 680 题

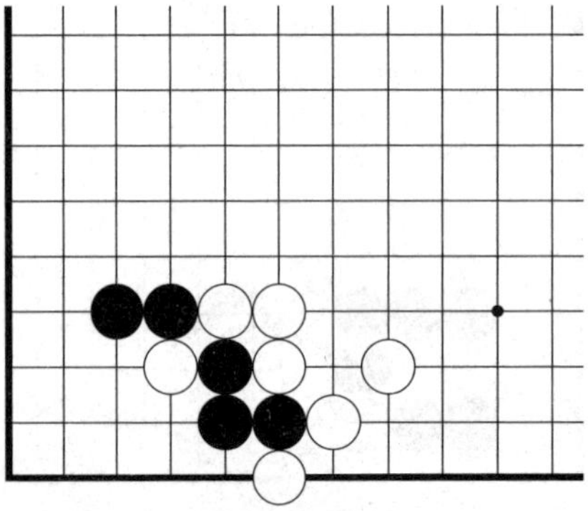

第 681 题

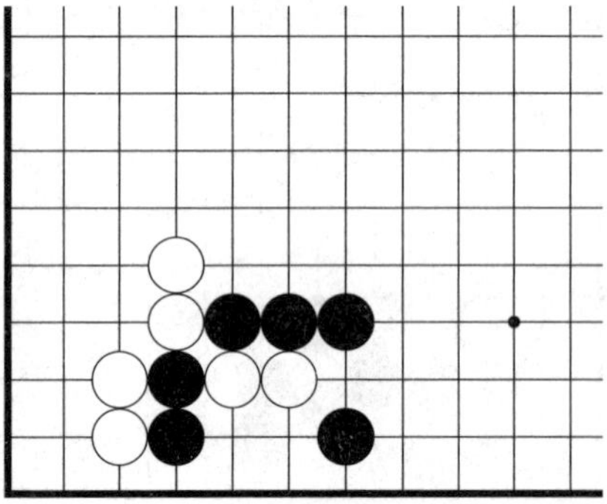

第 682 题

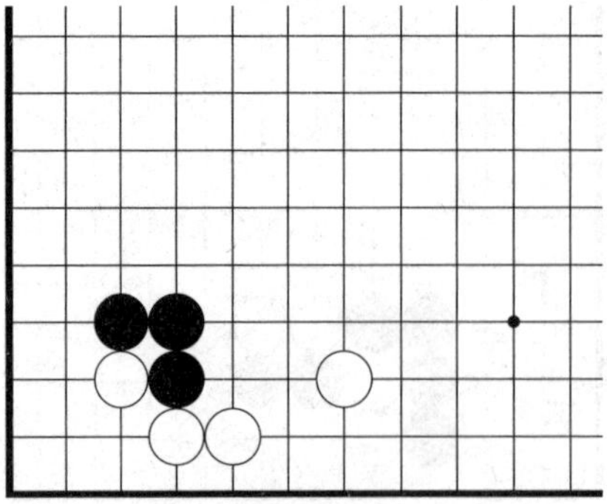

第 683 题

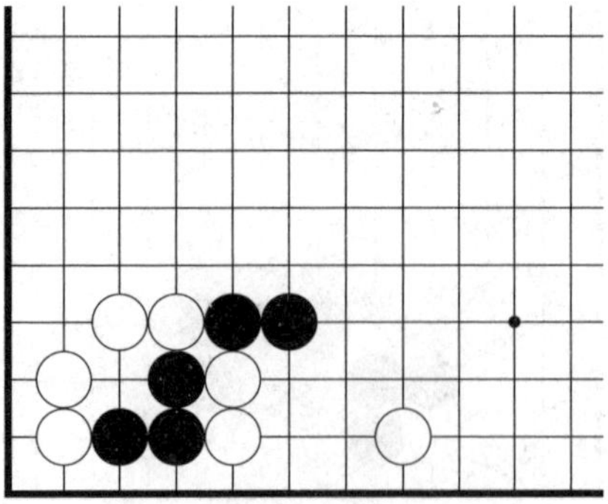

第 684 题

日 期	年　月　日	得 分		签 名	

吃三线子（四）

黑先，黑棋怎样走才能吃掉三线的白子？请写出必要的过程。

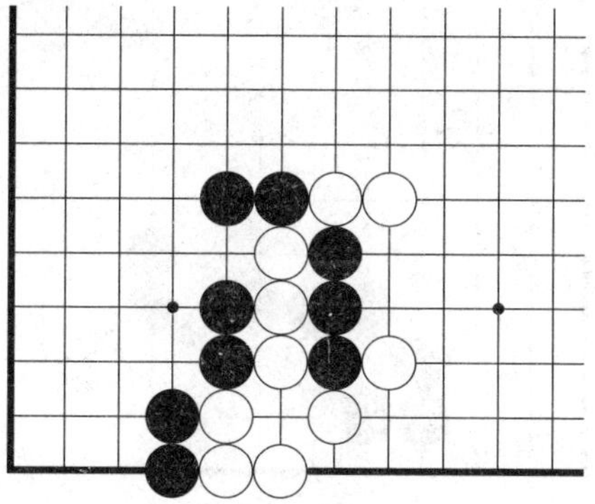

第 685 题

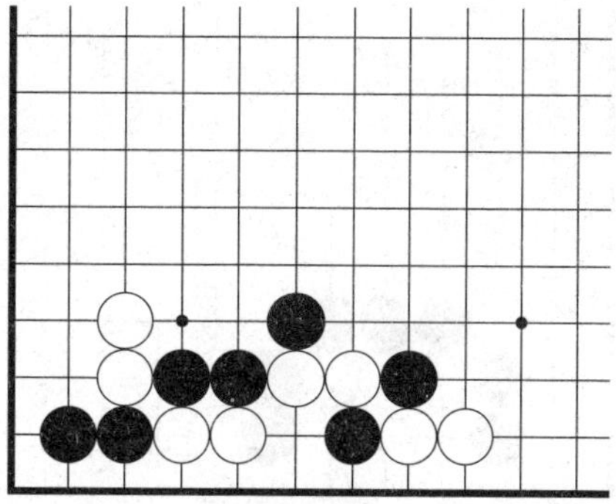

第 686 题

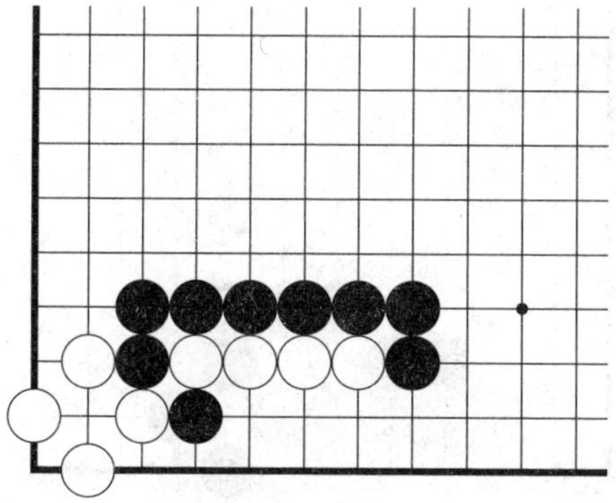

第 687 题

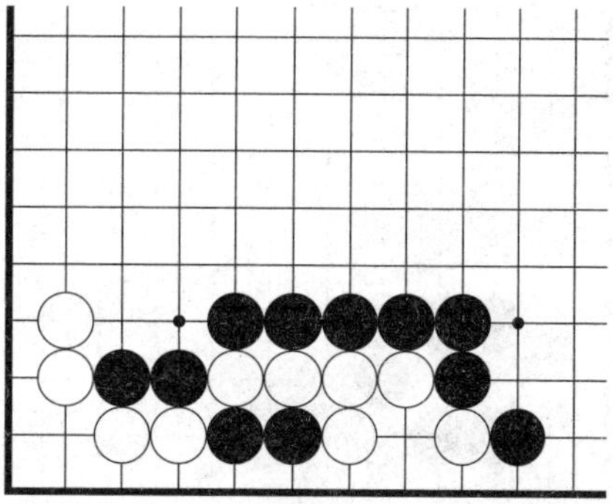

第 688 题

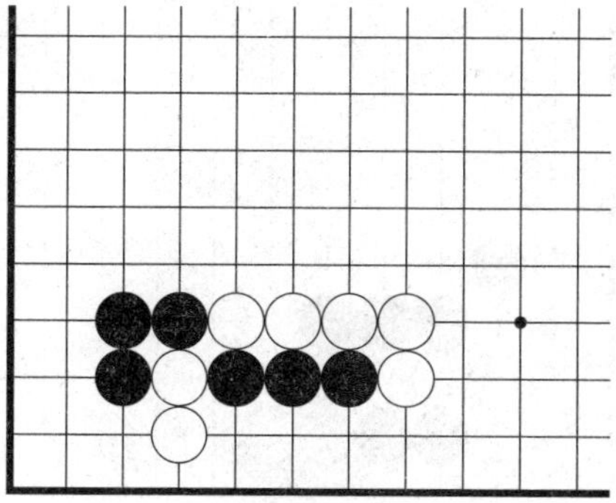

第 689 题

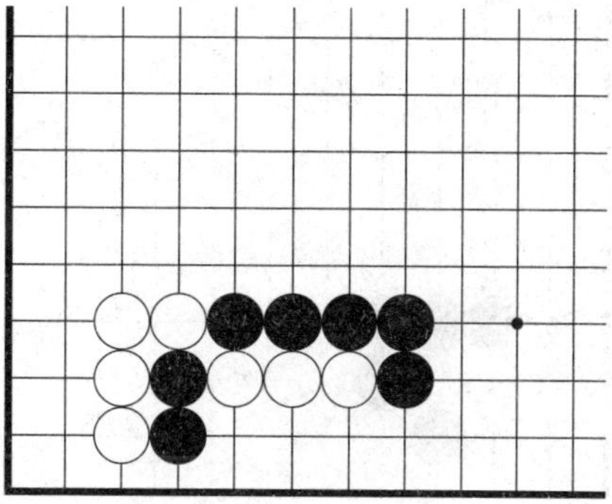

第 690 题

日 期	年　月　日	得 分		签 名	

吃三线子（五）

黑先，黑棋怎样走才能吃掉三线的白子？请写出必要的过程。

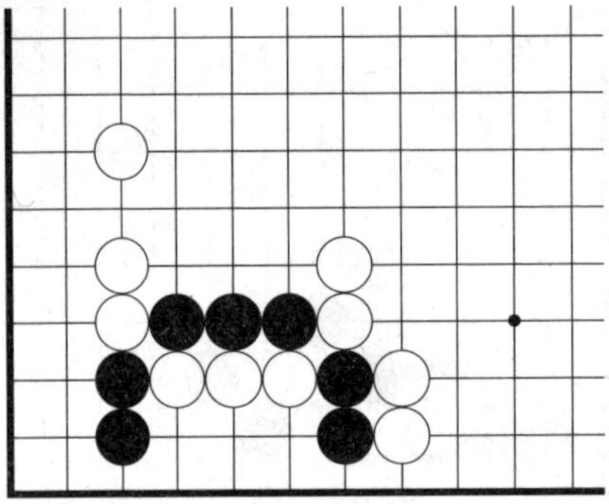

第 691 题

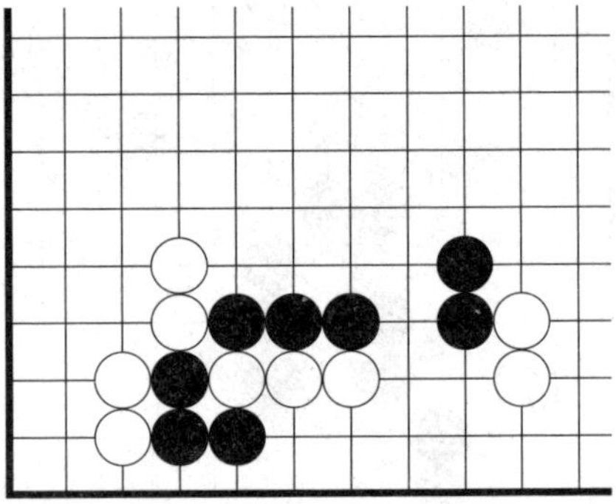

第 692 题

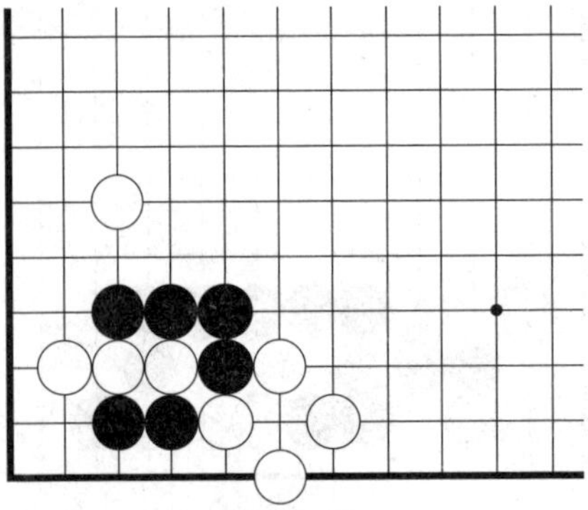

第 693 题

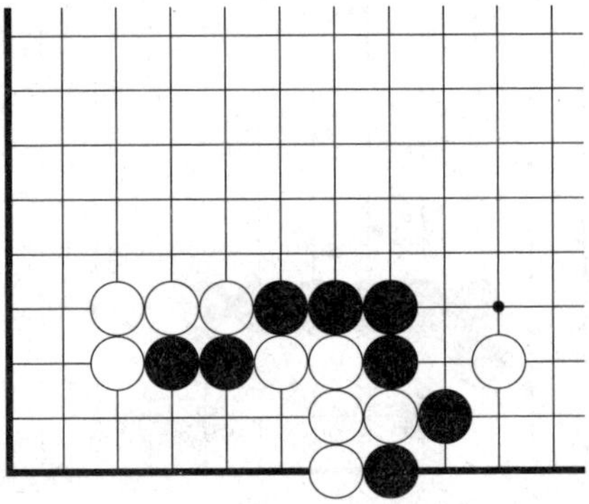

第 694 题

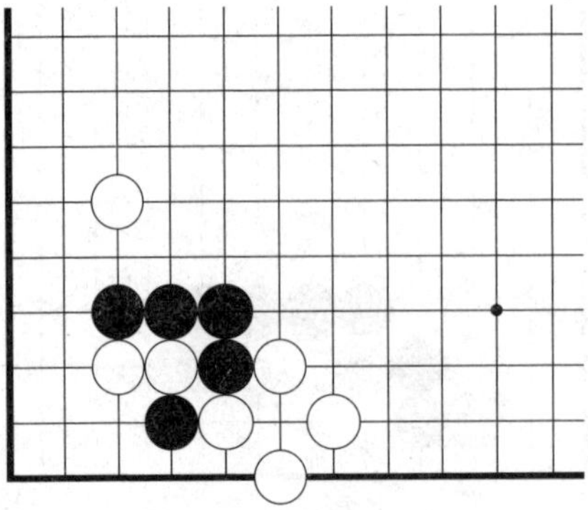

第 695 题

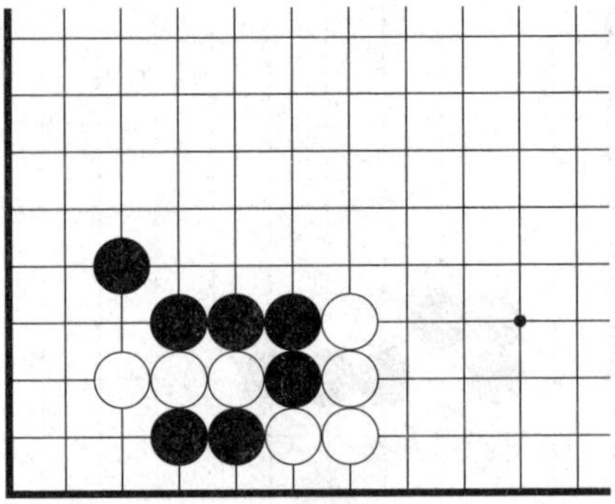

第 696 题

日 期	年　月　日	得 分		签 名	

吃三线子（六）

黑先，黑棋怎样走才能吃掉三线的白子？请写出必要的过程。

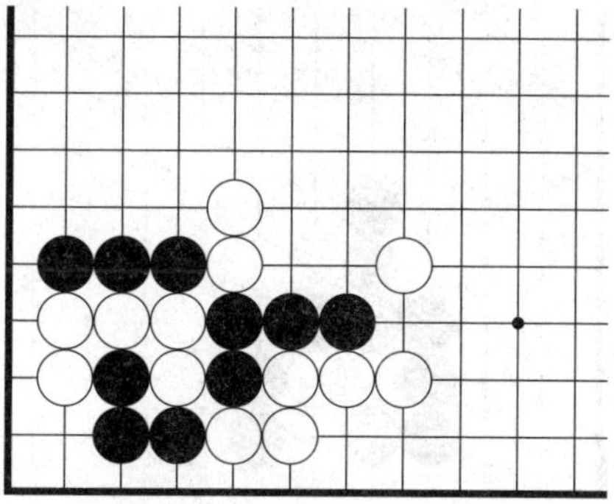

第 697 题

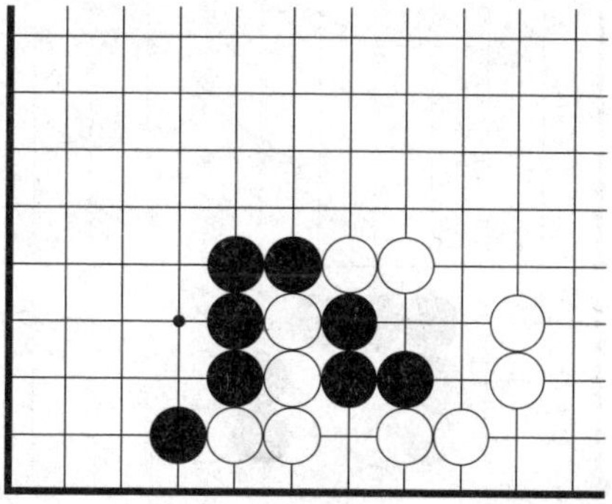

第 698 题

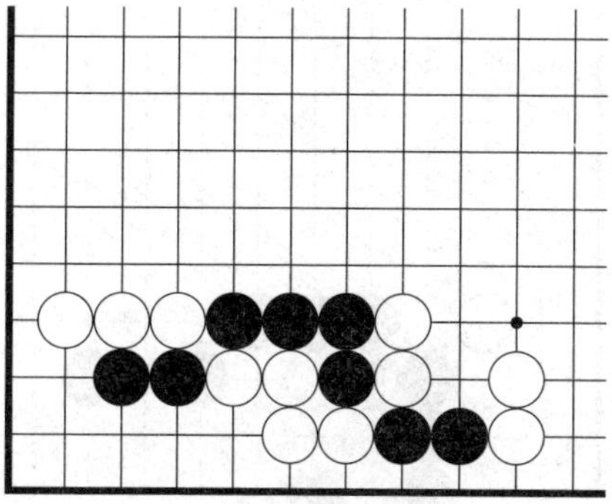

第 699 题

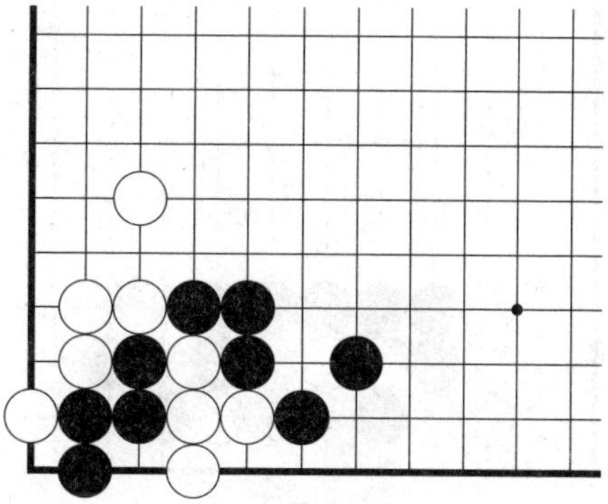

第 700 题

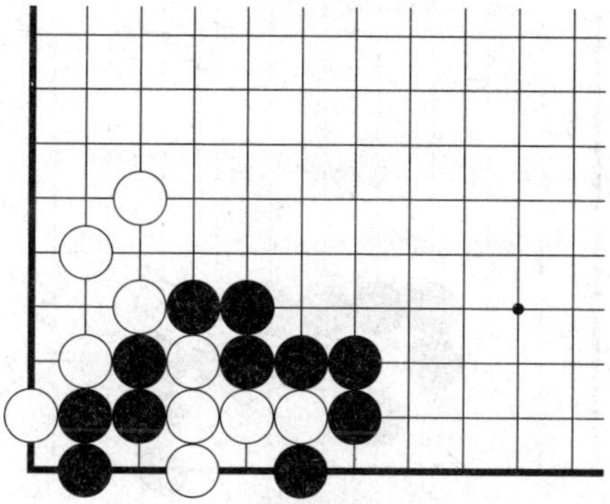

第 701 题

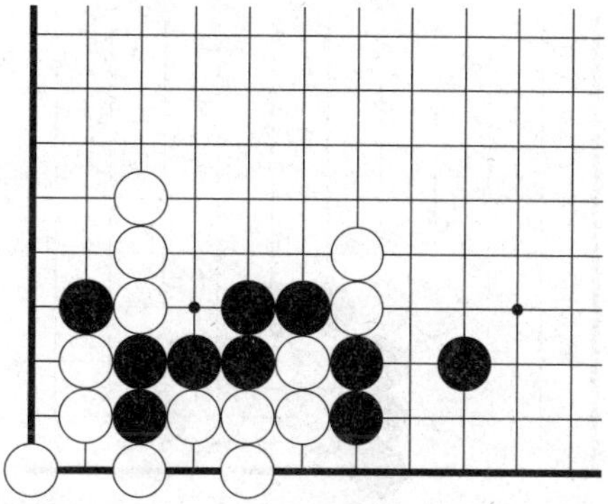

第 702 题

日期	年　月　日	得分		签名	

吃三线子（七）

黑先，黑棋怎样走才能吃掉三线的白子？请写出必要的过程。

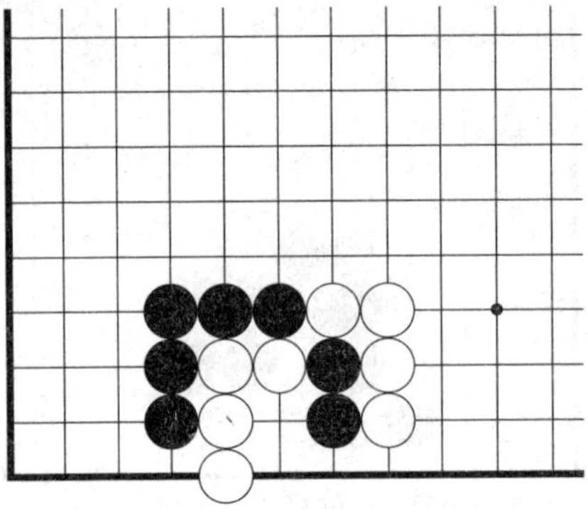

第 703 题

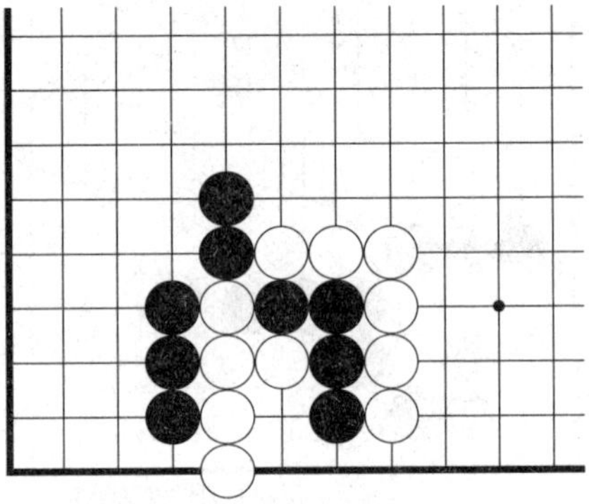

第 704 题

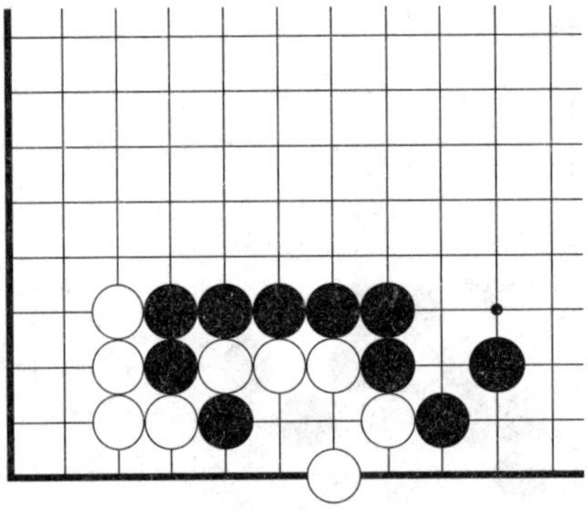

第 705 题

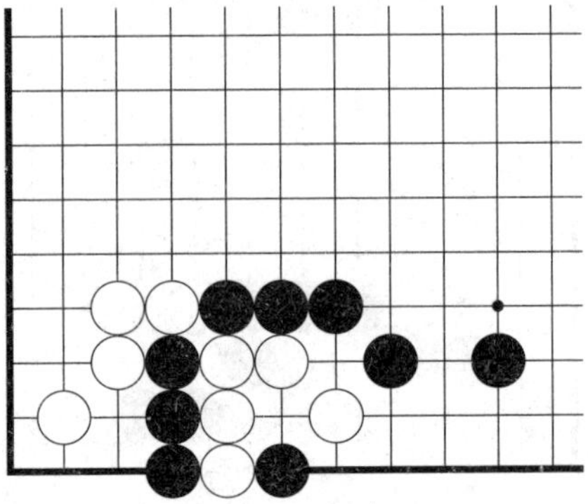

第 706 题

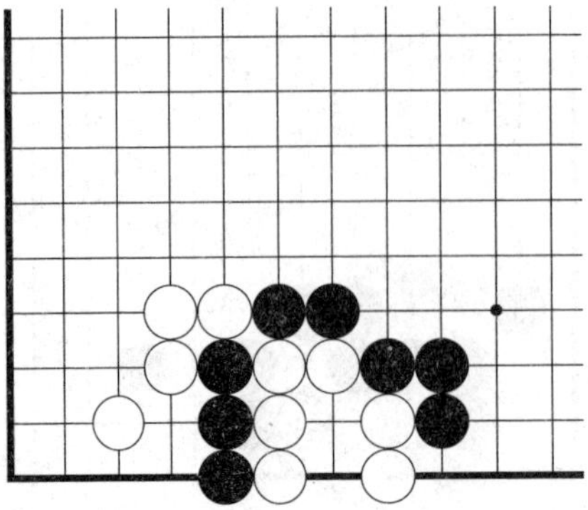

第 707 题

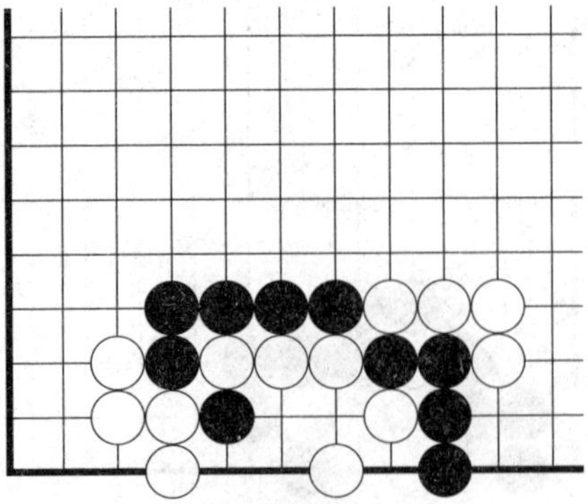

第 708 题

日期	年　月　日	得分		签名	

第五单元

吃子手筋综合运用

名师导读

吃子手筋是围棋中重要的手筋之一。对于初学者来说，可以说围棋全部的乐趣来自于吃子。虽然赢棋也是下棋者追求的目标，但如果没有掌握吃子的手筋，赢棋则是一件很困难的事情。所以大家应该重视对吃子手筋的学习。

本单元所讲的吃子手筋，跳过了入门阶段应该掌握的最基本的形态，在原有知识的基础上有所提高。随着围棋水平的提高，吃子的水平也会提高。同样的局面，过去认为不能吃的棋，现在或许就可以吃到了。如果对手在使用吃子手筋时出了错，我们应该给予坚决的反击，而不能任人摆布。当然，我们也需要防备对手的吃子手段。这一切，都源自于计算力提高的结果，所以计算是手筋的保障。

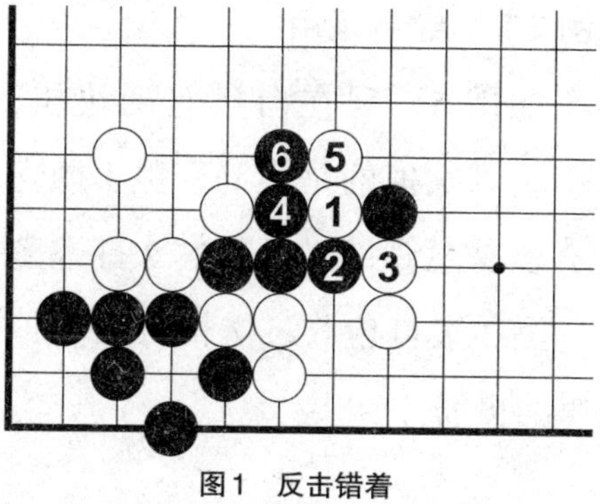

图1　反击错着

【例1】　反击错着

如图1，白1枷吃是错着，白棋这样下根本吃不到黑棋，黑2先冲，然后黑4往外打吃，黑棋很容易逃脱。但黑棋如果放弃，就是不必要的损失了。

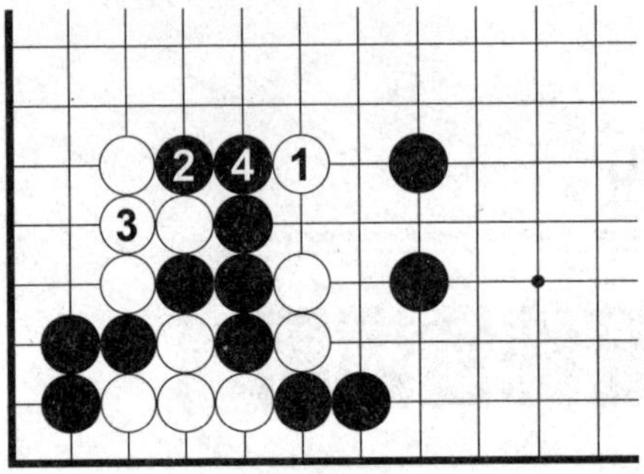

图2 进攻错误

【例2】 进攻错误

如图2,白1枷吃同样是错着，白棋这样下虽然很吓人，但其实根本吃不到黑棋，黑2打，白3不得不粘，黑4再粘，黑棋可以轻松逃脱。

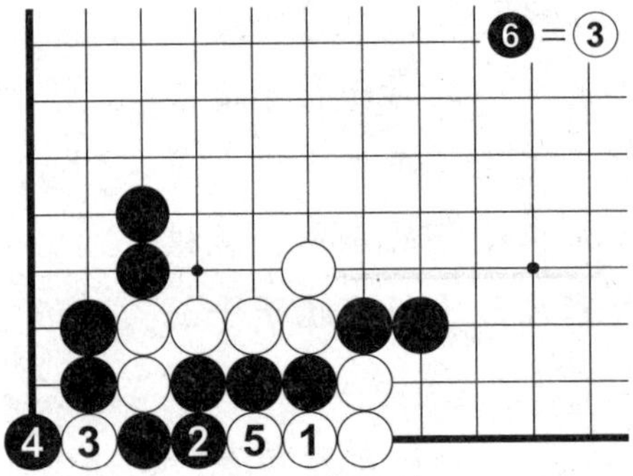

图3 缓手之过

【例3】 缓手之过

如图3，白1直接拐以为有吃接不归的机会，实际上这是错着，黑2粘可以化险为夷，白3再扑时，黑4可以提，白5打，黑6粘，没有接不归。

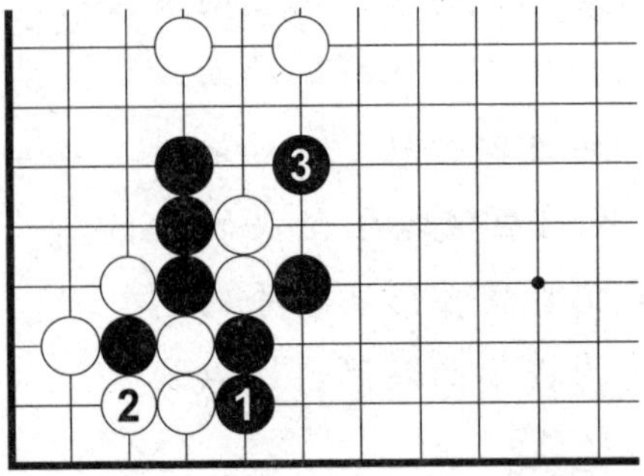

图4 声东击西

【例4】 声东击西

如图4,面对白棋的两颗棋筋，黑棋直接征吃或枷吃是吃不到白棋的，但黑1挡是先手，白2不得不提，黑3再枷，这是高水平的制造枷吃。

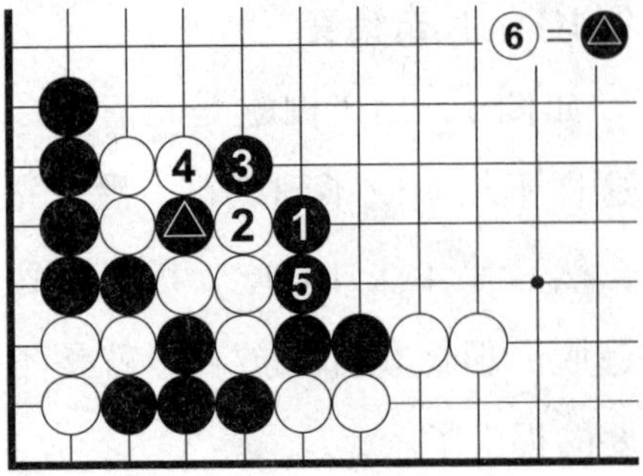

图5 综合运用

【例5】 综合运用

如图5，现在白棋有两块棋，黑棋应该吃掉的是棋筋，黑1枷吃是不容易想到的一手，白2打逃跑时，黑3滚打包收，黑棋可以吃掉白棋的棋筋。

第五单元

反击错着（一）

黑先，白1是错误的吃子手段，黑棋应该怎样反击？请写出必要的过程。

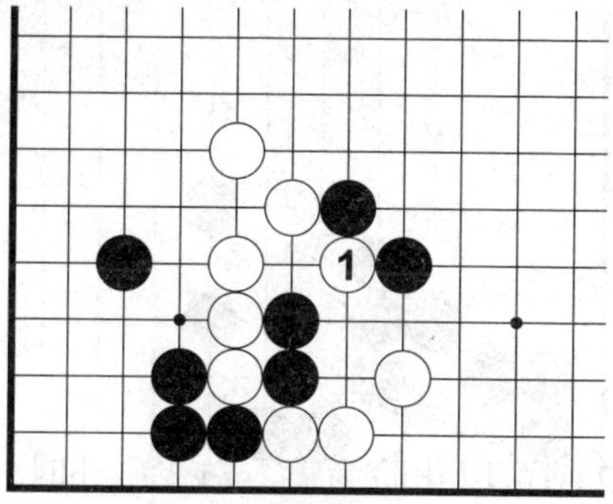

第709题

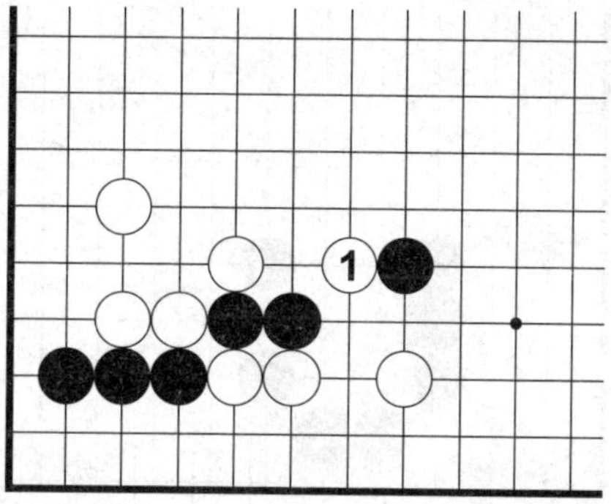

第710题

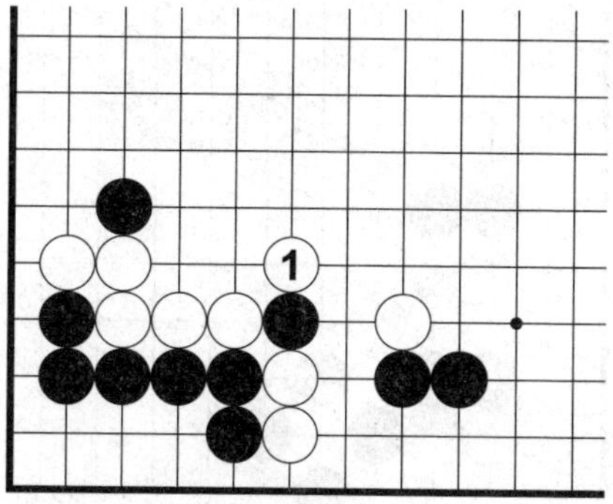

第711题

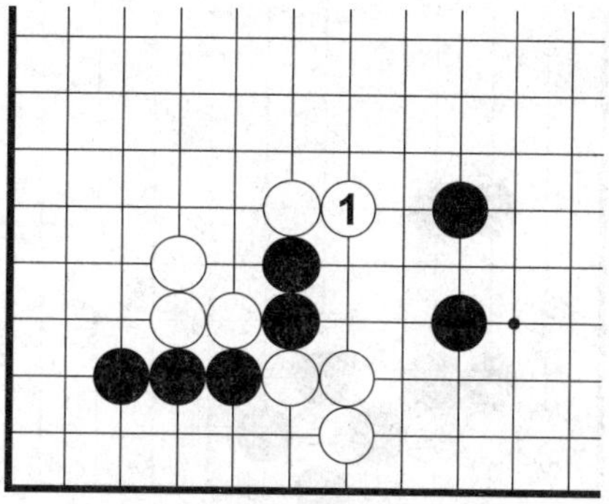

第712题

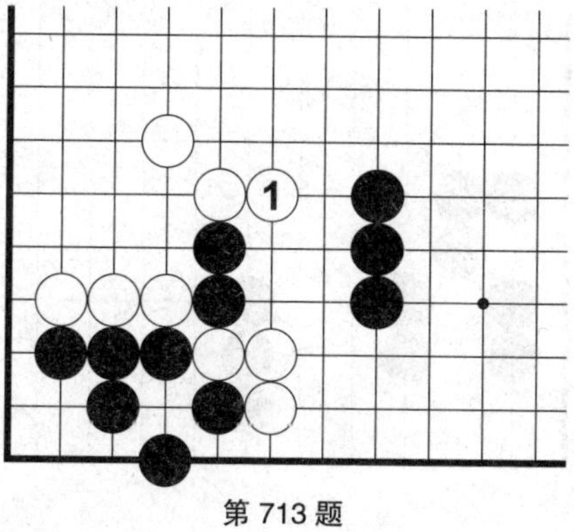

第713题

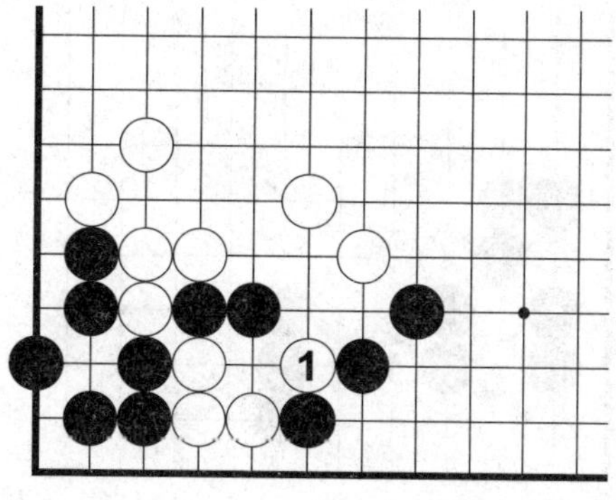

第714题

日期	年　月　日	得分		签名	

第五单元　反击错着（二）

黑先，白1是错误的吃子手段，黑棋应该怎样反击？请写出必要的过程。

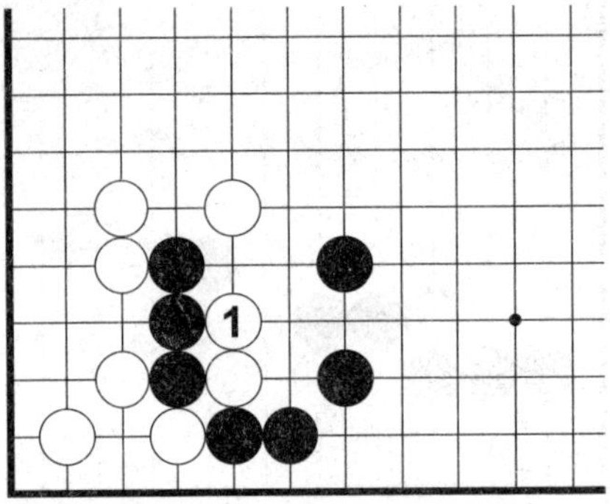

第715题

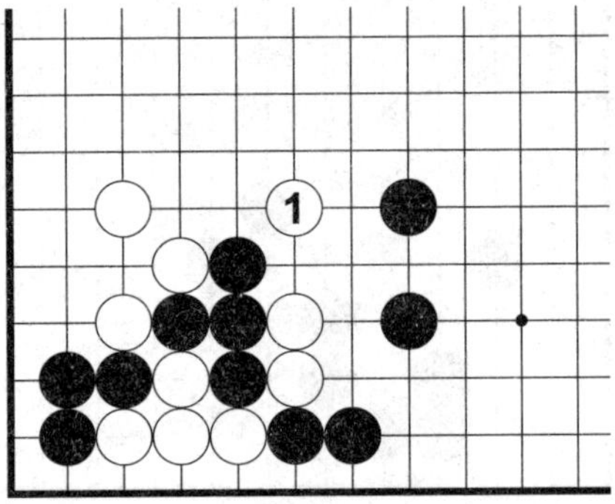

第716题

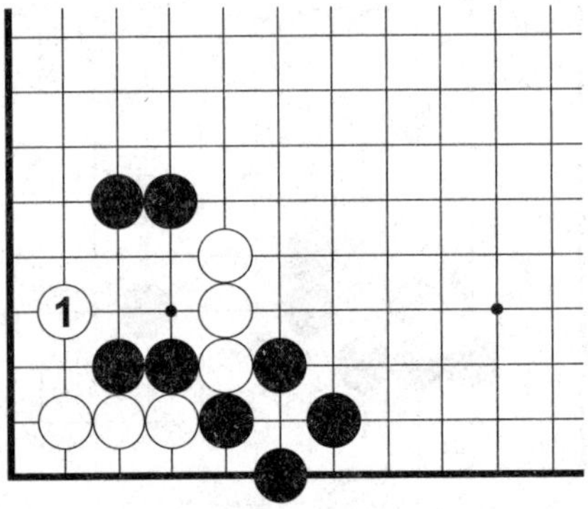

第717题

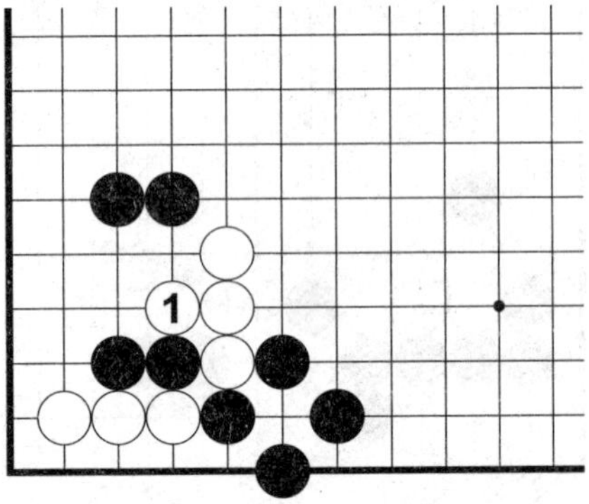

第718题

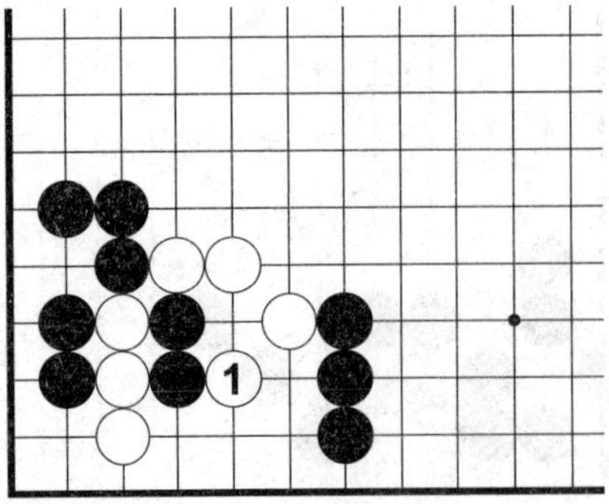

第719题

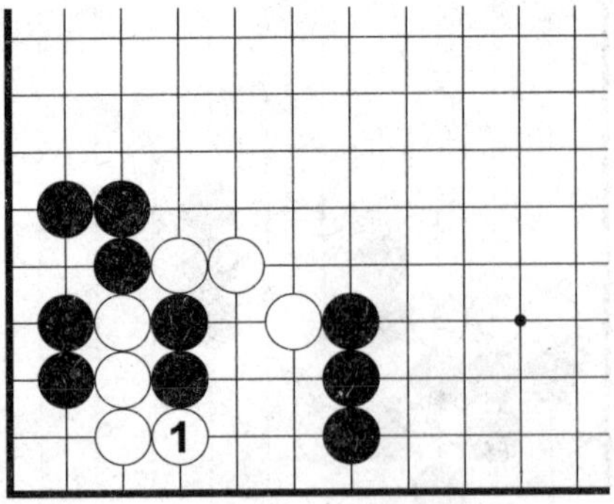

第720题

日期	年　月　日	得分		签名	

反击错着（三）

黑先，白 1 是错误的吃子手段，黑棋应该怎样反击？请写出必要的过程。

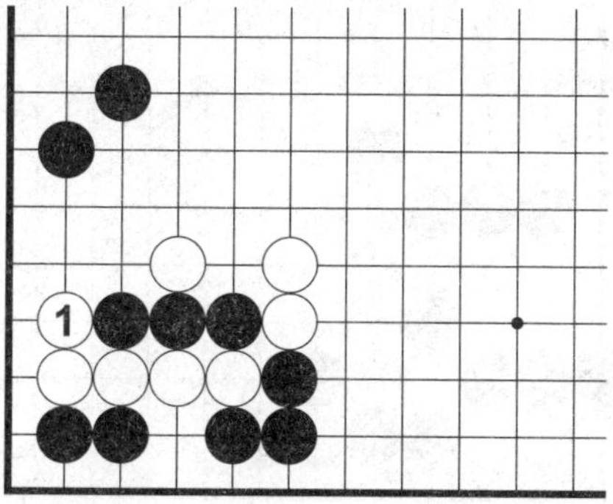

第 721 题

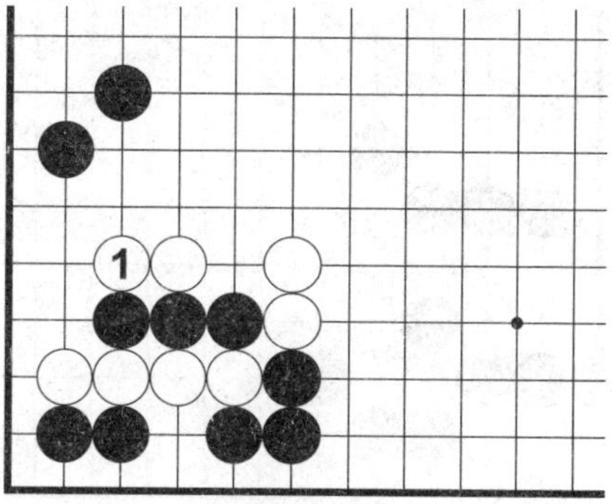

第 722 题

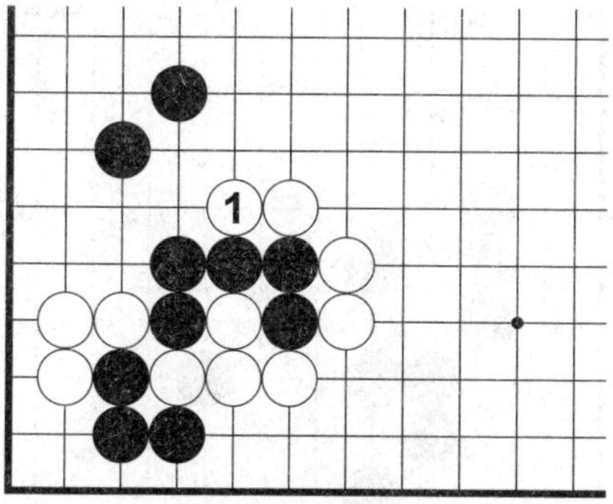

第 723 题

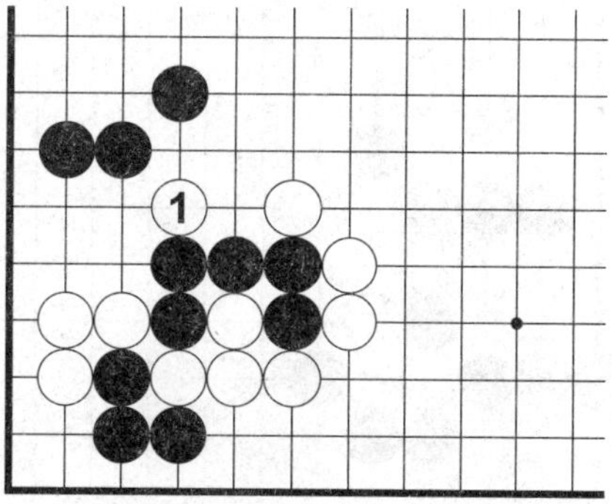

第 724 题

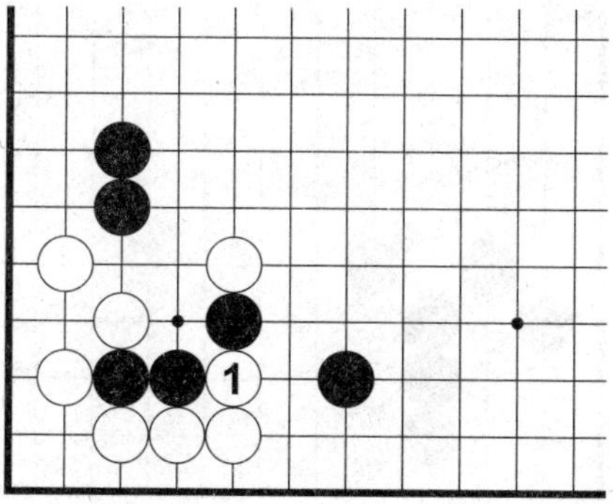

第 725 题

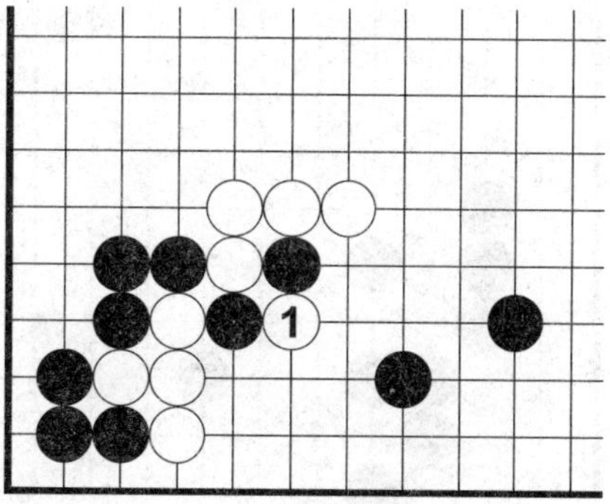

第 726 题

日 期	年　月　日	得 分		签 名	

第五单元　反击错着（四）

黑先，白 1 是错误的吃子手段，黑棋应该怎样反击？请写出必要的过程。

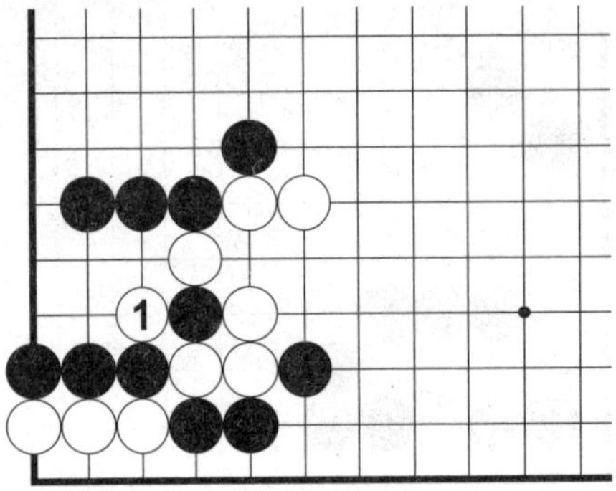

第 727 题

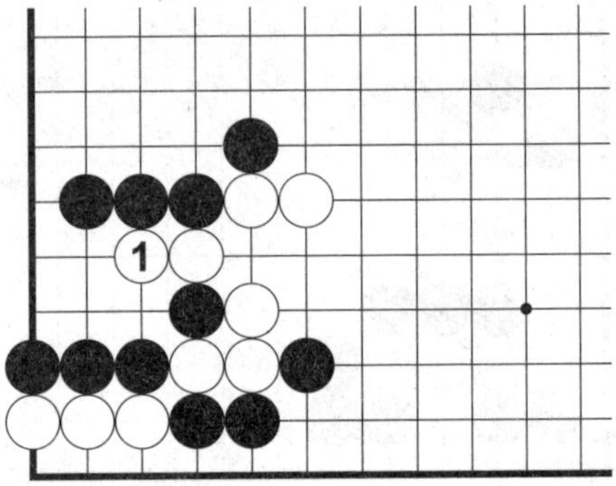

第 728 题

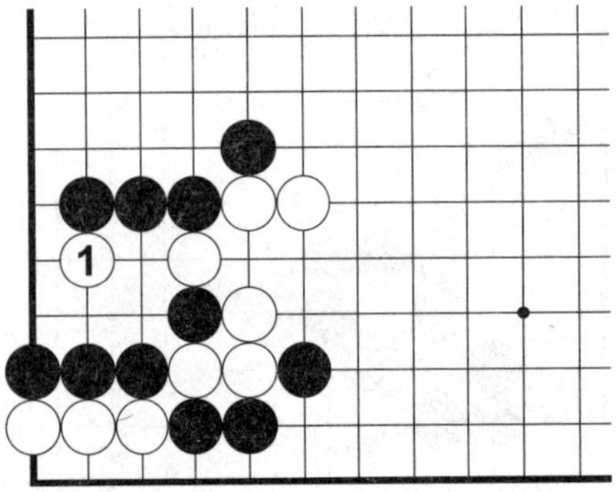

第 729 题

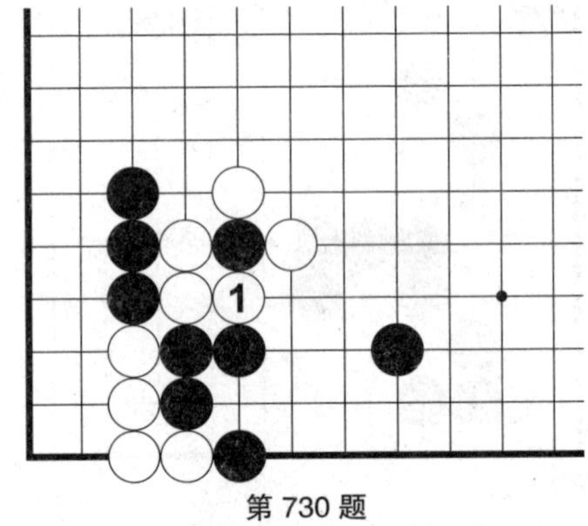

第 730 题

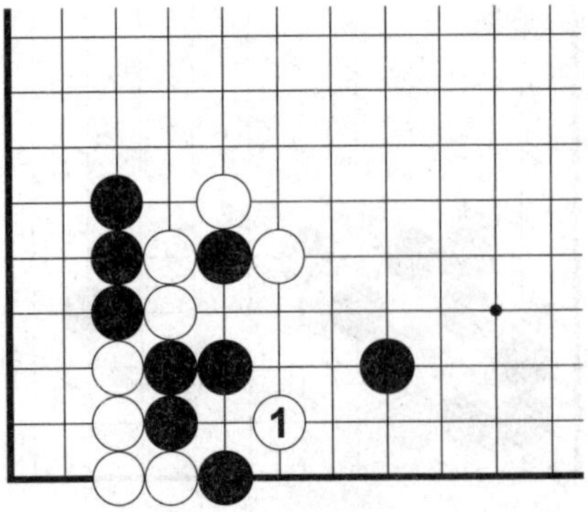

第 731 题

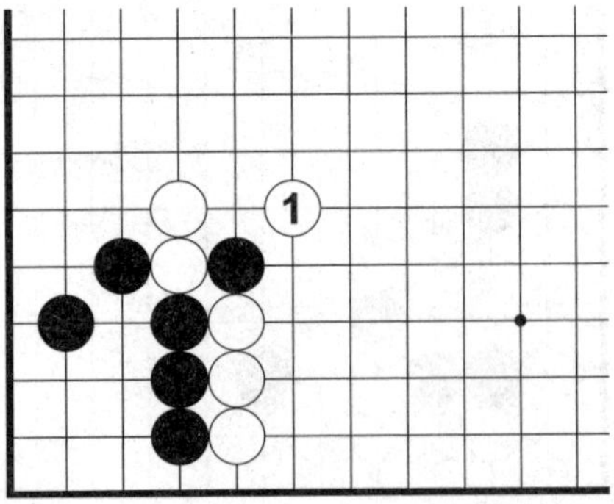

第 732 题

日期	年　月　日	得分		签名	

第五单元

反击错着（五）

黑先，白 1 是错误的吃子手段，黑棋应该怎样反击？请写出必要的过程。

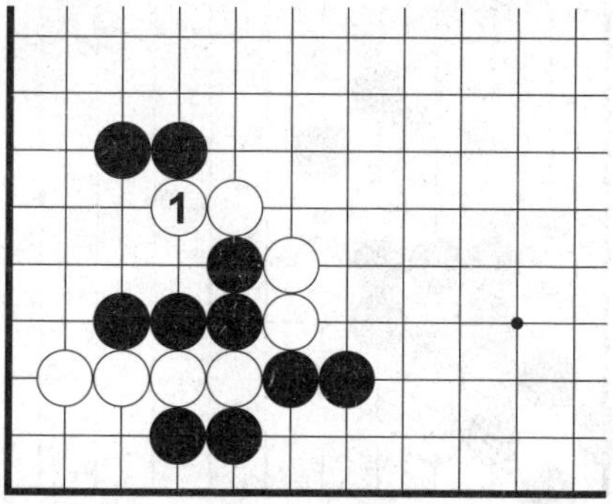

第 733 题

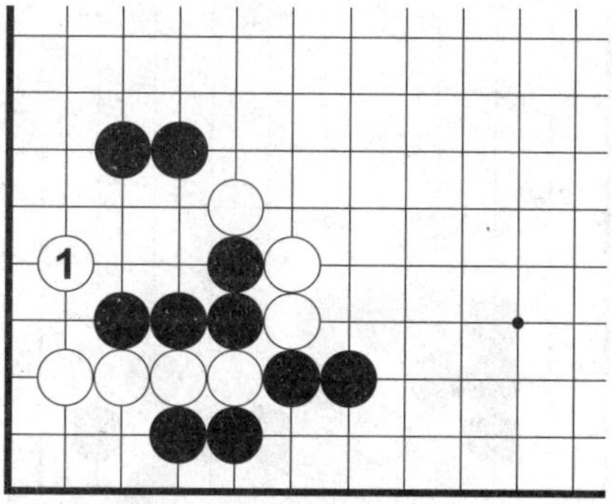

第 734 题

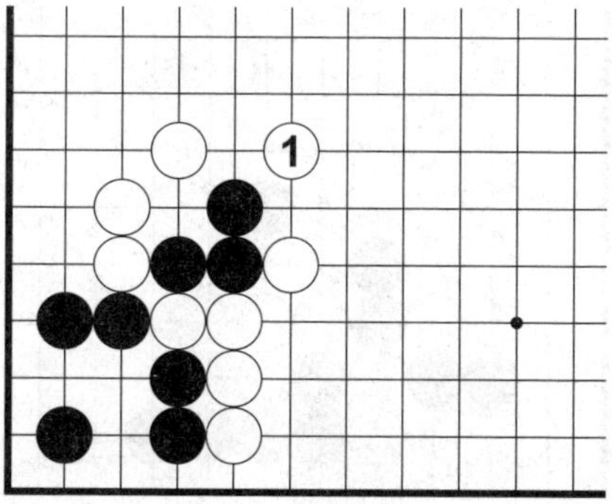

第 735 题

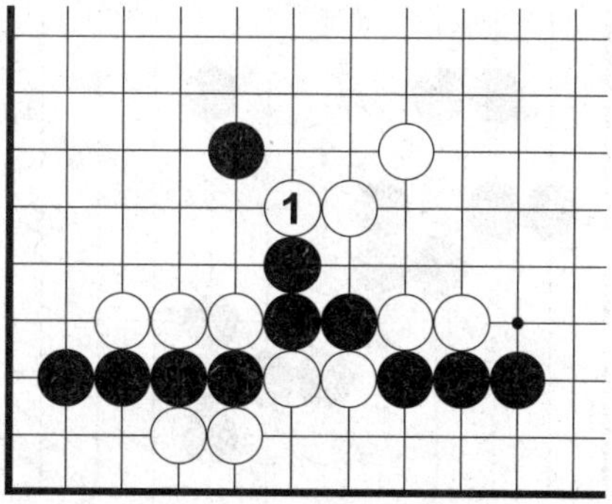

第 736 题

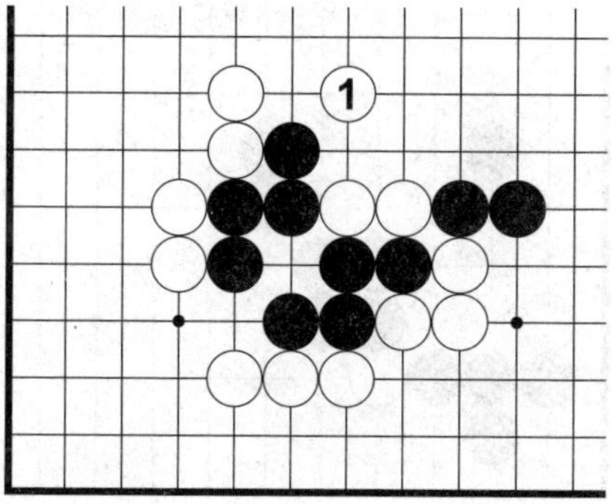

第 737 题

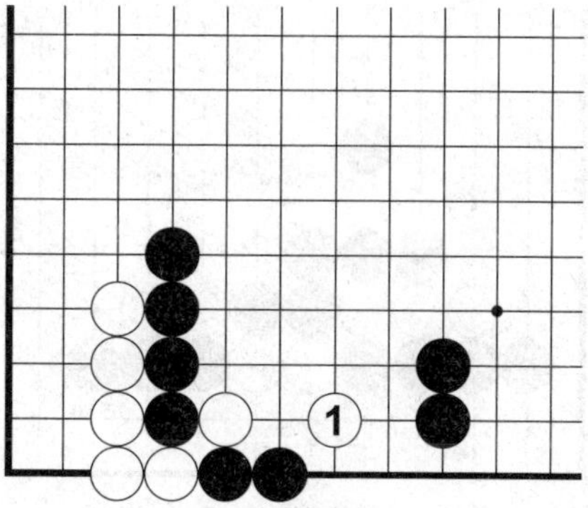

第 738 题

日 期	年　月　日	得 分		签 名	

第五单元

反击错着（六）

黑先，白1是错误的吃子手段，黑棋应该怎样反击？请写出必要的过程。

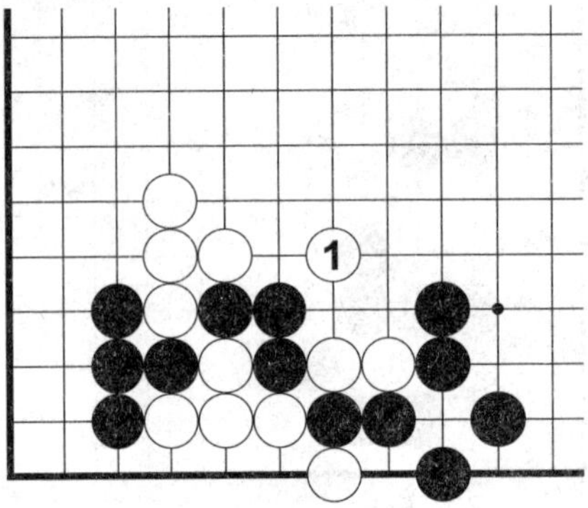

第739题

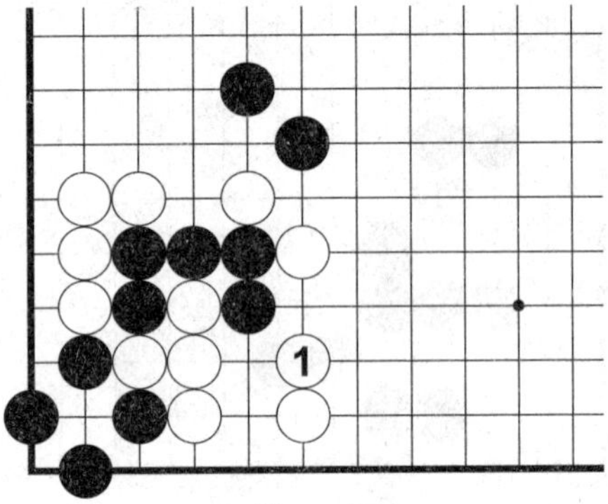

第740题

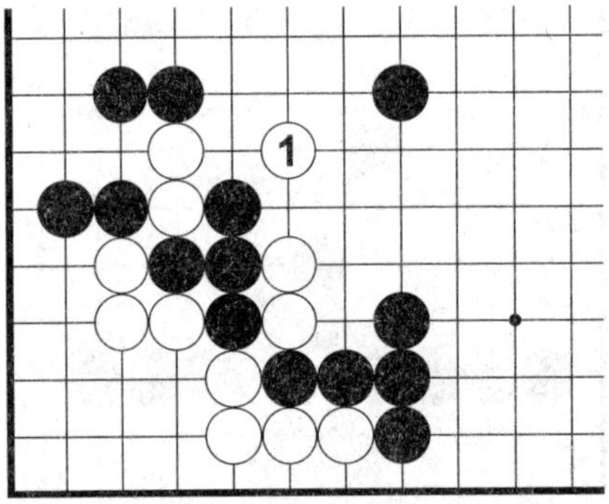

第741题

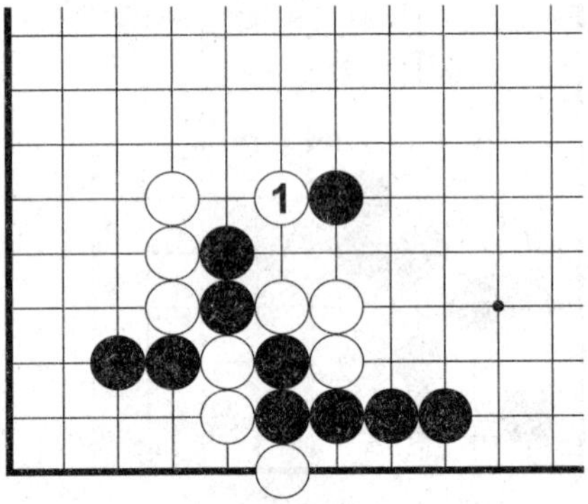

第742题

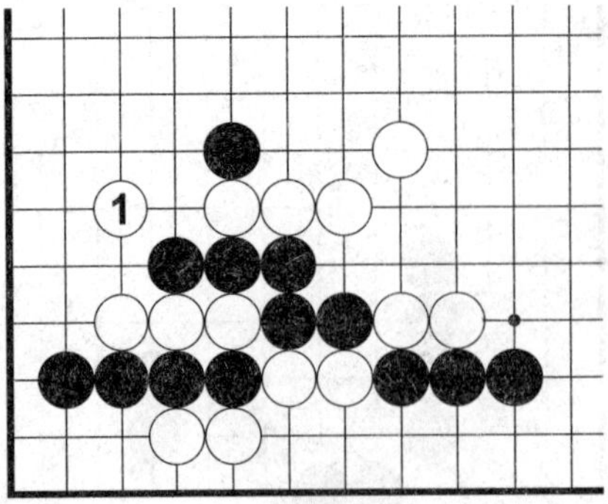

第743题

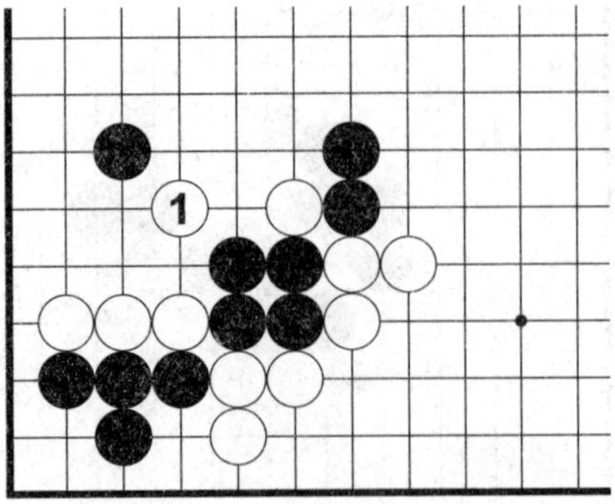

第744题

日期	年　月　日	得分		签名	

反击错着（七）

黑先，白1是错误的吃子手段，黑棋应该怎样反击？请写出必要的过程。

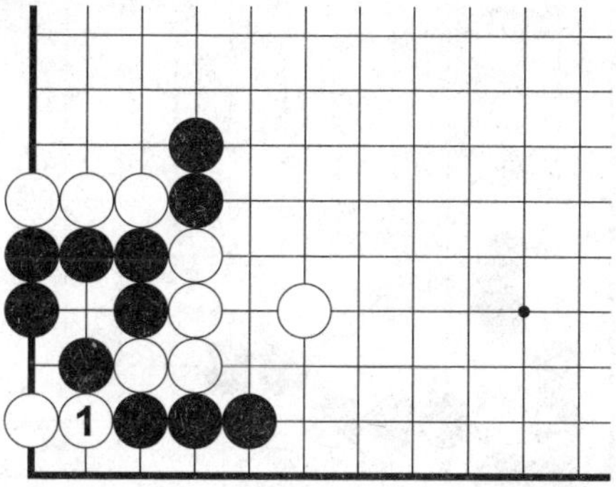

第745题

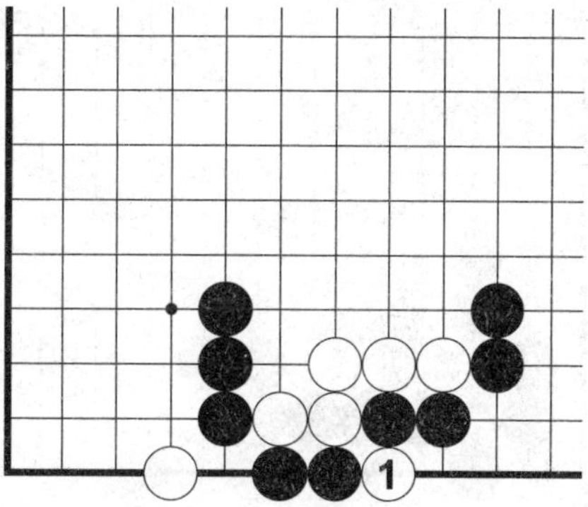

第746题

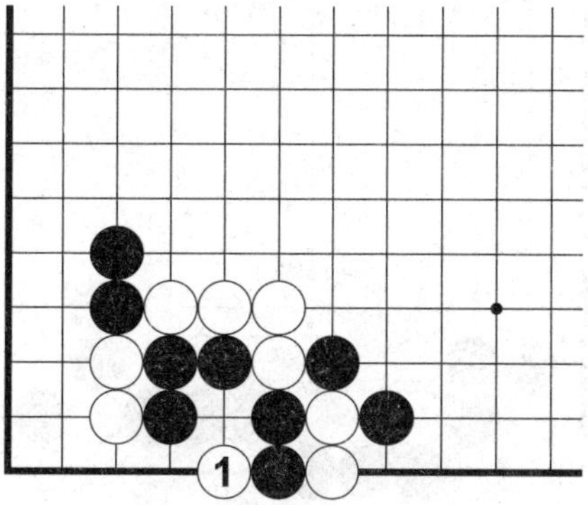

第747题

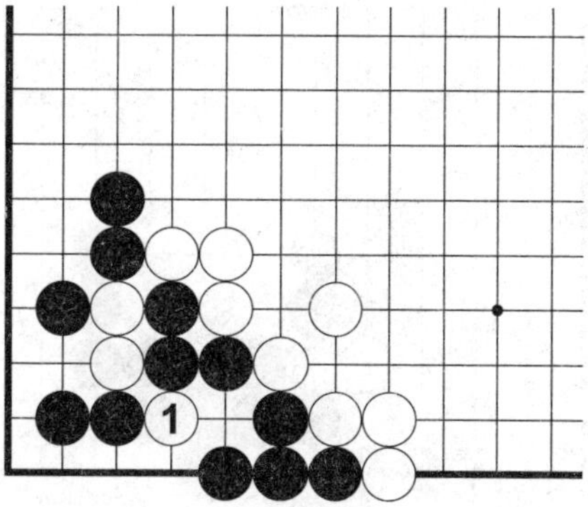

第748题

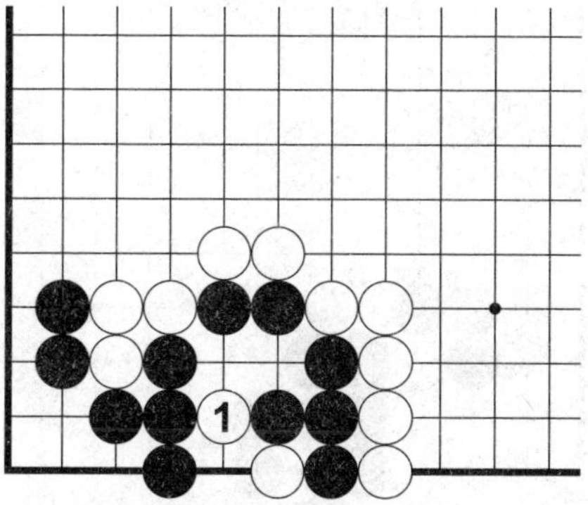

第749题

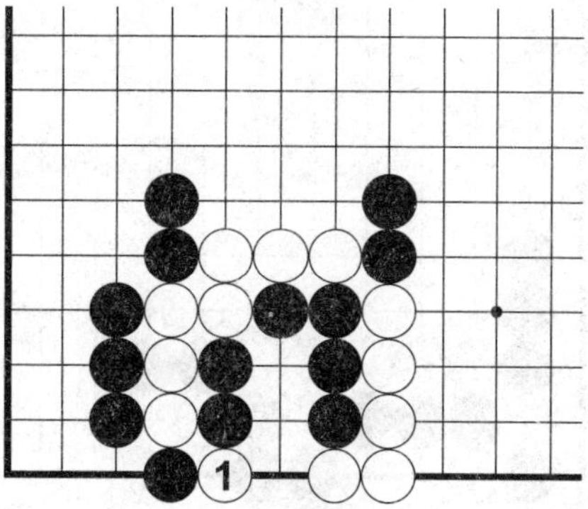

第750题

日期	年　月　日	得分		签名	

第五单元

反击错着（八）

黑先，白1是错误的吃子手段，黑棋应该怎样反击？请写出必要的过程。

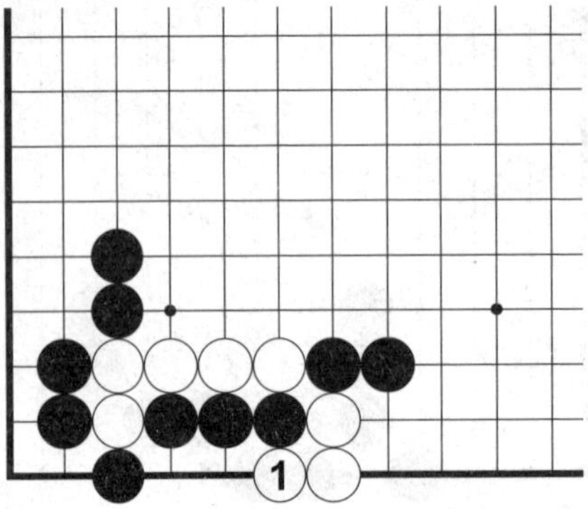

第 751 题

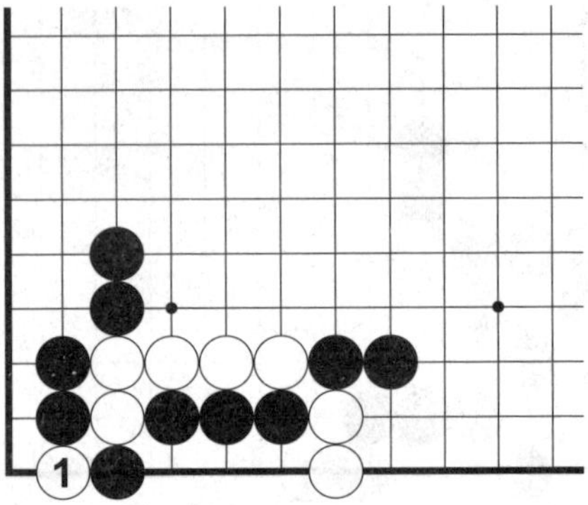

第 752 题

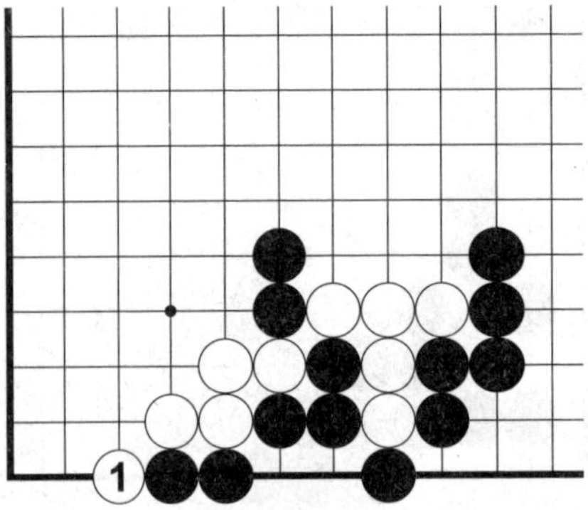

第 753 题

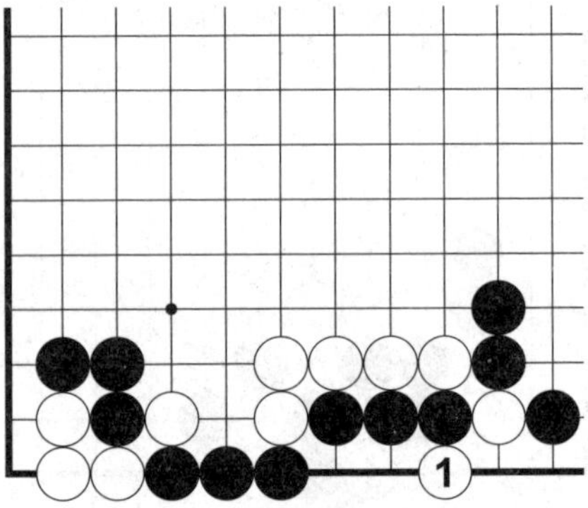

第 754 题

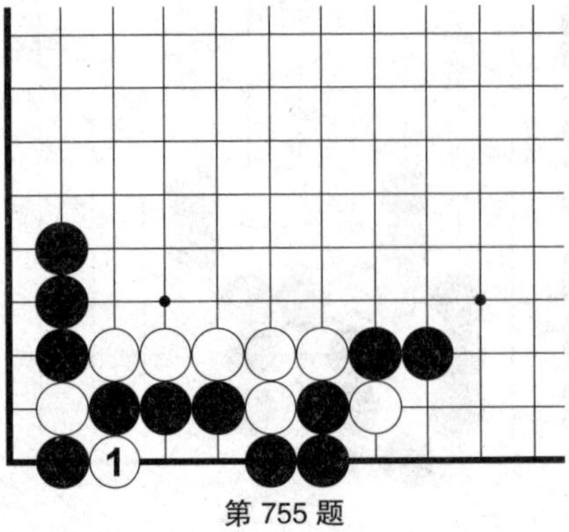

第 755 题

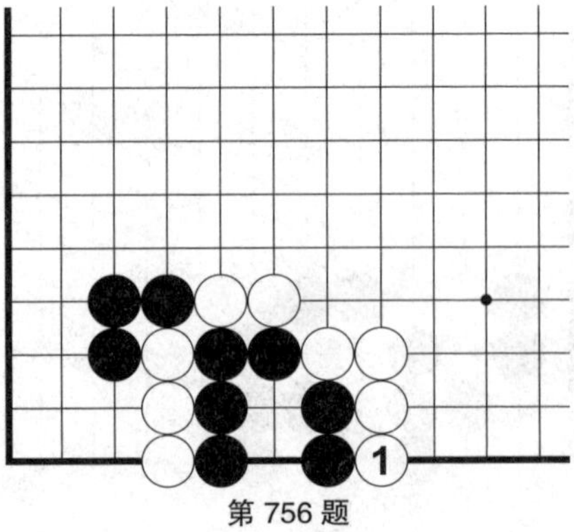

第 756 题

日期	年 月 日	得分		签名	

第五单元

反击错着（九）

黑先，白1是错误的吃子手段，黑棋应该怎样反击？请写出必要的过程。

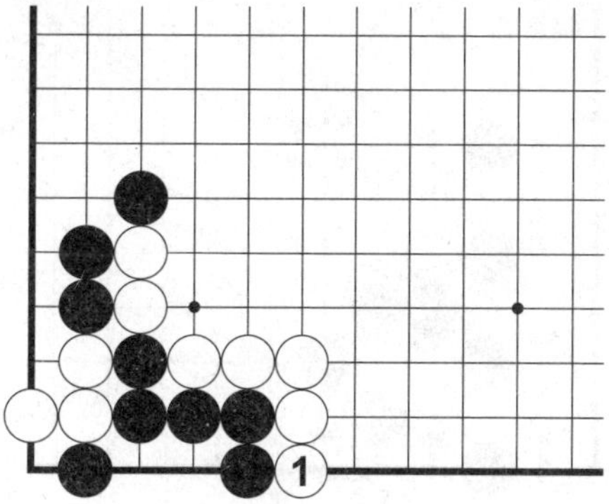

第 757 题

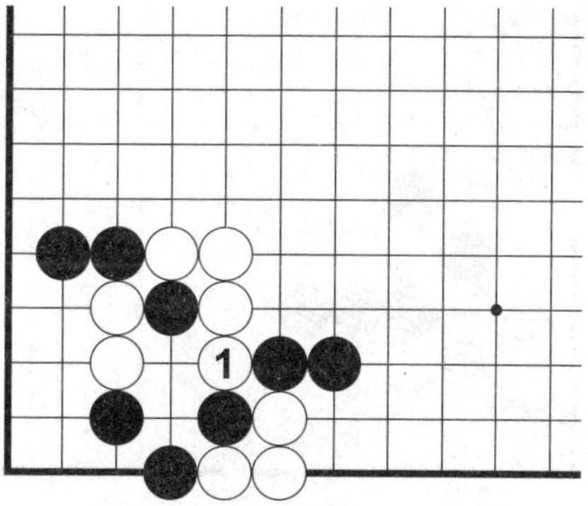

第 758 题

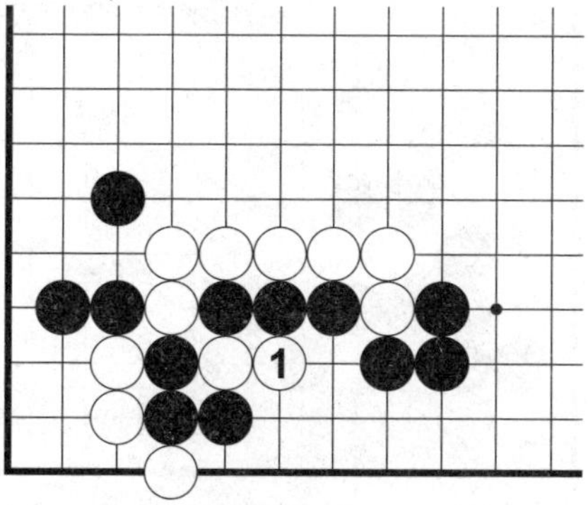

第 759 题

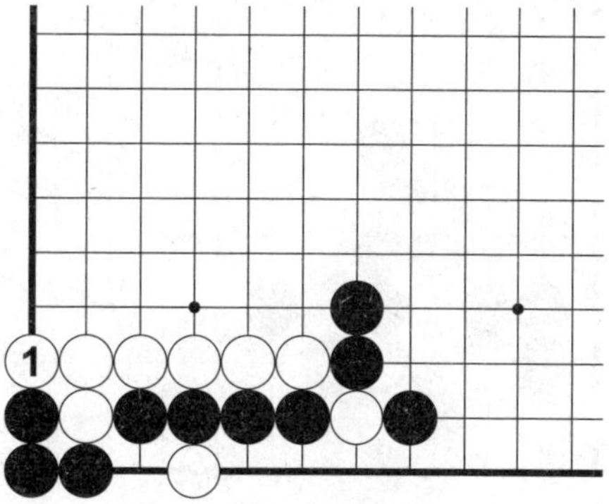

第 760 题

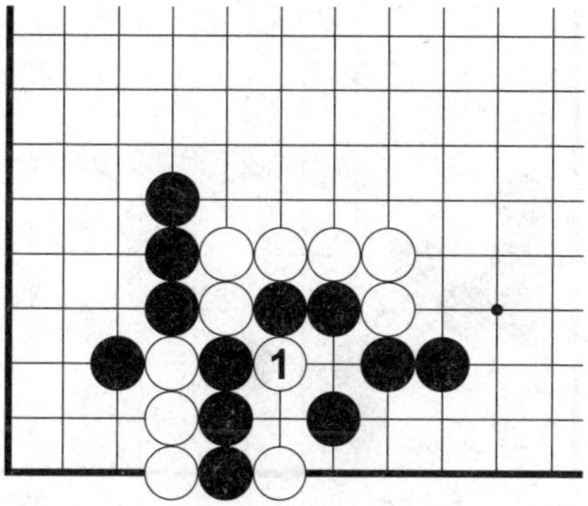

第 761 题

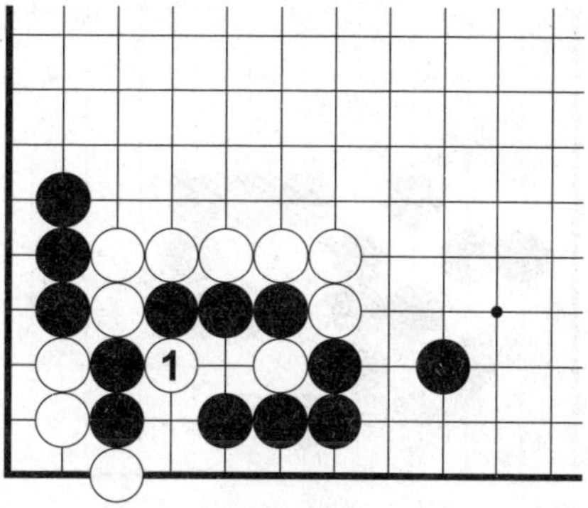

第 762 题

日期	年　月　日	得分		签名	

第五单元 综合运用（一）

黑先，黑棋怎样走才能吃掉白棋的棋筋？请写出必要的过程。

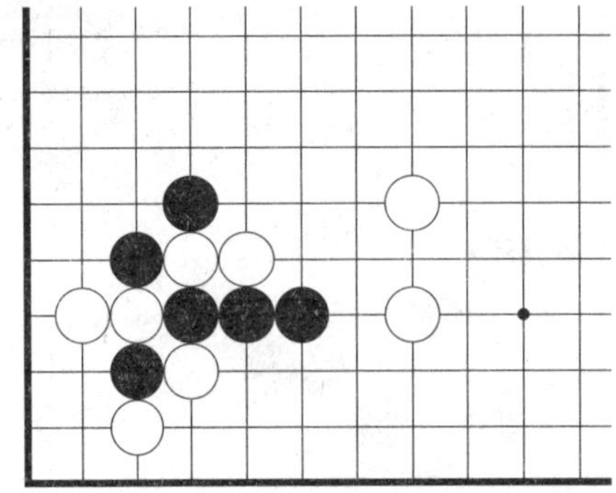

第 763 题

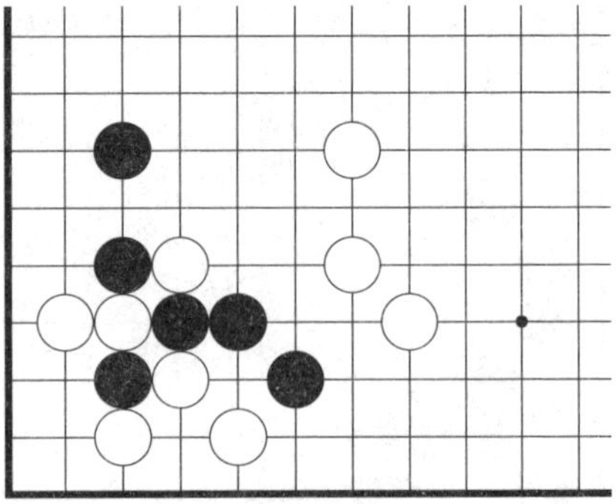

第 764 题

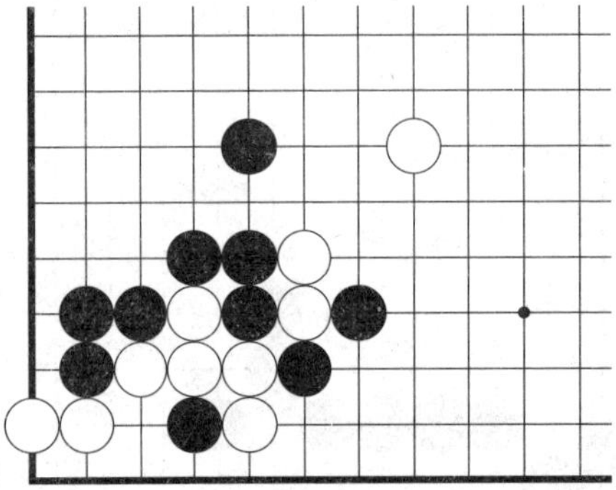

第 765 题

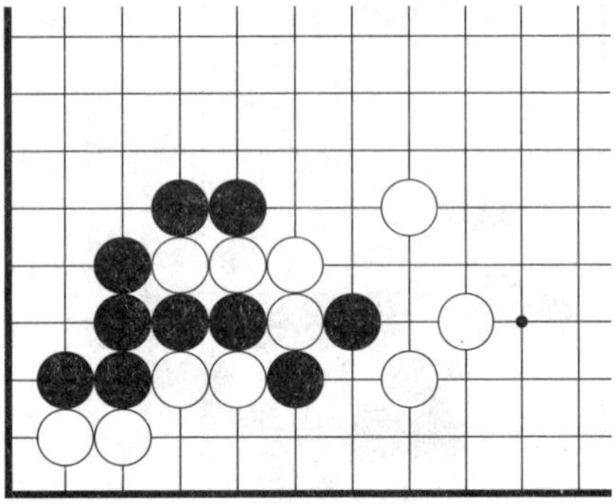

第 766 题

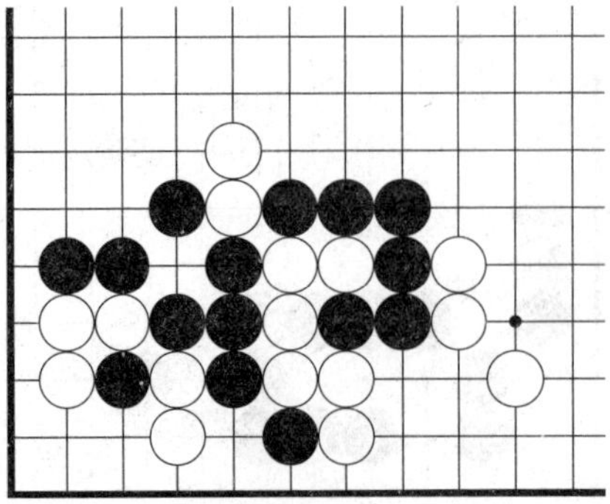

第 767 题

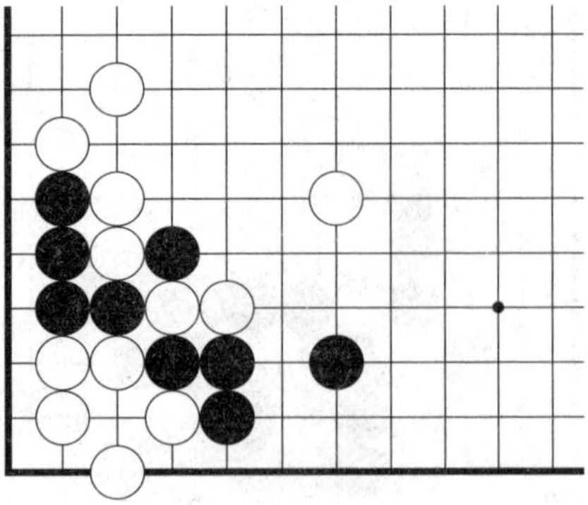

第 768 题

日 期	年 月 日	得 分		签 名	

第五单元

综合运用（二）

黑先，黑棋怎样走才能吃掉白棋的棋筋？请写出必要的过程。

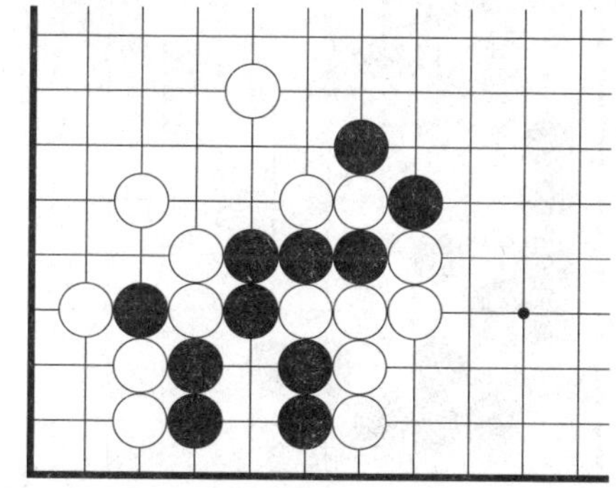

第 769 题

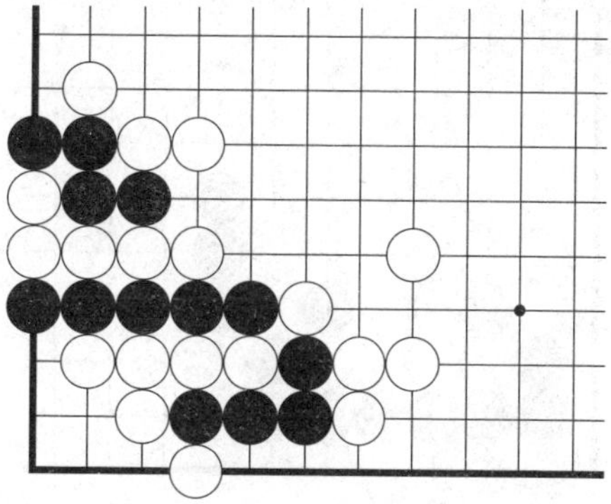

第 770 题

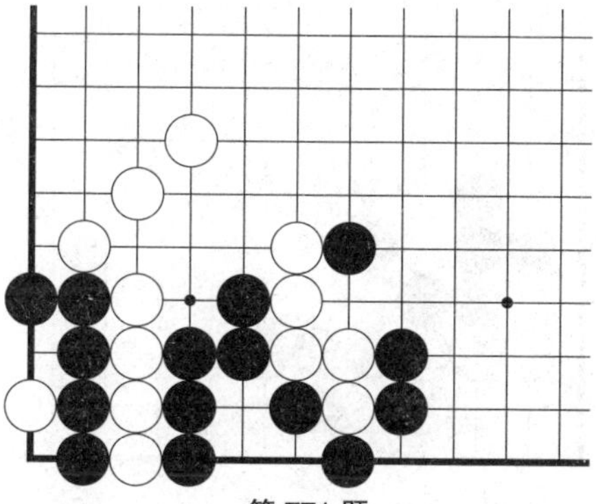

第 771 题

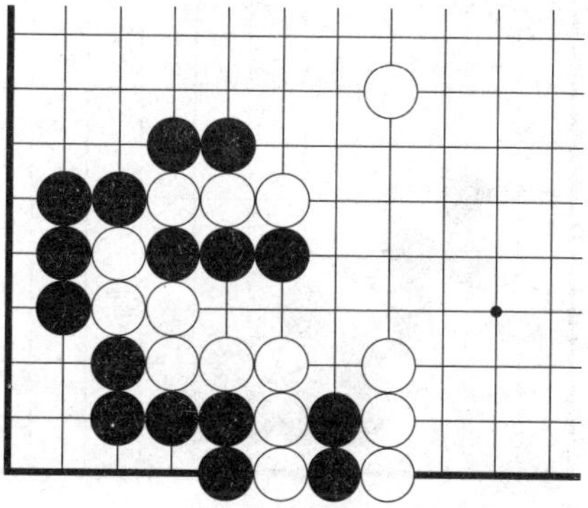

第 772 题

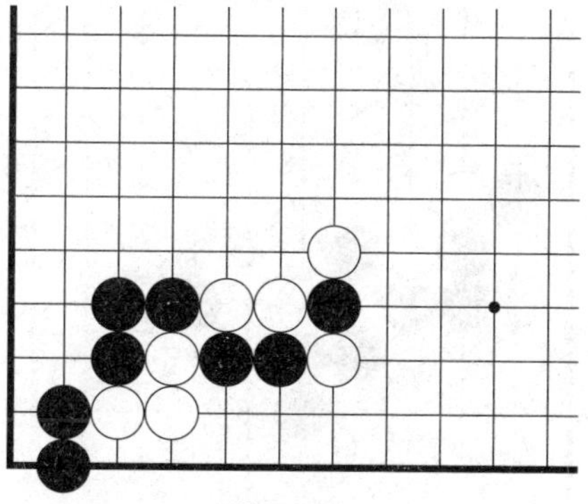

第 773 题

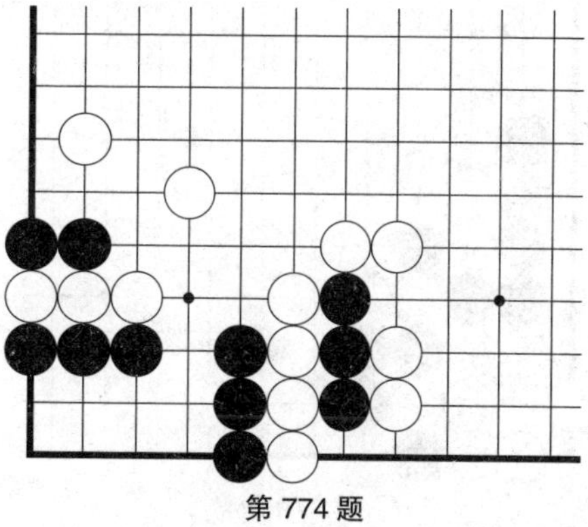

第 774 题

日期	年　月　日	得分		签名	

第五单元　综合运用（三）

黑先，黑棋怎样走才能吃掉白棋的棋筋？请写出必要的过程。

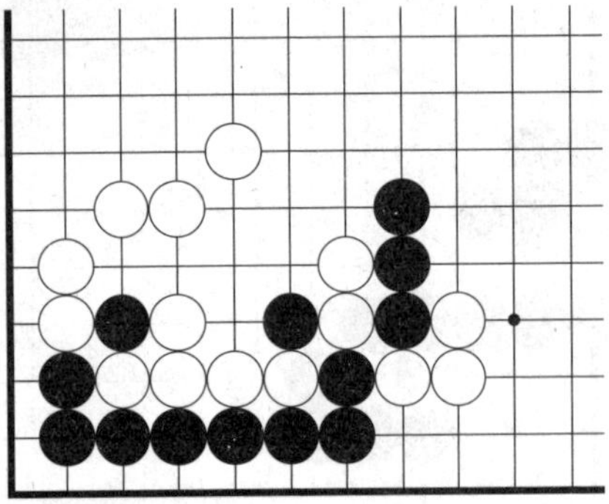

第 775 题

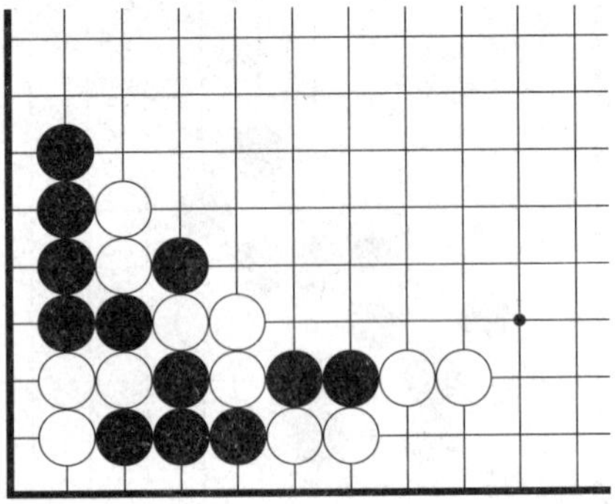

第 776 题

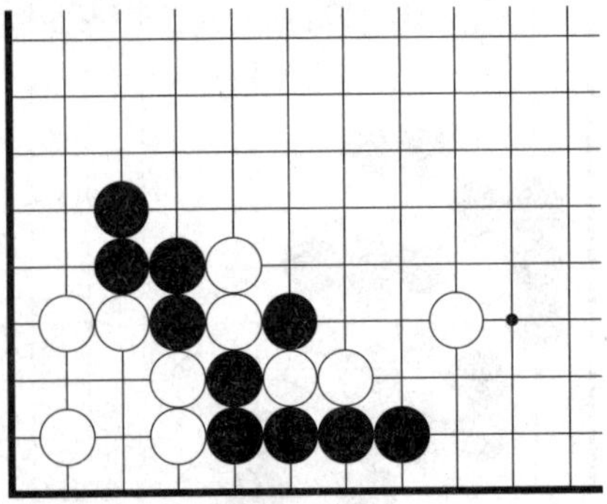

第 777 题

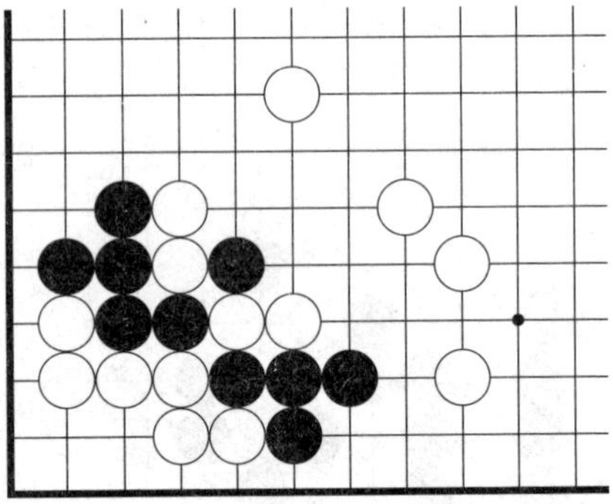

第 778 题

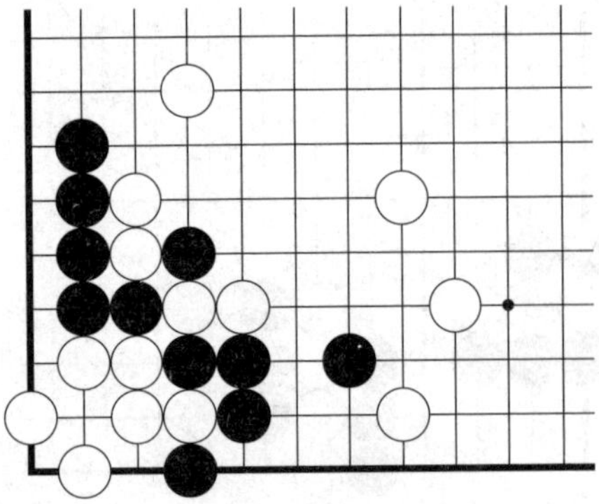

第 779 题

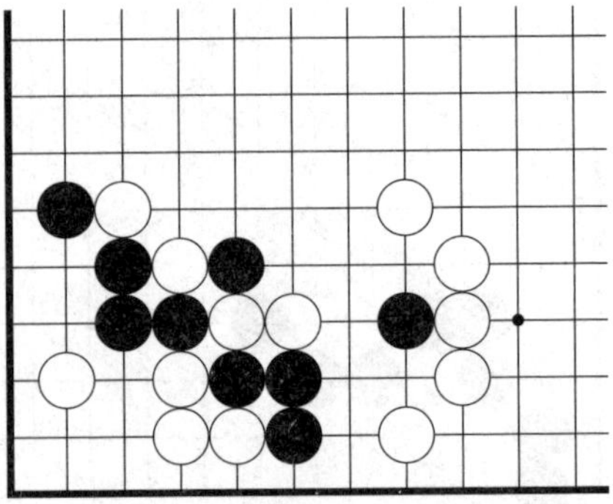

第 780 题

日 期	年　月　日	得 分		签 名	

答案

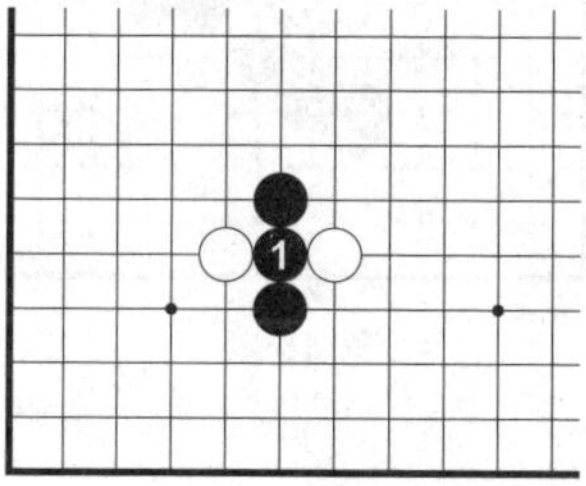

第 1 题

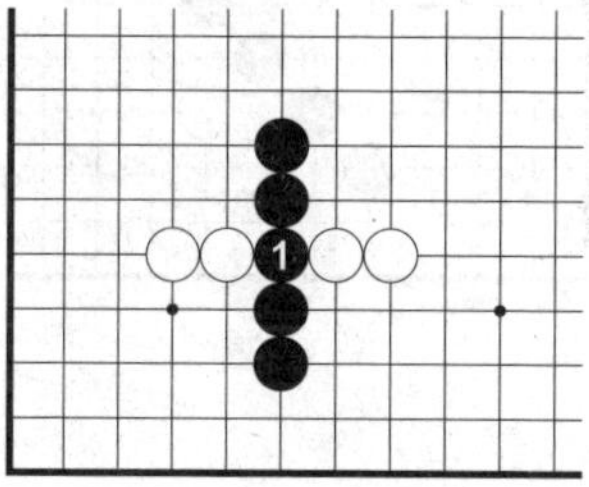

第 2 题

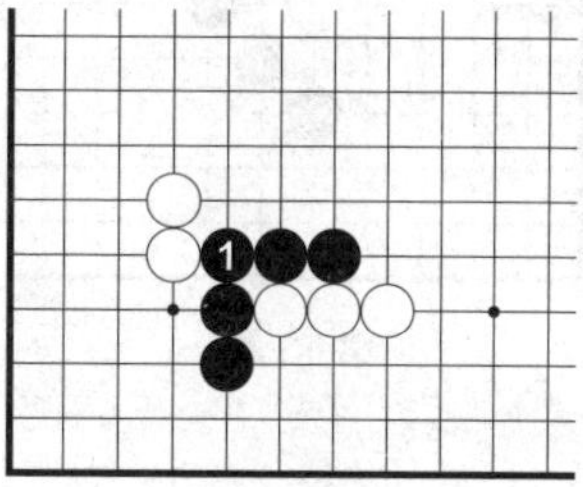

第 3 题

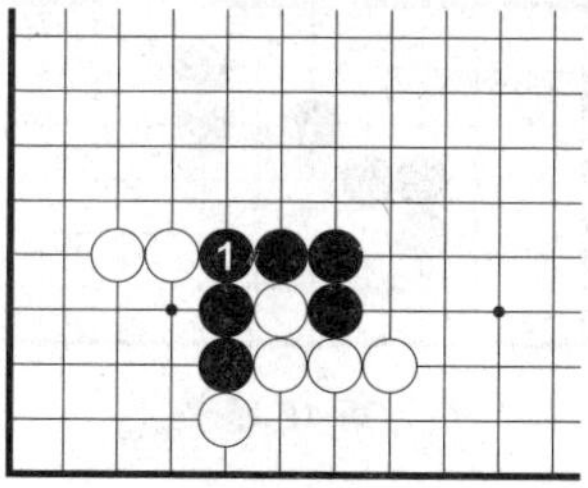

第 4 题

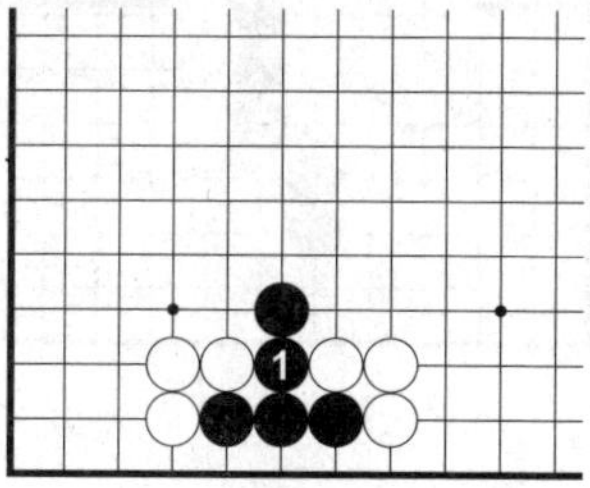

第 5 题

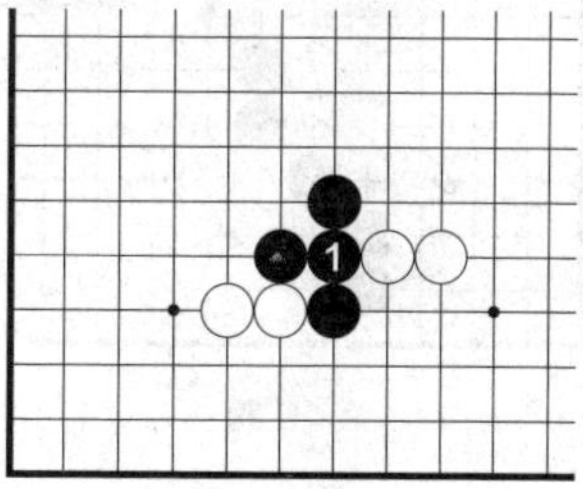

第 6 题

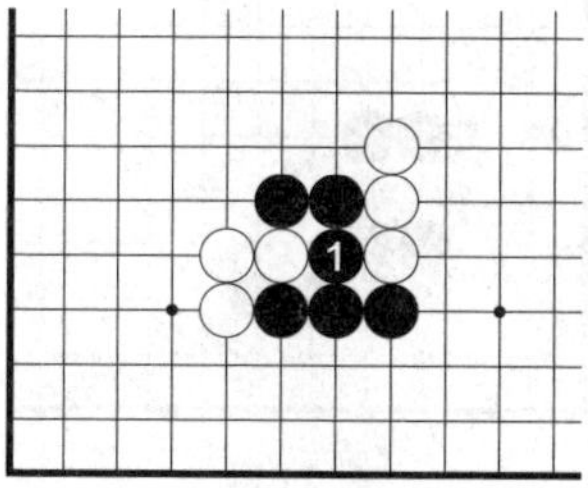

第 7 题

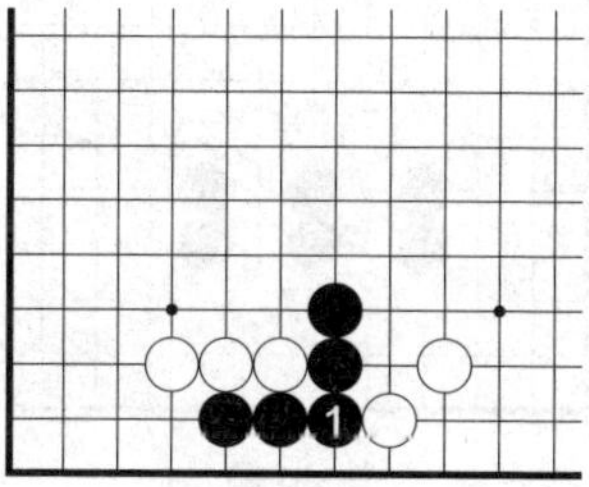

第 8 题

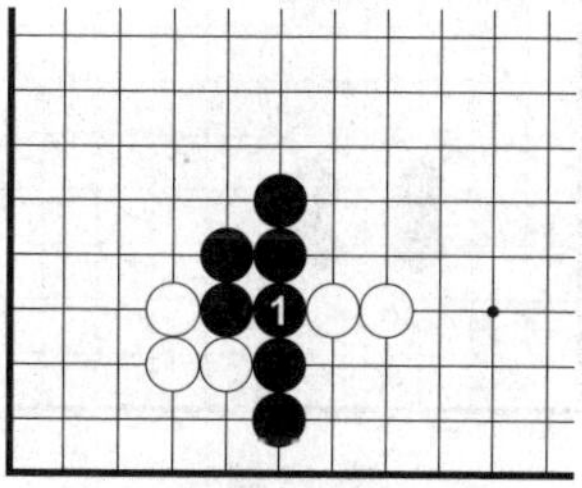

第 9 题

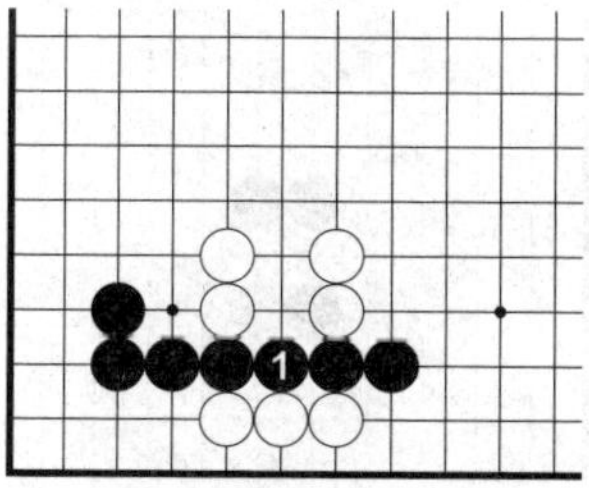

第 10 题

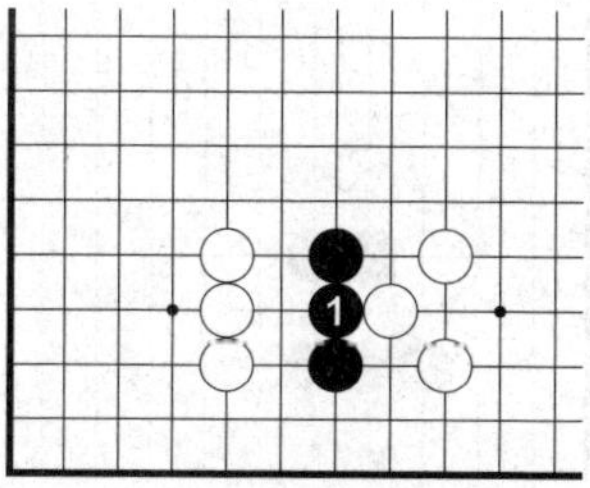

第 11 题

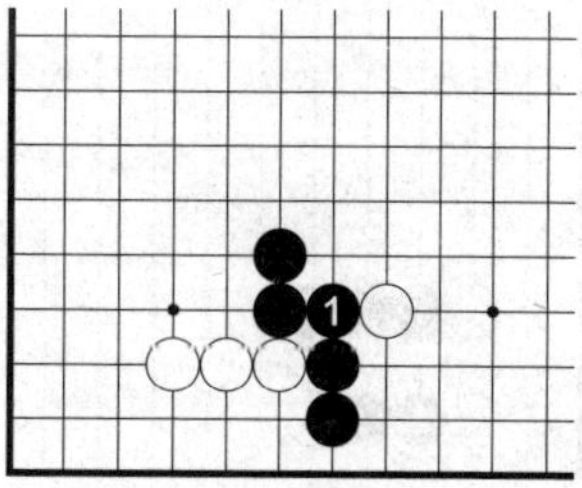

第 12 题

第一单元答案

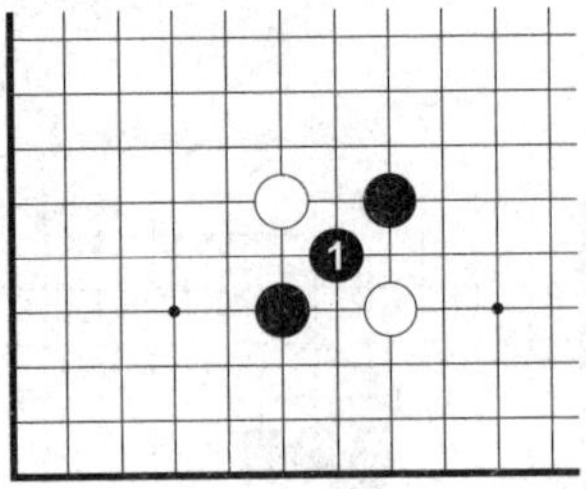

第 13 题

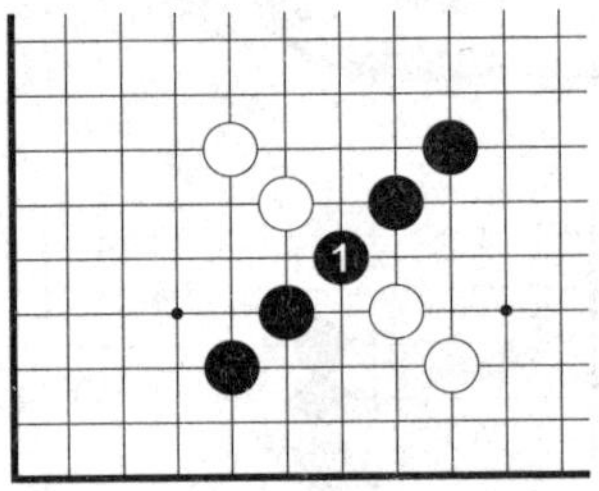

第 14 题

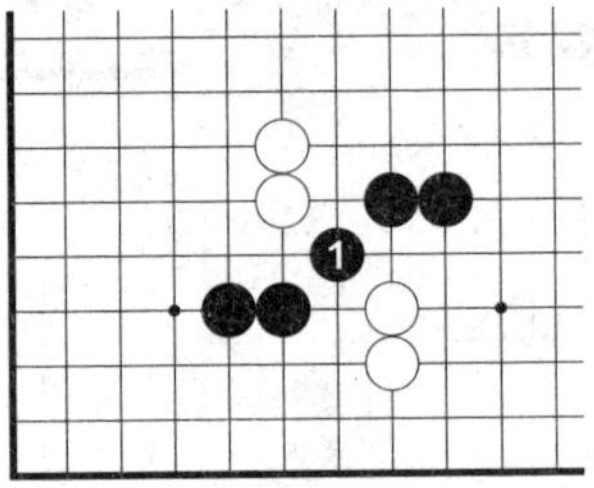

第 15 题

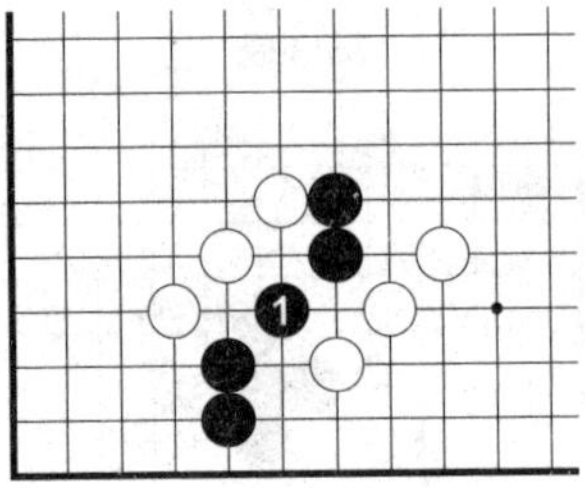

第 16 题

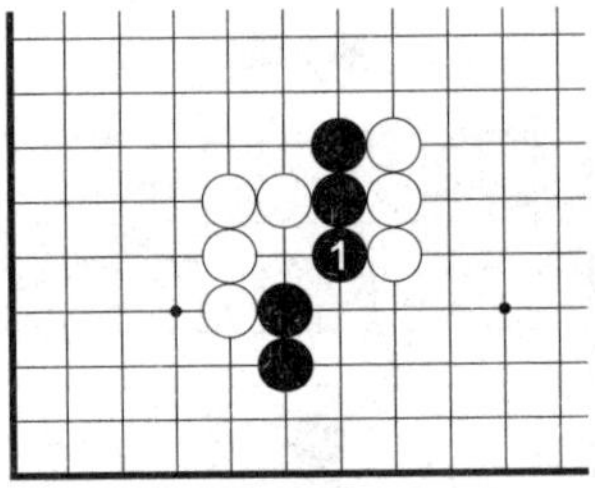

第 17 题

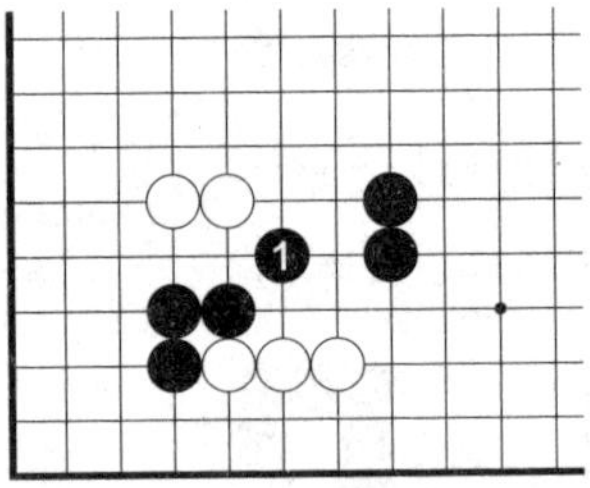

第 18 题

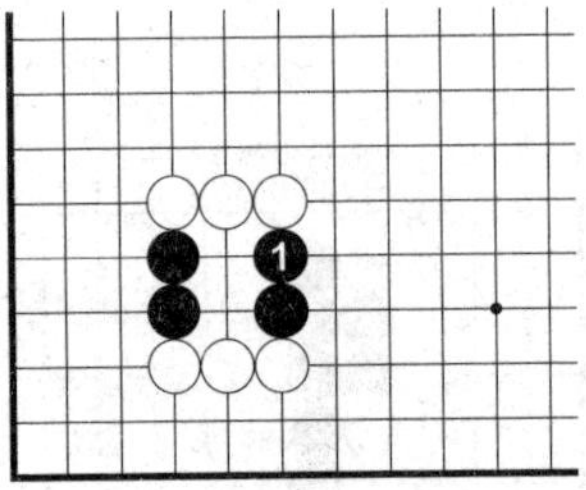

第 19 题

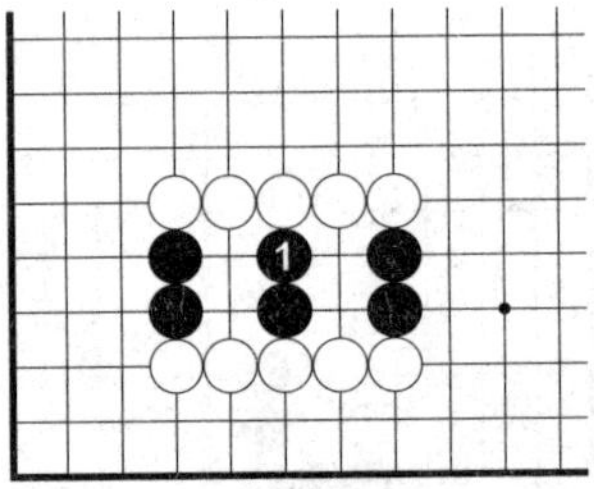

第 20 题

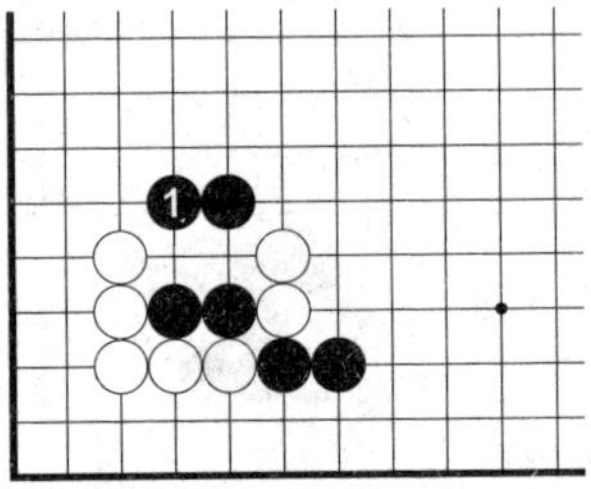

第 21 题

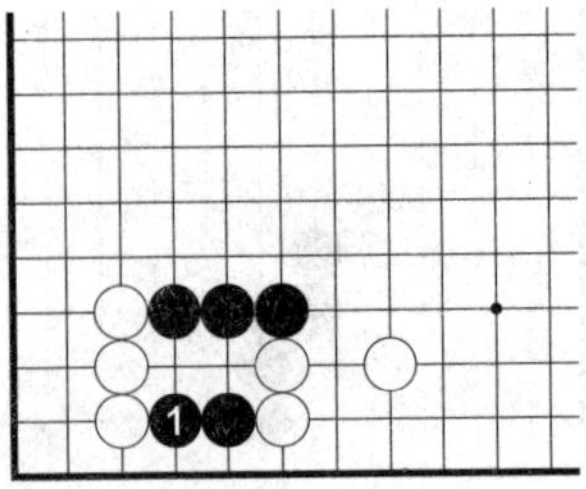

第 22 题

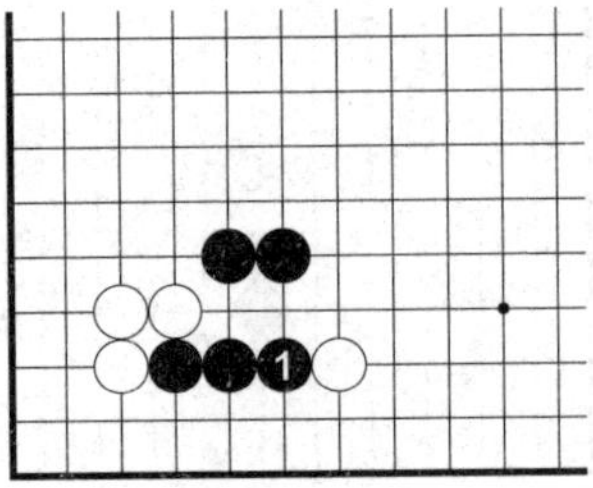

第 23 题

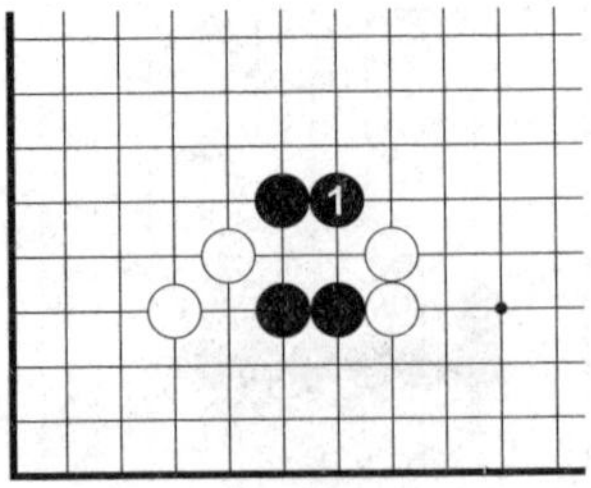

第 24 题

第一单元答案

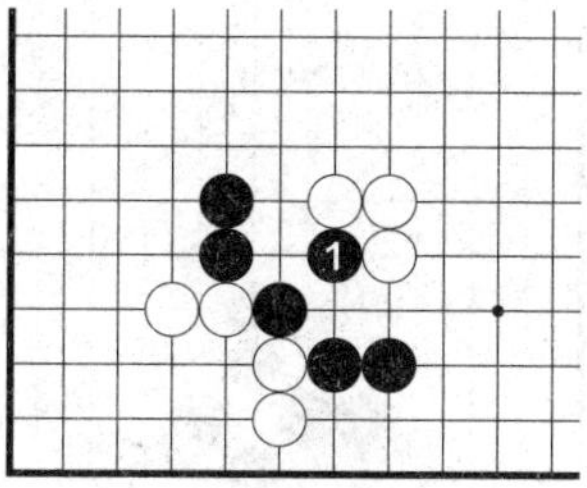

第 25 题

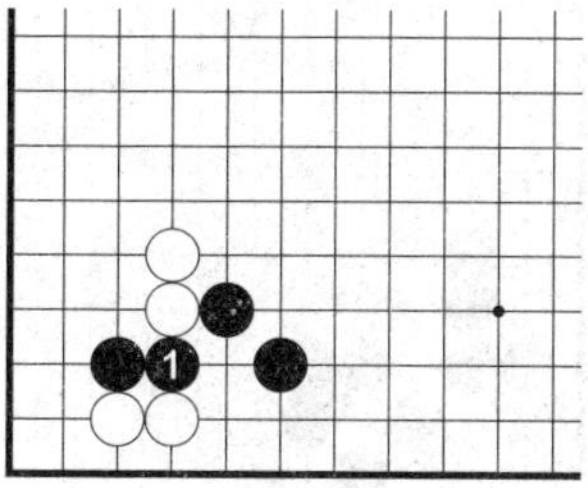

第 26 题

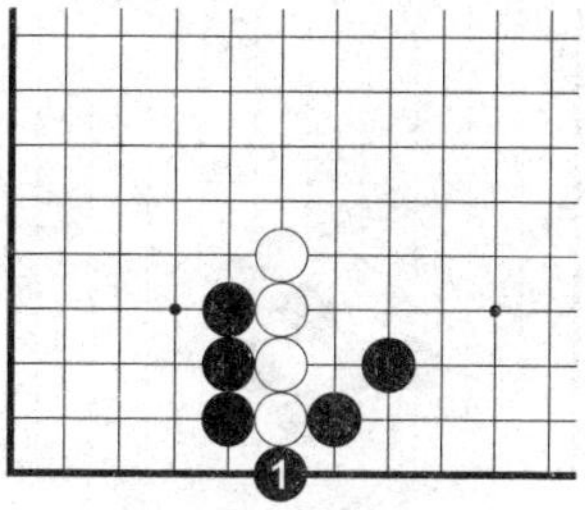

第 27 题

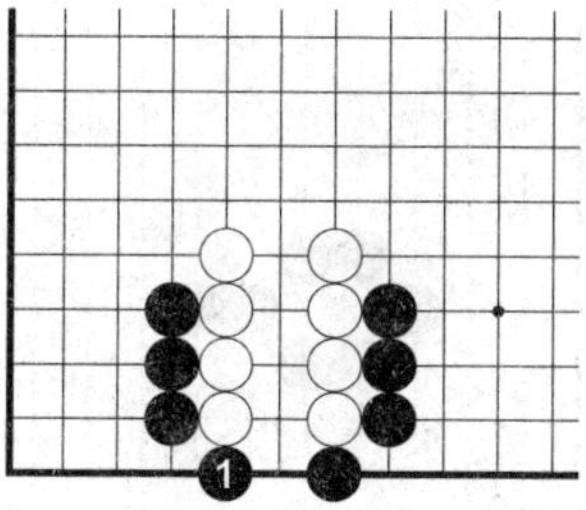

第 28 题

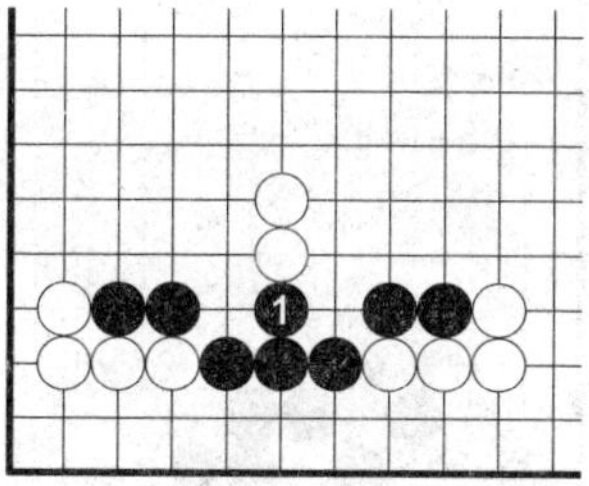

第 29 题

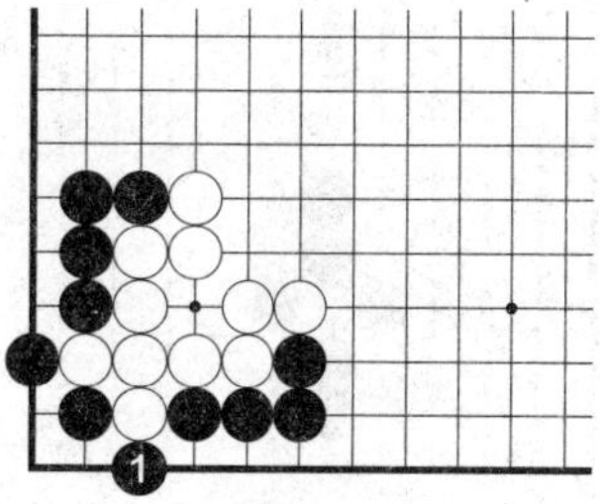

第 30 题

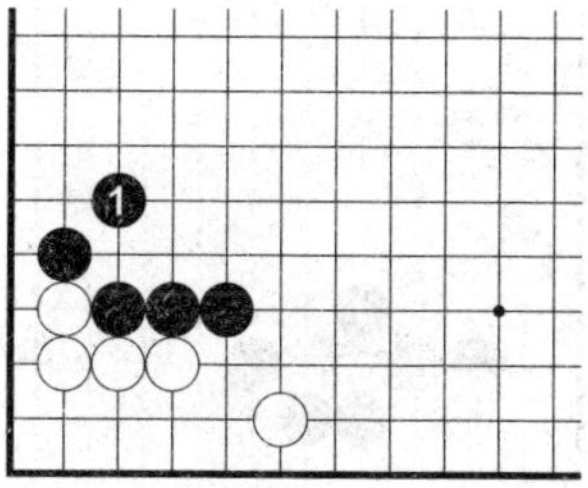

第 31 题

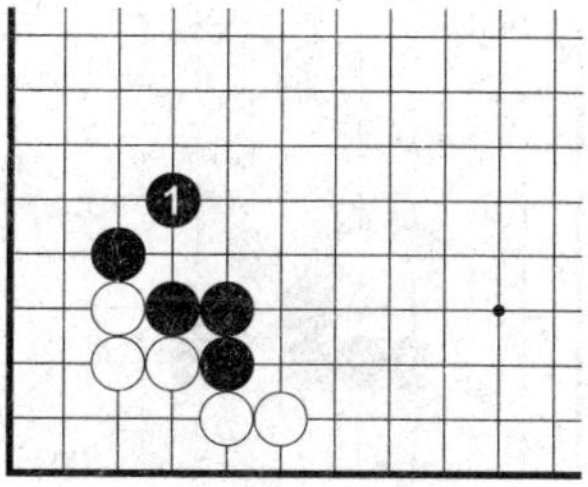

第 32 题

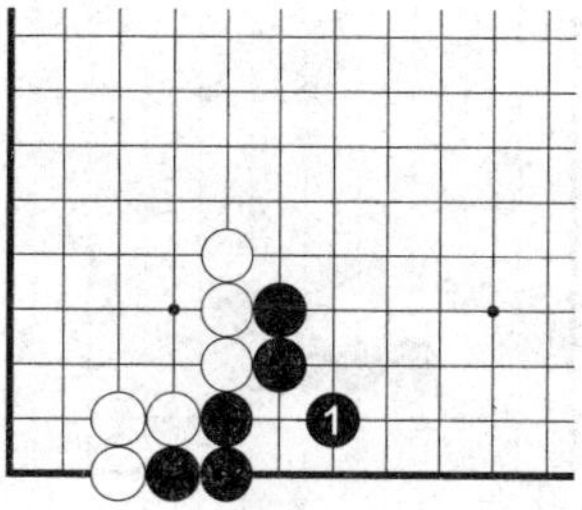

第 33 题

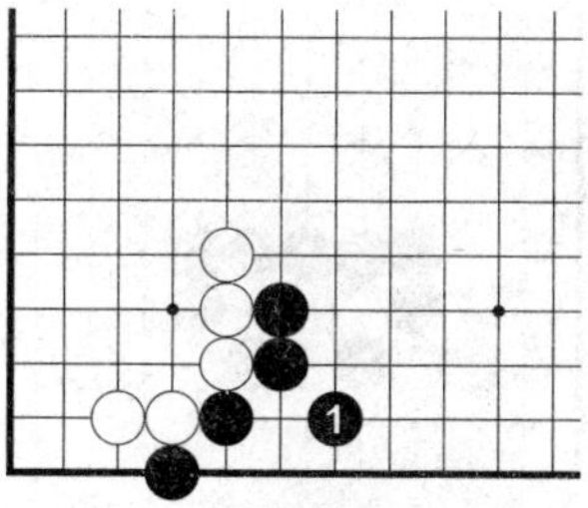

第 34 题

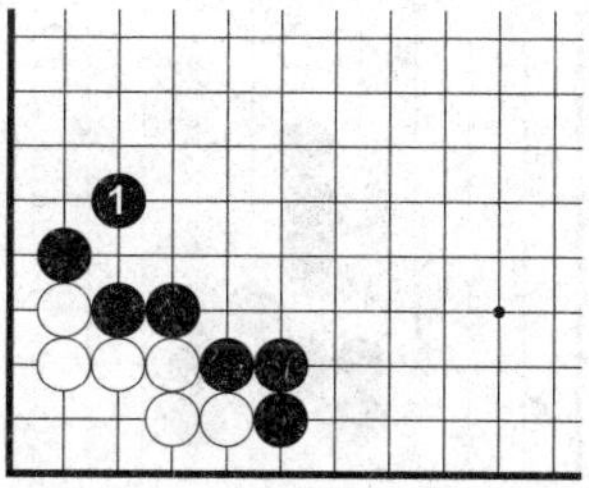

第 35 题

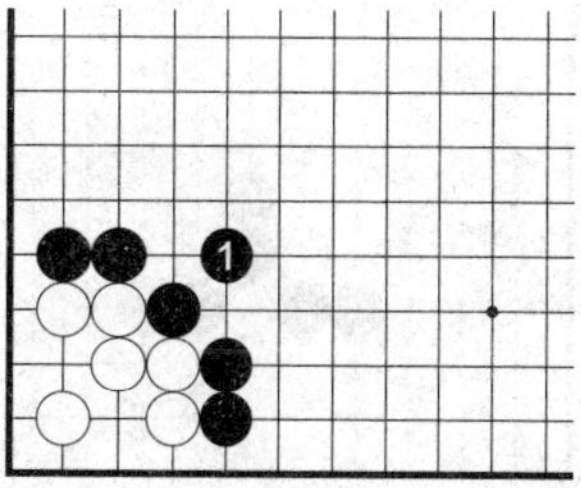

第 36 题

第一单元答案

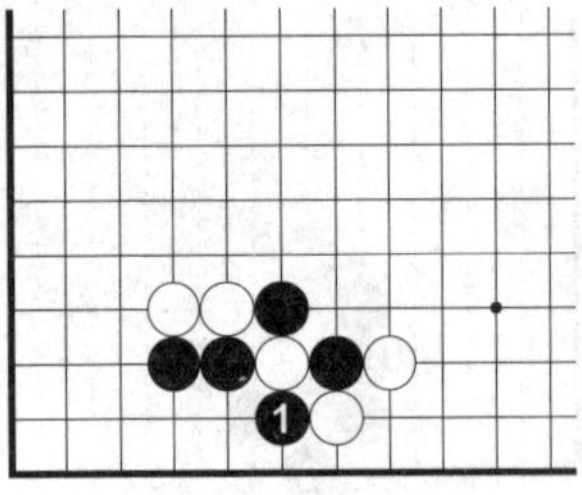

第 37 题

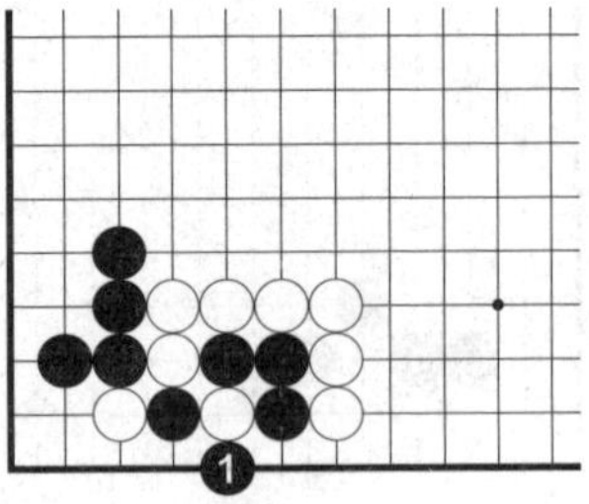

第 38 题

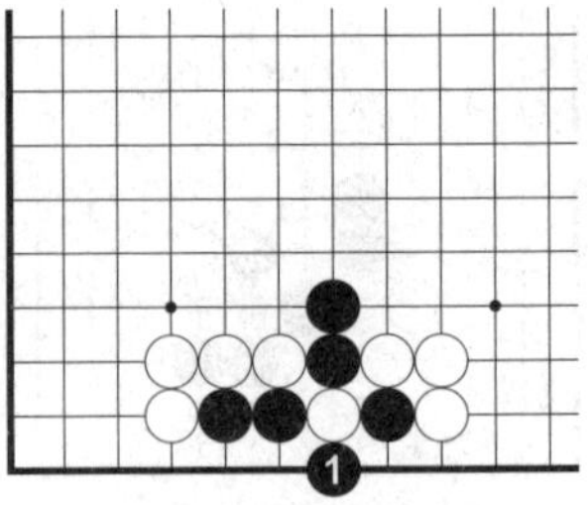

第 39 题

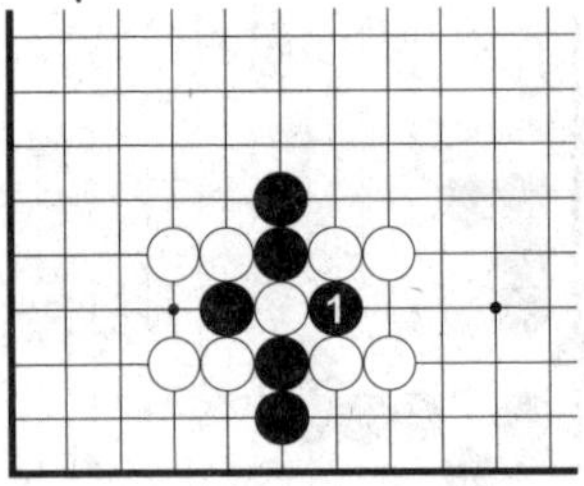

第 40 题

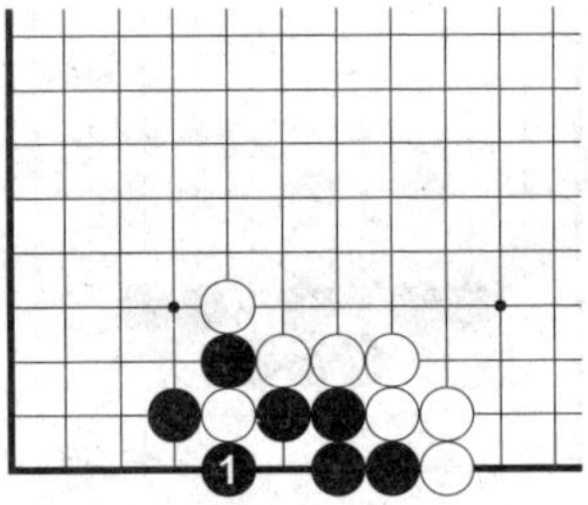

第 41 题

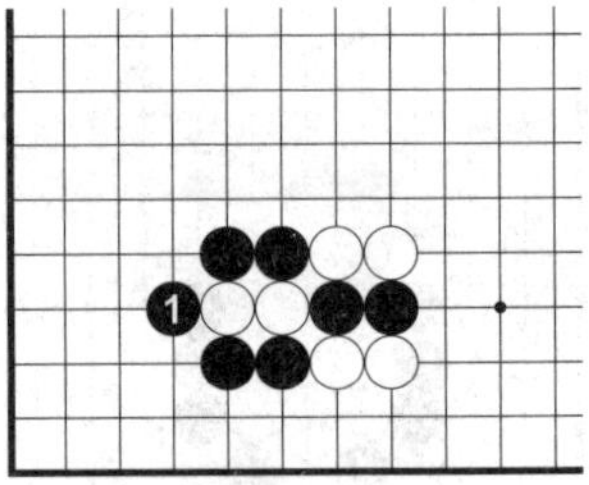

第 42 题

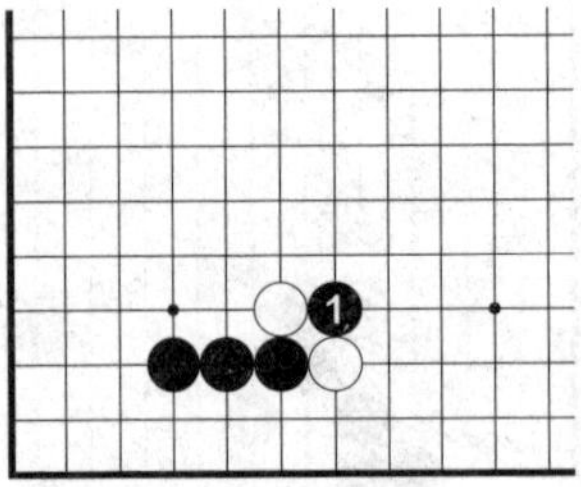

第 43 题

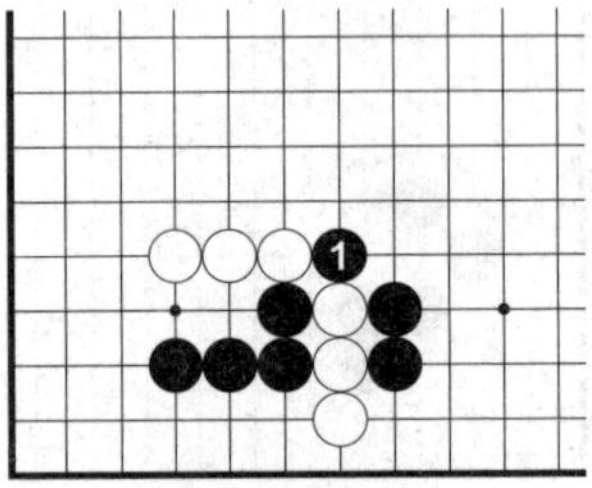

第 44 题

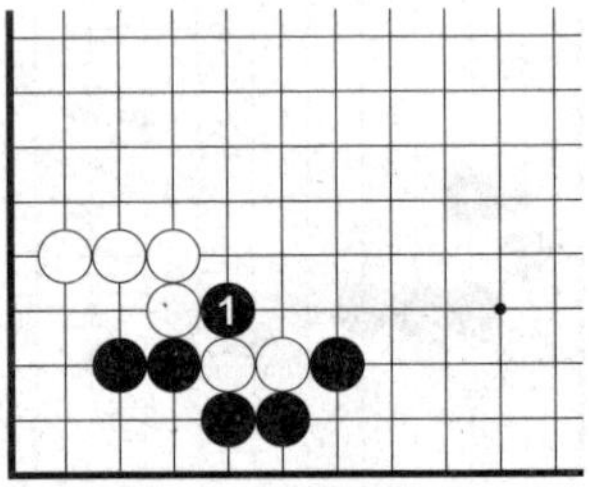

第 45 题

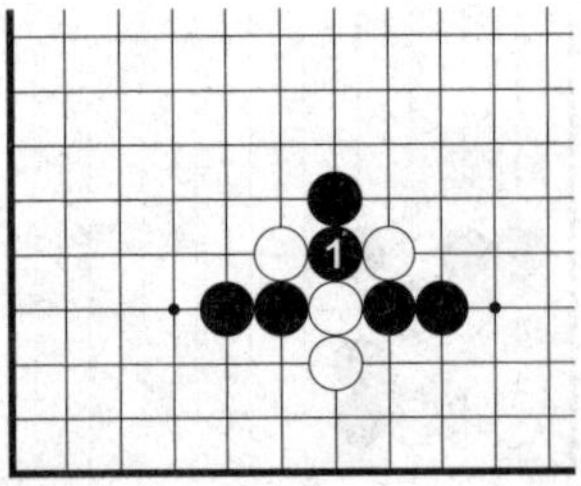

第 46 题

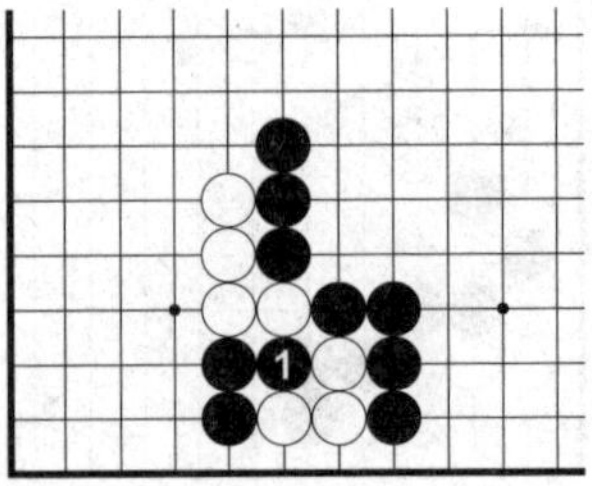

第 47 题

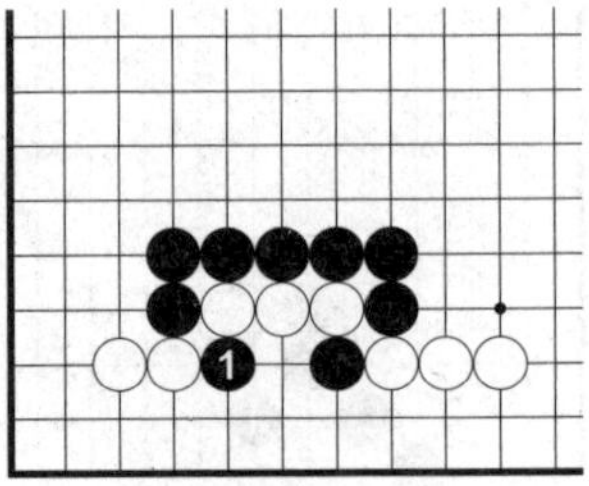

第 48 题

第一单元答案

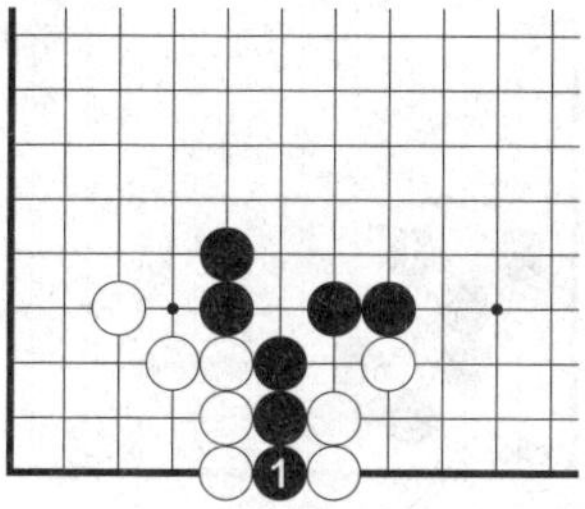
第 49 题

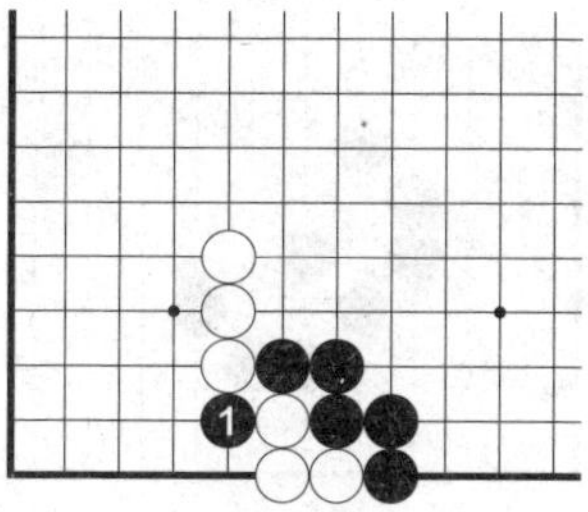
第 50 题

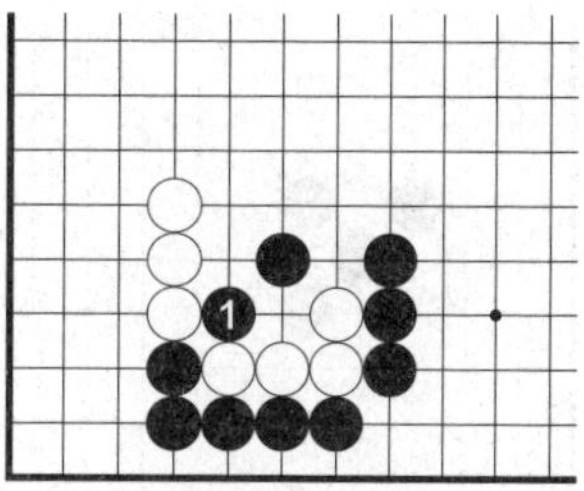
第 51 题

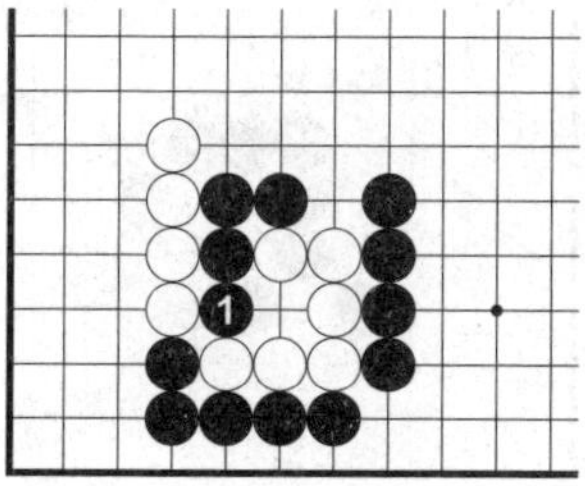
第 52 题

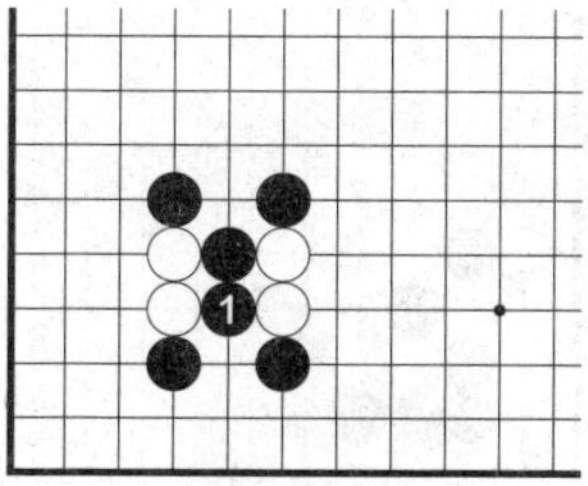
第 53 题

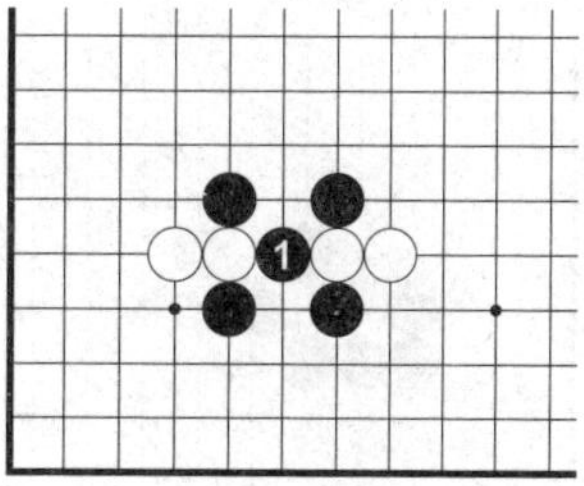
第 54 题

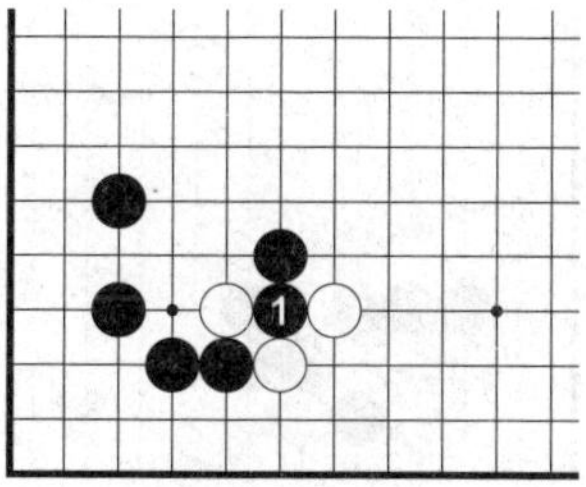
第 55 题

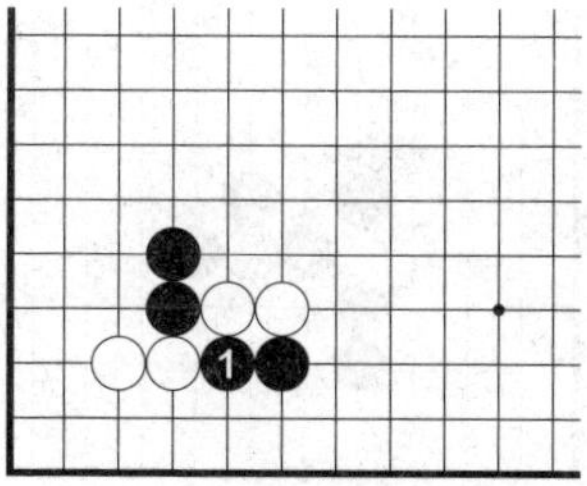
第 56 题

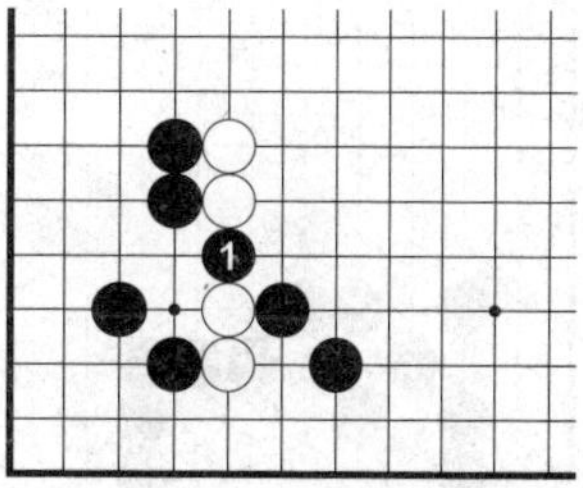
第 57 题

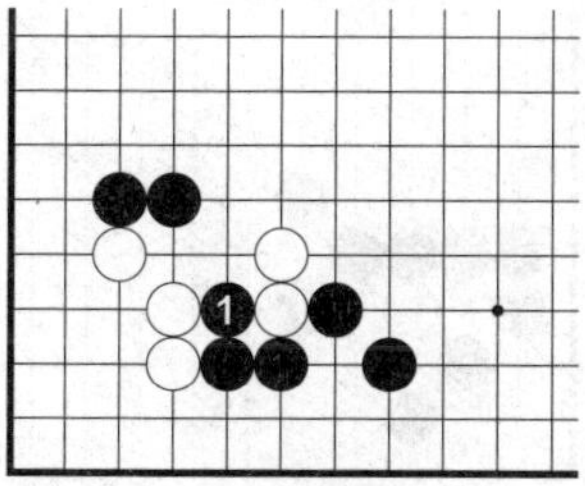
第 58 题

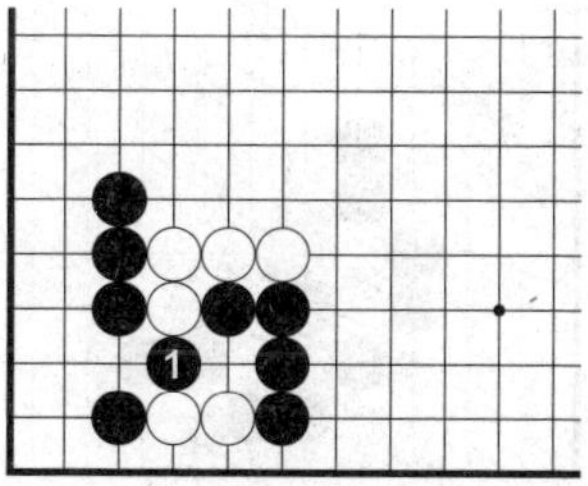
第 59 题

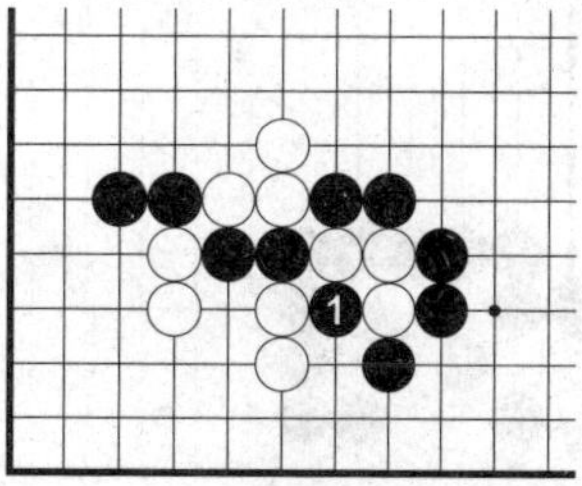
第 60 题

第二单元答案

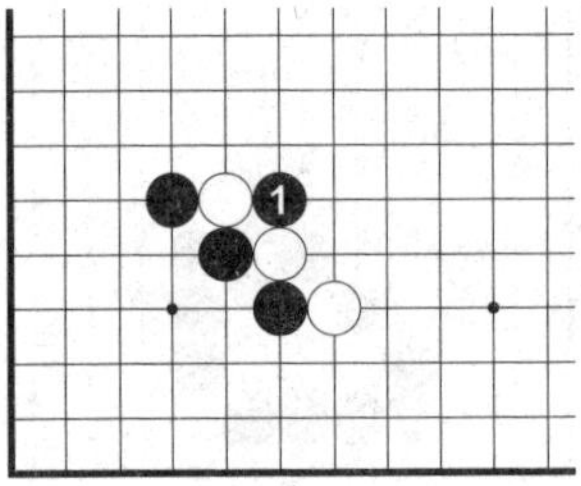
第 61 题

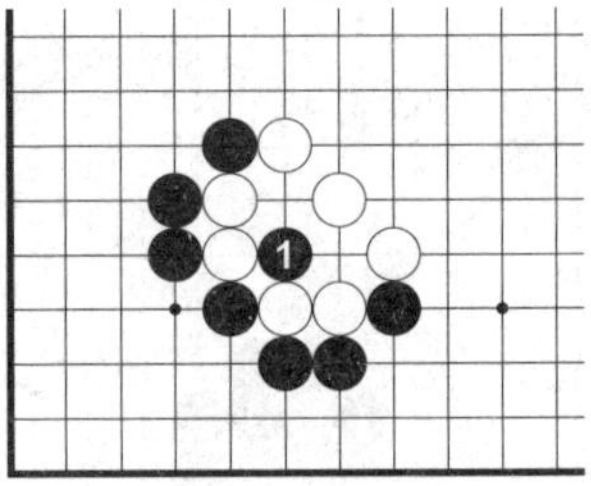
第 62 题

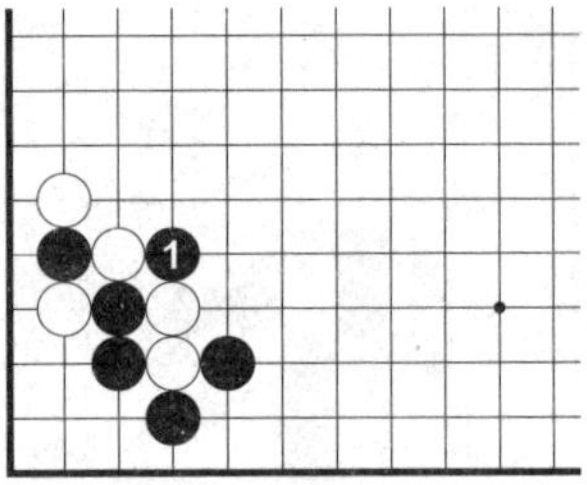
第 63 题

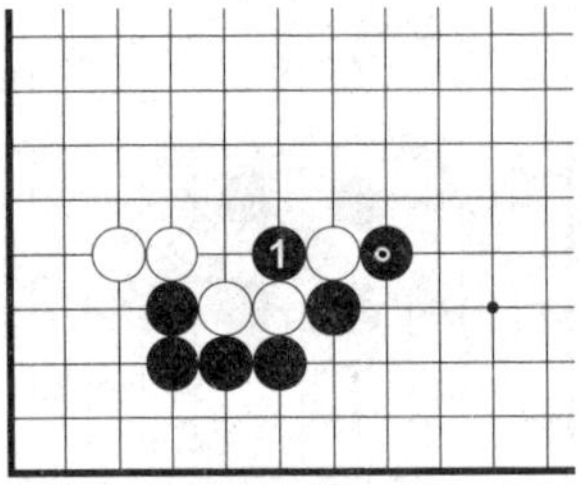
第 64 题

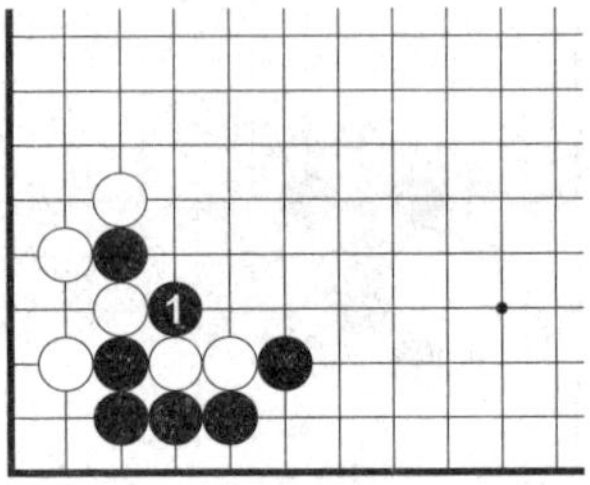
第 65 题

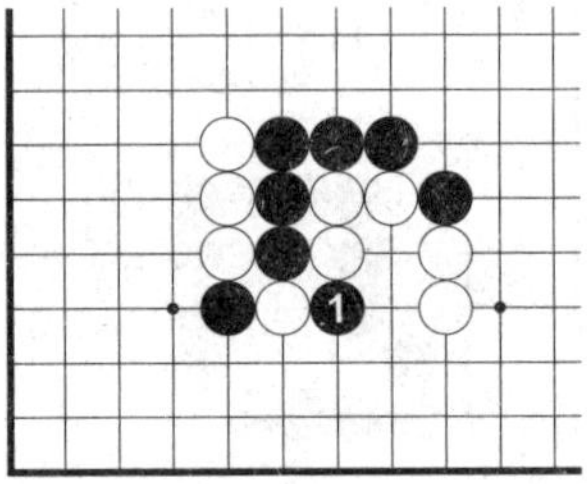
第 66 题

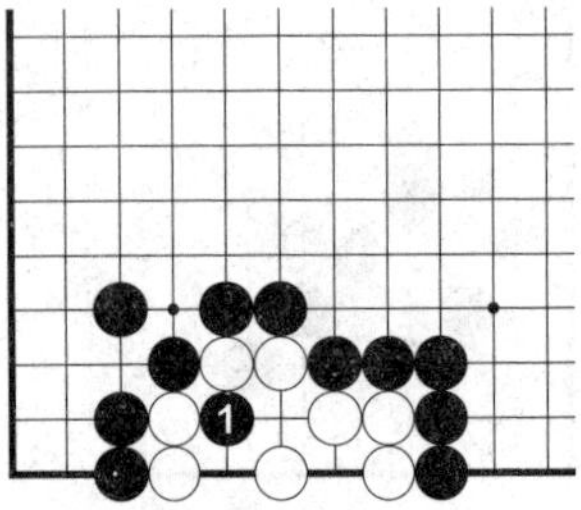
第 67 题

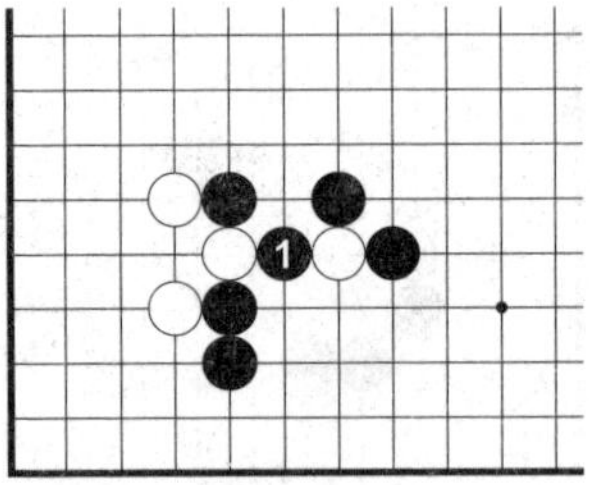
第 68 题

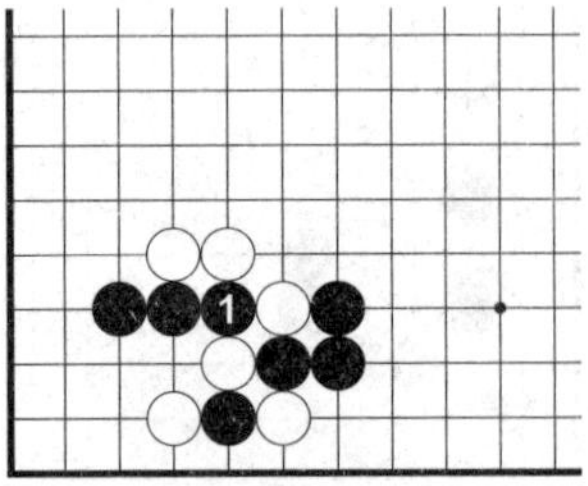
第 69 题

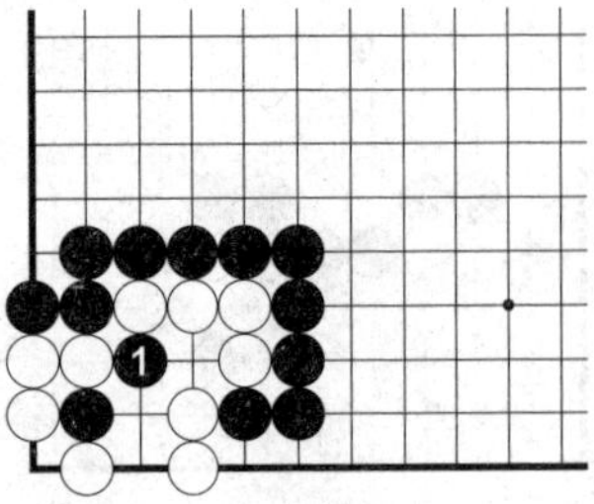
第 70 题

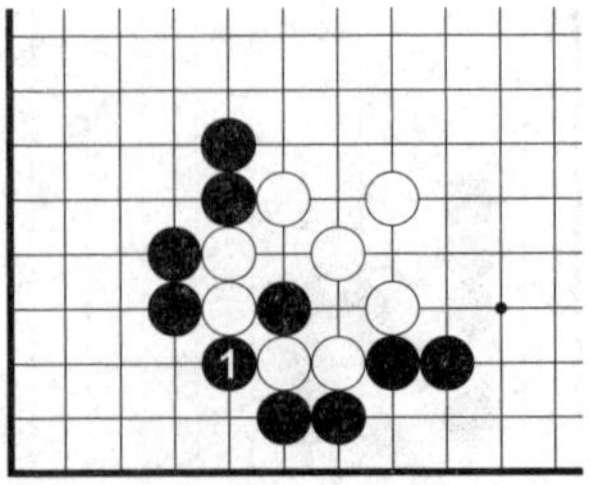
第 71 题

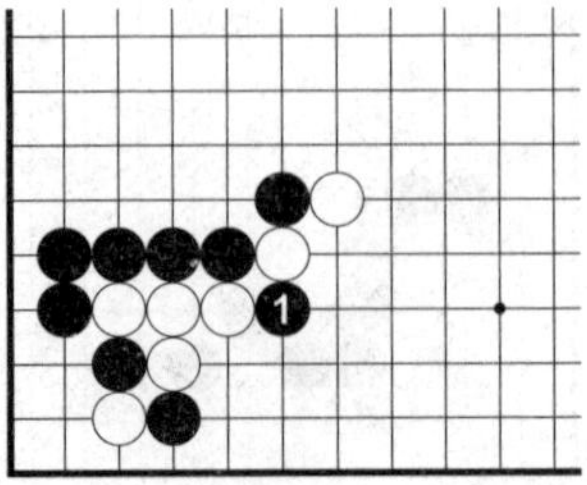
第 72 题

第二单元答案

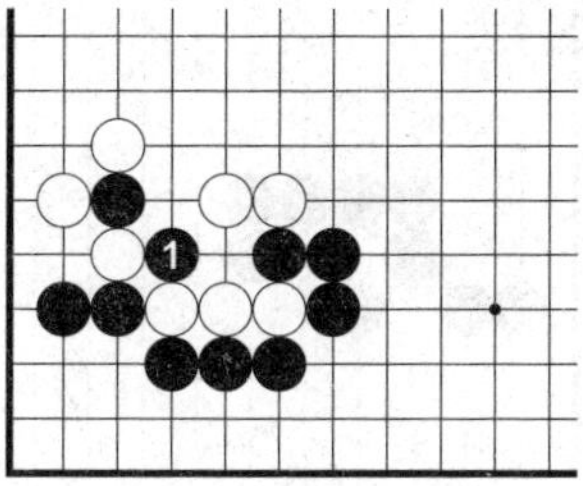

第 73 题

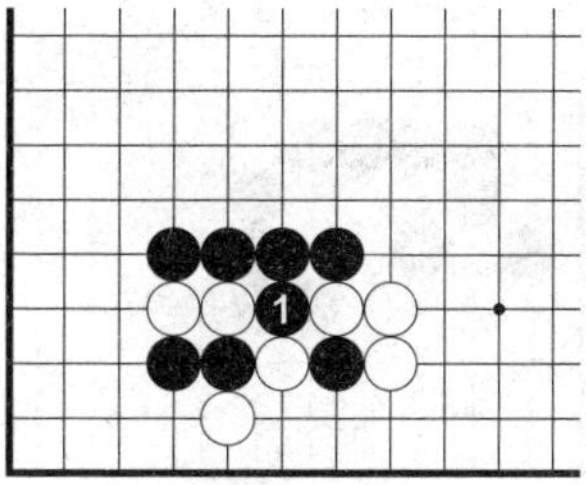

第 74 题

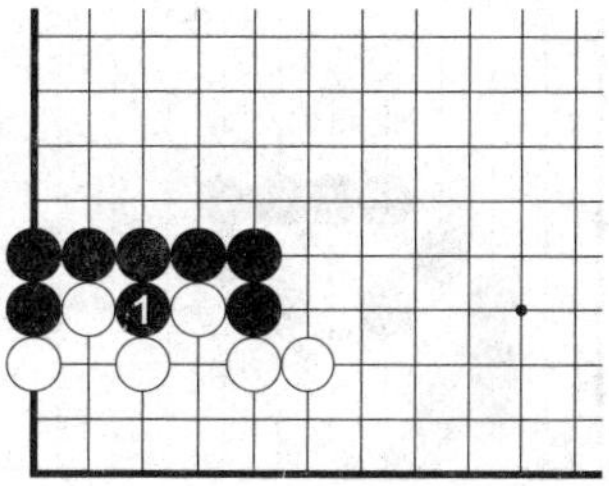

第 75 题

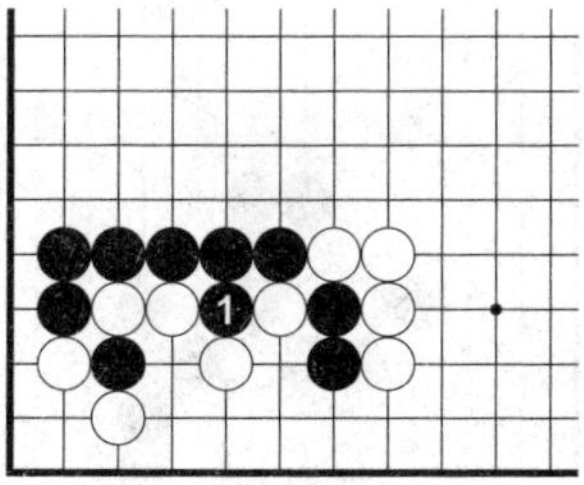

第 76 题

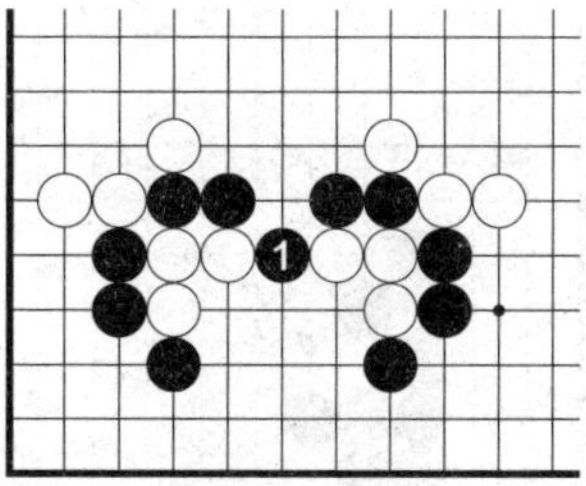

第 77 题

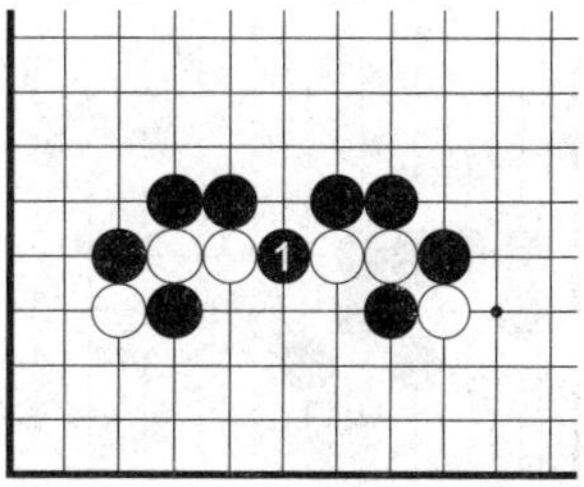

第 78 题

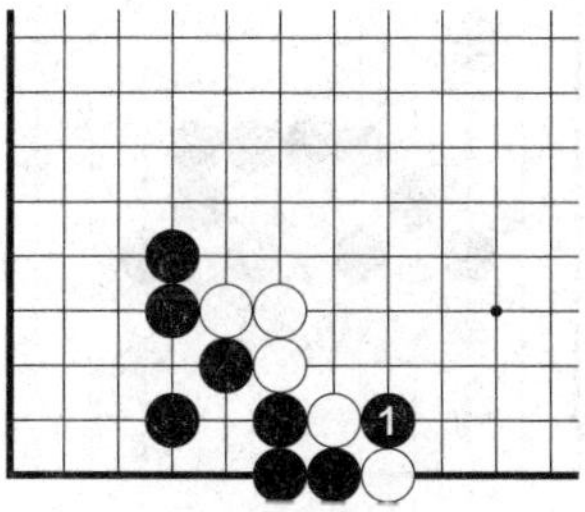

第 79 题

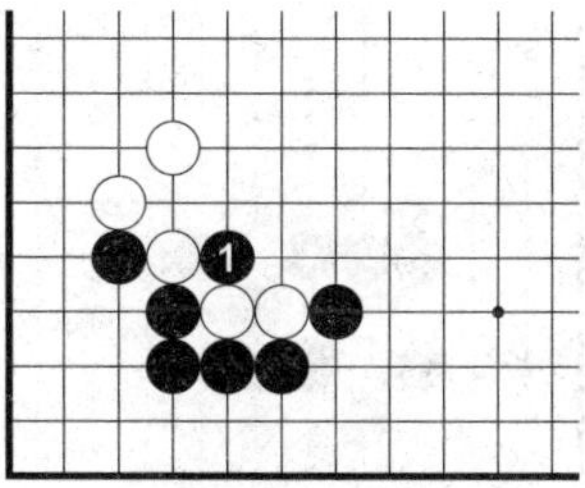

第 80 题

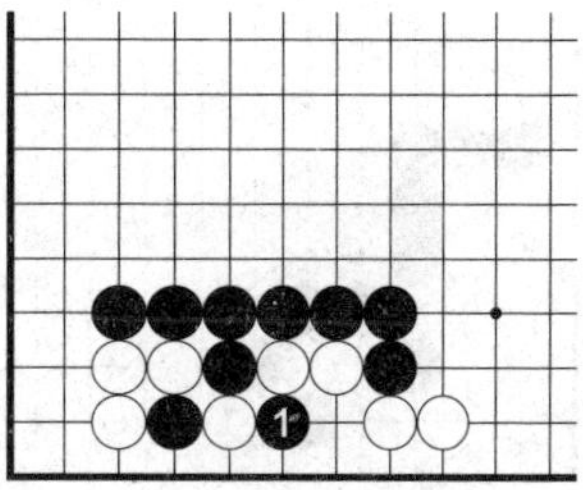

第 81 题

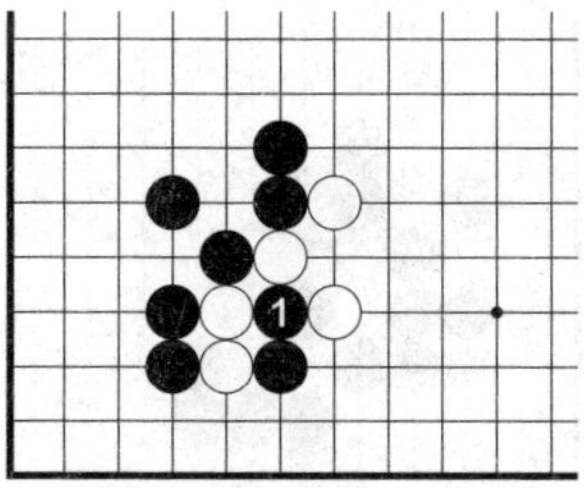

第 82 题

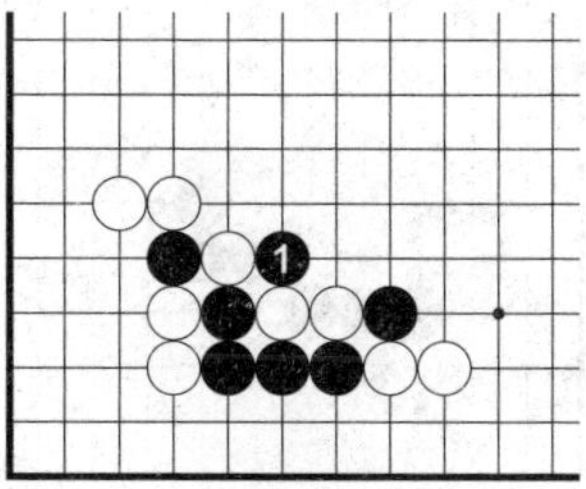

第 83 题

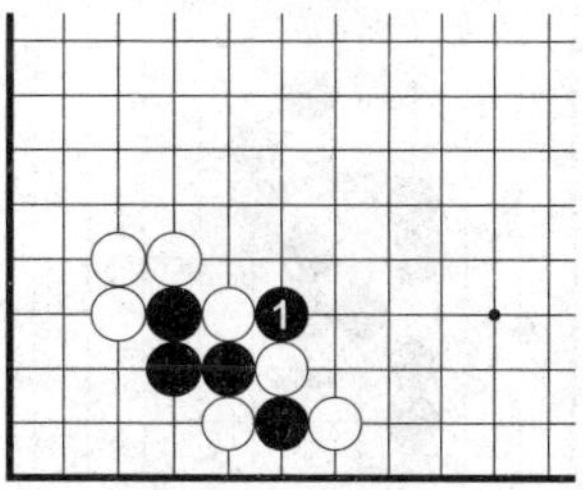

第 84 题

第二单元答案

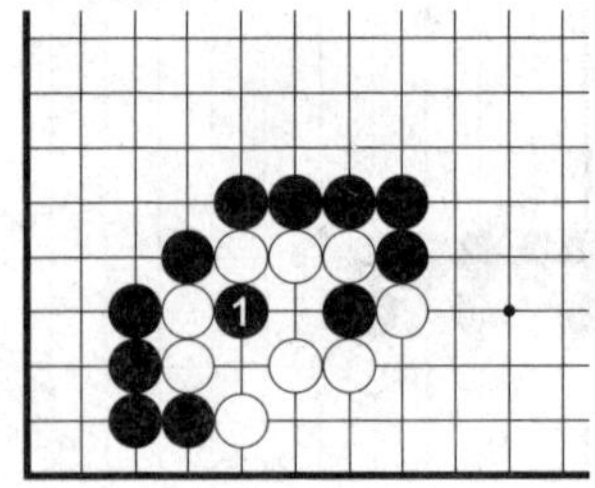

第 85 题

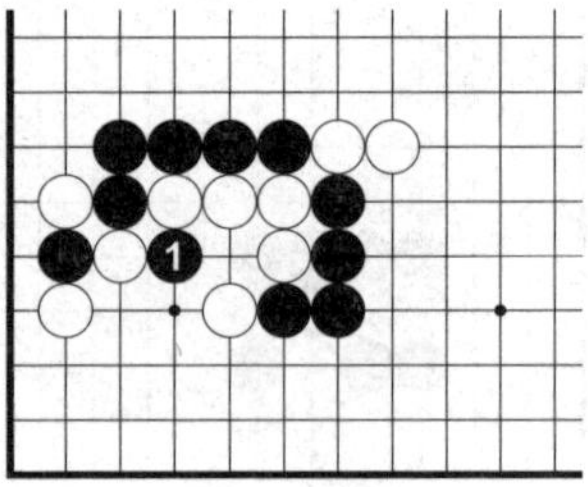

第 86 题

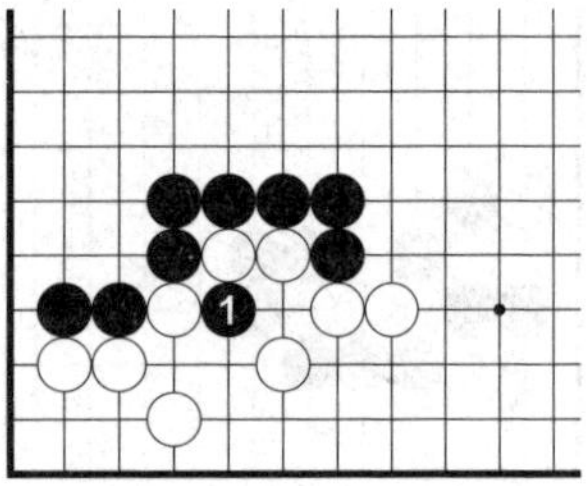

第 87 题

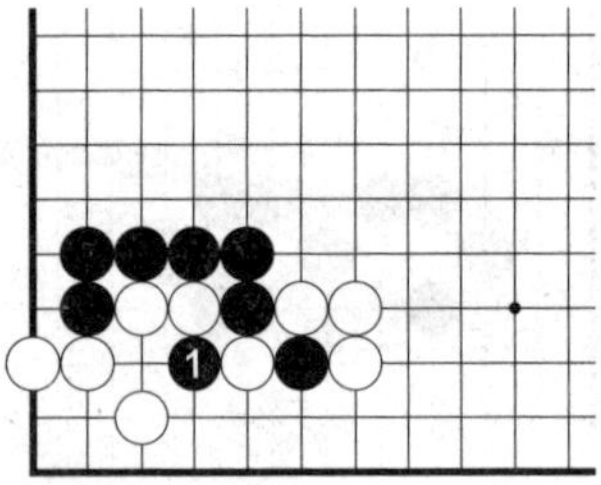

第 88 题

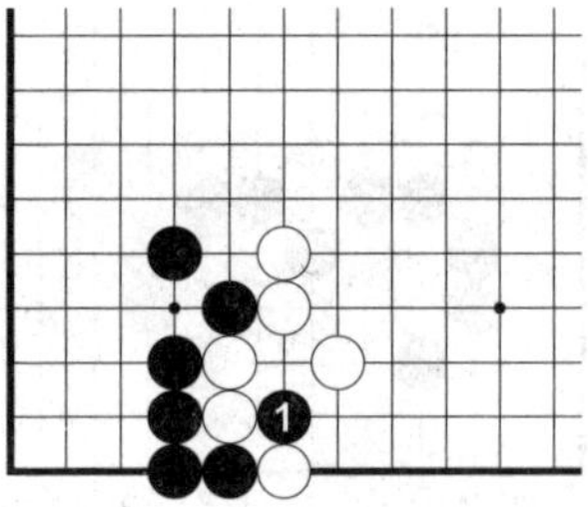

第 89 题

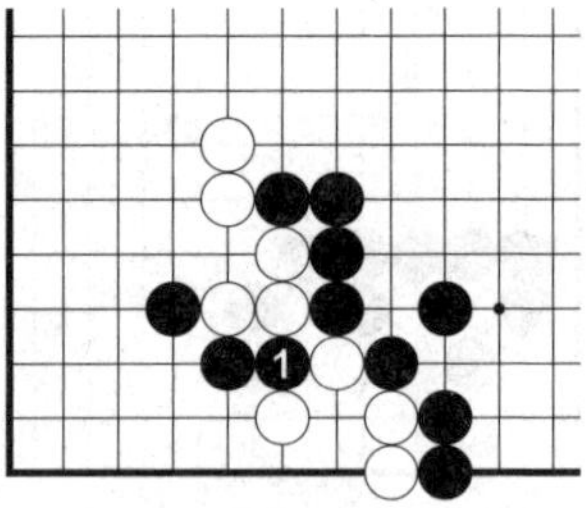

第 90 题

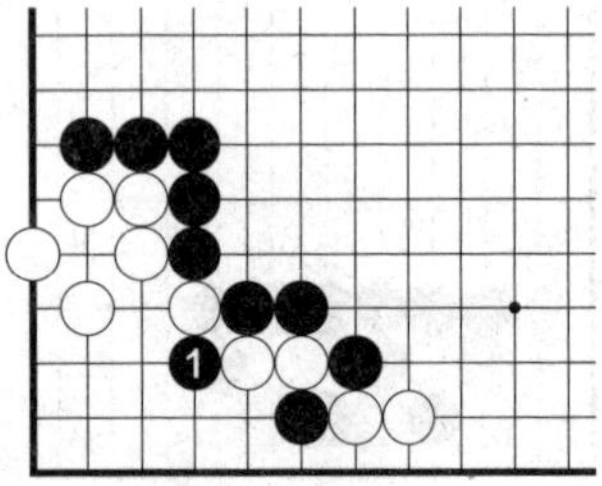

第 91 题

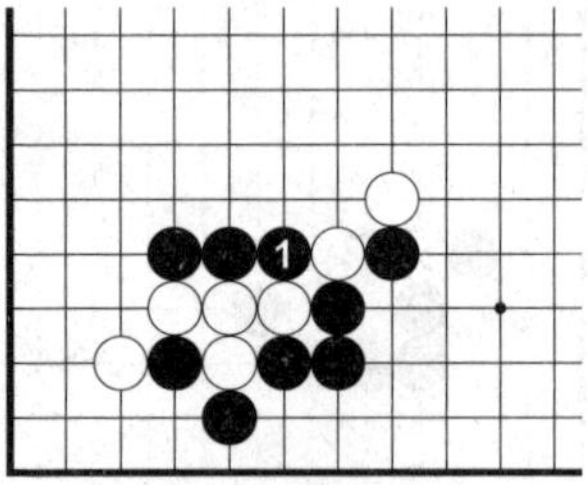

第 92 题

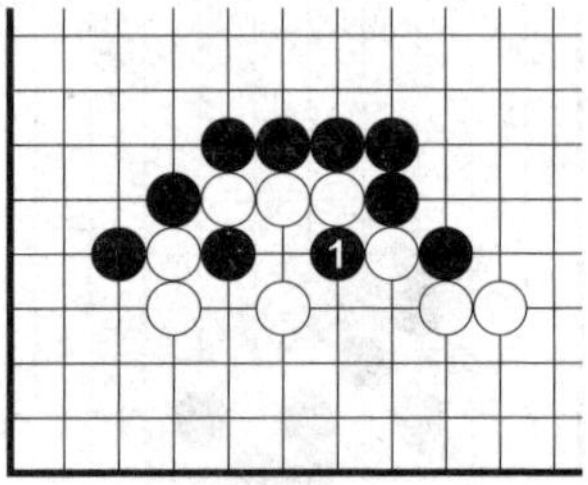

第 93 题

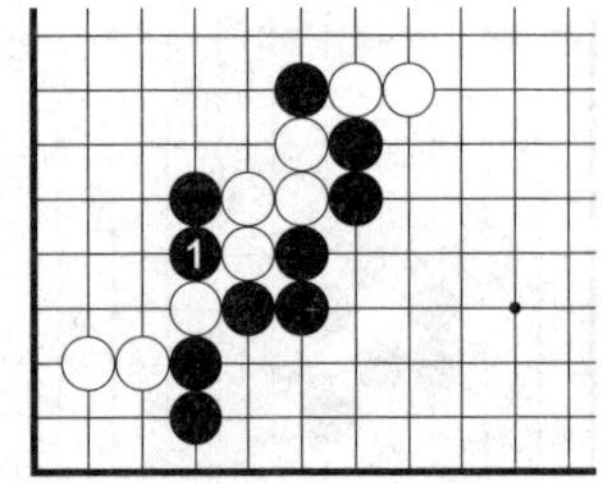

第 94 题

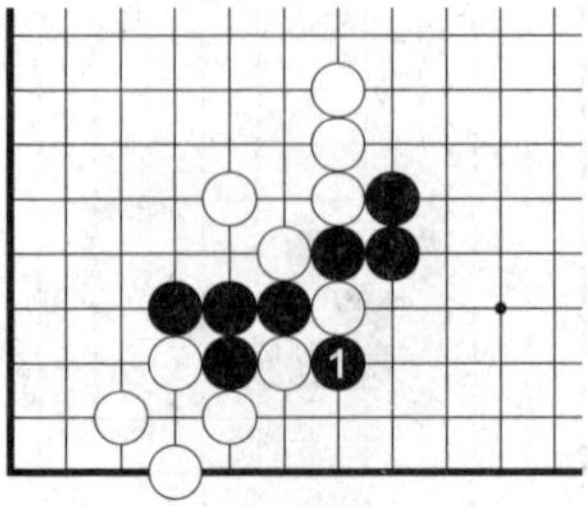

第 95 题

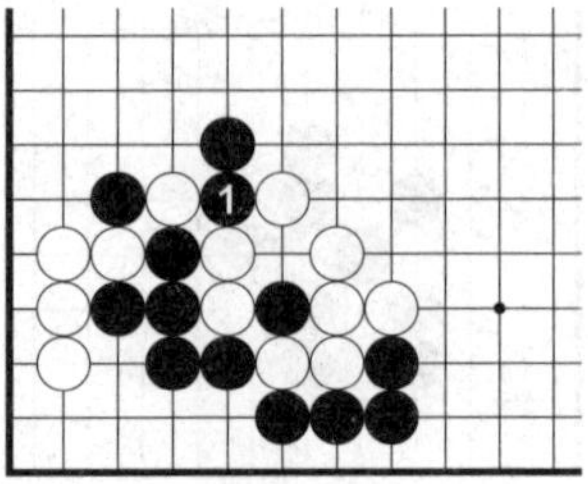

第 96 题

第二单元答案

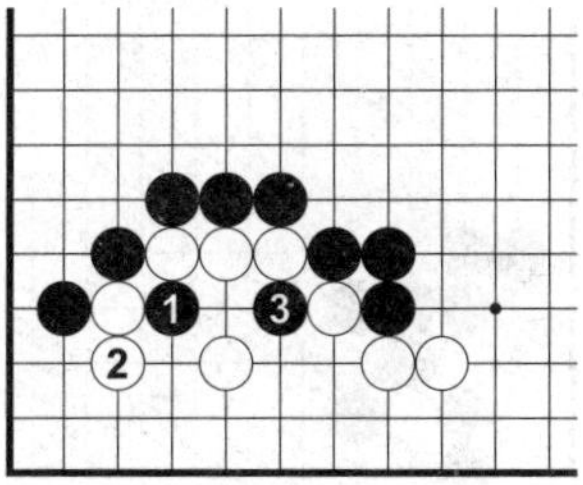

第 97 题

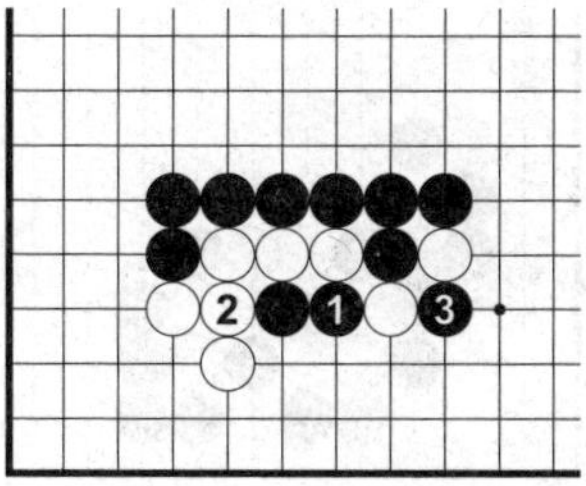

第 98 题

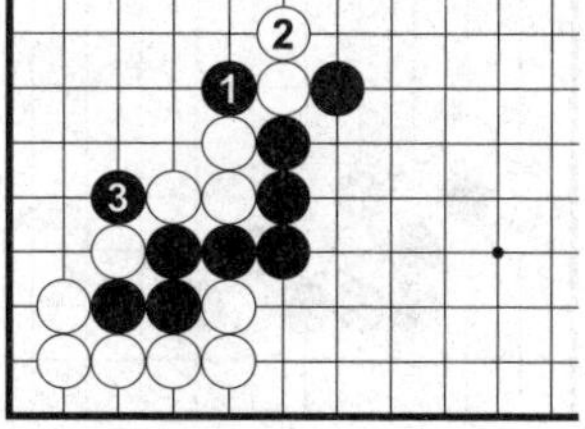

第 99 题

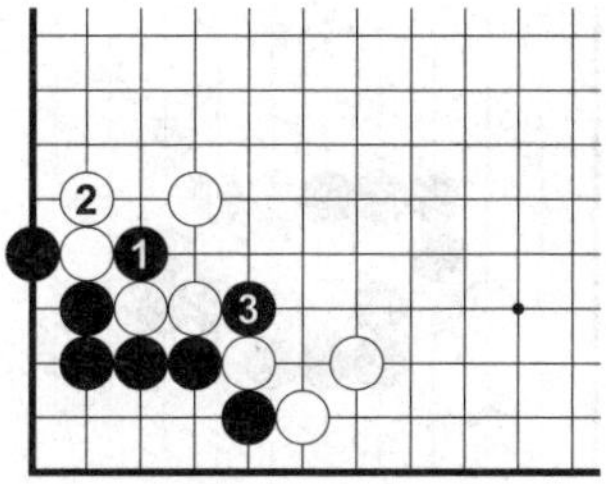

第 100 题

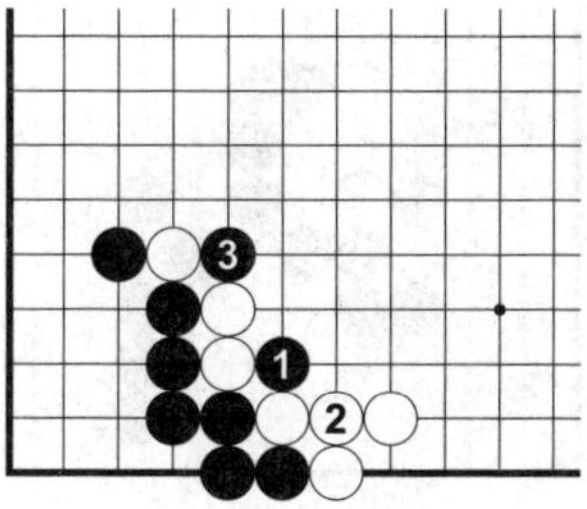

第 101 题

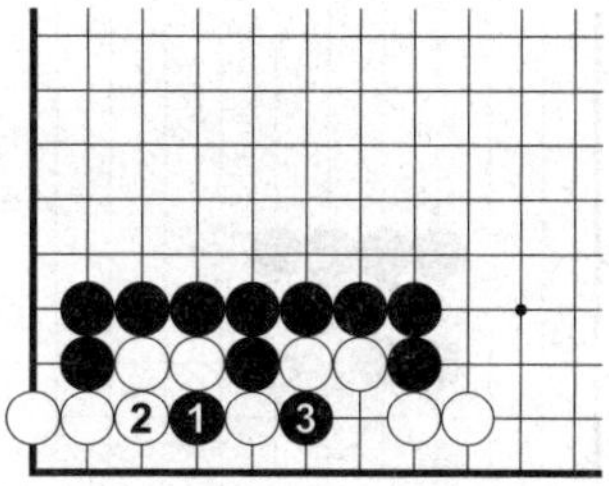

第 102 题

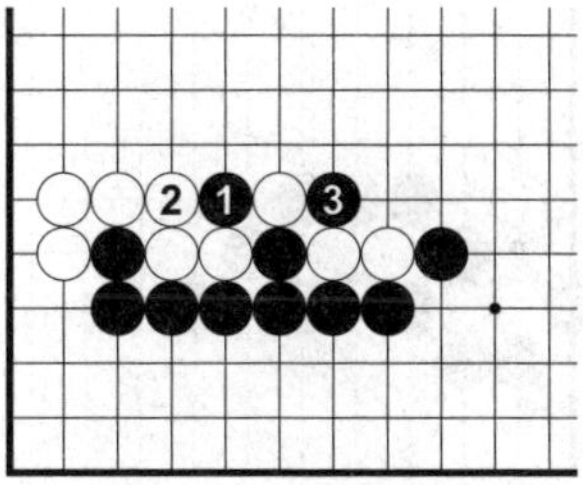

第 103 题

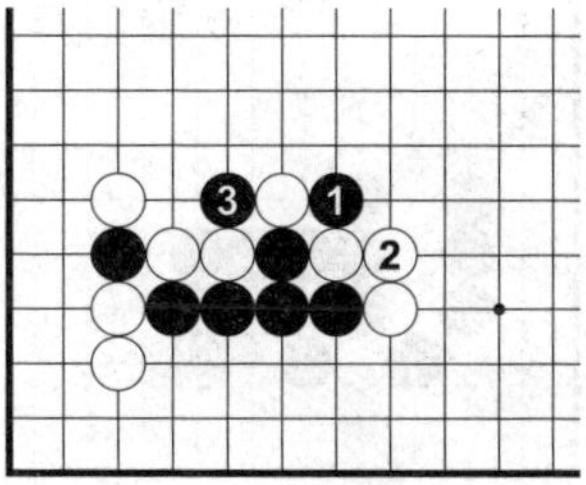

第 104 题

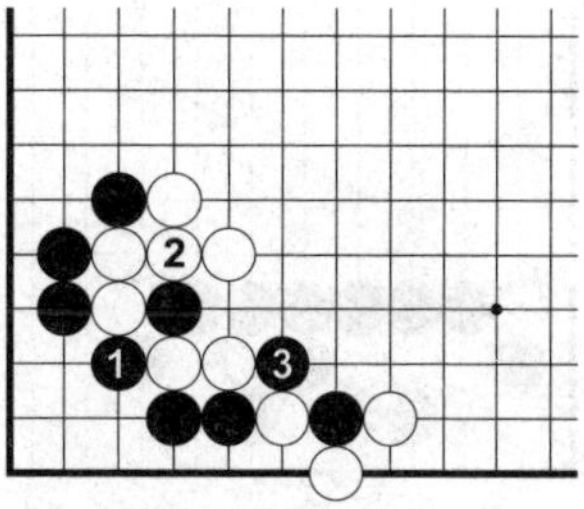

第 105 题

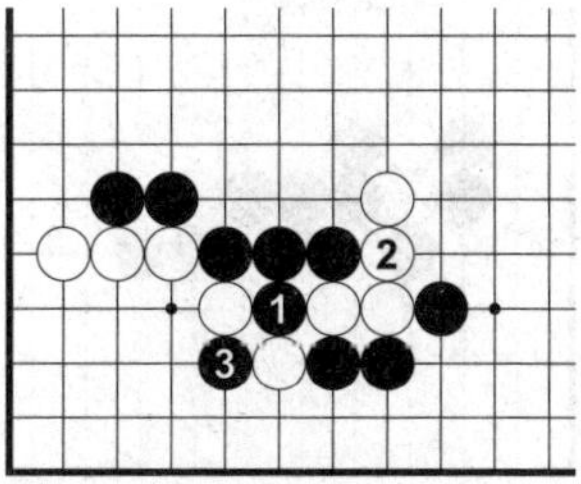

第 106 题

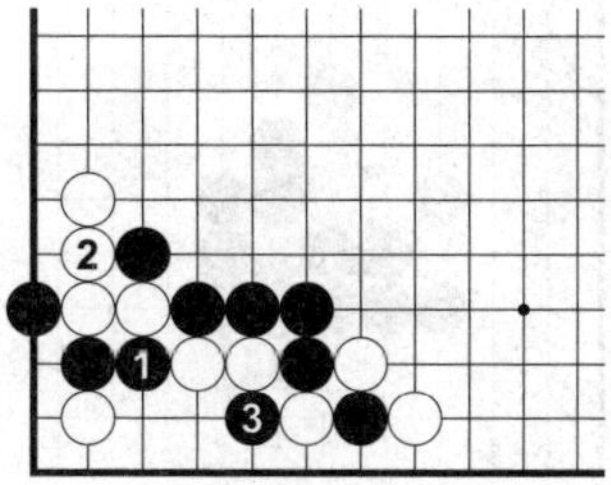

第 107 题

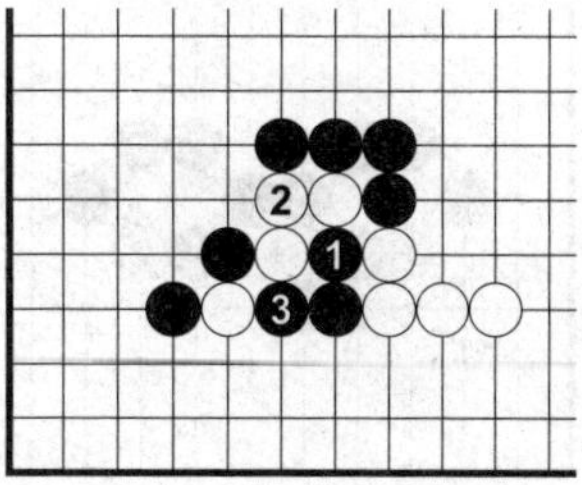

第 108 题

第二单元答案

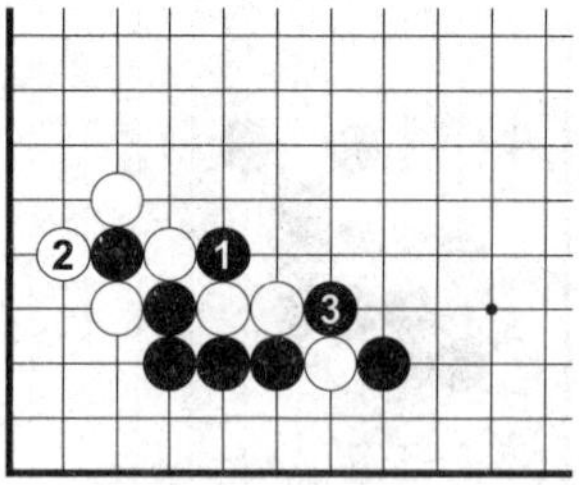

第 109 题

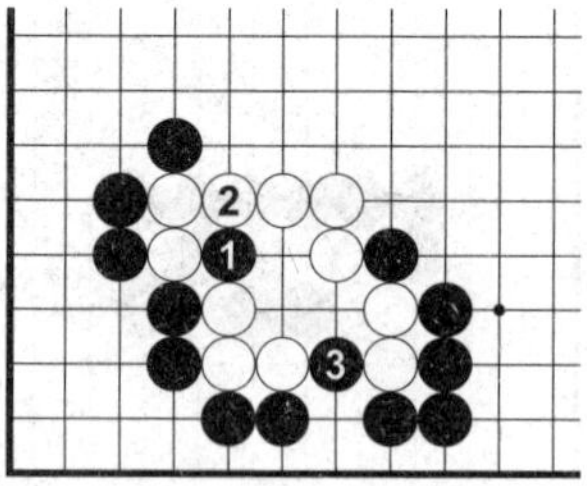

第 110 题

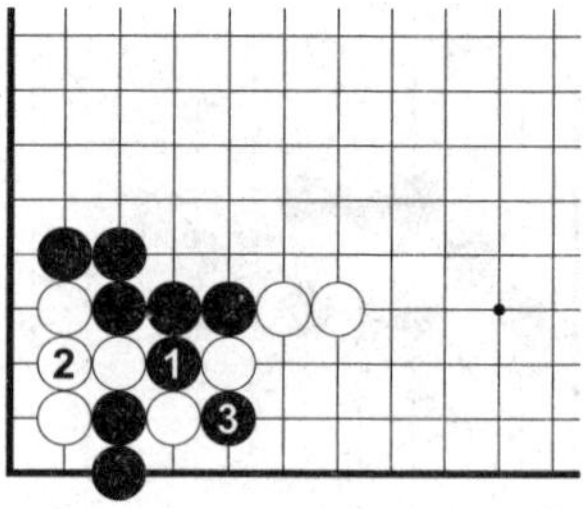

第 111 题

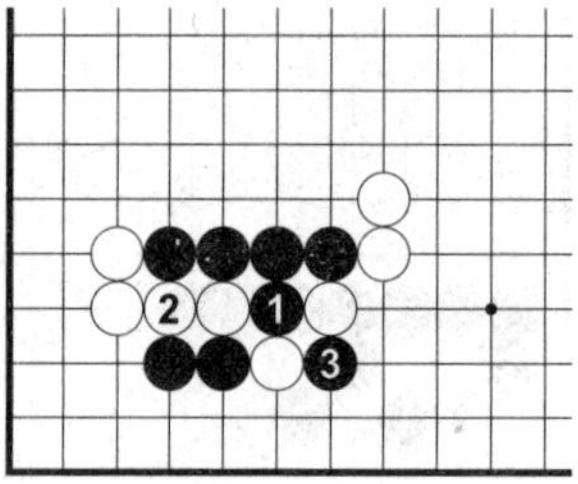

第 112 题

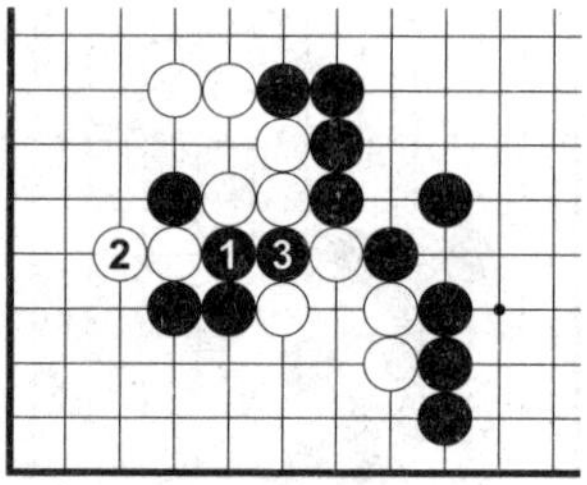

第 113 题

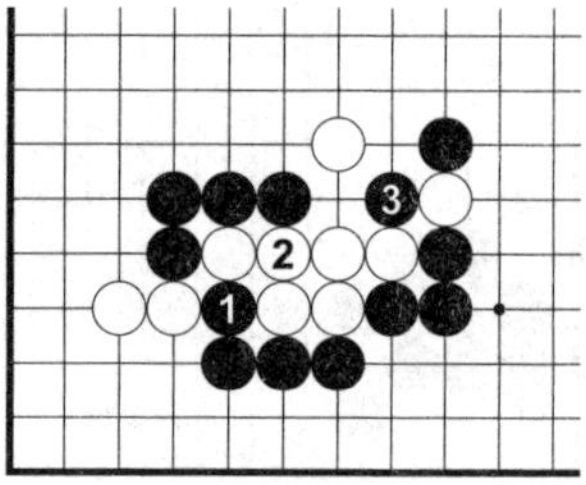

第 114 题

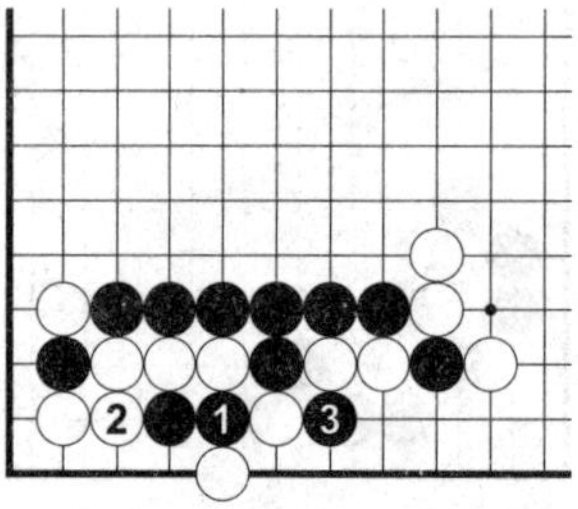

第 115 题

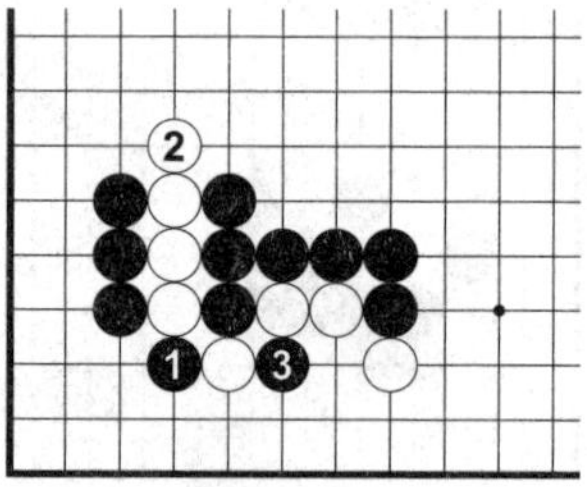

第 116 题

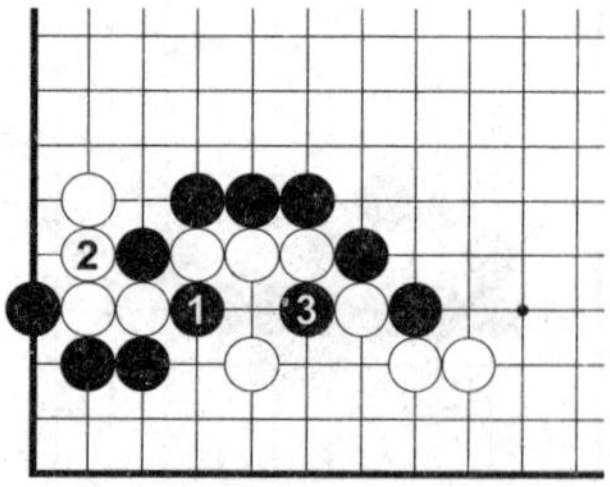

第 117 题

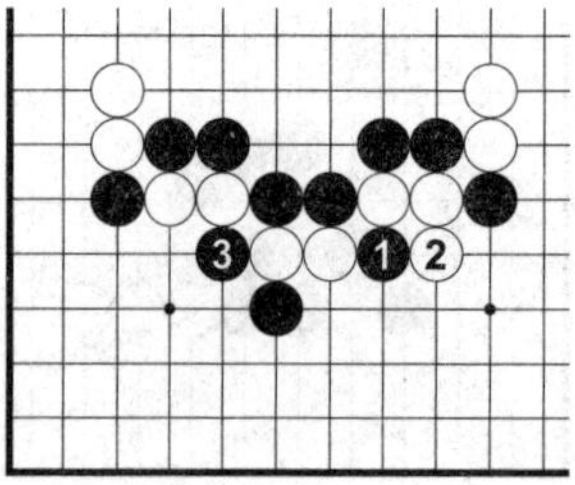

第 118 题

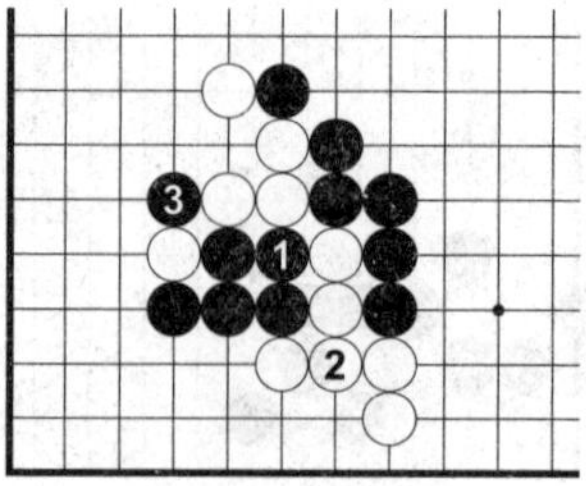

第 119 题

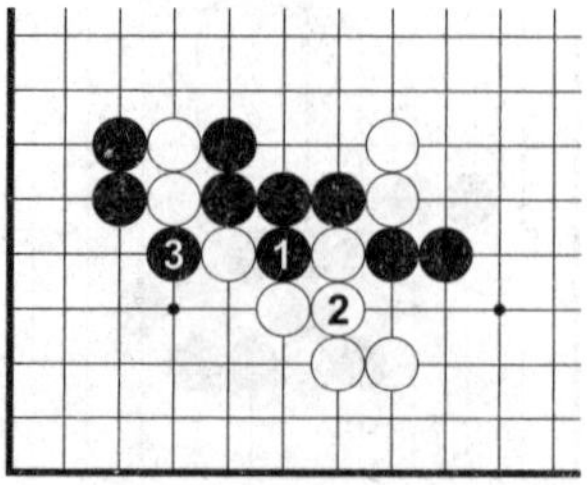

第 120 题

第二单元答案

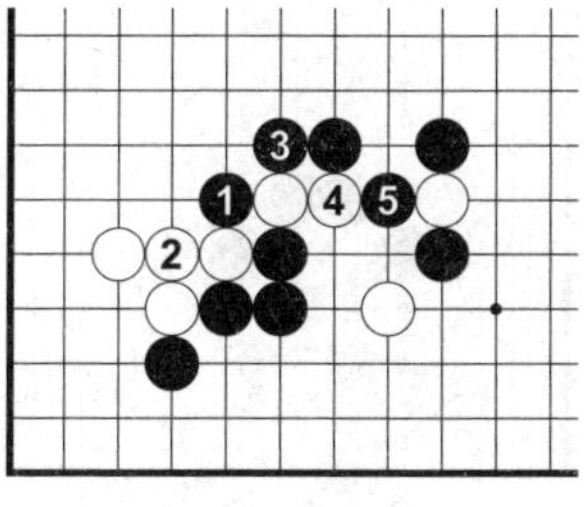

第 121 题

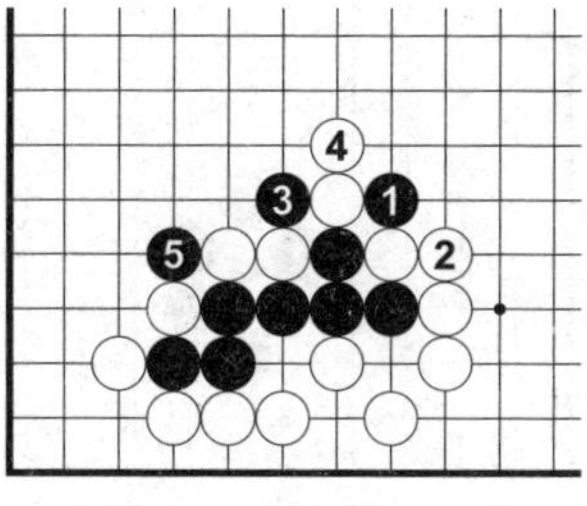

第 122 题

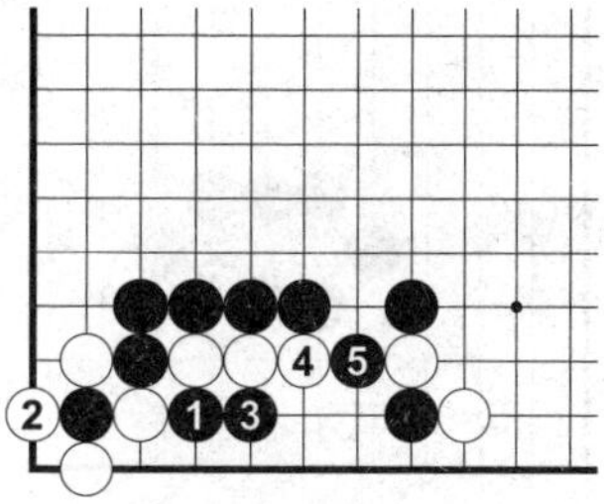

第 123 题

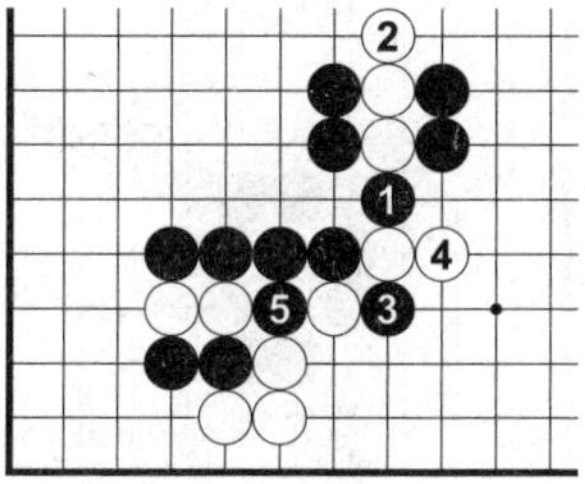

第 124 题

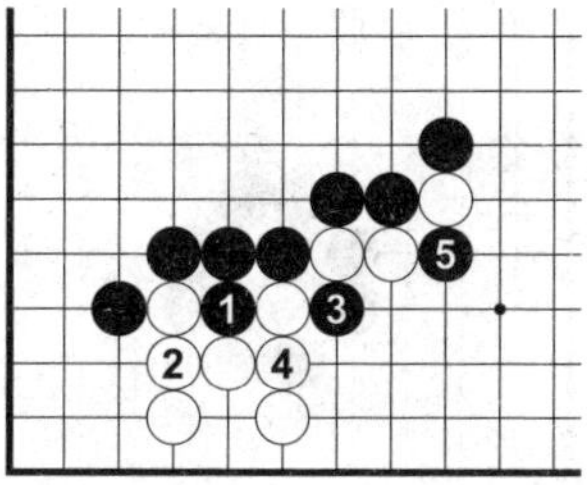

第 125 题

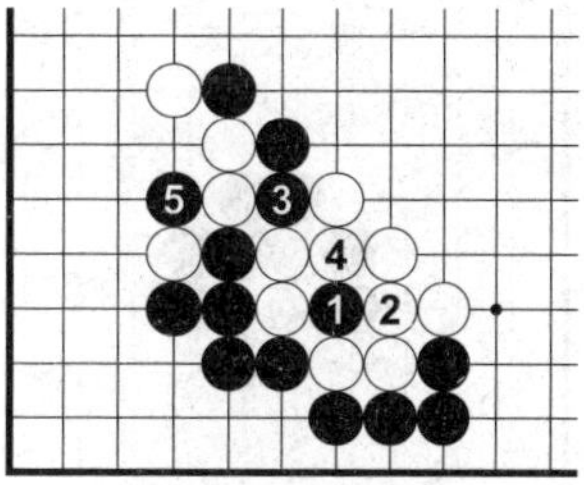

第 126 题

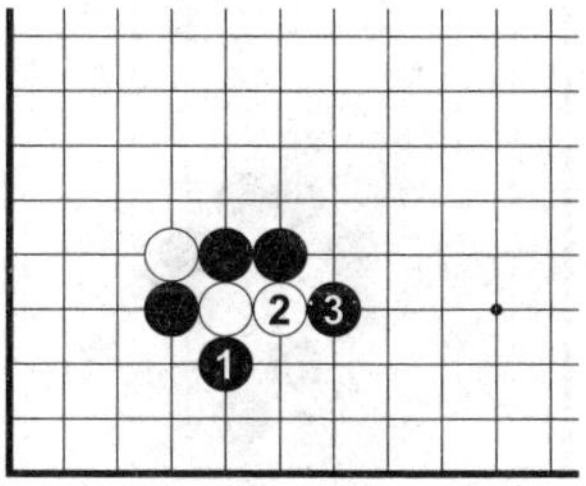

第 127 题

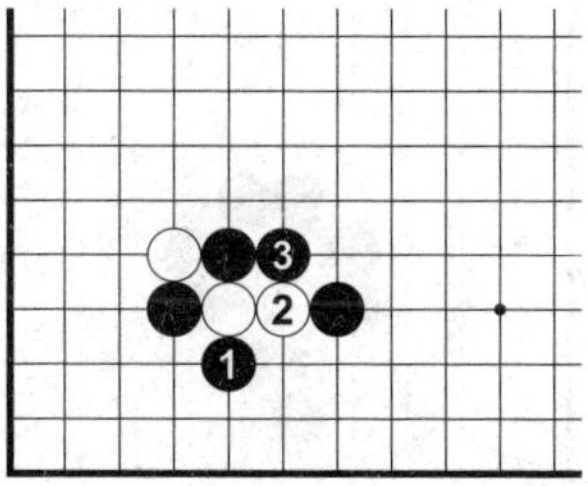

第 128 题

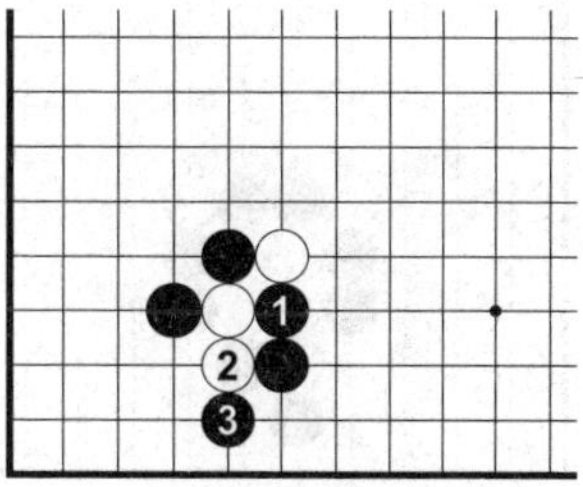

第 129 题

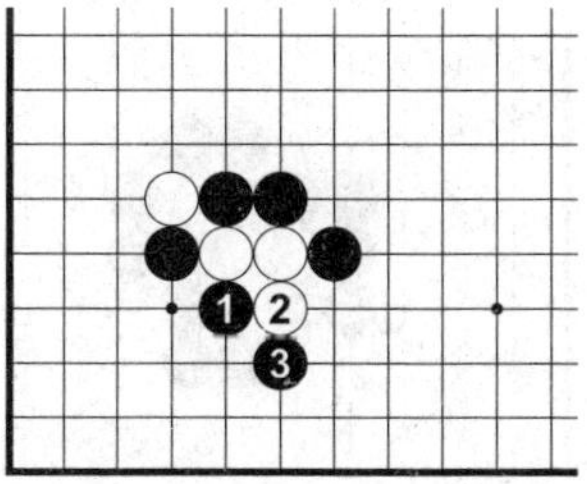

第 130 题

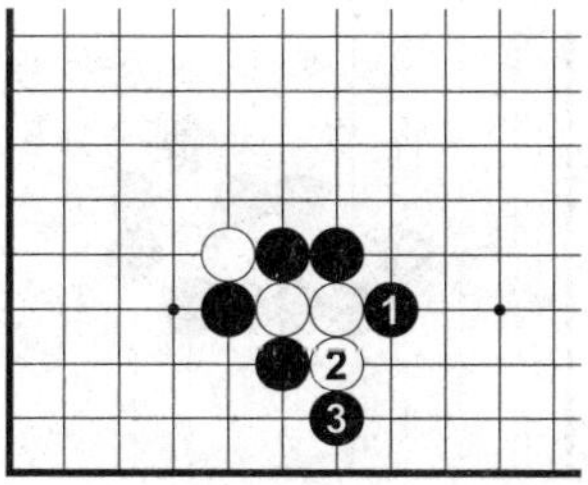

第 131 题

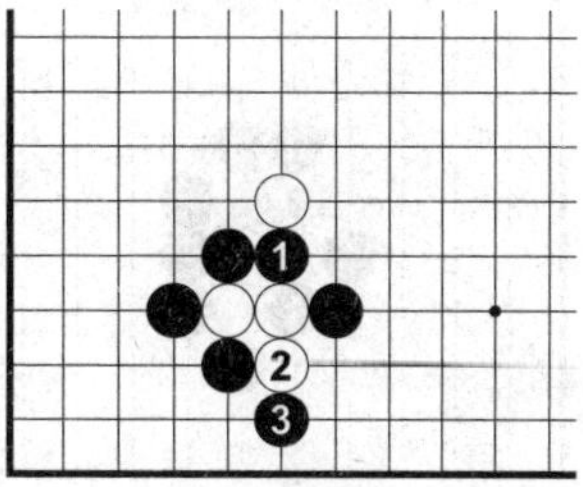

第 132 题

第二单元答案

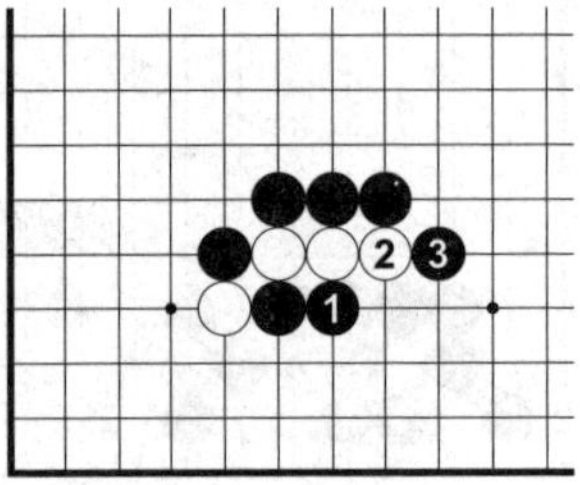

第 133 题

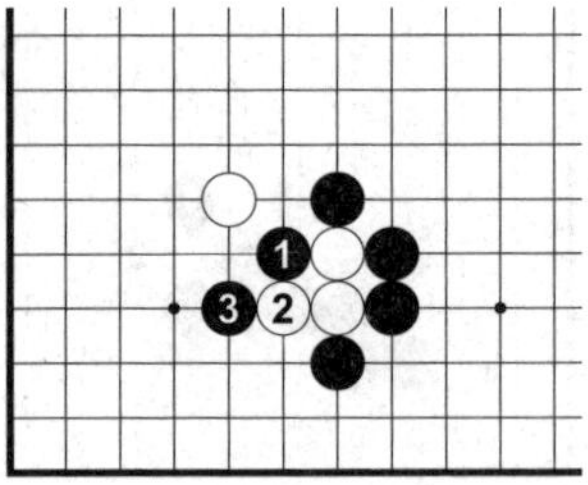

第 134 题

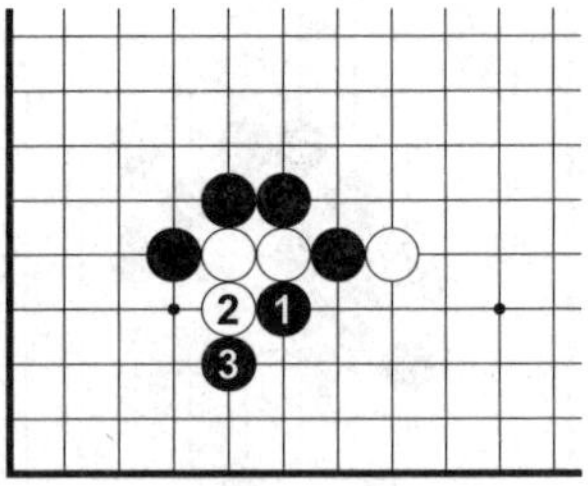

第 135 题

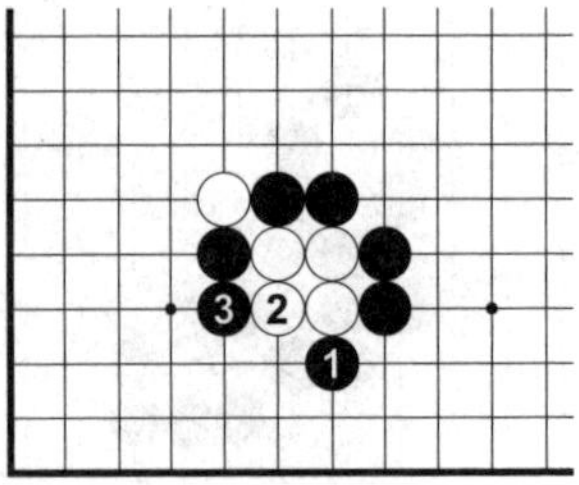

第 136 题

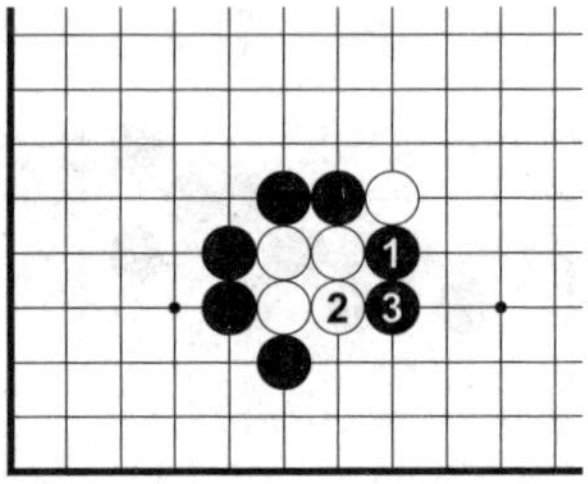

第 137 题

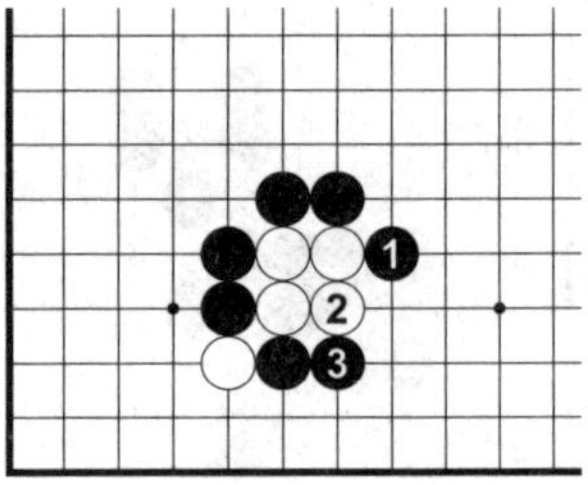

第 138 题

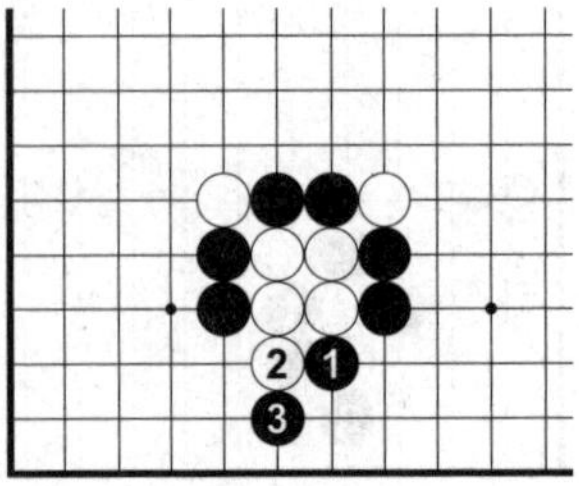

第 139 题

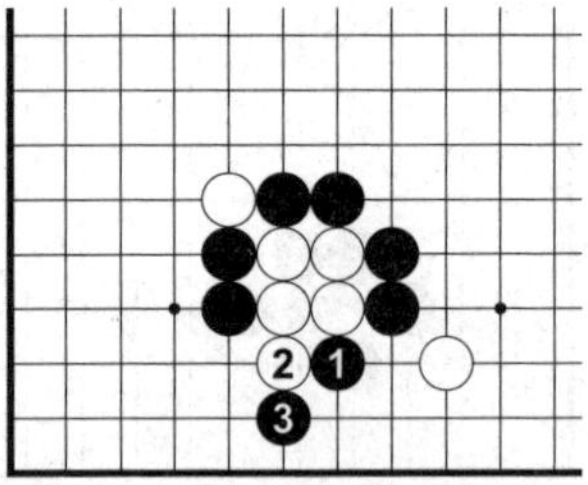

第 140 题

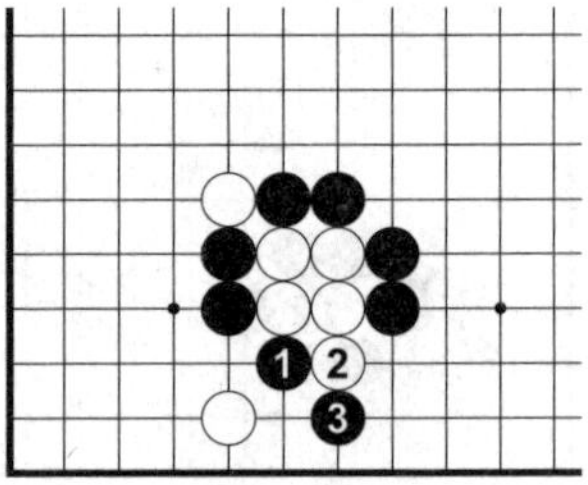

第 141 题

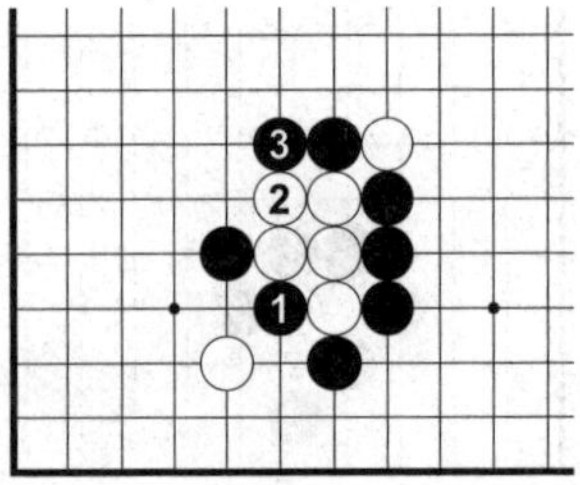

第 142 题

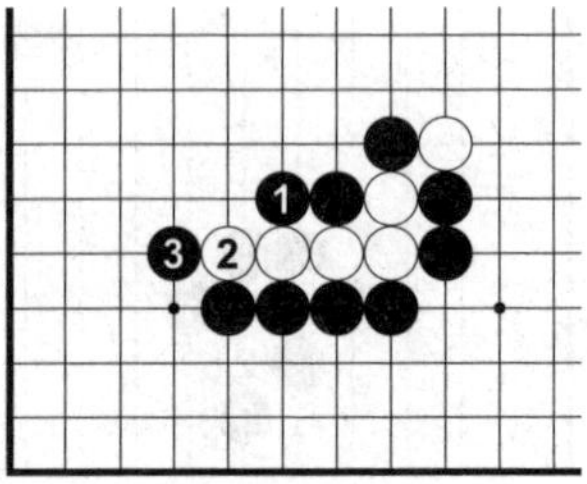

第 143 题

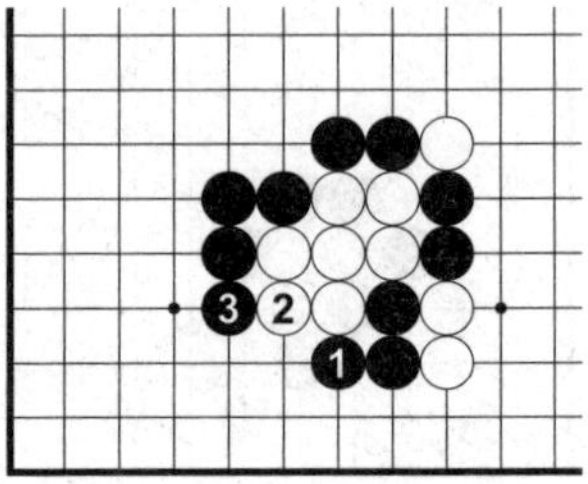

第 144 题

第二单元答案

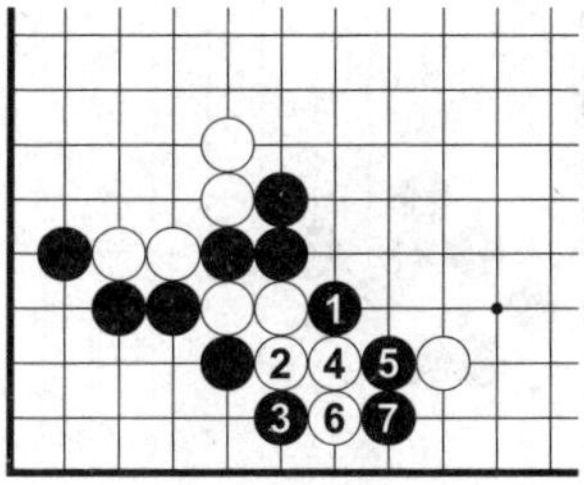

第 145 题

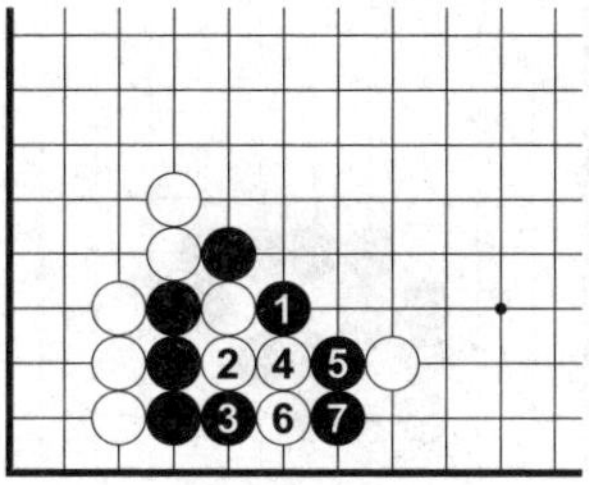

第 146 题

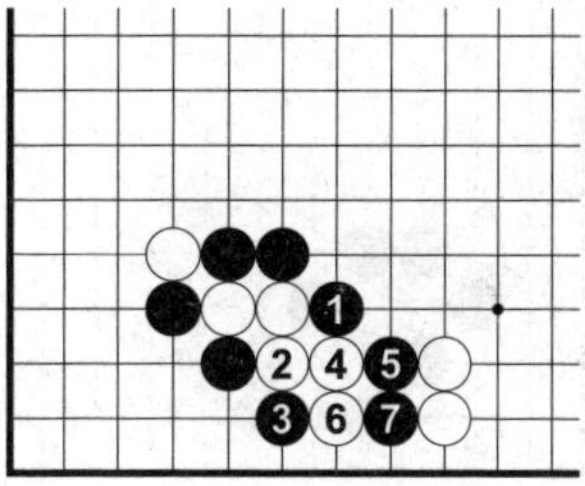

第 147 题

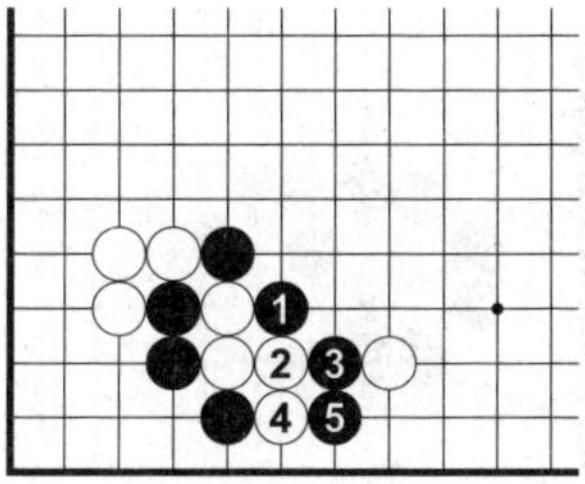

第 148 题

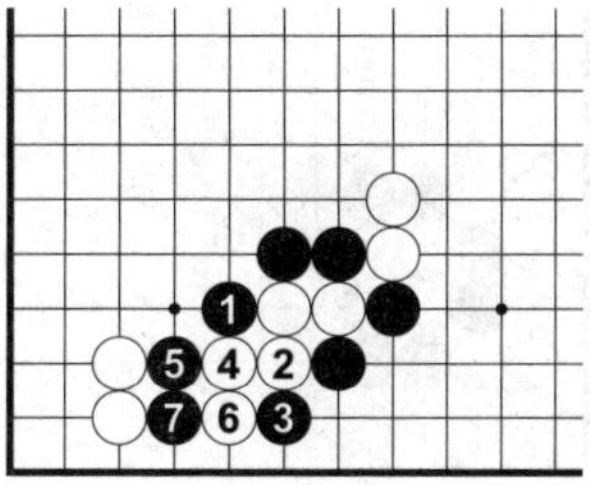

第 149 题

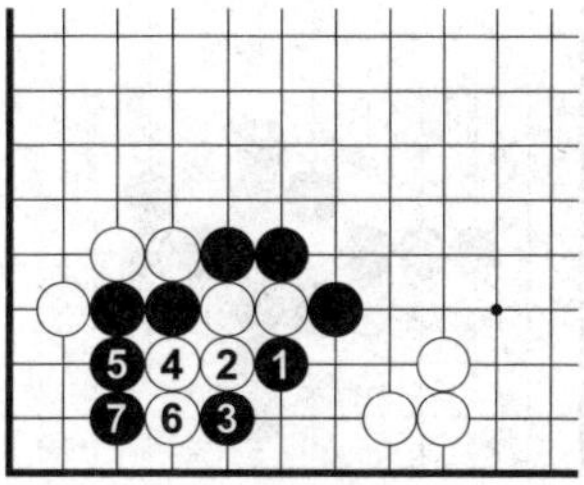

第 150 题

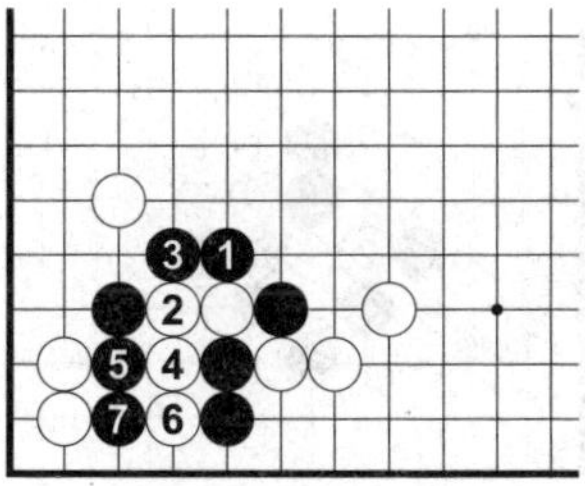

第 151 题

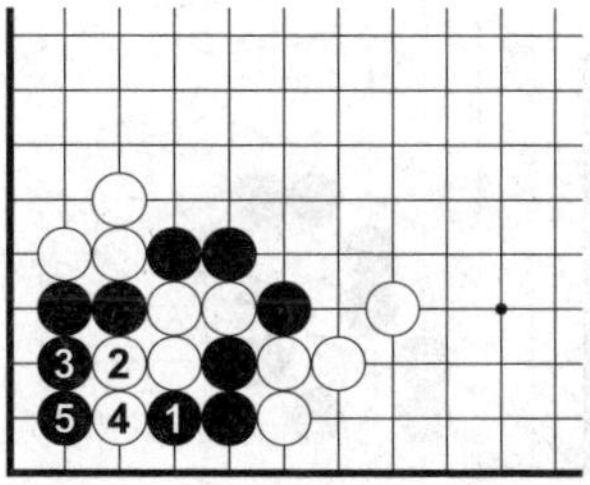

第 152 题

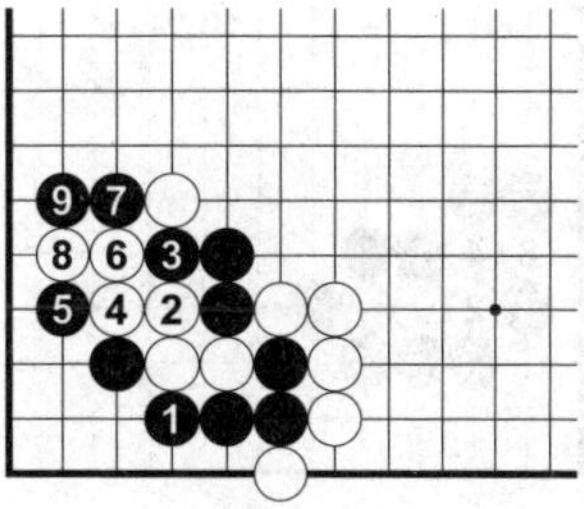

第 153 题

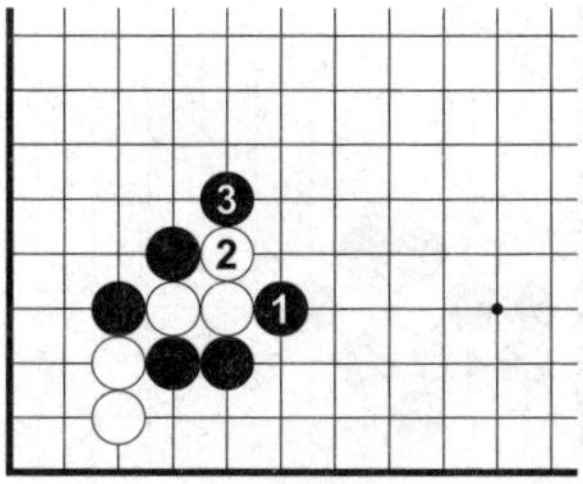

第 154 题

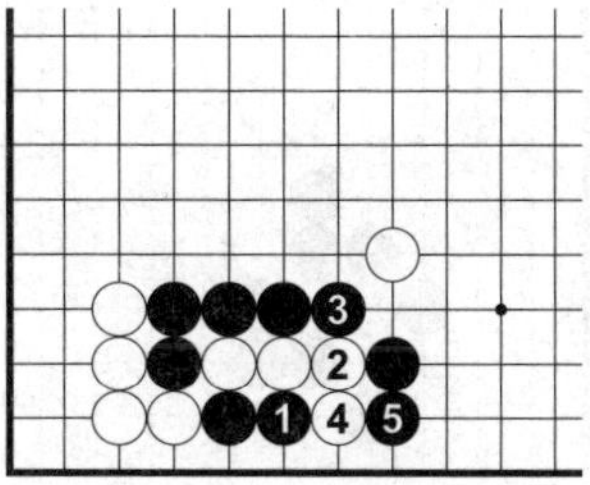

第 155 题

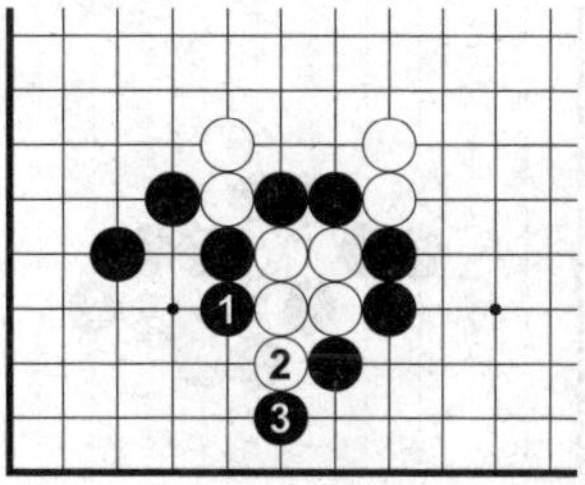

第 156 题

第二单元答案

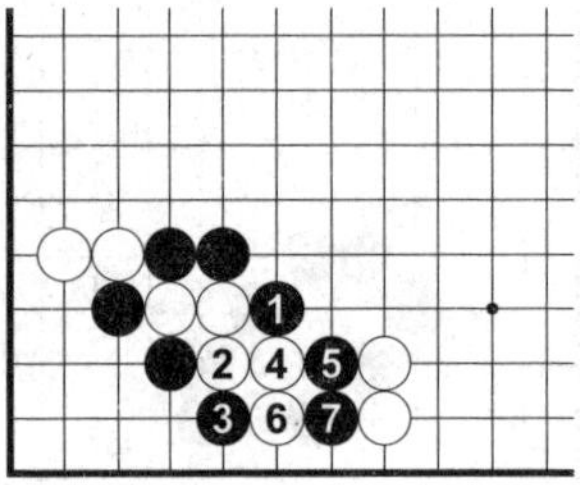

第 157 题

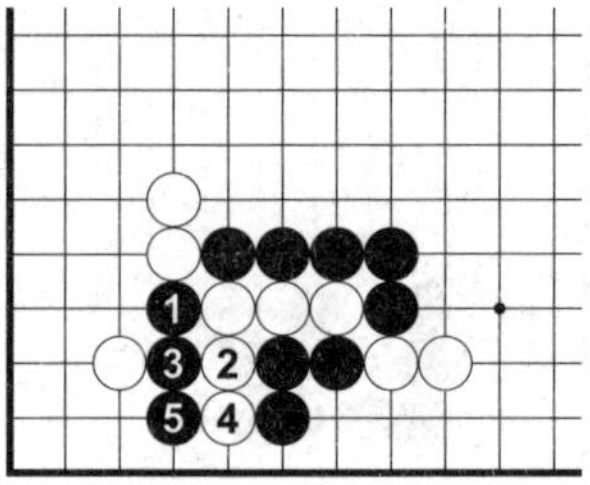

第 158 题

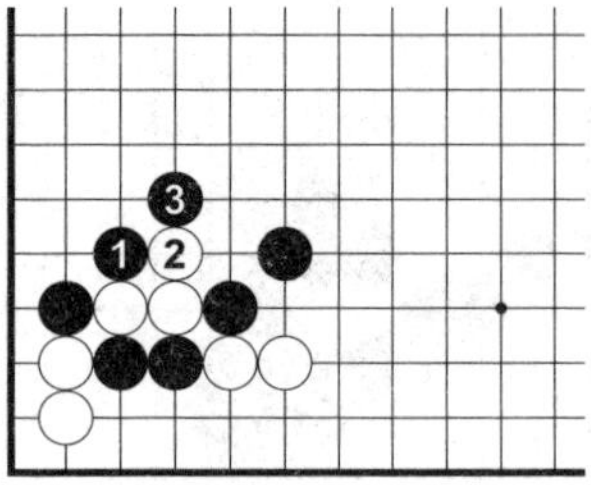

第 159 题

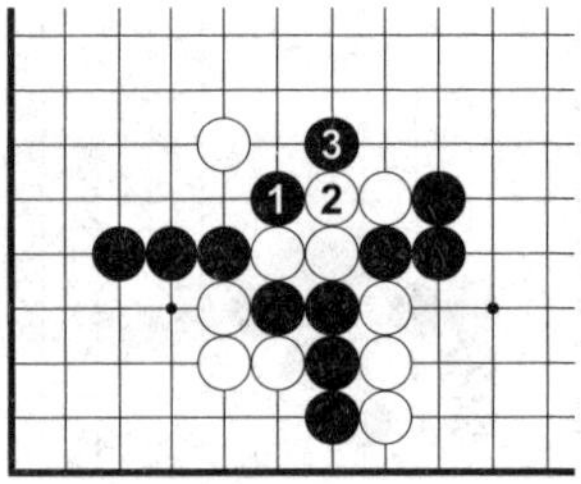

第 160 题

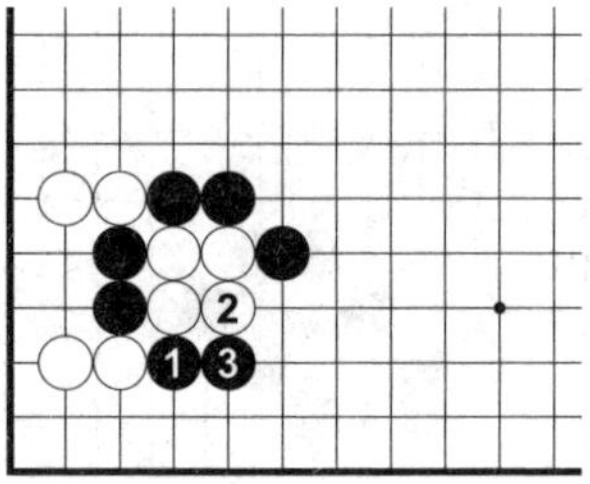

第 161 题

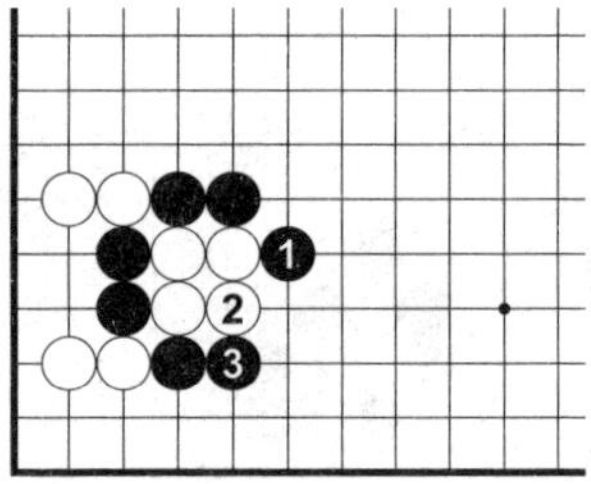

第 162 题

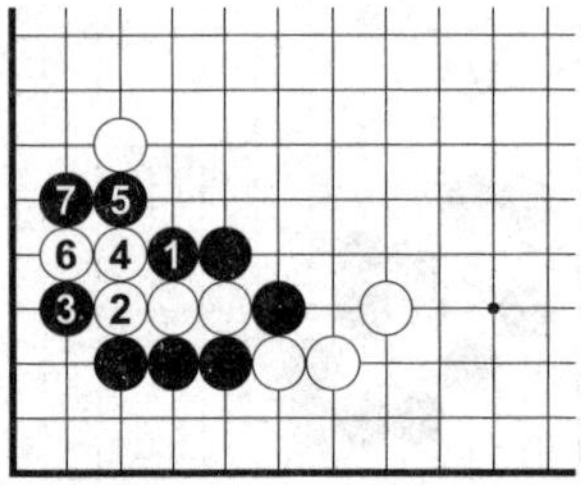

第 163 题

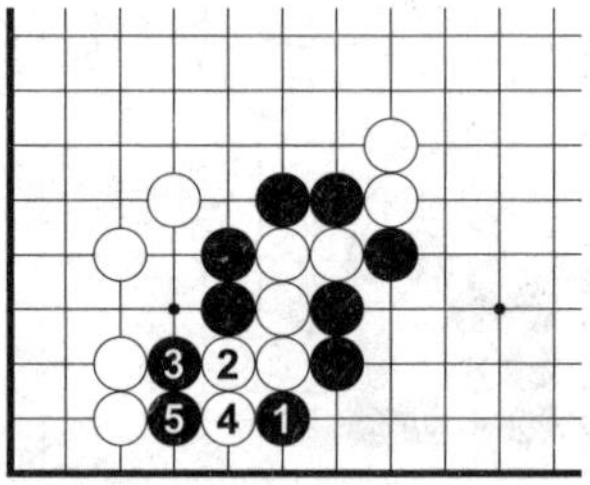

第 164 题

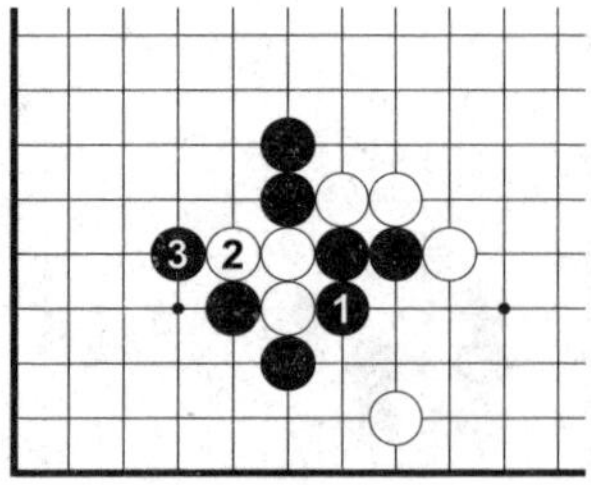

第 165 题

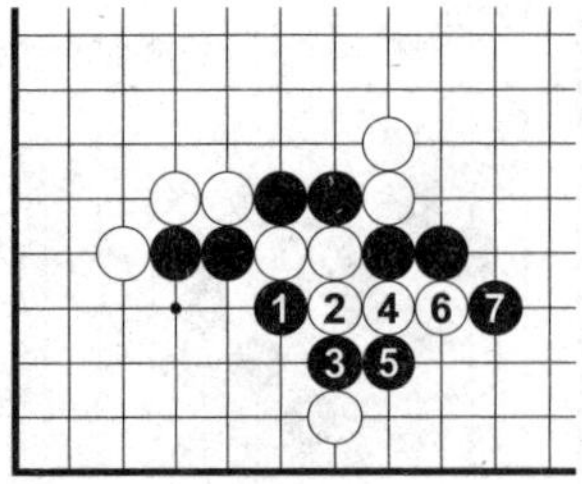

第 166 题

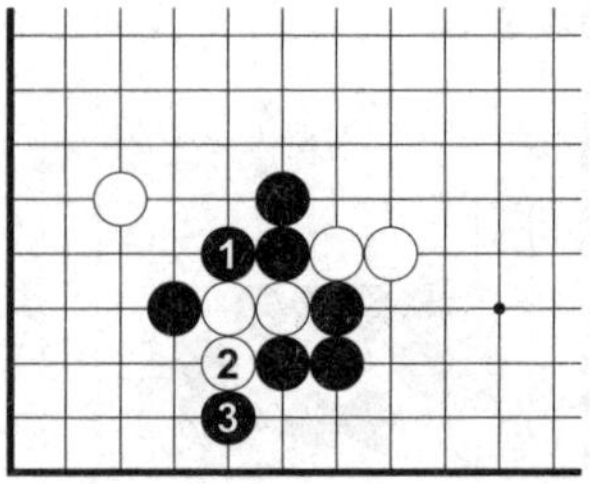

第 167 题

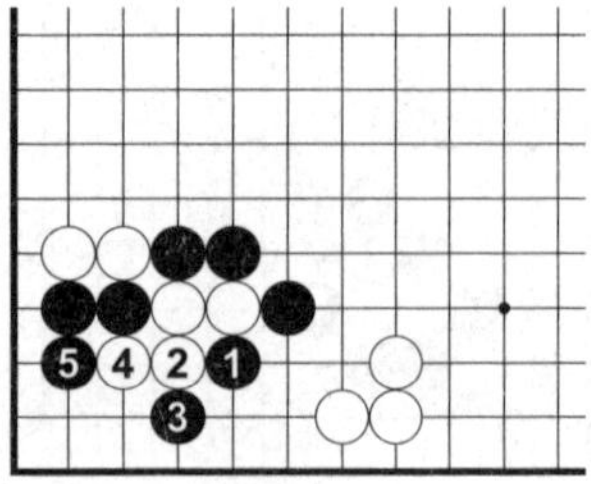

第 168 题

第二单元答案

第169题 ×
第170题 ×
第171题 √
第172题 ×
第173题 ×
第174题 √

第175题 √
第176题 ×
第177题 √
第178题 ×
第179题 ×
第180题 √

第181题 ×
第182题 √
第183题 ×
第184题 √
第185题 ×
第186题 √

第187题 √
第188题 ×
第189题 ×
第190题 √
第191题 ×
第192题 ×

第193题 ×
第194题 √
第195题 √
第196题 ×
第197题 √
第198题 ×

第199题 √
第200题 ×
第201题 √
第202题 ×
第203题 ×
第204题 √

第205题 √
第206题 ×
第207题 √
第208题 √
第209题 ×
第210题 ×

第211题 √
第212题 ×
第213题 ×
第214题 √
第215题 √
第216题 ×

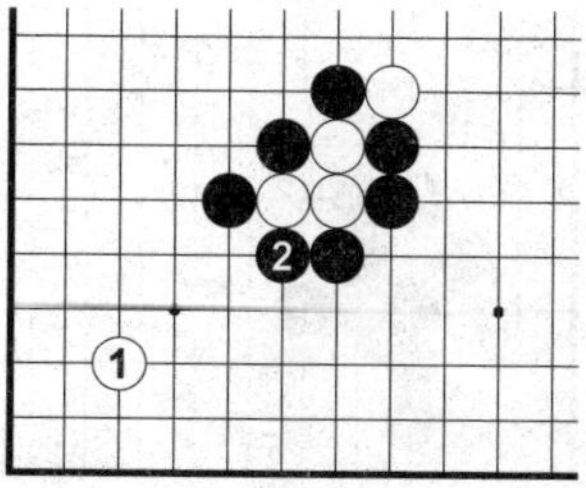

第 217 题

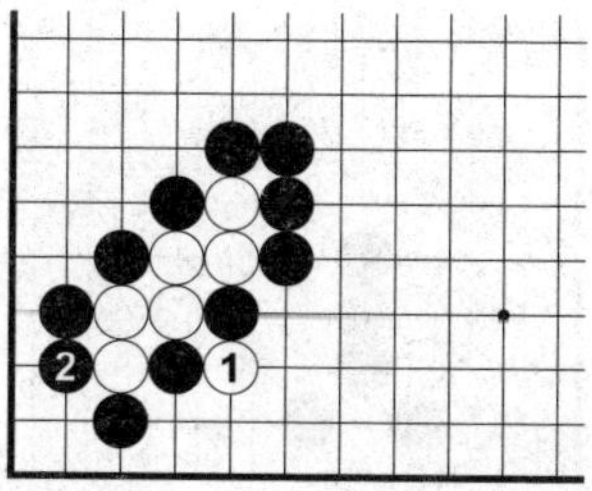

第 218 题

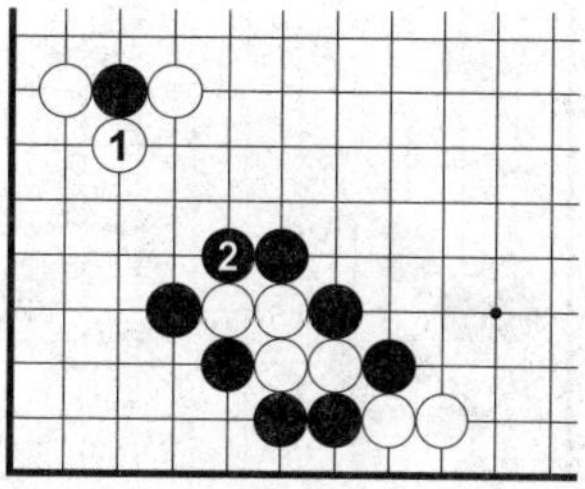

第 219 题

第二单元答案

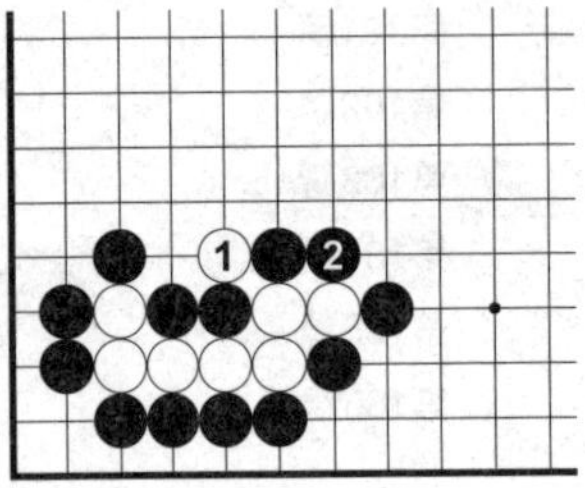

第 220 题

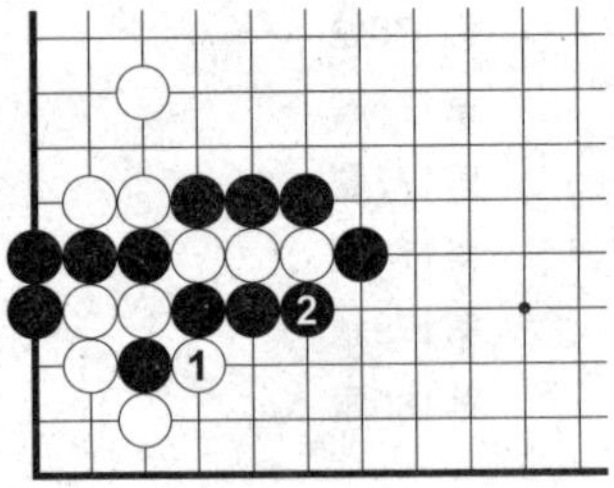

第 221 题

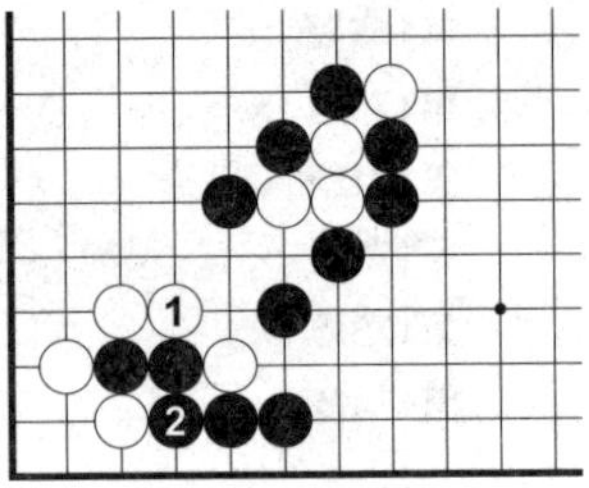

第 222 题

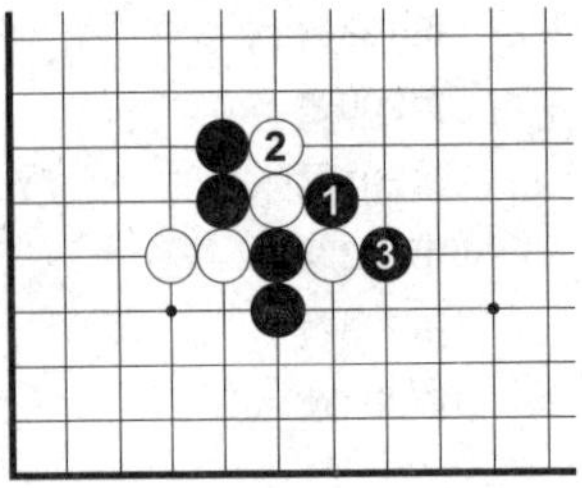

第 223 题

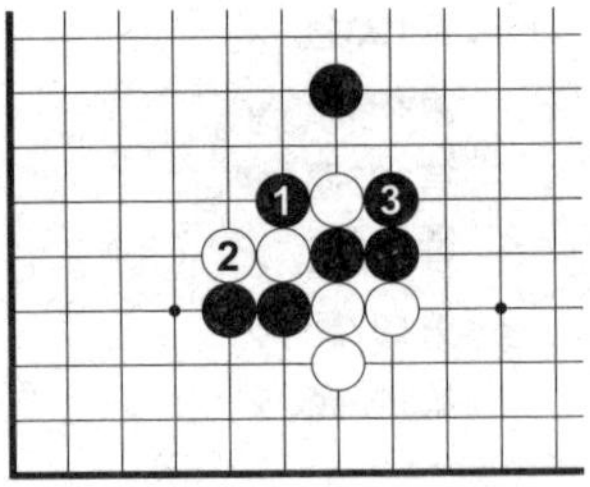

第 224 题

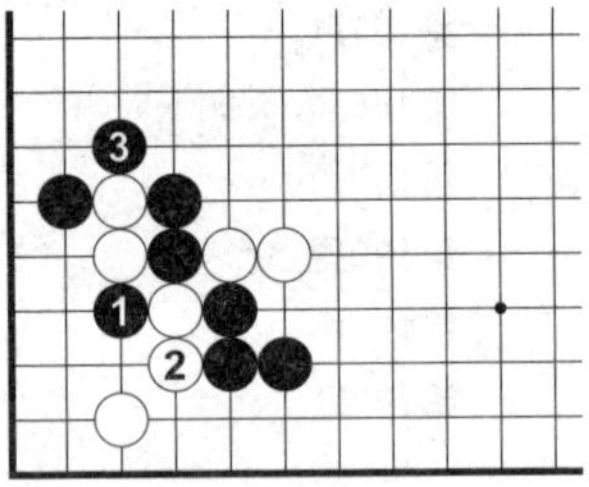

第 225 题

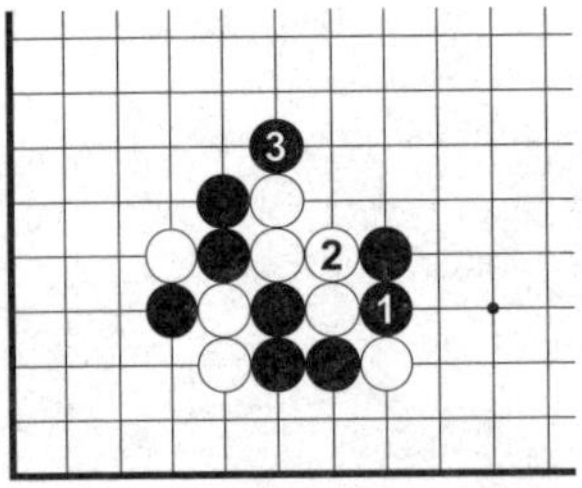

第 226 题

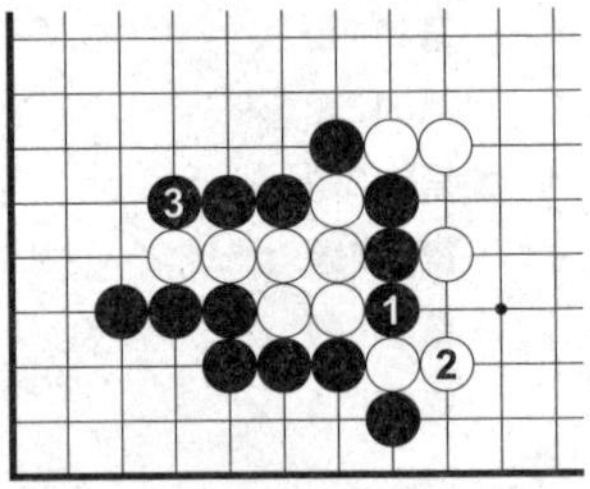

第 227 题

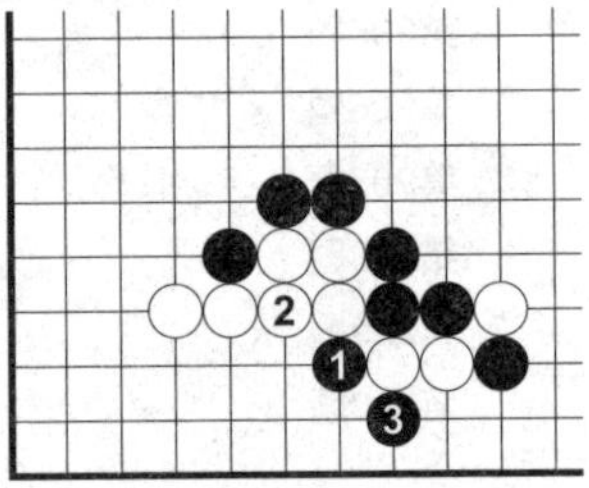

第 228 题

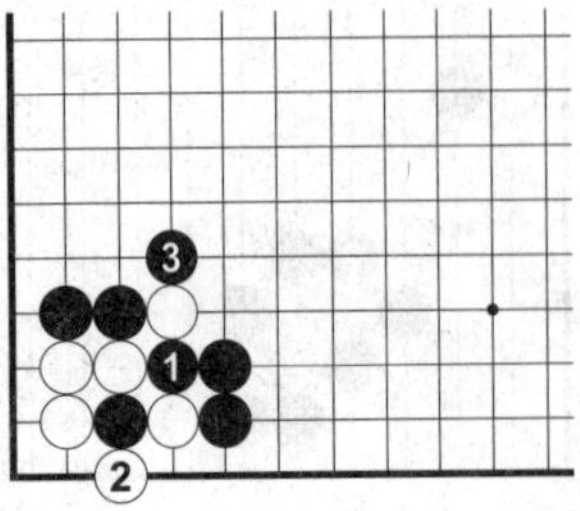

第 229 题

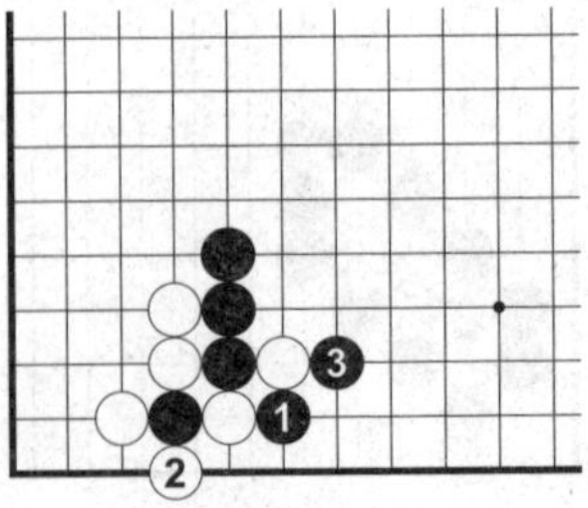

第 230 题

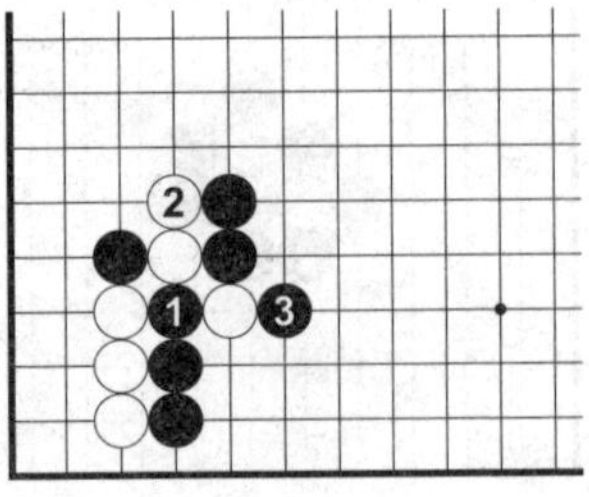

第 231 题

第一单元答案

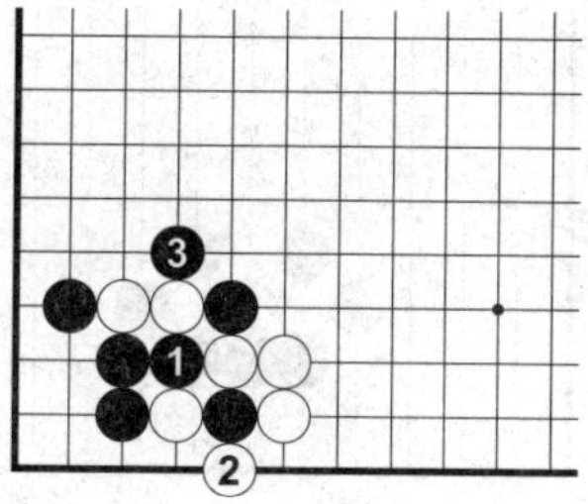
第 232 题

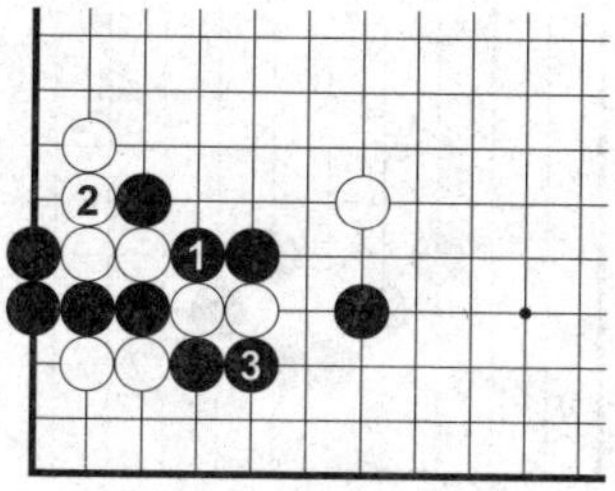
第 233 题

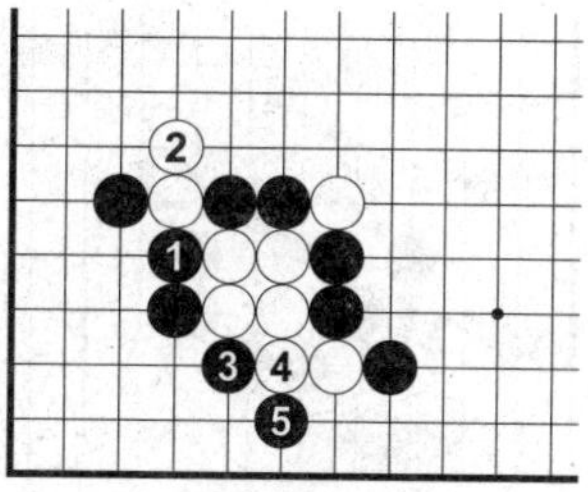
第 234 题

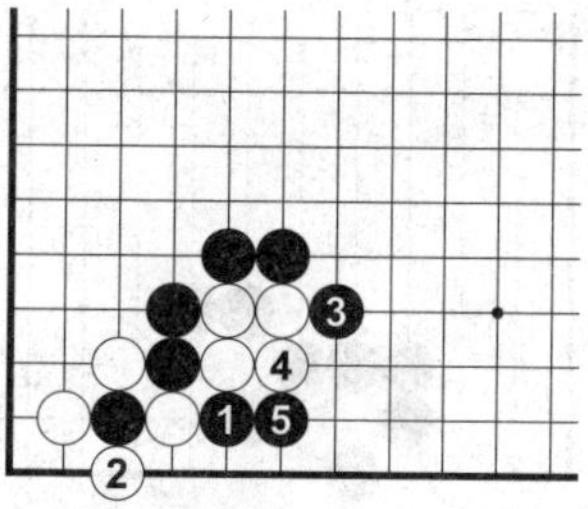
第 235 题

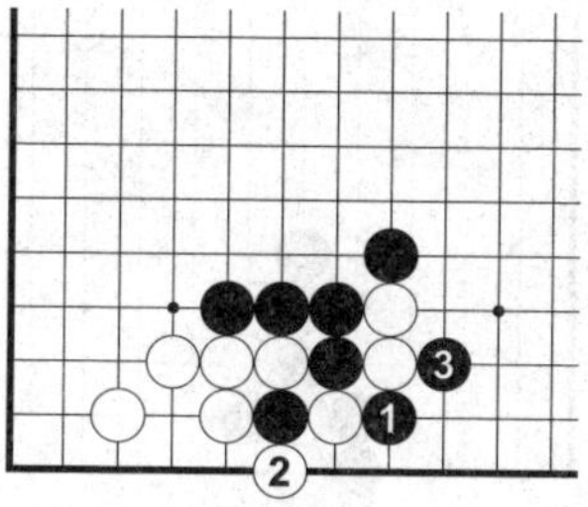
第 236 题

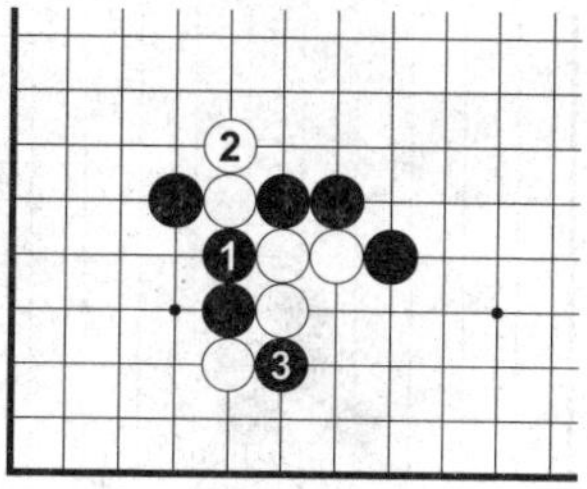
第 237 题

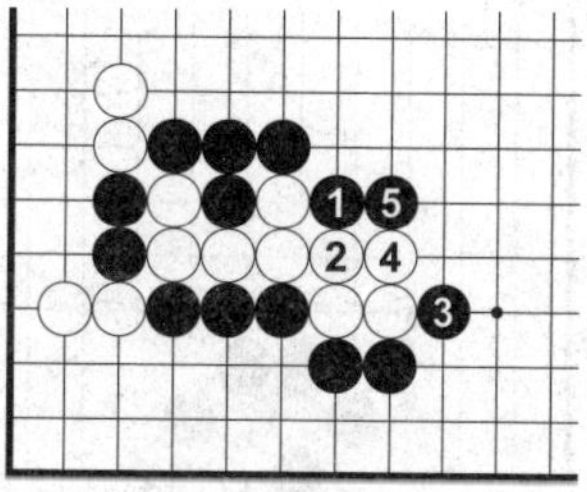
第 238 题

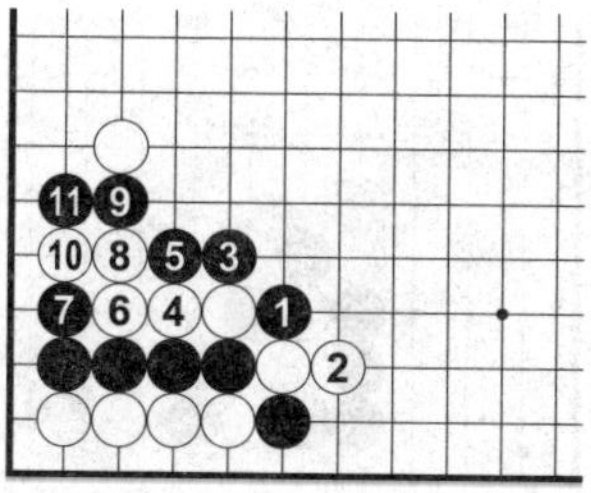
第 239 题

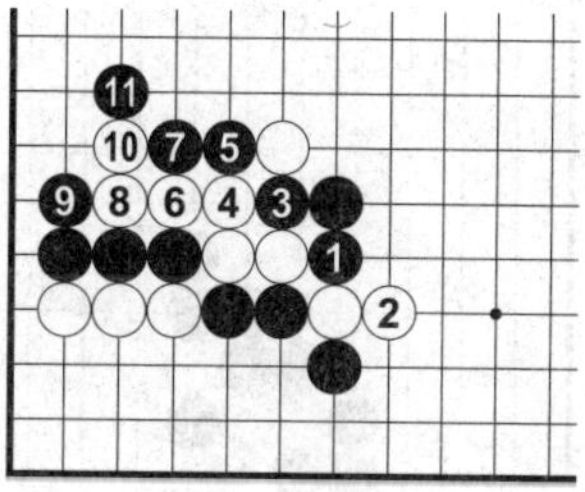
第 240 题

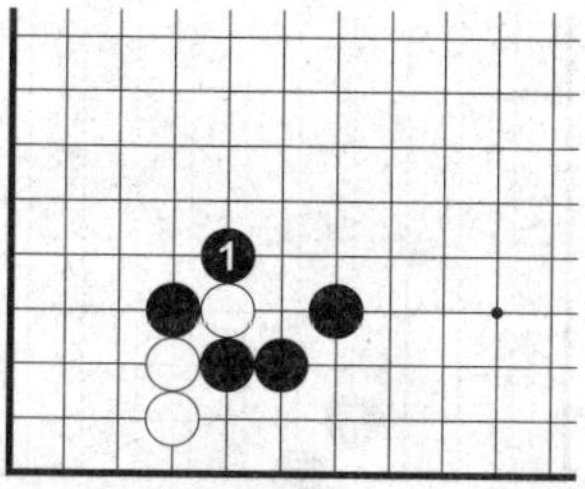
第 241 题

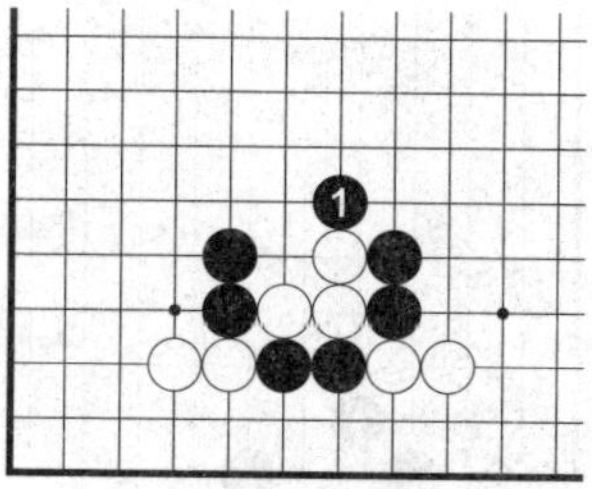
第 242 题

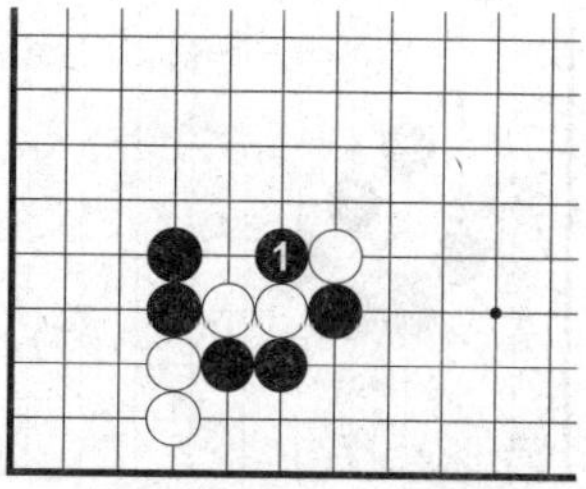
第 243 题

第二单元答案

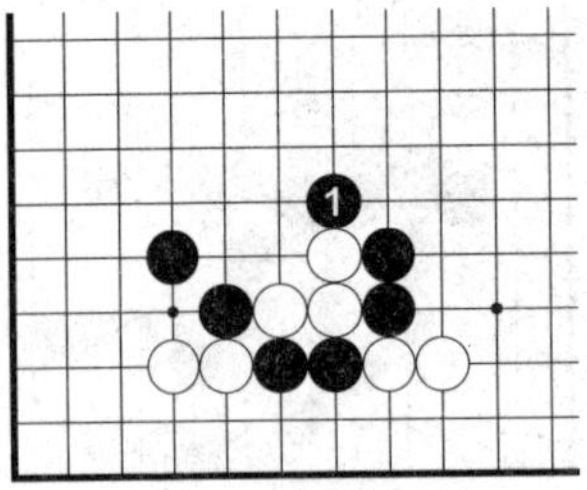

第 244 题

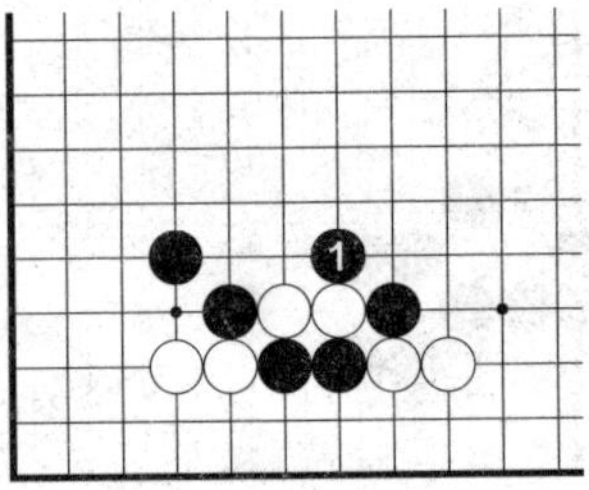

第 245 题

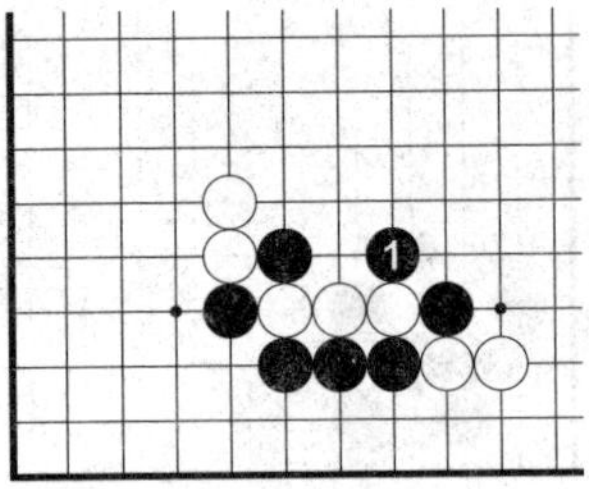

第 246 题

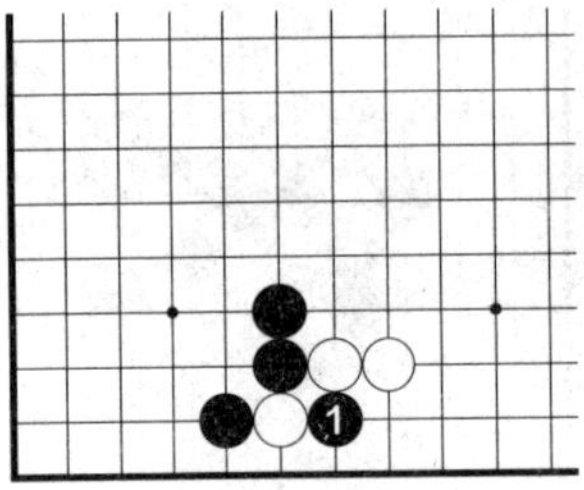

第 247 题

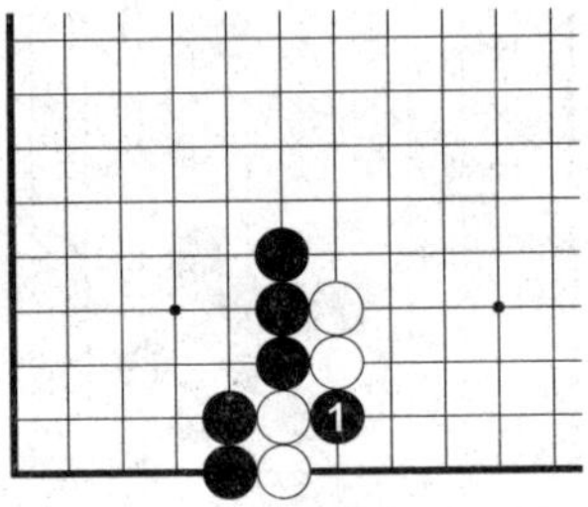

第 248 题

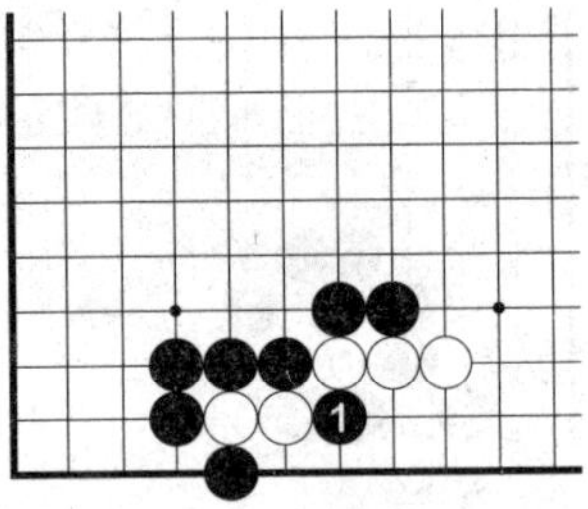

第 249 题

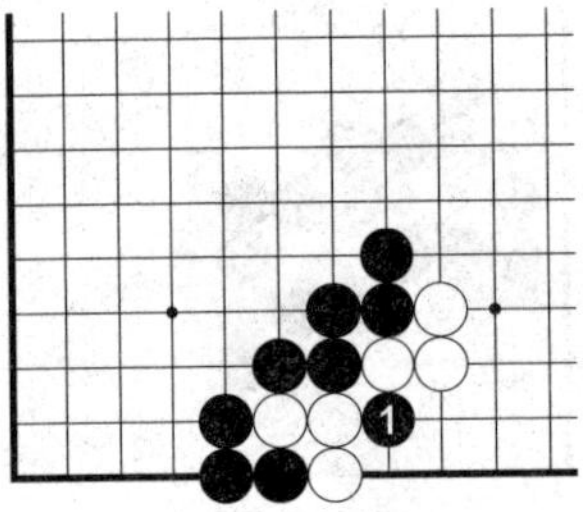

第 250 题

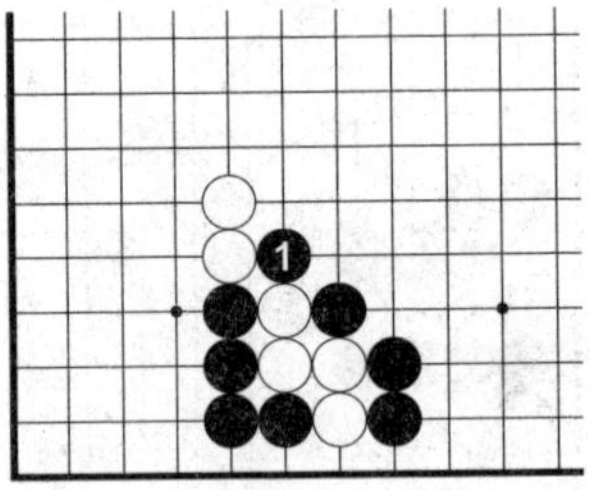

第 251 题

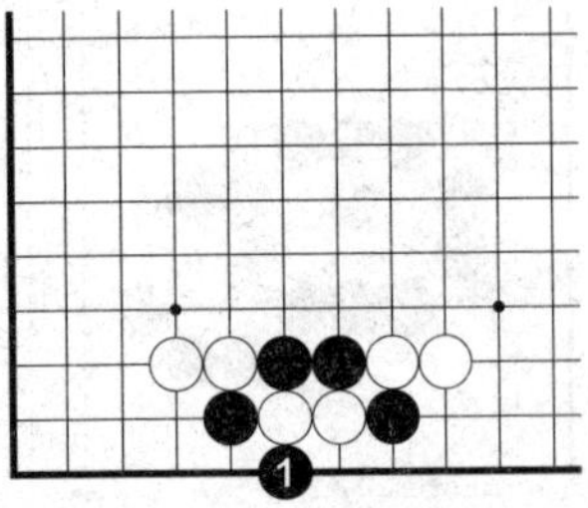

第 252 题

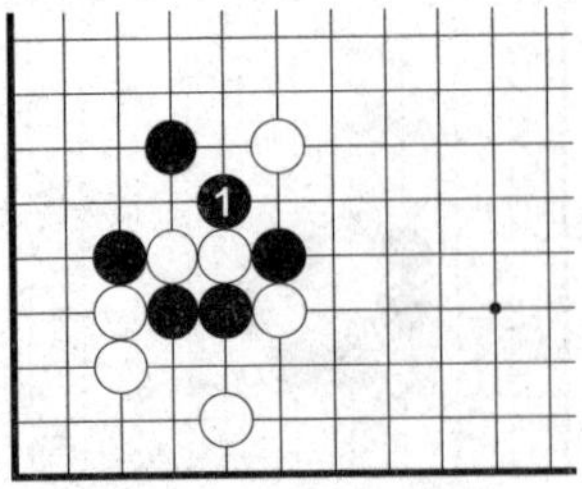

第 253 题

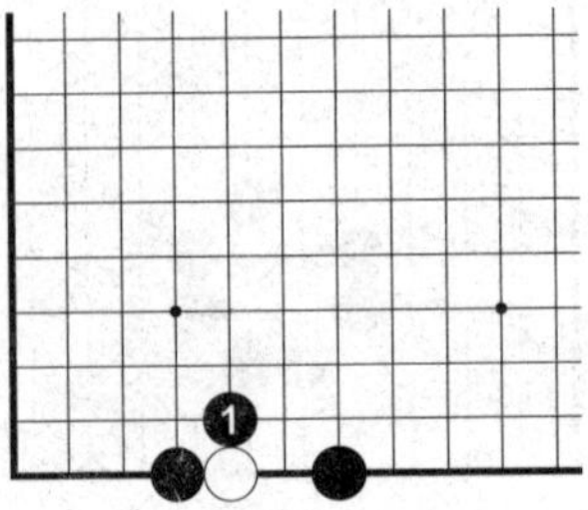

第 254 题

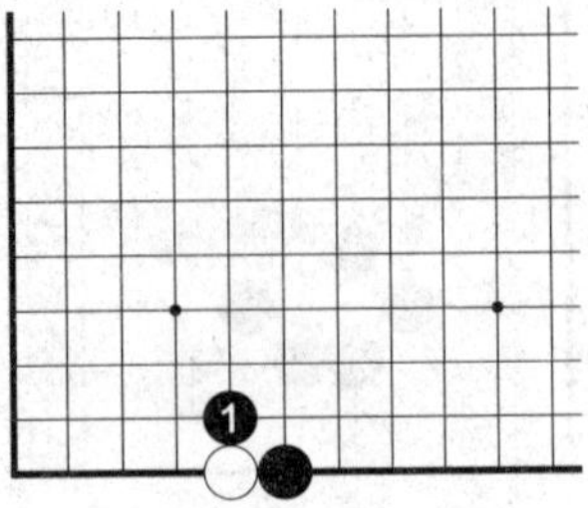

第 255 题

第二单元答案

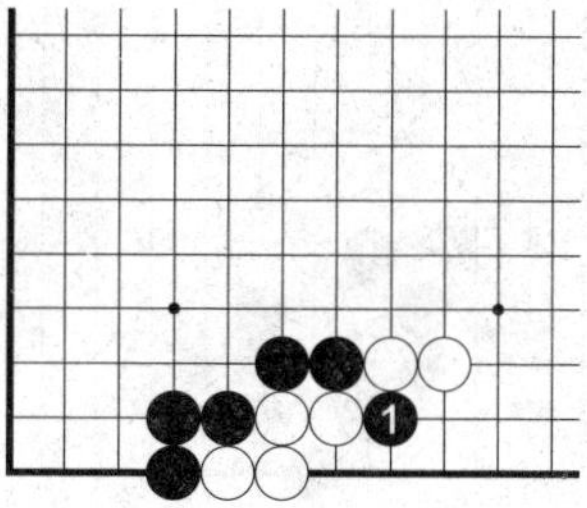

第 256 题

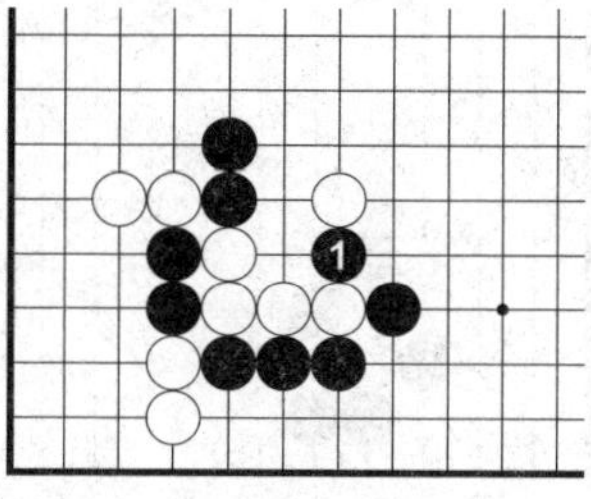

第 257 题

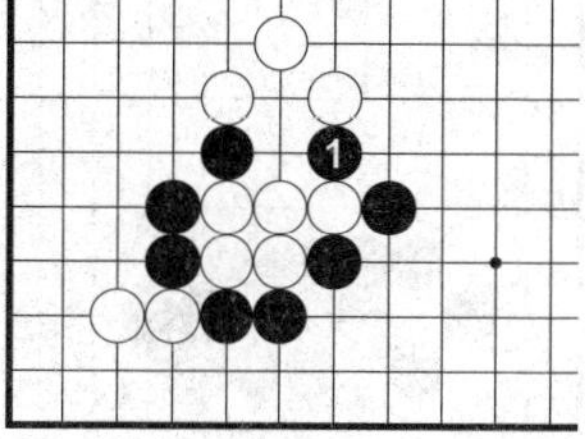

第 258 题

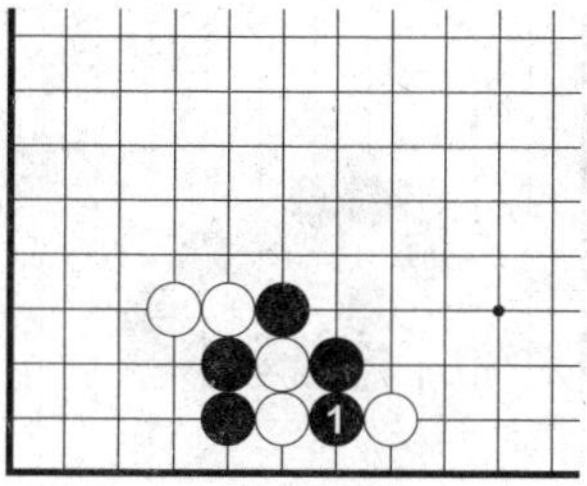

第 259 题

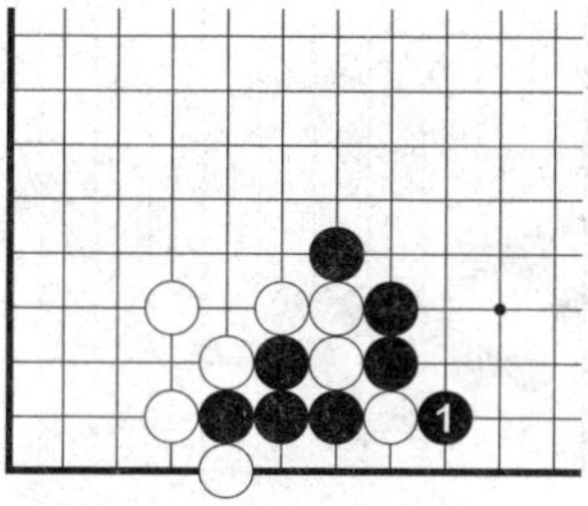

第 260 题

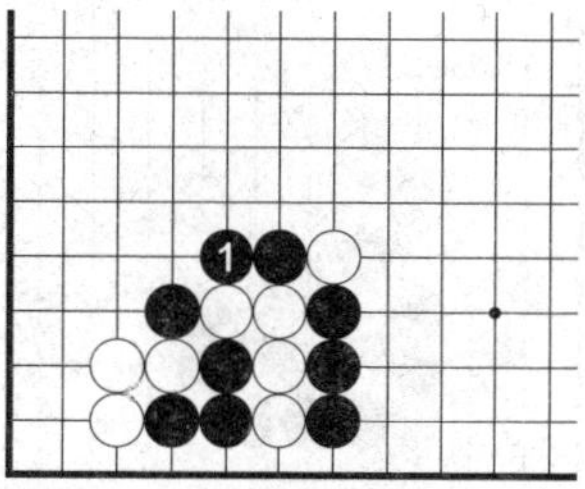

第 261 题

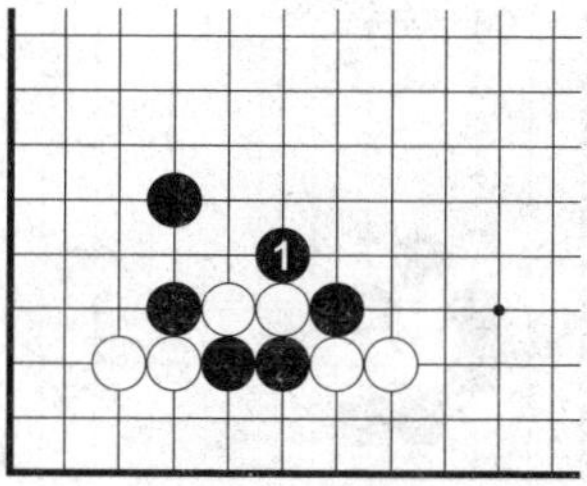

第 262 题

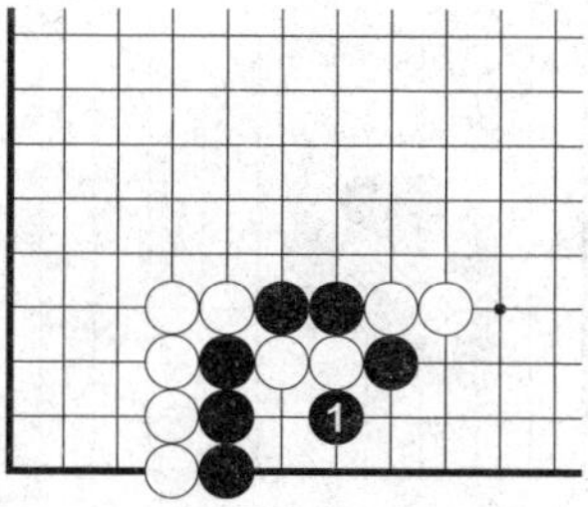

第 263 题

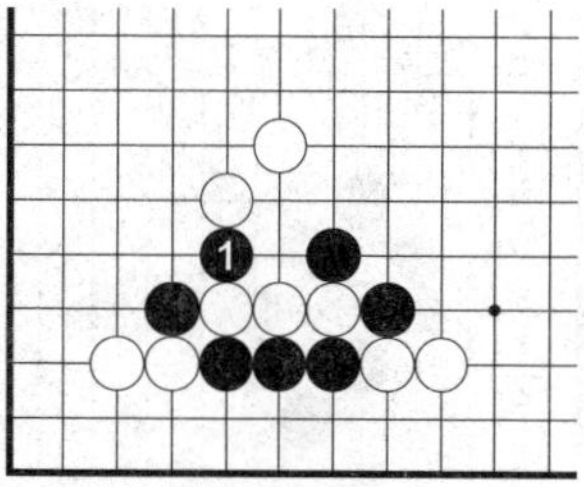

第 264 题

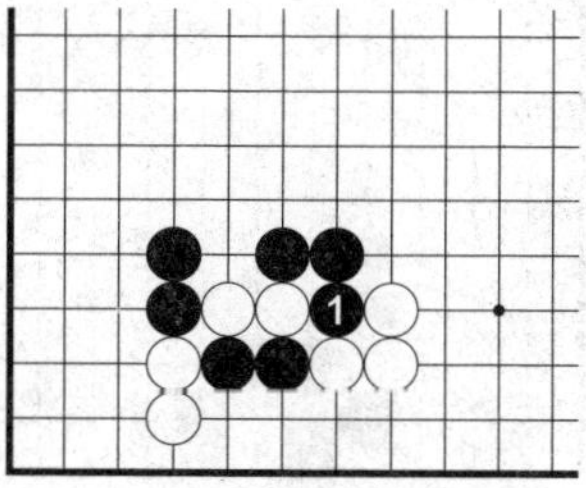

第 265 题

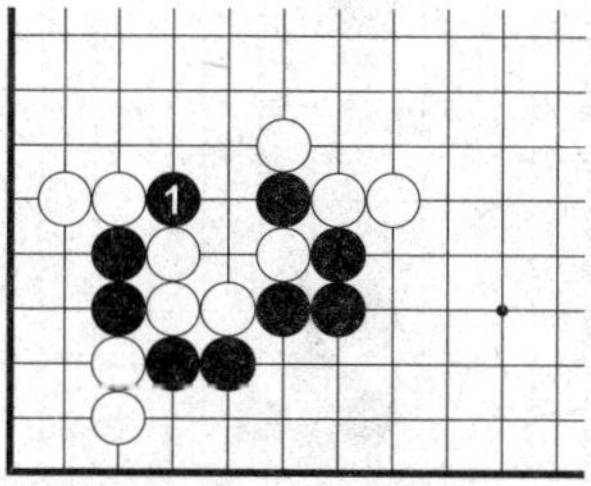

第 266 题

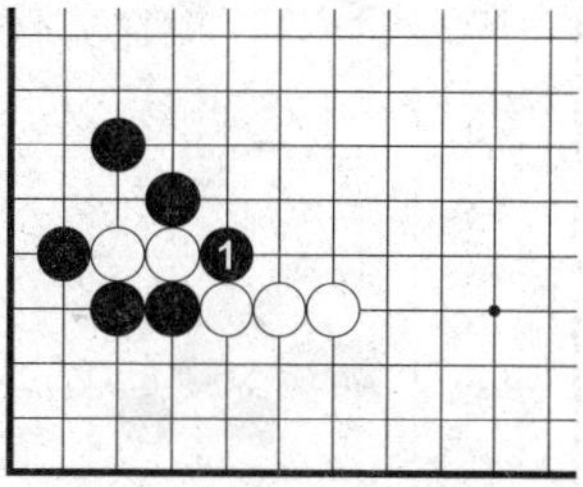

第 267 题

第二单元答案

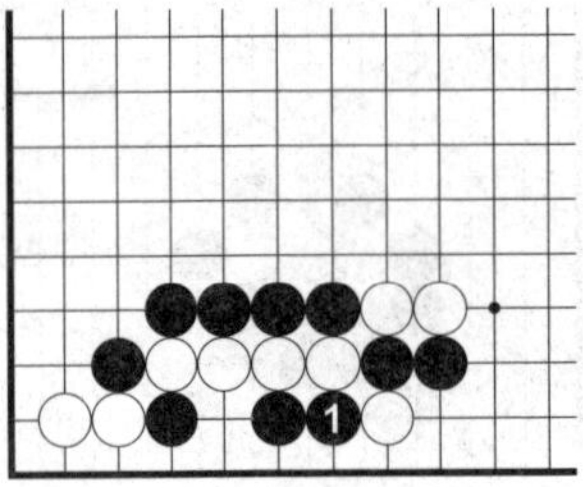

第 268 题

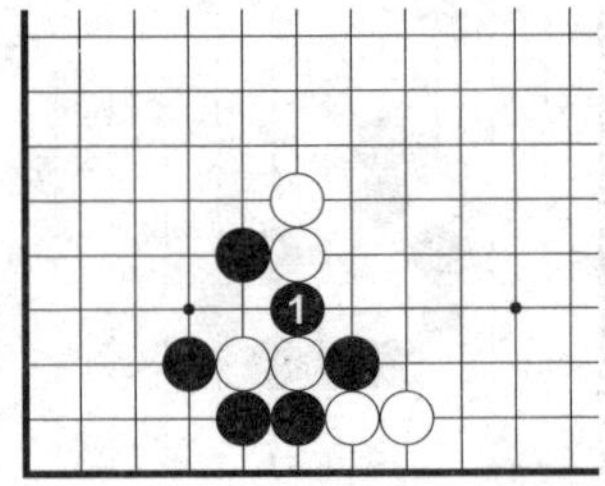

第 269 题

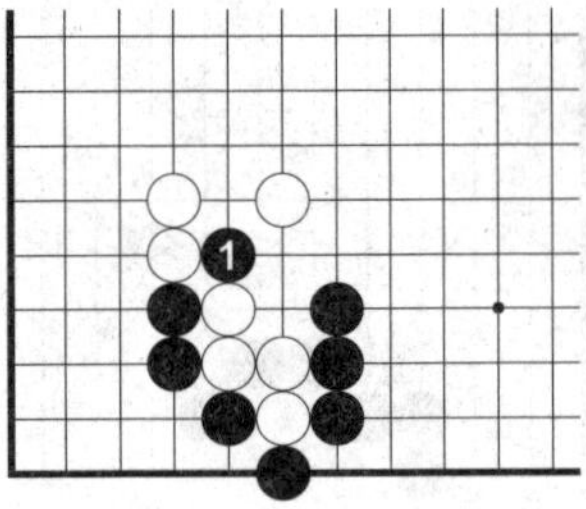

第 270 题

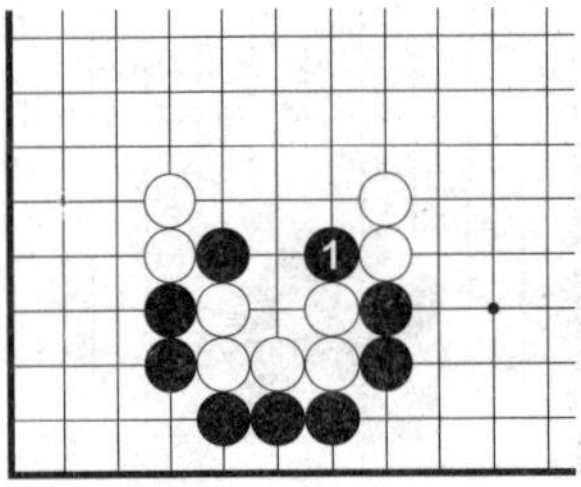

第 271 题

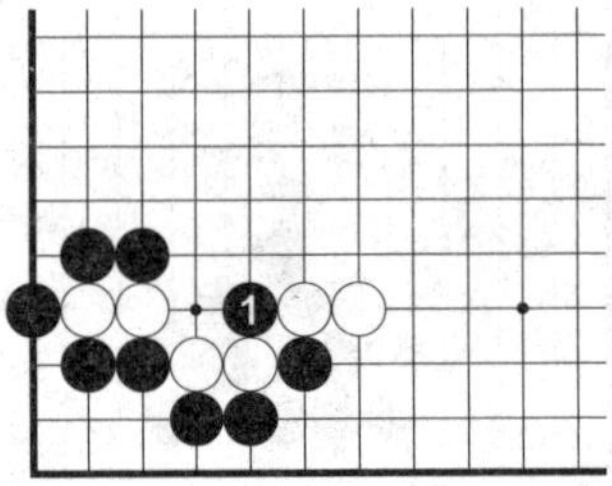

第 272 题

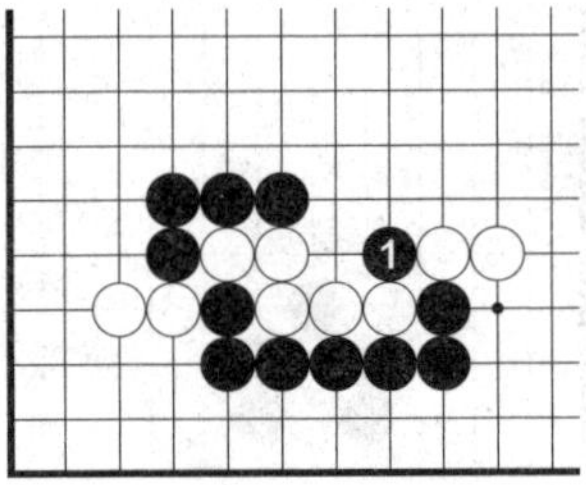

第 273 题

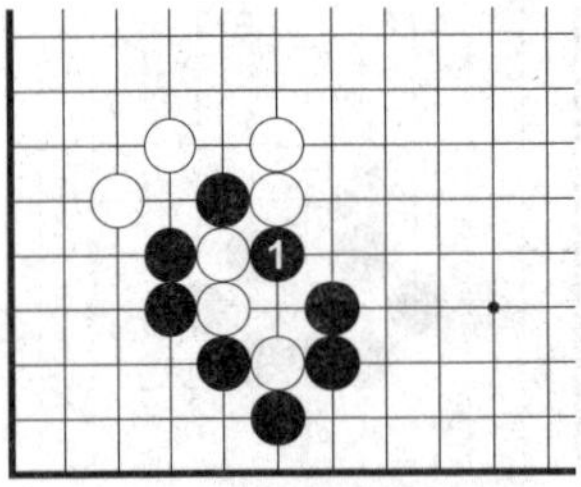

第 274 题

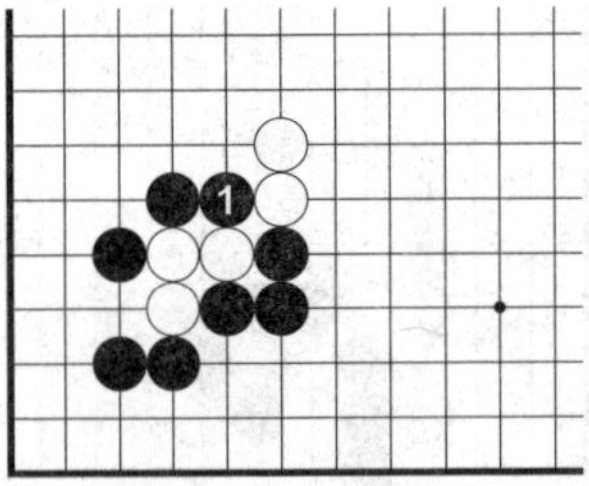

第 275 题

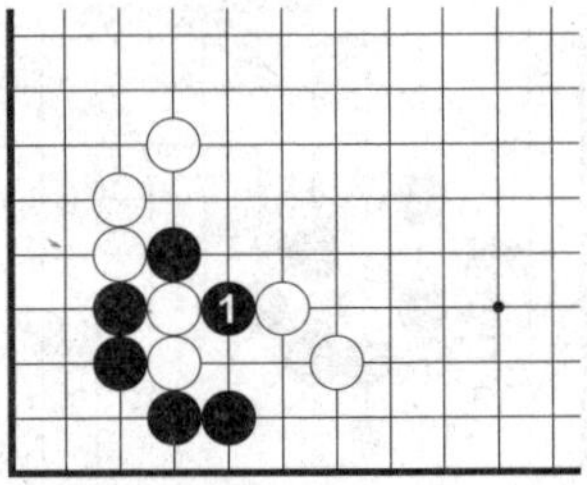

第 276 题

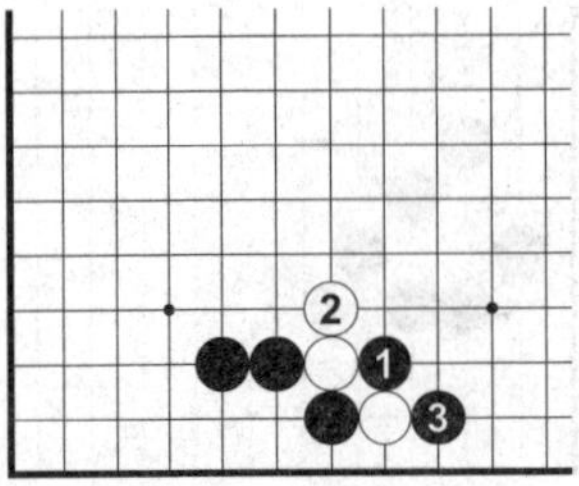

第 277 题

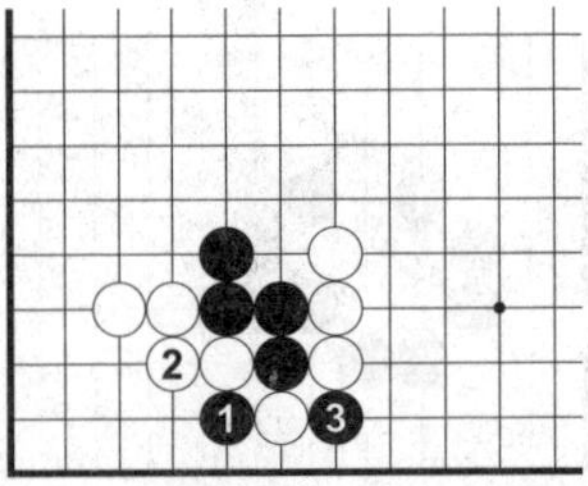

第 278 题

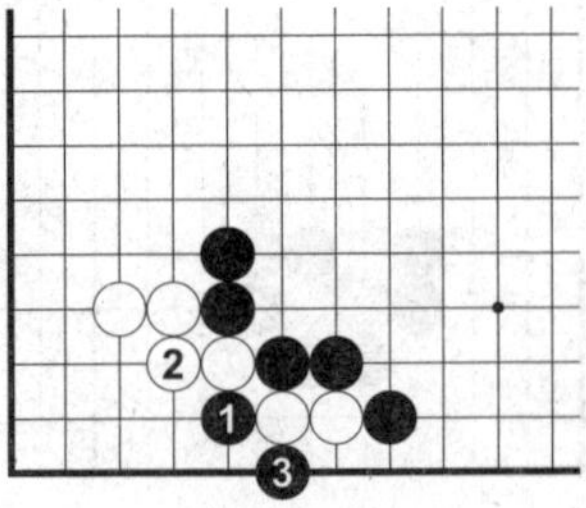

第 279 题

第二单元答案

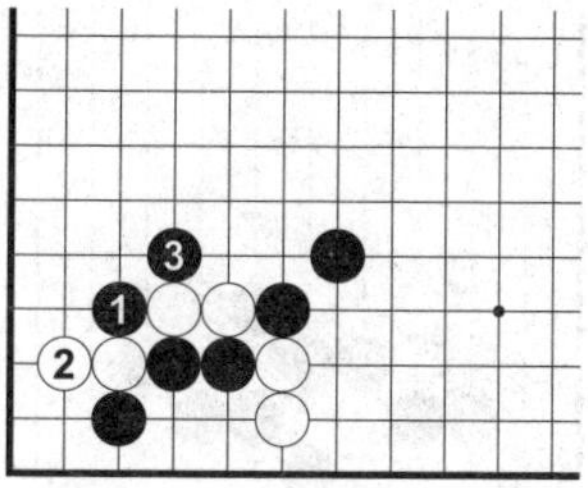

第 280 题

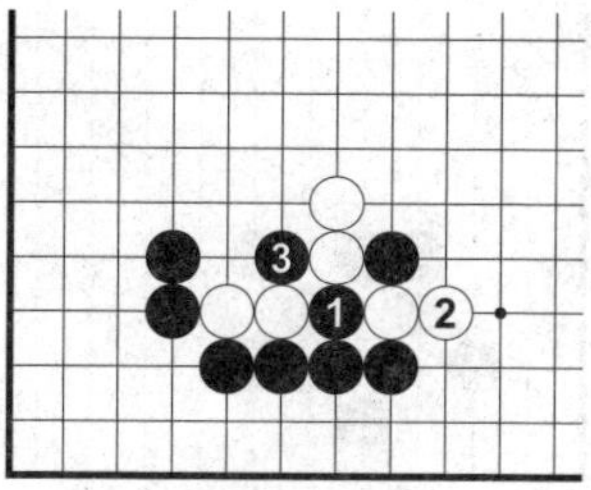

第 281 题

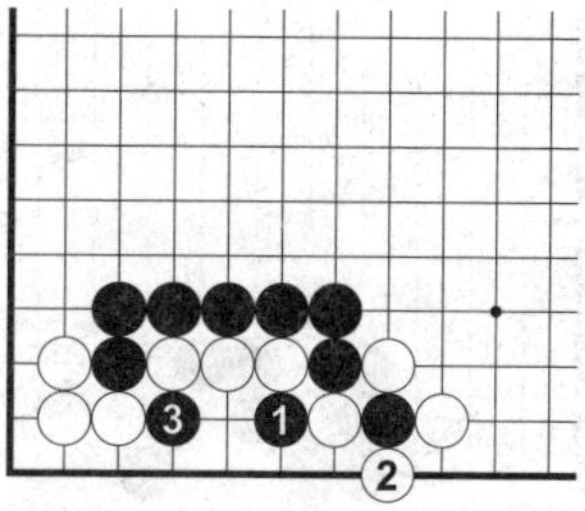

第 282 题

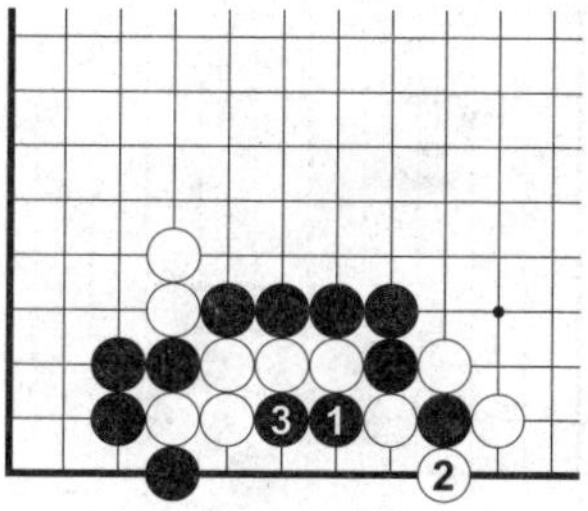

第 283 题

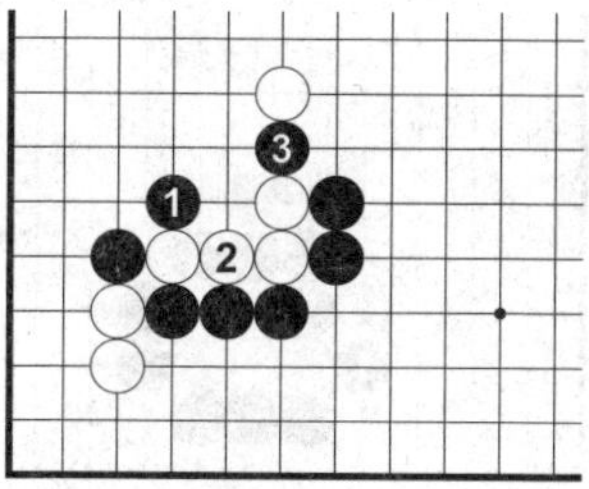

第 284 题

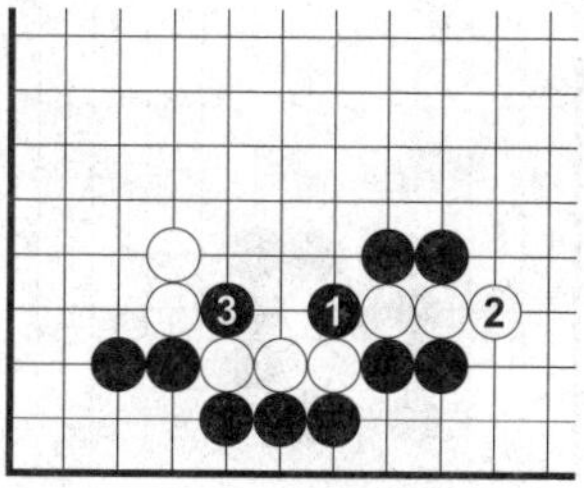

第 285 题

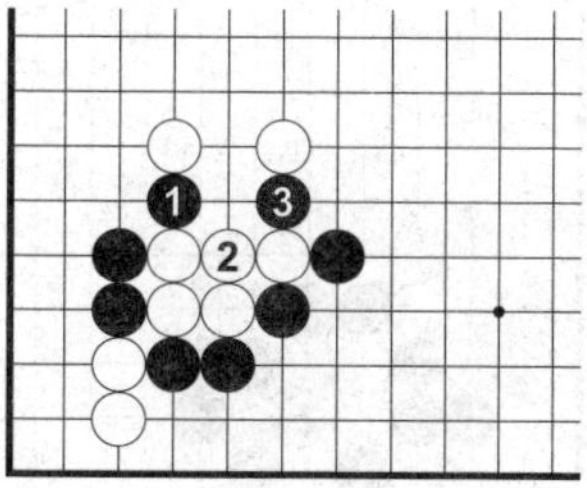

第 286 题

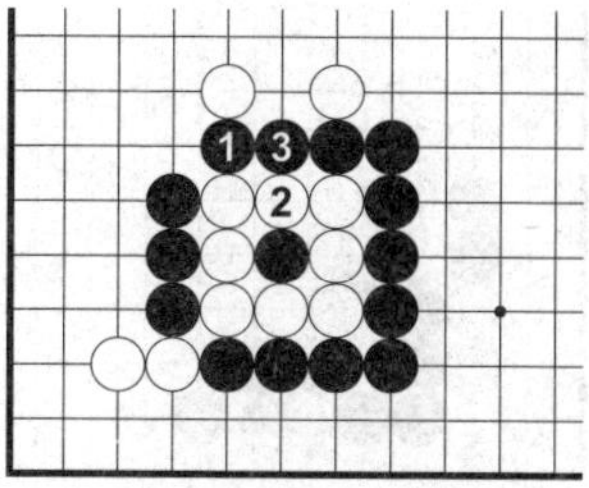

第 287 题

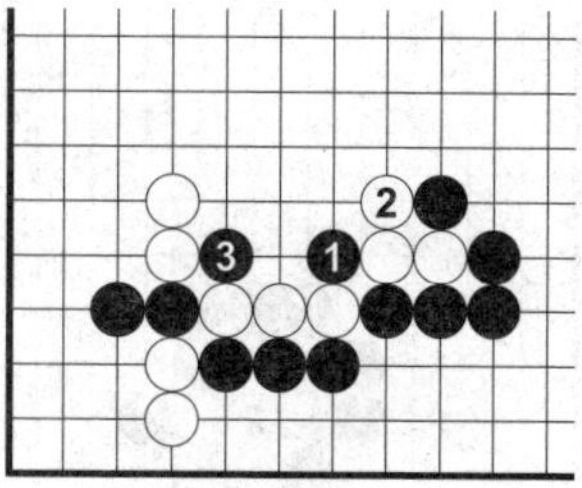

第 288 题

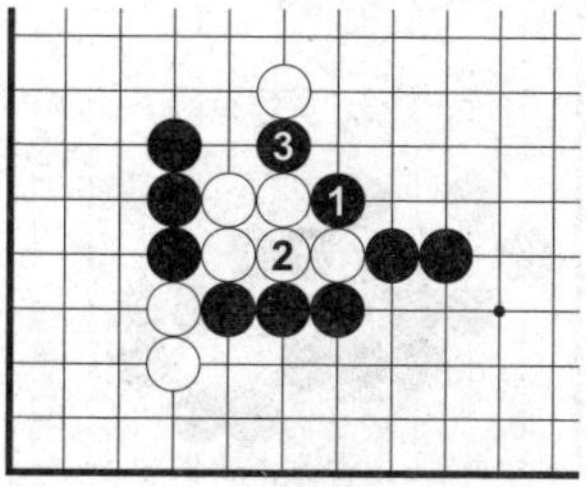

第 289 题

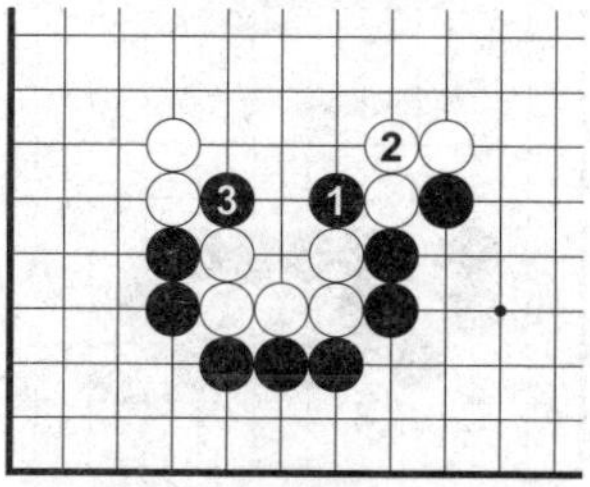

第 290 题

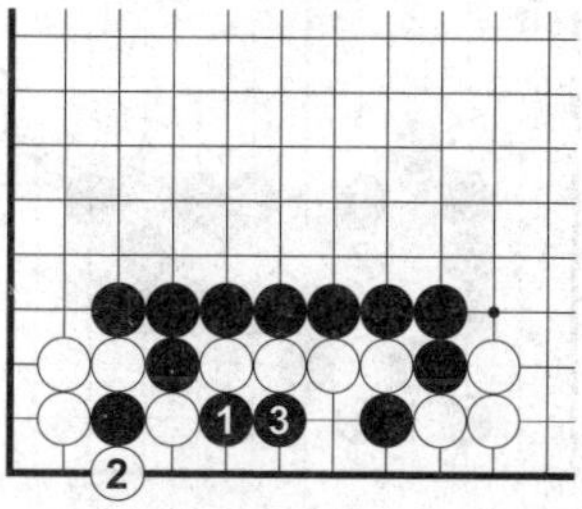

第 291 题

第二单元答案

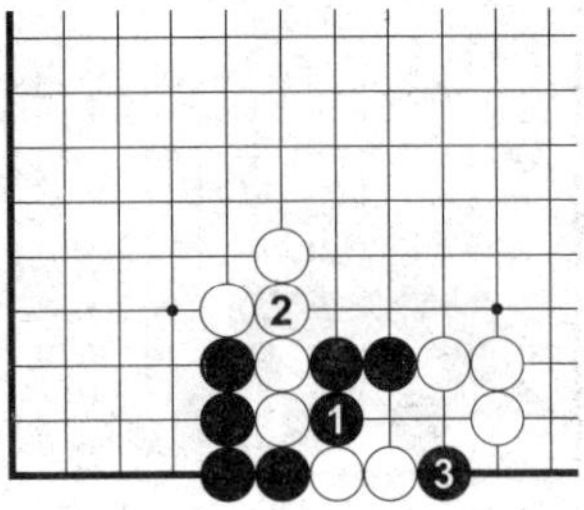

第 292 题

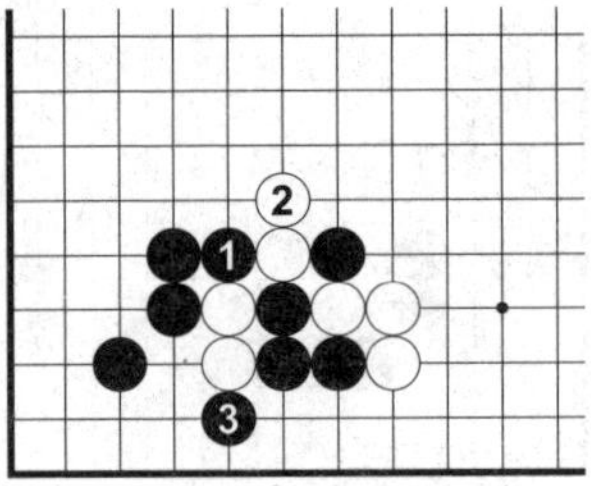

第 293 题

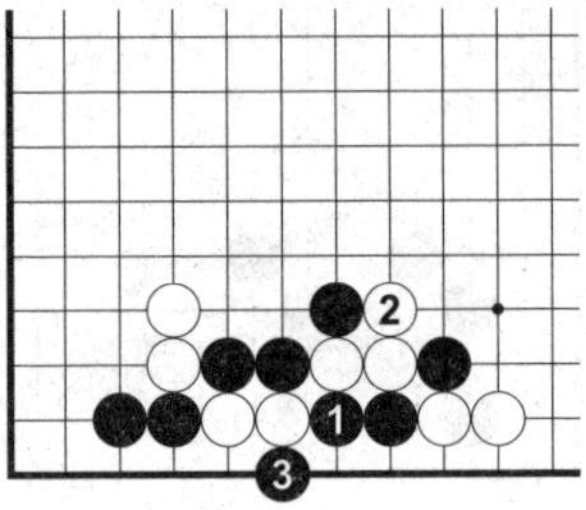

第 294 题

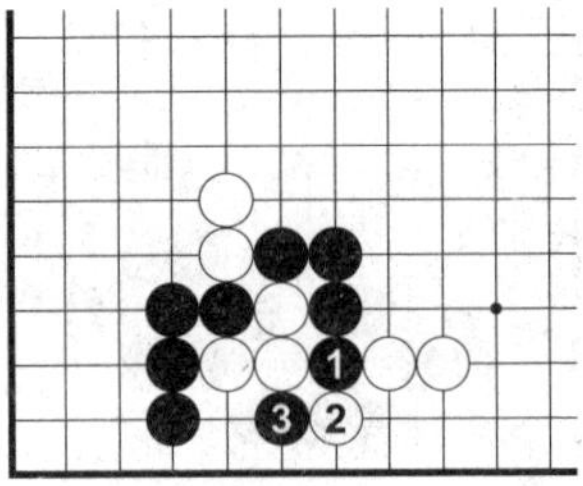

第 295 题

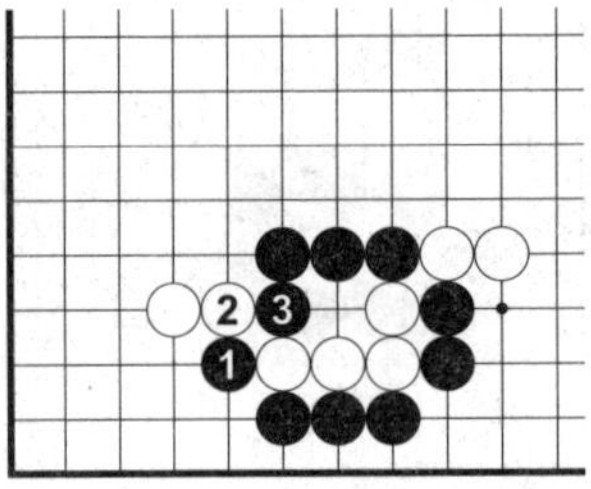

第 296 题

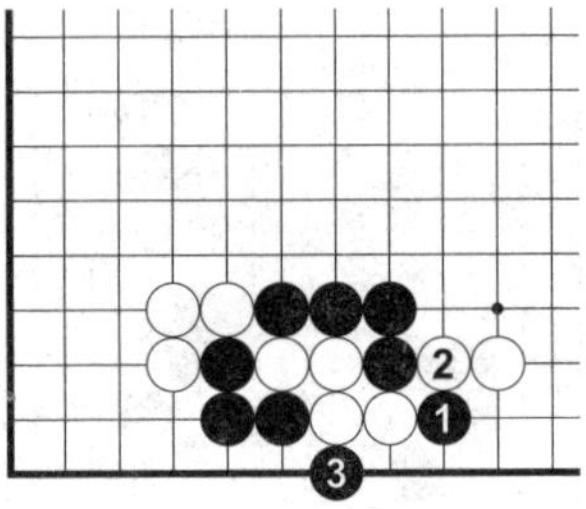

第 297 题

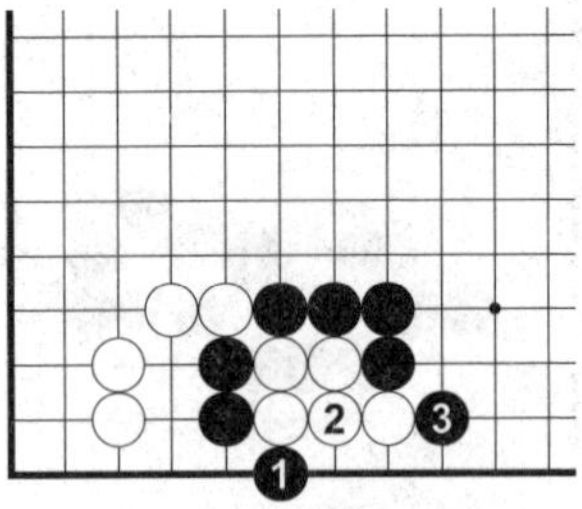

第 298 题

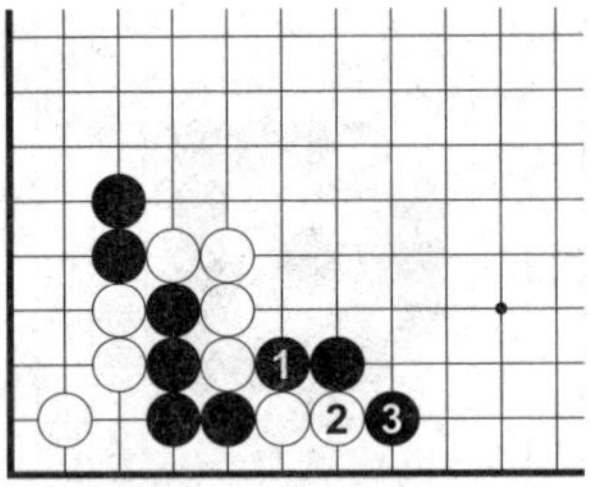

第 299 题

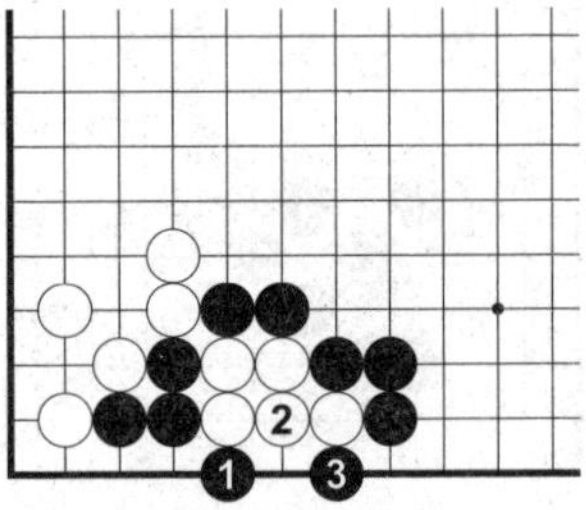

第 300 题

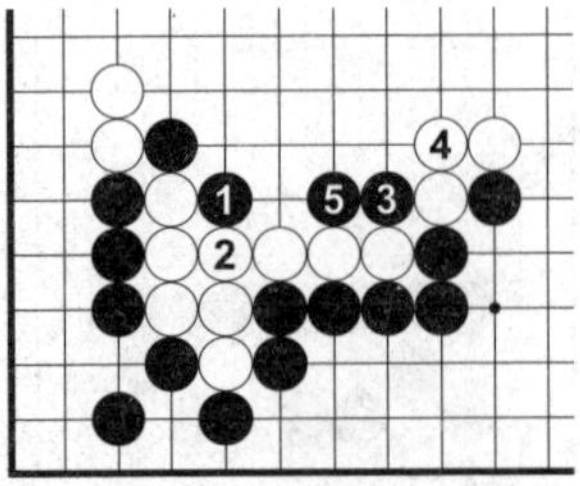

第 301 题

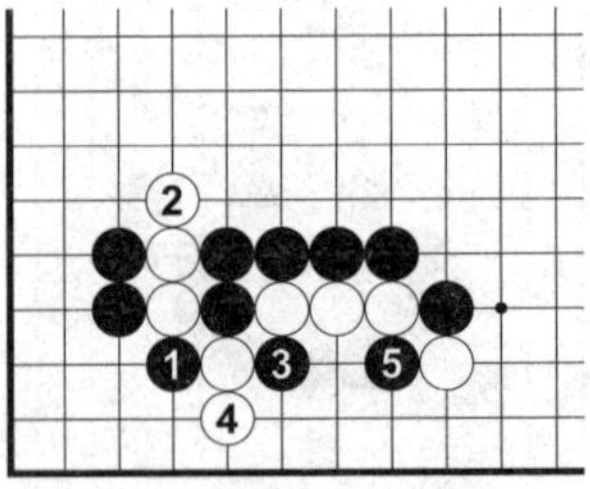

第 302 题

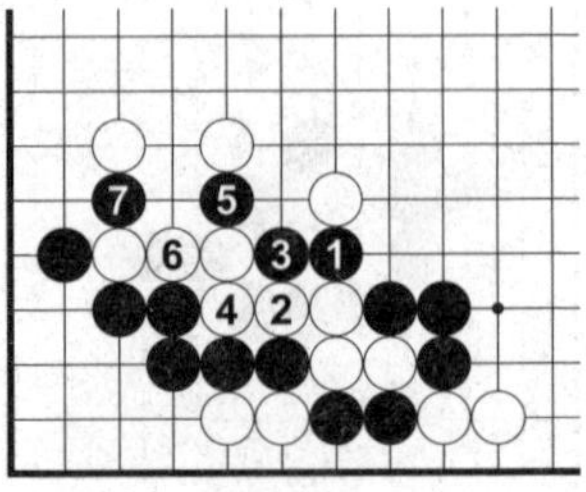

第 303 题

第二单元答案

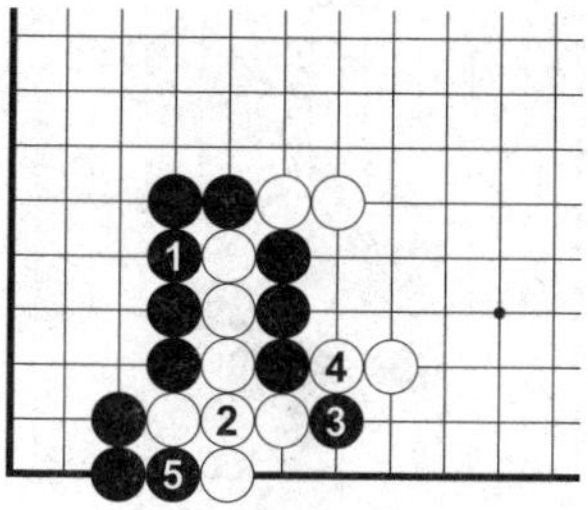
第 304 题

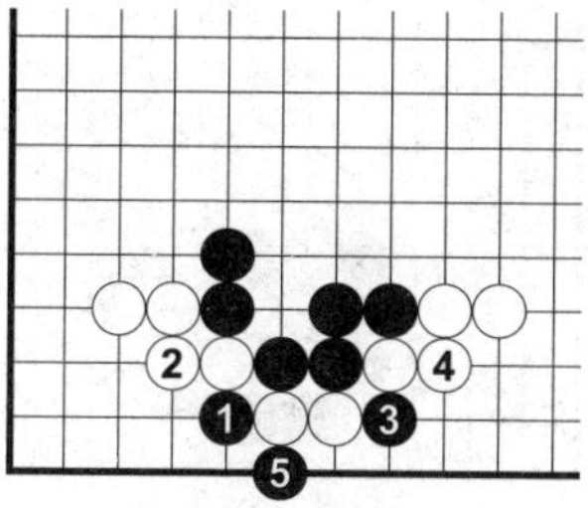
第 305 题

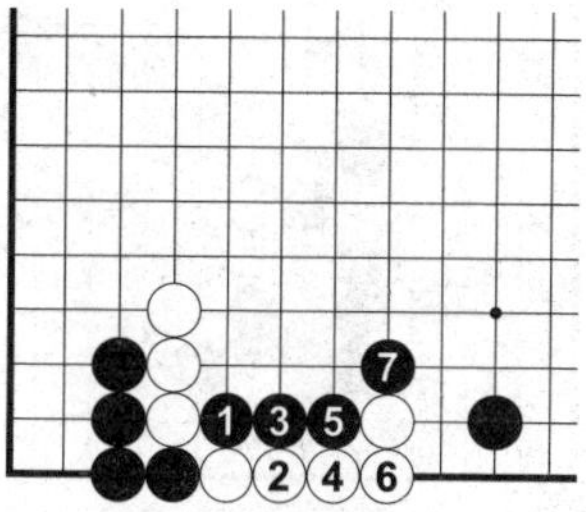
第 306 题

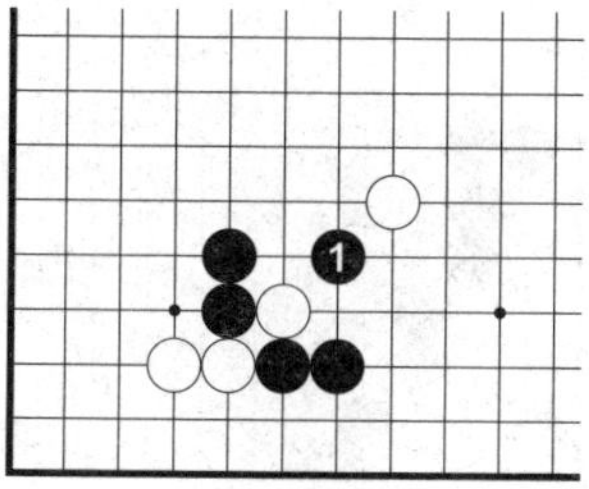
第 307 题

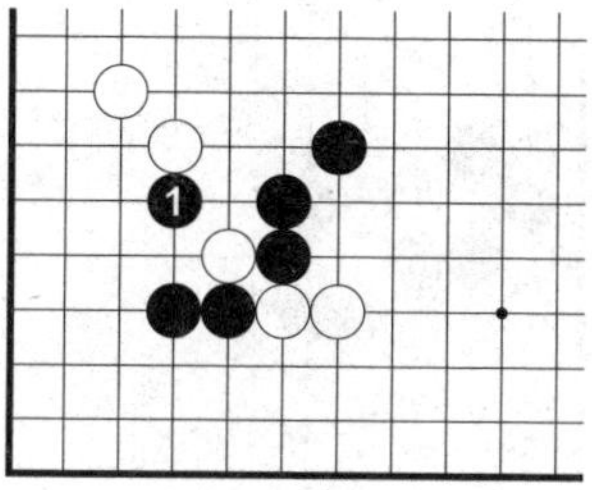
第 308 题

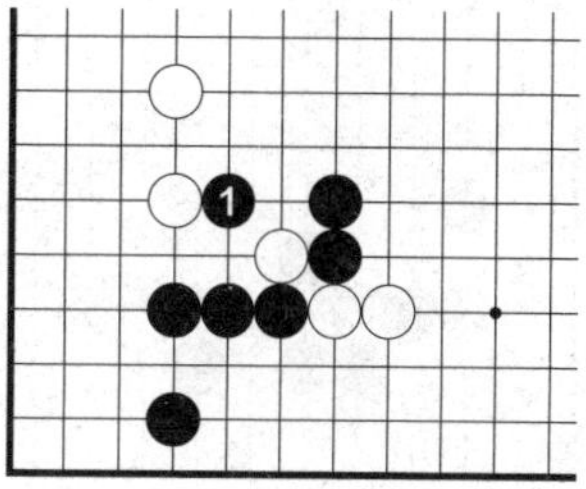
第 309 题

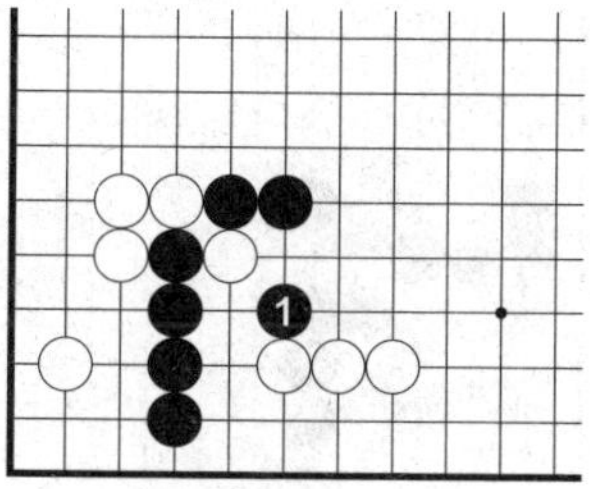
第 310 题

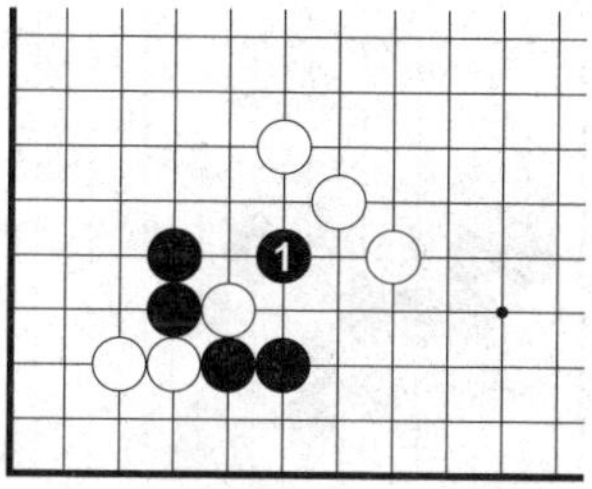
第 311 题

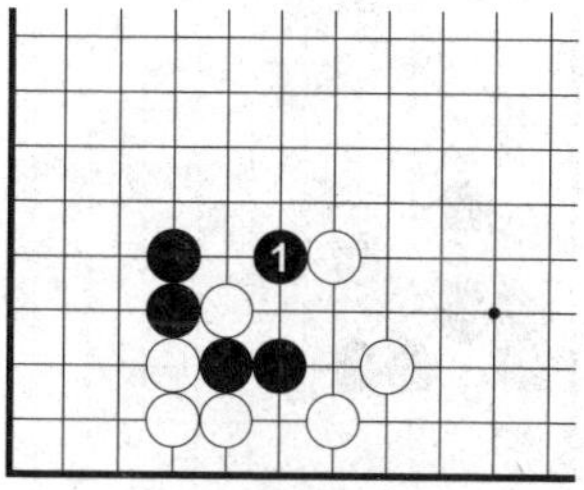
第 312 题

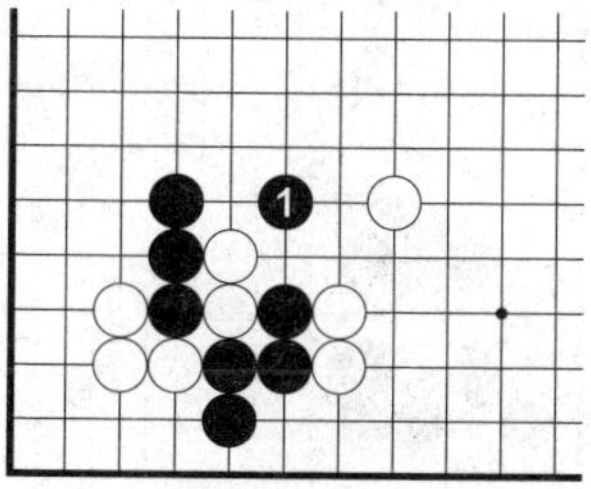
第 313 题

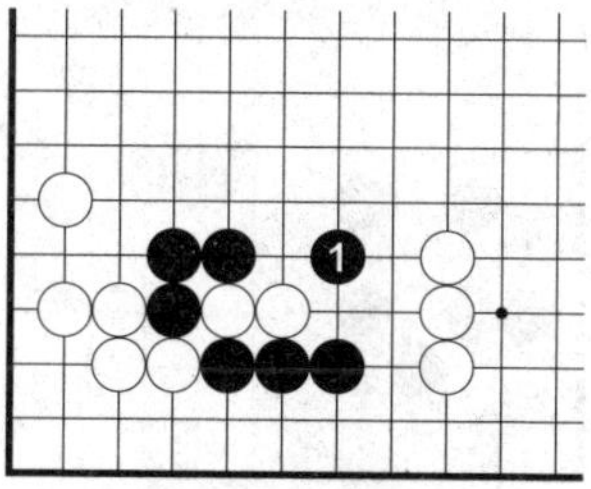
第 314 题

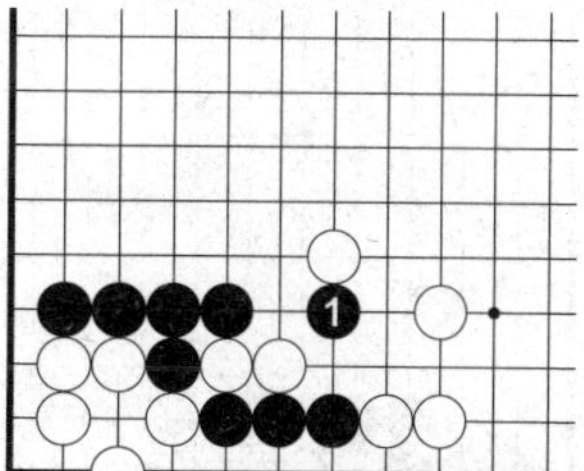
第 315 题

第二单元答案

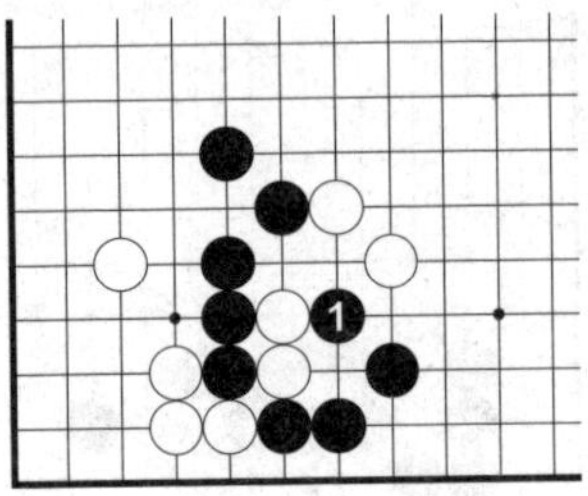

第 316 题

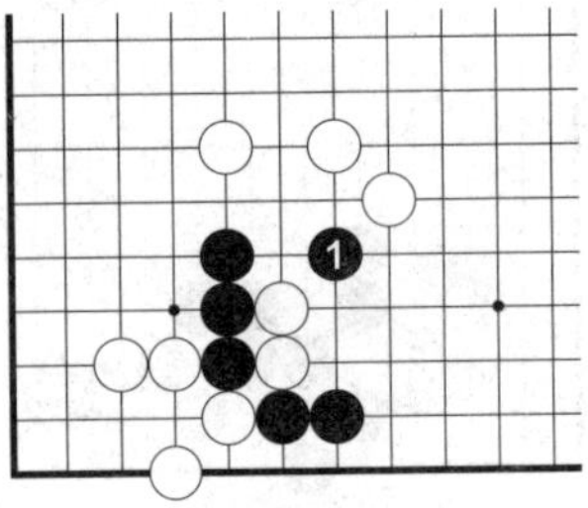

第 317 题

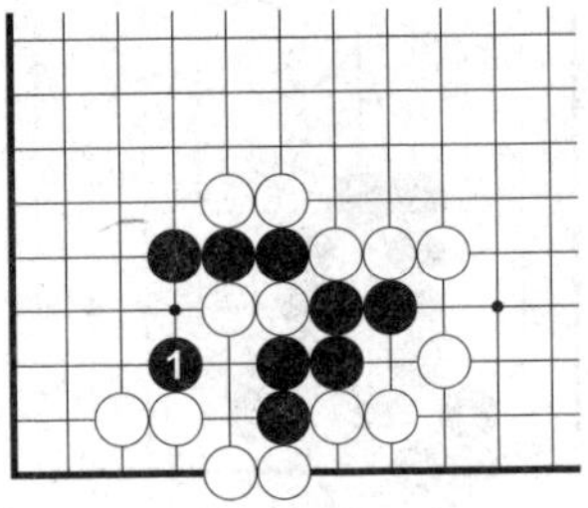

第 318 题

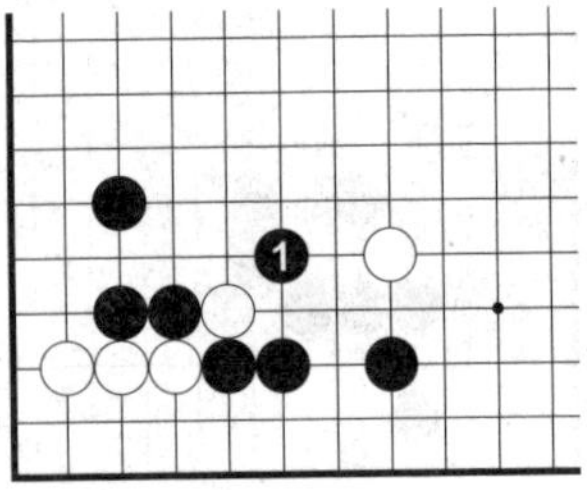

第 319 题

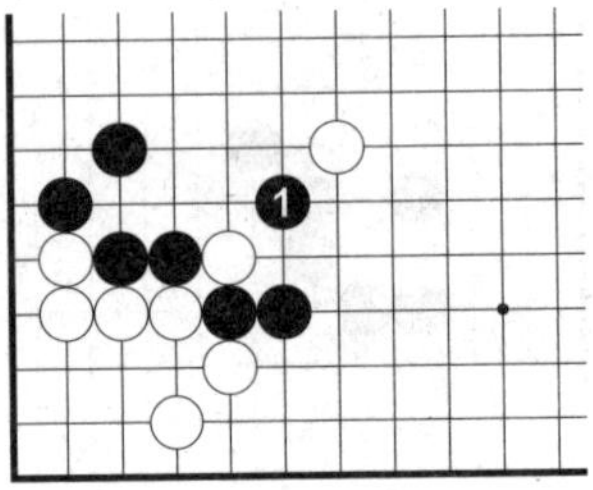

第 320 题

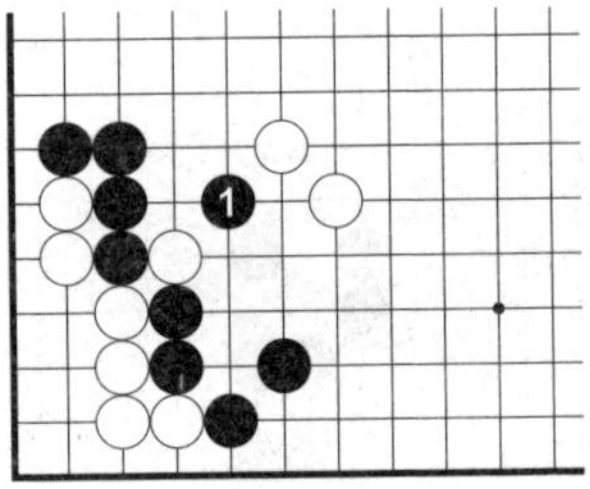

第 321 题

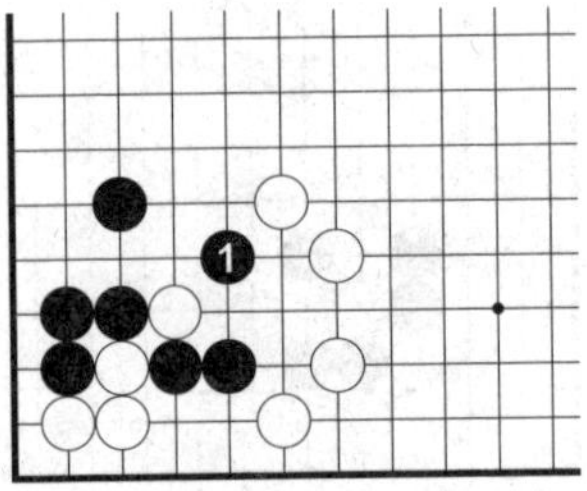

第 322 题

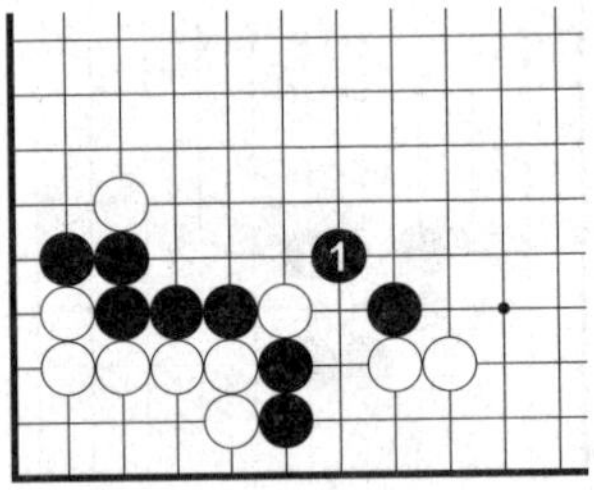

第 323 题

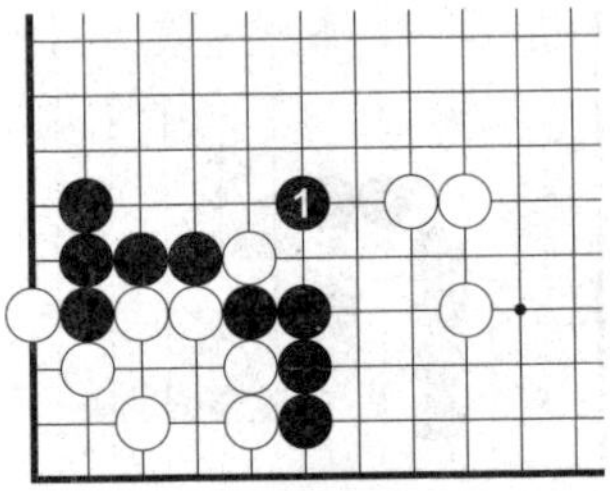

第 324 题

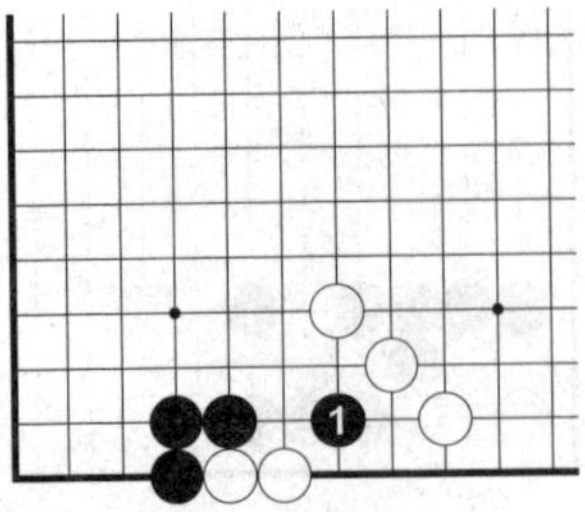

第 325 题

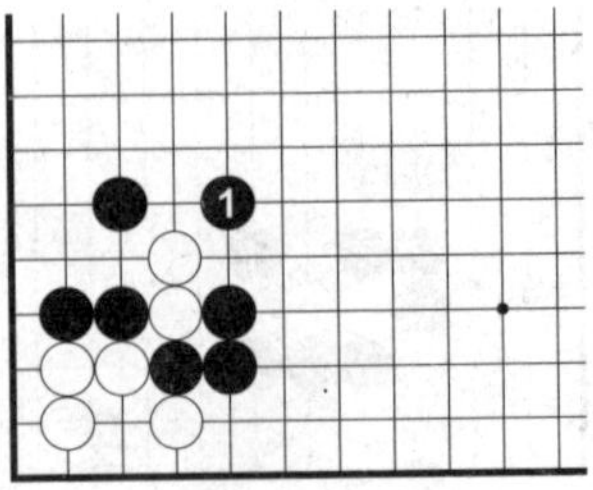

第 326 题

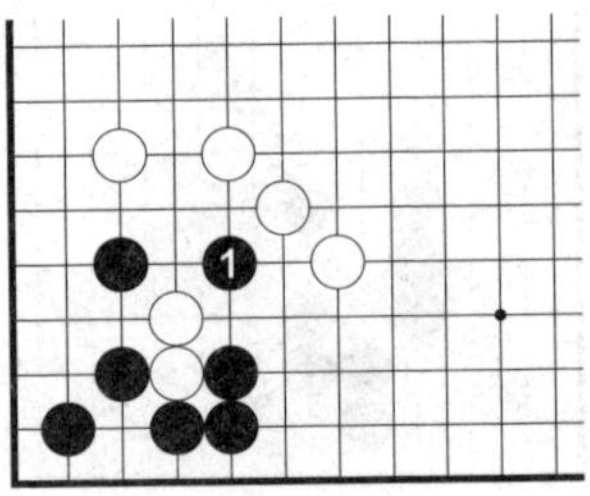

第 327 题

第二单元答案

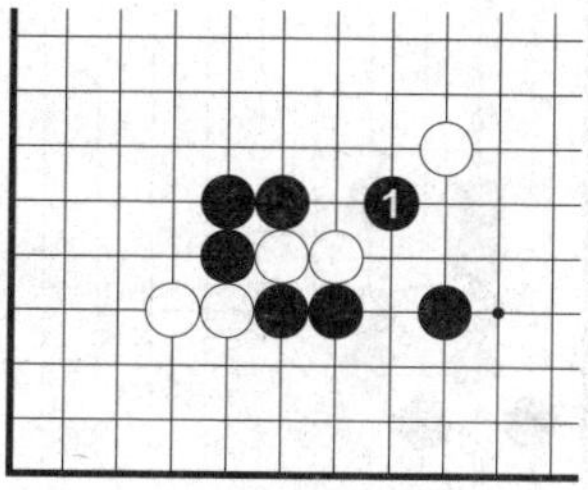

第 328 题

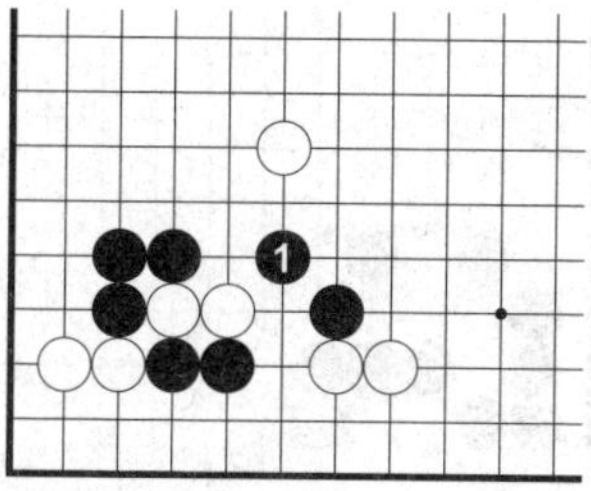

第 329 题

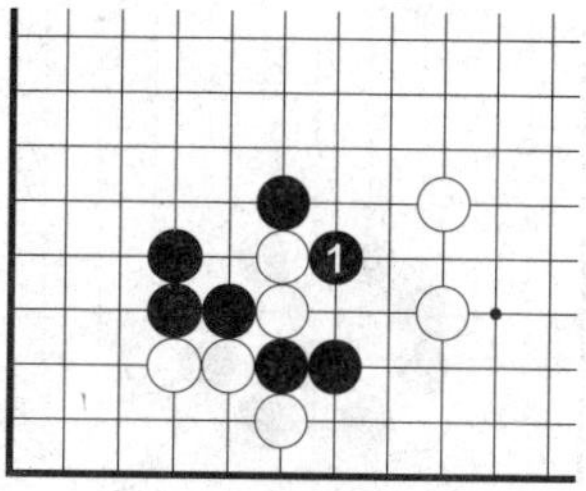

第 330 题

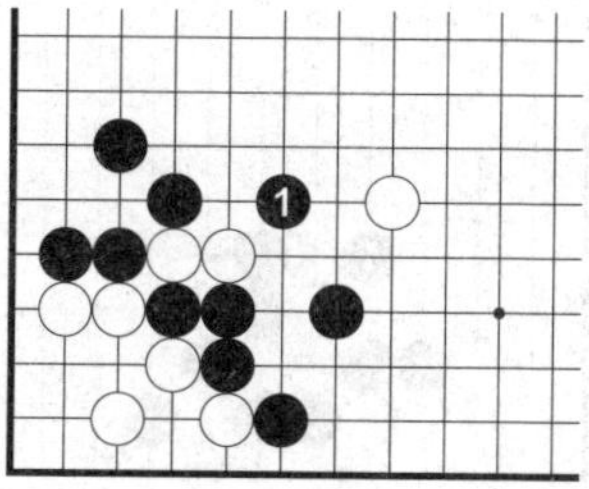

第 331 题

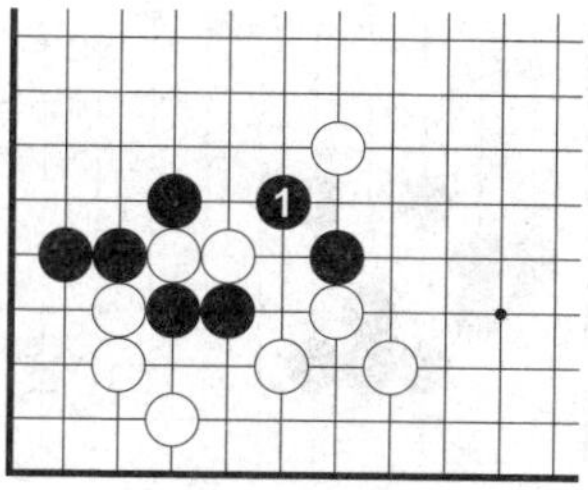

第 332 题

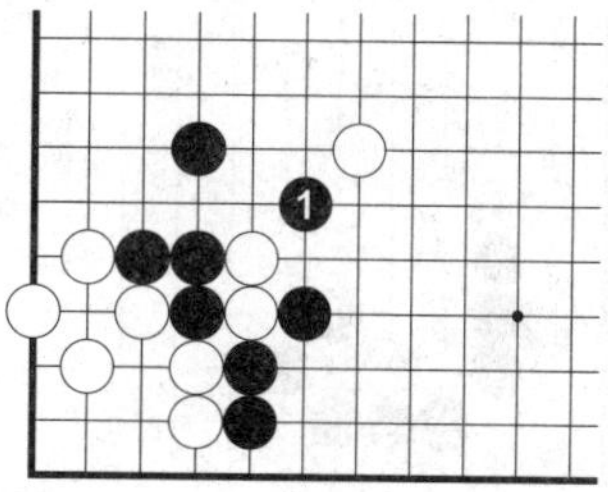

第 333 题

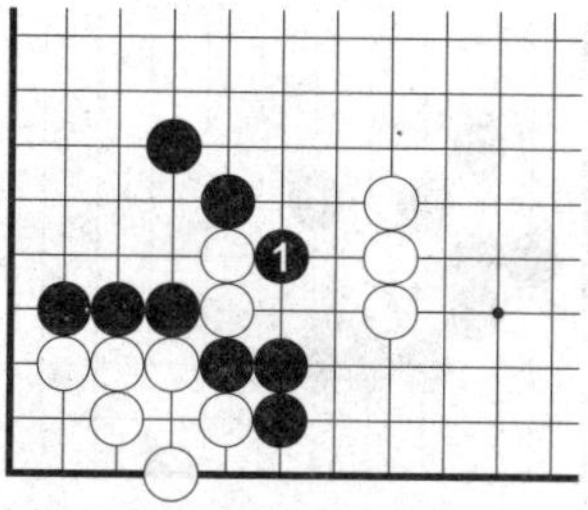

第 334 题

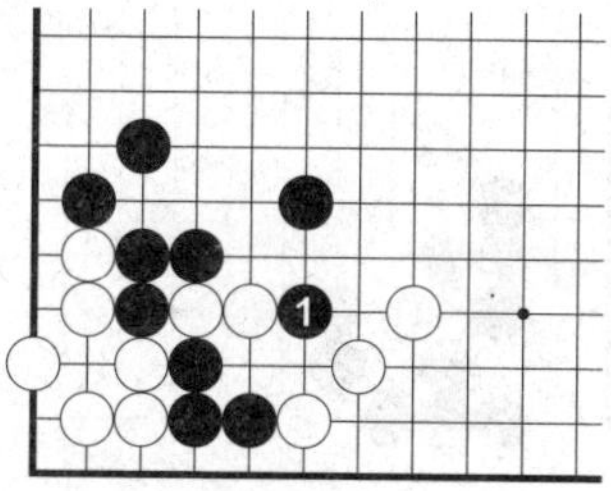

第 335 题

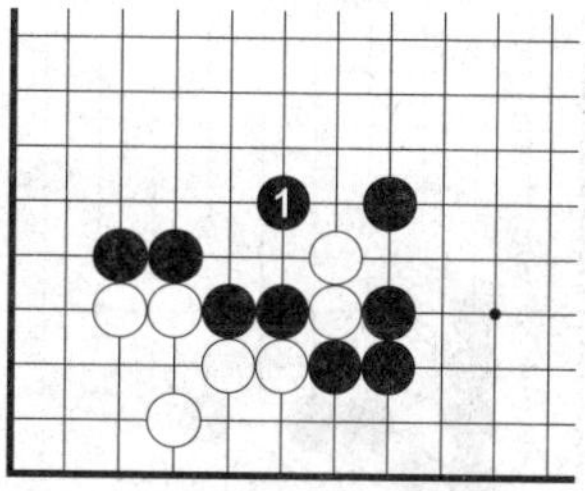

第 336 题

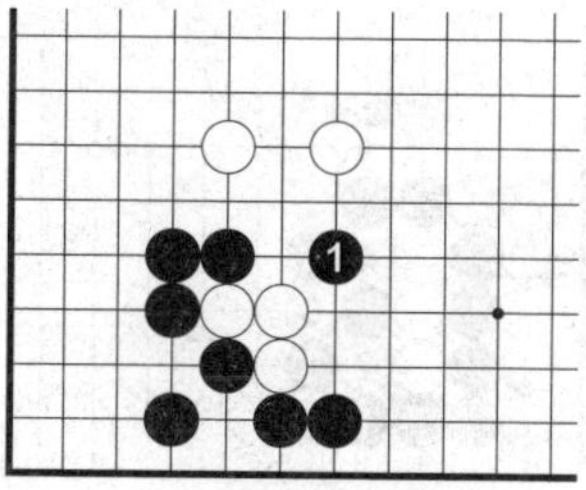

第 337 题

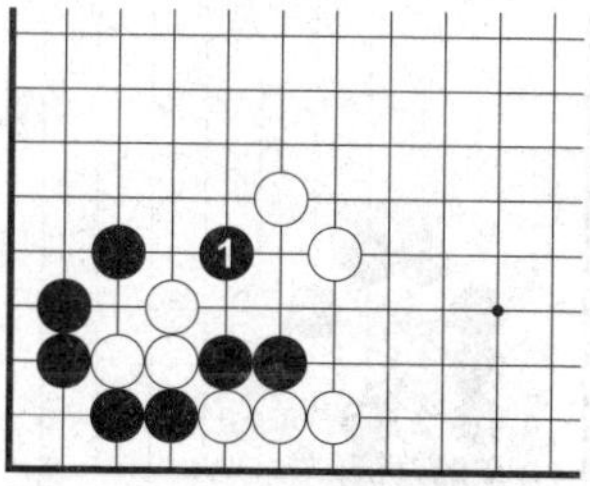

第 338 题

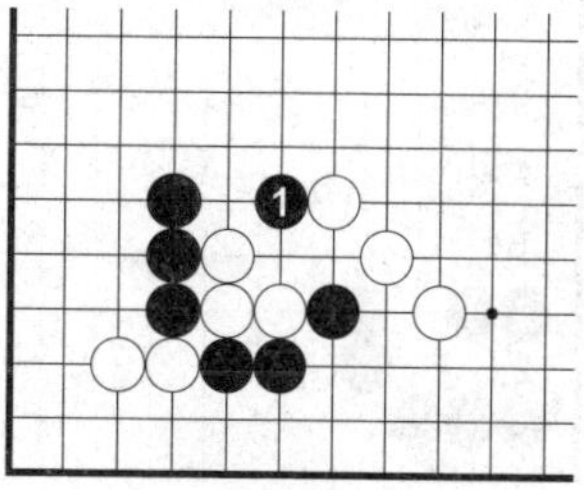

第 339 题

第二单元答案

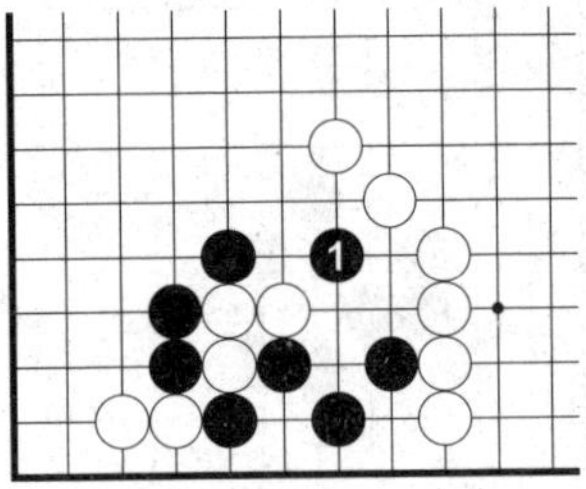

第 340 题

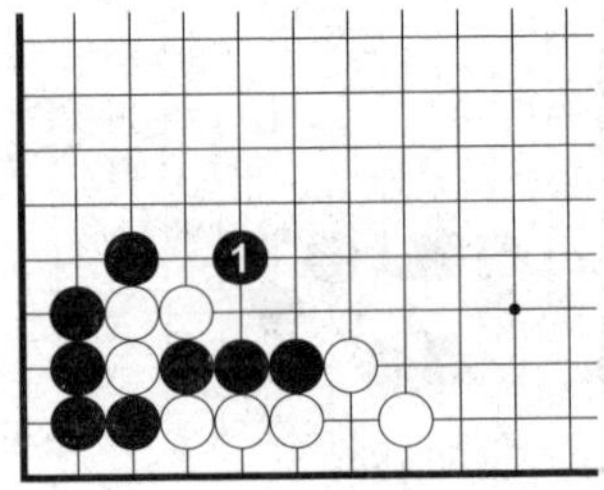

第 341 题

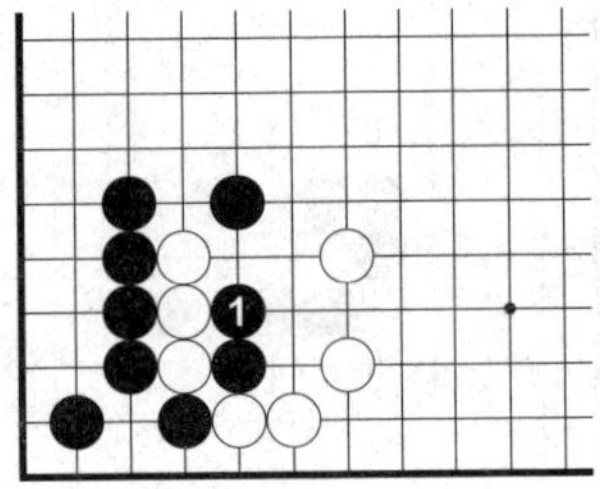

第 342 题

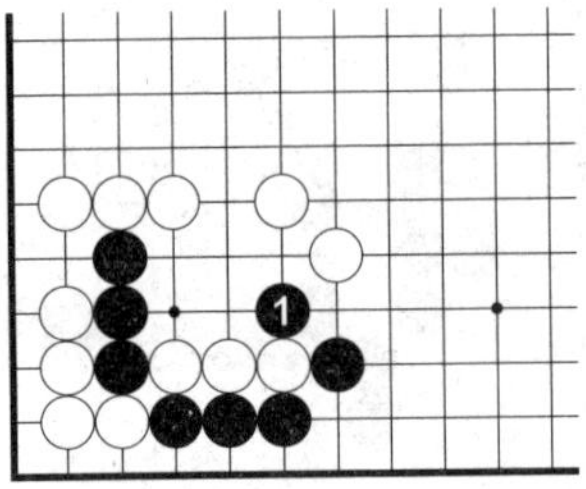

第 343 题

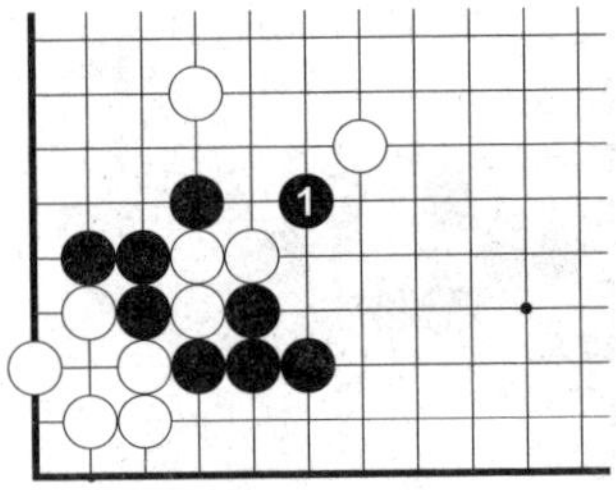

第 344 题

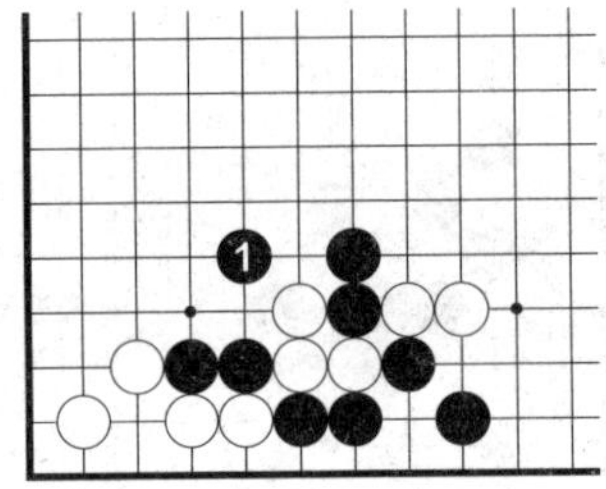

第 345 题

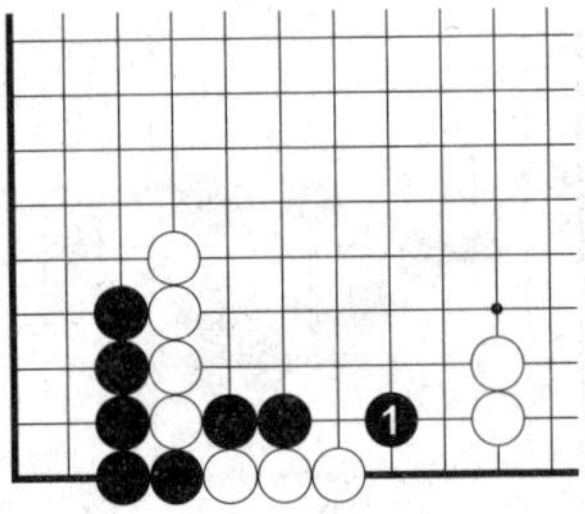

第 346 题

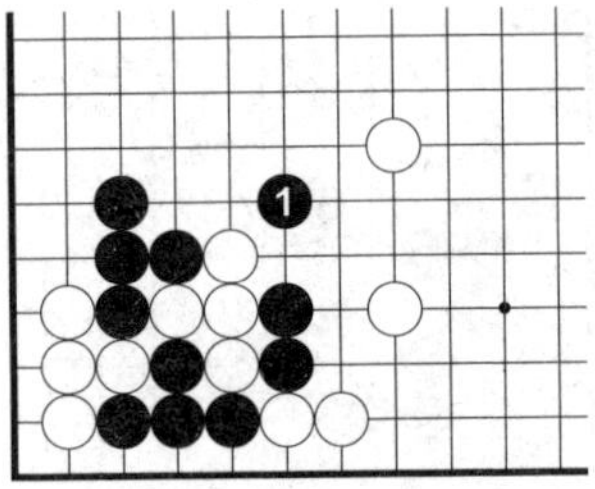

第 347 题

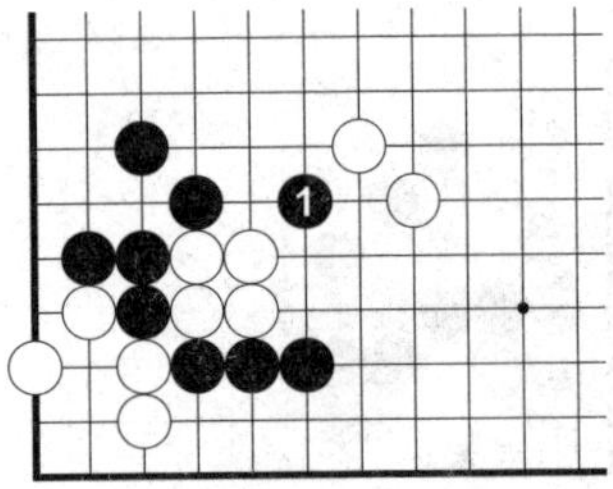

第 348 题

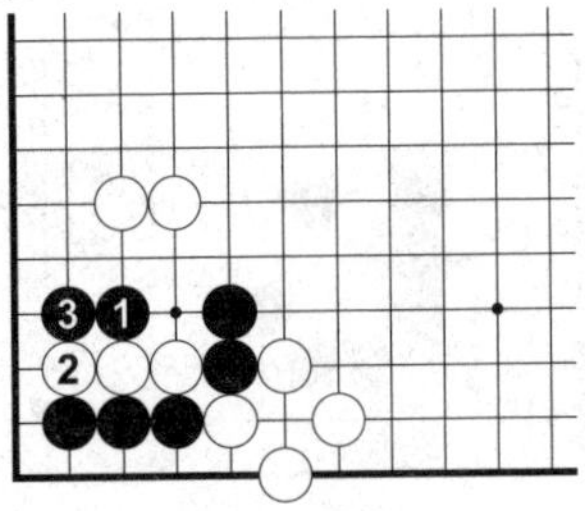

第 349 题

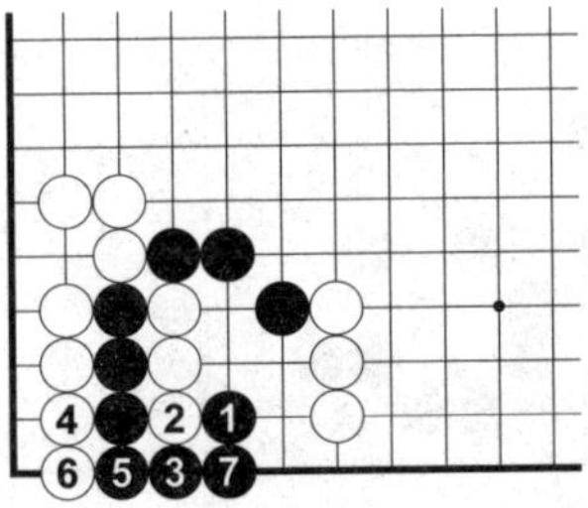

第 350 题

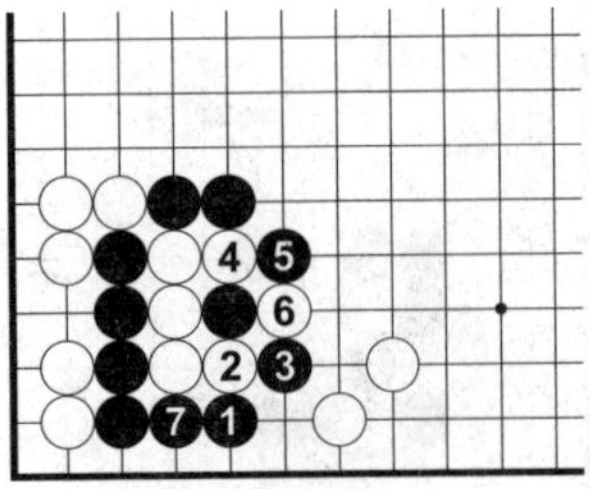

第 351 题

第二单元答案

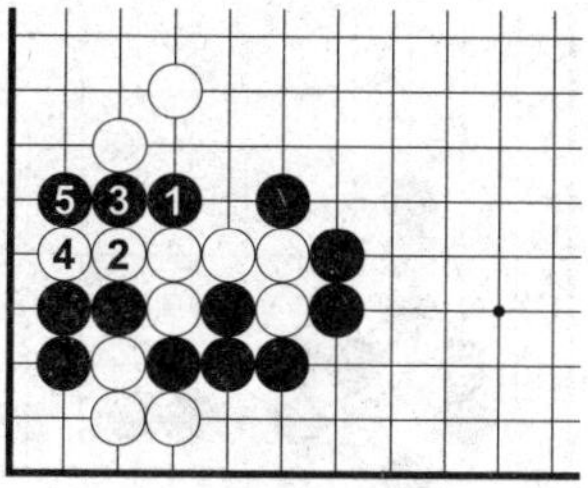

第 352 题

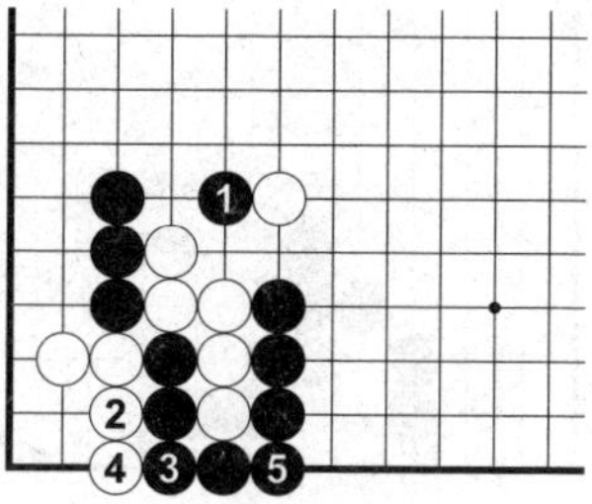

第 353 题

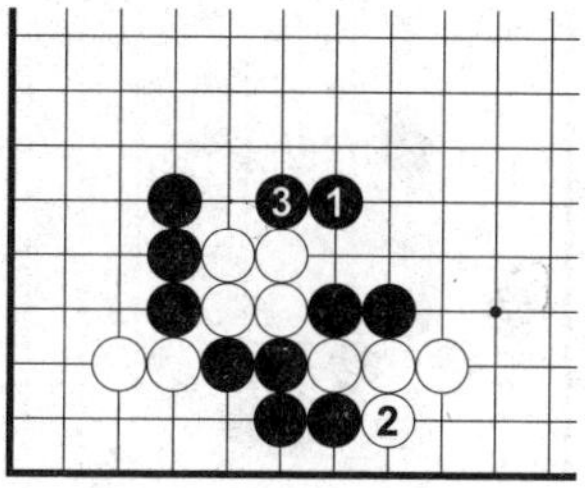

第 354 题

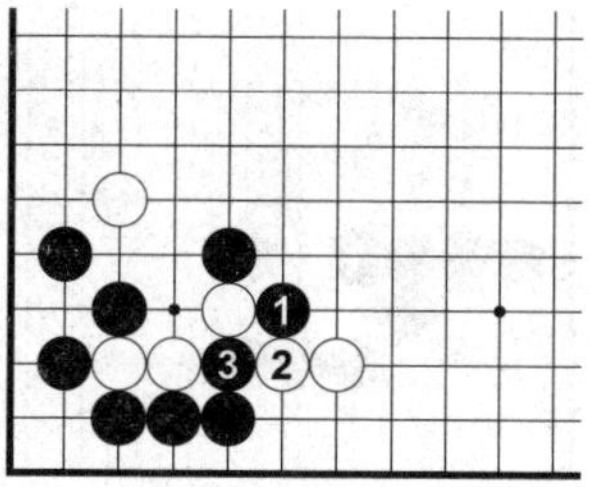

第 355 题

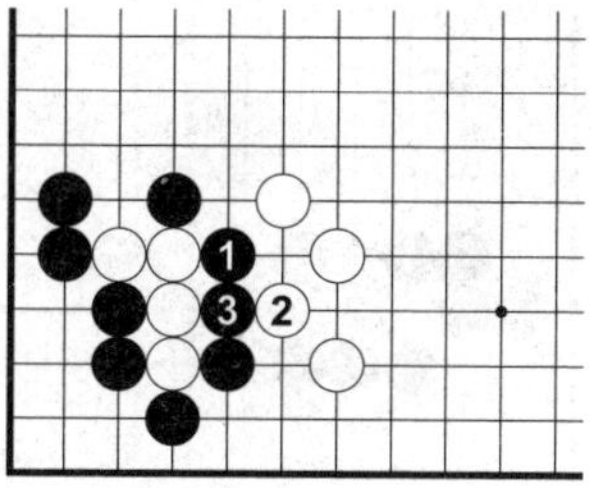

第 356 题

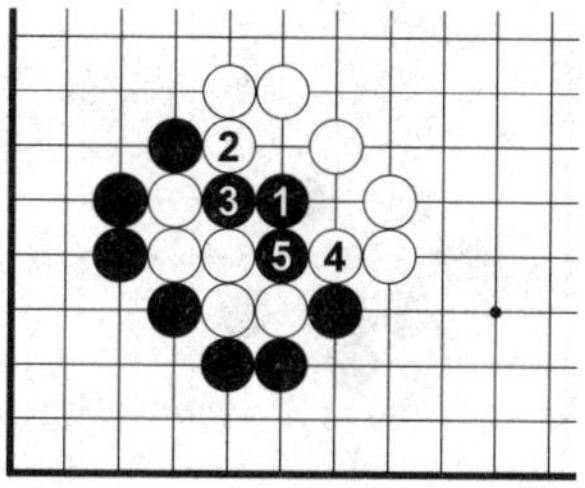

第 357 题

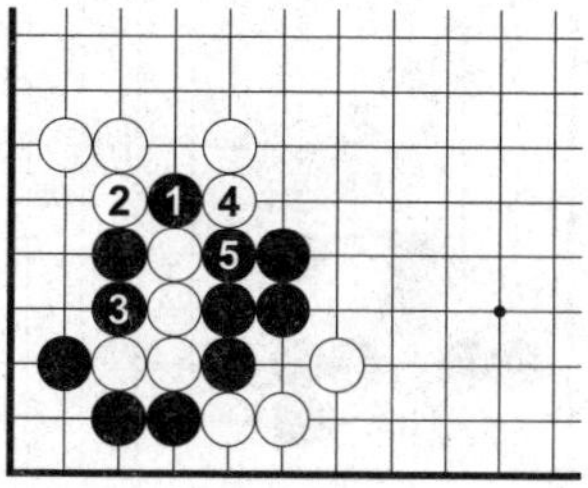

第 358 题

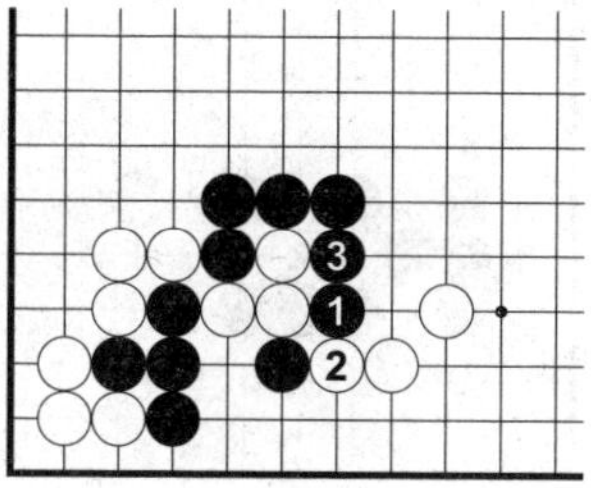

第 359 题

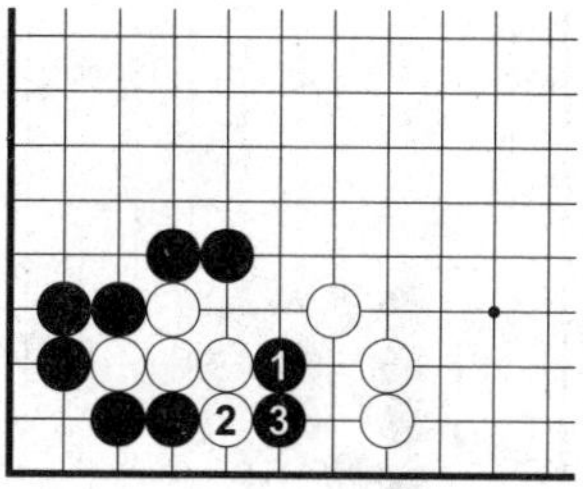

第 360 题

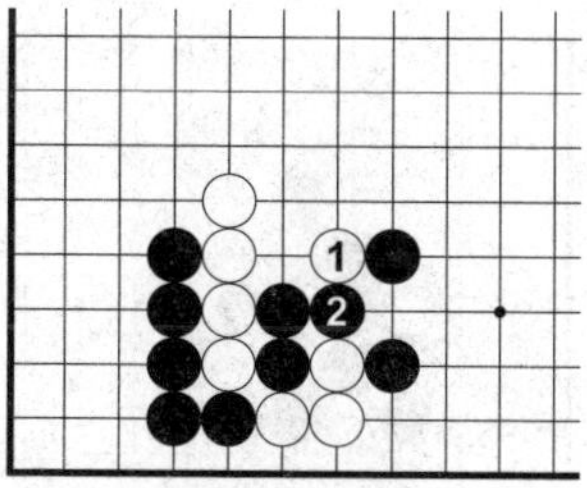

第 361 题

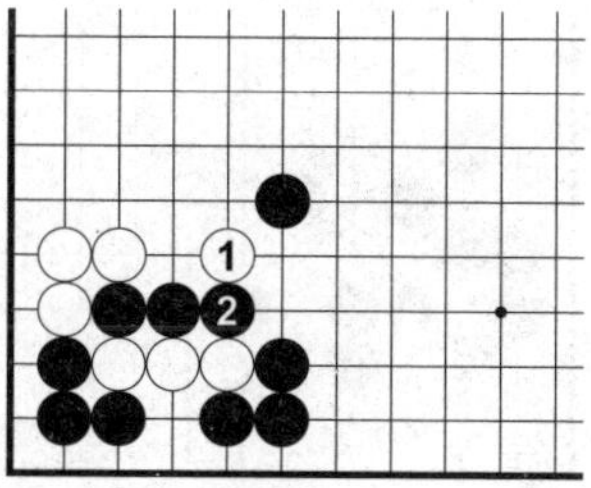

第 362 题

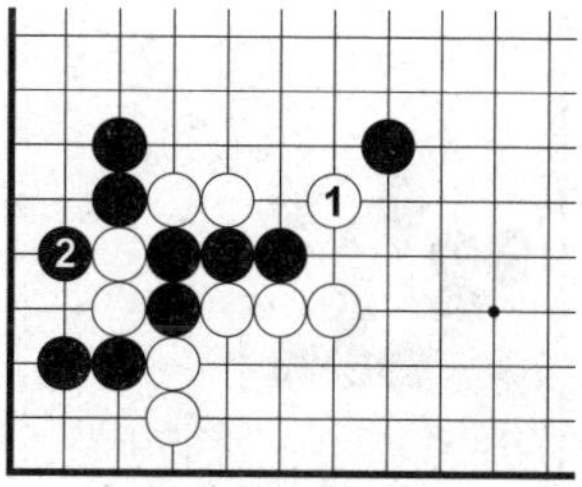

第 363 题

第二单元答案

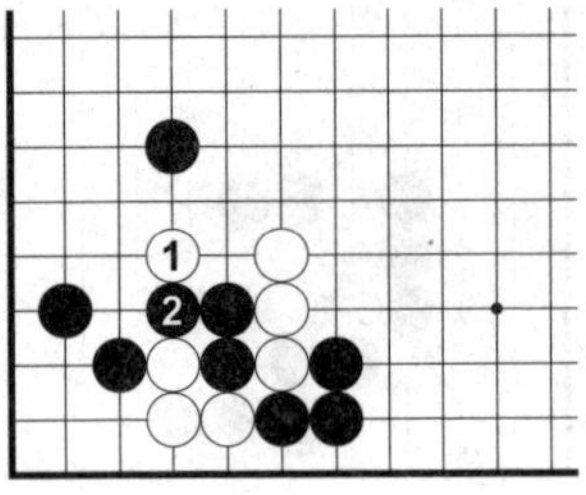

第 364 题

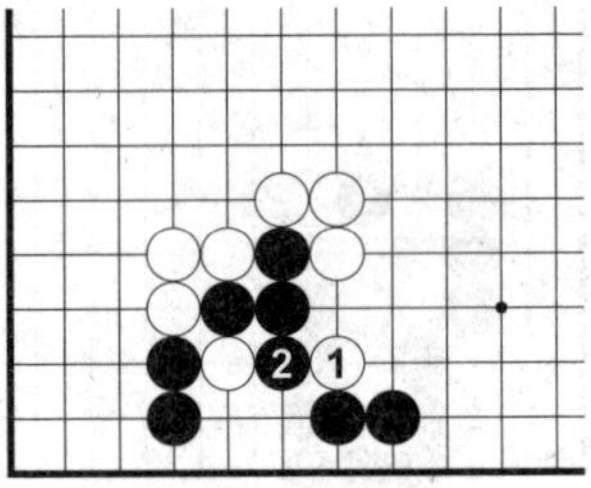

第 365 题

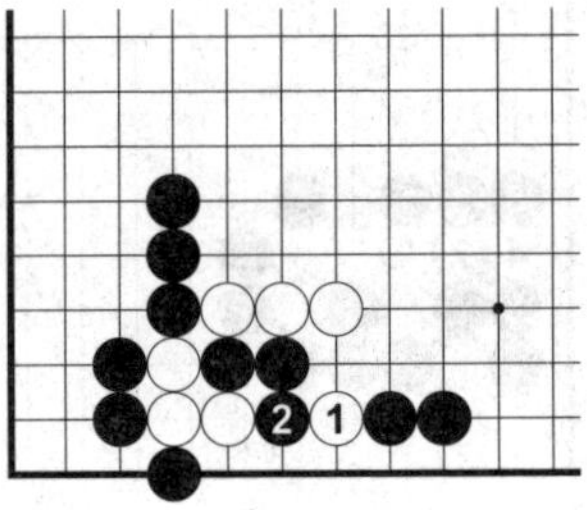

第 366 题

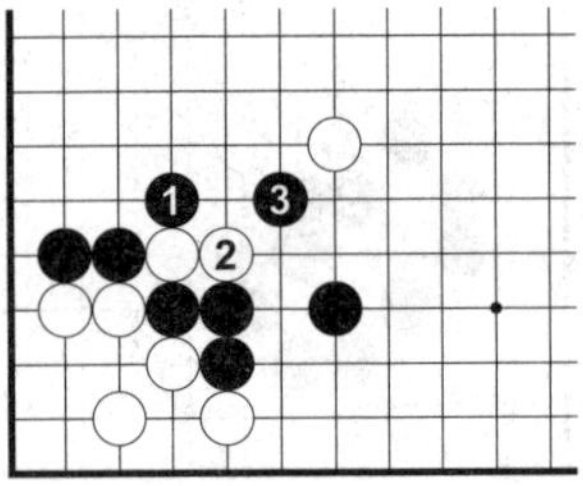

第 367 题

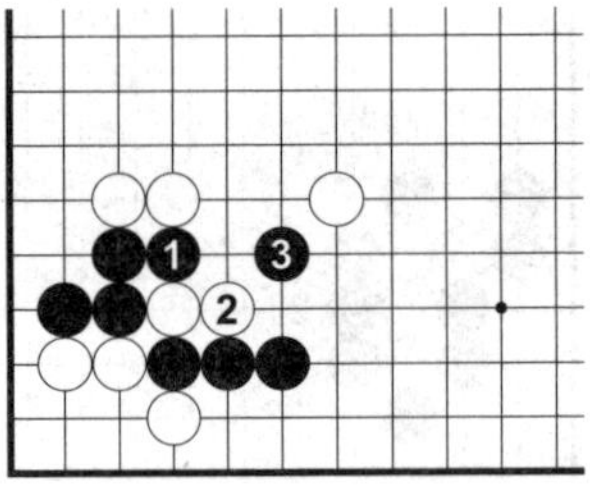

第 368 题

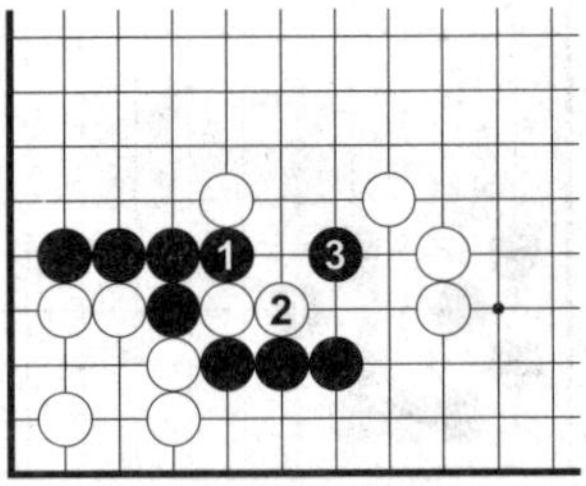

第 369 题

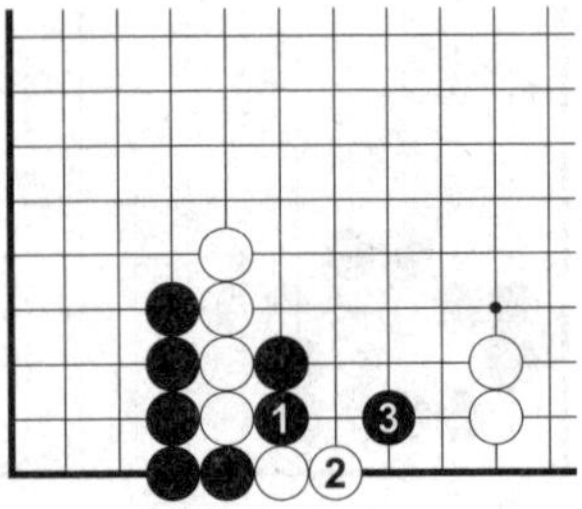

第 370 题

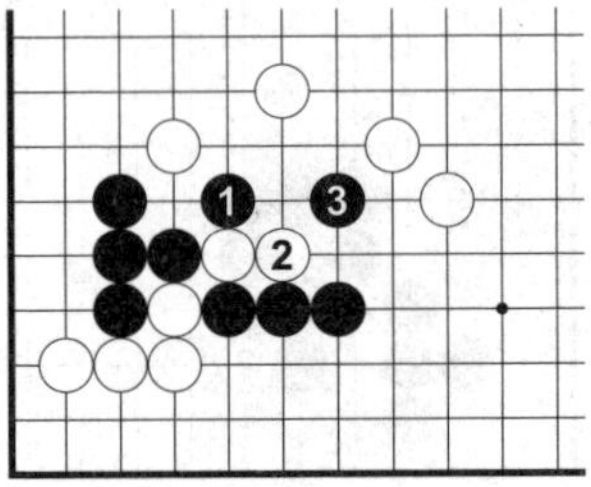

第 371 题

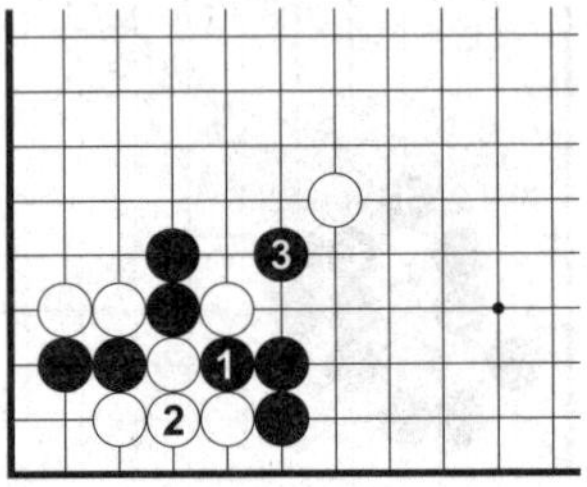

第 372 题

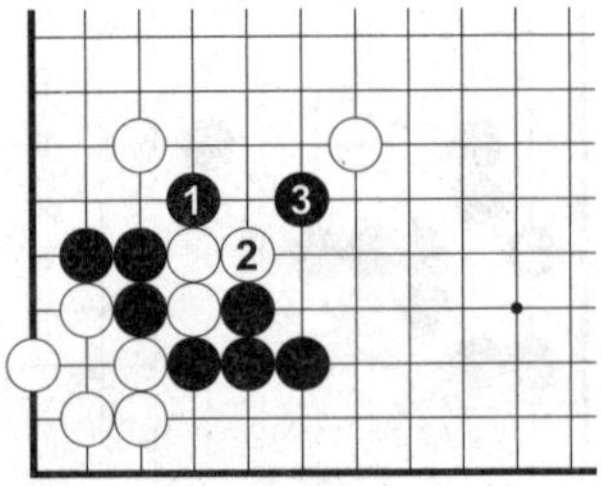

第 373 题

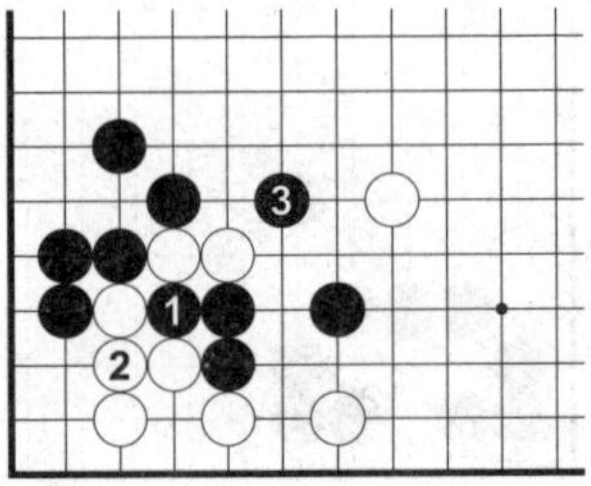

第 374 题

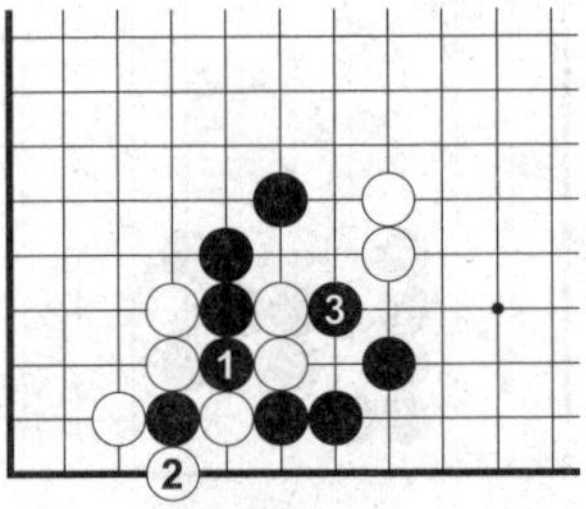

第 375 题

第三单元答案

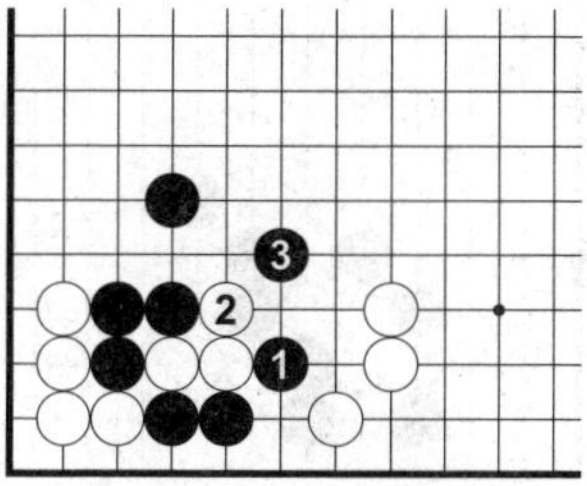

第 376 题

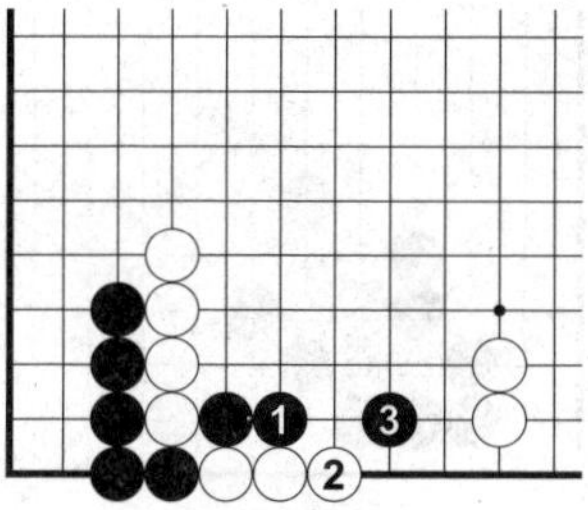

第 377 题

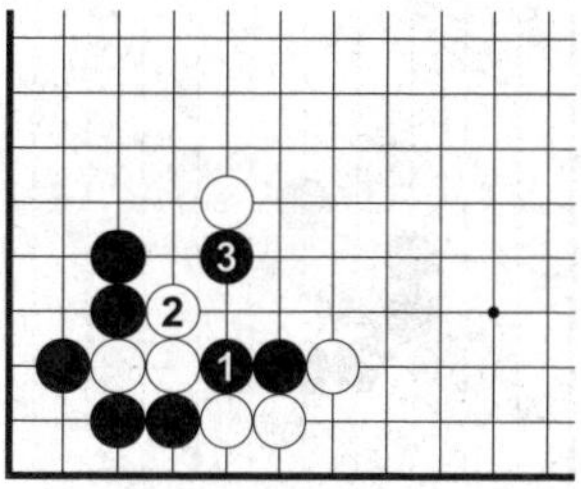

第 378 题

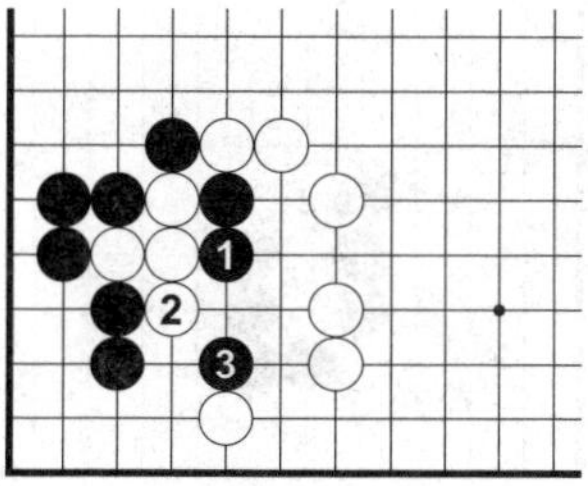

第 379 题

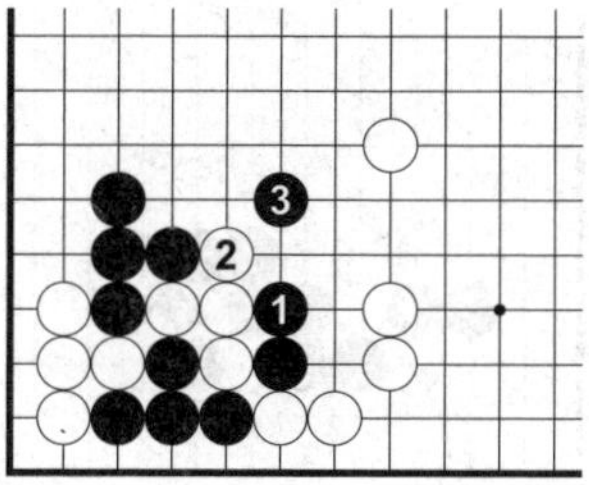

第 380 题

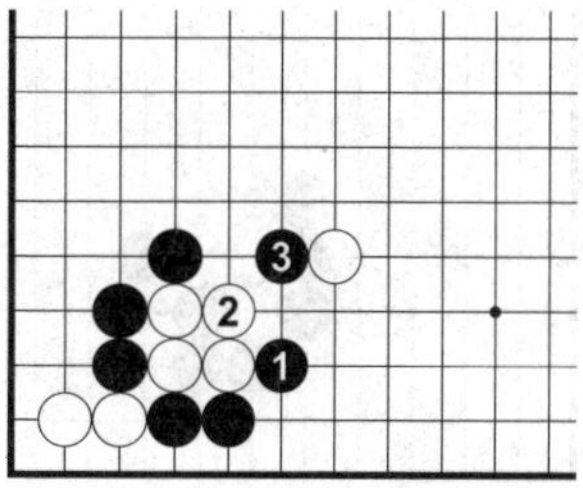

第 381 题

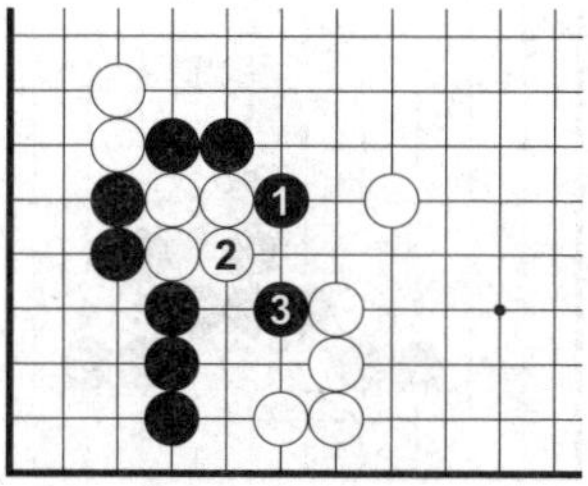

第 382 题

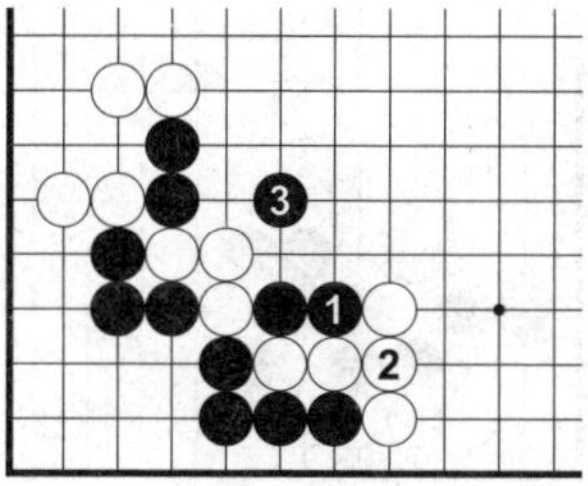

第 383 题

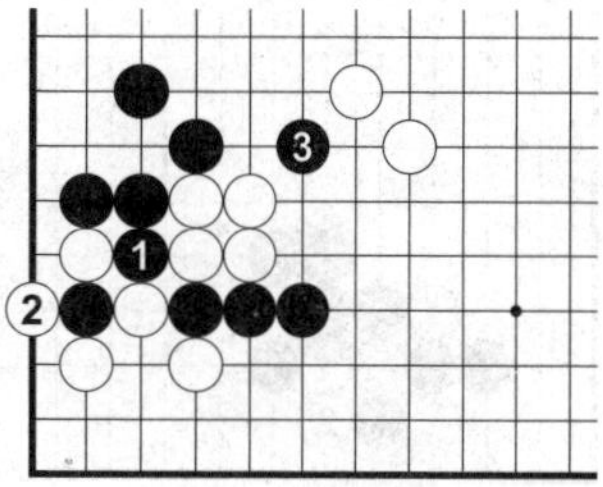

第 384 题

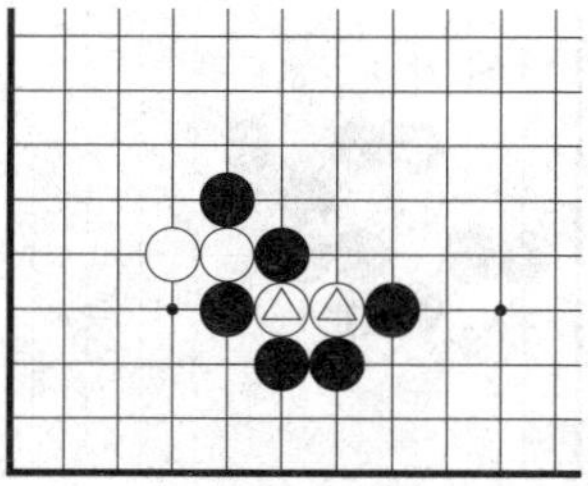

第 385 题

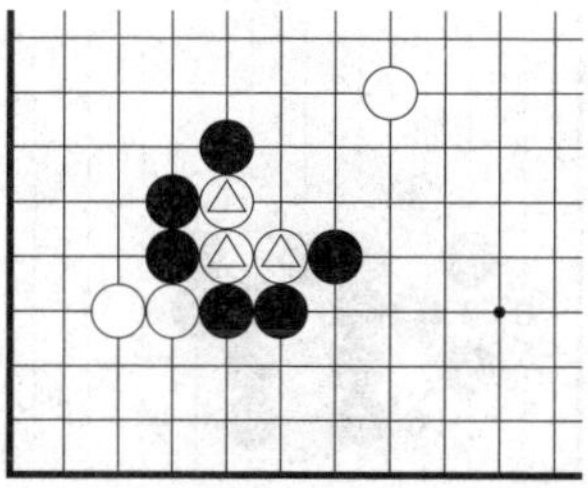

第 386 题

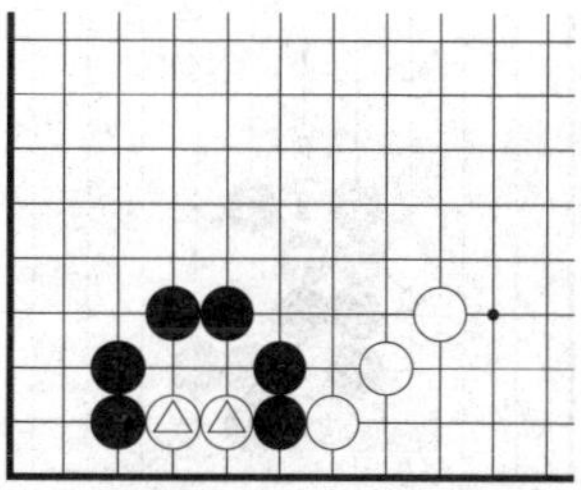

第 387 题

第三单元答案

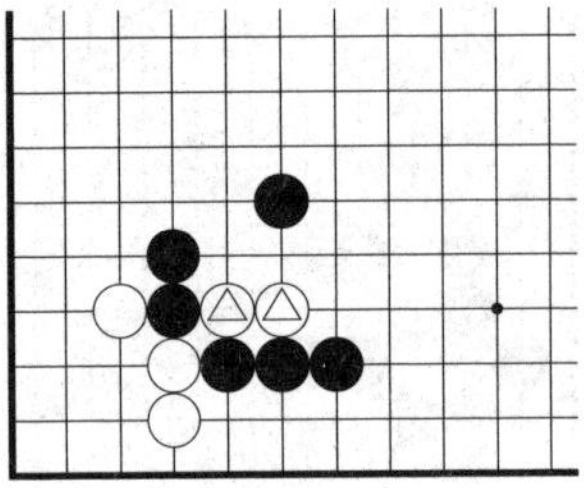

第 388 题

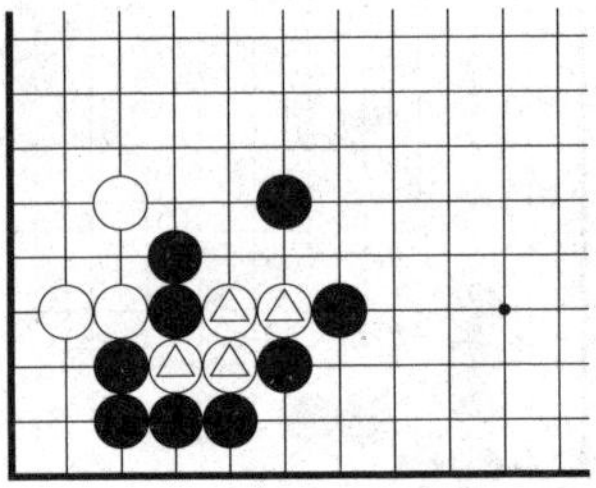

第 389 题

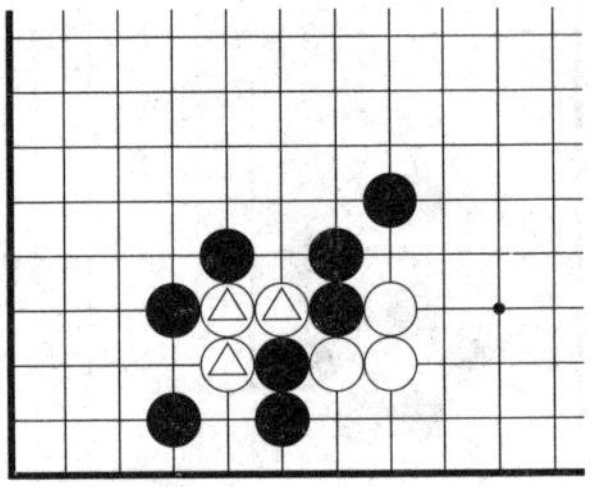

第 390 题

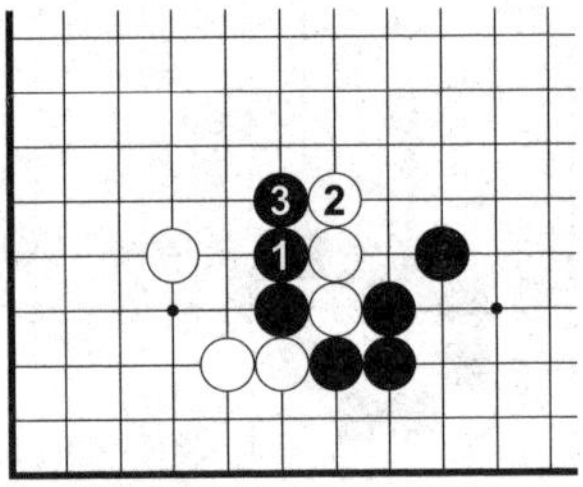

第 391 题

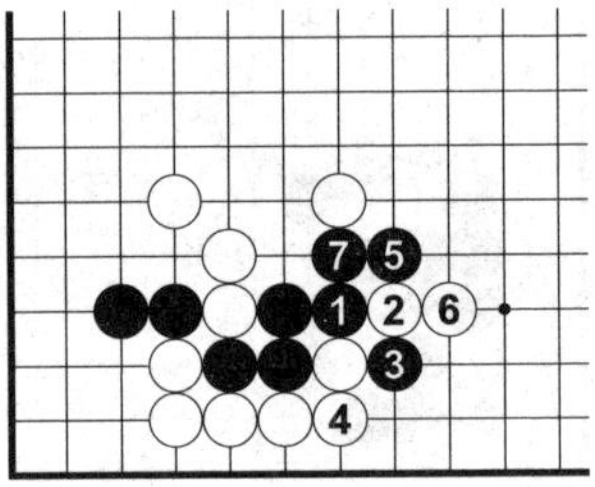

第 392 题

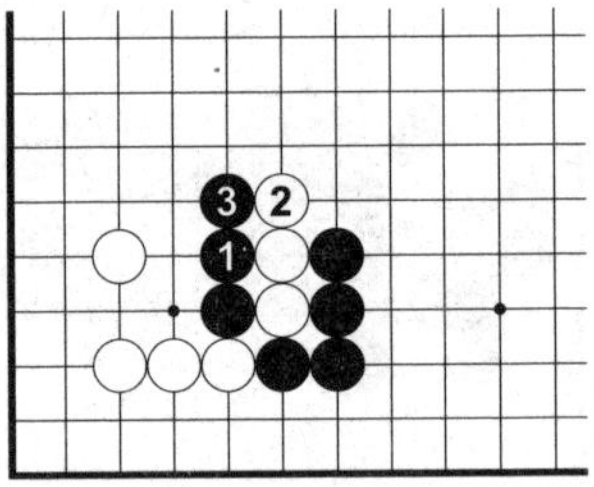

第 393 题

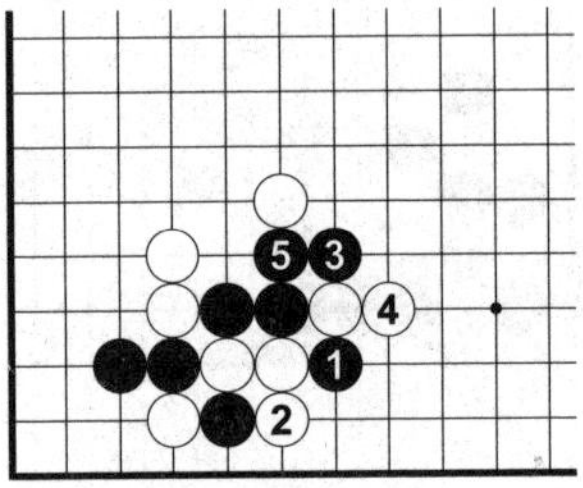

第 394 题

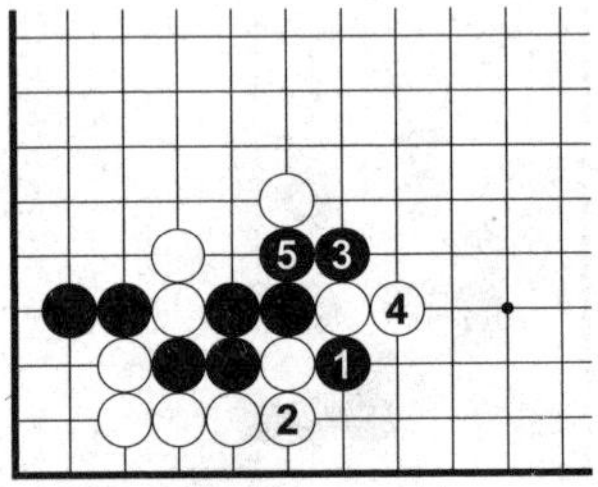

第 395 题

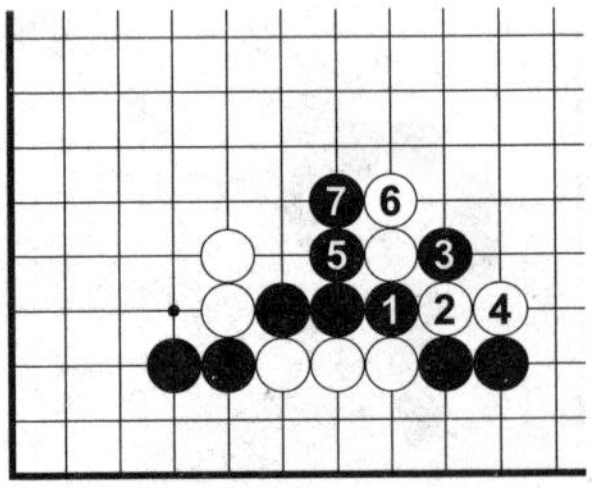

第 396 题

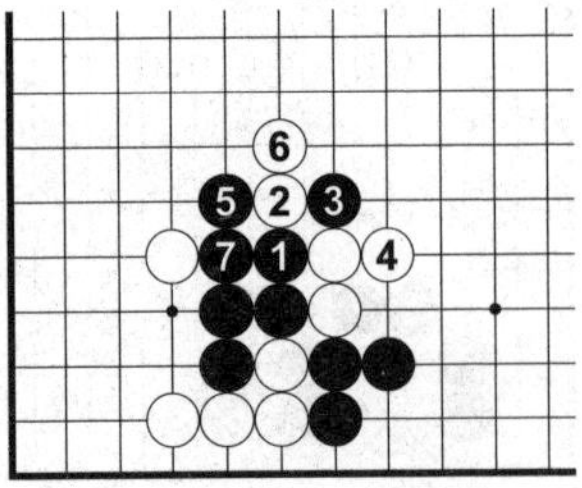

第 397 题

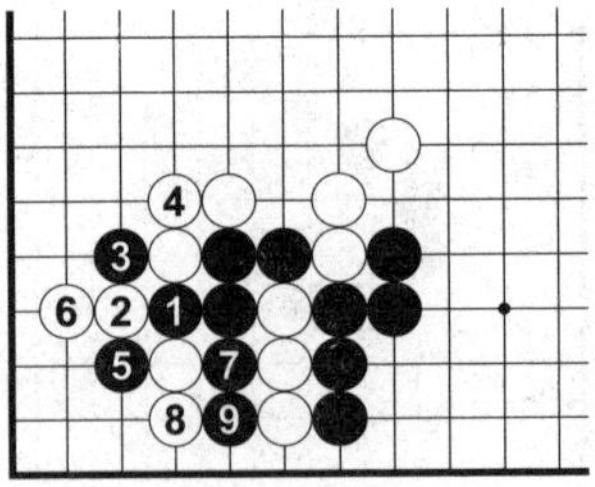

第 398 题

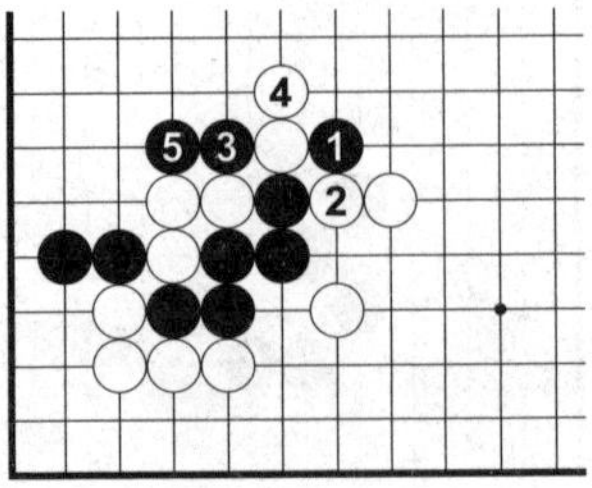

第 399 题

第三单元答案

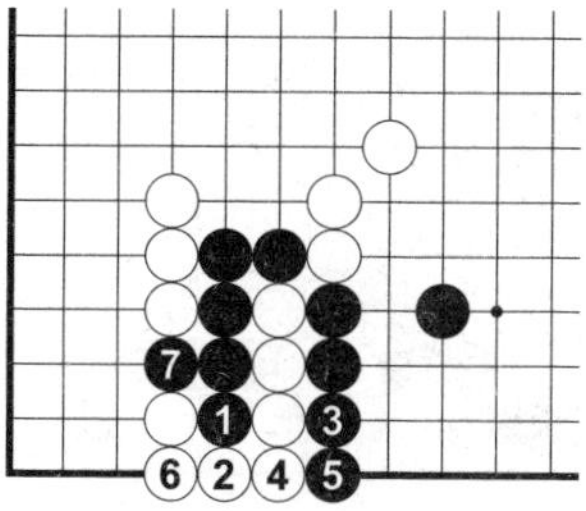
第 400 题

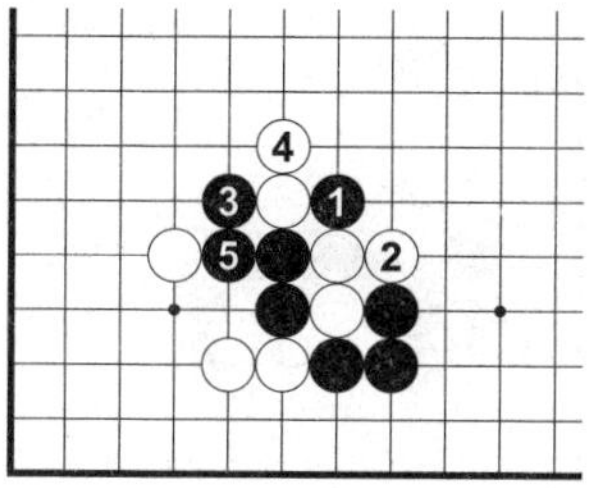
第 401 题

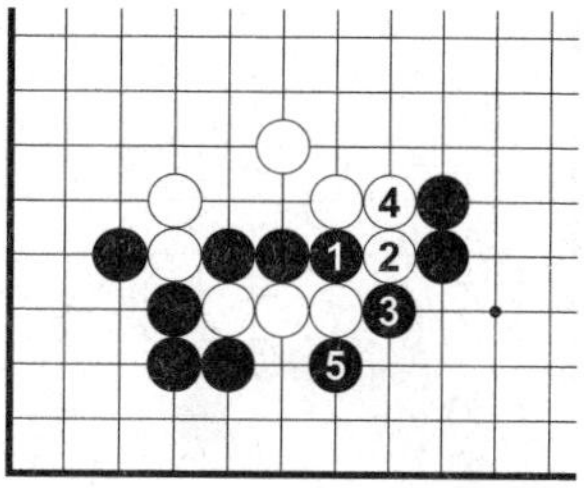
第 402 题

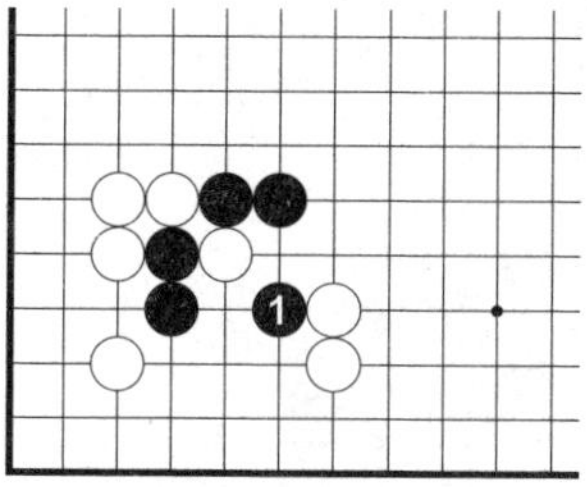
第 403 题

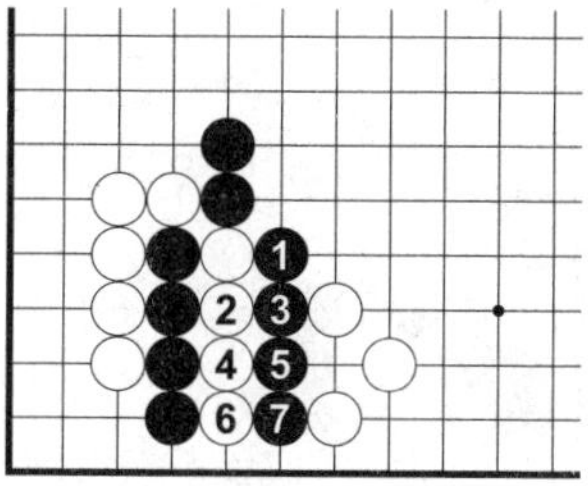
第 404 题

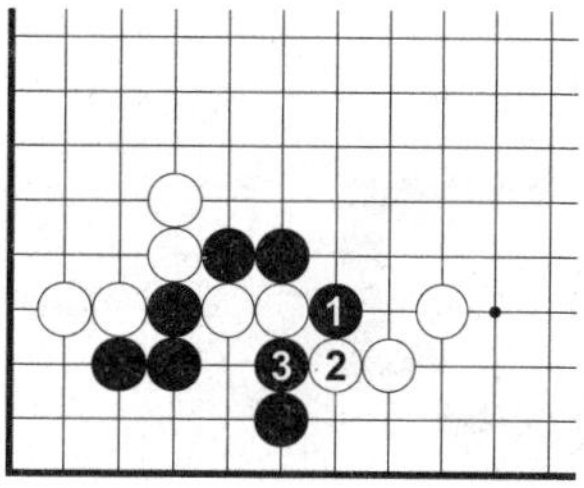
第 405 题

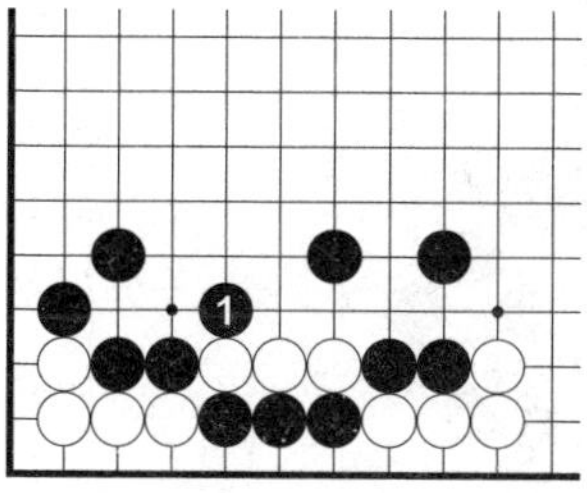
第 406 题

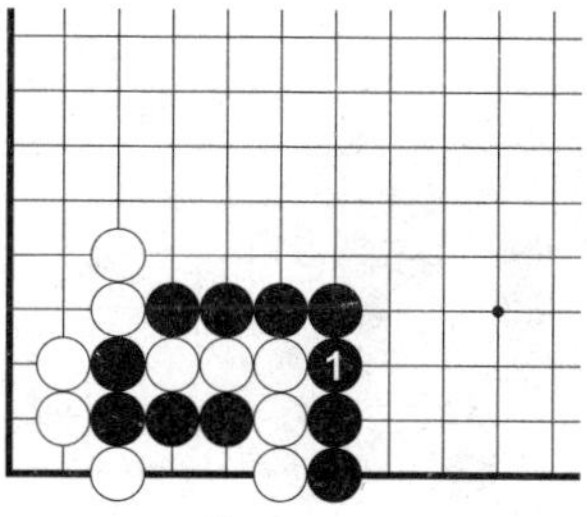
第 407 题

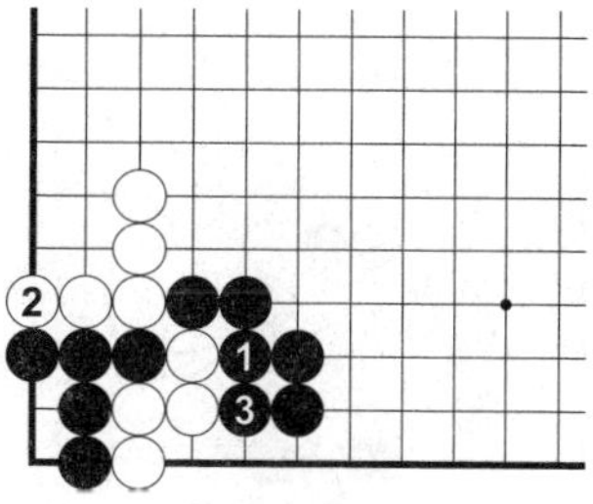
第 408 题

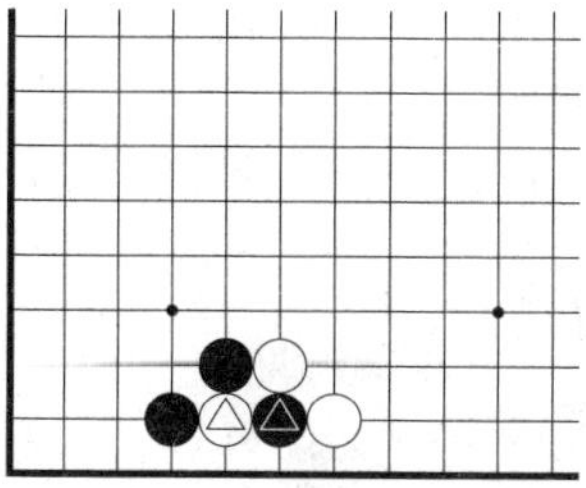
第 409 题

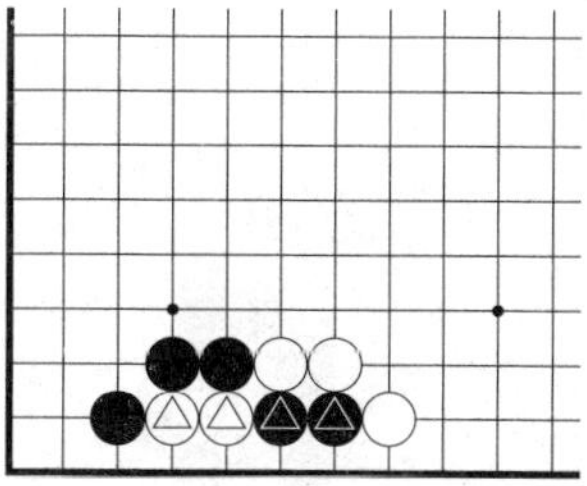
第 410 题

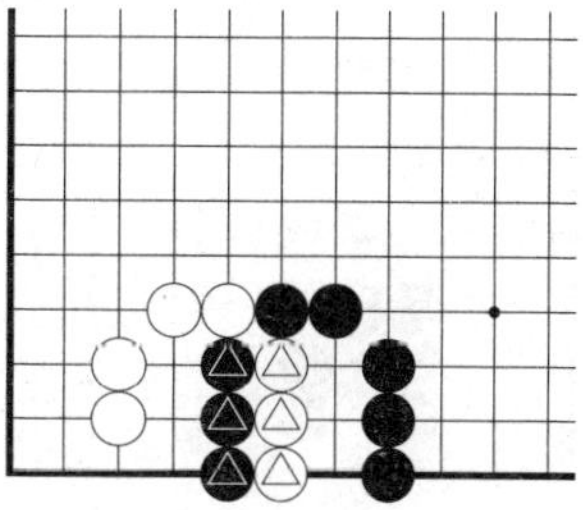
第 411 题

第三单元答案

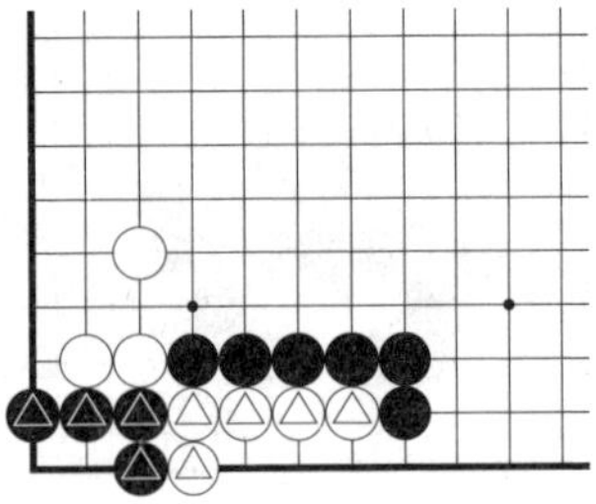

第 412 题

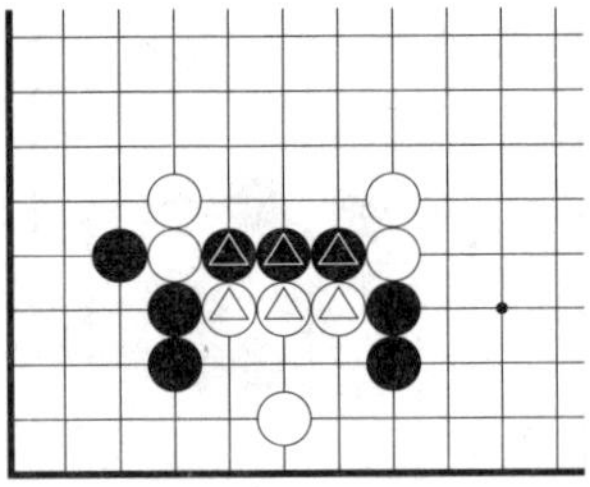

第 413 题

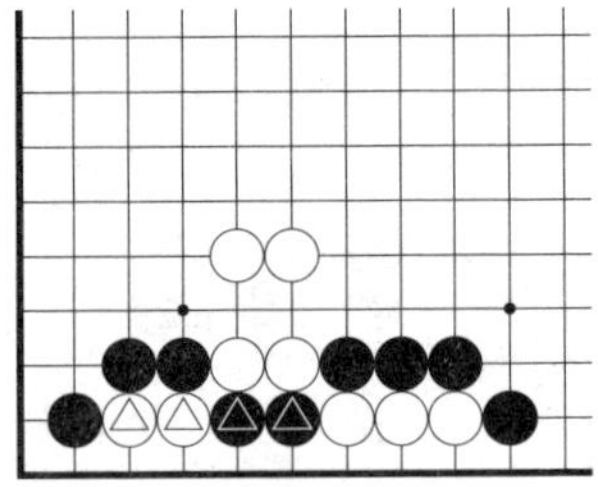

第 414 题

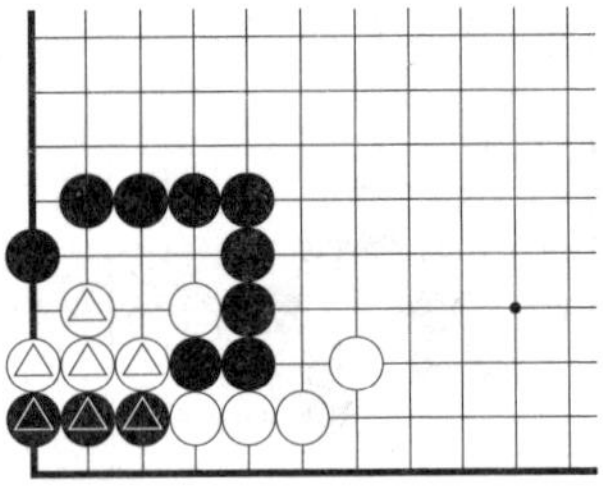

第 415 题

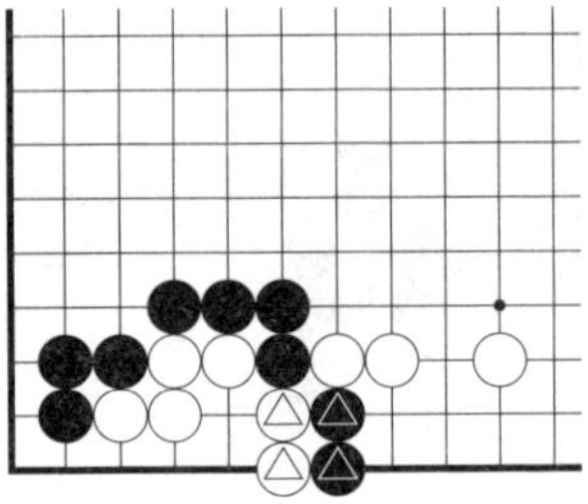

第 416 题

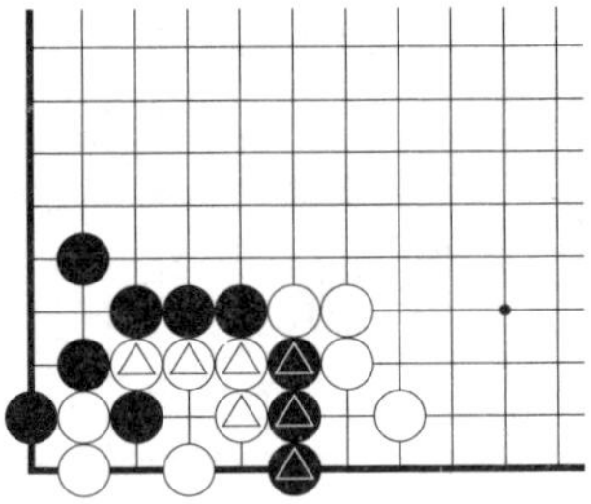

第 417 题

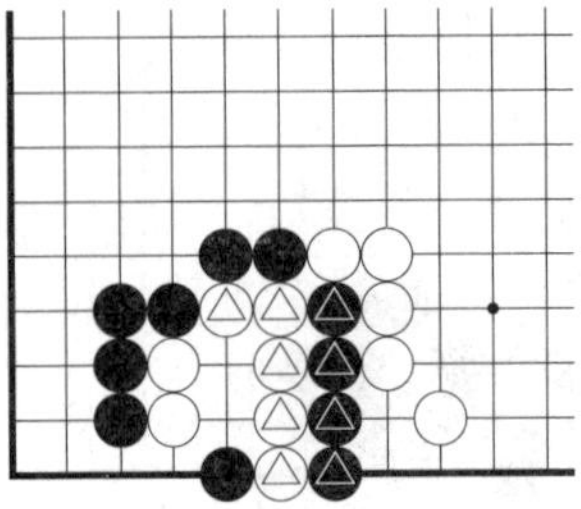

第 418 题

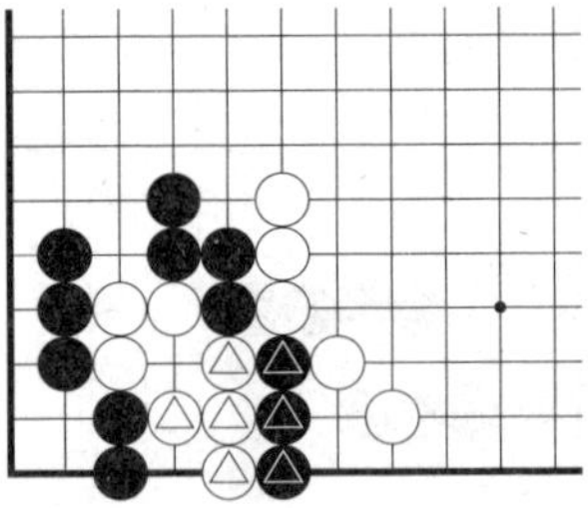

第 419 题

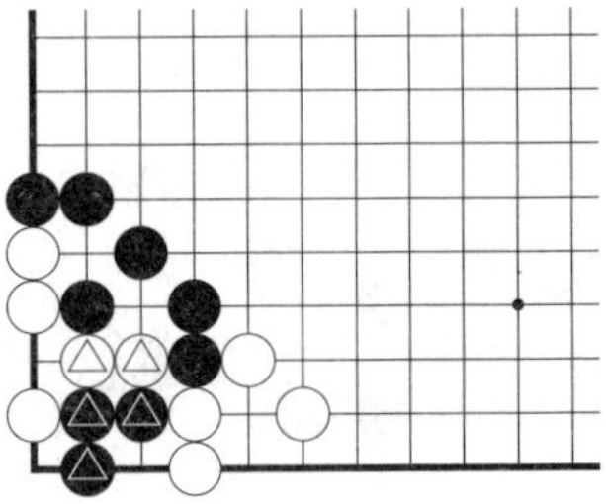

第 420 题

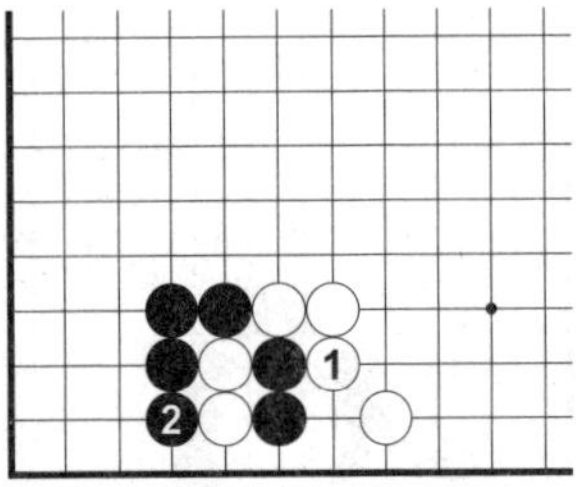

第 421 题

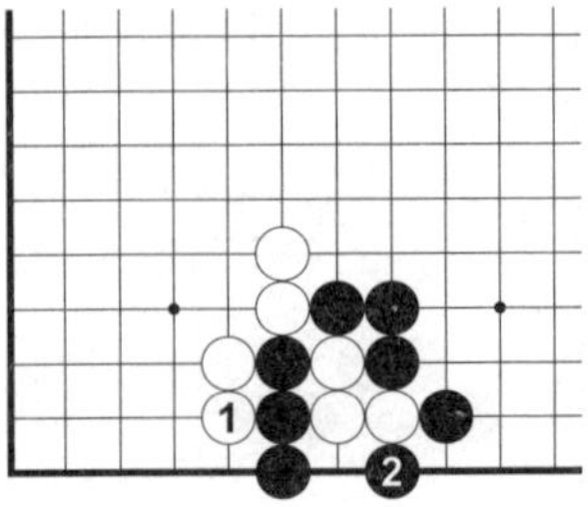

第 422 题

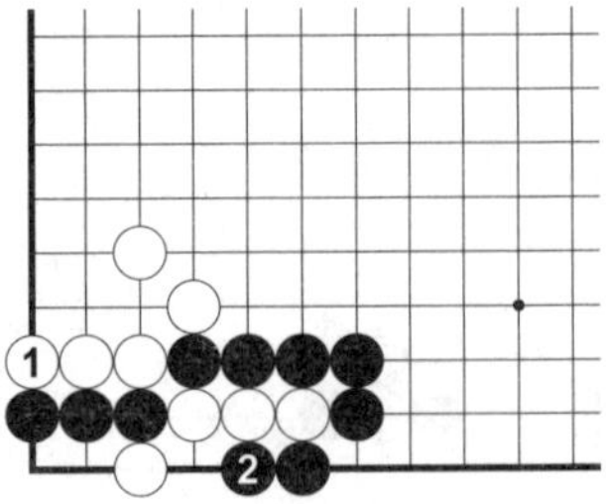

第 423 题

第三单元答案

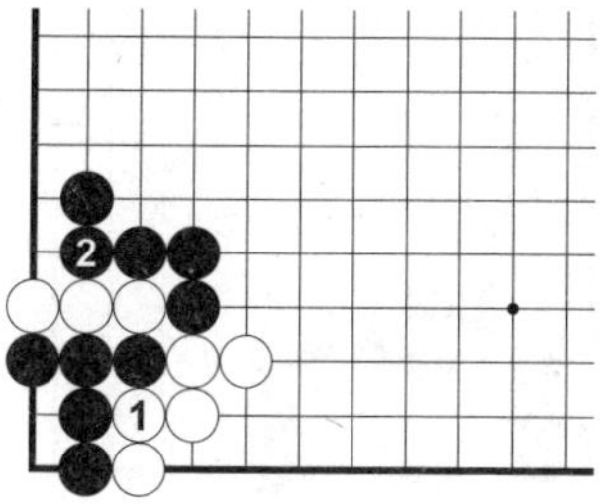

第 424 题

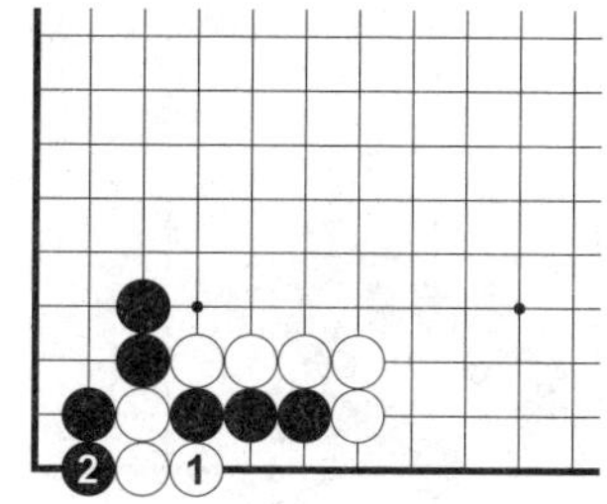

第 425 题

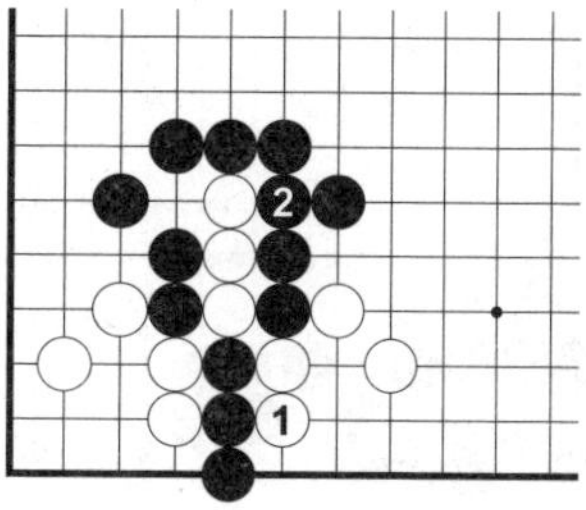

第 426 题

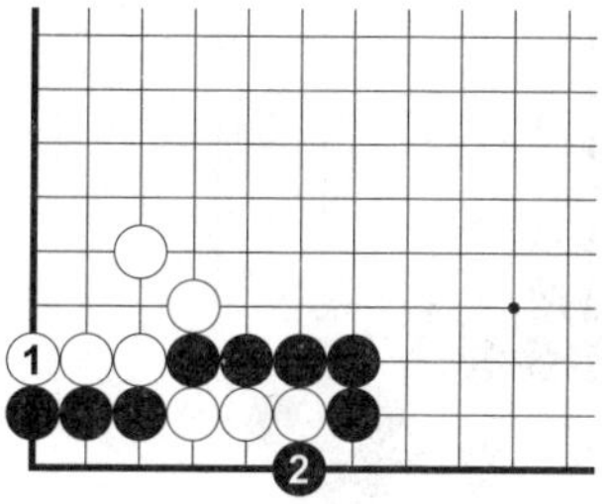

第 427 题

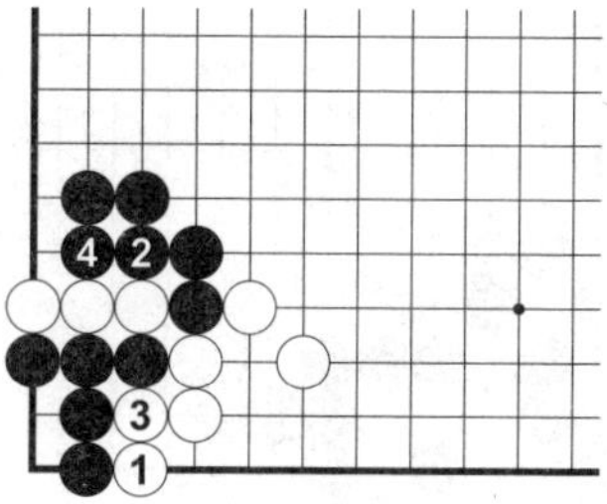

第 428 题

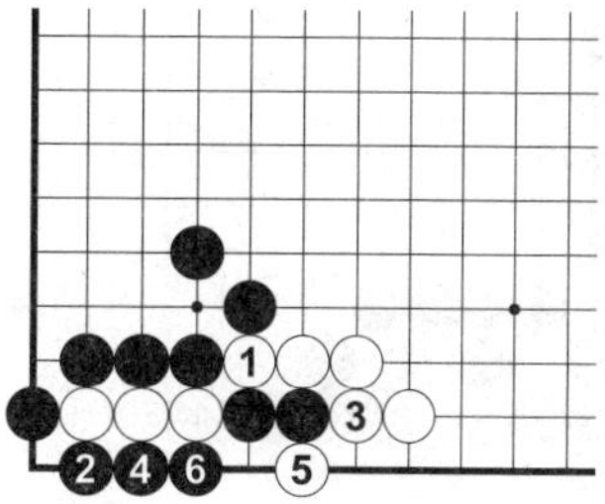

第 429 题

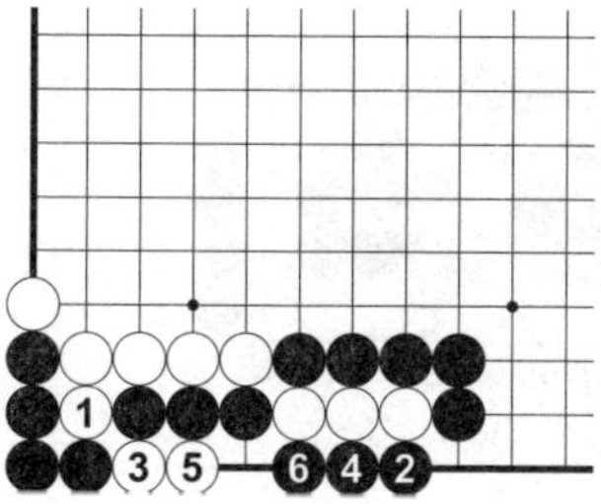

第 430 题

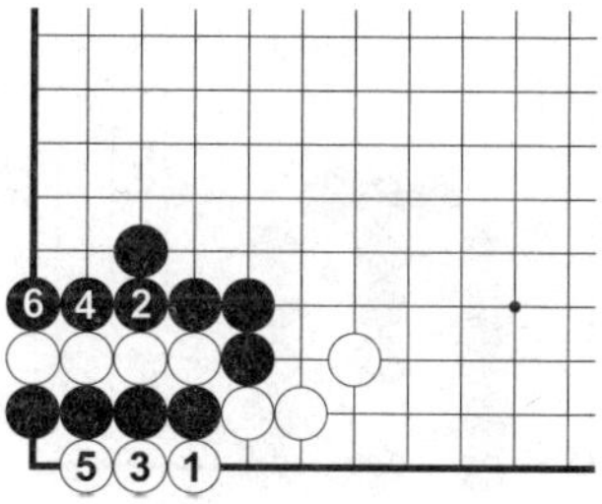

第 431 题

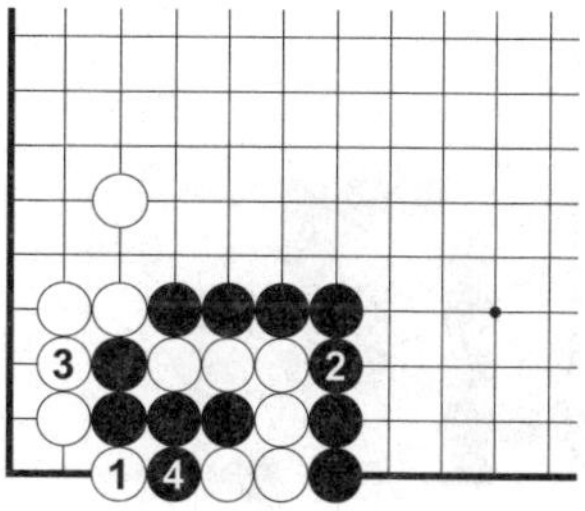

第 432 题

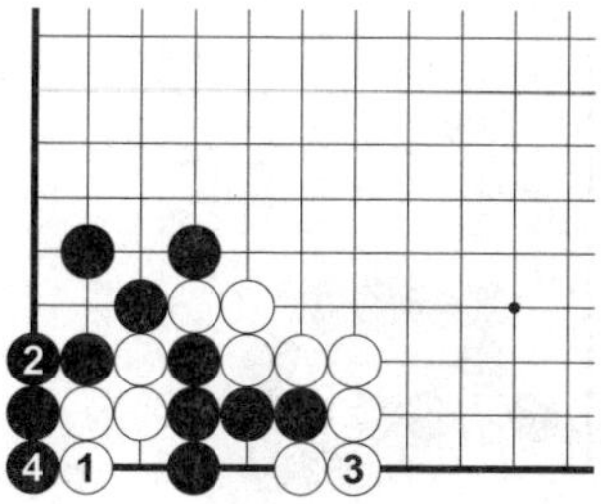

第 433 题

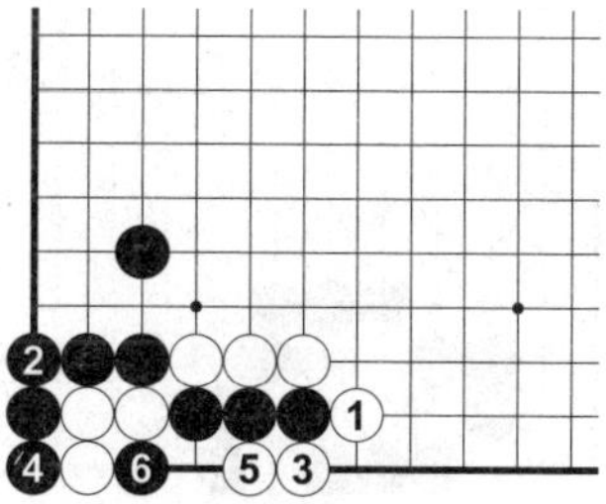

第 434 题

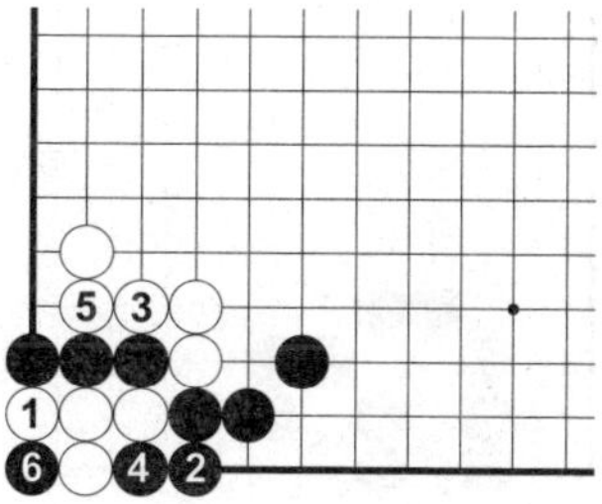

第 435 题

第三单元答案

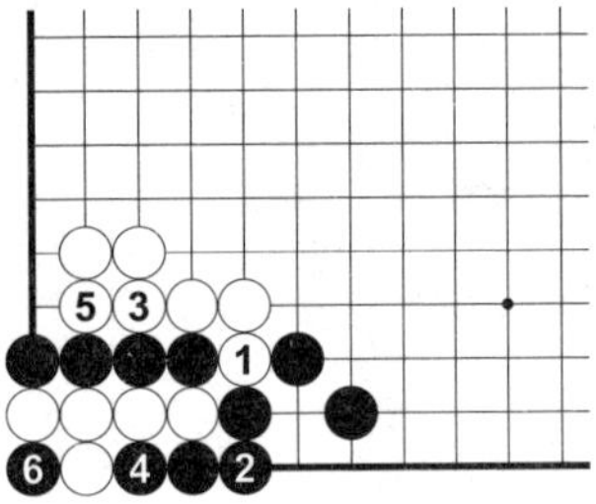
第 436 题

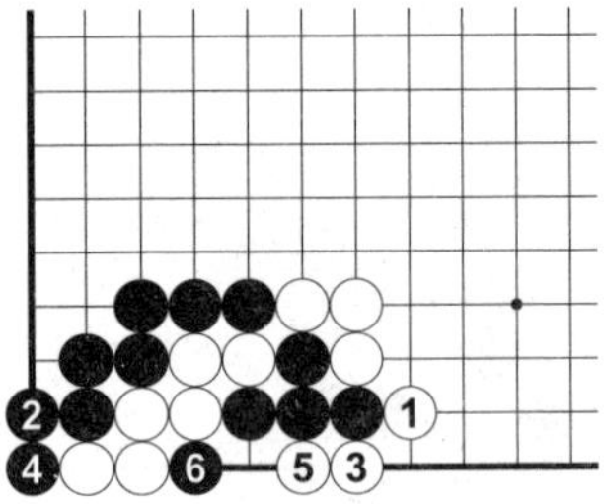
第 437 题

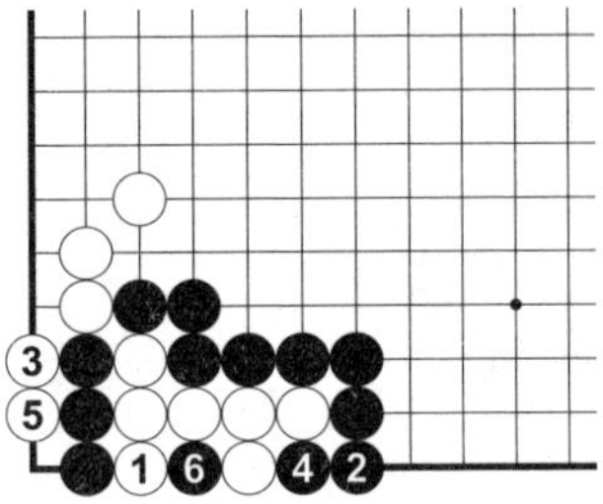
第 438 题

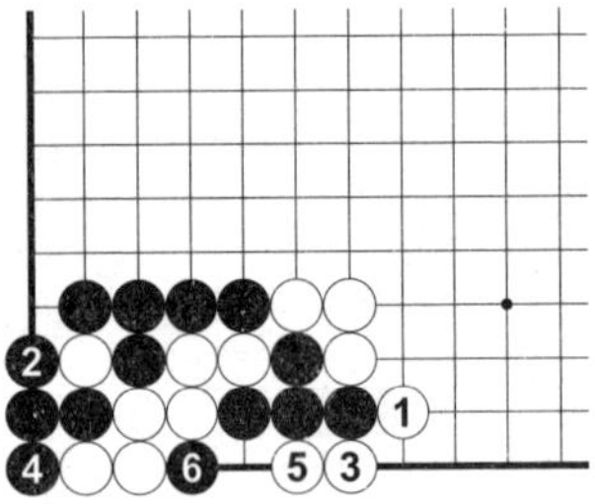
第 439 题

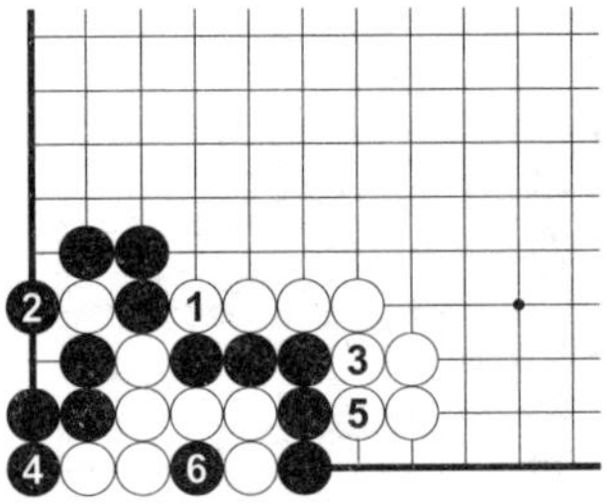
第 440 题

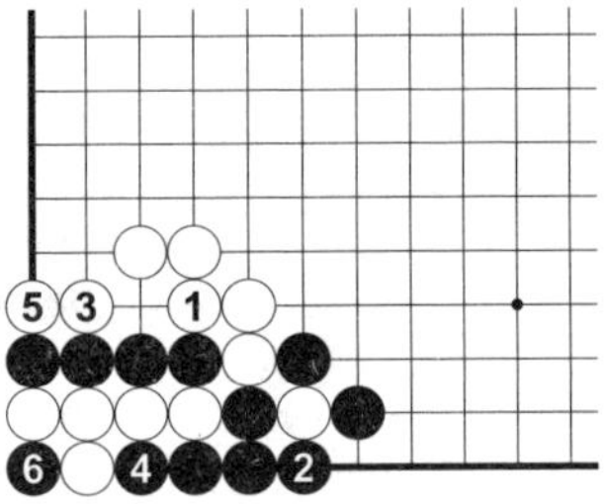
第 441 题

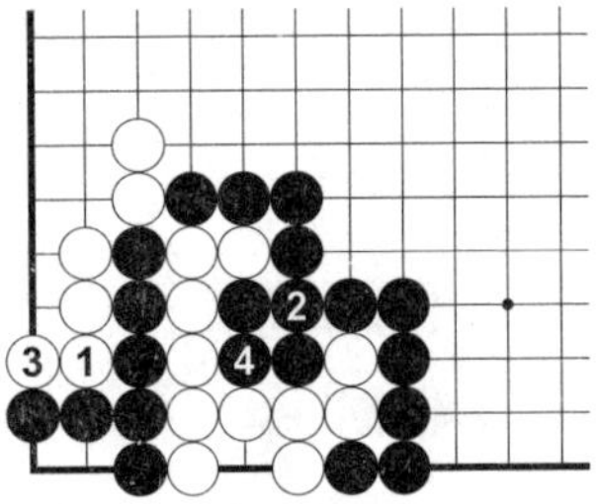
第 442 题

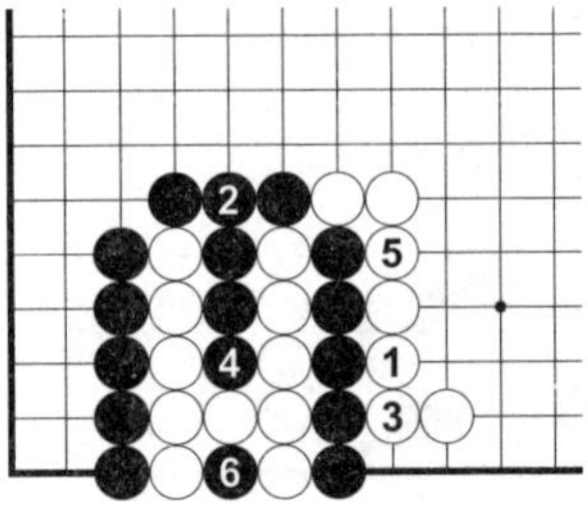
第 443 题

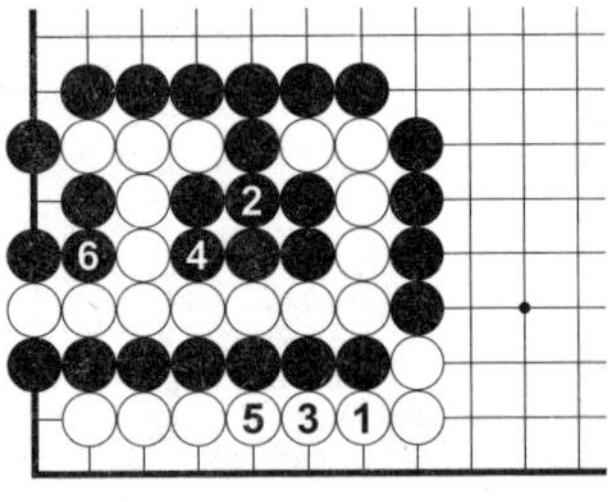
第 444 题

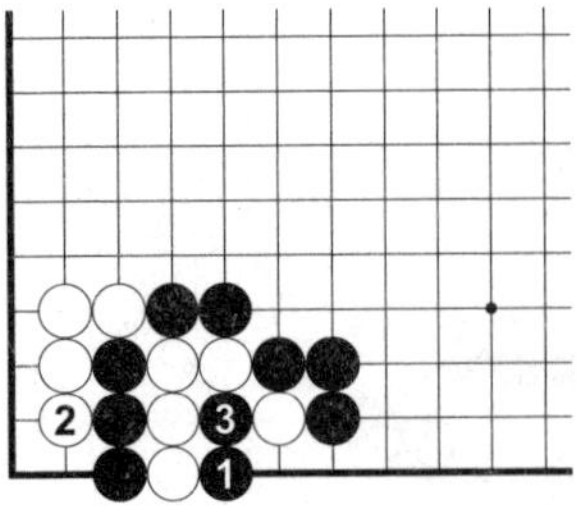
第 445 题

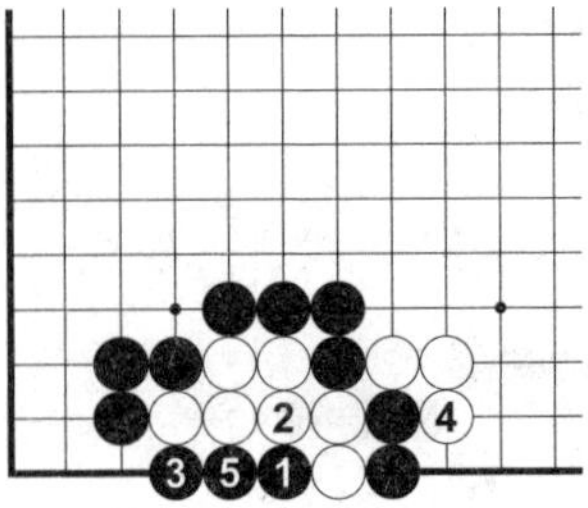
第 446 题

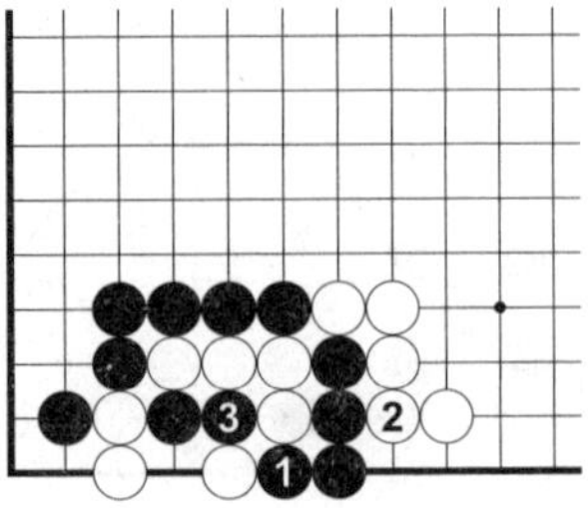
第 447 题

第三单元答案

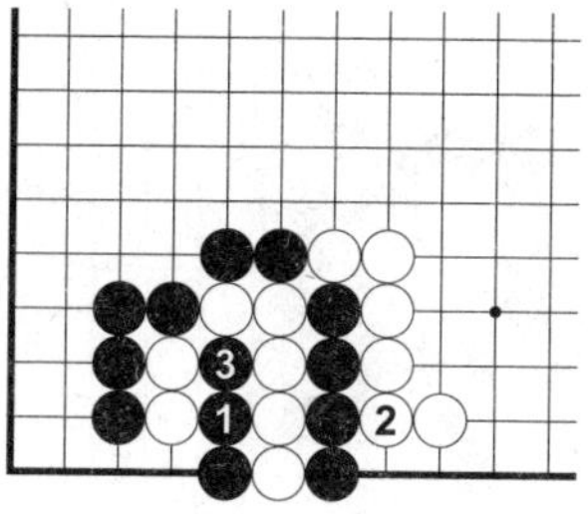

第 448 题

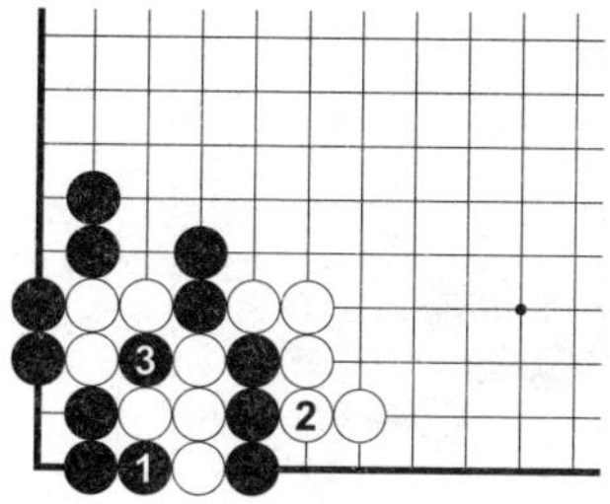

第 449 题

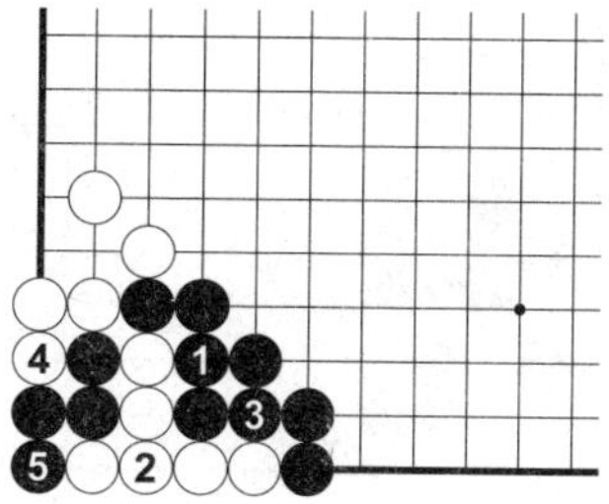

第 450 题

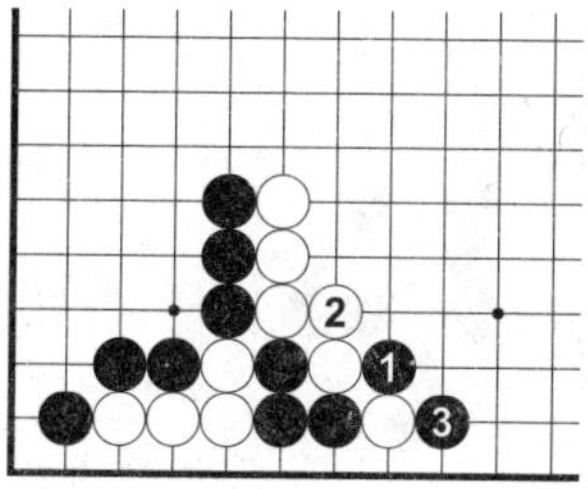

第 451 题

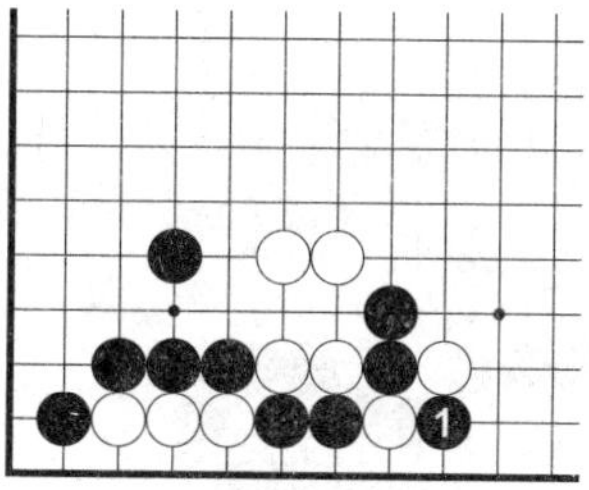

第 452 题

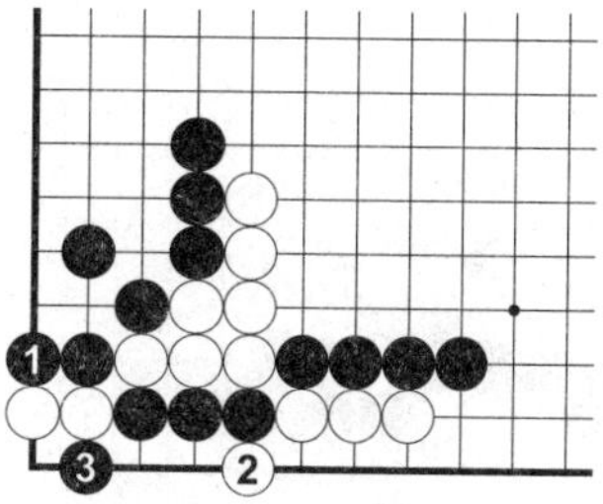

第 453 题

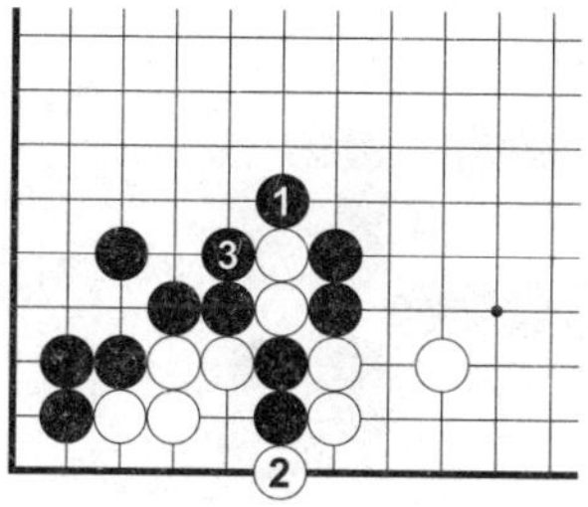

第 454 题

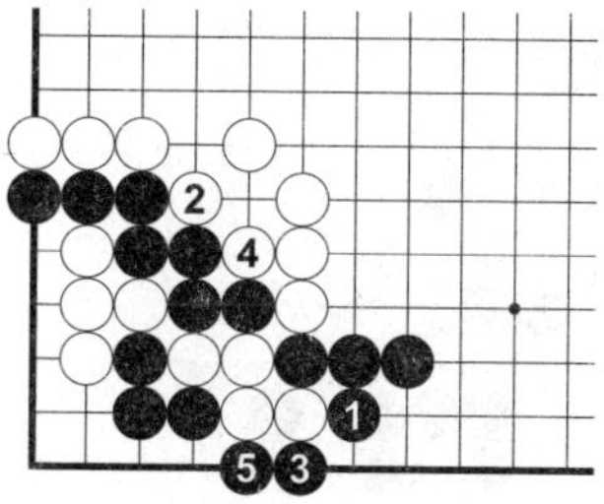

第 455 题

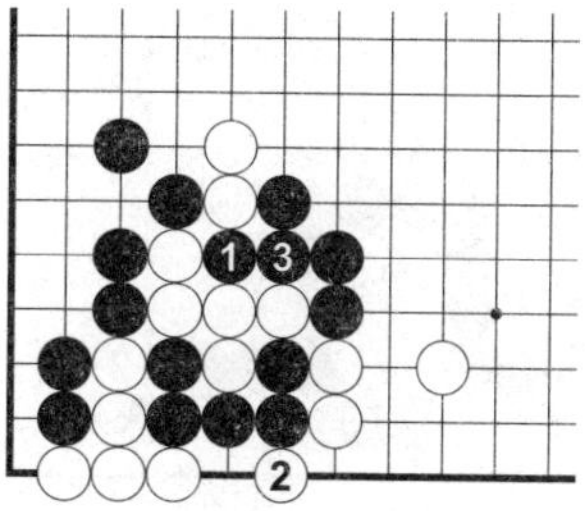

第 456 题

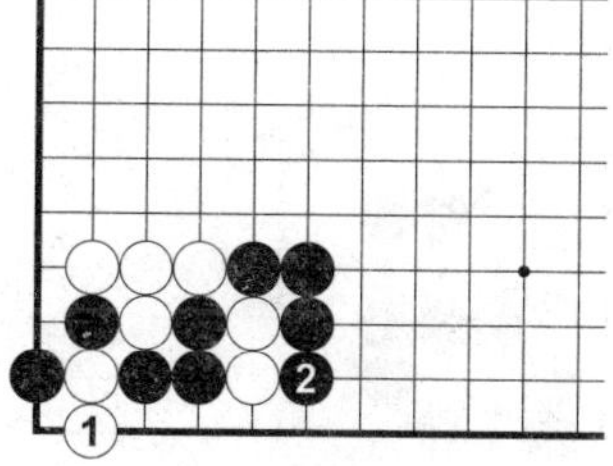

第 457 题

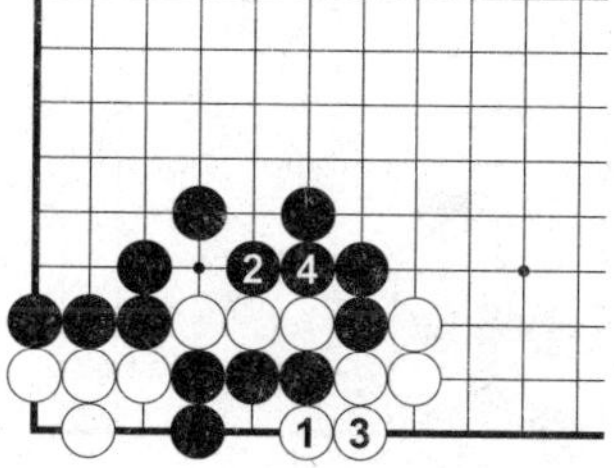

第 458 题

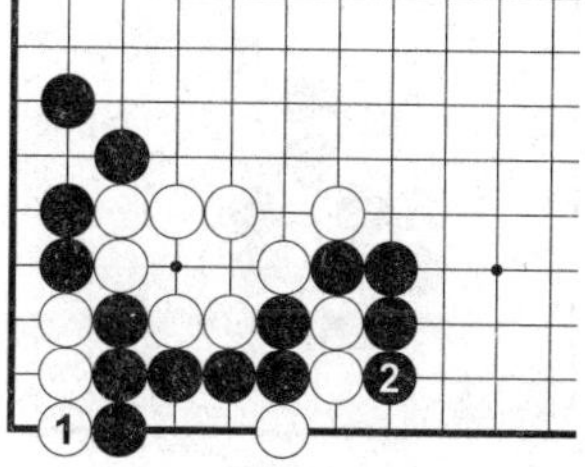

第 459 题

第四单元答案

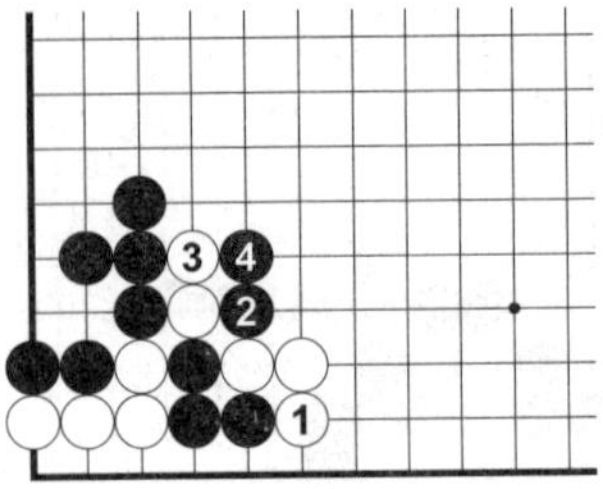

第 460 题

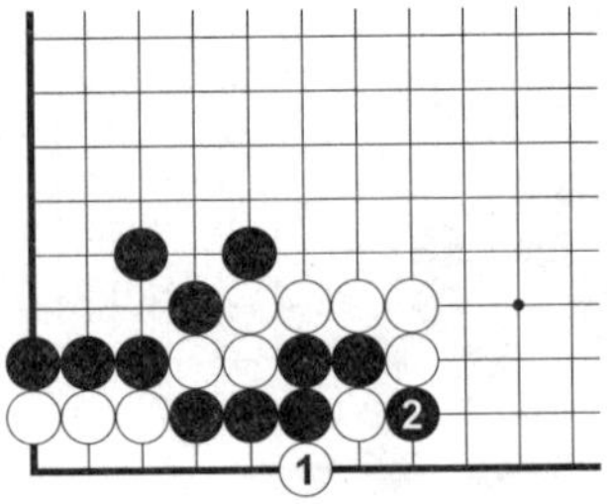

第 461 题

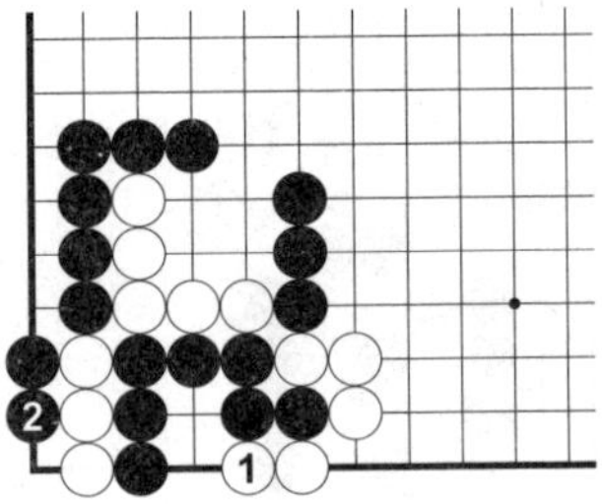

第 462 题

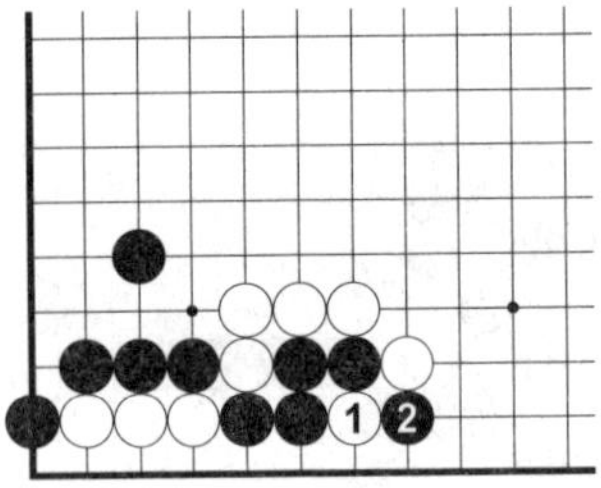

第 463 题

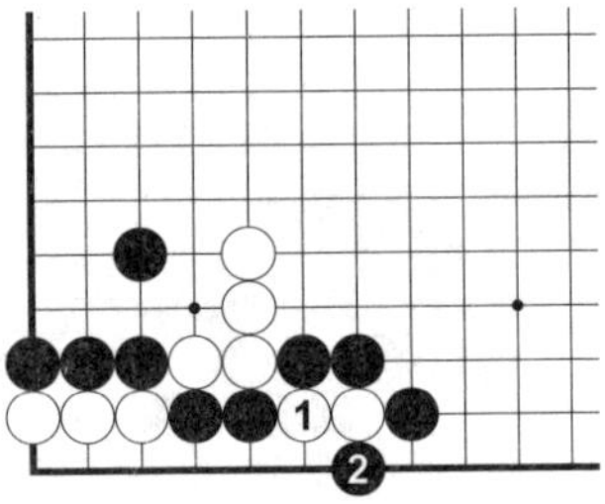

第 464 题

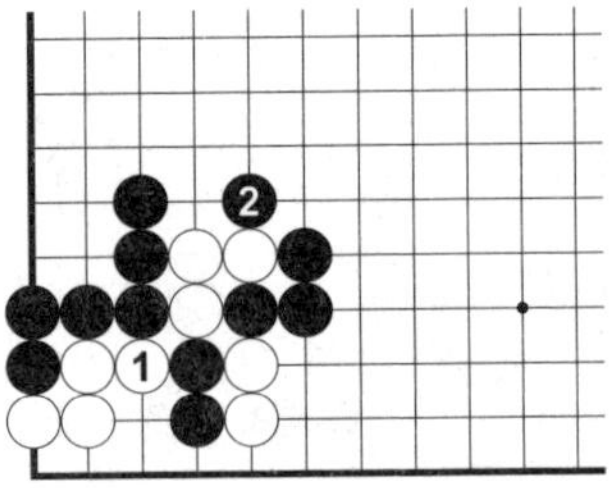

第 465 题

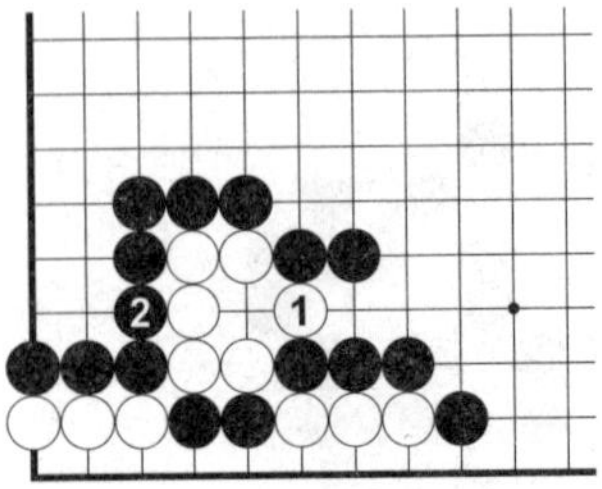

第 466 题

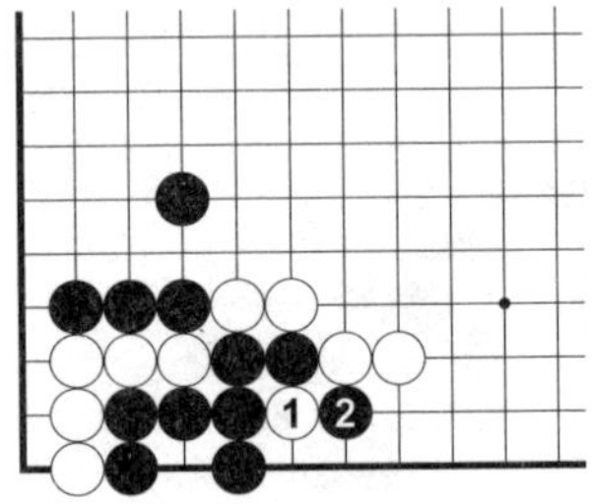

第 467 题

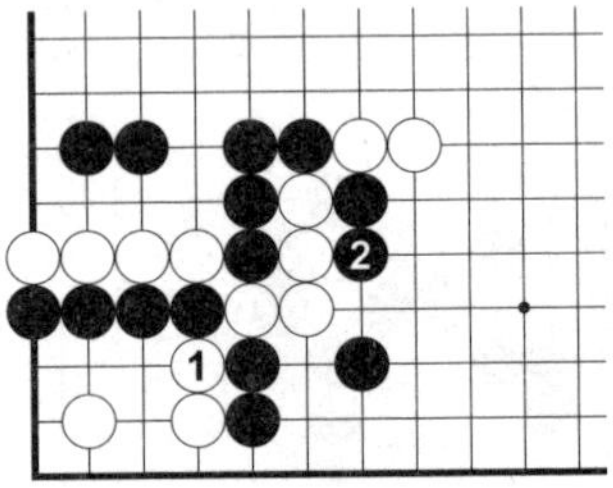

第 468 题

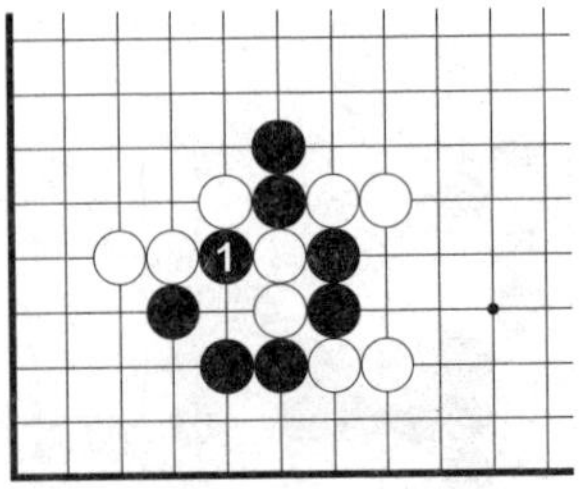

第 469 题

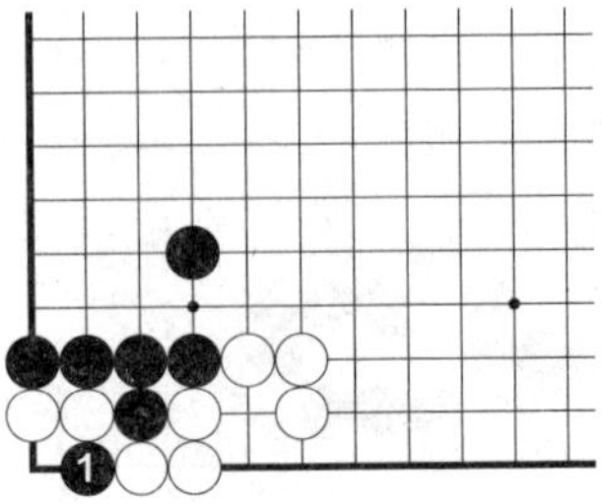

第 470 题

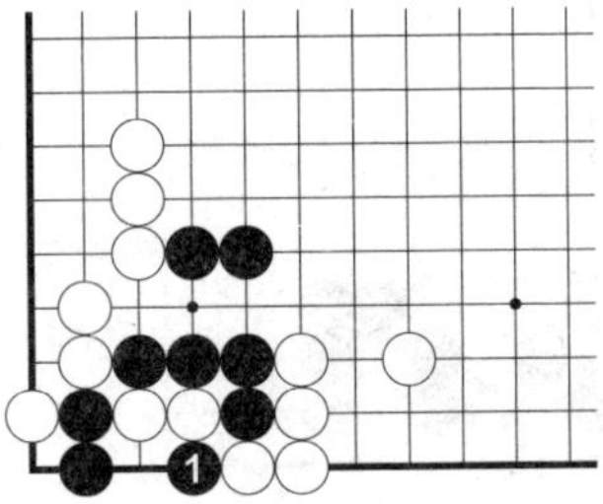

第 471 题

第四单元答案

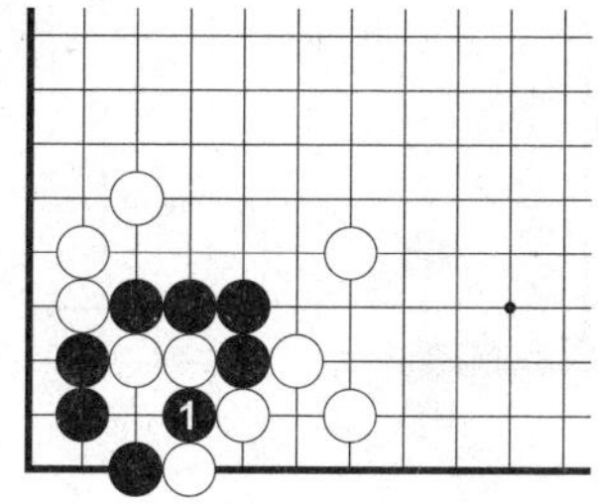

第 472 题

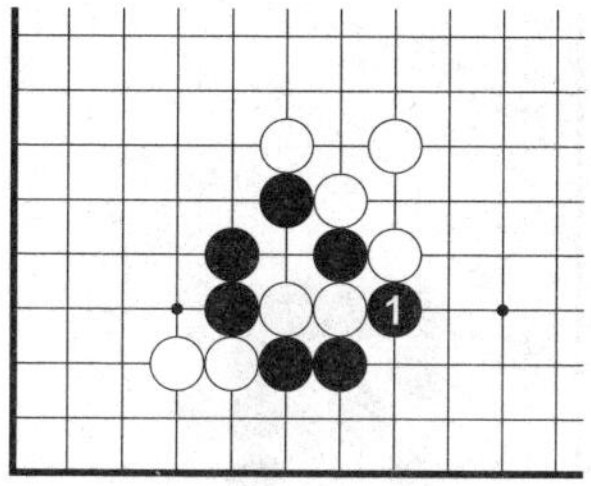

第 473 题

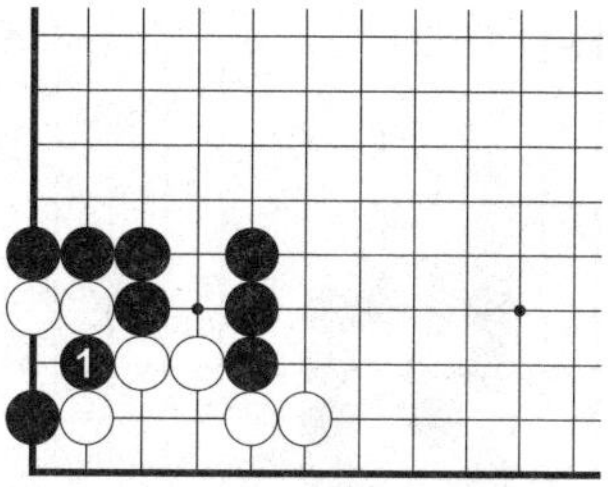

第 474 题

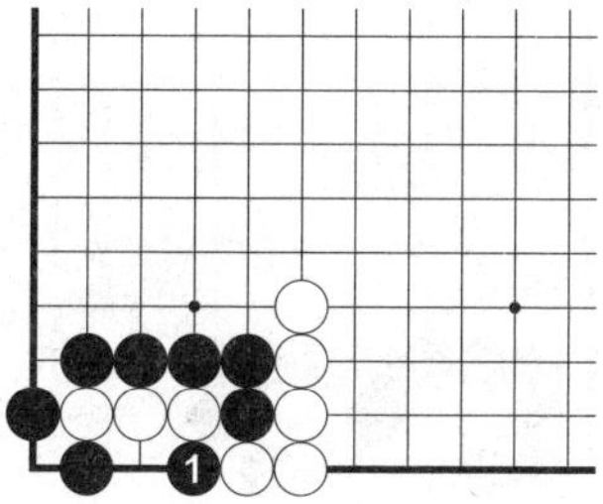

第 475 题

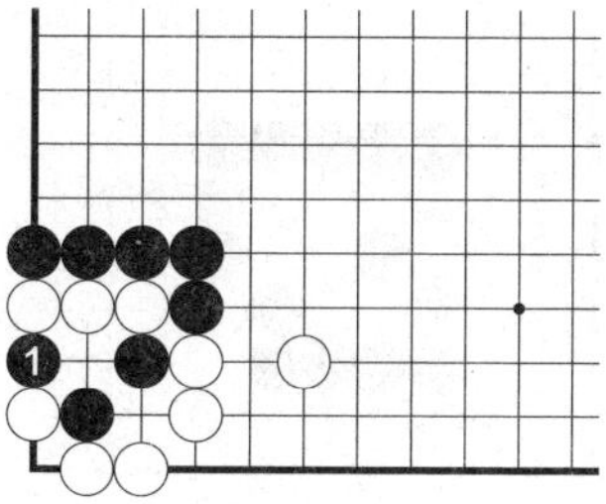

第 476 题

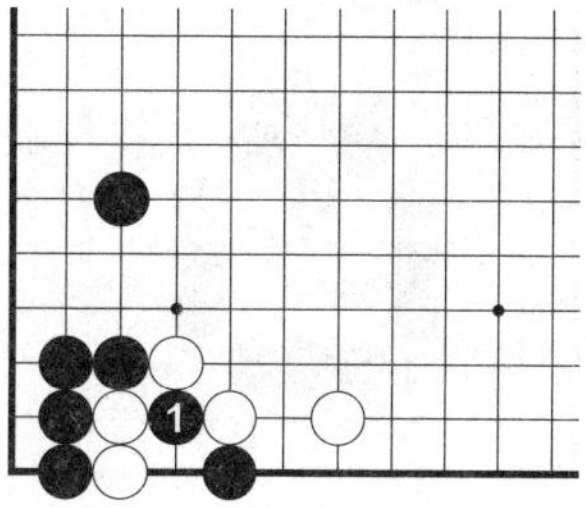

第 477 题

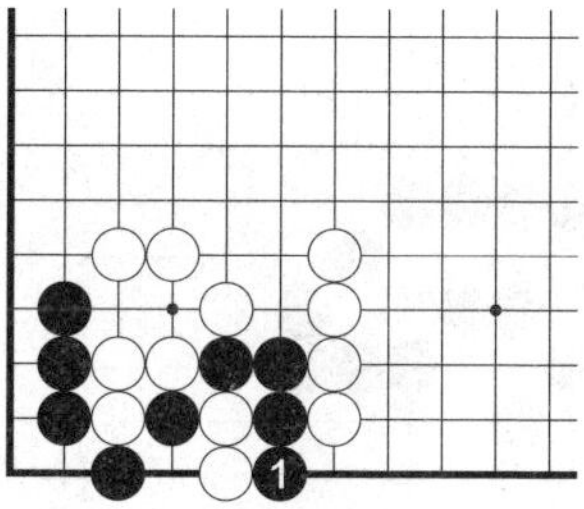

第 478 题

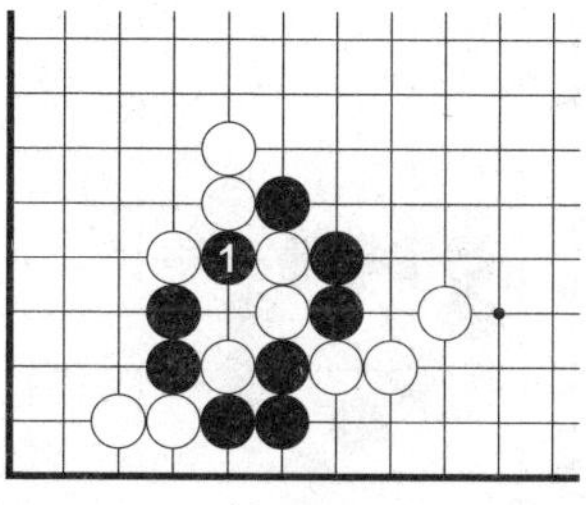

第 479 题

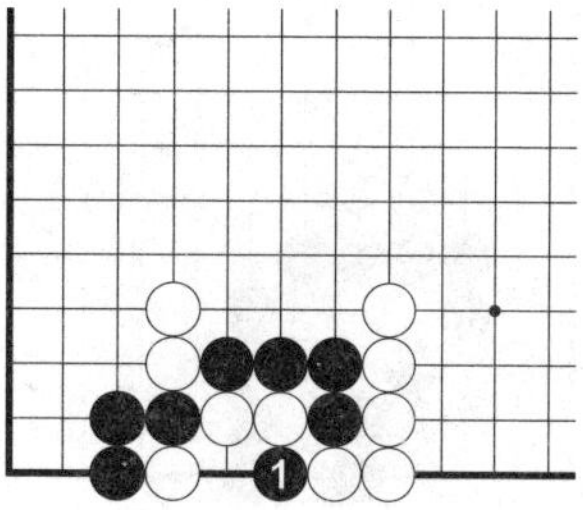

第 480 题

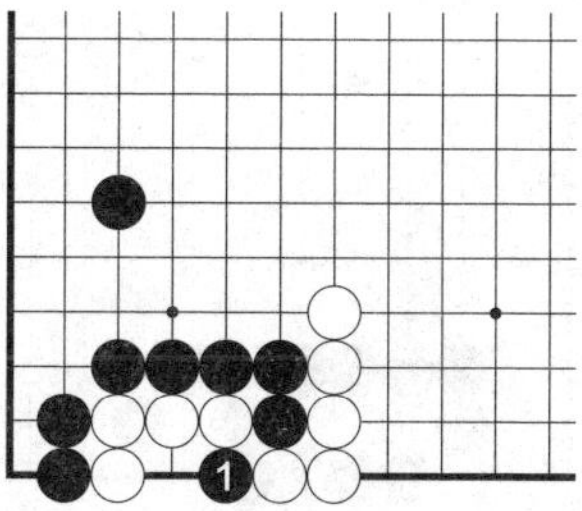

第 481 题

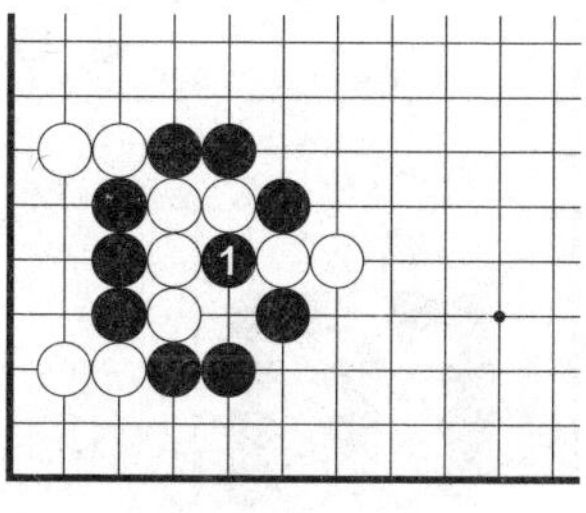

第 482 题

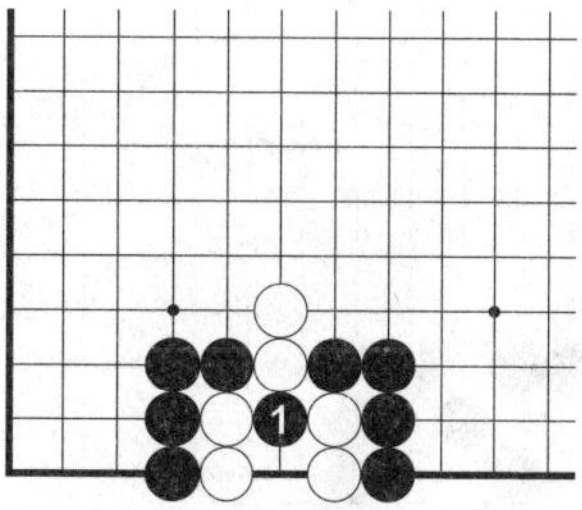

第 483 题

第四单元答案

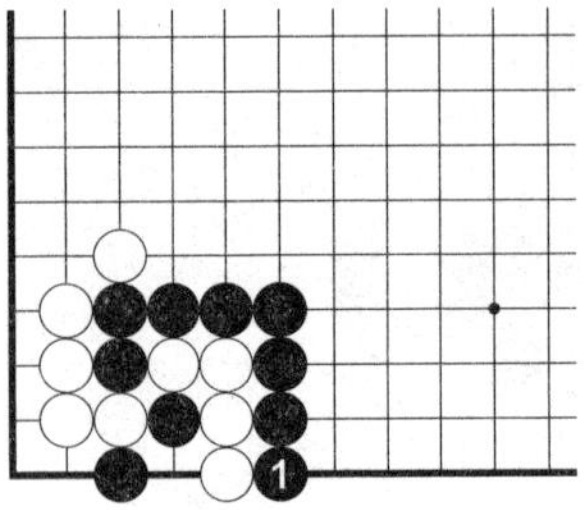

第 484 题

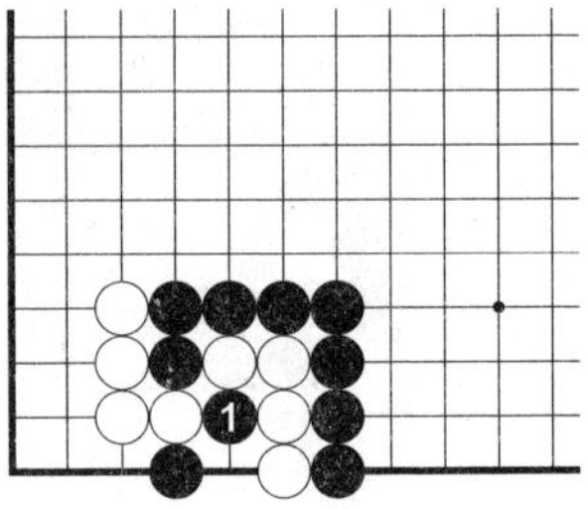

第 485 题

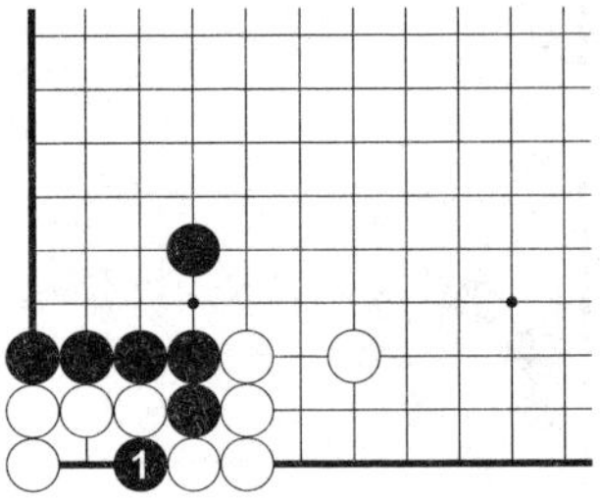

第 486 题

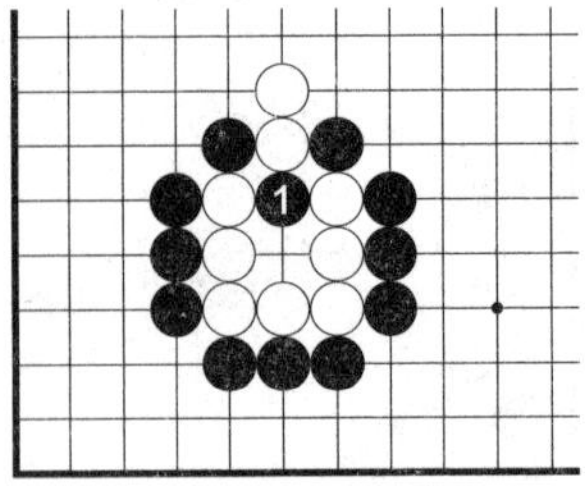

第 487 题

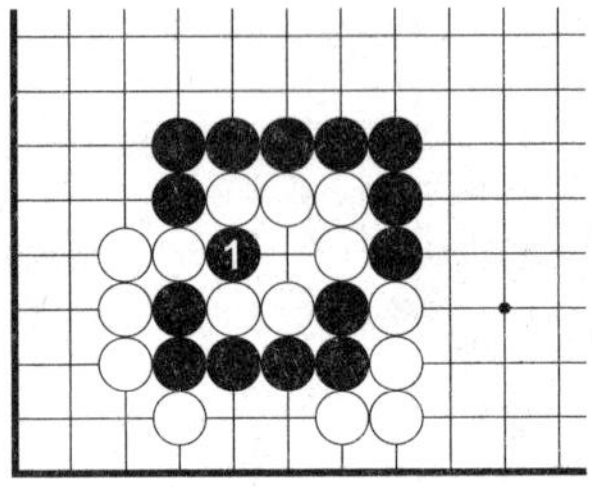

第 488 题

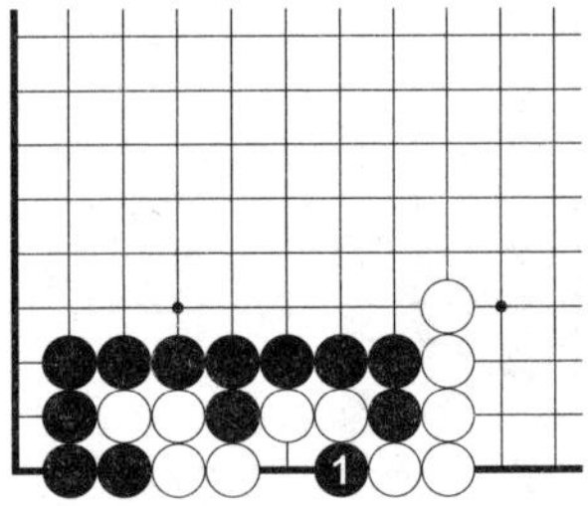

第 489 题

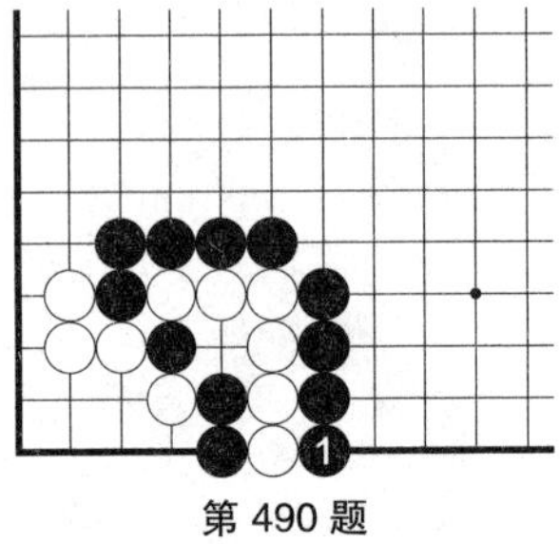

第 490 题

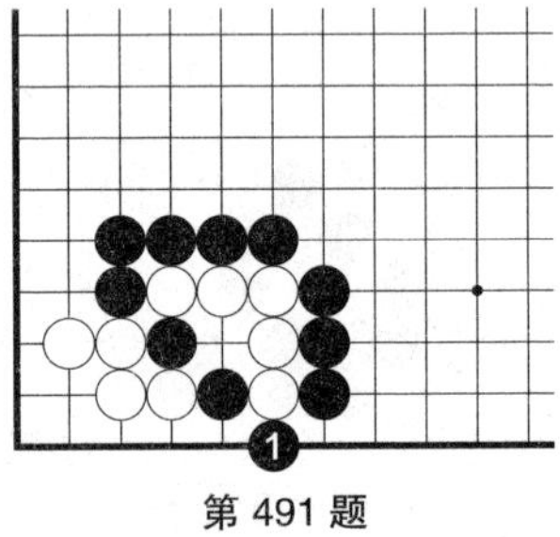

第 491 题

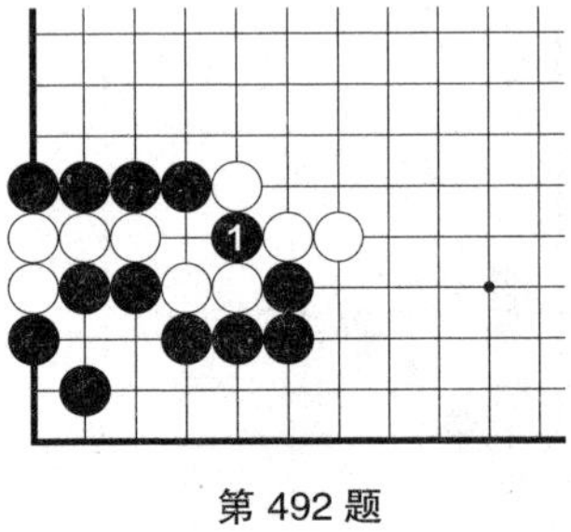

第 492 题

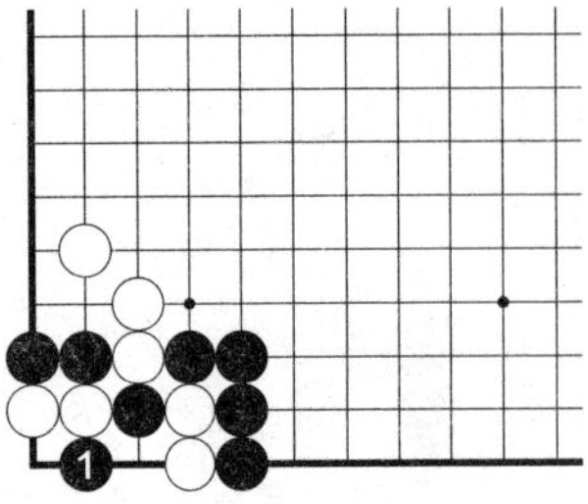

第 493 题

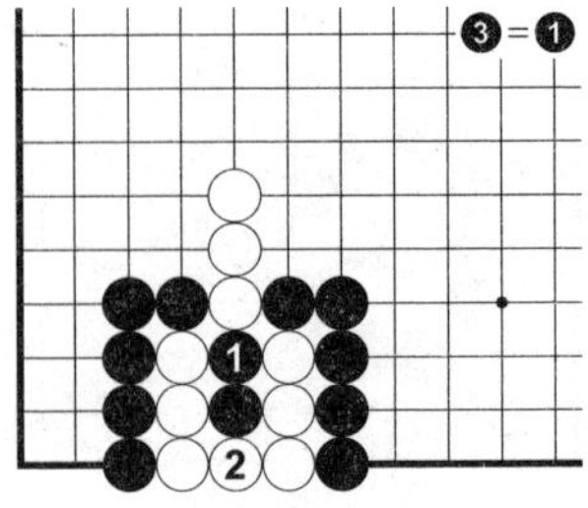

第 494 题

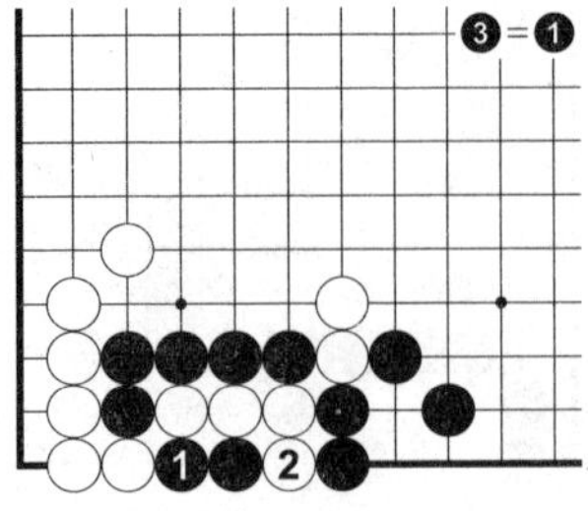

第 495 题

第四单元答案

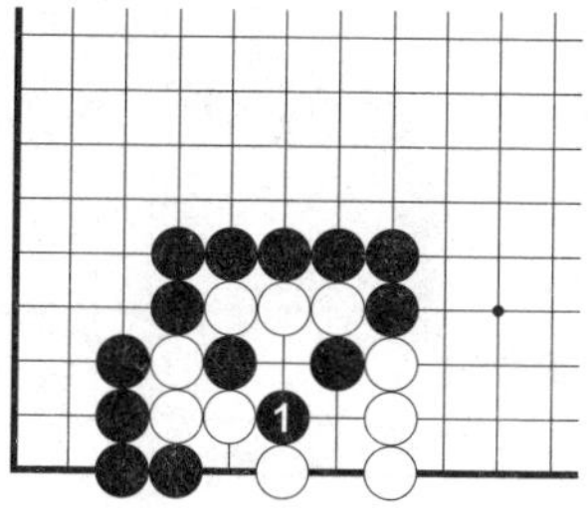

第 496 题

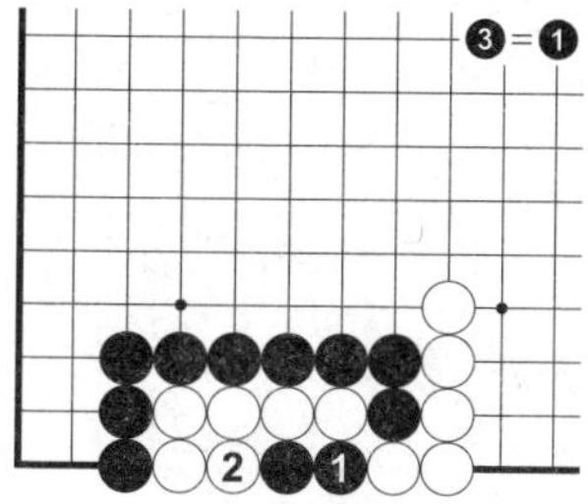

第 497 题

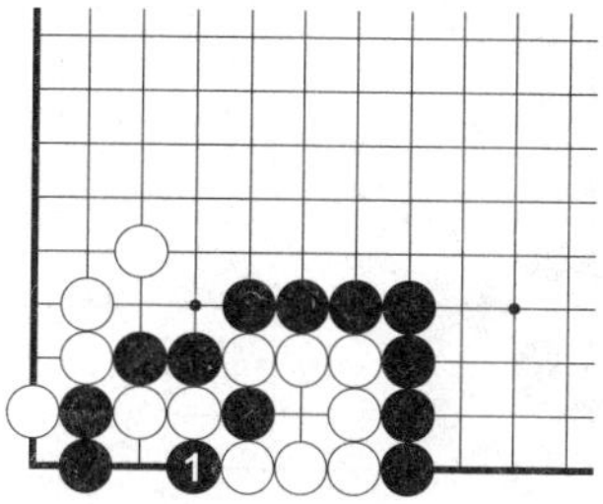

第 498 题

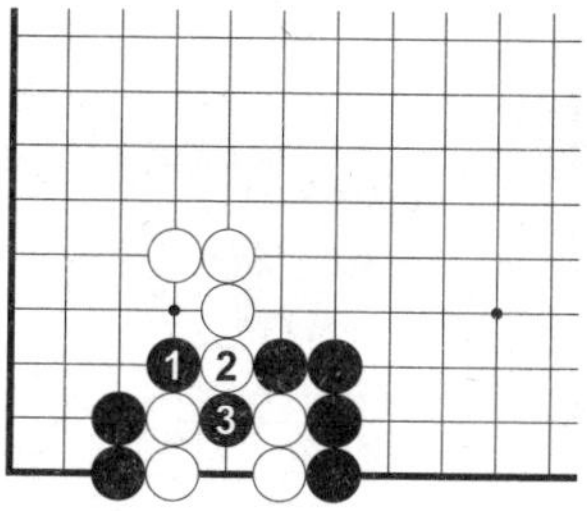

第 499 题

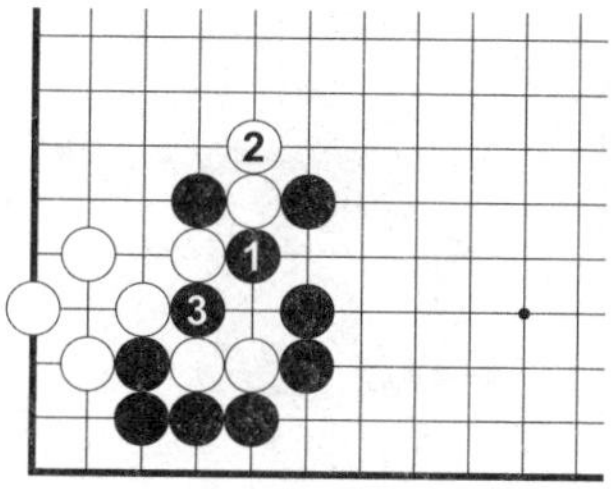

第 500 题

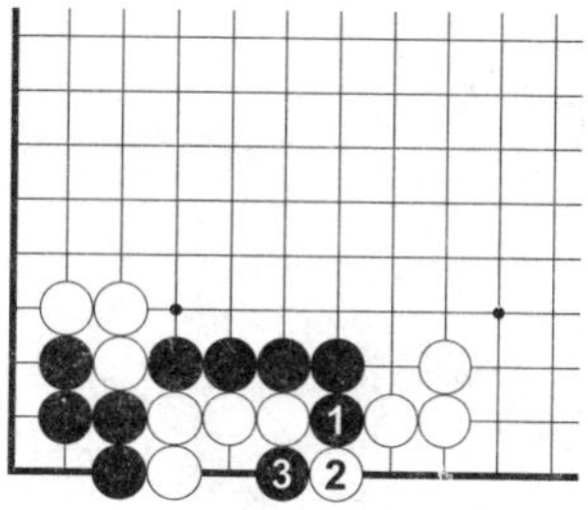

第 501 题

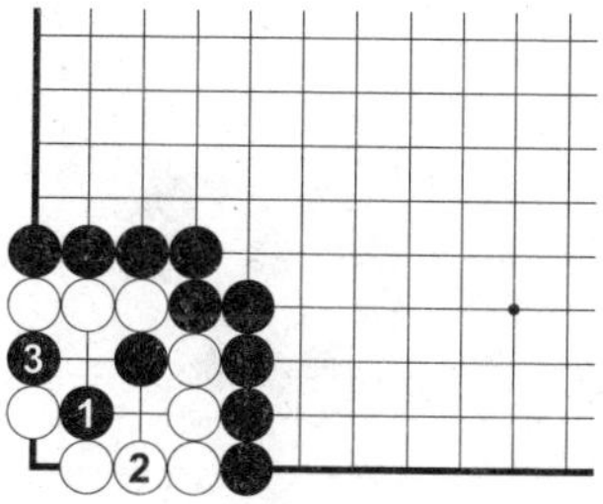

第 502 题

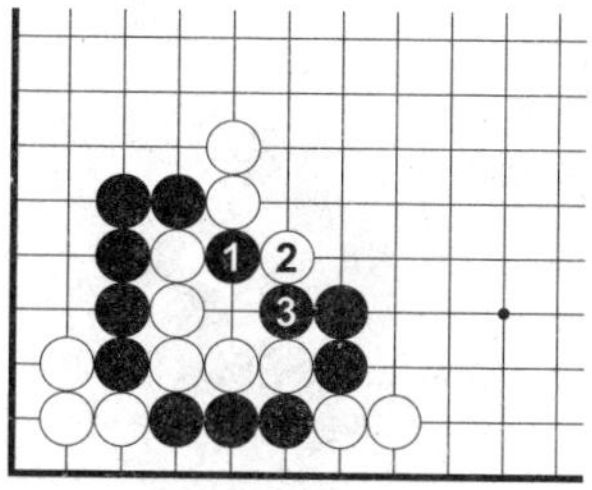

第 503 题

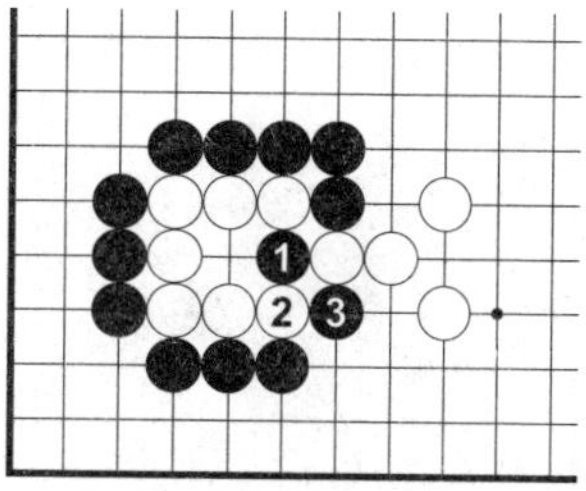

第 504 题

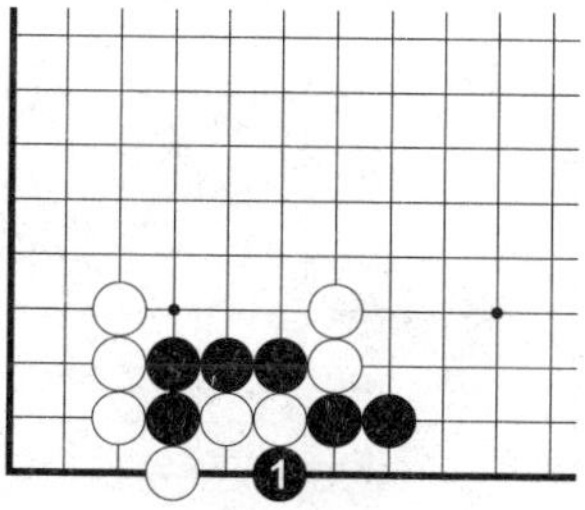

第 505 题

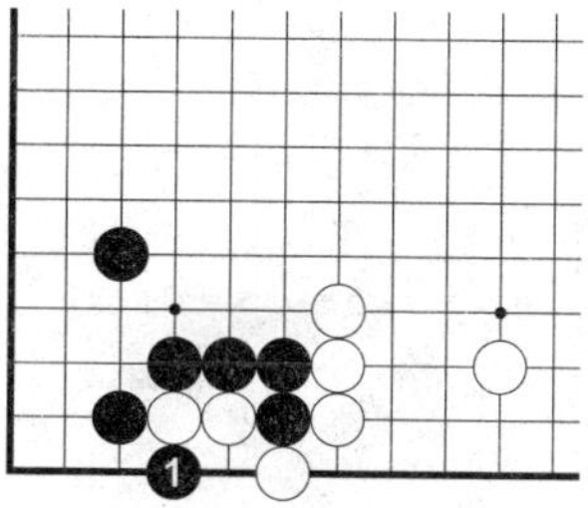

第 506 题

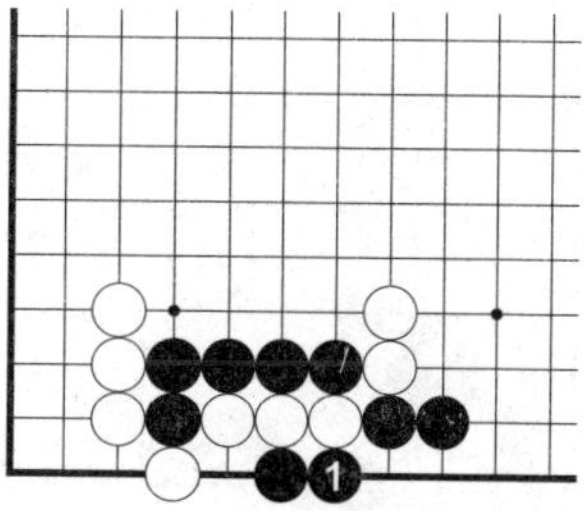

第 507 题

第四单元答案

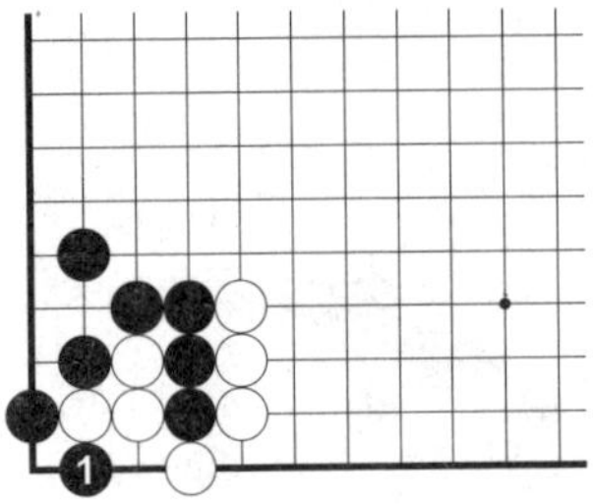

第 508 题

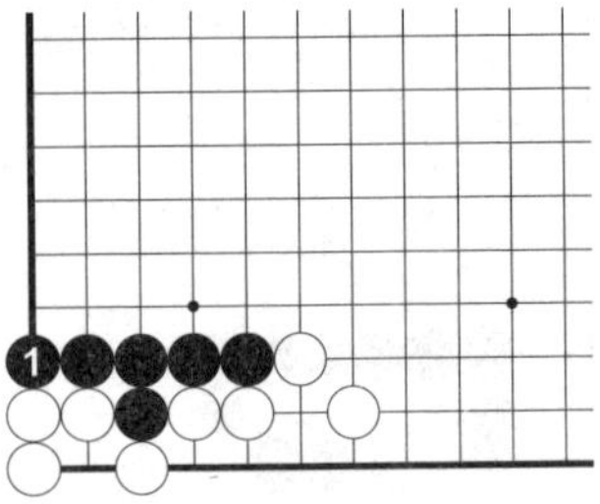

第 509 题

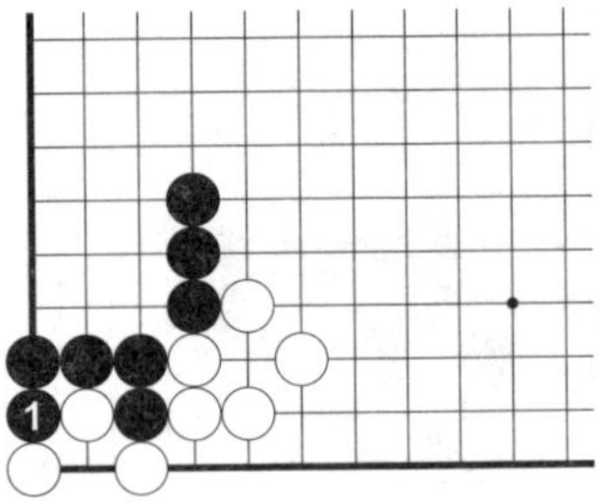

第 510 题

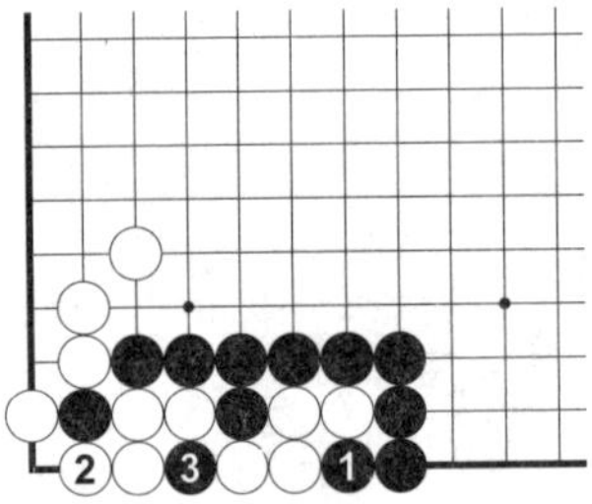

第 511 题

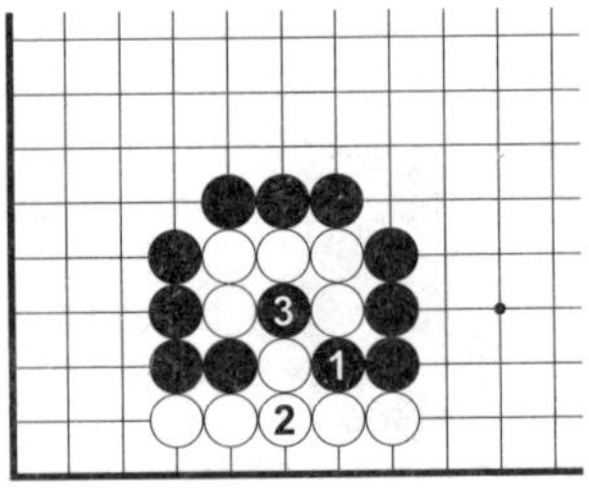

第 512 题

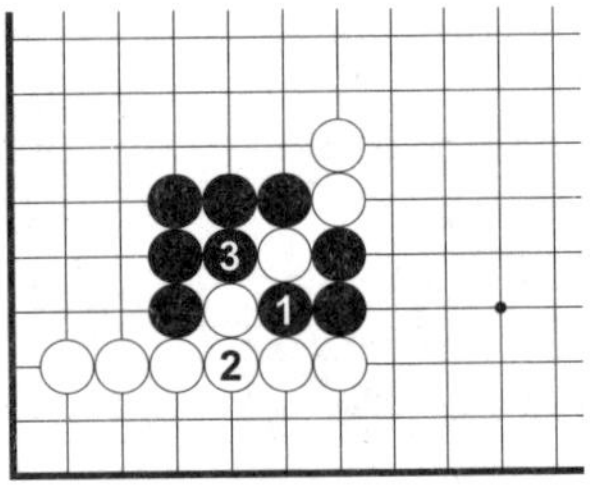

第 513 题

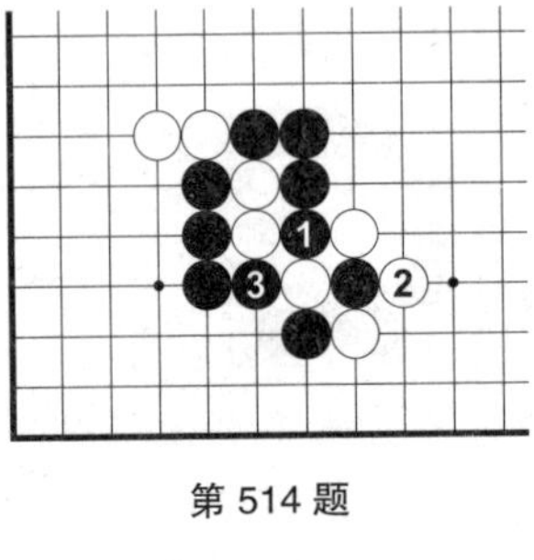

第 514 题

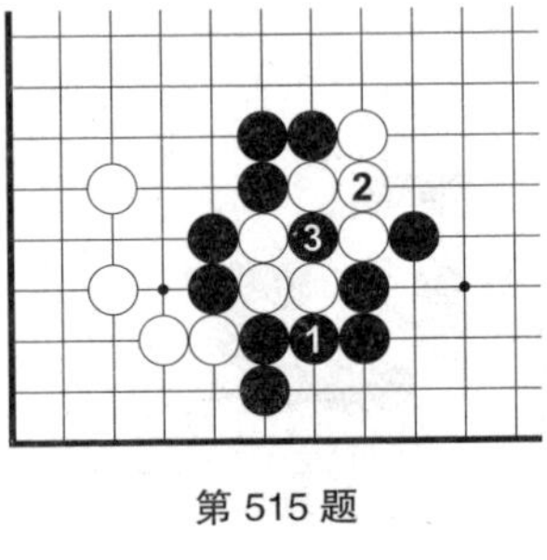

第 515 题

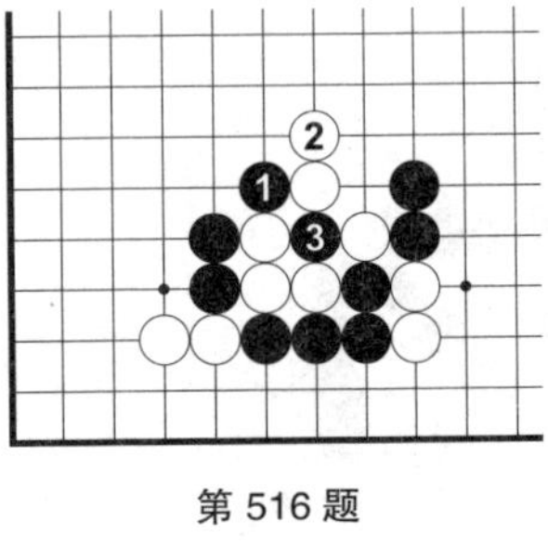

第 516 题

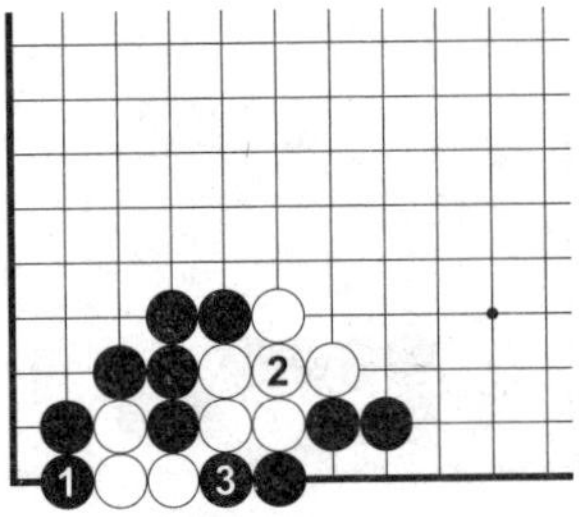

第 517 题

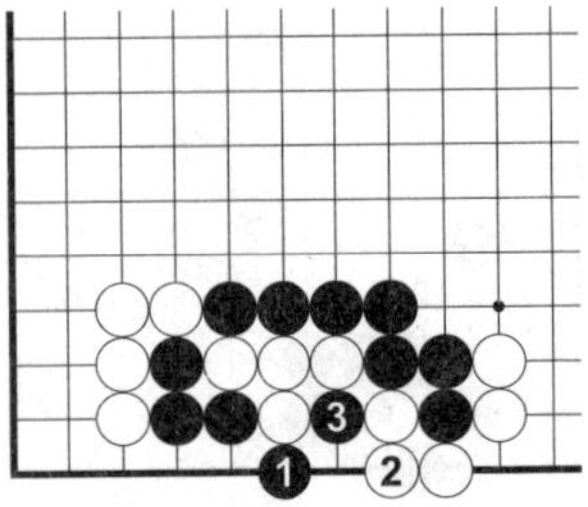

第 518 题

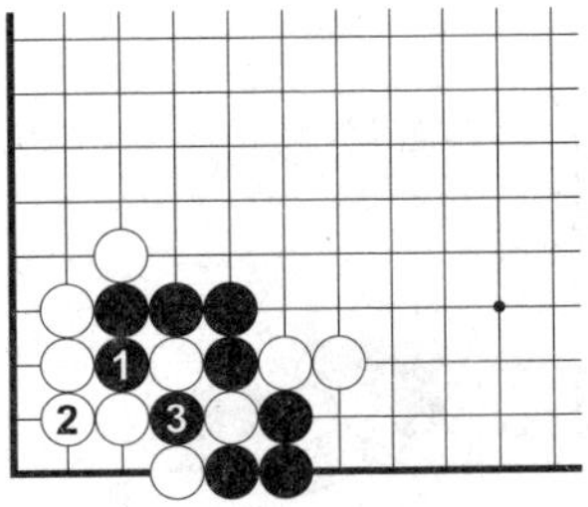

第 519 题

第四单元答案

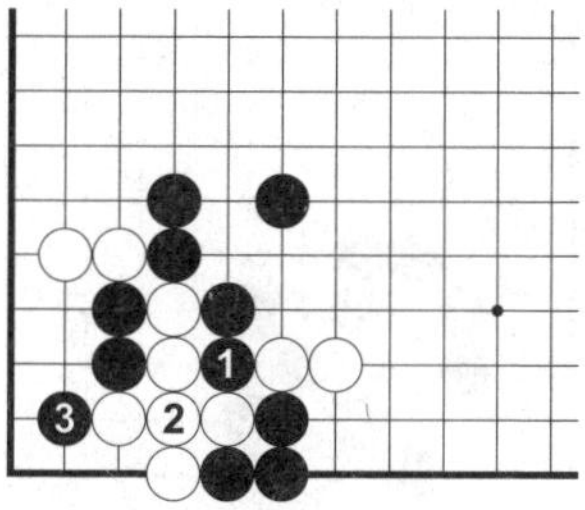

第 520 题

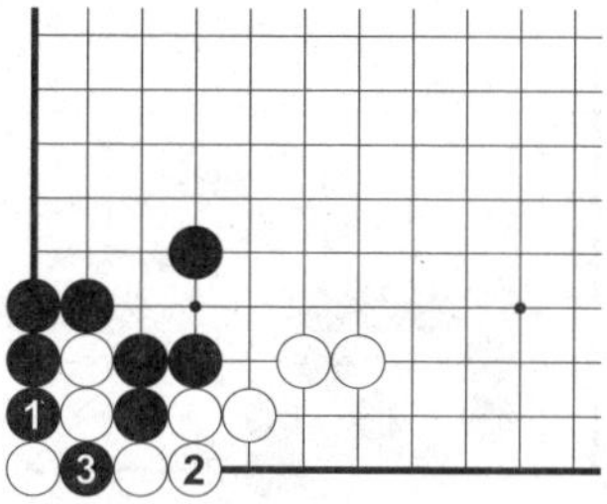

第 521 题

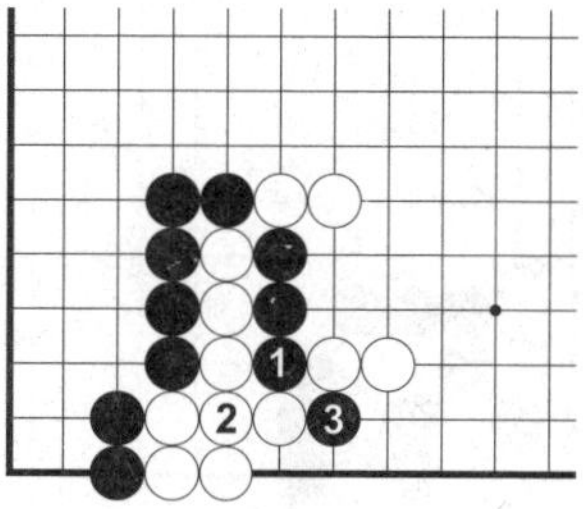

第 522 题

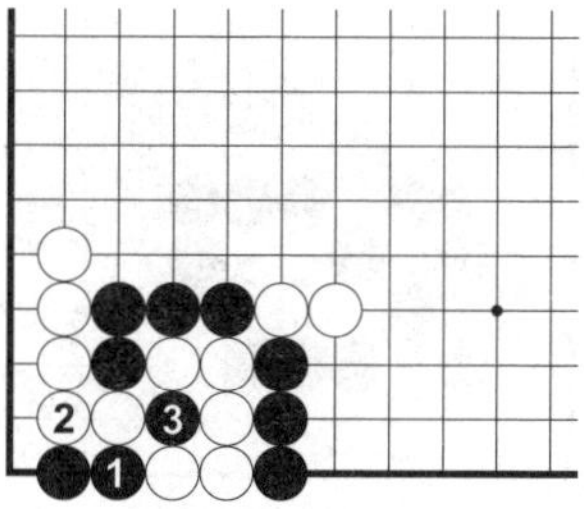

第 523 题

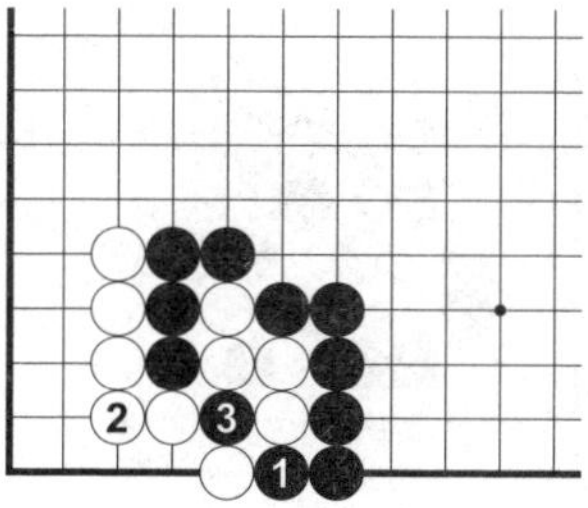

第 524 题

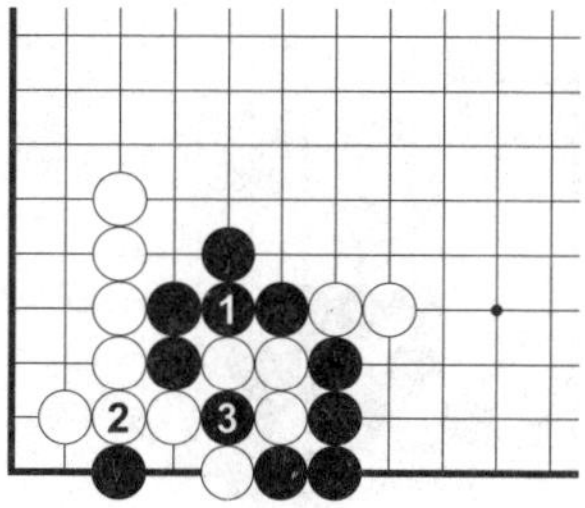

第 525 题

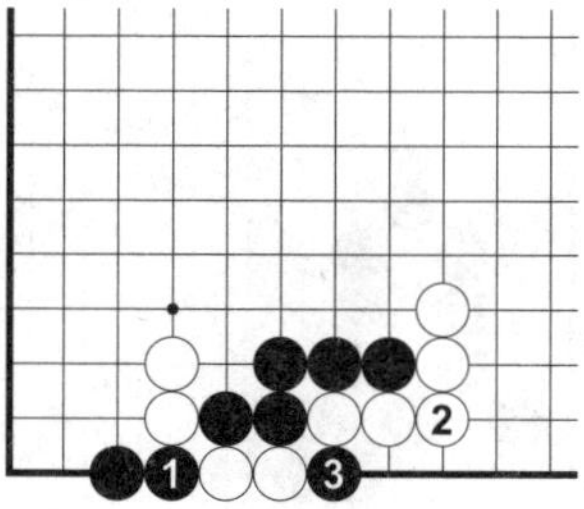

第 526 题

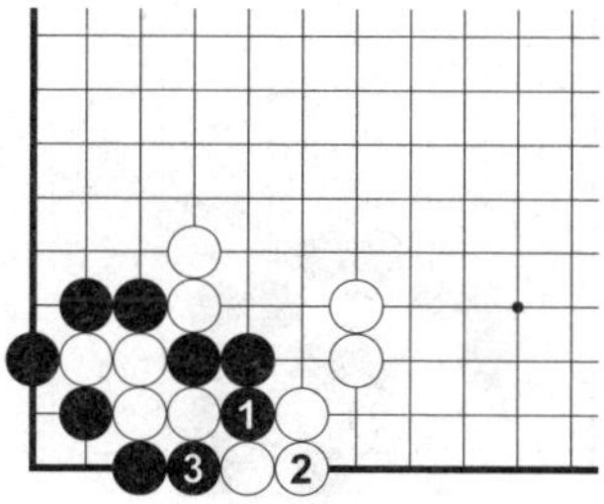

第 527 题

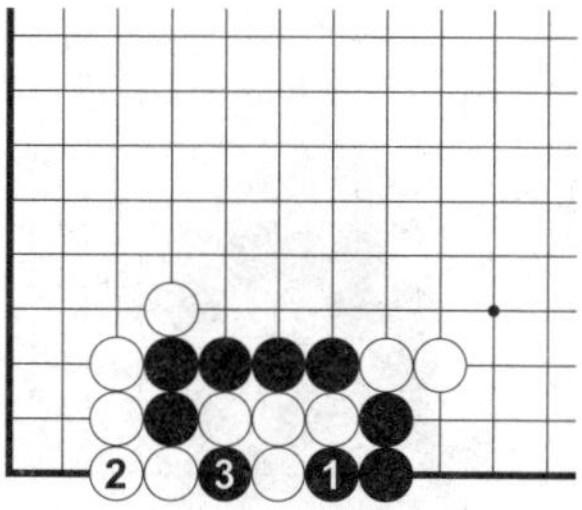

第 528 题

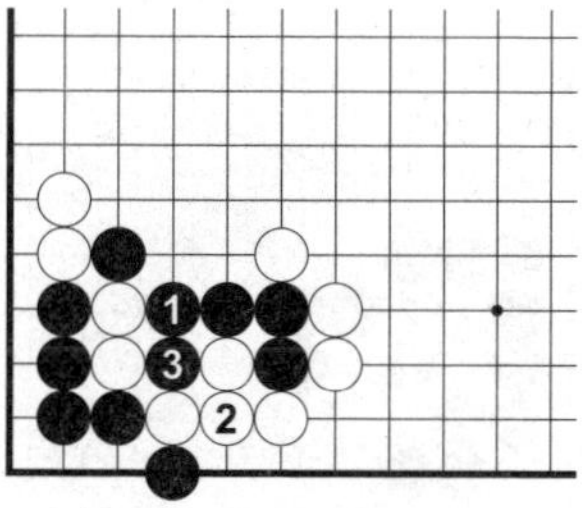

第 529 题

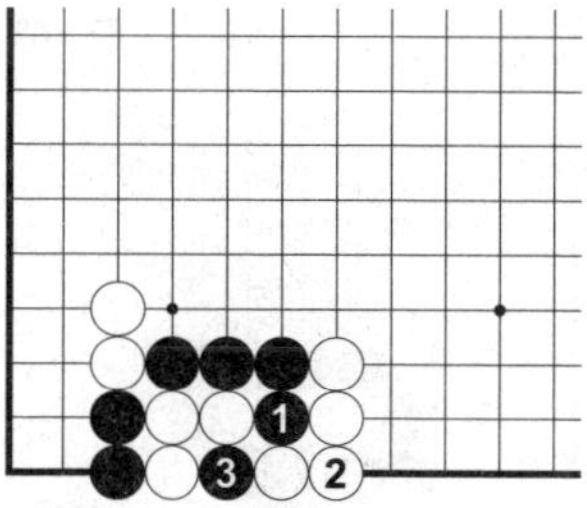

第 530 题

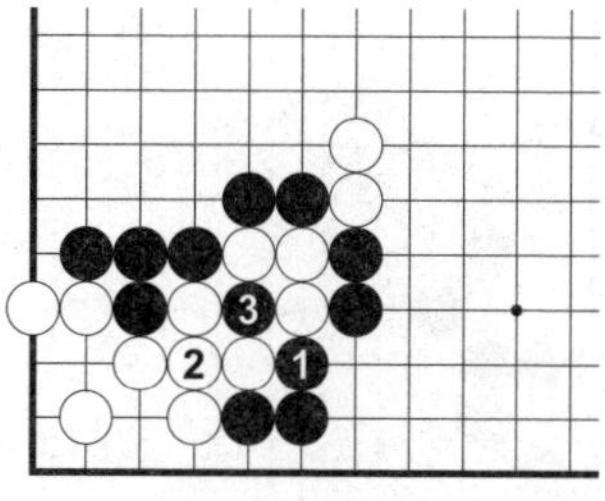

第 531 题

第四单元答案

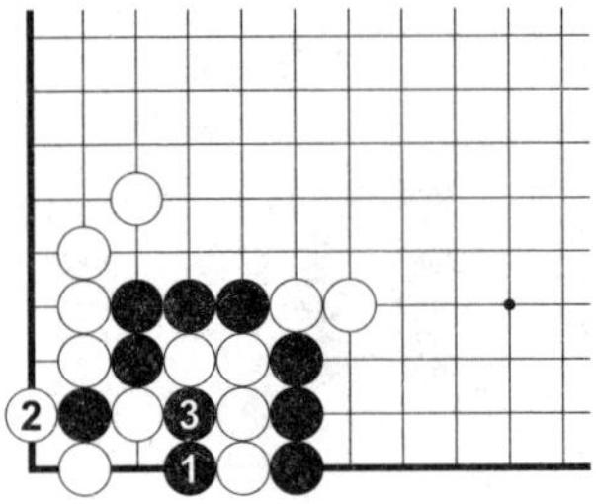
第 532 题

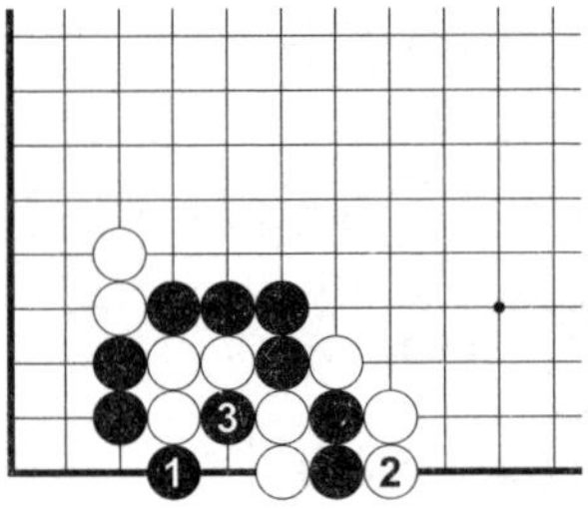
第 533 题

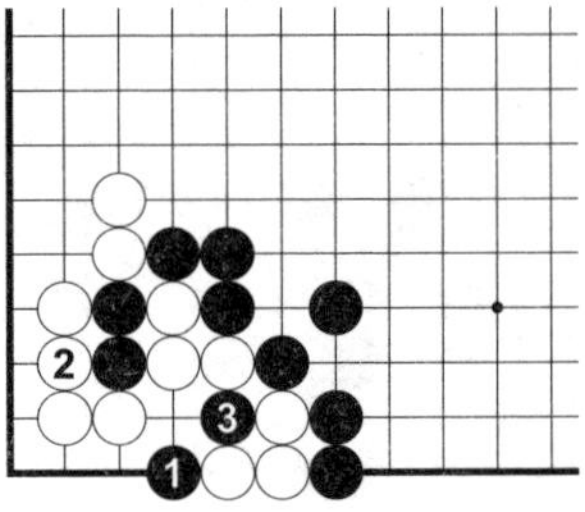
第 534 题

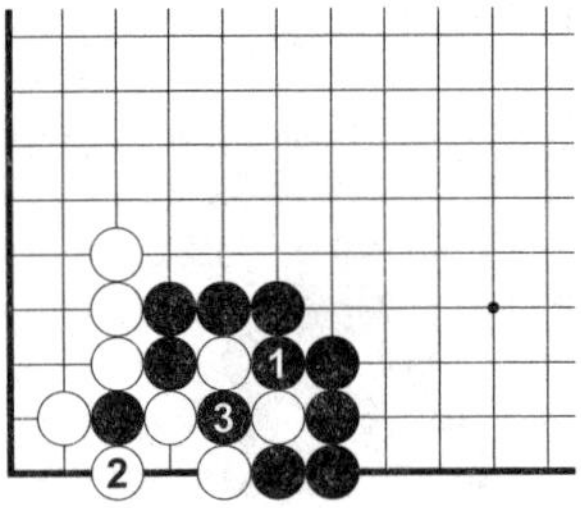
第 535 题

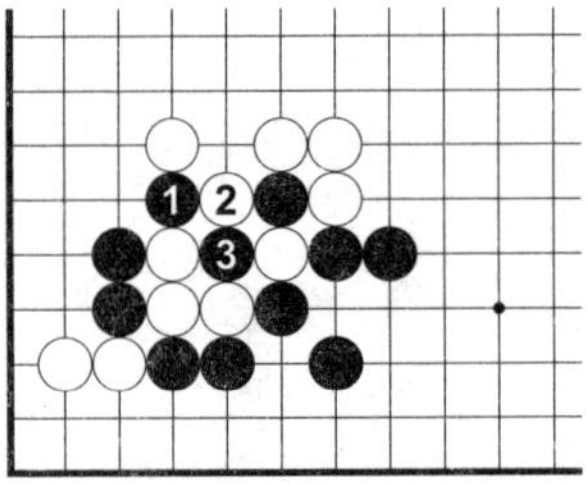
第 536 题

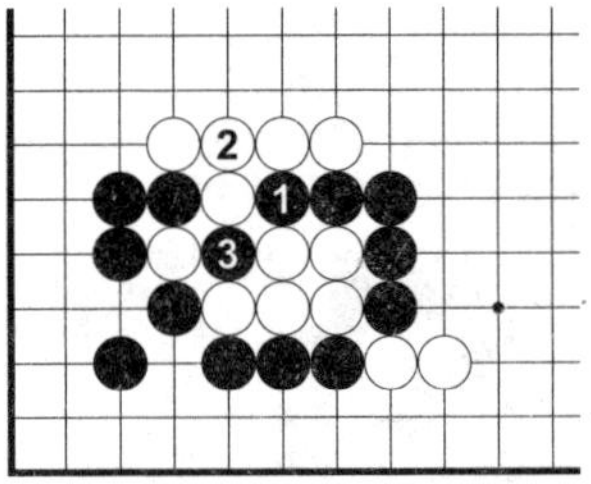
第 537 题

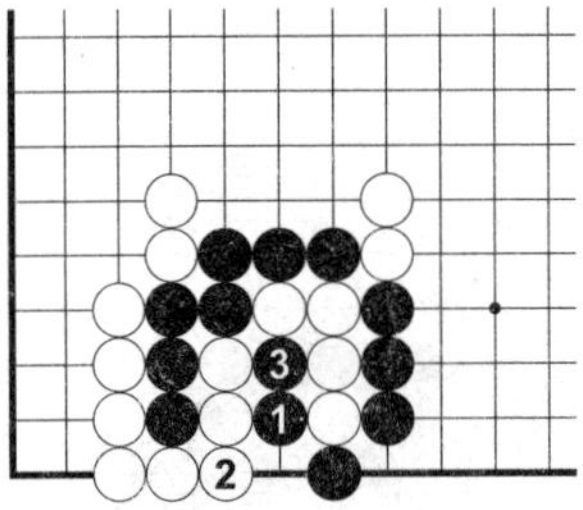
第 538 题

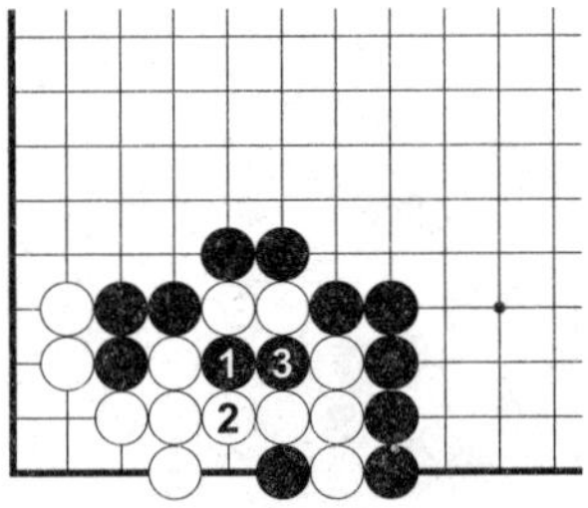
第 539 题

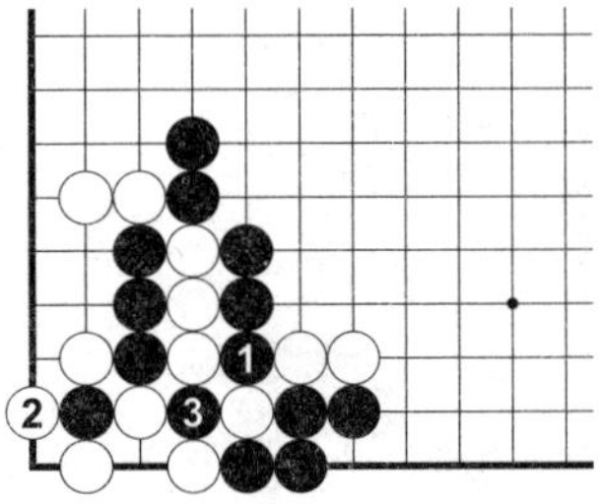
第 540 题

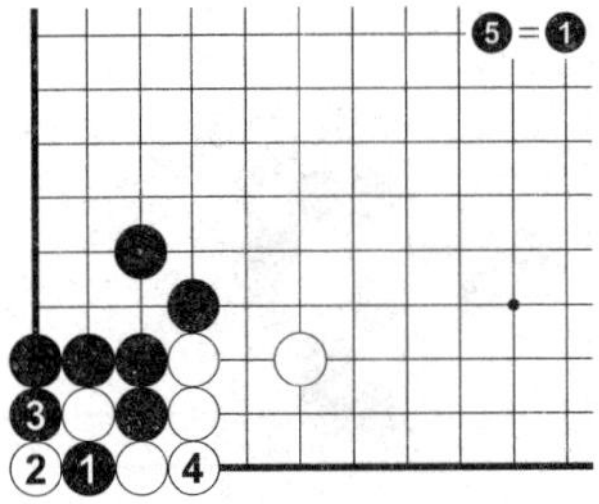

第 541 题

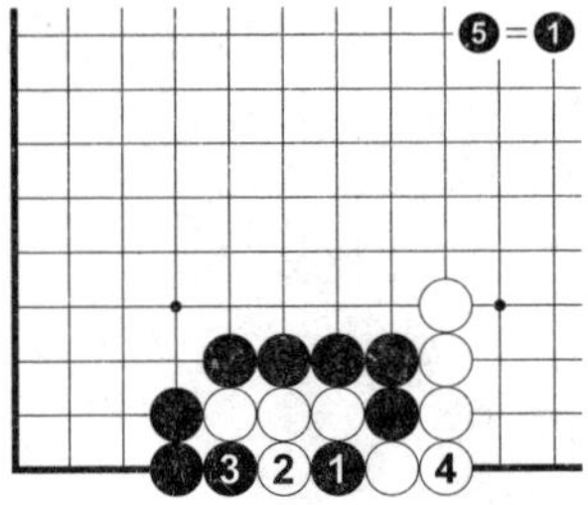

第 542 题

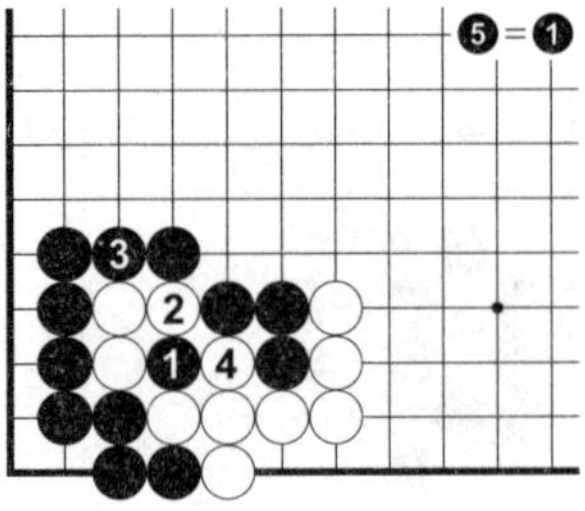

第 543 题

第四单元答案

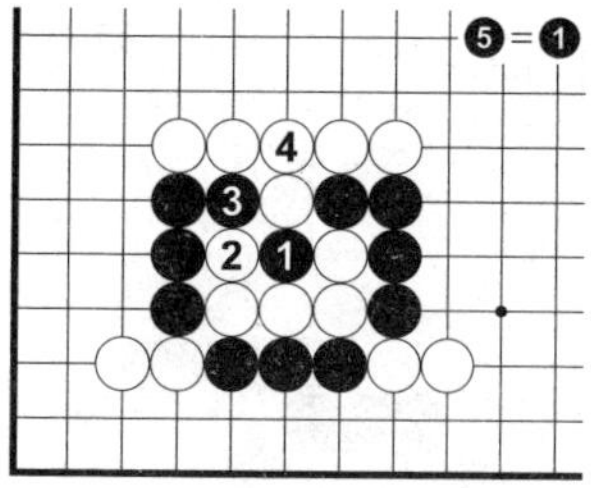

第 544 题

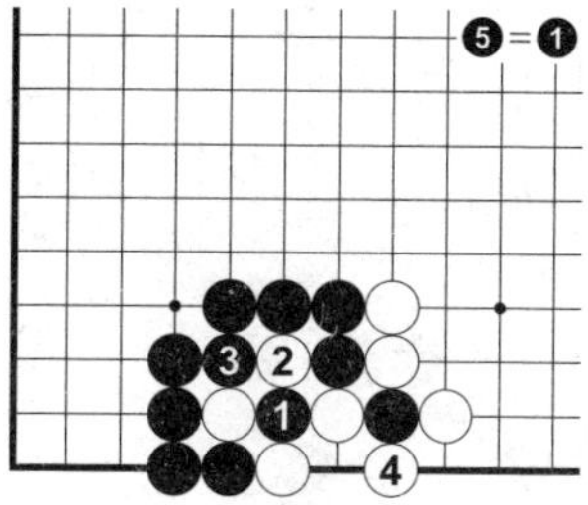

第 545 题

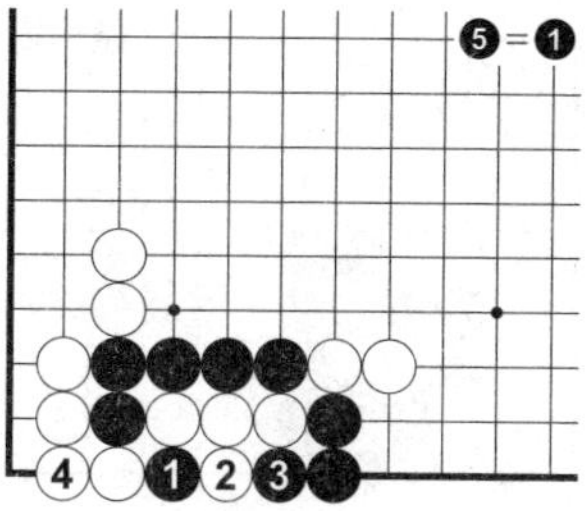

第 546 题

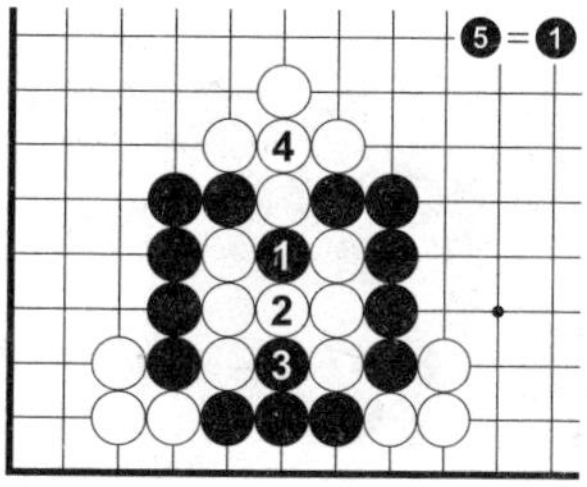

第 547 题

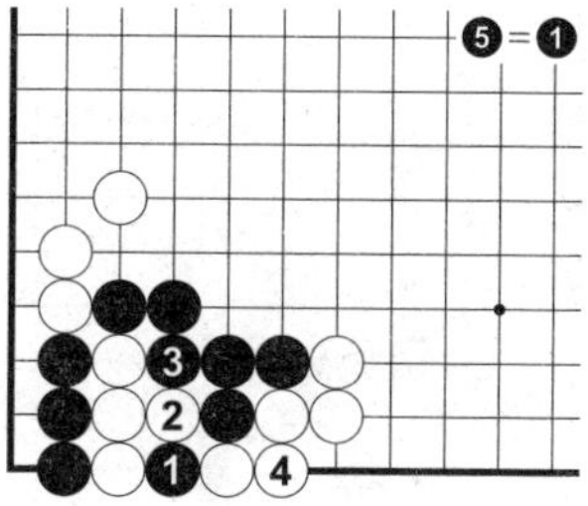

第 548 题

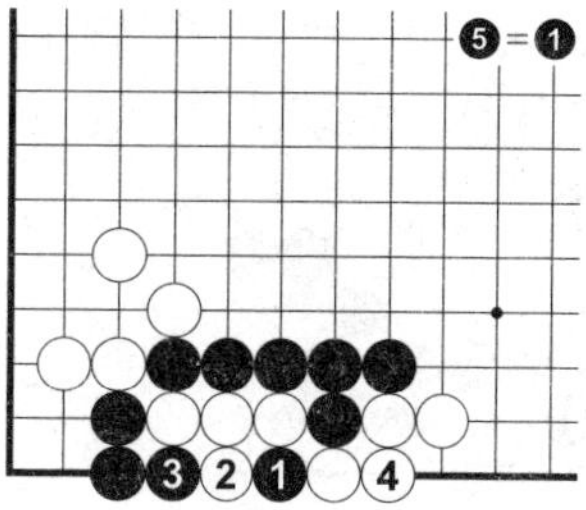

第 549 题

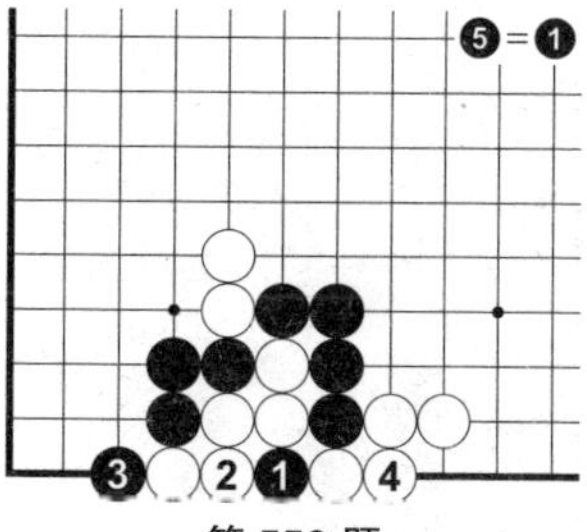

第 550 题

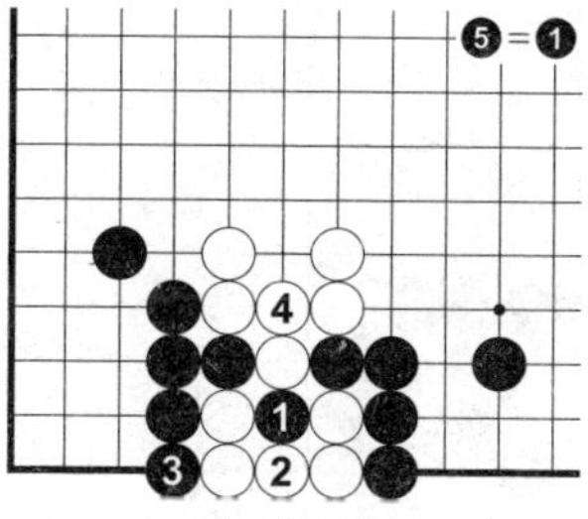

第 551 题

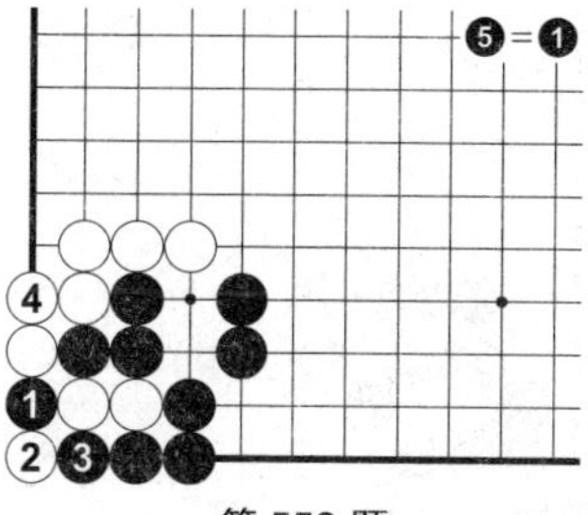

第 552 题

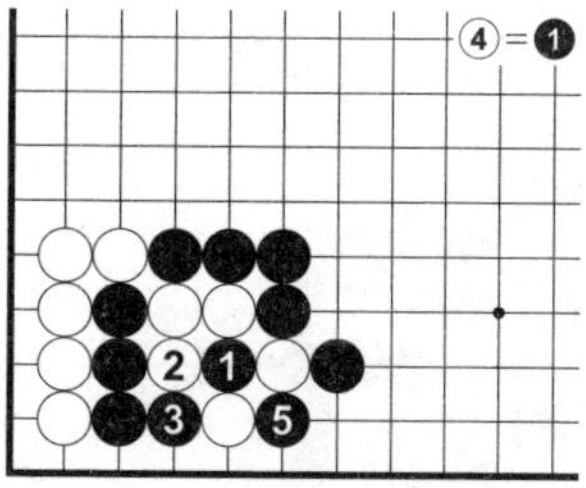

第 553 题

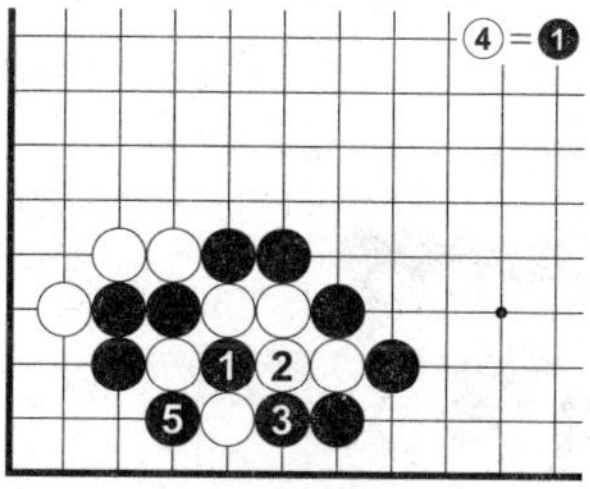

第 554 题

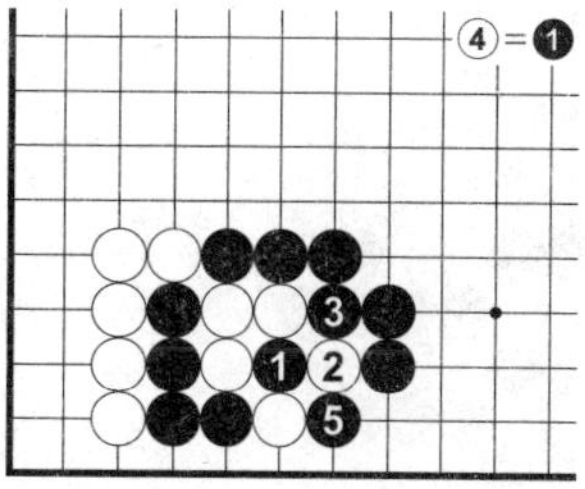

第 555 题

第四单元答案

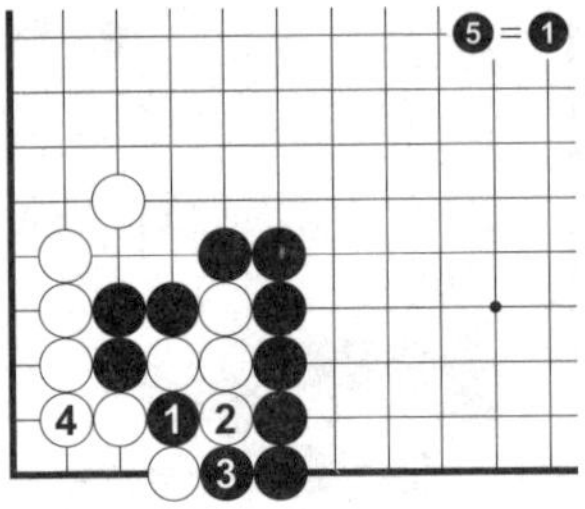

第 556 题

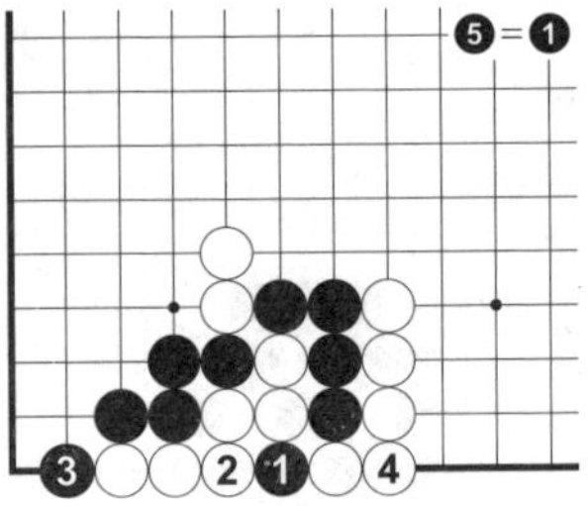

第 557 题

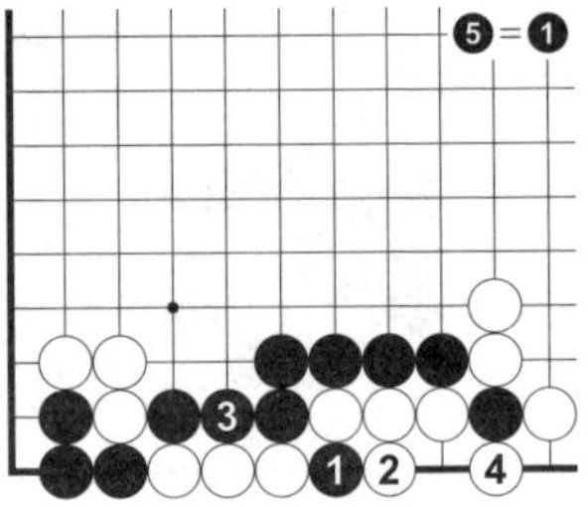

第 558 题

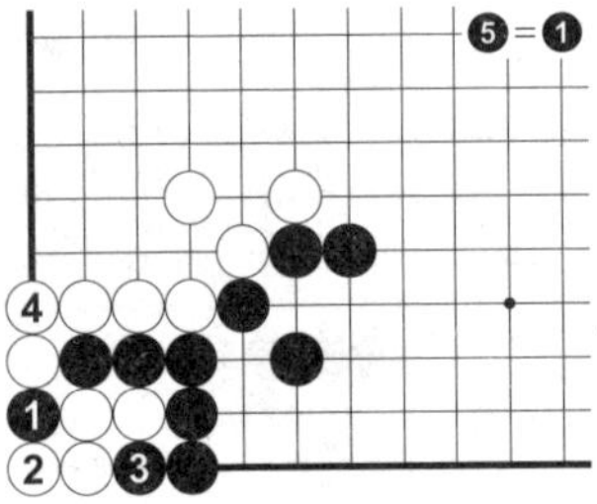

第 559 题

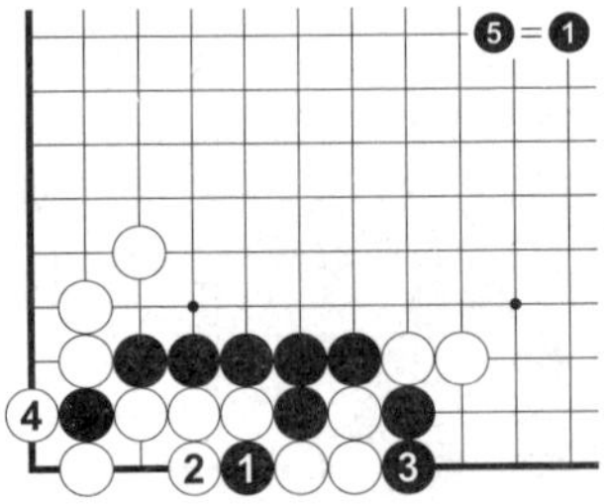

第 560 题

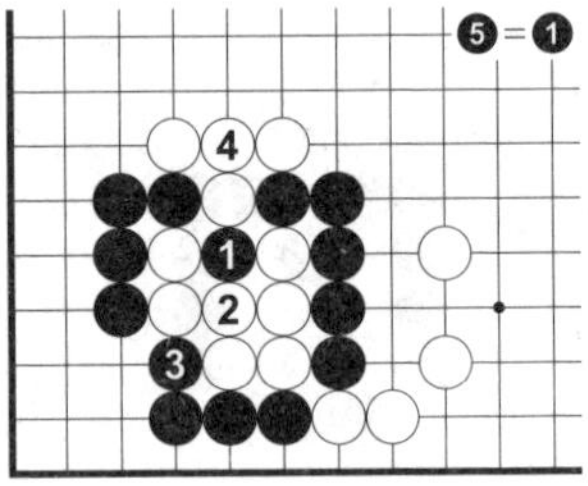

第 561 题

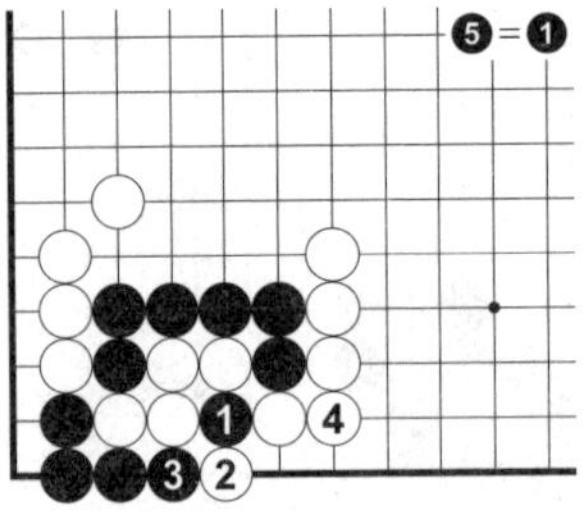

第 562 题

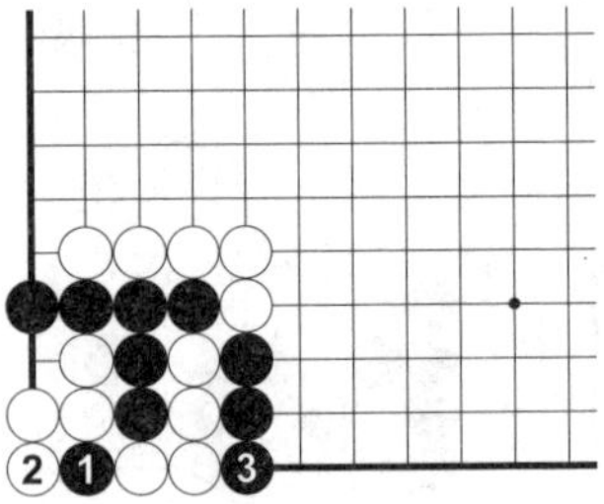
第 563 题

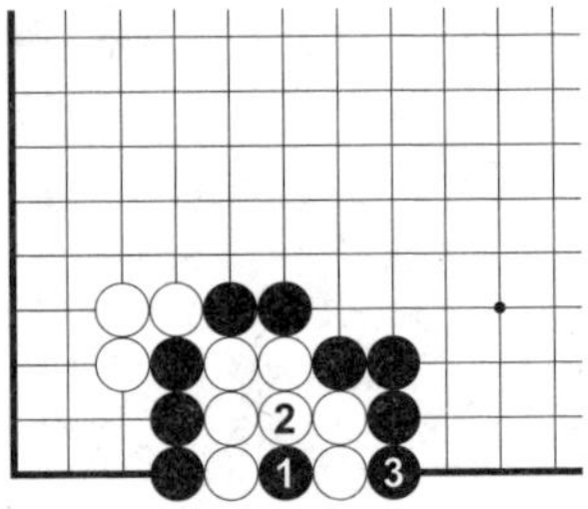
第 564 题

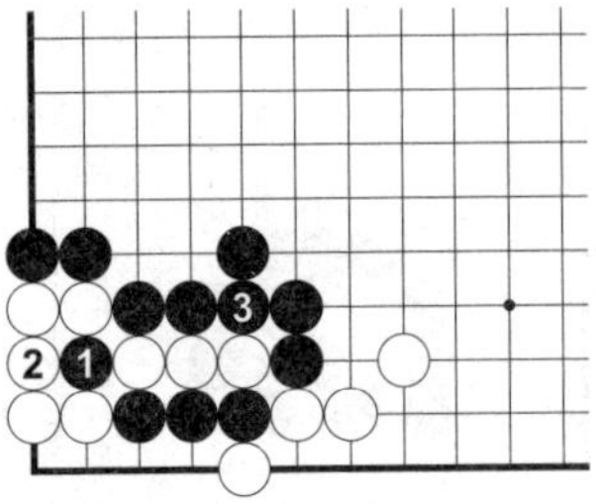
第 565 题

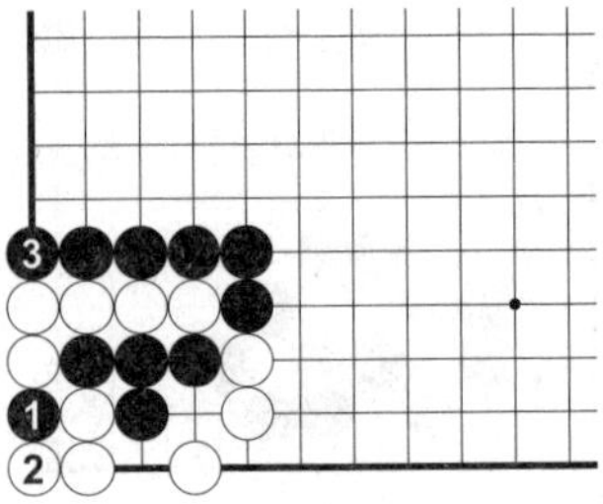
第 566 题

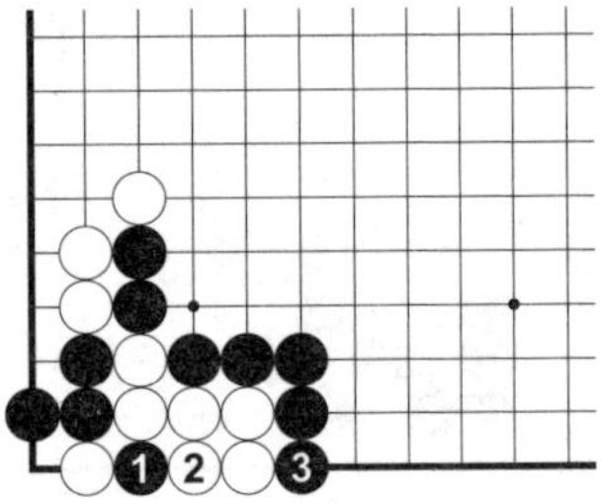
第 567 题

第四单元答案

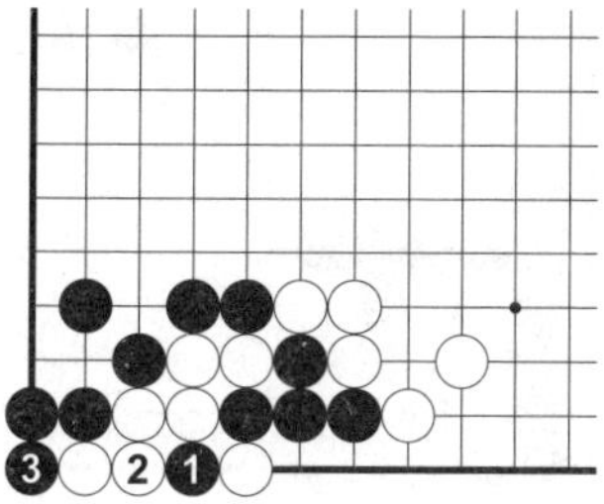

第 568 题

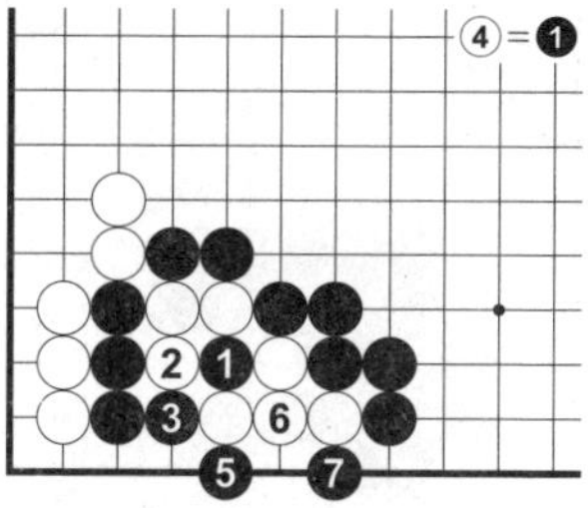

第 569 题

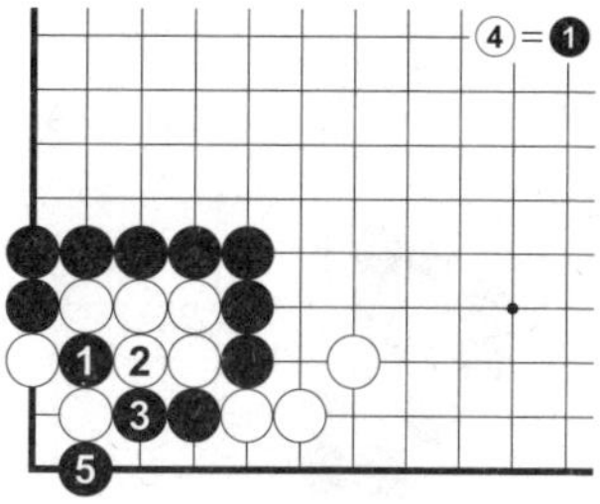

第 570 题

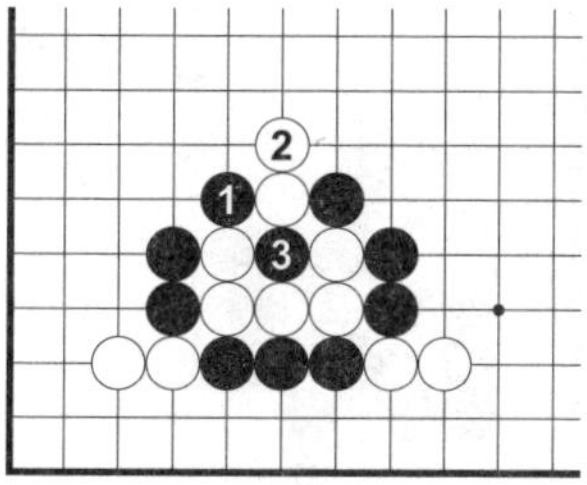

第 571 题

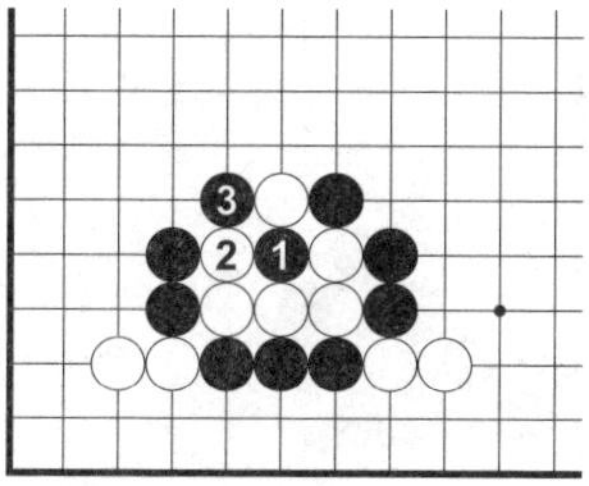

第 572 题

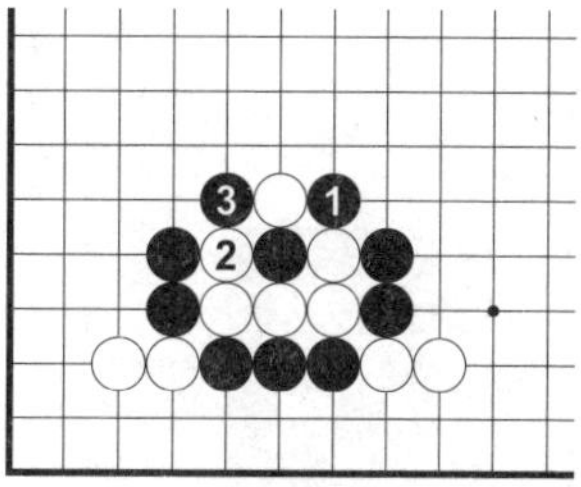

第 573 题

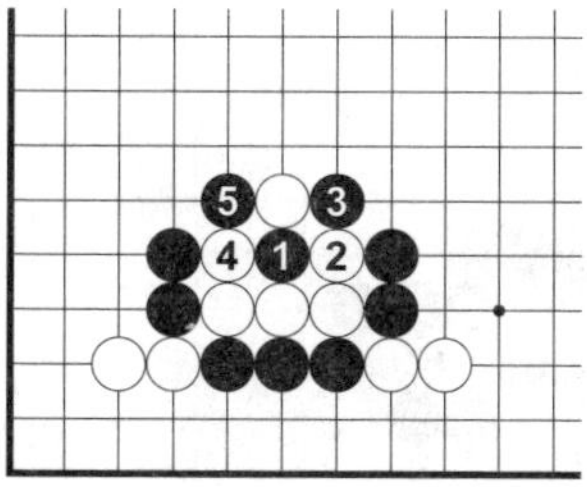

第 574 题

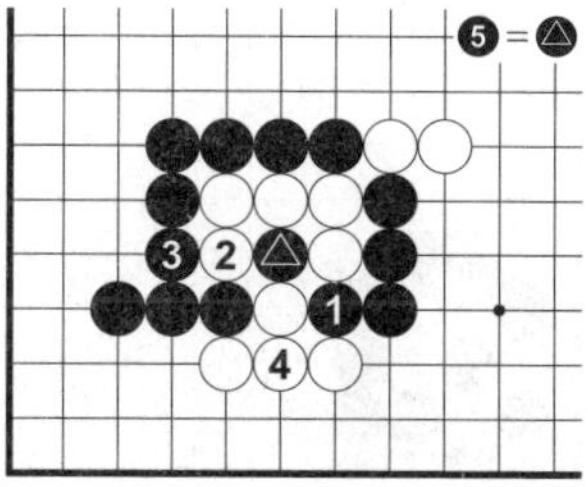

第 575 题

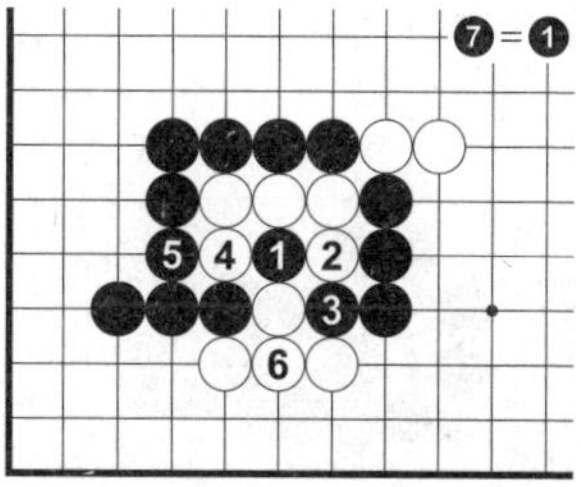

第 576 题

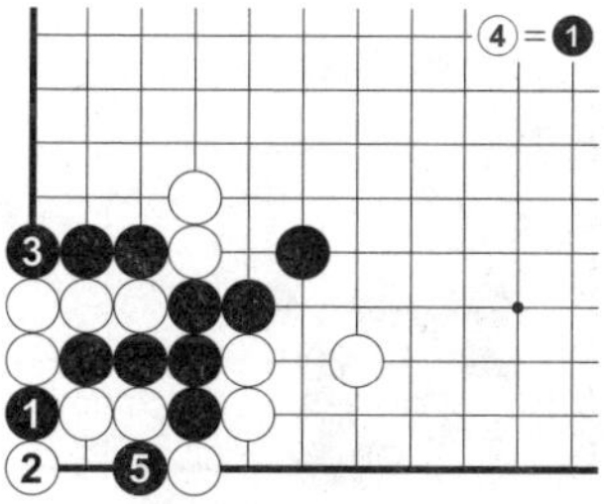

第 577 题

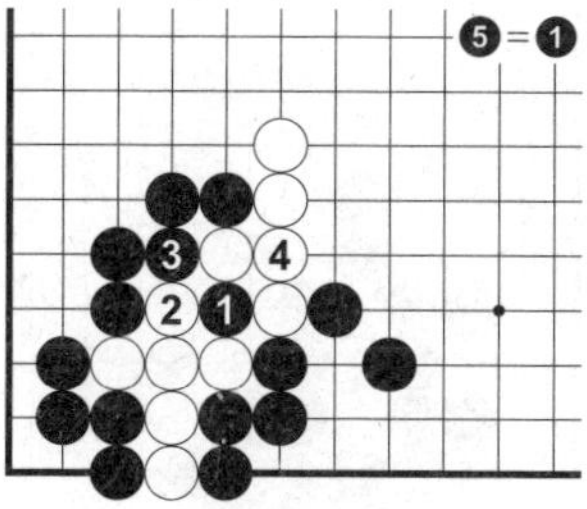

第 578 题

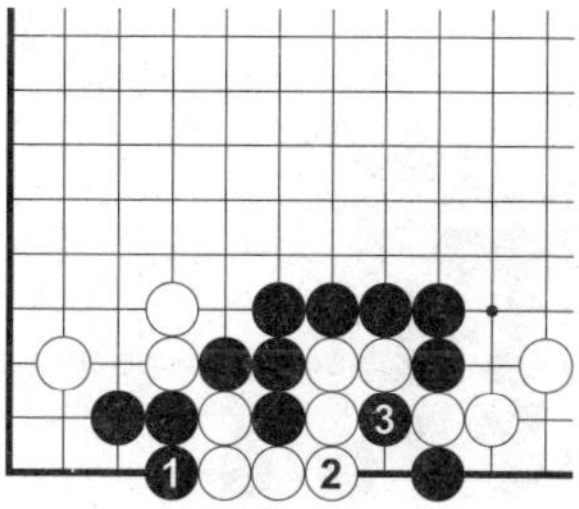

第 579 题

第四单元答案

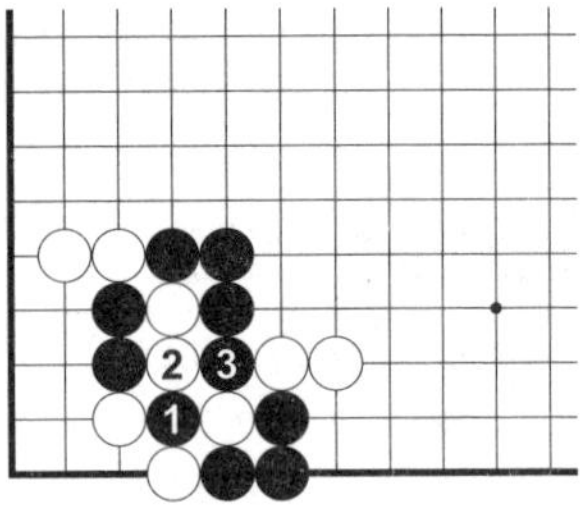

第 580 题

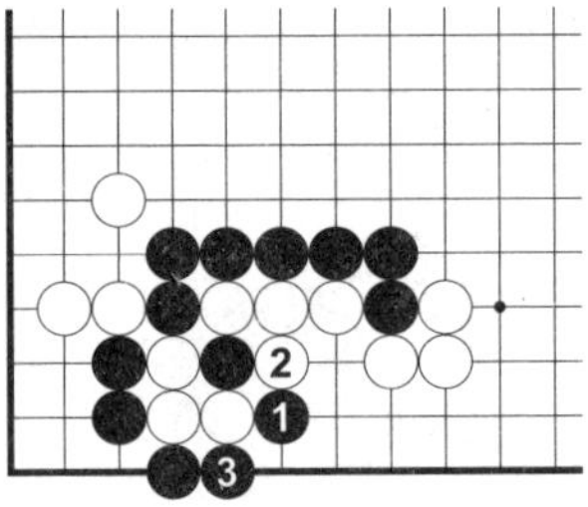

第 581 题

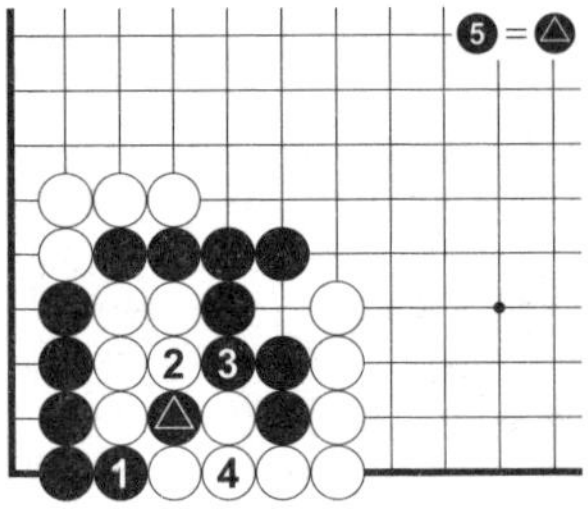

第 582 题

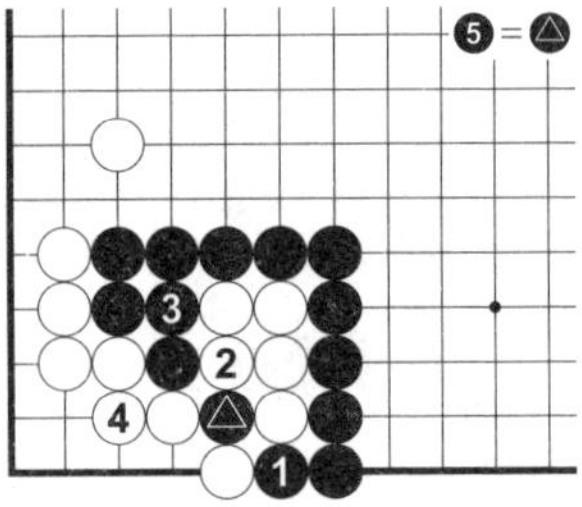

第 583 题

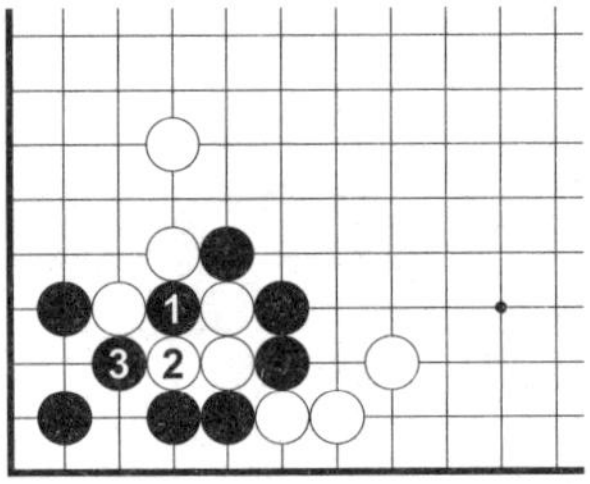

第 584 题

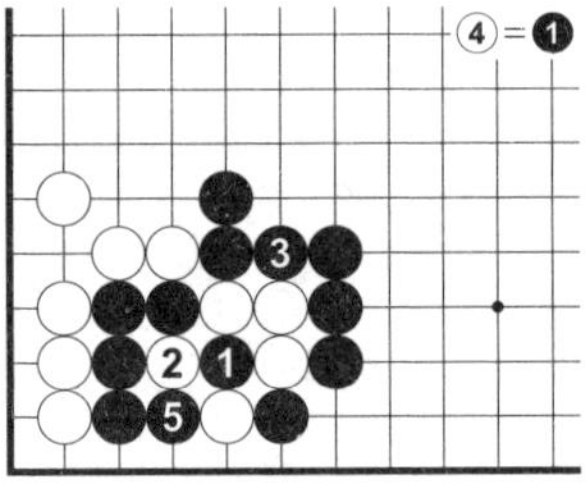

第 585 题

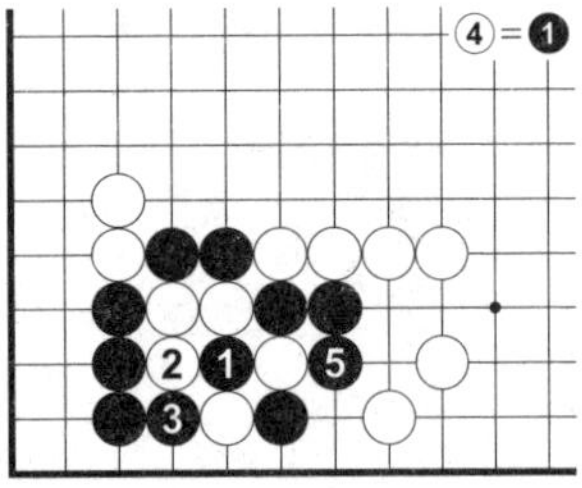

第 586 题

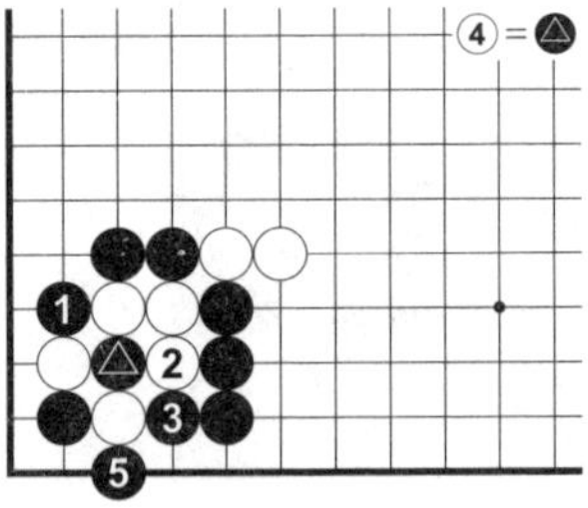

第 587 题

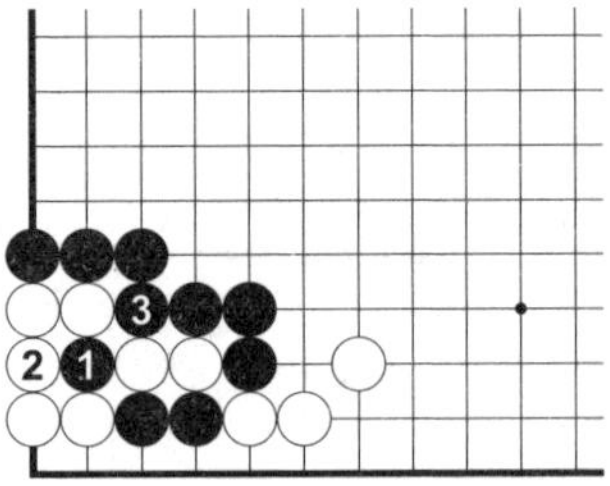

第 588 题

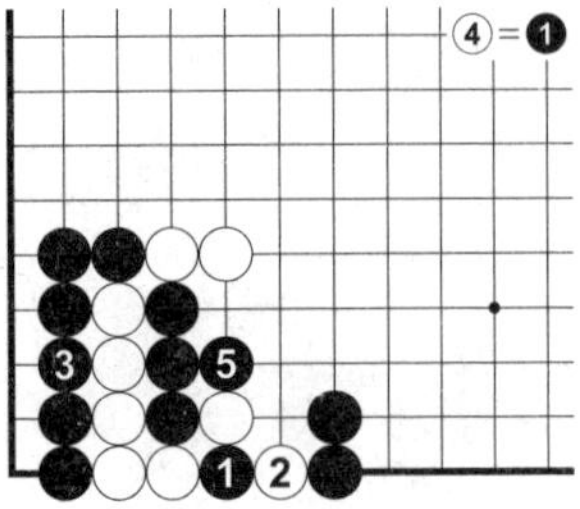

第 589 题

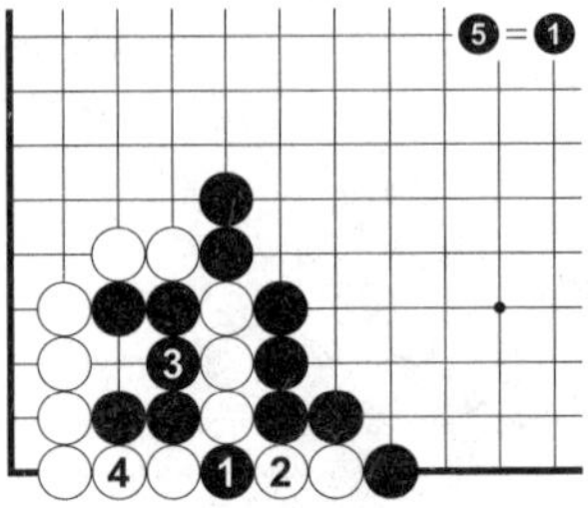

第 590 题

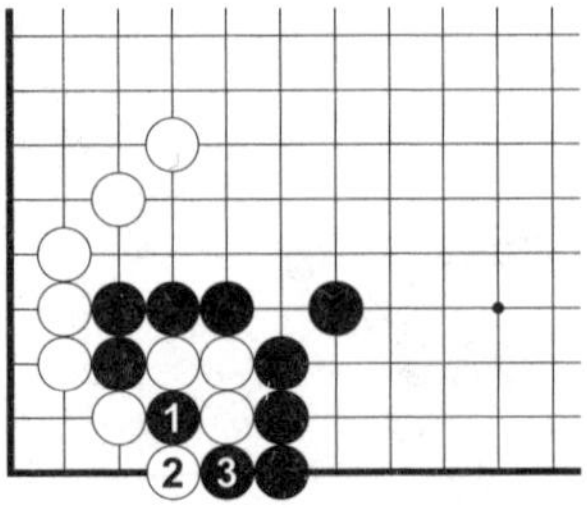

第 591 题

第四单元答案

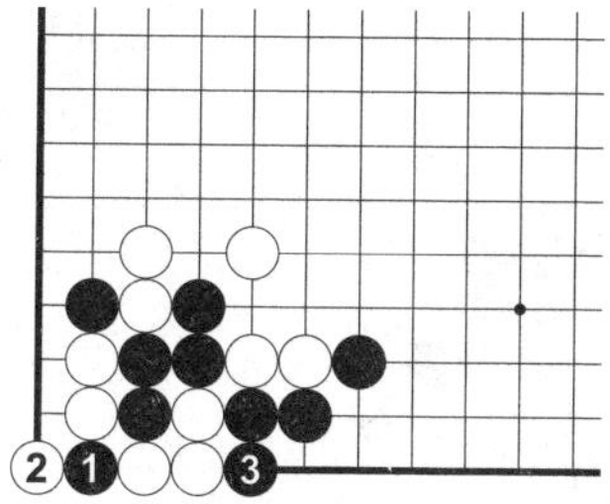

第 592 题

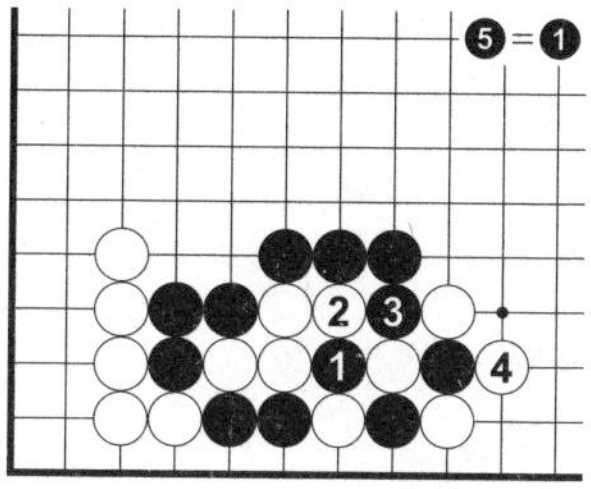

第 593 题

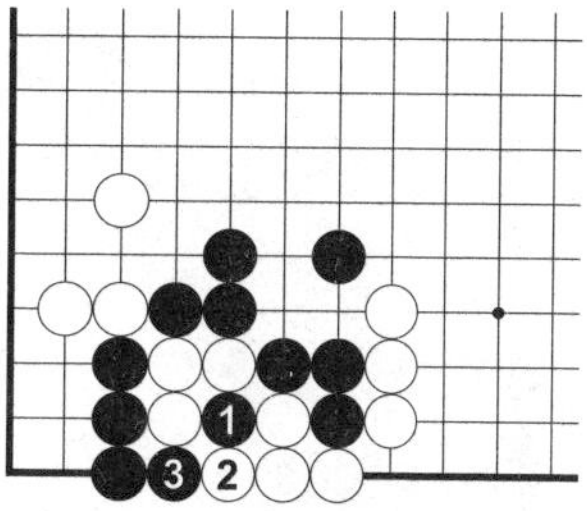

第 594 题

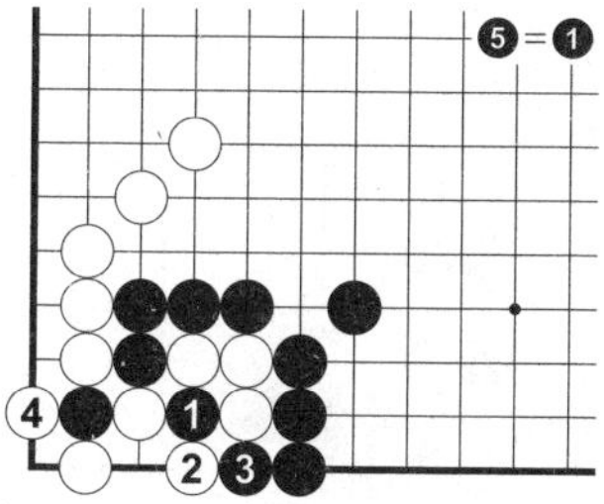

第 595 题

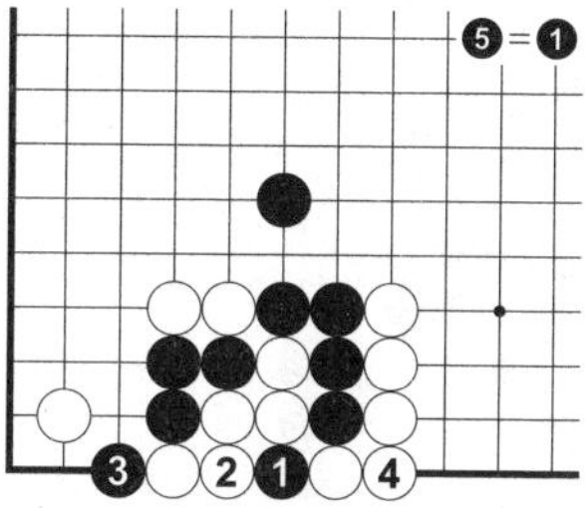

第 596 题

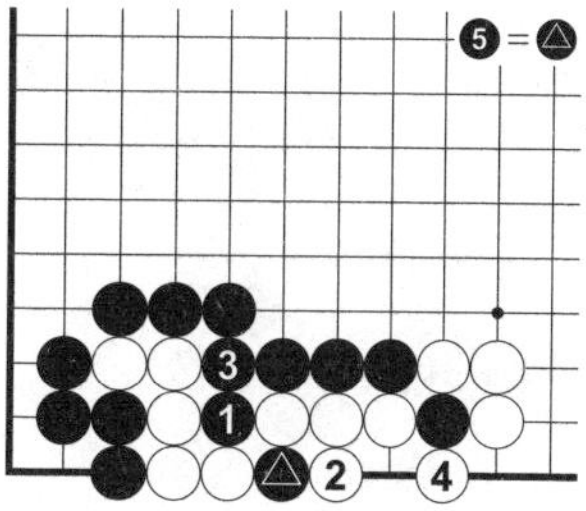

第 597 题

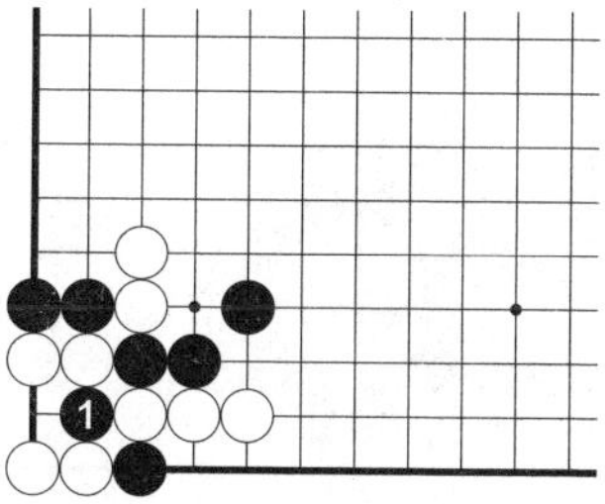

第 598 题

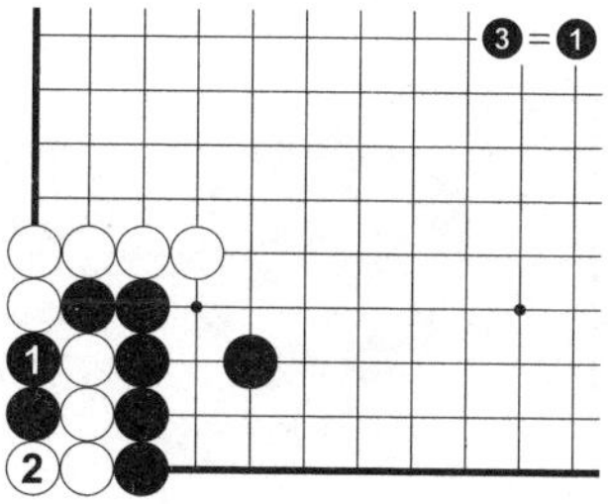

第 599 题

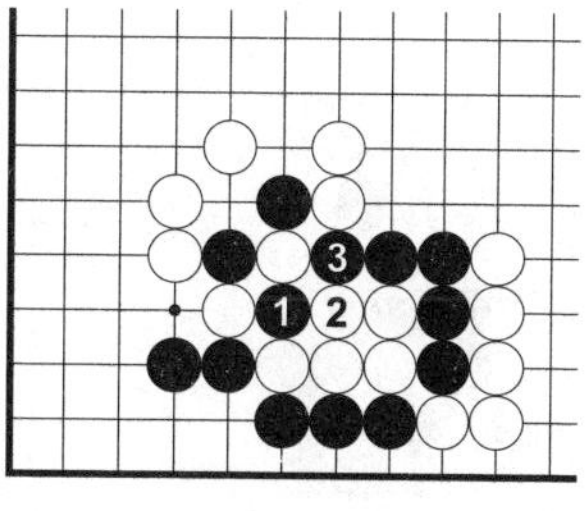

第 600 题

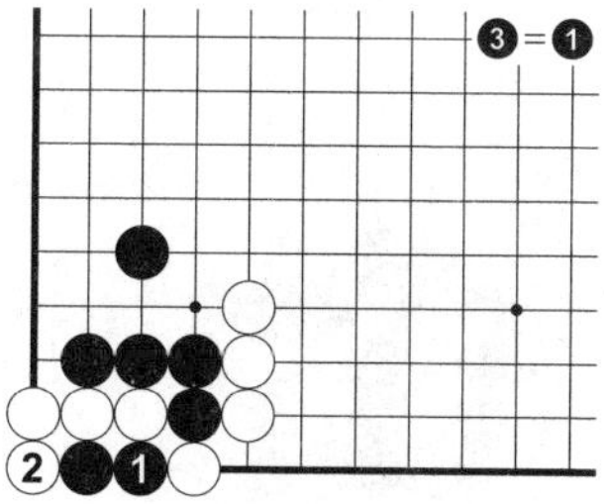

第 601 题

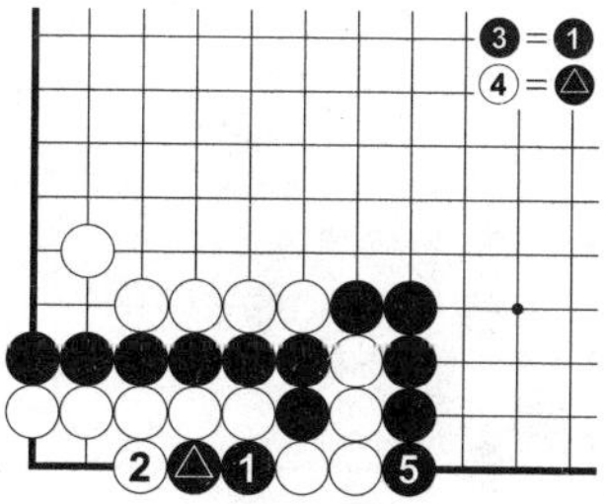

第 602 题

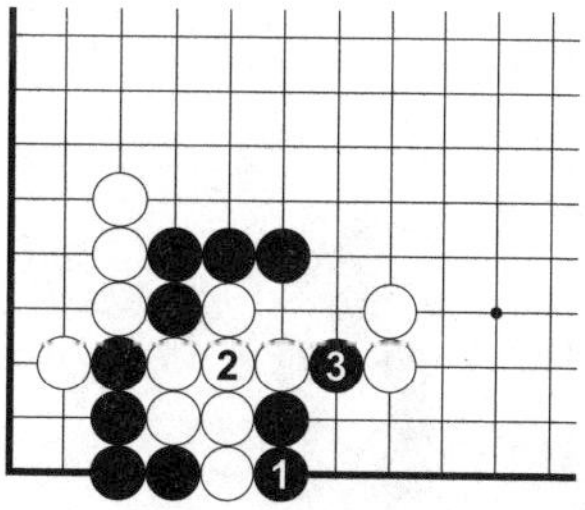

第 603 题

第四单元答案

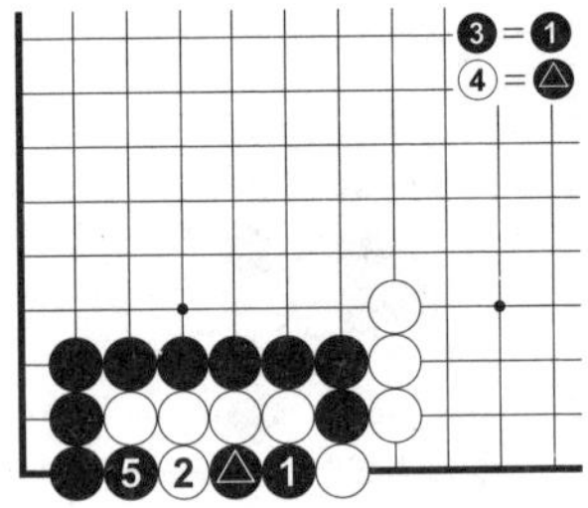

第 604 题

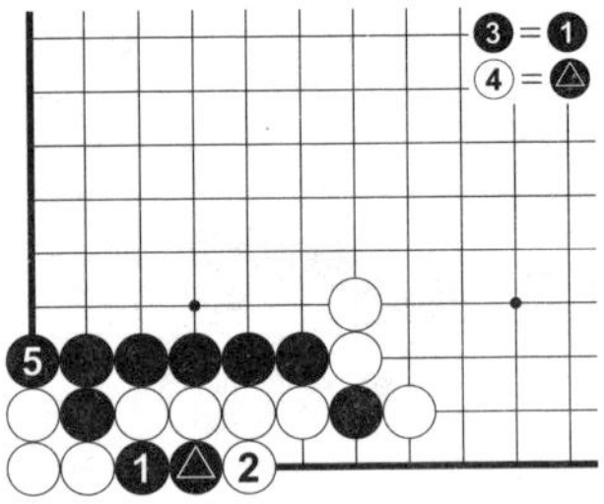

第 605 题

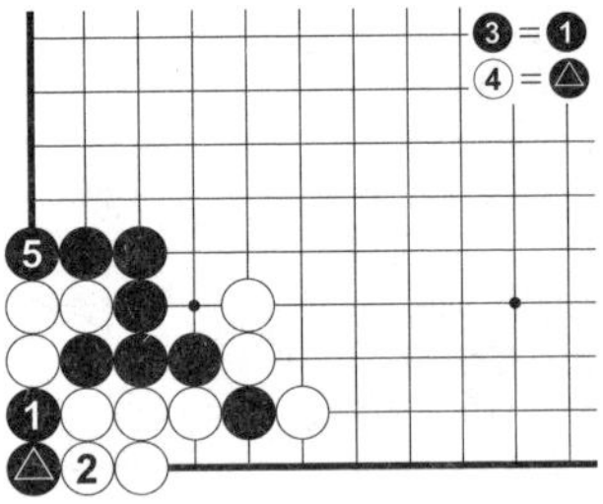

第 606 题

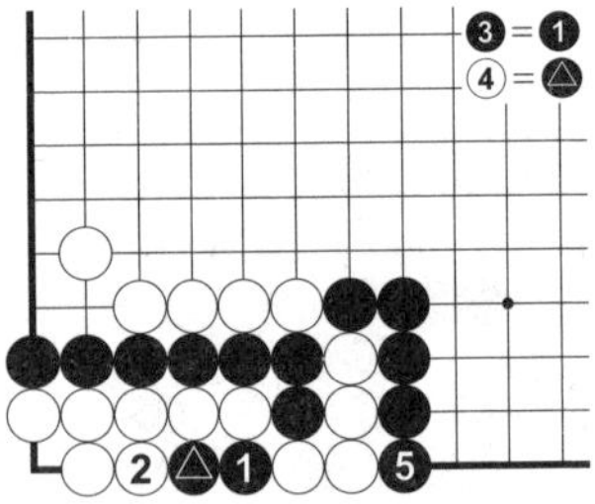

第 607 题

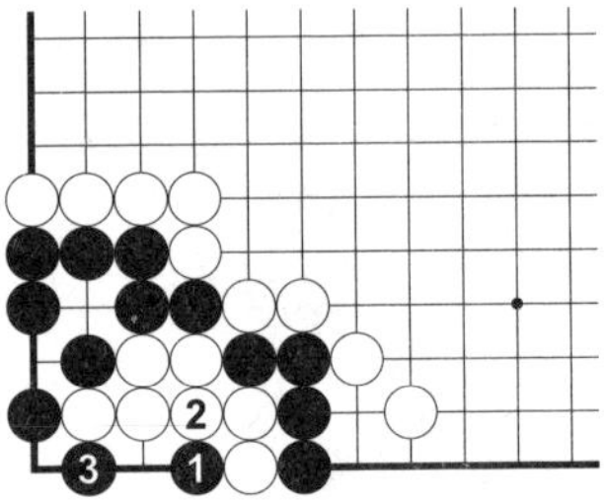

第 608 题

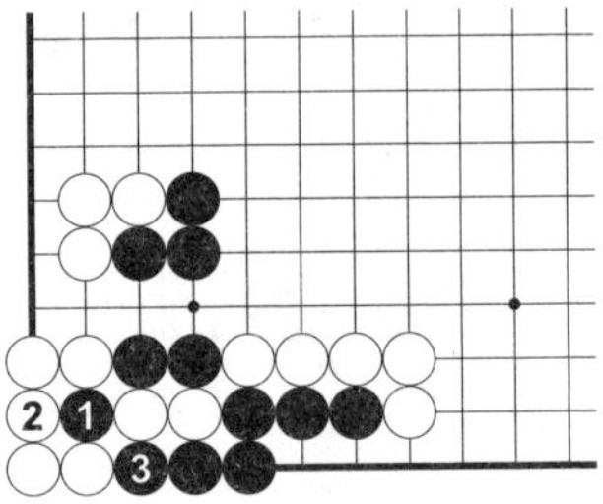

第 609 题

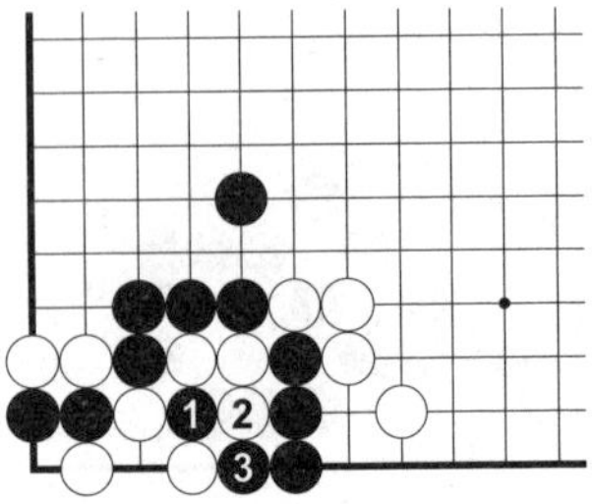

第 610 题

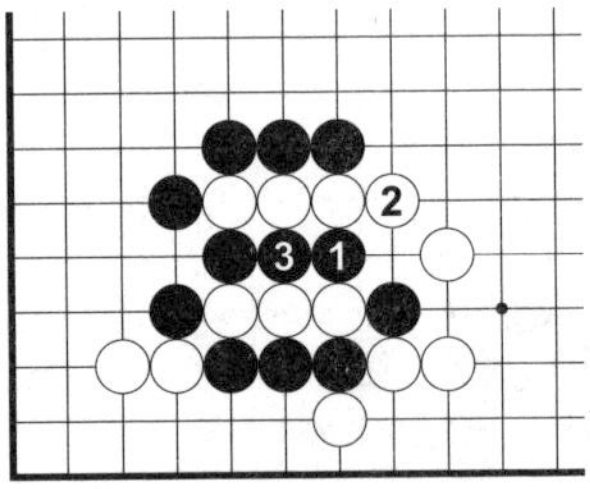

第 611 题

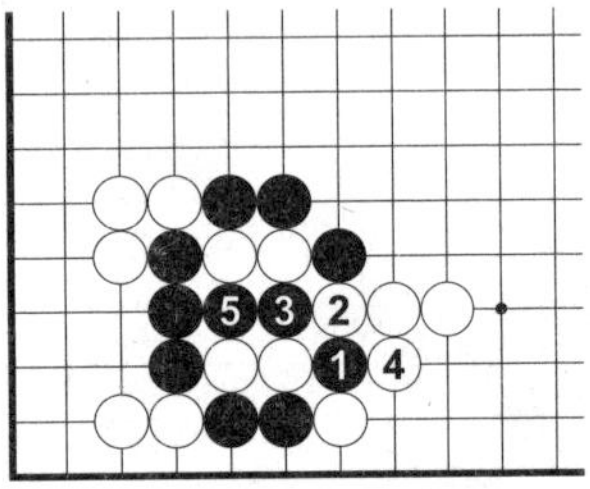

第 612 题

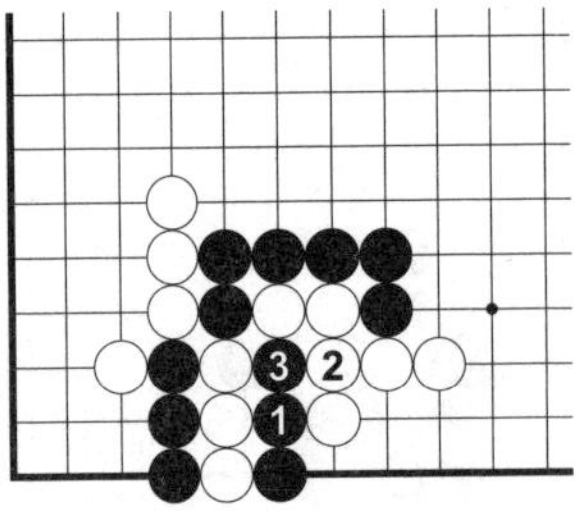

第 613 题

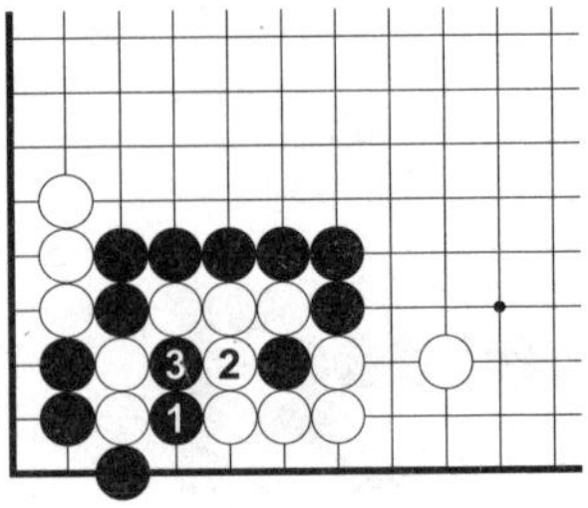

第 614 题

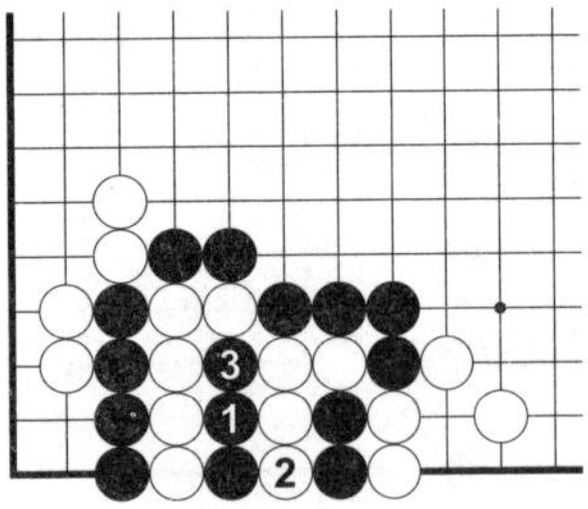

第 615 题

第四单元答案

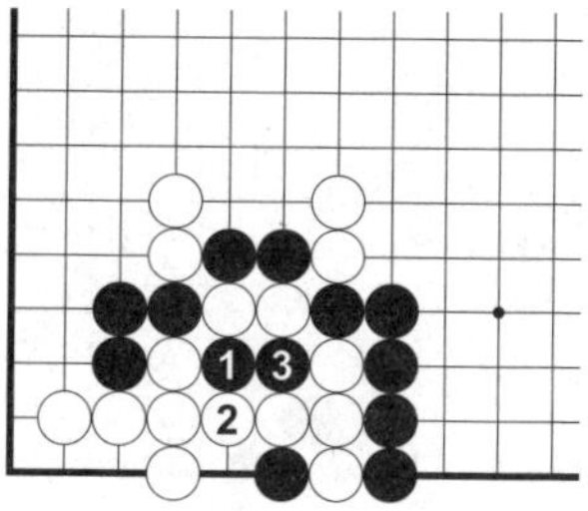

第 616 题

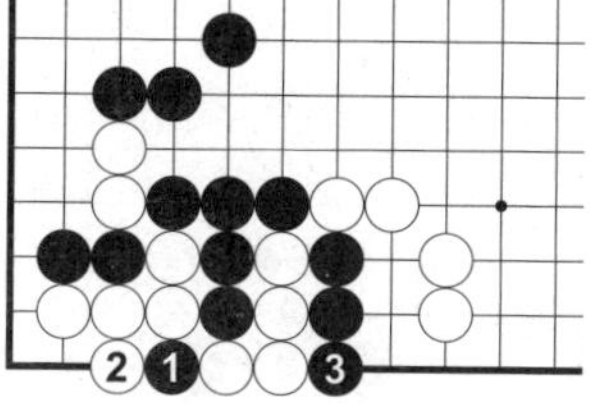

第 617 题

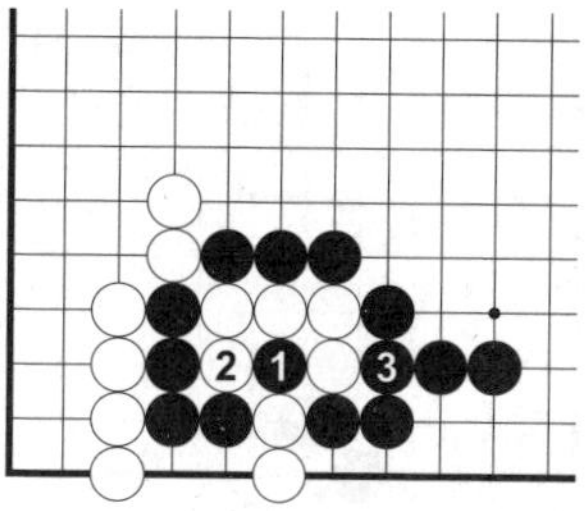

第 618 题

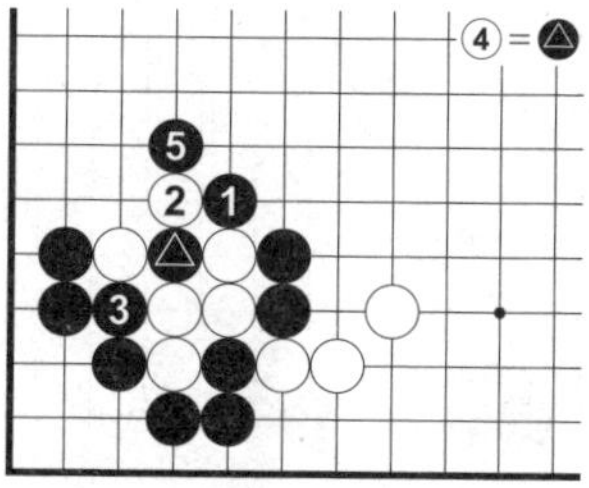

第 619 题

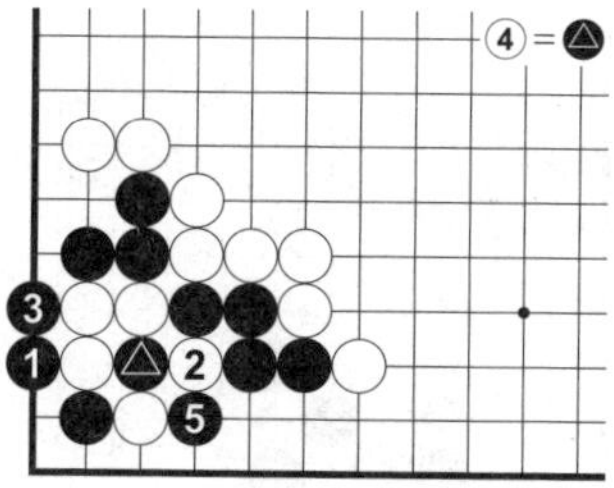

第 620 题

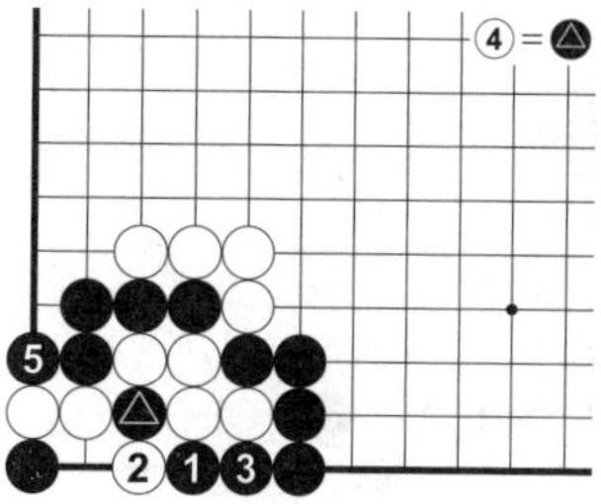

第 621 题

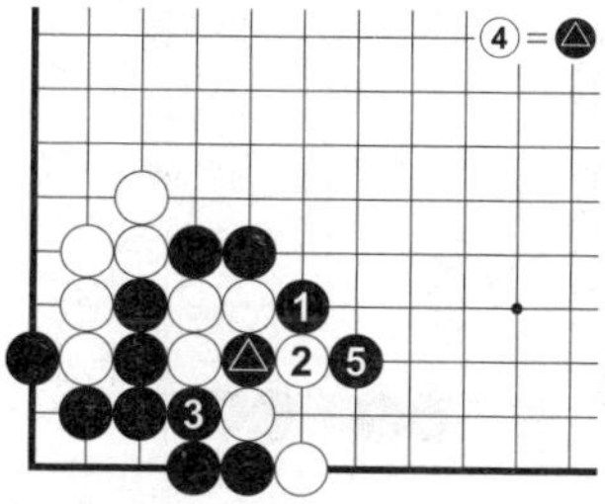

第 622 题

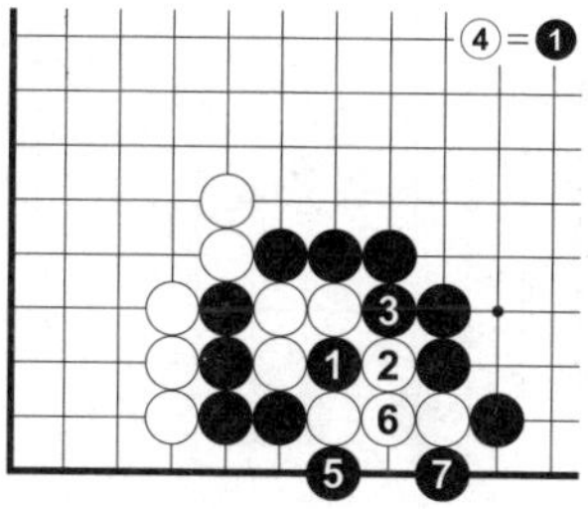

第 623 题

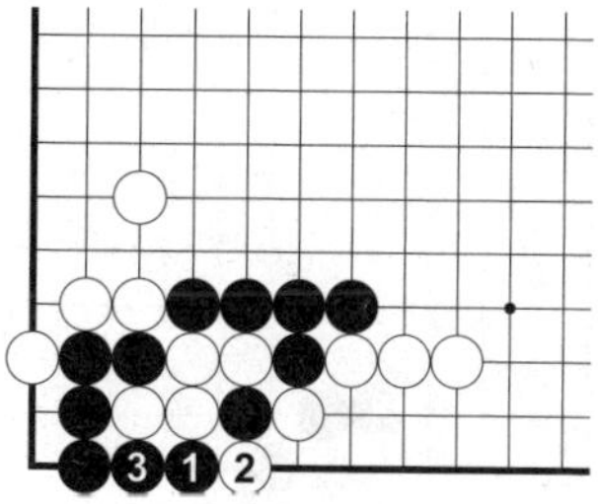

第 624 题

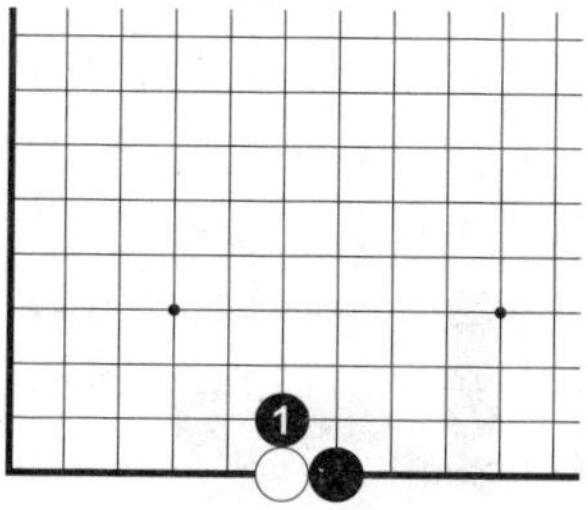

第 625 题

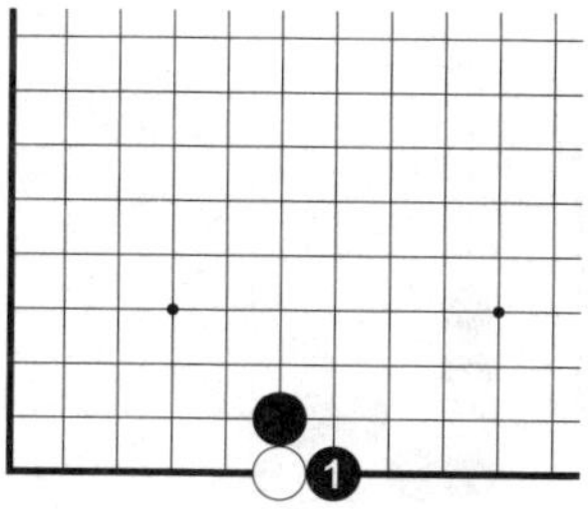

第 626 题

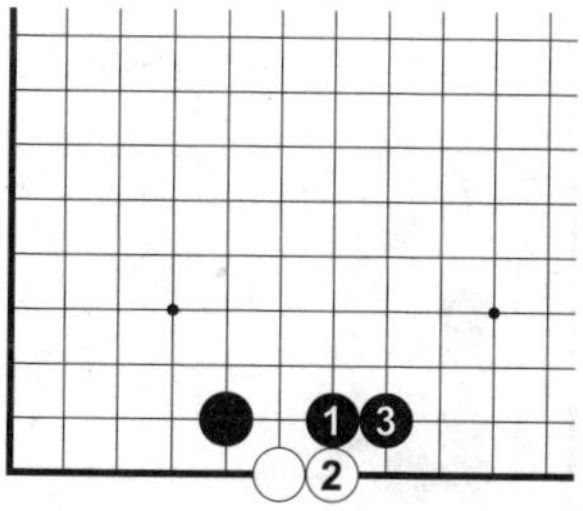

第 627 题

第四单元答案

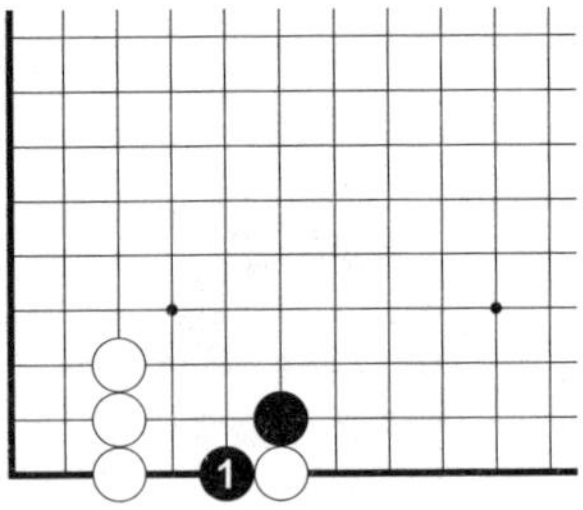

第 628 题

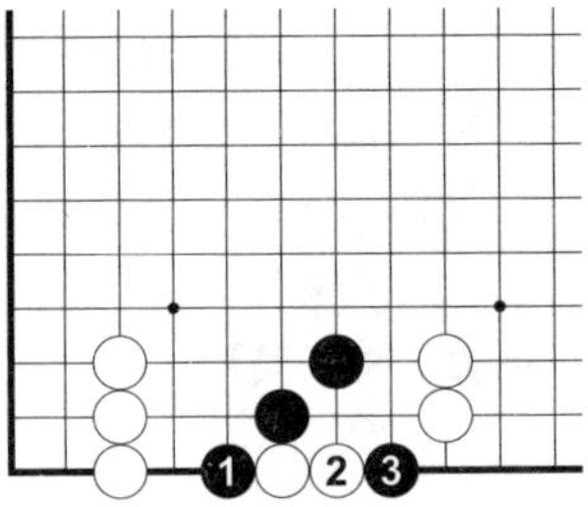

第 629 题

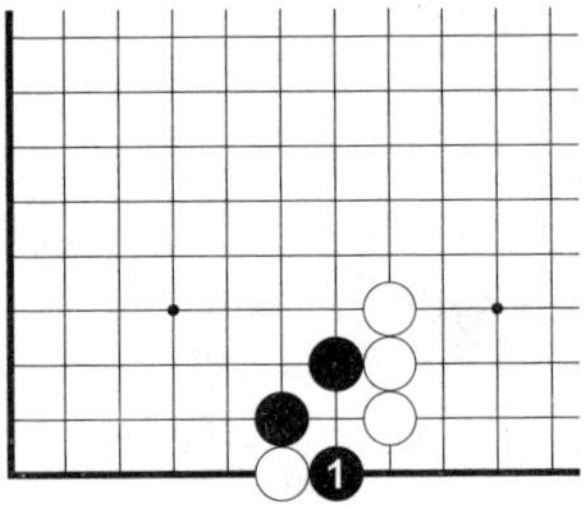

第 630 题

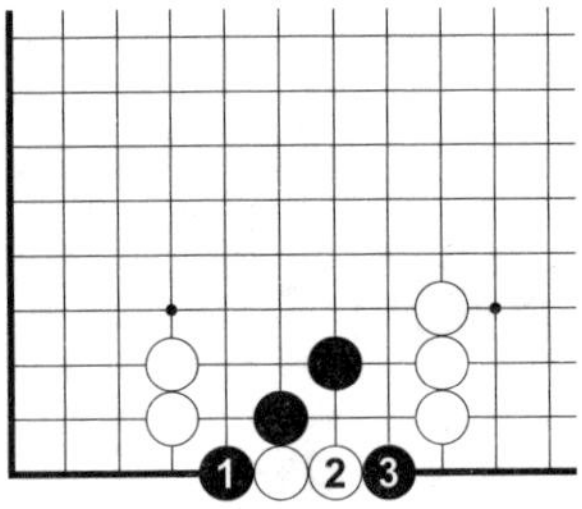

第 631 题

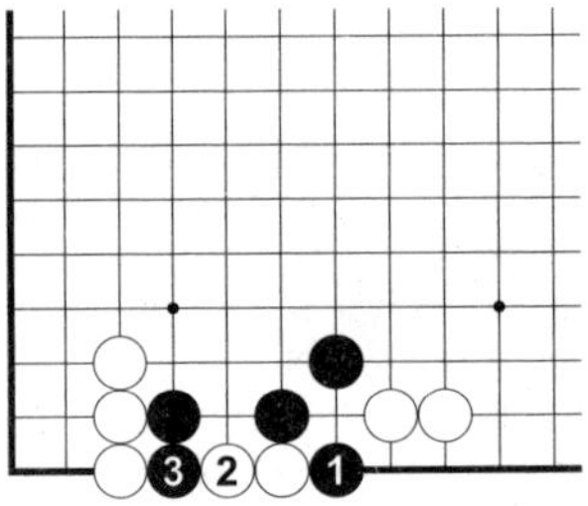

第 632 题

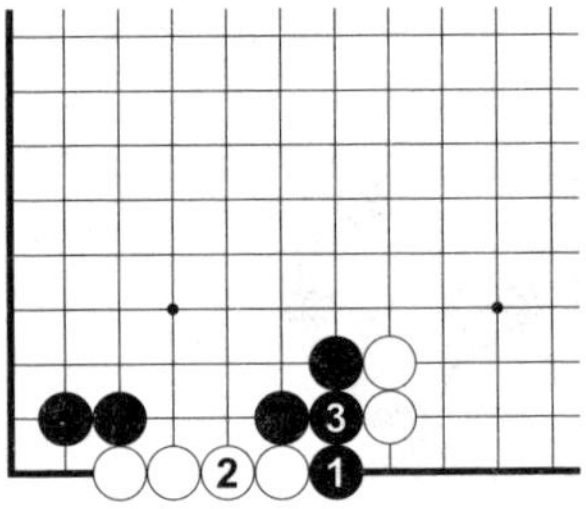

第 633 题

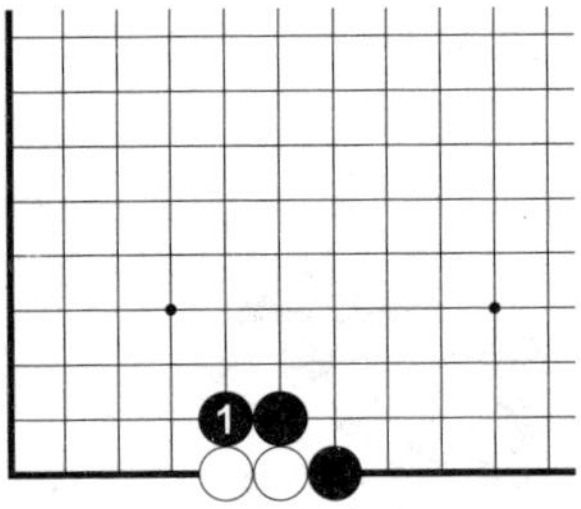

第 634 题

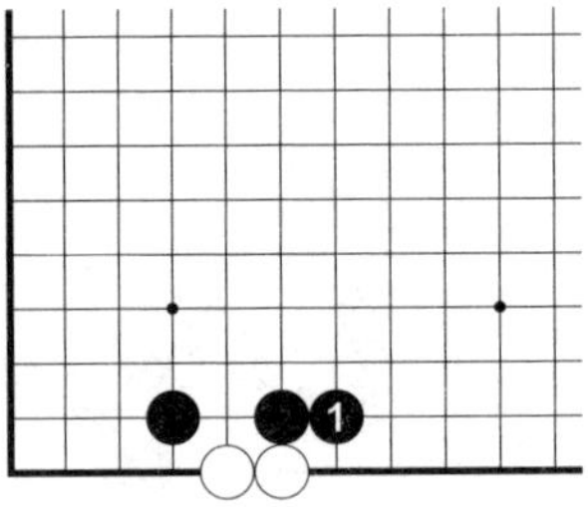

第 635 题

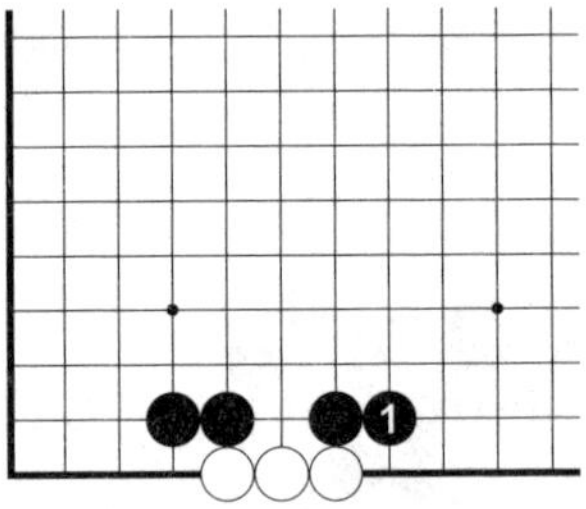

第 636 题

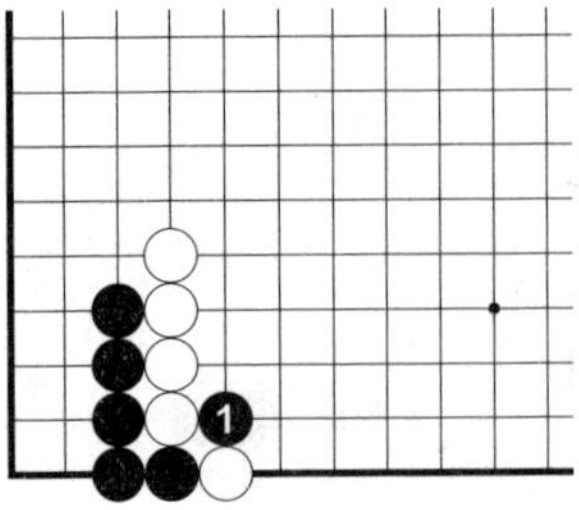

第 637 题

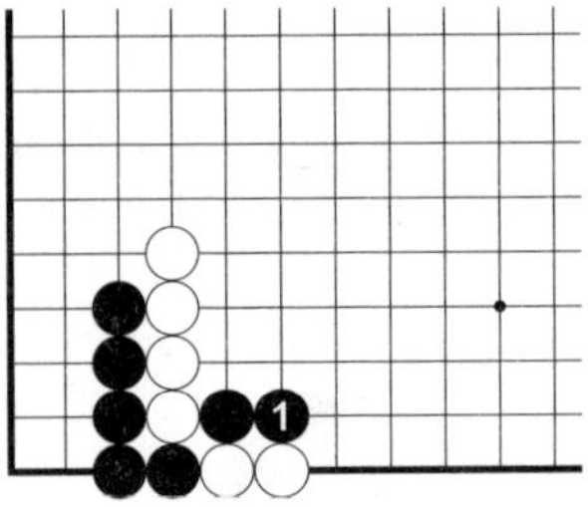

第 638 题

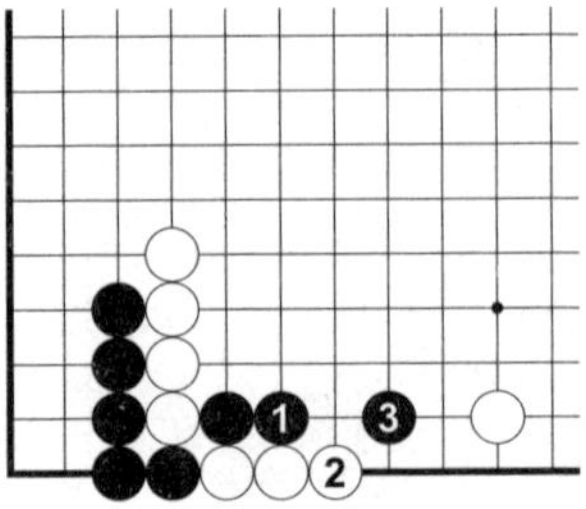

第 639 题

第四单元答案

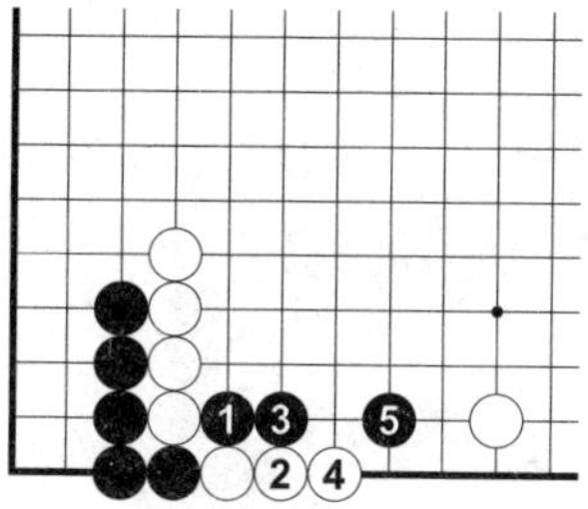
第 640 题

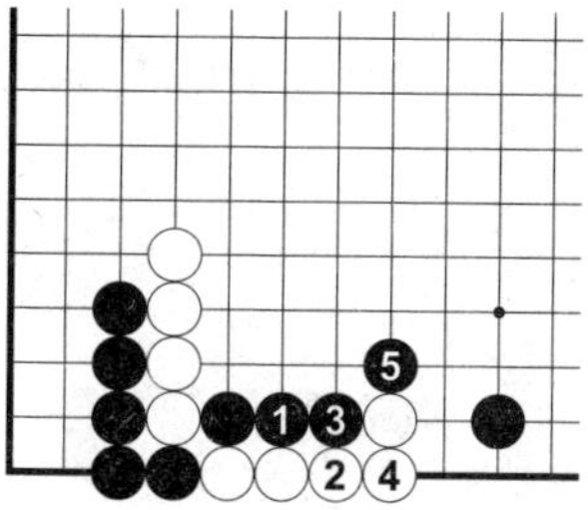
第 641 题

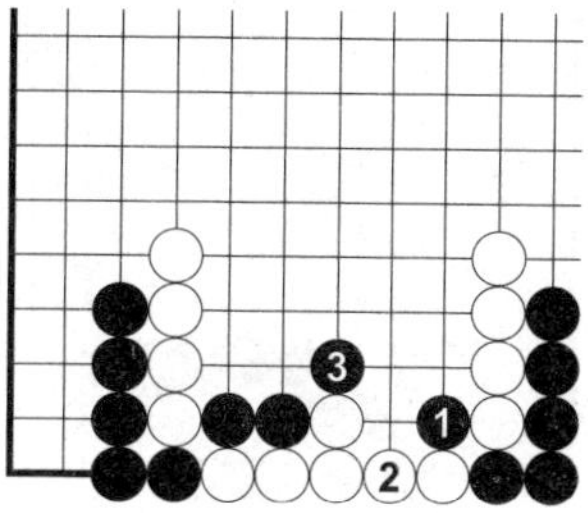
第 642 题

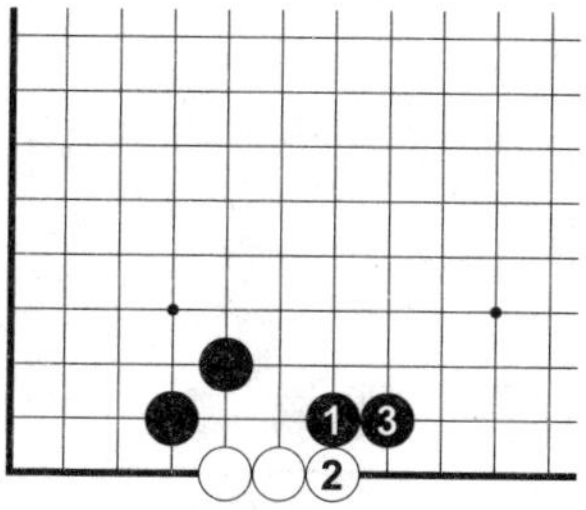
第 643 题

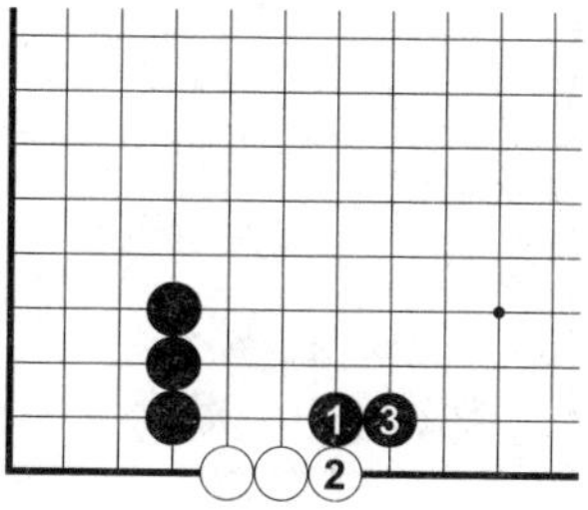
第 644 题

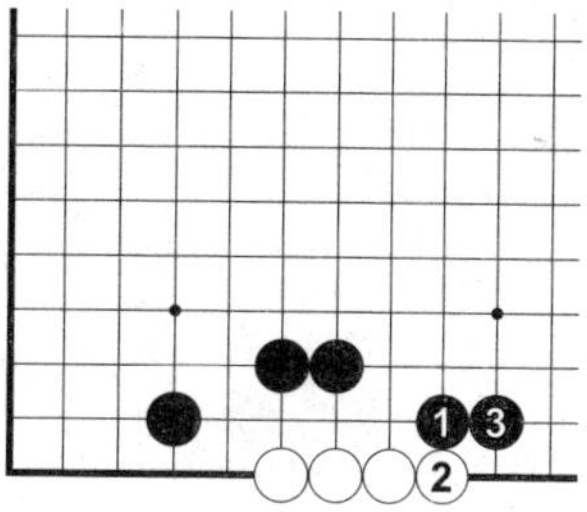
第 645 题

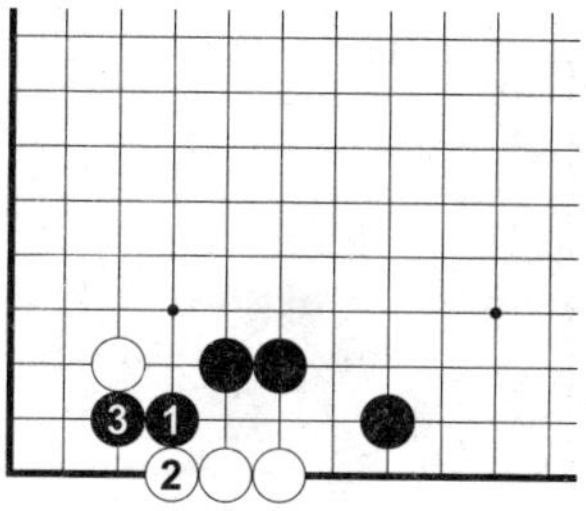
第 646 题

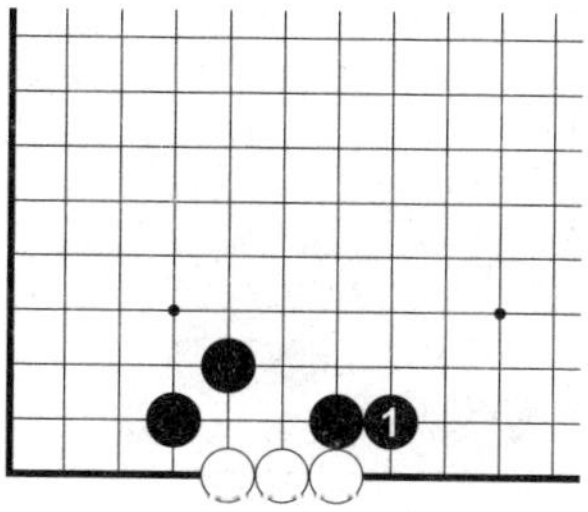
第 647 题

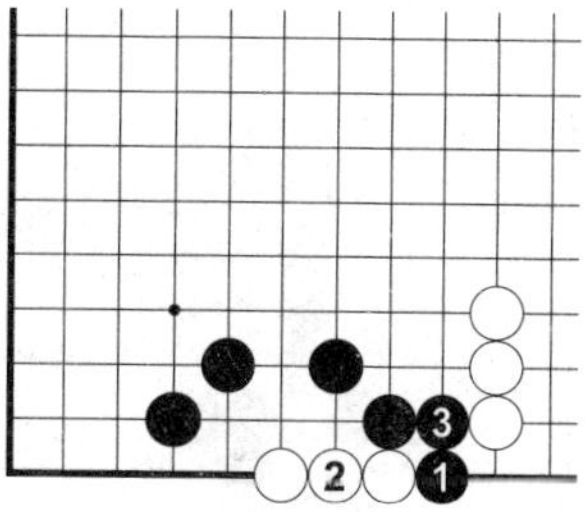
第 648 题

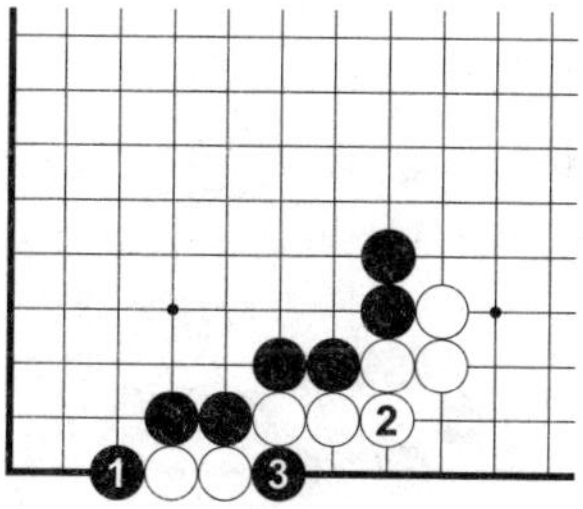
第 649 题

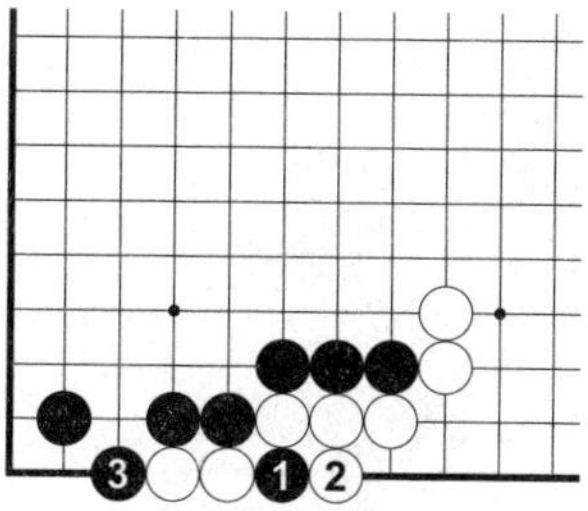
第 650 题

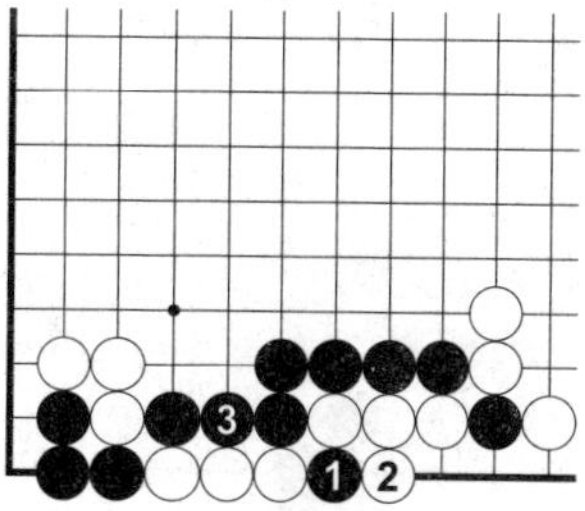
第 651 题

第四单元答案

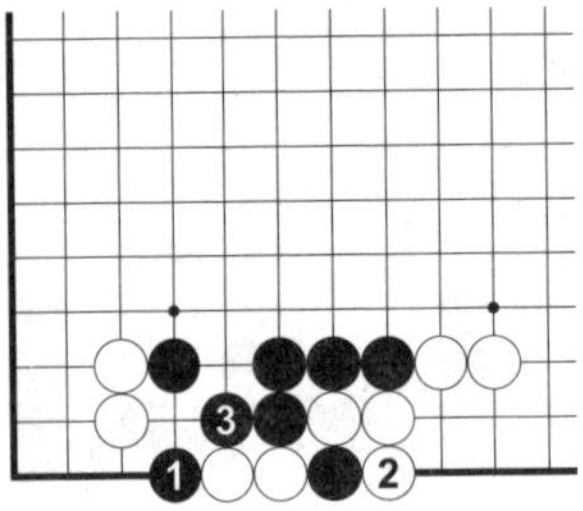

第 652 题

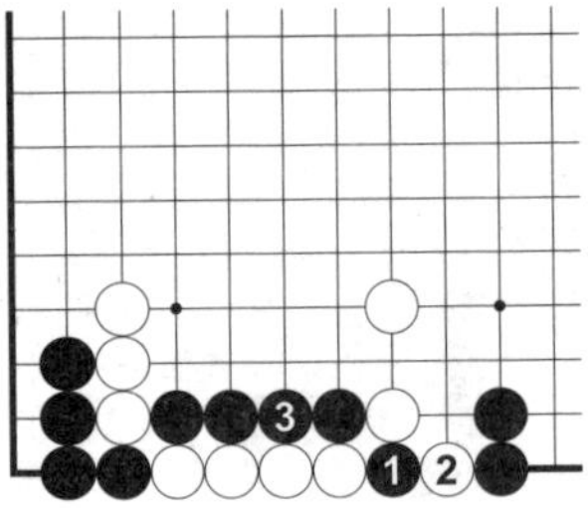

第 653 题

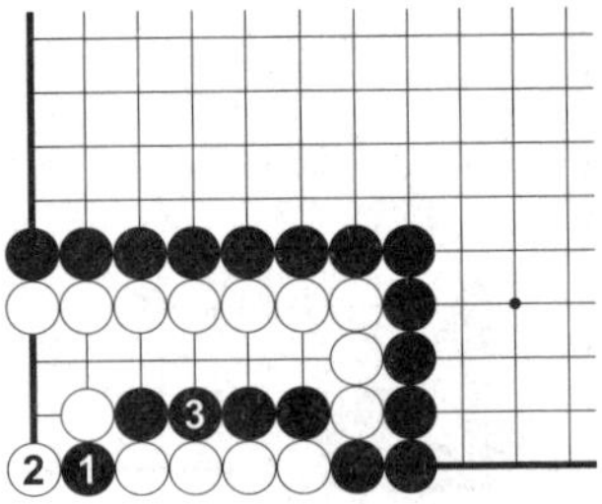

第 654 题

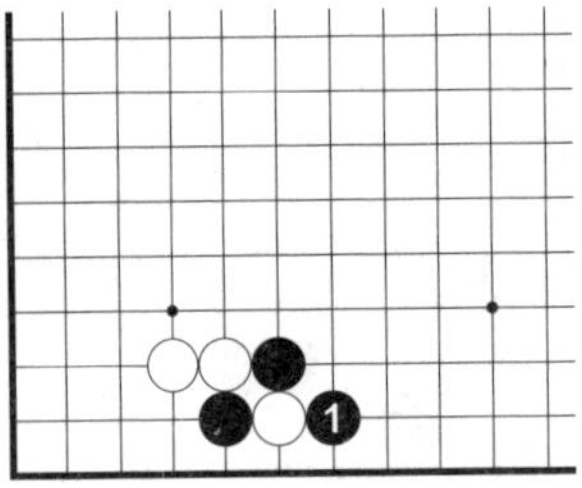

第 655 题

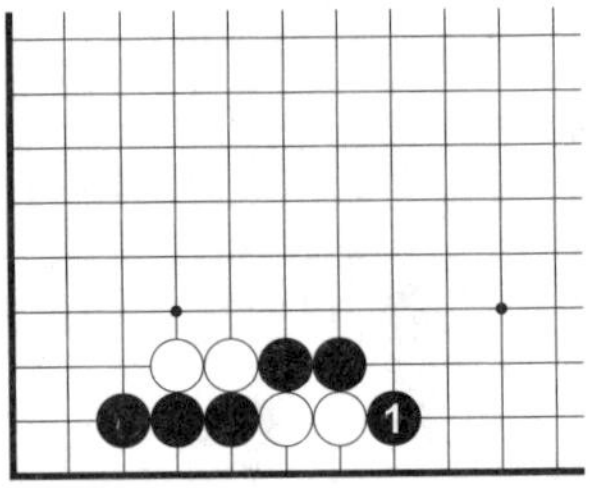

第 656 题

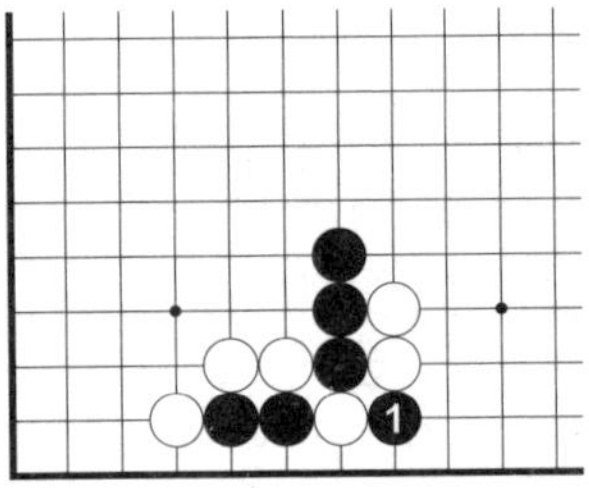

第 657 题

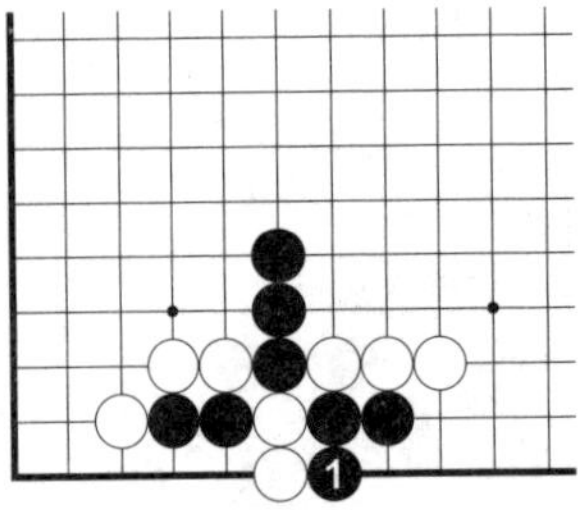

第 658 题

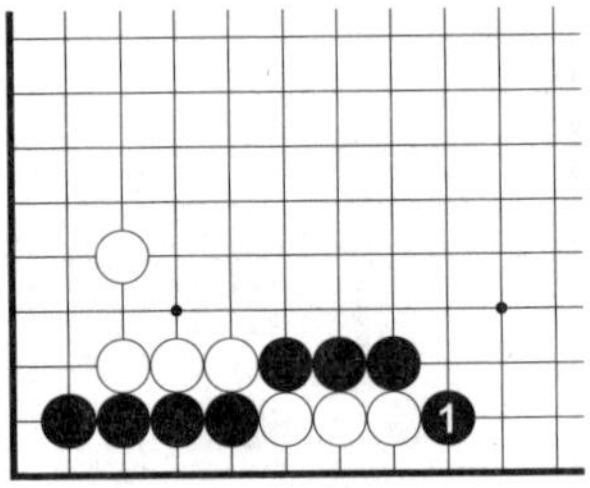

第 659 题

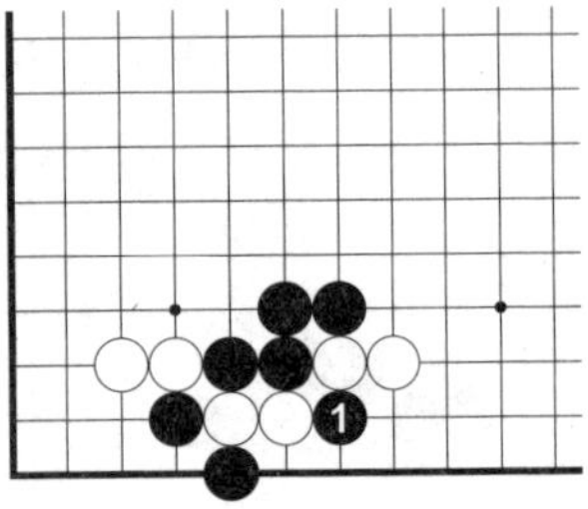

第 660 题

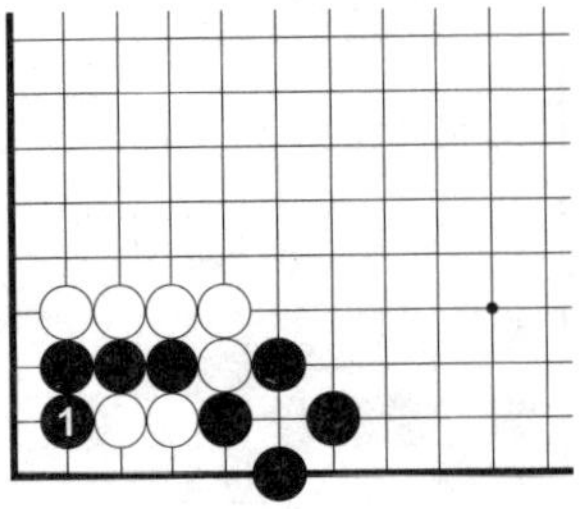

第 661 题

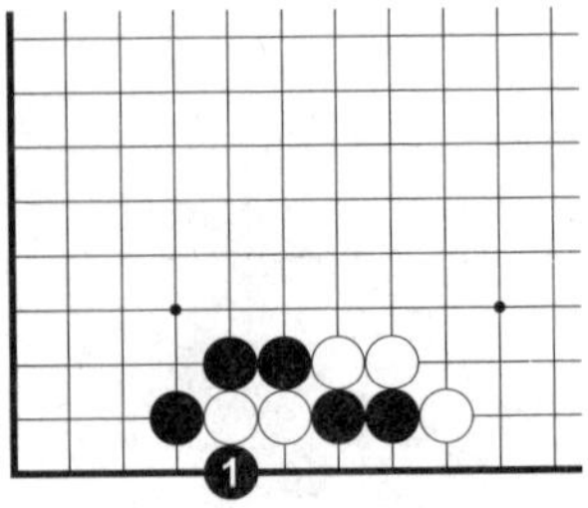

第 662 题

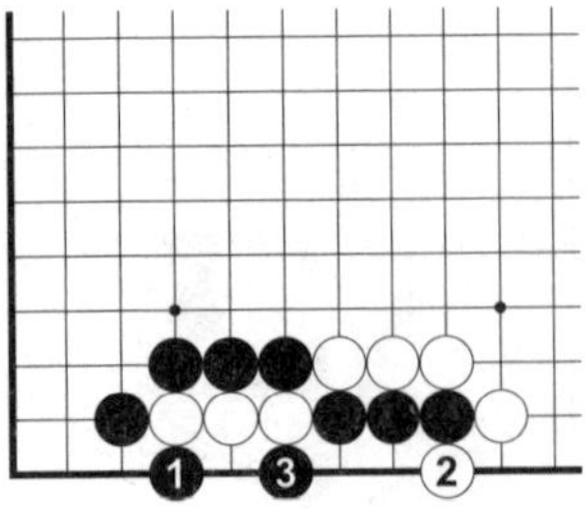

第 663 题

第四单元答案

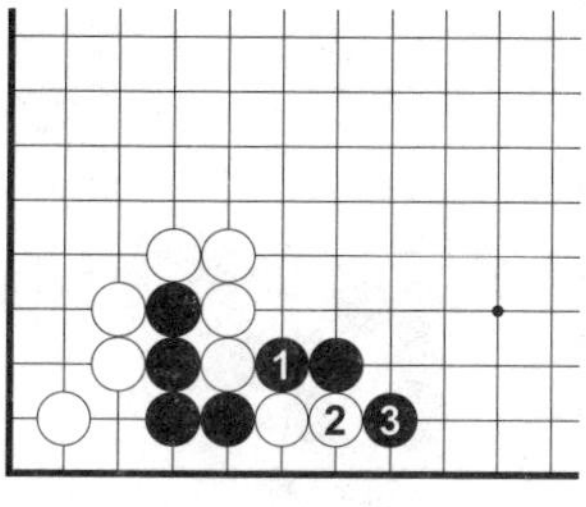

第 664 题

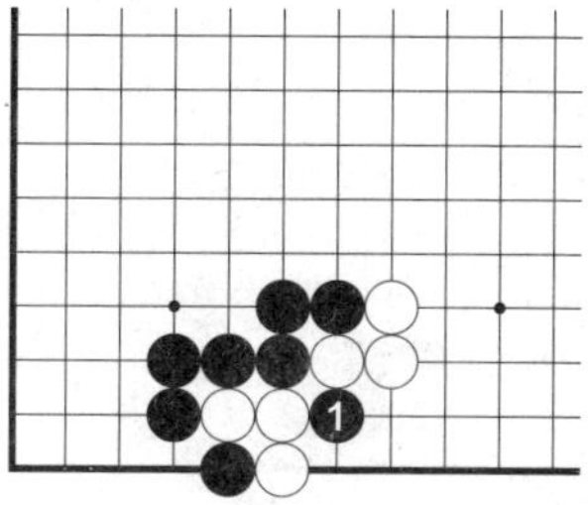

第 665 题

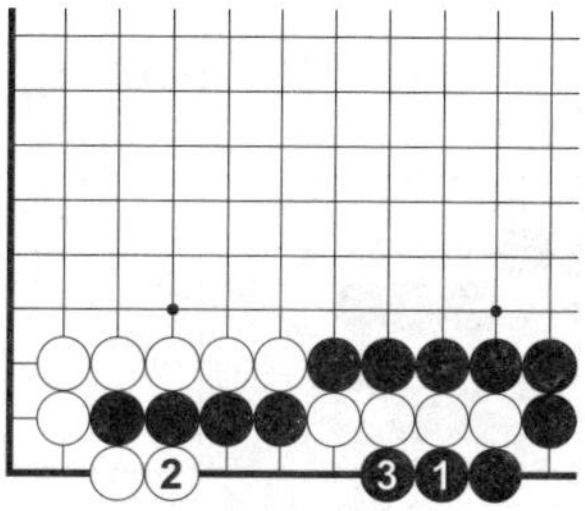

第 666 题

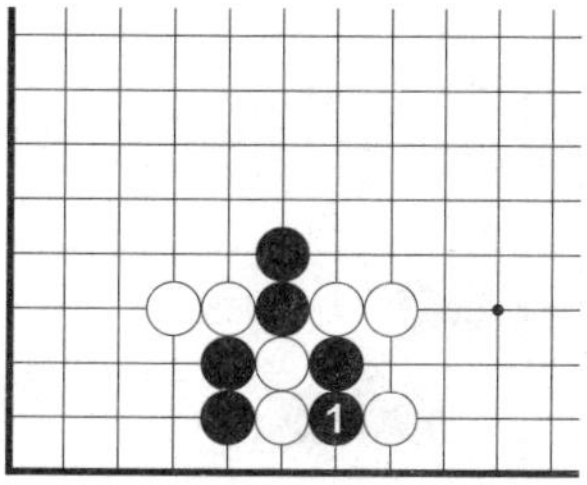

第 667 题

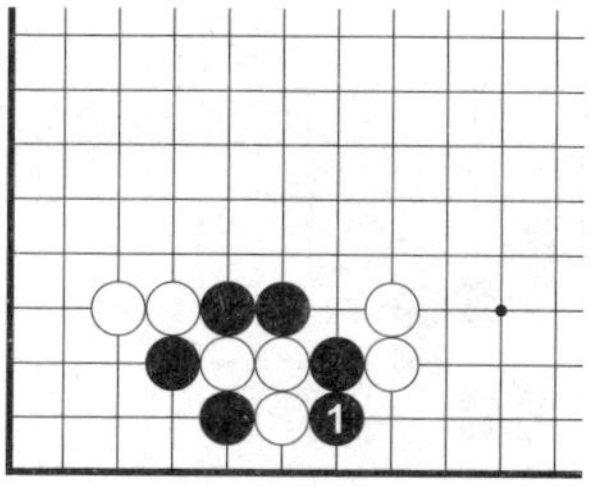

第 668 题

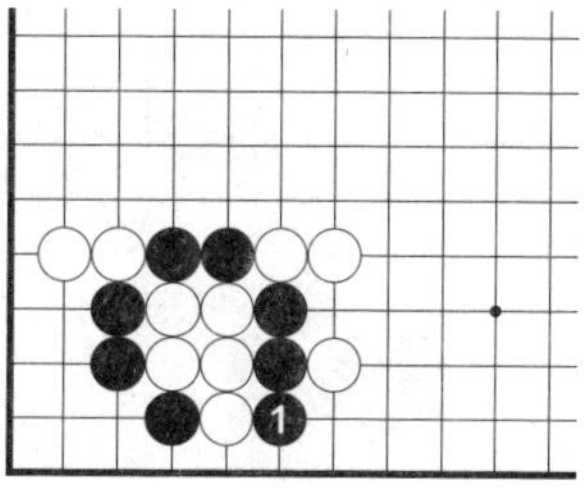

第 669 题

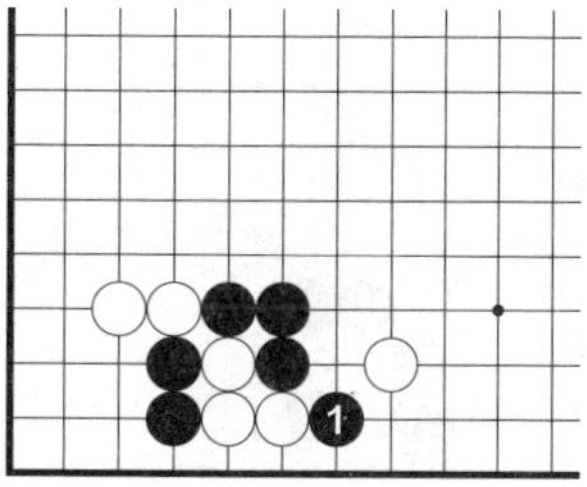

第 670 题

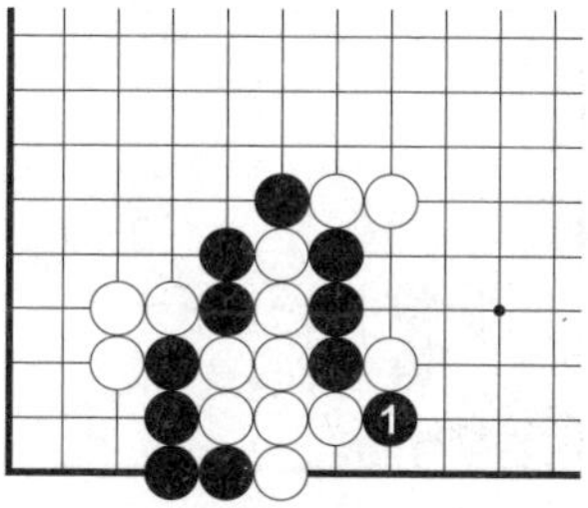

第 671 题

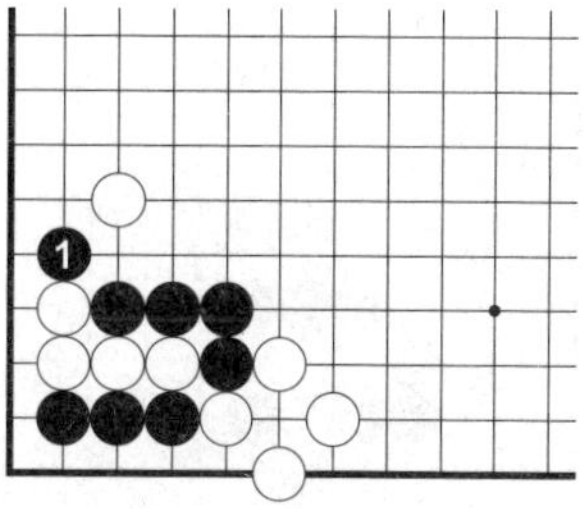

第 672 题

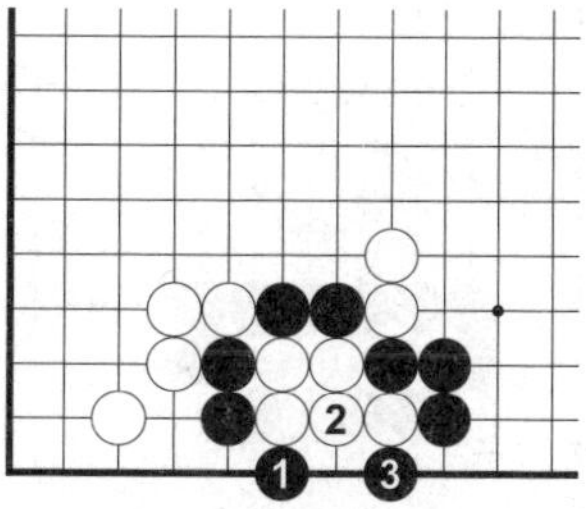

第 673 题

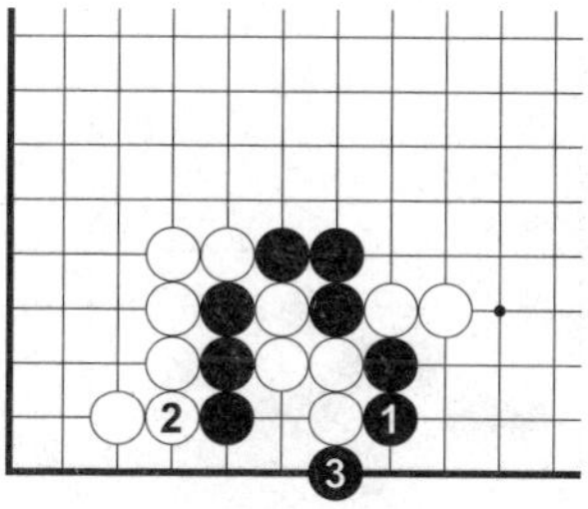

第 674 题

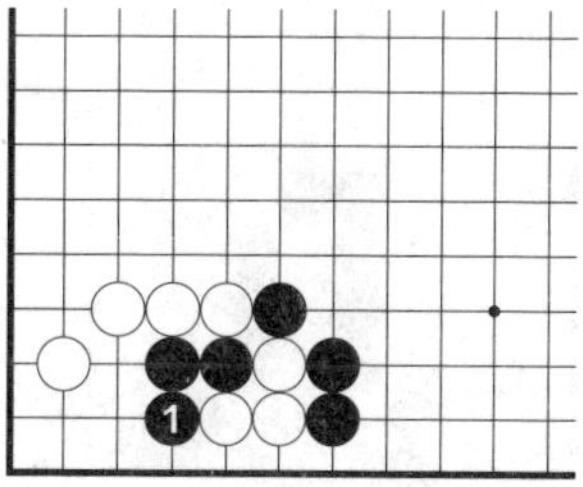

第 675 题

第四单元答案

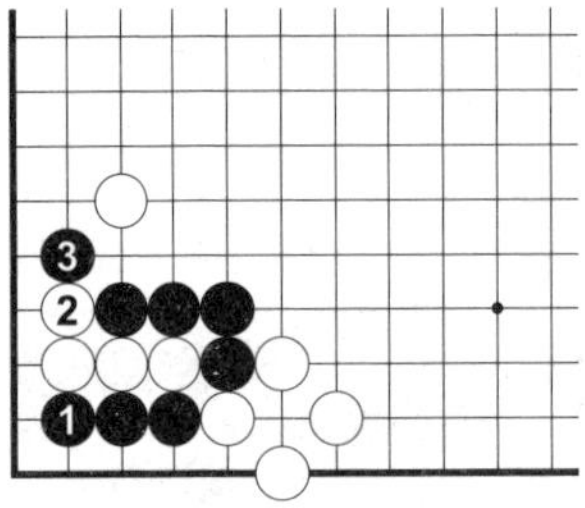

第 676 题

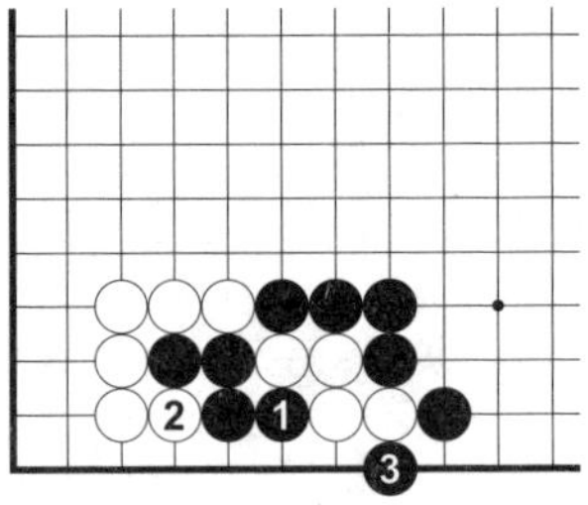

第 677 题

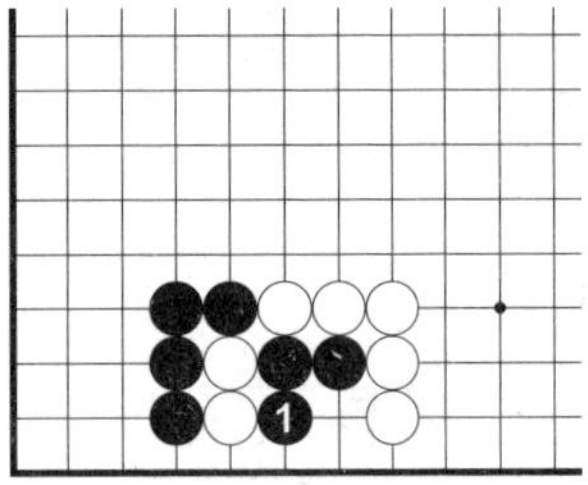

第 678 题

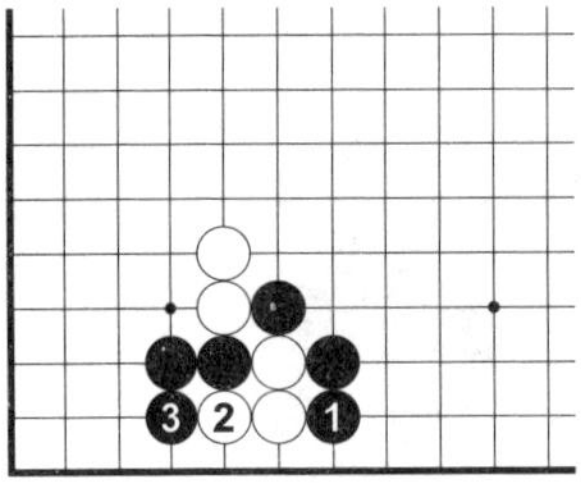

第 679 题

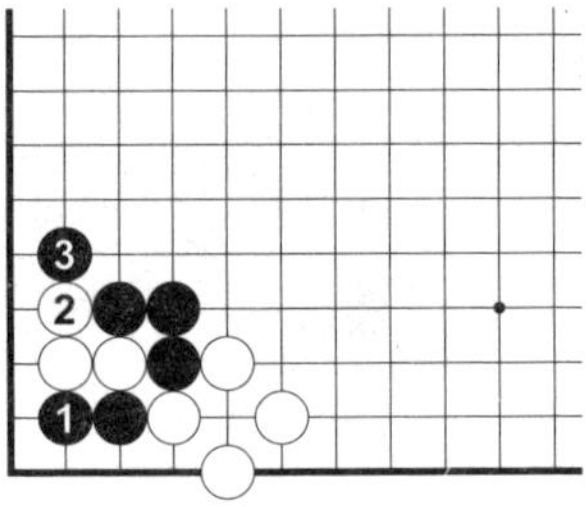

第 680 题

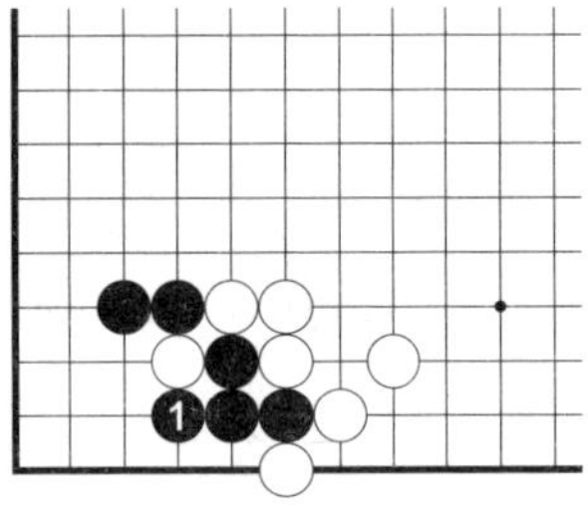

第 681 题

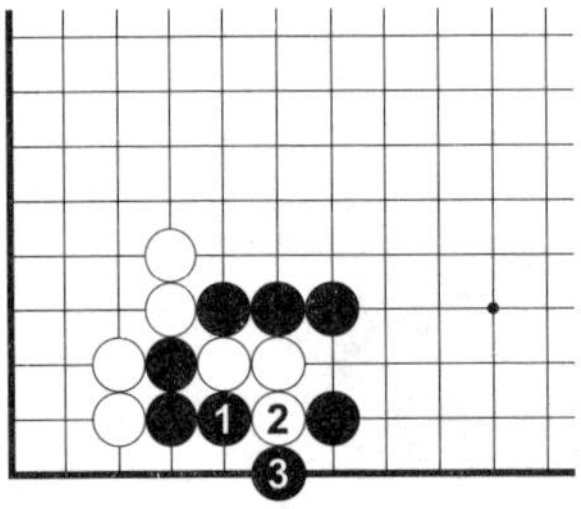

第 682 题

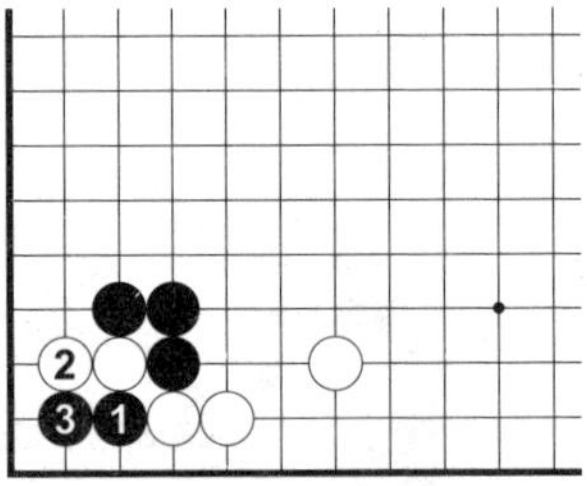

第 683 题

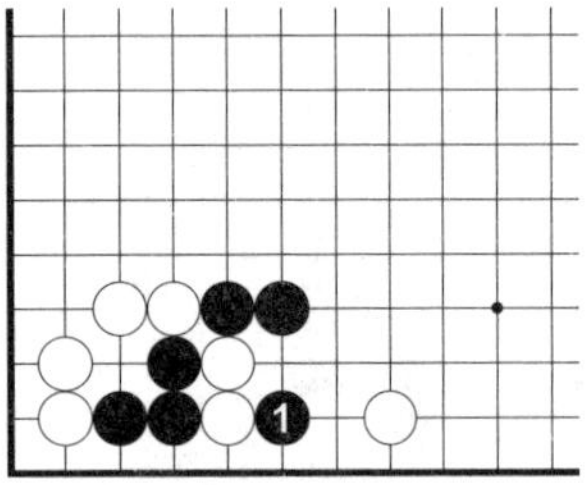

第 684 题

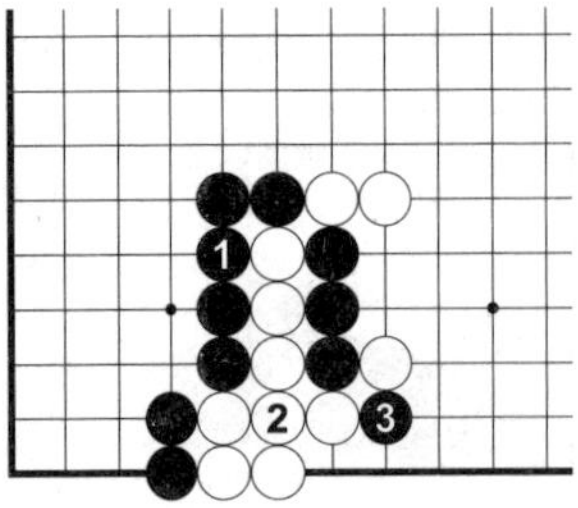

第 685 题

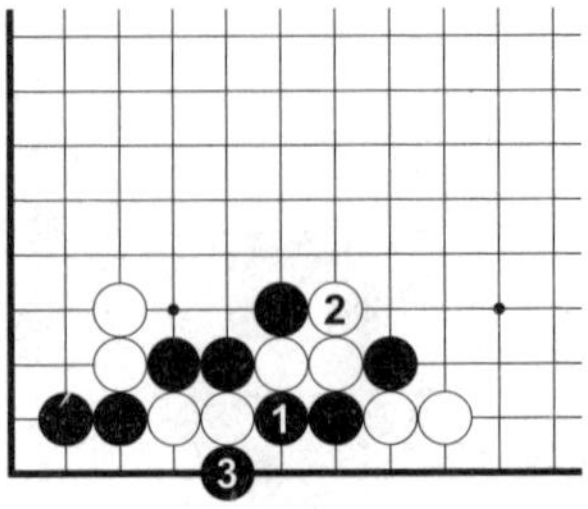

第 686 题

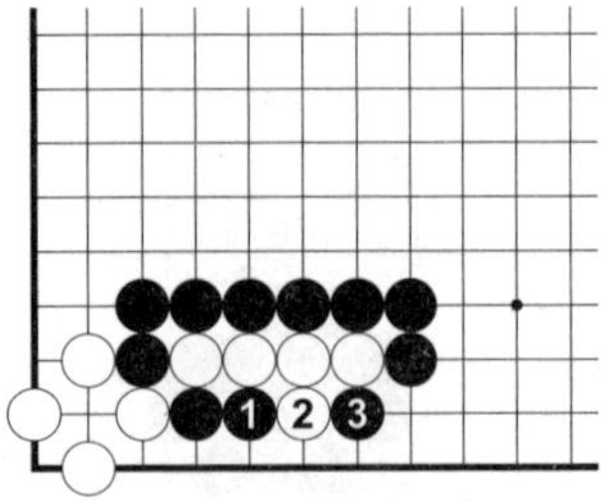

第 687 题

第四单元答案

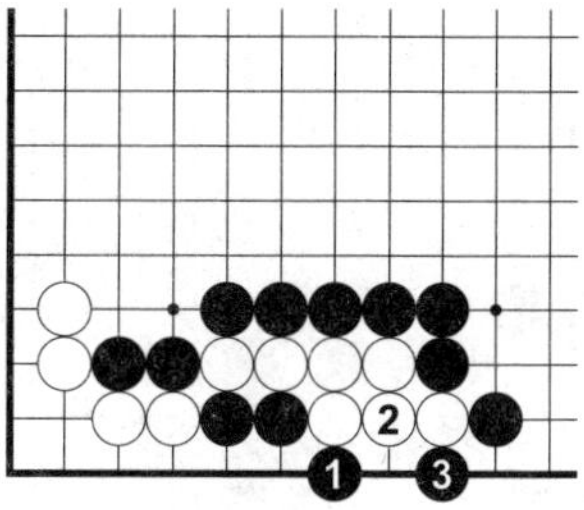

第 688 题

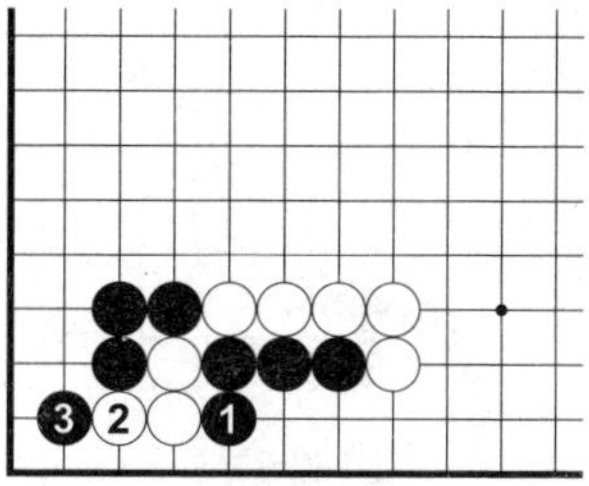

第 689 题

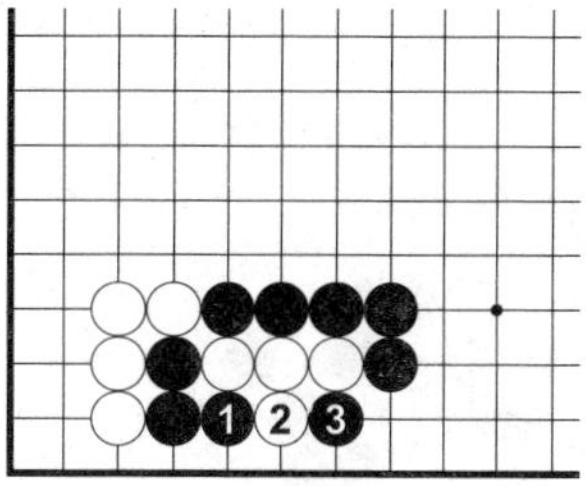

第 690 题

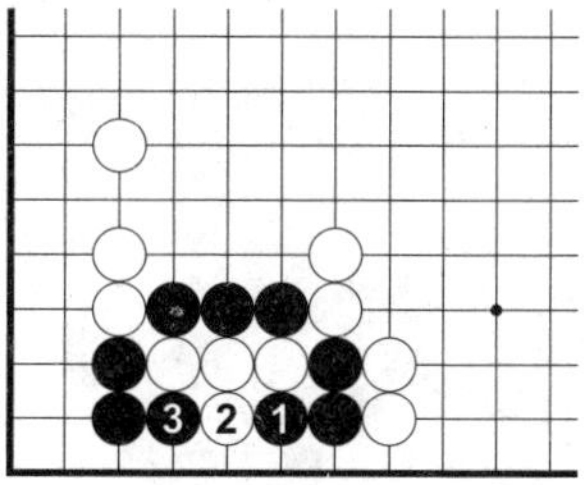

第 691 题

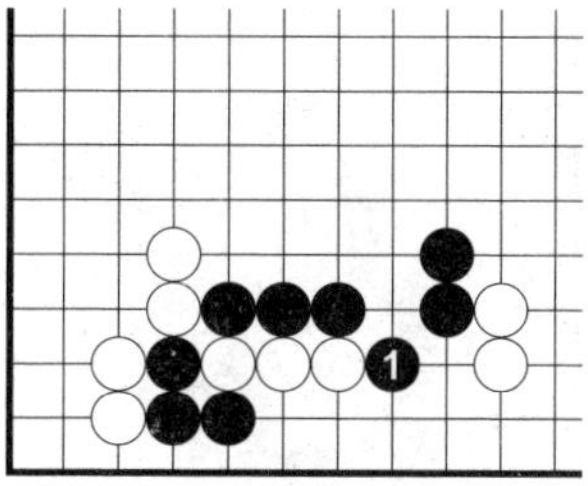

第 692 题

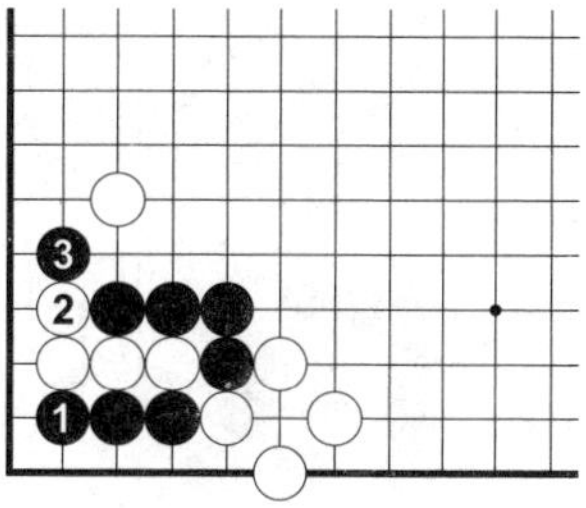

第 693 题

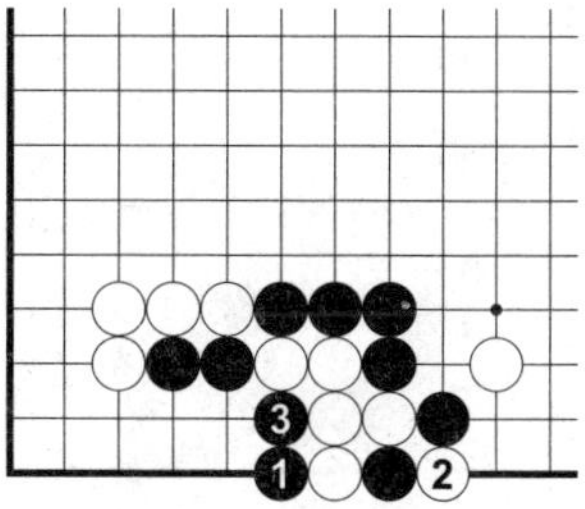

第 694 题

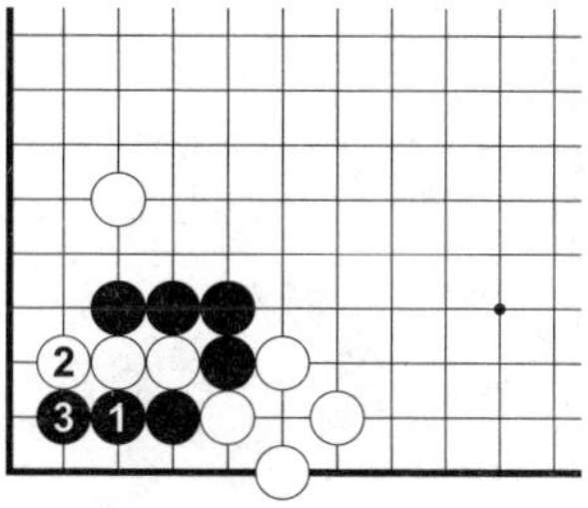

第 695 题

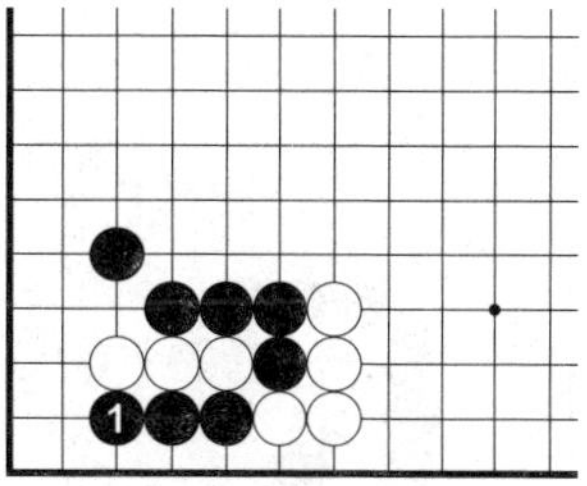

第 696 题

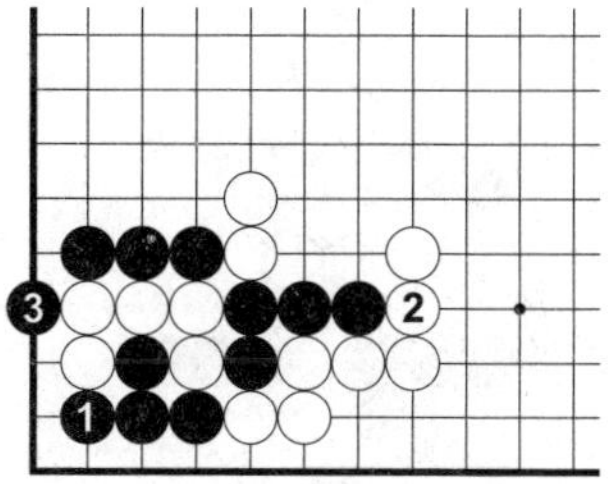

第 697 题

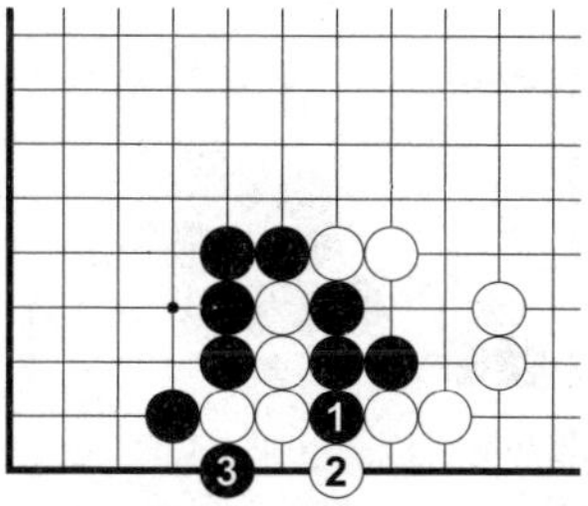

第 698 题

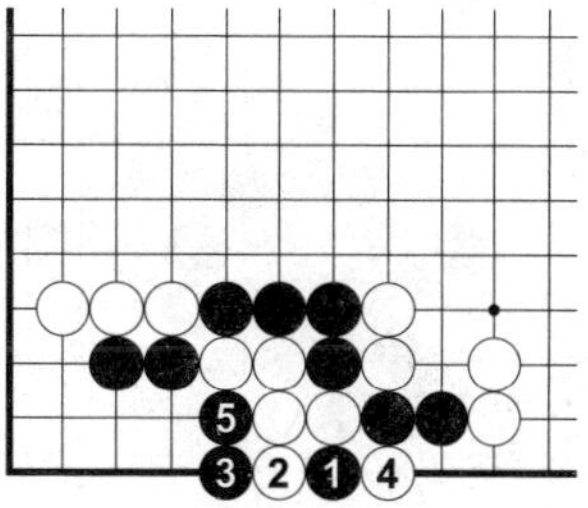

第 699 题

第五单元答案

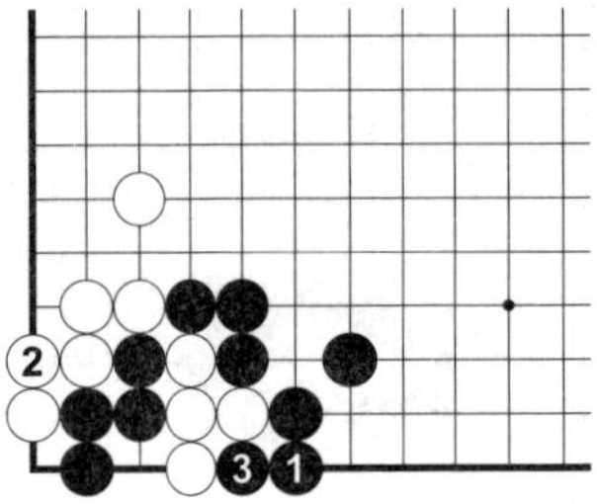
第 700 题

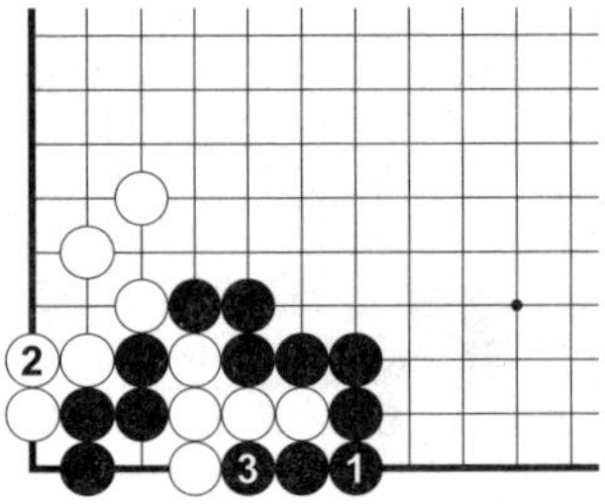
第 701 题

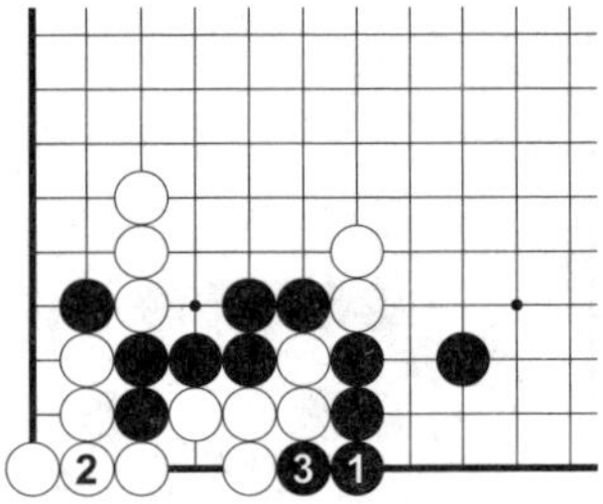
第 702 题

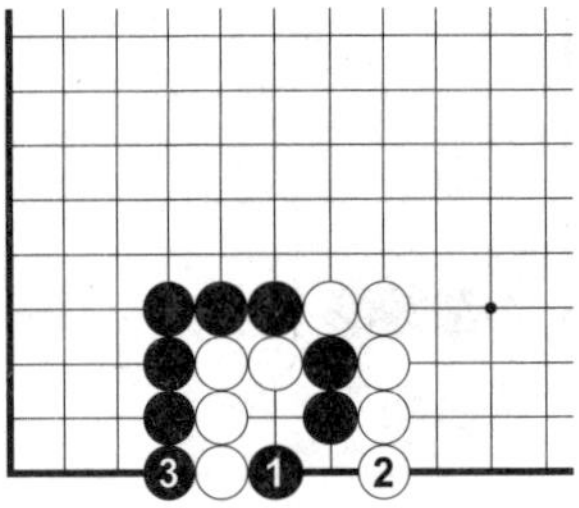
第 703 题

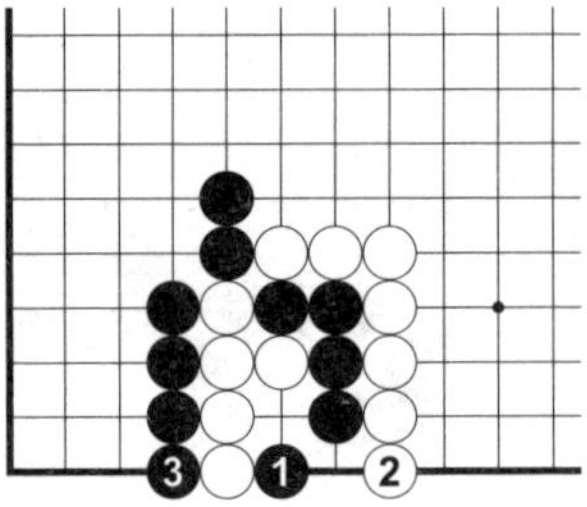
第 704 题

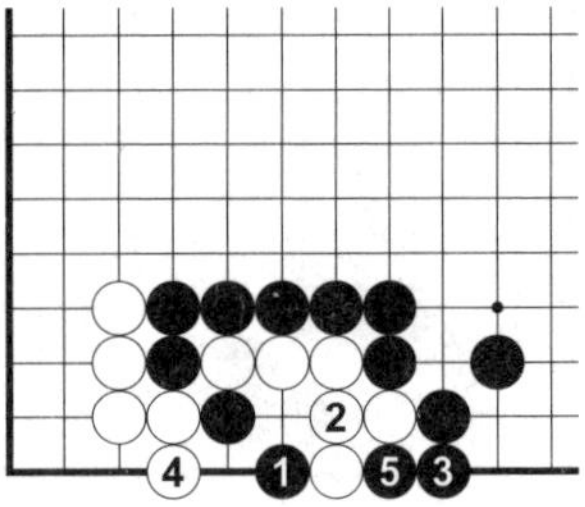
第 705 题

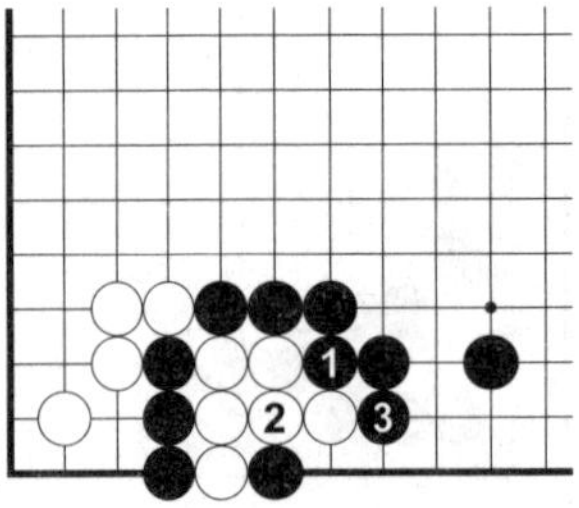
第 706 题

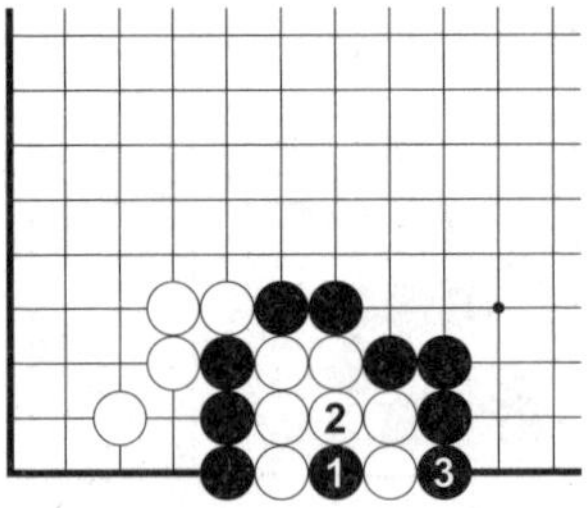
第 707 题

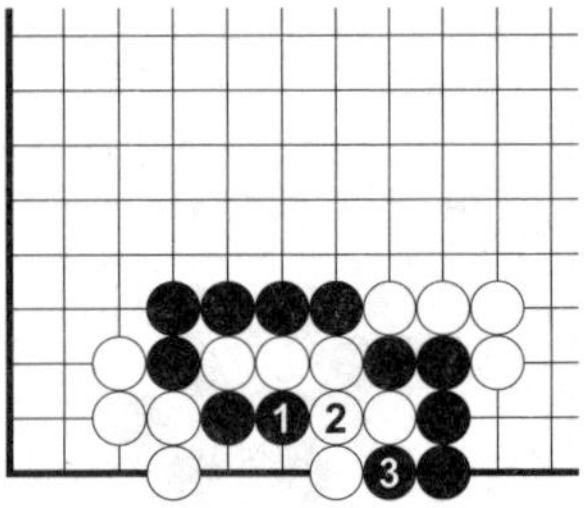
第 708 题

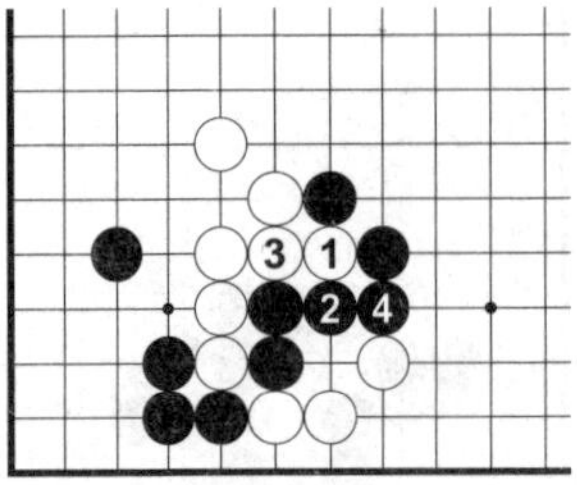
第 709 题

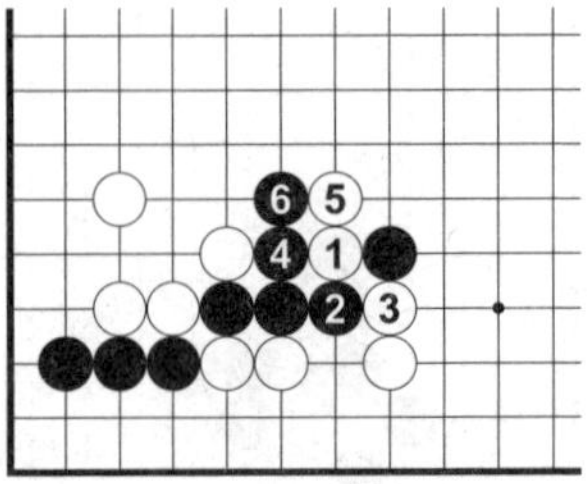
第 710 题

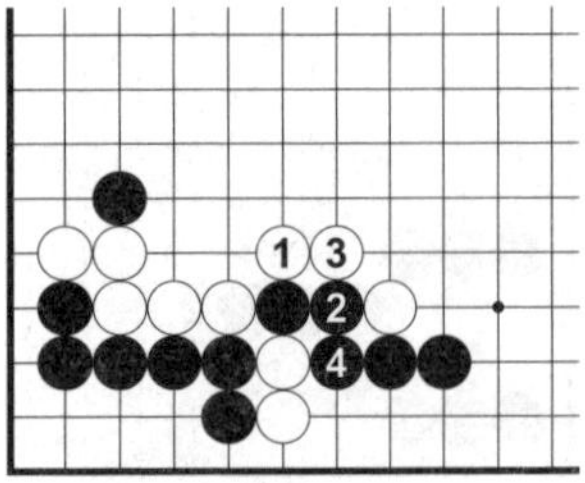
第 711 题

第五单元答案

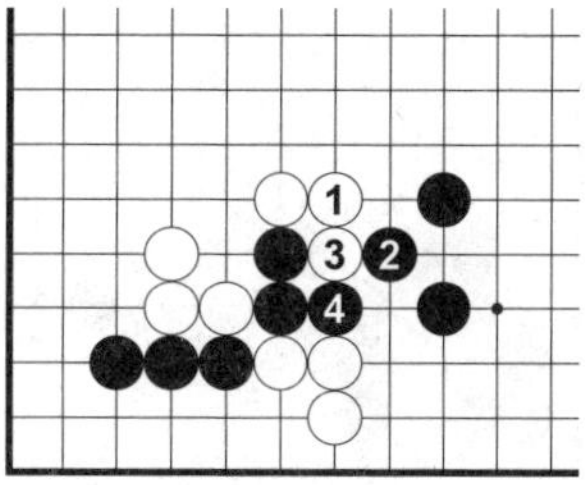

第 712 题

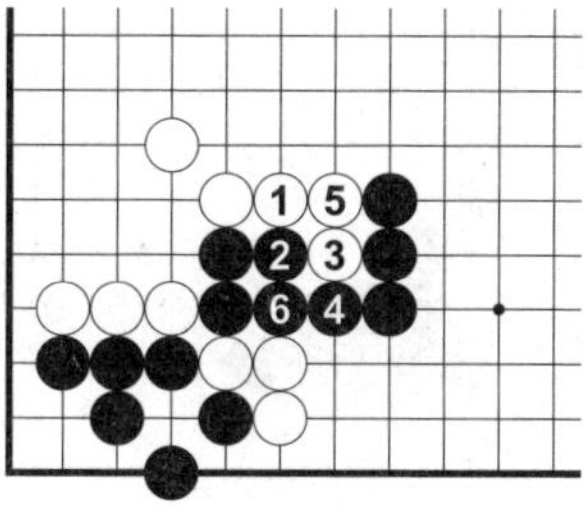

第 713 题

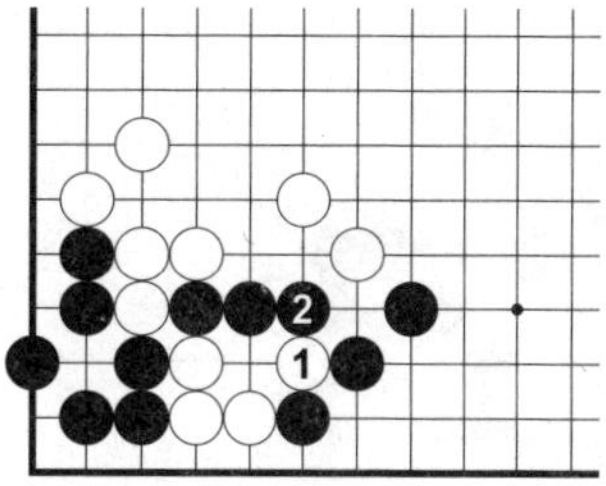

第 714 题

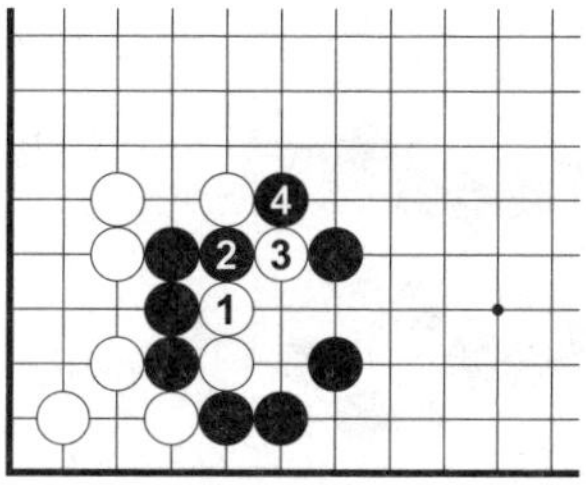

第 715 题

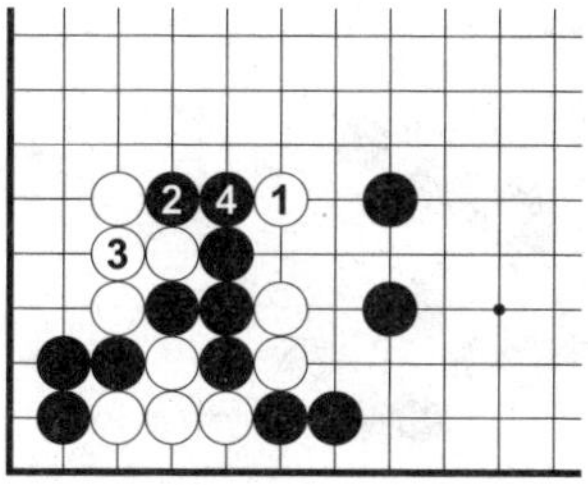

第 716 题

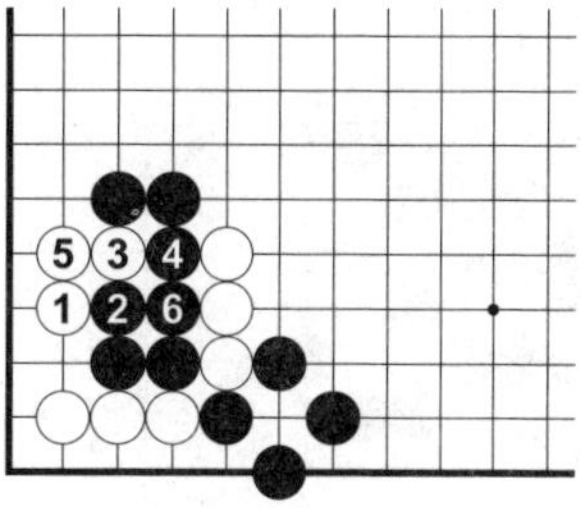

第 717 题

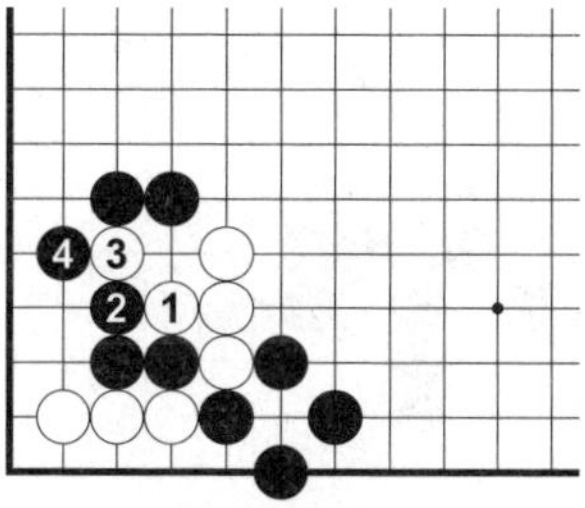

第 718 题

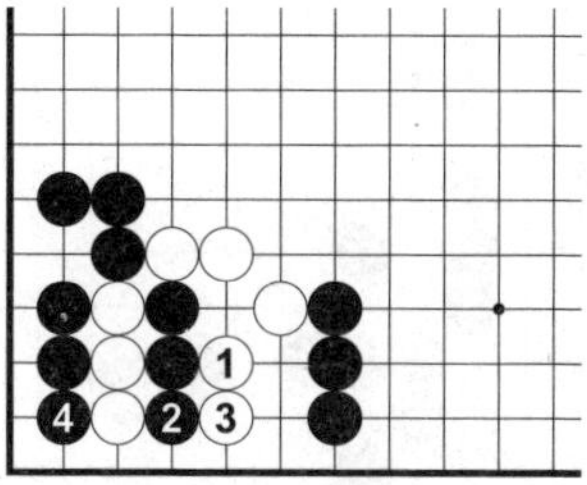

第 719 题

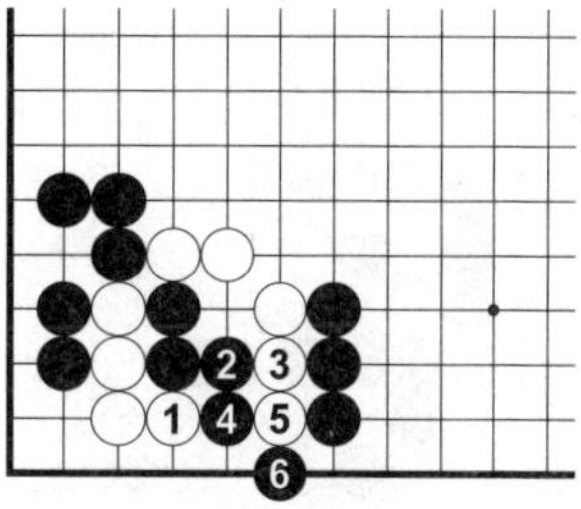

第 720 题

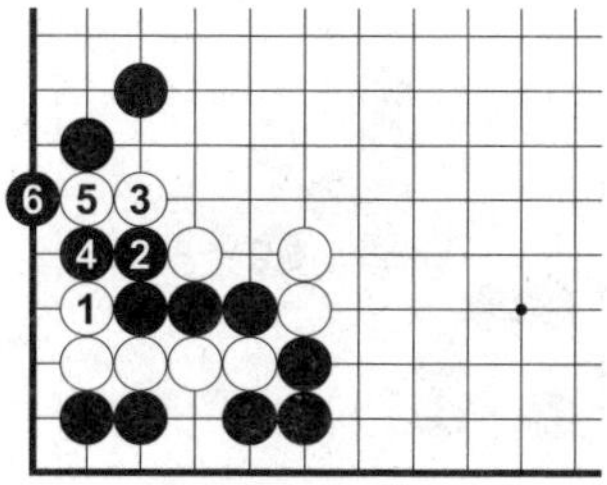

第 721 题

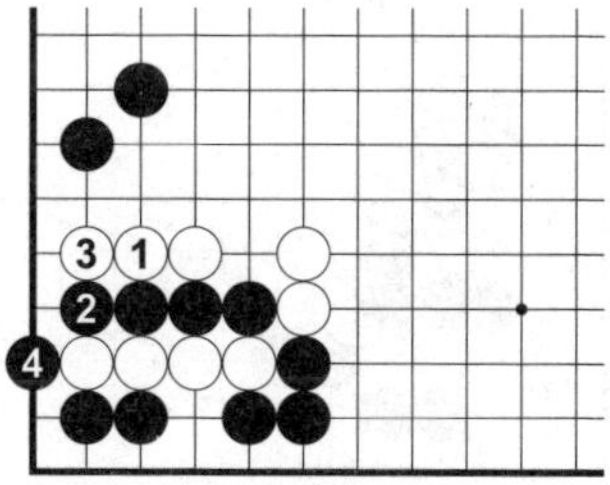

第 722 题

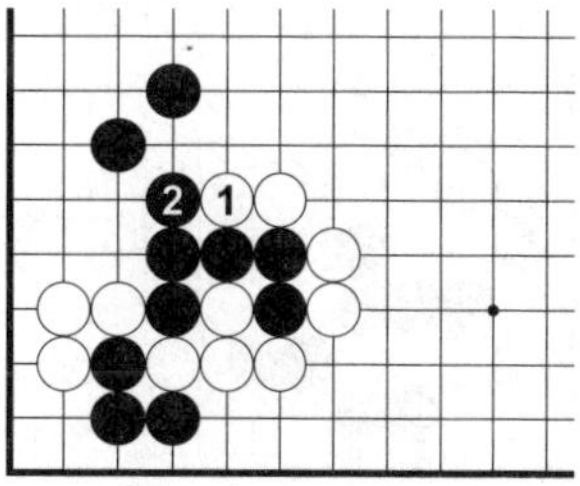

第 723 题

第五单元答案

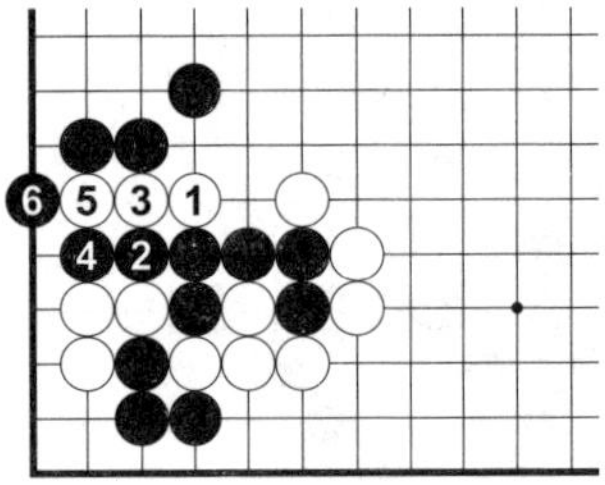
第 724 题

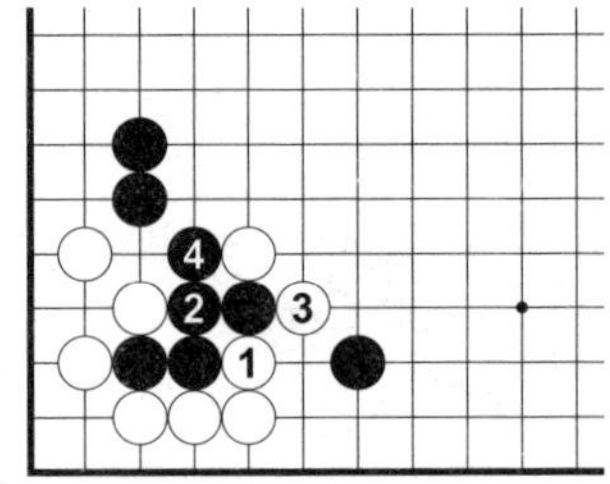
第 725 题

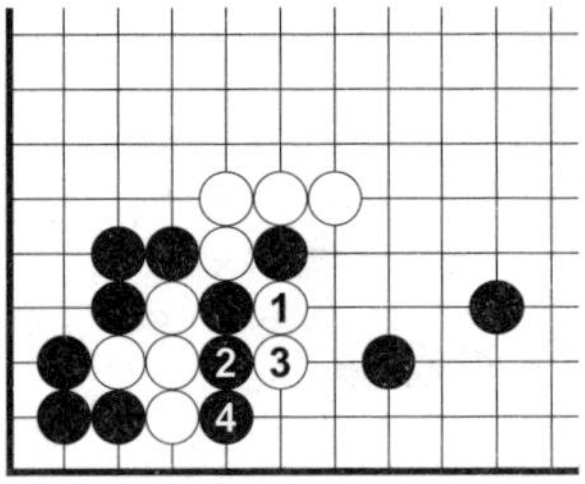
第 726 题

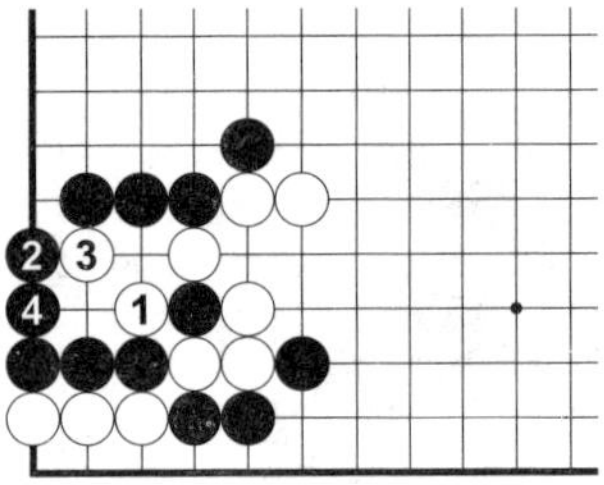
第 727 题

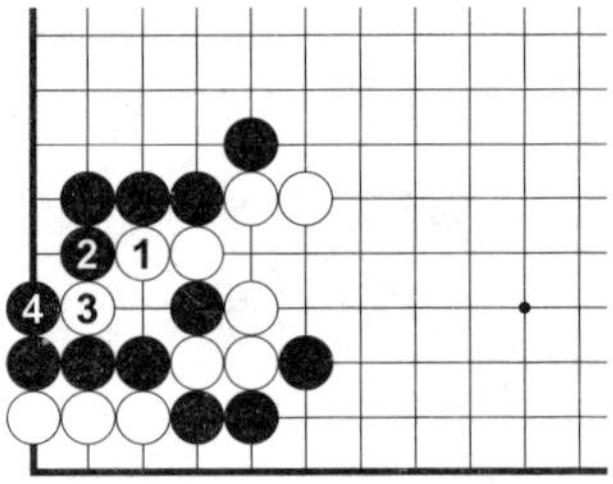
第 728 题

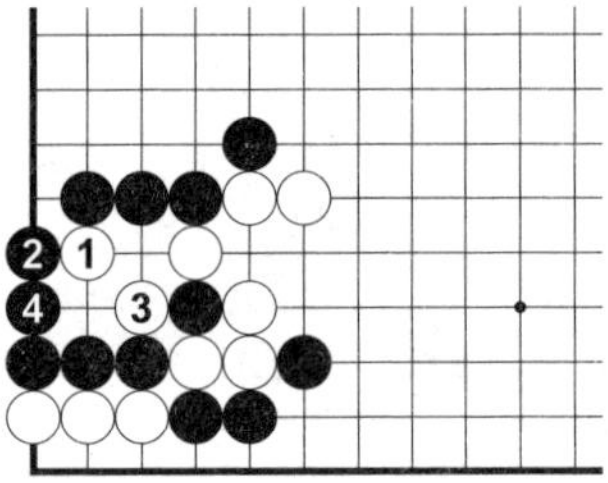
第 729 题

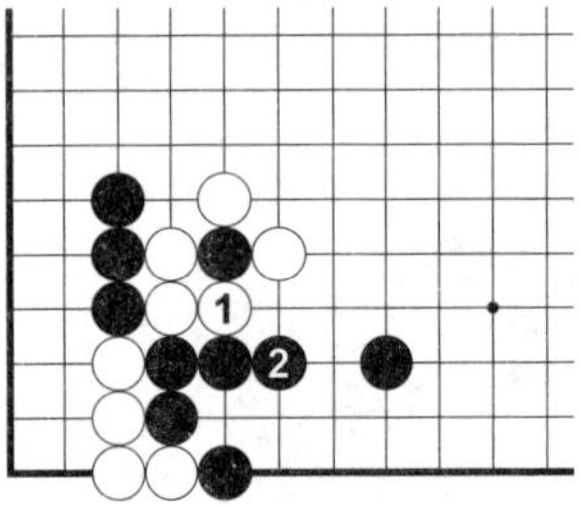
第 730 题

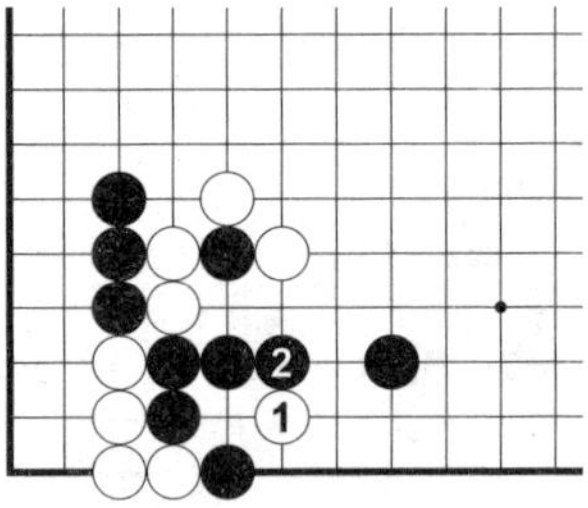
第 731 题

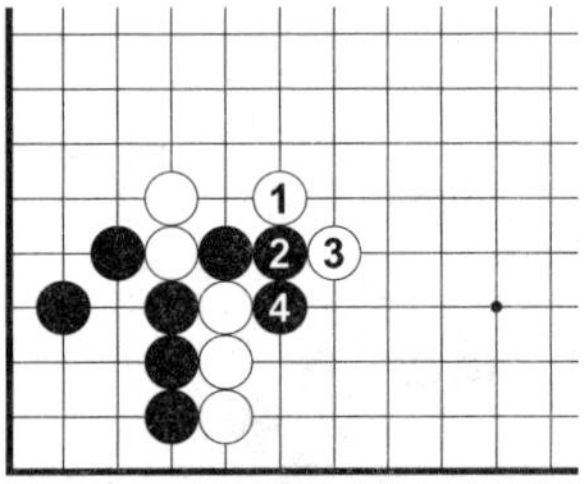
第 732 题

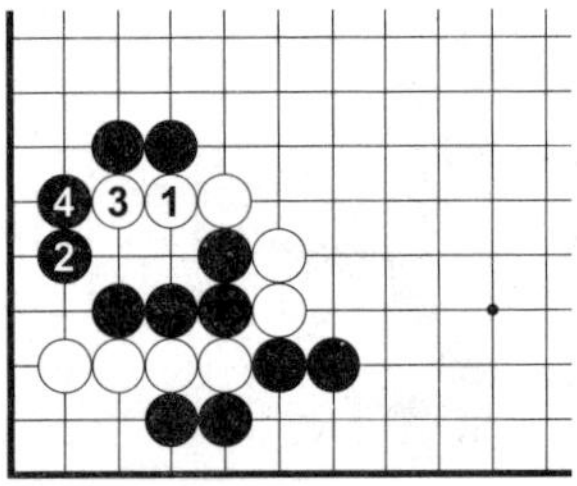
第 733 题

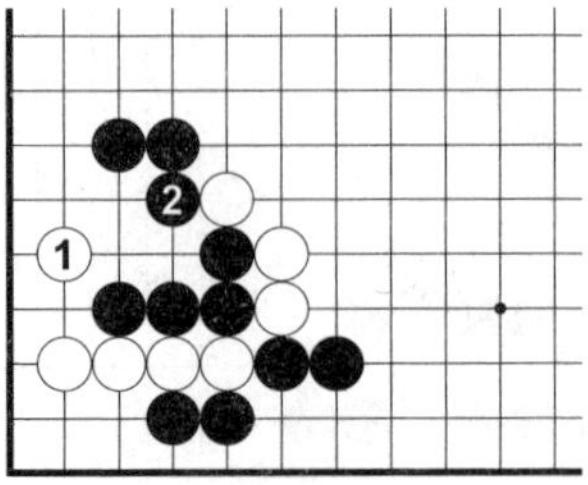
第 734 题

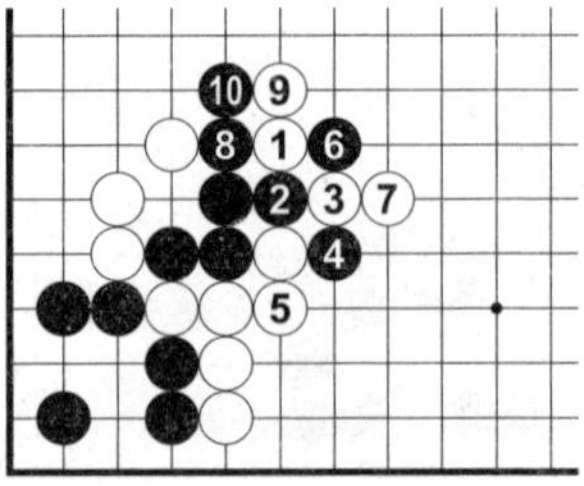
第 735 题

第五单元答案

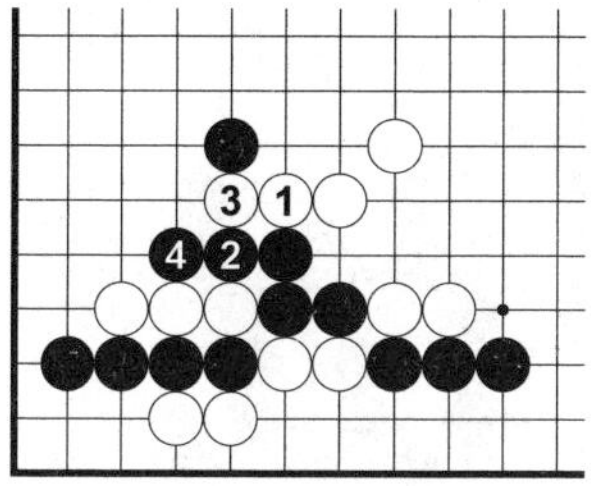

第 736 题

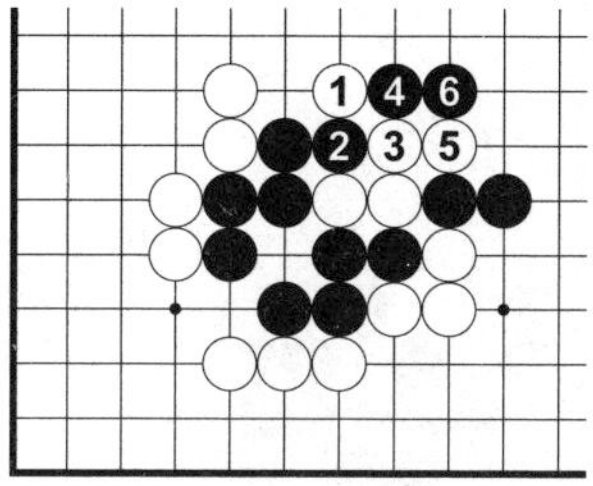

第 737 题

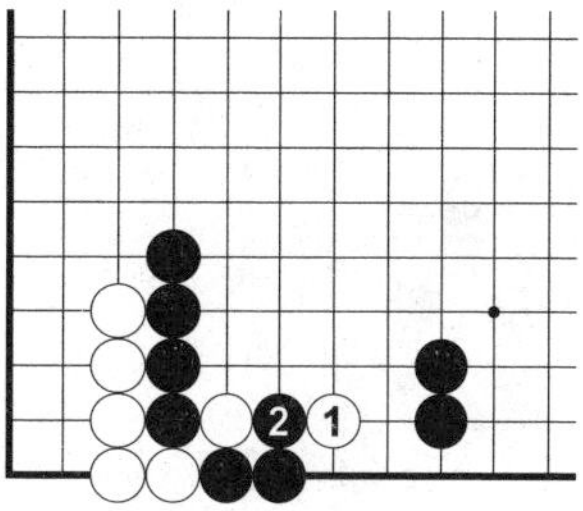

第 738 题

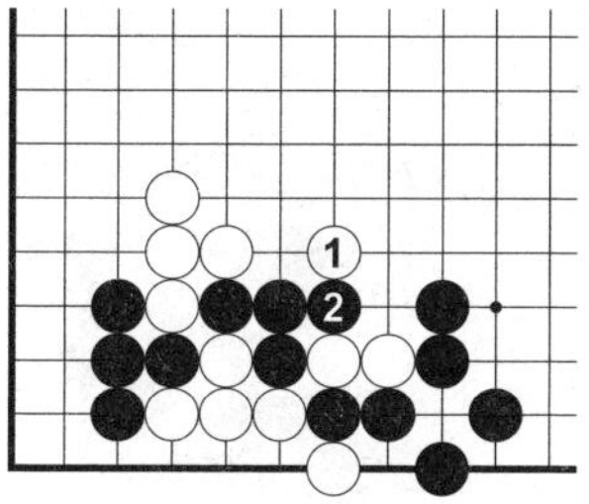

第 739 题

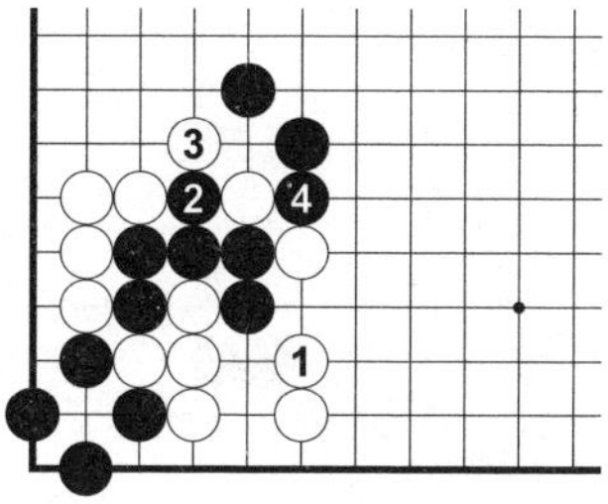

第 740 题

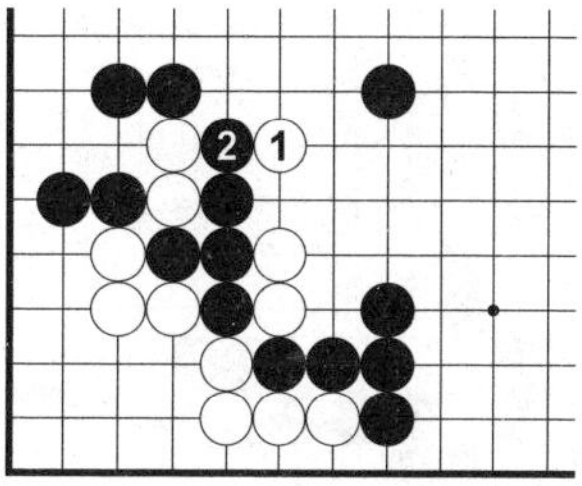

第 741 题

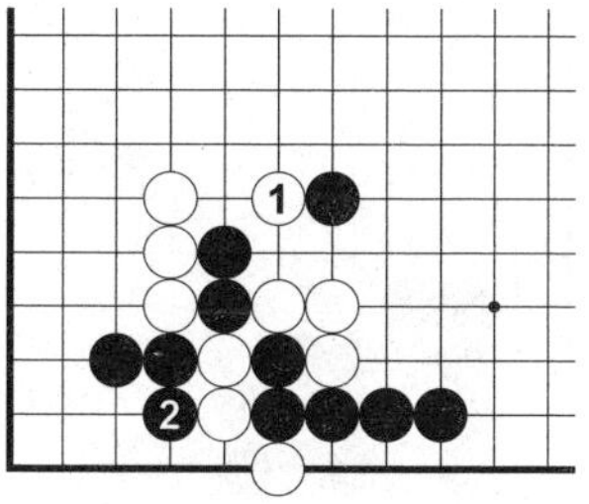

第 742 题

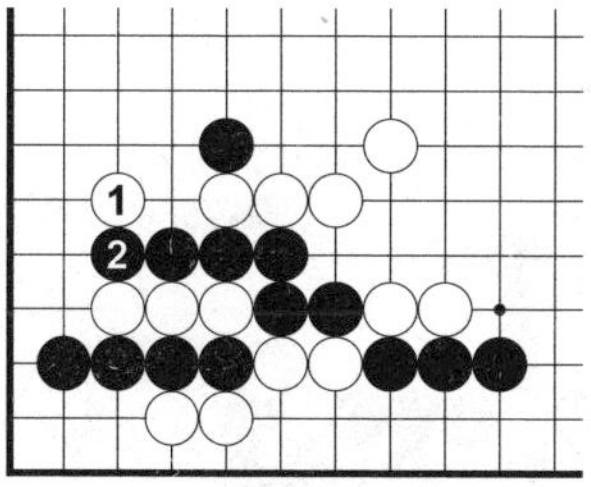

第 743 题

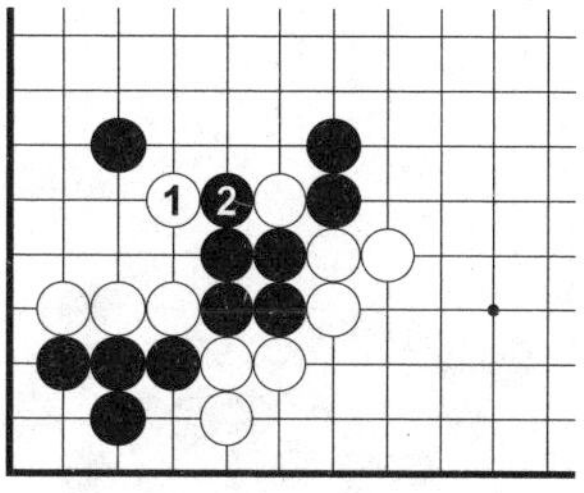

第 744 题

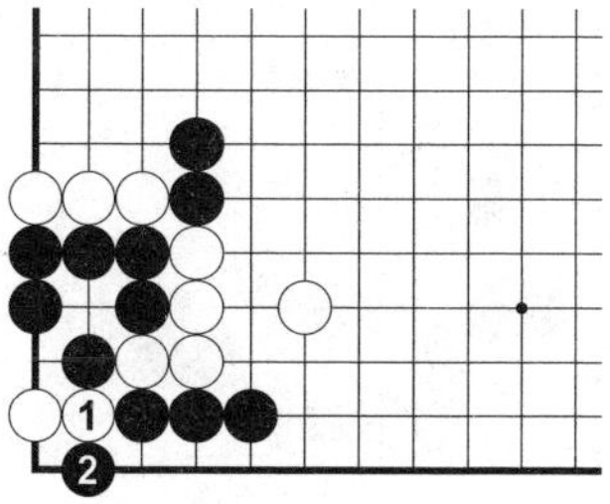

第 745 题

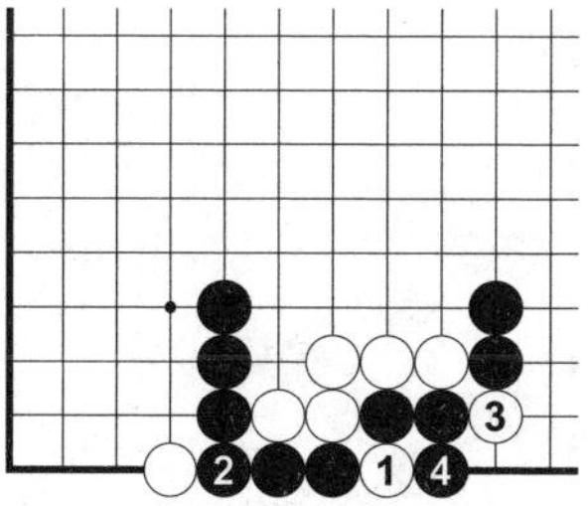

第 746 题

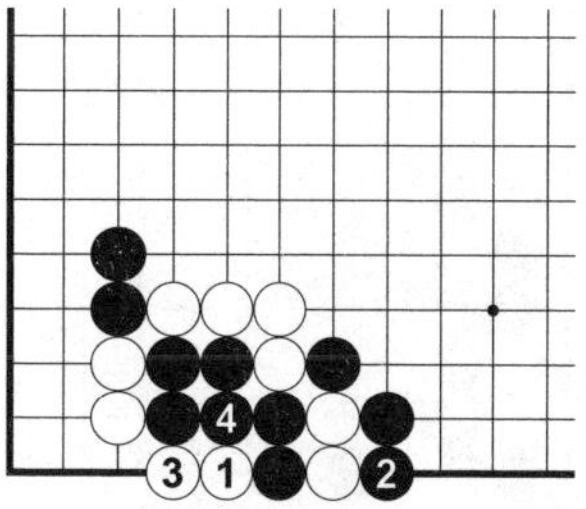

第 747 题

第五单元答案

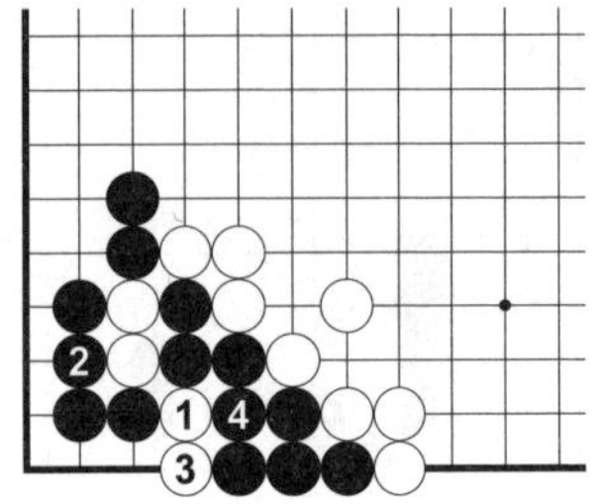

第 748 题

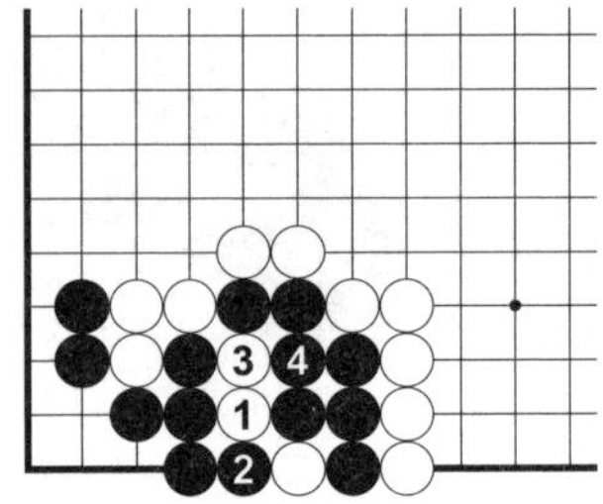

第 749 题

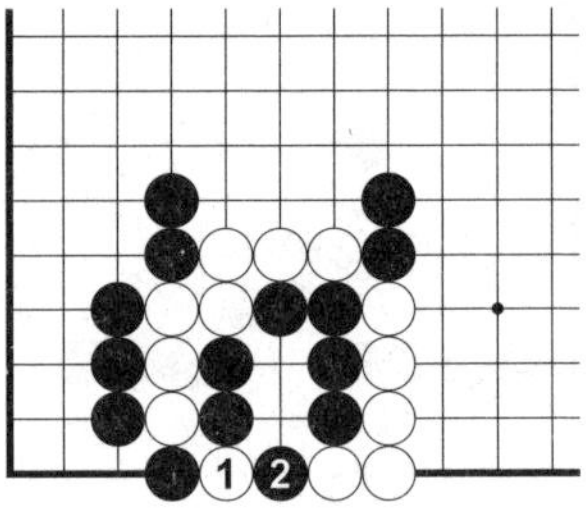

第 750 题

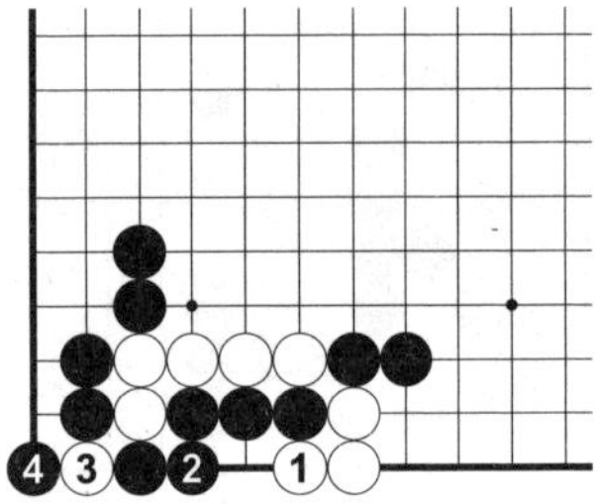

第 751 题

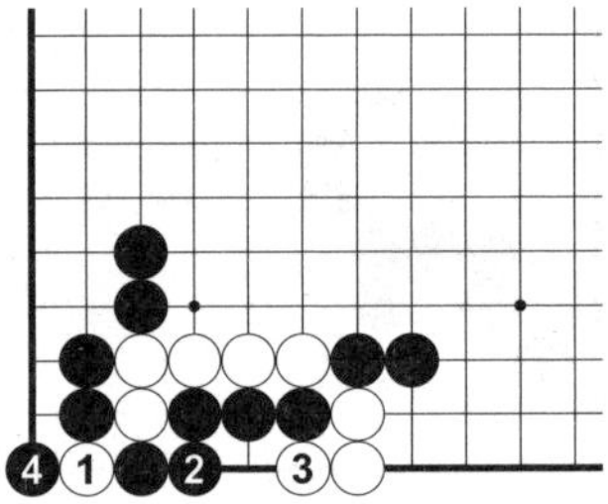

第 752 题

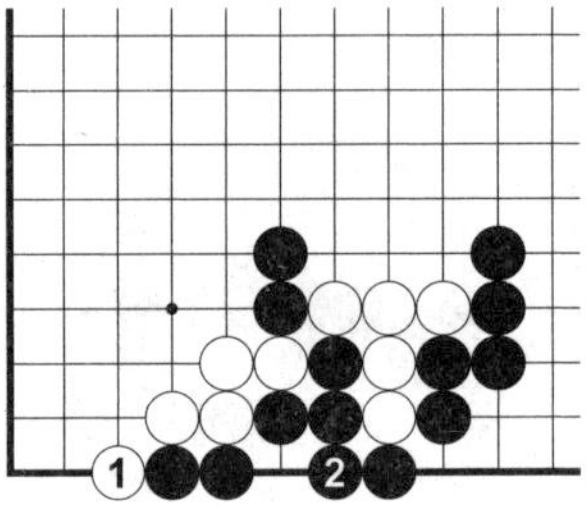

第 753 题

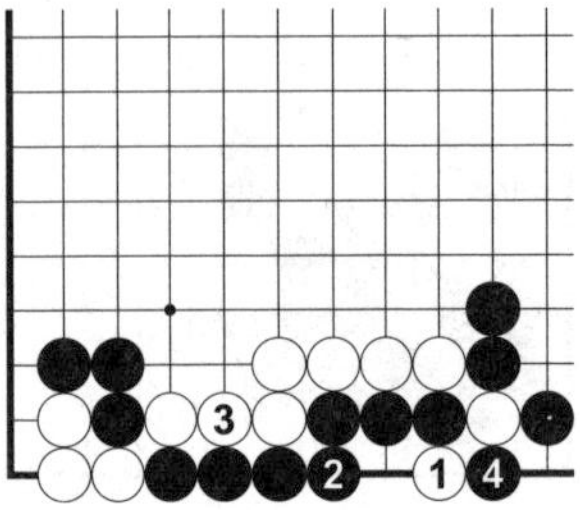

第 754 题

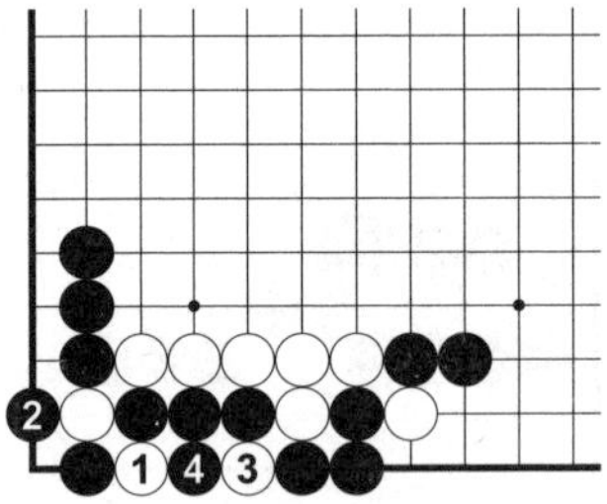

第 755 题

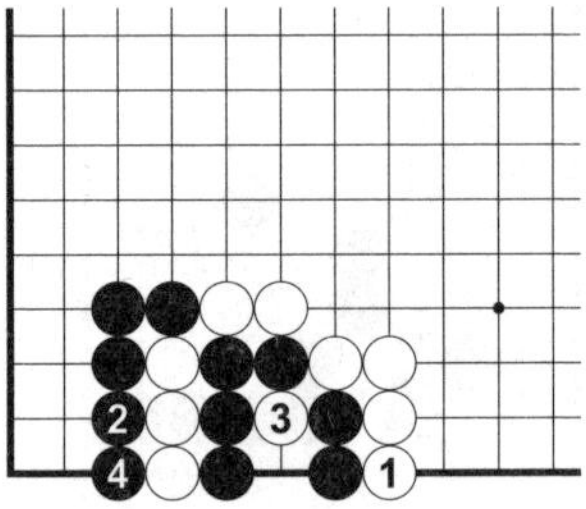

第 756 题

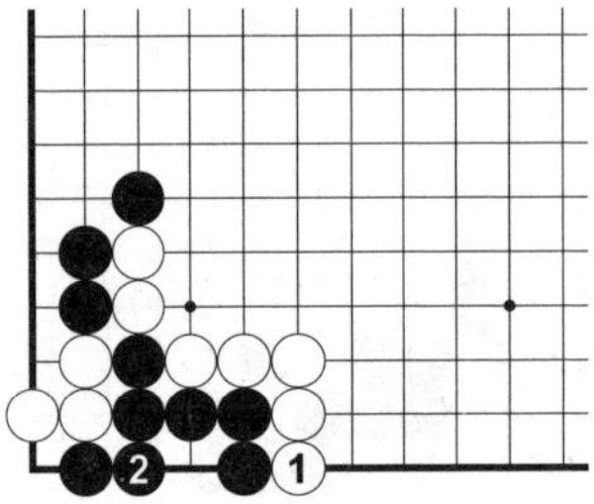

第 757 题

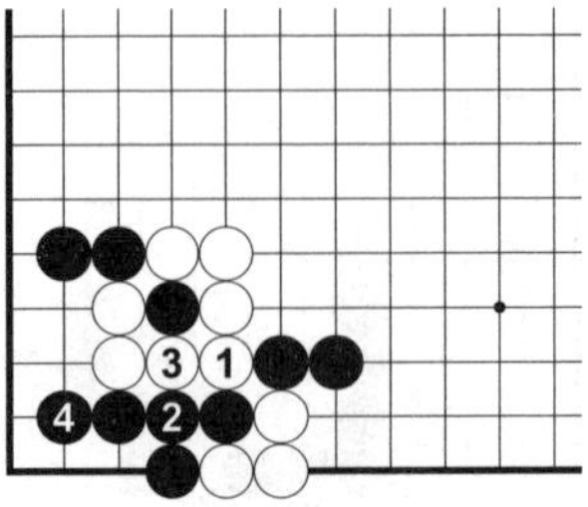

第 758 题

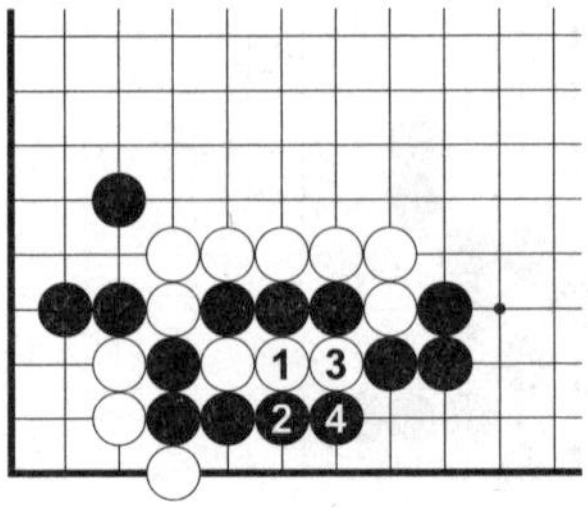

第 759 题

第五单元答案

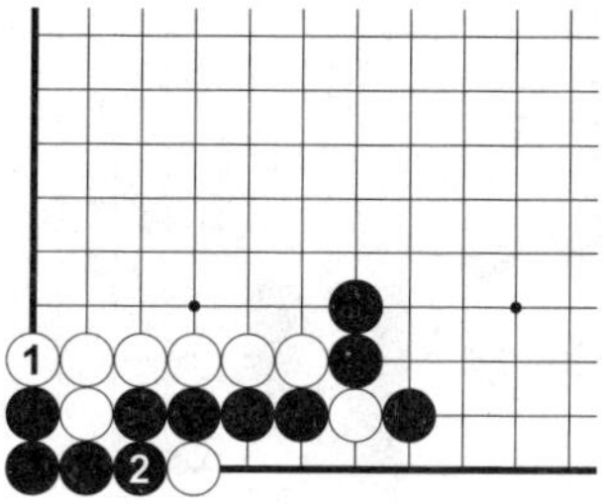

第 760 题

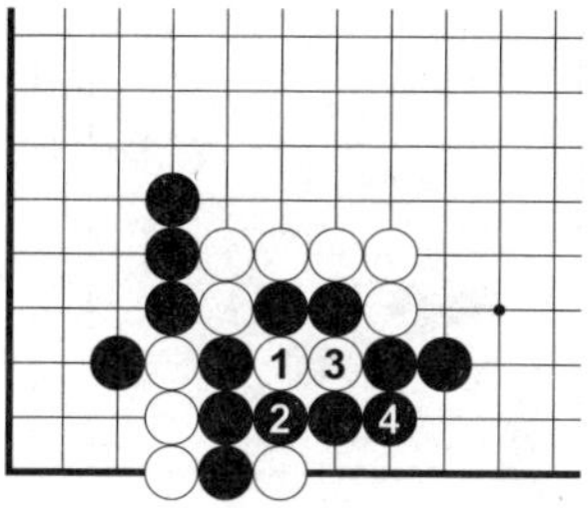

第 761 题

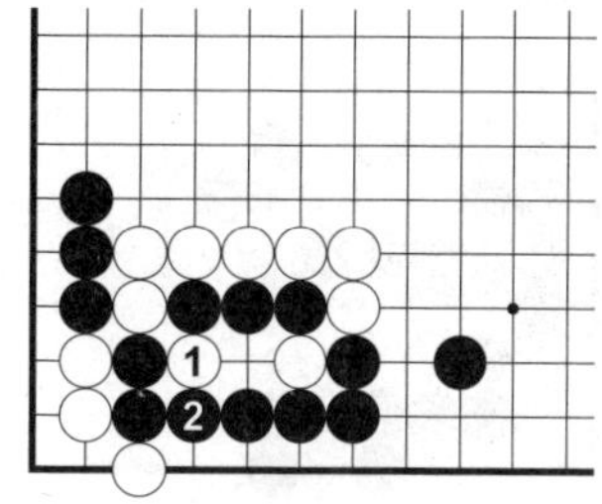

第 762 题

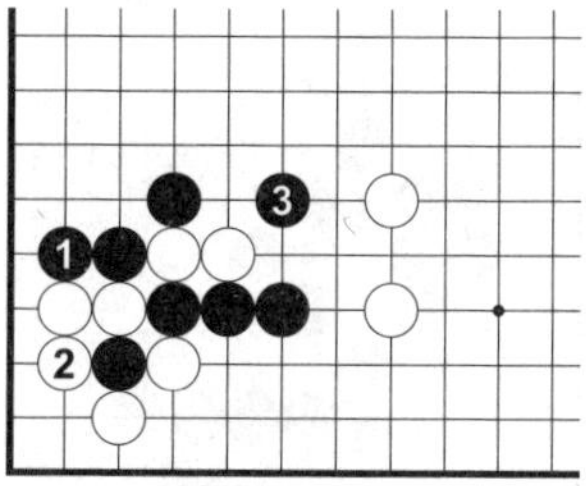

第 763 题

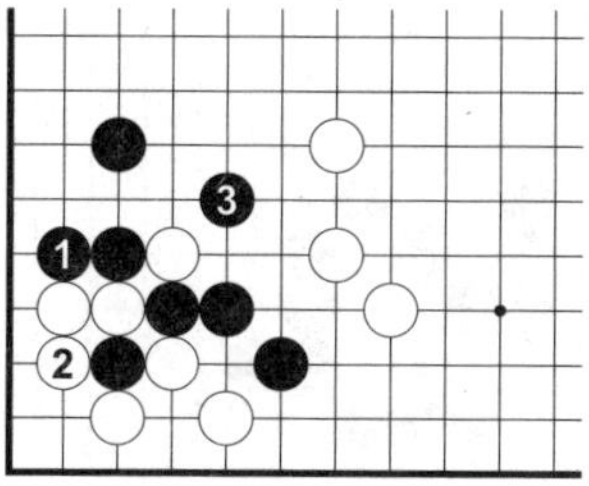

第 764 题

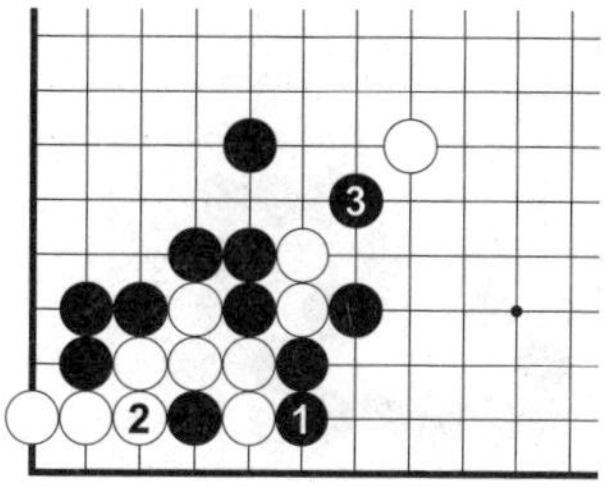

第 765 题

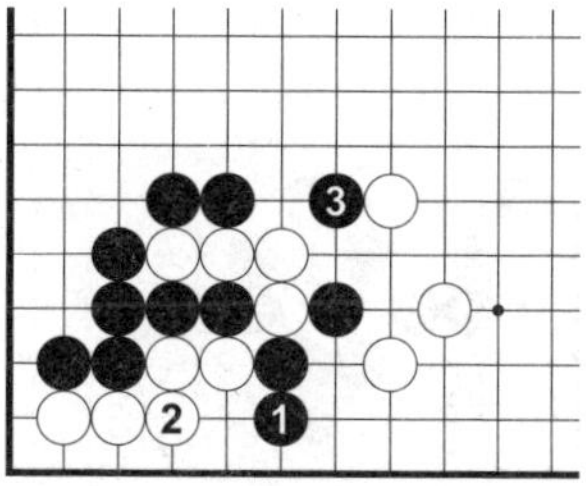

第 766 题

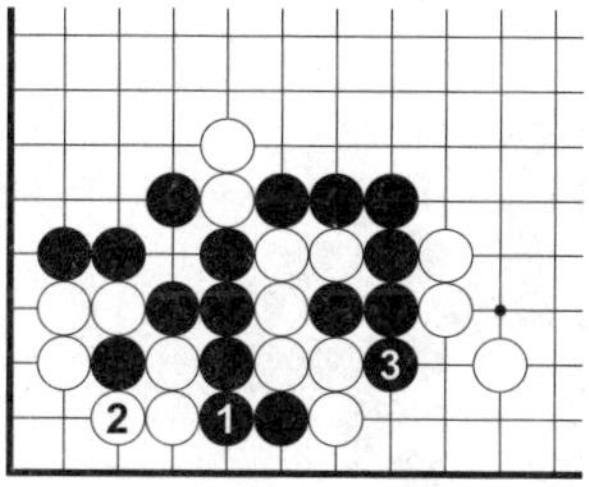

第 767 题

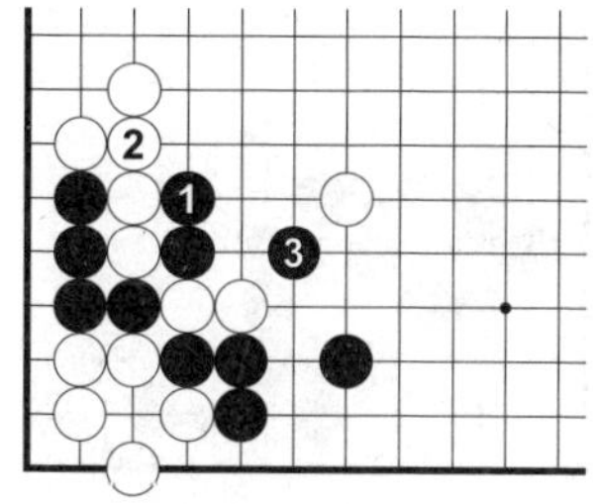

第 768 题

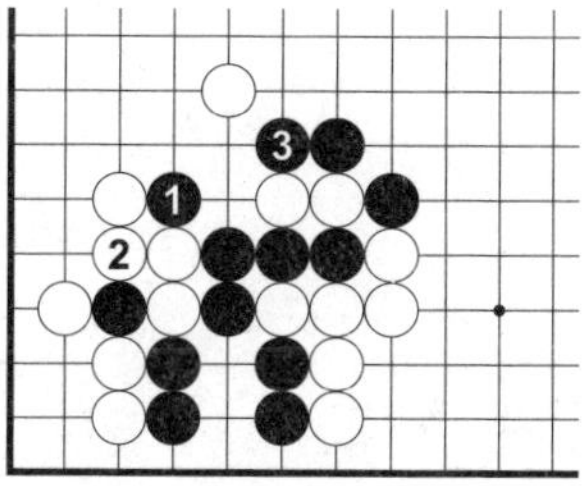

第 769 题

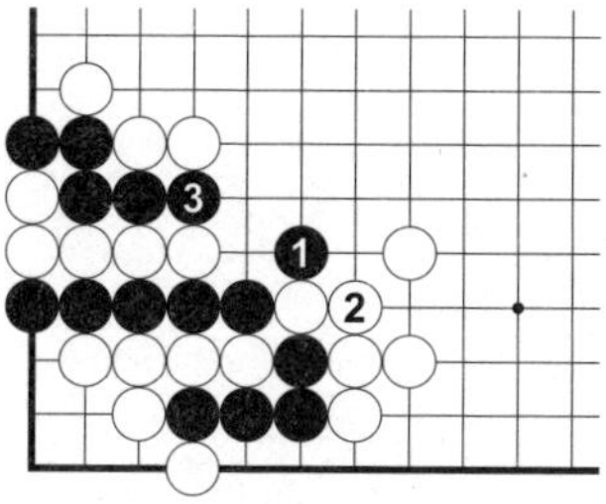

第 770 题

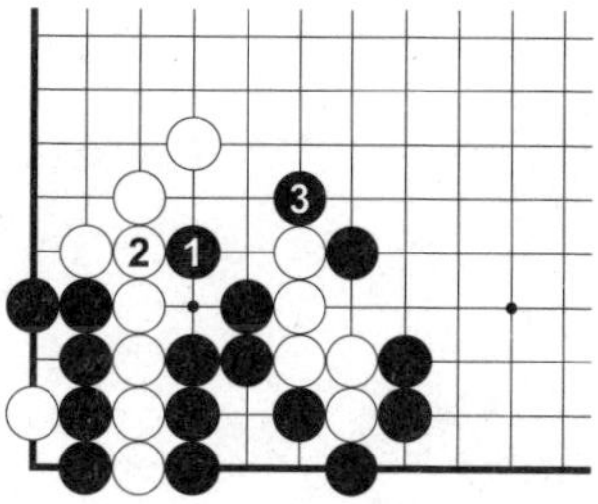

第 771 题

第五单元答案

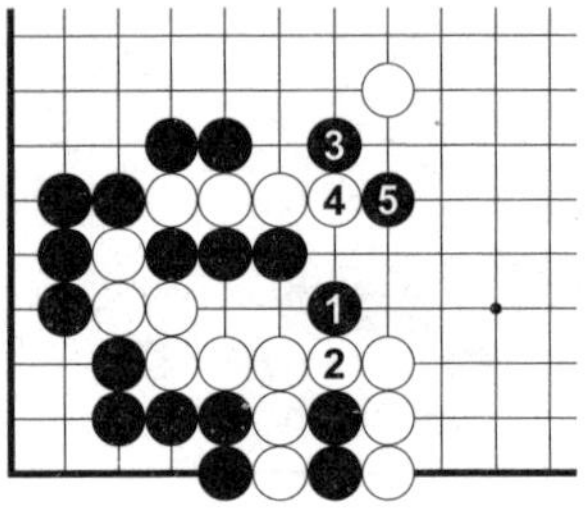

第 772 题

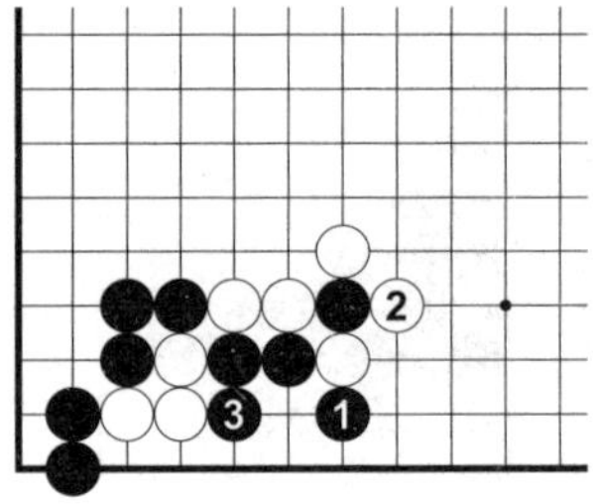

第 773 题

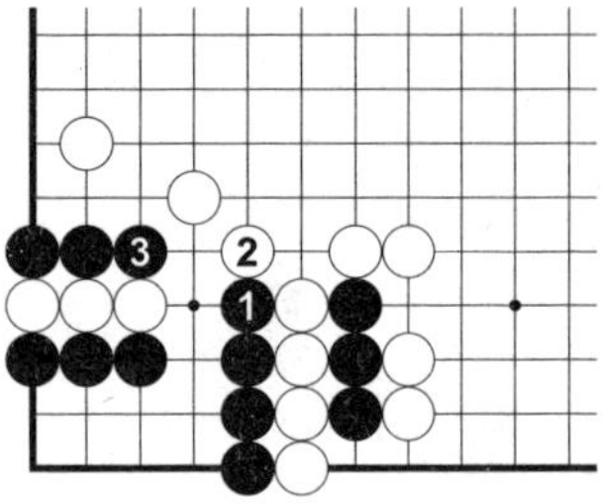

第 774 题

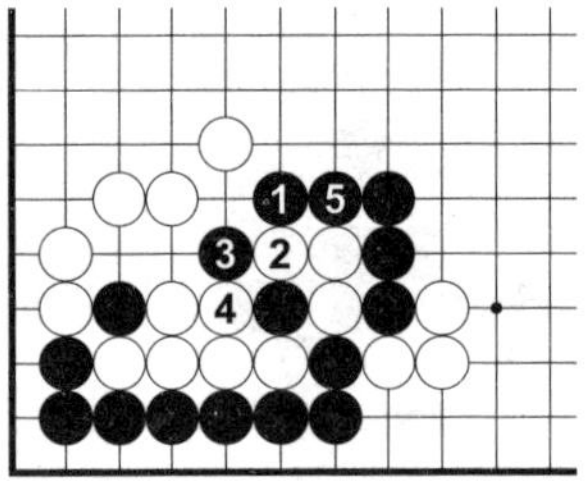

第 775 题

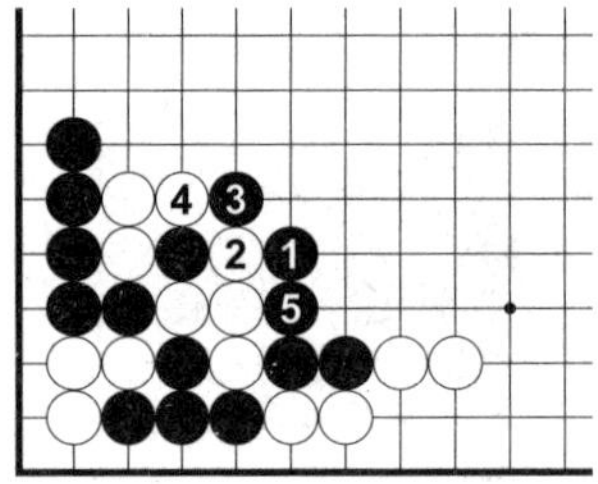

第 776 题

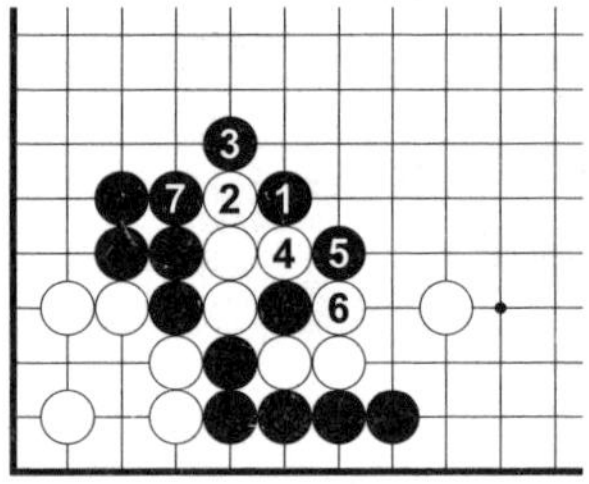

第 777 题

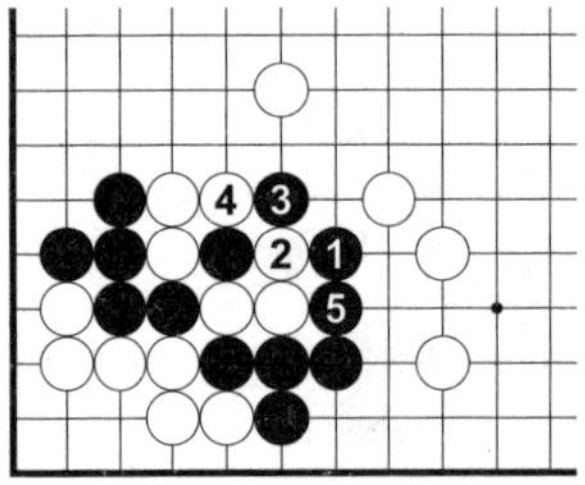

第 778 题

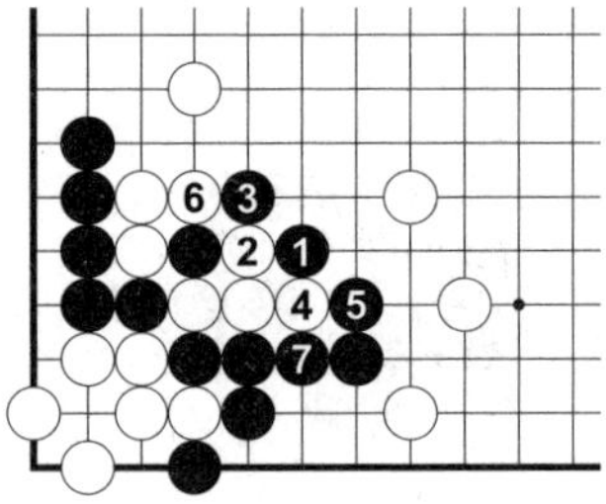

第 779 题

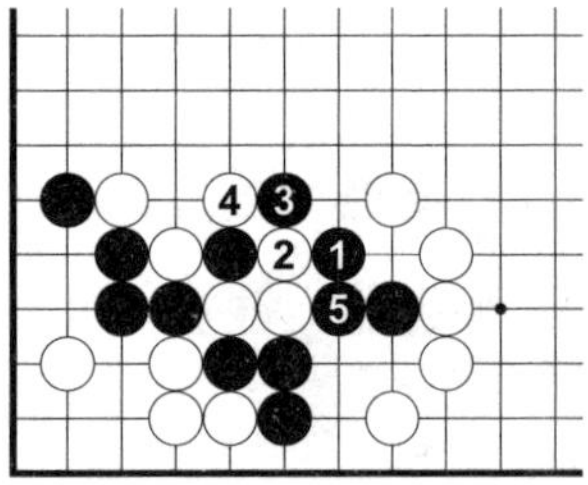

第 780 题